Couvertures supérieure et inférieure manquantes

MONGUILHEM

et

TOUJOUSE

DIOCESE D'AUCH — HISTOIRE PAROISSIALE

MONGUILHEM
ET
TOUJOUSE

PAR

L'Abbé CAZAURAN

Chanoine honoraire d'Auch

PRIX : 6 FRANCS

DRÉT TOUSTÉM, JAMÉ PÔU
LOYAL TOUJOURS, JAMAIS PEUR

PARIS
MAISONNEUVE FRÈRES, ÉDITEURS
25, QUAI VOLTAIRE, 25

1890

APPROBATION DE MONSEIGNEUR GOUZOT

ARCHEVÊQUE D'AUCH

ARCHEVÊCHÉ Auch, le 28 juin 1890.
D'AUCH

Mon cher Directeur,

Je tiens, à l'occasion de votre importante publication sur Monguilhem, à vous redire les félicitations que m'ont toujours inspirées vos études historiques.

Vous honorez le passé en en gardant le souvenir.

Vous édifiez le présent, en donnant l'exemple d'un travail aussi ardent qu'éclairé.

Vous écrivez pour l'avenir une belle page dans le grand livre de l'histoire qui les résume tous.

Nul n'est aussi heureux de vos efforts et de vos succès que votre bien reconnaissant et bien dévoué en N. S.,

✝ LOUIS,
Archevêque d'Auch.

REMARQUES

1° *Nous manquerions a un devoir de gratitude, si nous n'adressions, a cette place, nos sincères remerciements a tous ceux dont le concours nous a été utile pour la publication de cet ouvrage. Un témoignage spécial de reconnaissance est du a M. G. Verdier, qui nous a si libéralement ouvert le tresor de ses belles archives.*

Il convient aussi de rendre un public hommage a la bienveillance de l'Administration départementale des Landes. Nous lui devons, en effet, la gracieuse communication des dossiers concernant Monguilhem et Toujouse, déposés dans les archives municipales de Villeneuve-de-Marsan

Enfin, les planches du volume sont l'œuvre de M. de Matha, qui a bien voulu consentir à nous prêter l'appui de son habile crayon.

2° *Le lecteur ne doit point s'etonner si le plan et les cartes de nos paroisses ne contiennent pas l'indication de toutes les maisons actuelles des deux juridictions de Monguilhem et de Toujouse. Les planches sont dessinées d'après le dernier* CADASTRE *officiel des communes, déja ancien.*

3° *Au lieu de :* V. notre brochure : Arthez-Gaston (p. 7, note), *lisez :* V. notre étude plus loin (p. 325).

4° *Les indications tracées a la plume sur la théologie manuscrite de l'abbé Labadie (p. 325) autorisent a penser, semble-t-il, que ces quatre volumes sont l'œuvre personnelle de ce savant ecclésiastique. Nous tenons, cependant, a n'affirmer ce point qu'avec reserve, vu l'absence d'autres documents qui l'etablissent avec certitude.*

5° *Il faut rapprocher de la* note 5 (p. 2), *la* note 1 *de la* page 179.

6° *Le nom de* M. Dui réchou *doit être ajoute a la liste des instituteurs publics de Monguilhem (p. 103). Il a succedé a* M. Soussens.

HOMMAGE A MES CONCITOYENS

AU LECTEUR

La pensée d'écrire l'histoire de ma ville natale hanta mon esprit de bonne heure. Dès l'année 1874, j'eus le tort de proposer au public, trop facile pour mes modestes débuts, quelques pages rapides sur le passé de MONGUILHEM.

Privé de documents précieux, qu'on me fit vainement espérer jusqu'au dernier moment, pressé, d'ailleurs, de donner satisfaction à des désirs, au moins impatients, je livrai à l'impression une étude incomplète (1), dont j'ai pris soin de ne rien conserver dans ce travail définitif.

De longues et pénibles recherches, poursuivies avec ardeur dans des dépôts d'archives importants, me permettent, enfin, de présenter à mon pays, en un volume condensé, les principaux feuillets de ses vieilles annales, dispersés un peu de tous côtés, par le hasard des événements. J'ai mis un patriotique plaisir à assembler ces pages curieuses, parfois malheureu-

---

(1) *Notice historique sur Monguilhem et, a ce sujet, petite excursion dans le domaine de l'histoire d'Armagnac, de Béarn et de France* Tel fut le titre de l'imparfaite ébauche qui puisa ses principaux éléments dans l'histoire de la Gascogne La préface en prévenait le lecteur

sement mutilées, m'efforçant toujours de leur donner la cohésion d'un récit continu.

Aurai-je réussi à fournir à l'Histoire un livre digne de ses faveurs? Je n'ose l'espérer, malgré la flatteuse assurance d'écrivains distingués, de maîtres appréciés, trop indulgents, peut-être, pour mes humbles essais.

Du moins, ai-je la joie, en leur adressant ce volume, d'offrir le fruit de mes labeurs à mes concitoyens, comme le meilleur gage d'un dévouement fidèle, d'une vive et profonde affection.

L'Abbé CAZAURAN,
Chanoine honoraire d'Auch

ARMES

DE MONGUILHEM, DES BARONS DE TOUJOUSE ET DE MONGUILHEM ET DE LEURS SUCCESSEURS

I — Monguilhem II — Toujouse III — Gironde IV — Pardailhan-Gondrin

V — De Cours VI — Mamban VII — Poyanne VIII — Béthune-Charost

IX — Montmorency Laval X — Du Bois XI — De Maquillé XII — D'Andigné

XIII — De La Vingtrie XIV — De Grainville XV — D'Abbadie de Barrau

MONGUILHEM
ET
TOUJOUSE

MONGUILHEM (1)

HISTOIRE MUNICIPALE

CHAPITRE I

S. PIERRE DE BEROBIE. — PREMIERS SEIGNEURS DE TOUJOUSE. — OBSERVATIONS SUR LES BASTIDES

Les rives du *Midou* (2). dans le Bas-Armagnac, présentaient trop de charmes pour que ce pays ne fût pas peuplé de bonne heure. De vastes forêts aux chênes gigantesques, d'immenses terrains faciles à cultiver et d'une rare fécondité, offraient leurs richesses à ceux qui voudraient en profiter. Aussi ne faut-il pas s'étonner si de nombreux habitants vinrent demander à ce pays l'aisance d'abord, et, plus tard, la fortune.

D'ailleurs, l'antique *Elusa* (Eauze) s'élevait à quelques

---

(1) Nous adoptons cette orthographe pour le nom de Monguilhem qui se trouve toujours écrit de quatre manières dans les textes anciens et modernes. *Monguilhem, Montguilhem, Monguilhem et Montguilhem*

(2) Petite rivière qui a sa source dans le vallon de *Tous Litges* et de *Cau* (Gers) et va se jeter dans la *Douze* à Mont de Marsan (Landes), où elle prend le nom de *Midouze* Une seconde branche du *Midou* descend des collines de *Peyrusse-Vieille*

milles à peine de notre territoire, au nord, et *Adura* (Aire) placée au midi conviait nos ancêtres à des relations commerciales rendues commodes par la faible distance qui les séparait de ses murailles. Il n'est donc pas surprenant, qu'à raison du voisinage de ces villes chrétiennes, la foi nouvelle se soit vite implantée dans nos belles contrées.

Les évêques d'Eauze et d'Aire auraient-ils pu négliger d'envoyer leurs apôtres à des populations si peu éloignées de leur siège? Toutefois, s'il paraît hors de doute que la Religion du Sauveur pénétra promptement dans la plaine du Midou, il est impossible de marquer le moment précis de la constitution de nos paroisses. Du moins, savons-nous de science certaine que le territoire de Monguilhem et les juridictions voisines eurent la gloire de voir des temples chrétiens s'élever de toutes parts sur leur sol, à une époque reculée.

Lorsque le roi d'Angleterre, Edouard II, de concert avec Bernard de Toujouse, décide de bâtir une nouvelle cité à l'extrémité de Marsan et sur les confins de l'Armagnac, il choisit pour son emplacement la délicieuse plaine qui s'étend à l'ouest du confluent de l'*Izaute* et du *Midou*. Or, là se trouve déjà la paroisse de *Saint-Pierre de Berobie* (Belle Vigne) (?).

Saint-Pierre de Bèrobie, tel est donc le nom primitif de Monguilhem. Son église, dédiée au Prince des Apôtres, remontait à une époque difficile à déterminer. Cette église n'était pas isolée : Sainte-Foy, de Toujouse (1), s'élevait à quinze cents mètres au sud-est, celle de Montaigut ou de *Las 'Bordes* (2), se montrait à une distance à peu près égale au nord-ouest, au nord, c'étaient Castex (3), Saint-Canne (4), Beyrie. etc., à des distances encore moindres. Saint-Pierre de Caucabane (5), annexé à Monguilhem. en vertu de l'acte de paréage dont il sera bientôt parlé, possédait aussi un sanctuaire. Lagoarde (6), compris dans notre juridiction, était un antique centre de population et Bascaules (7) possédait une église.

---

(1) « Ecclesia de Toyosa de dono Episcopi, » dit le *Livre Rouge d'Aire* (V. notre *Pouillé*, p 134)

(2) *Las Bordes* est le nom primitif de Montaigut, d'après l'acte de paréage conclu entre le sénéchal Guillaume de Montaigut, agissant pour le roi d'Angleterre, et le seigneur d'Estang, en 1320 — V notre brochure . *Montaigut.*

(3 4) Voir notre *Pouillé*, pp. 133 et 147 — Ces deux églises sont dans l'archiprêtré de Mauléon, d'après le *Livre Rouge d'Aire*

(5) *Caucabane* est il ici pour *Lypes*, nom de l'annexe de Monguilhem? Le bois de Caucabane, près de Montaigut, existe encore, mais on n'y trouve nulle part la trace d'une église.

(6) V. plus loin le chapitre consacré à cette église.

(7) Un chapitre spécial traite plus loin de cette église.

N'est-ce pas que cette multitude de temples chrétiens élevés au vrai Dieu à la limite orientale du Marsan indique en même temps, et la richesse du sol qui peut nourrir des milliers d'habitants et surtout la fécondité de la foi au sein de nos populations, dès l'aurore, au moins, du moyen-âge ?

La paroisse Saint-Pierre de Berobie était une terre inféodée aux barons de Toujouse (1), seigneurs du lieu de ce nom dont le château s'élevait à côté de l'église Sainte-Foy, au midi, et à deux kilomètres environ de Monguilhem.

S'il fallait en croire les auteurs du *Gallia Christiana* (2), les seigneurs de Toujouse qui vont devenir seigneurs de Monguilhem seraient issus de l'illustre famille de Joyeuse. Cette opinion, répétée par divers auteurs, ne saurait être admise. Nous le concluons de l'étude attentive du texte manuscrit qui a donné lieu à cette singulière confusion, par suite d'une maladroite correction faite par les auteurs mêmes du *Gallia christiana*. Leur confrère, Dom Estiennot, qui a fait les recherches dans nos pays, avait très bien copié *Toyose* et même *Tojose* (lisez Toujouse), ainsi qu'on le voit dans ses recueils manuscrits conservés à la Bibliothèque Nationale, à Paris, sous le titre de : *Aquitania sacra*. Seulement, son écriture est mauvaise. Aussi, les Bénédictins de Saint-Germain-des Prés, grands savants, à coup sûr, mais ignorant qu'il y eût au diocèse d'Aire une famille du nom de Toujouse, ont cru que Dom Estiennot était un barbare. Ils l'ont corrigé pour écrire *Joyeuse*, au lieu de *Tojose* (3).

(1) Il y eut, au moyen-âge, deux paroisses de ce nom : elles appartenaient toutes les deux à l'archiprêtré du *Plan*, d'après le *Pouillé*, p. 93, et le *Livre Rouge d'Aire*, p. 134 (V. le *Pouillé*). Pour les distinguer, on nomma *Toujouse Blanche* l'une d'elles. La nôtre s'appela simplement *Toujouse*. — *Toujouse Blanche* se trouvait dans la juridiction de Loubens à l'époque de la rédaction du *Livre Rouge* (V. p 141 du *Pouillé*). Elle est comprise dans la paroisse de Hontanx, dans le *Pouille* de Mgr de Gaujac, évêque d'Aire (p. 93 du *Pouillé*).
Arnaud de Corbin, seigneur de *Tuyosse* (Toujouse) la *Blanche*, rendit plusieurs hommages au roi d'Angleterre, duc de Guyenne. L'un de ces hommages est à la bibliothèque Mazarine, à Paris (H 1818). Un autre se trouve à la bibliothèque nationale, Mss f f. 20685—15, et un troisième est dans un volume in 4° de la fin du XIIIᵉ siècle, que M Jules Delpit a découvert dans la petite ville de *Wolfenbüttel*, en Allemagne. Il l'a publié dans les *Archives historiques de la Gironde*. Mais ce document est incomplet, attendu qu'il omet les services mentionnés, au contraire, tout au long dans les manuscrits de la Mazarine et de la Bibl Nationale. L'un des articles de cet acte de vasselage contient la disposition suivante : Lorsque le roi d'Angleterre passe par Toujouse, il prend à ses côtés le seigneur du lieu qui l'accompagne jusqu'au *chene comdal* (cassou condal). Là, le seigneur de Toujouse, à titre de vasselage, doit mettre au service du roi un char rempli de fagots de bois. Deux vaches sans queue traînent le char, et lorsqu'on est arrivé au *chene*, le monarque met le feu au char qui doit brûler jusqu'à ce que les vaches deviennent libres par la combustion du timon. (?)
(2) *Gallia Christiana*, t. I, c 1159.
(3) V notre brochure *Naissance de Toujouse* Paris Maisonneuve.

L'abbé Monlezun est le premier qui ait signalé cette erreur, mais sans fournir d'explication. On nous saura gré de rectifier l'assertion des frères *Sainte-Marthe* sur ce point. Personne ne pourra plus, à l'avenir, confondre les Toujouse avec les membres de la maison de Joyeuse dont la généalogie est imprimée dans le P. Anselme (t. III, p. 808). L'illustre maison des Joyeuse, l'une des plus antiques du midi, sortait, d'après les historiens, des anciens seigneurs de Châteauneuf, de Randon. dans le Bas-Languedoc ou Gévaudan, diocèse de Mende. Il en est de même, disent les auteurs, des seigneurs d'Apcher ou Dapcher et de plusieurs autres branches plus anciennes que les seigneurs vicomtes et ducs de Joyeuse, pairs de France.

Mais quelle est l'origine des barons de Toujouse, seigneurs de Monguilhem? C'est ce qu'il nous est impossible d'établir. Les premières mentions relatives à cette famille, recueillies jusqu'à ce jour, remontent au treizième siècle. On connaît, en effet, un testament de Candoir de Toujouse, de 1230, et un autre plus récent de Bernard Boissinet de Toujouse, de 1304 (1).

En 1312, Bernard de Toujouse, le même sans doute que nous verrons bientôt concourir à la fondation de Monguilhem, figure dans les rangs de la noblesse d'Armagnac à l'occasion d'un acte solennel de vasselage accompli à Mont-de-Marsan, pour raison de la terre de Toujouse.

Lorsque Pétronille comtesse de Bigorre mourut, Eskivat, son petit-fils, reçut en héritage cette province, et Mathe, fille de Pétronille eut, avec le quartier de Saragosse, la vicomté de Marsan (2). Cette vicomté devint, à sa mort, l'apanage de Constance, sa fille, épouse de l'Infant Alfonse, fils de Jayme I, roi d'Aragon, qui la donna à son tour, le 10 avril 1310, à Marguerite, sa sœur, épouse de Roger-Bernard comte de Foix (3). Malgré les dispositions formelles prises à ce sujet, Constance craignit que sa succession n'augmentât les divisions déjà si vives entre les maisons de Foix et d'Armagnac. Dominée par cette appréhension, elle voulut faire reconnaître elle même Marguerite pour son héritière. Et c'est dans ces circonstances que Bernard de Toujouse va *rendre foi et hommage* devant sa nouvelle suzeraine (4).

Nous ne voulons pas nous attarder à décrire les cérémonies si connues de ces scènes de vasselage. Nous ai-

---

(1) *Inventaire des titres de Toujouse (folio 24, vo).*
(2) Art de vérifier les dates, p 733, — *Comtes de Bigorre.*
(3) *Monlezun*, histoire de la Gascogne, t III, p. 124
(4) Monlezun, t III, p 125

mons mieux, au moment d'assister à la fondation de Monguilhem par les seigneurs de Toujouse, dire un mot du grand développement que continue à prendre la société vers la fin du treizième siècle et le commencement du quatorzième, par la création de nombreuses villes nouvelles (1).

« Rapporter le mérite de cette création de villes à une action directe et personnelle des rois, dit M. Curie-Seimbres dans l'*Essai sur les villes fondées dans le sud-ouest de la France* (t. I, p. 56), ou mieux encore à leur politique libérale, c'est commettre un anachronisme et s'éloigner étrangement de la vérité historique. Les rois n'intervenaient guère dans ces établissements qu'après coup. Seuls, les officiers qui étaient sur les lieux, ces légistes qui ont joué un si grand rôle dans le développement de la monarchie, y prirent en réalité une part active. »

Il y a beaucoup de vrai dans cette affirmation, car il est constant que les agents du roi voulaient mettre la main partout. Ils étaient les plus forts, il fallait les subir. Mais il faut convenir qu'ils ont rarement réussi. Presque aucune bastide purement royale n'est sortie de l'obscurité. Toutes les grandes furent l'œuvre des évêques, des abbés ou des comtes qui fournissaient aux habitants le terrain, les matériaux et d'autres secours encore. Dans le territoire actuel du Gers, par exemple, au dixième siècle, il y a deux villes à peine, Auch et Lectoure. Les archevêques et les comtes font naître Condom, Nogaro, Eauze, Lombez, Samatan, Simorre, Saramon, Mirande, Marciac, Fleurance, Gimont, Miélan, entre 1089 et 1300.

Les véritables motifs de la fondation des villes nouvelles furent pour la féodalité et l'église : 1º de procurer la sécurité aux habitants; 2º de leur donner l'avantage de la réunion en commune municipale (2), 3º de créer des

---

(1) Il ne faudrait pas croire cependant que le nombre de villes nouvelles soit plus grand au quatorzième siècle qu'antérieurement Des le milieu du XIIe siècle, le nombre de villes ou municipalités nouvellement créées devient incalculable. En résumant le règne de Louis VII (1137 a 1180), Robert nous dit : « Hinc est quod sub ipso, pace vigente, tot novæ villæ conditæ sunt et veteres amplificato, tot excisa nemora et exculta » *(Chronologia Roberti, monachi sancti Mariani* — Dom Bouquet, t XII, p 299) La célèbre loi de Beaumont donnée par l'archevêque de Reims, Guillaume de Champagne, oncle de Philippe Auguste, en 1182, fut successivement appliquée a plus de *cinq cents* villes ou villages dont on a dressé la liste.

(2) Les coutumes gasconnes des nouvelles bastides copient l'organisation des vieilles cités romaines, Toulouse, Auch, Lectoure, avec les mêmes noms de consuls, jurats, baillis, procureurs Ce régime était la perpétuité de la curie romaine singulièrement améliorée peu a peu par l'expérience, et même dès le VIe siècle par le *Breviaire d'Alaric*, voté et ratifié en 506 par l'assemblée générale

bourgeoisies qui s'enrichissaient (1) et devenaient la pépinière de la noblesse, 4° enfin, d'obtenir par là même des revenus beaucoup plus importants.

Mais que la politique royale ait eu sa part dans la création de cette infinité de petites bastides frontières du quatorzième siècle, c'est hors de doute. Voyez, par exemple, celles de la double ligne comprise entre l'Armagnac et le Marsan, — Monguilhem en fait partie. Sur un parcours de quelques kilomètres à peine, vous comptez une douzaine de villes ! Marguestau, Monclar, La Bastide, etc. au nord, et, au midi, Villeneuve-de-Marsan, Arthez-Gaston, Montaigut, MONGUILHEM, Saint-Gein, Cazères, Sarron, etc. Le comte d'Armagnac, Bernard V, préside à la fondation des premières, entre 1285 et 1312, les sénéchaux du roi d'Angleterre, dans les *Lannes*, favorisent la création des secondes au même temps ou plus tard.

Il est manifeste que ces villes françaises et anglaises furent bâties pour la défense du pouvoir qui les fit naître. Ce sont simplement des lieux fortifiés où l'on attirait les habitants pour leur procurer la sécurité et le moyen de se défendre contre le voisin. Entre ennemis irréconciliables comme étaient les Français et les Anglais, il fallait, non de petits châteaux nobles, mais des places fortes ou *bastides* dont tous les habitants devenaient les défenseurs. Pendant la guerre de Cent Ans, ces bastides furent, en effet, disputées avec acharnement (2). Le roi, ou plutôt son fidèle lieutenant, le comte d'Armagnac, y entretenait toujours un capitaine et un ou deux hommes d'armes pour diriger la défense des habitants. On fournissait des armes et des munitions aux consuls, on les subventionnait; on leur donnait des gages *militaires*, comme on peut le voir

---

de la Gascogne On avait tant de respect au moyen âge pour ces institutions romaines, d'ailleurs si chrétiennes, qu'une charte de Raymond III (xiiie siècle) les nomme *lex sancta Romanorum*

(1) Il est curieux d'observer le parti que la féodalité tirait des *bourgeois* pour son honneur et son utilité On peut lire à ce sujet les articles présentés par la noblesse du Languedoc aux commissaires du roi, vers 1340, à l'occasion du droit de franc fief (Hist du Languedoc, nouv. édition, t. x, col 881 882). On y voit ce que la noblesse faisait des bourgeois enrichis Elle en faisait des nobles en leur vendant des fiefs militaires et elle leur donnait ses filles en mariage et réciproquement Et, de fait, il est sorti de nos bastides du Gers — pour parler seulement de celles-là, — une foule de bourgeois parmi lesquels la noblesse s'est recrutée Monleçun, t iii, pp. 13 et 14, en cite un exemple Guillaume Ferrantu, bourgeois de Gimont Dans les temps modernes, on pourrait dresser de longues listes de bourgeois anoblis par la vente de fiefs nobles consentie par leurs antiques seigneurs. Les fondations de villes nouvelles ont donc pleinement rempli leur but Elles ont été, comme la création des abbayes, une œuvre civilisatrice et la source de la richesse de la France.

(2) V. notre monographie : MONTAIGUT (pp. 26 et suiv.) — *Paris — Maisonneuve.*

dans le fascicule des *Sceaux gascons* des *Archives historiques de la Gascogne*.

Les bastides étaient faites pour servir de refuge et de forteresse. Marquestau, Montclar, La Bastide, Monguilhem, Arthez-Gaston, Montaigut, tous ces lieux n'étaient qu'une série de petites places fortes, des refuges, *salvitates, firmitates*, et fondées dans ce but (1), nous l'avons déjà dit.

Toute la partie de l'Agenais qui était frontière, se couvrit aussi de bastides semblables à celles des limites de l'Armagnac et de Marsan. Notre plan ne comportant pas de plus longs détails sur ces idées générales concernant les *villes neuves* ou *bastides*, nous allons nous borner à étudier l'origine et l'histoire de celle qui fait le fond de ce travail : MONGUILHEM.

CHAPITRE II

FONDATION DE MONGUILHEM. — PARÉAGE

Au nord-est de l'église primitive de Monguilhem ou SAINT-PIERRE DE BEROBIE (quartier de Rabet), se montrait une vaste étendue de terres encore incultes qui faisaient partie des domaines du baron de Toujouse. A en juger par ce qui reste encore de forêts au levant de la ville, « l'écureuil pouvait y courir sept milles, en sautant d'un arbre à l'autre, » pour employer une figure d'un auteur allemand. Tout n'était pas bois, cependant, dans la riante plaine de la rive gauche du Midou. Le nom primitif de notre paroisse, *Saint-Pierre de Berobie*, dit assez clairement, ce nous semble, que la culture avait depuis longtemps transformé une partie de ces plantureuses terres en vignobles luxuriants qui valurent sans doute à la juridiction le nom de *Berobie* ou *Belle-Vigne*. (Est-ce bien l'étymologie ?)

Il restait néanmoins « des forêts, landes, et pasqueraiges au territoire de cette paroisse. » C'est là que le seigneur de Toujouse et Guillem de Montaigut ont résolu de jeter les fondements d'une ville nouvelle.

Annet, seigneur de Toujouse, tenait ce territoire *du chef de sa feue mère*. (*Paréage*.) Après des pourparlers avec Guillem de Montaigut, capitaine général du duc de Guienne, notre baron consentit à passer l'acte de paréage

(1) V. notre brochure. *Arthez-Gaston.* — Paris. — Maisonneuve

de la nouvelle ville avec le roi d'Angleterre. L'accord eut lieu par devant Géraud Gabiotta, notaire à Bayonne, « le mercredi immédiatement après la fête de la Trinité, l'an de grâce mille trois cents dix-neuf, régnant Philippe roi de France et Eudon (sic) roy d'Angleterre et duc de Guienne (1). » Les témoins du contrat furent assez nombreux. C'étaient : Guillaume de Cassas, docteur en droit et juge ordinaire d'Agen, Guillaume de Casa, chanoine de Saint-Sever, Guillaume de Sanselma, archiprêtre de Moulins, maître Jean de Hildeste, Bernard de Vignes, habitant du pays de Cazères, Guillaume de Bufi, Alamand, médecin et conseiller du roi, et une foule d'autres personnages. Après la rédaction de l'acte *d'une teneur*, le notaire *tira deux copies dont l'une fut baillée audit sieur Sénéchal*, Guillem de Montaigut, et l'autre à Annet de Toujouse. Les deux contractants prirent l'engagement « d'entretenir, garder et observer chescun en ce qui le touchait fidèlement et sans fraude. les pactes et conventions » arrêtées entre eux et de les faire confirmer dans « ung an à compter du jour et datte des présentes. » (*Paréage*. — A la fin du volume.)

Guillem de Montaigut promit l'approbation royale d'Edouard d'Angleterre et Annet celle de ses frères et de ses sœurs. Annet, pour donner encore plus d'autorité à ses paroles, engagea même « tous et chescuns ses biens présents et advenir qu'il soubmit aux formes et rigueurs de toutes les lois du présent royaume de France. »

La promesse faite par le sénéchal Guillem de Montaigut de soumettre l'acte de paréage de Monguillem à l'approbation de son souverain, nous révèle un important détail touchant l'érection des bastides. Les villes nouvelles ne pouvaient pas se fonder d'elles-mêmes. Qu'auraient pu faire, réduites à leur propre faiblesse, les populations isolées de ces cités naissantes ? Il leur eût été impossible de jamais s'agglomérer de manière à prendre un développement normal d'abord, et puis, qui les aurait protégées ?

Le roi Jean octroyant des lettres aux habitants de Limoges (1358), dit formellement « *cum ad nos in solidum pertineat creare et constituere consulatus et communitates* (2). » Voilà la vérité. Le roi seul avait le droit (usurpé au XIVe siècle) et le pouvoir de fonder des villes. C'est ce que dit Augustin Thierry dans son *Essai sur le Tiers-Etat*, ch. II, p. 80 : « D'abord, il fut posé en prin-

(1) Paréage.
(2) *Recueil des Ordonnances*, t. III, p 305

cipe que nulle commune ne pouvait s'établir sans le consentement du roi; puis, que le roi seul pouvait créer des communes, puis que toutes les villes de commune ou de consulat étaient par le fait même sous sa seigneurie immédiate (1). »

Les rois n'intervenaient guère dans ces établissements qu'après coup pour les autoriser. Seuls, les officiers qui étaient sur les lieux y prirent en réalité une part active. Nous en avons la preuve à Monguillem. La création de cette ville est arrêtée par le baron de Toujouse et le sénéchal de Guienne, Guillaume de Montaigut.

Quelle fut la véritable cause de la naissance de notre bastide? Rien ne nous permet de le dire. Quelle qu'ait été cette cause, — peut-être esprit de lucre, mais plutôt nécessité de se garantir contre des incursions fréquentes, — il est certain que la nouvelle cité s'éleva sur un terrain qui appartenait à la famille de Toujouse. Or elle devait être en paréage entre le seigneur de Toujouse et le roi d'Angleterre. Il fallait donc que ce dernier, en dehors de la suprême sauvegarde qu'il promettait, concourût, pour sa part, à l'acquisition des terres destinées à la ville nouvelle.

Il le fit par l'entremise de son sénéchal qui, le jour du contrat de paréage, compta au seigneur de Toujouse « la somme de deux cents livres monnaie bordelaise, » en retour de la cession que le seigneur de Toujouse lui fit de « la moitié de tous les bois, terres et landes destinés à la ville et à sa juridiction. » Le but du seigneur de Toujouse, en signant cet accord, était de « tenir désormais la nouvelle bastide, « soit fons soit arbres et autres choses dépendantes dudit fons en quelle faisson qu'elle pût lui appartenir » *en commun et par indivis* avec le monarque anglais (2).

Cette clause *in solidum et pro indiviso*, se retrouve dans la plupart des paréages, c'est-à-dire dans ces contrats par lesquels les seigneurs inférieurs associaient des suzerains plus puissants à la copropriété commune, indivise, inaliénable de droits ou de lieux déjà existants ou de territoires destinés à fonder des bastides. Ces contrats inconnus dans les législations anciennes et propres au système féodal rendaient l'idée de *parité*, de coexistence péréquate. Ils ont disparu à la révolution française avec le

---

(1) *Essai sur les Villes*, par Curie Seimbres, t 1, p 48 — Nous recourrons plus d'une fois dans ces pages préliminaires à l'*Essai*, œuvre excellente, malgré les défauts qu'on y a notés

(2) Voir pour tous ces détails le texte du paréage de Monguilhem, publié à la fin du volume

régime féodal. Du reste, on ne connaît pas de paréage antérieur au douzième siècle, ni de postérieur au quinzième.

Par son contrat de 1319, avec le baron de Toujouse, le roi d'Angleterre devenait co-propriétaire de la belle étendue de terres situées à quelques pas d'une charmante petite rivière le *Midou (urbes aquœ condunt)* et non sur une élévation, comme le nom semblerait l'indiquer : MONGUILHEM. Cette rivière était placée sur les confins de l'Armagnac, d'après le texte de notre paréage. « Depuis le fleuve appelé du Mido de la part d'Armaignac (1). »

Monguilhem est aujourd'hui au centre du Bas-Armagnac, plus connu sous le nom d'*Armagnac-Noir*, mais au quatorzième siècle il faisait partie du pays des *Lannes*, et c'est pour ce motif, peut-être, que la paroisse était alors comptée dans l'archiprêtré du Plan (2). Dans tous les cas, les limites de la nouvelle ville et de sa juridiction se trouvaient comprises depuis « le Mido, au nord, jusques au ruisseau appelé *Riberon* qui tire vers le clos appelé de la *Reille* et de la part ung contour et passant plus oultre en descendant ce vient joindre avec led. fluve de Mido (3). »

Il fallait cependant excepter le bois, les landes et les pâturages « appelés de Saint-Canne qui sont joignants le lieu où ladite nouvelle bastide se doit bastir ou il y a entre deux ung petit ruisseau appelé au pont de *Berouy*. » Ces terrains avaient une superficie d'environ deux cents journaux. Les landes et les pâturages du sieur Bernard de la Segua, séparés du territoire de Saint-Pierre de Bérobie par le ruisseau de Pigeher (Picheherre), d'une contenance d'environ cent journaux, ne devaient pas non plus faire partie de la juridiction de Monguilhem. Mais tout le reste, c'est-à-dire une étendue de plus de deux mille journaux, était compris dans l'acte de paréage.

En consentant à cette cession, le seigneur de Toujouse, nous l'avons déjà dit, promit au sénéchal de Guienne de s'efforcer de décider son frère Bernard à adjoindre la juridiction de *Caucabane* (Eyres?), à Monguilhem pour agrandir la juridiction de la nouvelle bastide. C'était un supplément de six à sept cents journaux. Bernard se réservait à peu près cinquante journaux qui ne devaient pas faire partie du territoire donné en paréage.

---

(1) Les registres municipaux (Archives de M. Verdier) placent aussi Castex et Maupas en *Armaignac*, généralité d'Auch. Or, Castex est à 1,200 mètres de Monguilhem, sur la rive droite du Midou.
(2) V. le *Pouillé du diocèse d'Aire*, p. 181, de *Monteguilhermo*.
(3) *Paréage de Monguilhem*.

Lorsque le choix de l'emplacement de la ville nouvelle eut été arrêté, tout dut se passer conformément aux pratiques reçues pour l'érection d'une bastide. Un pieu fiché en terre et connu sous le nom de *pal* se dressa au milieu du quadrilatère choisi par les parties contractantes, et les populations d'alentour apprirent bientôt la fondation d'une nouvelle cité. L'érection du pal était, partout, le signal de l'existence légale d'une bastide (1). Larcher (t. VI, p. 149) signale dans un titre de bail à fief consenti en 1323, aux habitants de Plaisance, l'arrivée dans cette paroisse des commissaires envoyés par le comte d'Armagnac pour fonder la ville et planter le pal : « *ad figendum palum, fundandum et construendum dictam bastidam.* »

Cette cérémonie préliminaire eut certainement lieu à Monguilhem, comme partout ailleurs. Les populations ainsi prévenues se hâtèrent d'aller prendre possession des terres qu'on leur offrait et de bâtir leur maison dans l'enceinte de la nouvelle ville. La perspective de privilèges particuliers, de franchises avantageuses et d'une sauvegarde spéciale pour leurs personnes et leurs biens désormais assurée par le roi d'Angleterre attira de nombreux citoyens.

La prise de possession des terrains accordés par le seigneur n'était pas arbitraire. Le concessionnaire faisait des lots et les distribuait par voie d'adjudication aux futurs habitants (2). Les terrains ainsi abandonnés aux habitants de Monguilhem furent livrés sous condition de *bail emphytéotique* (à long terme) *avec redevance fixe*, comme il est dit dans le texte malheureusement perdu des coutumes de Monguilhem et comme on peut le conclure des divers actes de *foi et hommage* dont il sera question plus loin. En d'autres termes, les terrains furent livrés gratuitement aux occupants, sous la simple réserve d'une redevance annuelle. Il n'y avait là rien que de parfaitement légitime, on en conviendra, et personne au monde ne pourrait sérieusement songer à taxer d'injustice une libérale concession de terres faite de nos jours dans les mêmes conditions.

Les habitants de Monguilhem acceptèrent les domaines que le baron de Toujouse et le roi d'Angleterre leur offraient généreusement, à la condition d'acquitter certains

---

(1) Curie Seimbres, t. I, p 161. « Palum pro nova populatione ibidem facienda figi et apponi fecimus, » est il dit dans le préambule de la fondation de la bastide de Saint-Martin de Bigorre, en 1327.

(2) La trace de ces concessions est facile à constater dans les actes relatifs a Monguilhem. (V. Archives de Villeneuve-de-Marsan.)

devoirs examinés, plus bas, à l'égard des seigneurs. Or, ces domaines se divisaient en trois catégories distinctes bien apparentes encore dans la *Reconnaissance* (1) *féodale* de 1522, signée par Bernard de Toujouse. La première catégorie destinée aux maisons, s'appelle *place (plateœ domorum)*. La seconde catégorie, située en dehors du périmètre de la ville et comprise entre la première ligne des fossés et le chemin de ronde, est désignée sous le nom de *casaus, jardins, casaleria, casalatgia*. Enfin, la troisième catégorie comprend les terrains destinés à l'exploitation agricole et connue sous le nom commun de *journau, jornau*.

« Jean, autrement Jehannoton du Bourdieu, a recogneu a tenir une maison dans ladite ville de Monguilhem contenant une *place* confronte avec carrère publique, au service de vi baquettes.

» Plus trois quarts d'une place de terrain *jardin* (casaou) confronte avec *fossats* de lad. ville soubs le service de quatre baquettes.

» Plus sept places de jardin appelées au cazau de Labat, confronte avec fossés de lad. ville, soubs le service de x ardits 2 baquettes.

» Plus dix journals de terre au terroir appelé au *teulere* confronte avec rieu du Midou, soubs le service de six baquettes. »

Comme on peut en juger par ce simple fragment de *Reconnaissance*, on distinguait trois classes bien marquées de terre. Chacune d'elles formait un certain nombre de lots égaux, qu'on attribua aux habitants, moyennant une redevance dont on voit la proportion dans les lignes que nous venons de citer.

Le *cens* ou le *fief* variait avec les communautés. A Monguilhem, il fut peu élevé. Chaque habitant avait cependant reçu du seigneur sa *place* de maison avec façade sur la rue de cinq à six mètres de largeur. Le jardin avait six ou sept ares environ, et tout nouveau citoyen possédait, en outre, quelques ares de terre labourable, en dehors des fossés. Il est difficile de dire la superficie de ces propriétés rurales comptées par *journaux* et par *casaux* (2). « Le nom d'*arpent*, dit M. Curie-Seimbres, se

---

(1) Archives de Villeneuve de Marsan $\frac{11-4}{10}$ (n° 27).

(2) En certains cas, le mot *casal, casau*, dans les vieux textes, signifie *domaine rural*. Le cartulaire de Bigorre s'exprime ainsi en parlant des terres de Lourdes : « *Hec est cens de las maysons de Lurda* » et l'énumération des cens dus pour les maisons, vient après le cens des casaux. Le *Dictionnaire historique* de Larcher contient une charte (verbo *casau*), où l'on voit qu'il y avait des *casa*

trouve employé indifféremment avec celui de *journal*, et la redevance est la même dans les deux cas. Il nous paraît rationnel, d'en conclure que ces appellations correspondent à une même contenance, celle que le dernier de ces termes continue de représenter. » L'auteur de l'*Essai* se trompe manifestement. L'étendue de l'arpent variait comme celui du journal suivant les pays. On peut, pour s'en convaincre, consulter l'*Instruction abrégée sur le système métrique*, publiée par Vidaloque, à Auch, en l'an II de la République.

Lorsque la distribution des terres aux futurs habitants de la nouvelle ville de Monguilhem fut terminée, on dut procéder sans retard à l'érection des maisons, et la bastide se montra bientôt (1) avec son aspect de cloître monacal qu'elle a conservé jusqu'à ces derniers temps. Une vaste place formant un beau carré parfait se développa au milieu de quatre rangées de maisons précédées d'une large saillie, soutenue en avant par des pilliers en bois formant une sorte de galerie rectangulaire qui reçut, chez nous, le nom d'*Embans*. Ailleurs, ces appendices s'appelèrent *couverts*, — à Mirande, par exemple, — *cornières*, comme à Agen et à Montauban, etc.

Les *embans* appartenaient aux propriétaires des maisons qui en avaient la libre disposition : *Ambana sint libere burgensibus quibus fuerint domus*, est-il dit dans une charte. Les jours de marché, ces sortes de cloîtres servaient à l'étalage des marchandises apportées par les vendeurs forains. Les *embans* ont à peu près totalement disparu dans l'espace d'une quarantaine d'années. Il n'en reste plus qu'un modèle devant la maison de M. *Laffargue*.

Certains ont déploré la perte de ces vieilles reliques du moyen-âge. Nous nous en réjouissons, au contraire, et nous bénissons le moment où nous vîmes tomber l'*emban* de la maison paternelle sous lequel s'écoula une partie de notre jeunesse. Ces cloîtres avaient assurément leurs charmes pour les hommes oisifs et désœuvrés auxquels

---

tagia, casalia de vingt six journaux, sur lesquels plusieurs maisons étaient bâties.

On entendait communément par *capcasal* ou *capcasau* une étendue de terrain accordée par le seigneur à son emphytéote pour y bâtir sa maison. Ce terrain était chargé de certaines redevances en argent, en grain et en volaille. (V. Larcher, *Glanages*, t. XXI, p. 301)

(1) Les habitants des villes nouvelles devaient bâtir leurs maisons dans l'an née même de la fondation La charte de coutumes donnée a Laon en 1128 déclare que quiconque y sera reçu devra, dans l'intervalle d'un an, s'y bâtir une maison. (Rec. des Ordon., t. XI, p 185 — Curie Seimbres, t. I, p. 169.) — Les habitants de la bastide de Sauveterre, dans le Rouergue (1281), promirent d'y établir leur résidence dans l'année.

ils servaient de *forum* et d'*agora*. Mais comme la salubrité de l'air des maisons perdait à cette disposition ! Comme la lumière des appartements inférieurs souffrait de ce voisinage ! D'ailleurs, ces bizarres galeries devenaient trop souvent des magasins de débarras, des greniers ou des granges. Elles étaient construites, comme la plupart des maisons qu'elles précédaient, en bois dont les pièces séparées présentaient un réseau de chevrons en bois qu'on garnissait d'un vulgaire torchis de terre et de paille ou de fragments de briques. Leur élévation n'était pas grande. C'est que les bourgeois accourus pour conquérir leur droit de cité n'étaient pas riches !... Beaucoup manquaient du nécessaire et s'estimaient heureux, sans doute, de pouvoir se bâtir un modeste asile avec les arbres abattus dans le lot de terre abandonné à leur exploitation.

Les principaux citoyens prirent position autour de la place centrale; nous le voyons par la *Reconnaissance de 1521* (Archives de Villeneuve-de-Marsan). Les plus pauvres, arrivés plus tard pour avoir part au lotissement déjà fait ou incapables d'élever des constructions soumises à un plan régulier, se contentèrent de se loger dans des ruelles voisines qui aboutissaient au centre de la ville. Les fondateurs n'oublièrent pas cette classe intéressante d'habitants qui purent, comme les autres citoyens, conduire leurs animaux dans des pâturages communs désignés jusqu'à nos jours sous les noms de *padouens* et de *landes communales*, comme on le voit dans la *Reconnaissance de 1521*. (Nous reviendrons sur les Padouens dans un paragraphe spécial.)

La grande place de Monguillem devint le centre de la ville. La *halle* s'éleva au milieu de la cité, offrant les rayons de planche disposés entre les séries de ses colonnes en bois aux marchands étalagistes qui fréquentaient les foires et les marchés créés dans la bastide par une disposition particulière des coutumes locales. La nouvelle ville ne tarda pas à posséder d'importants magasins mentionnés dans les *Comptes consulaires de Riscle* (1).

Le seigneur de Toujouse voulut avoir aussi son château dans nos murs. Il fut donc stipulé dans le contrat de paréage qu'il retenait pour son usage personnel « et son labourage, vigne, et prés et autres ménageries » soixante journaux de terre. Une disposition semblable laissait au roi d'Angleterre la liberté de se faire bâtir une pareille résidence et d'en choisir l'emplacement dans tel quartier

(1) *Archives Historiques de la Gascogne*

qu'il jugerait convenable. Il ne paraît pas que les monarques anglais aient jamais ordonné la construction de ce château-fort ou *maison forte* aux termes du paréage.

Mais le seigneur de Toujouse voulut avoir « un chateau et ung fort, » au midi de la ville dans l'endroit qui porte encore le nom de *Salle* ou maison noble, entre le périmètre de la cité et la première ligne des fossés de défense. Ce n'est plus maintenant qu'une agréable maison.

Selon l'auteur de l'*Essai sur les villes* (t. I, p. 184), les maisons réservées dans les bastides ne devaient jamais être fortifiées. Et il cite, à ce sujet, ces mots de la sentence arbitrale rendue en 1279, entre les consuls et les co-seigneurs de la bastide de Montesquieu-de-Serou : *quod ibi non possit facere turrim nec aliquam fortaliciam vel munitionem* (1). Ce texte autorisait, en effet, M. Curie-Seimbres a conclure du particulier au général, bien que le paréage de Monguilhem paraisse établir le contraire : « En laquelle nouvelle ville (Monguilhem), il a été accordé que ledit Annet de Toujouse pourra faire bastir *ung chasteau et ung fort*... et quil sera loisible a Sa Majesté de fère de mesme une maison forte en tel lieu de ladite terre (de Monguilhem) que bon luy semblera. » Le droit de bâtir des maisons fortes ou châteaux n'appartenait qu'au seigneur (2).

Le château fort de Monguilhem, bâti à l'angle sud-est de la ville, s'étendait du chemin de ronde vers la seconde ligne des fossés méridionaux. Une porte ouvrait sur la ville, dont il était indépendant, et une autre, probablement placée sur les fossés, donnait accès aux voyageurs qui venaient par le chemin de Toujouse. Ces constructions ont depuis longtemps disparu, mais les masses de briques recueillies dans les terrains du voisinage de *La Salle* semblent indiquer que ce système de défense eut une certaine importance.

Les bastides furent toujours et nécessairement fortifiées,

---

(1) Collection Doat, t 95

(2) Nul autre que lui ne pouvait élever ces sortes de constructions dans toutes les terres de son fief, sans une permission spéciale On en trouve des preuves nombreuses. L'une des plus curieuses est une charte en vieux gascon qui est au cartulaire de Sainte Marie d'Auch Un personnage qui prétendait un droit de co seigneurie sur les terres affectées a la fondation de Nogaro, obtient de l'archevêque, par transaction, de bâtir librement une *tor* et *una fermantia*. Ce qui ajoute un intérêt a cette pièce, c'est que M. Luchaire l'a publiée dans ses textes gascons, et qu'ayant voulu en corriger la ponctuation, il en a détruit le sens dans sa traduction défectueuse. Il traduit notamment, *fase tor* (faire une tour) par *faire tort, commettre un dommage*. Il s'étonne avec raison que l'archevêque permette à une famille de faire des dommages sans payer ni amende ni redevance. La clause du paréage de Monguilhem se retrouve dans la plupart des pièces de ce genre

selon le témoignage de M. Curie-Seimbres (1). « C'était même de cette circonstance qu'elles tiraient leur nom, dit-il. » D'après le texte du paréage de Monguilhem (2), s'il n'est pas si manifeste que les bastides devaient « toujours et nécessairement être fortifiées, » il est certain néanmoins que le paréage déclarait qu'on fortifiera la nouvelle bastide, si on le juge utile. « Item, ne sera tenu ledit sieur de Toujouse à contribuer d'aucune chose que entant et autant qu'il lui plaira aux frais nécessaires pour fermer et clore ladite ville comme non plus sadite Majesté ne s'oblige point à ceste cloture qu'en cas qu'il trouvera que c'est une chose pour son bien ou pour son honneur. »

Les travaux de défense destinés à protéger notre cité contre les attaques du dehors durent être jugées utiles de bonne heure, car les plus anciennes *Reconnaissances* conservées à Villeneuve-de-Marsan nomment très souvent les *fossés* de la ville, les *terrasses* auxquels confrontent les jardins.

La circonvallation de Monguilhem fut déterminée par deux lignes de *fossés* profonds séparées l'une de l'autre par un large espace. La seconde ligne s'appelait *Barri*. La *Reconnaissance* de Monguilhem de 1521 nomme le *barri* plusieurs fois. Des portes, souvent mentionnées dans les archives de Villeneuve-de-Marsan, se dressaient aux quatre points cardinaux de la nouvelle bastide, sur la première ligne des fossés. Une marge de terrain remontant par une pente roide en face du talus, de la dernière escarpe jusqu'à la ligne de l'enceinte, régnait autour de la ville. (Voir le plan pour tous ces détails. Pl. 1.) (3).

Monguilhem a conservé cet aspect militaire jusqu'au milieu de ce siècle à peu près. Les portes disparurent d'abord pour faire place à de belles et larges routes. Puis, les fossés ont été partiellement comblés par les riverains et se sont transformés en jardins, tandis que les *terrasses*

---

(1) *Essai sur les Villes*, etc T. I, p. 51.
(2) M. Curie Seimbres n'a pas pu parler avec compétence de notre ville dont il se contente de dire, t I, p 263, que Monlezun, t. III, p 80, signale le paréage de Monguilhem, pour se demander ensuite « s'il s'agit dans l'*Hist. de la Gasc.* de Monguilhem commune rurale de 400 habitants, dans le canton de Nogaro ? »
(3) Nous nous en tenons au plan cadastral, parce qu'il nous semble que pour un livre d'histoire, il faut préférer le document le plus ancien, comme se rapprochant davantage de la narration.
La première ligne de défense consistant en remparts en terre est elle bien du moyen âge ? On ne se servait pas alors de ce mode de fortification qui n'apparaît qu'au xvi⁰ siècle Il serait possible que Monguilhem et son seigneur huguenot aient construit ces remparts à la fin du xvi⁰ siècle. Il y en a d'autres exemples. Henri IV fit faire des défenses extérieures en terre ou bastions à Vic Fezensac, a Lectoure, où il en existe encore un Il y a des défenses semblables datant de la même époque, a La Mothe d'Anglès, près Montesquiou, à La Mothe Pélagrue, aujourd'hui Lamothe Goas, près Fleurance

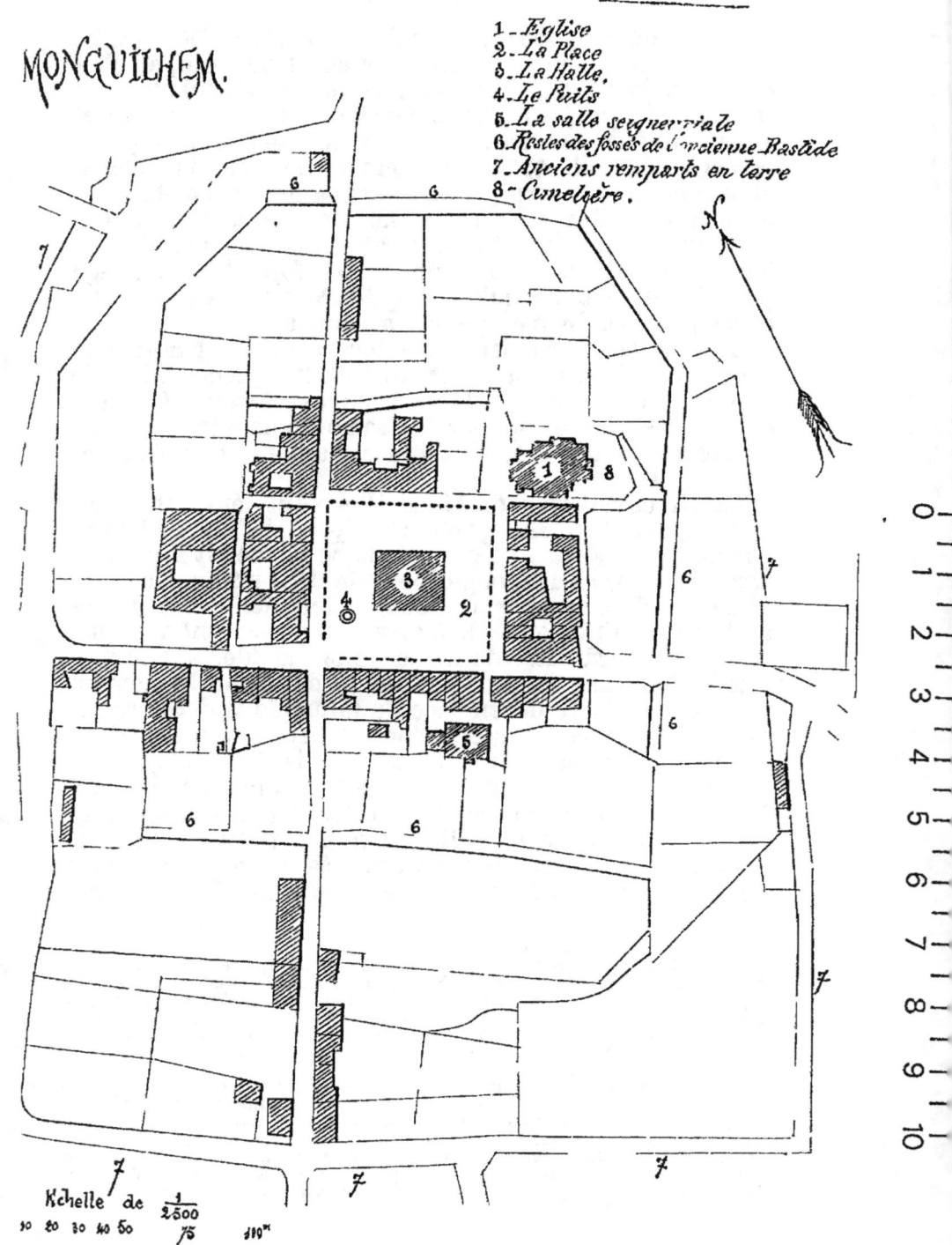

proprement dites ou remparts ont été utilisées comme terrains de transport dans les propriétés voisines.

Quoique modeste, en apparence, ce système de défense ne laissait pas que d'offrir une grande sécurité à la place. Pour le franchir, il fallut plus d'une fois joncher la terre de cadavres, et nos fossés devinrent le tombeau de bien des guerriers, si l'on en juge par les vestiges d'équipement militaire parfois retirés de leur vase. — « Voyez, si les hommes étaient grands autrefois ! » — nous disait un jour un ouvrier en nous montrant une belle série d'éperons et une cuirasse qu'il venait de trouver au fond du fossé contigu à son jardin. Et là-dessus, il faisait le récit animé de batailles autrefois livrées sous les remparts de Monguilhem, dont les murs s'étendaient, ajoutait-il, jusqu'à la plaine de *Rabet*. A cette époque, poursuivait-il, Monguilhem s'appelait *Bèrebie*, *Bidache* ou *Sauveterre*.

Au fond de toutes les erreurs, il y a quelque chose de vrai, dit-on. Le récit de notre interlocuteur touchait à la vérité historique par plus d'un point.

Monguilhem n'avait pas été bâti sur l'emplacement de l'antique paroisse de *Saint Pierre de Berobie*, avons-nous dit, mais au nord-est, à un kilomètre environ de l'église primitive, établie au hameau de *Rabet*, à l'endroit même qui porte encore le nom de *Gleisia*. Or, chez nous, comme dans la plupart des villes nouvelles, l'église de la bastide ne s'éleva pas aussi rapidement que les maisons et les remparts de la cité. Sa place était bien marquée à l'angle nord-est de l'enceinte, mais, faute de ressources, sans doute, l'édifice ogival actuel ne fut commencé qu'en l'année 1471 par le soin d'*ouvriers* (marguilliers) dont les noms sont gravés en lettres gothiques dans un cartel en pierre au mur septentrional de la nef de l'église. Jusqu'alors, le service religieux se fit, selon toute apparence, hors les murs, dans le sanctuaire primitif de *Rabet* (1). Et voilà comment la tradition populaire, tou-

---

Néanmoins, il est hors de doute que la défense des lieux fortifiés consistait en terrasses ou remparts en terre, même au quatorzième siècle. Nous en avons la preuve dans une charte de 1303 conservée dans nos archives du Grand Séminaire d'Auch (No 16560).

Il s'agit de la reconstruction du *castrum* ou village fortifié de Saint-Blancard en Astarac Pierre d'Orbessan signe un accord (8 déc 1303) avec les habitants du lieu, en vertu duquel ceux-ci sont obligés de bâtir de *nouveau* le castrum de S Blancard a l'entour ou près de l'ancien peut être détruit par la guerre. La charte porte la clause formelle que les habitants de la communauté seront tenus d'entourer le village d'un fossé large et profond, et de le munir d'excellentes terrasses ou remparts » *Per cuicultum totum castrum cuicumventum, et de super de bonis et optimis PAPIIS TERRE SEU PARIFTIBUS*, etc »

(1) *Le livre rouge d'Auch* (p 134 du *Pouillé*) mentionne Saint Pierre de Monguilhem Il s'agit, sans doute, la de l'église de Rabet, l'église de la ville datant de 1471

jours portée à l'exagération, put étendre les murs de la cité jusqu'aux limites de ce quartier reculé. En réalité, notre ville n'a jamais franchi les lignes dans lesquelles nous voyons encore ses maisons enfermées.

L'église de Monguilhem, puisque nous venons de la nommer, présenta les caractères des édifices de ce genre bâtis au quatorzième siècle dans les villes nouvelles. Nous ne voulons pas la décrire maintenant. Cette étude a sa place marquée dans un autre chapitre. A Monguilhem, comme ailleurs, les fondateurs eurent un but en construisant l'église : c'était d'en faire, dans un cas d'extrême nécessité, le refuge suprême, un centre de défense. Voilà pourquoi, après avoir réuni dans cet édifice, au portail et à l'intérieur, tout ce qui pouvait lui imprimer un caractère chrétien, on le fit précéder d'une belle tour rectangulaire. Des meurtrières furent ménagées de distance en distance sur les larges flancs du beffroi abrité sous une flèche à quatre eaux peu élancée. Cette tour, en s'élevant à une grande hauteur au-dessus de la ville, pouvait servir, en cas de guerre, d'observatoire militaire et de tour de défense (1). Elle est bâtie, comme le reste du monument, en brique plate cuite de belle dimension.

Le plan de la ville de Monguilhem ne diffère pas de celui des petites villes bâties à la même époque. Nous connaissons déjà ses lignes principales. Un vaste carré ayant la *halle* au centre était percé à chacun de ses angles de deux petites rues perpendiculaires l'une à l'autre. (V. le plan, fig. 1.)

Au sud-est, la rue de Nogaro était perpendiculaire à celle qui conduisait à la *Salle* ou maison seigneuriale. La rue parallèle au mur méridional de l'église et conduisant aux remparts ou *terrasses* de l'est coupait à angle droit celle qui, passant devant le porche de l'église, se dirigeait vers les *terrasses* septentrionales. Le chemin d'Estang ou du Midou formait un angle droit avec une ruelle tracée vers les fossés de l'ouest, et, enfin, la route du Marsan formait un angle droit avec celle de Toujouse et du Houga.

C'est dans la rue du Marsan, descendant vers la *Ville-Basse*, que s'élevait jadis une porte fortifiée adossée aux prisons de la ville, maintenant remplacée par *l'Hôtel des Voyageurs*.

(1) En soutenant la thèse, d'ailleurs vraie, que les églises servirent au moyen-âge à la défense des cités, M. Curie-Seimbres (t. I, p. 87) fait observer qu'on remarque dans quelques uns de ces édifices, à Marciac notamment, « un puits creusé dans l'enceinte, évidemment pour le cas où on aurait à soutenir un dernier siège » Erreur ! Ces puits, à Marciac et ailleurs, avaient souvent une autre raison d'être.

D'après une tradition populaire, le nom de la nouvelle bastide aurait été *Sauveterre*, au début. C'est possible, mais la véritable appellation fut *Monguilhem* dès le temps de sa création.

Lorsque le roi d'Angleterre donne la charte de coutumes de Montaigut, le 20 février 1320, c'est-à-dire l'année qui suivit la fondation de notre ville, on compte parmi les témoins *Pierre de Nagsa* bayle de *Mont-Guilhem (Petrus de Nagsa bajulus Montis Guilhelmi)*. Le *Livre Rouge d'Aire écrit en 1335* (1) mentionne aussi à diverses reprises l'*église de Monguilhem* (2).

D'où vient ce nom à notre bastide ? Il est facile de le conjecturer, en attendant qu'un heureux hasard nous fasse retrouver la charte des coutumes. Ce document, soustrait depuis peu d'années aux archives municipales de Villeneuve-de-Marsan (3) (Landes), avait une clause où se trouve exprimée, ce nous semble, la volonté du sénéchal que la ville naissante s'appelle MONT-GUILHEM.

Au treizième, comme au quatorzième siècle, une foule de bastides prirent le nom des officiers qui présidèrent à leur fondation. Trie, par exemple, Solomiac, Libourne, Marciac, Beaumarchés, Rabastens, etc. Ainsi en fut-il à Monguilhem, sans doute. Guillem de Montaigut, sénéchal du Marsan pour le roi d'Angleterre, fonda presque en même temps les deux bastides de Montaigut et de *Monguilhem*, voisines l'une de l'autre. Il aura voulu donner son nom de baptême *Guillem*, précédé de la première syllabe de son nom patronymique *Mont* à notre cité : *Montguilhem*, tandis qu'il aura réservé son nom patronymique tout entier pour la ville de *Montaigut*.

Il ne faut donc point voir dans le mot Monguilhem, pas plus du reste que dans *Montaigut*, une toponymie due à l'état physique des lieux — les deux villes sont bâties dans la plaine, — mais bien des désignations conventionnelles qui procédèrent simplement du choix du sénéchal du roi d'Angleterre dans les Landes.

La jeune cité dut avoir ses armes, ce symbole de l'individualité et de l'existence politique, jusqu'à la révolution française (4). Nous avons inutilement cherché à les décou-

---

(1) V notre *Pouillé*, p 127.
(2) Ibid, pp 131, 142, etc
(3) L'Inventaire des Archives des Landes, rédigé par M Tartière, mentionne ce beau parchemin que nous avons eu le grave tort de ne pas transcrire intégralement dans notre première visite au dépôt d'archives de Villeneuve
(4) Une ordonnance du 26 décembre 1814 a autorisé les villes et communes à reprendre les armoiries qu'elles possédaient avant 1789. (*Essai sur les Villes*, t I, p. 165)

vrir en Angleterre et en France. Le grand recueil de d'Hozier n'en conserve même pas la moindre trace. C'est à peine si nous avons pu rencontrer dans nos investigations les armes de Roger de Toujouse, dessinées au bas d'une quittance datée du 22 octobre 1353. L'écu, dont l'émail est inconnu, porte un lion rampant. Deux palmes encadrent cet écu entouré d'un dessin alternativement triangulaire et semi-circulaire (quatre lobes de chaque espèce) enfermé dans deux orles concentriques. Ce sceau a perdu sa légende et l'orle circulaire extérieur : il a quinze millimètres de diamètre (1). Si nous entrions dans tous ces détails, c'est pour conserver le souvenir de ce qui fut peut être le blason de Monguilhem ou l'un des éléments des armes de la ville.

L'une des premières préoccupations des créateurs de la nouvelle ville, fut de donner aux habitants les moyens de subsister. Quand une abbaye se fondait, au moyen-âge, elle avait toujours pour complément indispensable un ou plusieurs moulins à l'usage de la communauté naissante et des populations voisines. Annet de Toujouse et le sénéchal du roi d'Angleterre songèrent aussi, dans leur accord, à pourvoir à l'alimentation de Monguilhem. Ils convinrent donc qu'il serait bâti à frais communs « ung ou plusieurs moulins banyes (2), » et il fut statué que si le seigneur de Toujouse n'avait pas de fonds suffisants pour concourir de son côté à cette création, le roi d'Angleterre se chargerait de pourvoir à l'achèvement des moulins. Mais ce n'était pas sans condition. Le monarque anglais se réservait « les rentes et droits seigneuriaux de la nouvelle ville comme aussi les revenus des moulins » jusqu'à complet remboursement de la somme avancée pour la part du seigneur de Toujouse.

Les frais de fondation de Monguilhem devant être communs, il était juste que les revenus fussent partagés par portions égales entre les deux co-seigneurs ou *pariers*. Or, ces revenus étaient assez nombreux. Voici le nom de quelques-uns : *censives* ou *fiefs*, *entrées*, *issues*, *loys* (3), *deffauds* (4), *amendes*, *droit de fournaige* et de *péage*.

(1) Le texte de la quittance militaire munie de ce sceau est ainsi conçu : « Sachent tous que Nous Roger, sire de Toujouse, chevalier, avons eu et receu de Jacques Lempereur, tresorier des guerres du Roy nostre sire, par les mains de Evain Dol, son lieutenant en prest sur les gaiges de nous, des gens d'armes et de pié de nostre compagnie desservis en ces présentes guerres de Gascogne, sous le comte d'Armagnac, 32 livres et dix sous tournois, etc (22 oct 1353) » — (Chambault, vol 106, n° 8227. — Bibliothèque nationale, titres scellés) — *Archives historiques de la Gascogne*.
(2) *Pareage de Monguilhem*
(3 4) *Loys*, *defauds*, c'est sans doute, lods et ventes ou droit de mutation Cet impôt vient des Romains. Il fut établi par Auguste pour toute la propriété dite provinciale.

Ils sont énumérés dans les divers hommages qui trouveront place dans les chapitres suivants.

En ouvrant l'accès des villes aux populations, les seigneurs leur donnaient, à titre de bail emphytéotique perpétuel, d'abord le sol urbain, c'est déjà dit, sur lequel devaient reposer, en emplacements symétriques, les maisons que les habitants allaient construire, puis les terres destinées à la culture, qu'ils défrichaient dans la plupart des cas et transformaient en jardins ou en champs d'exploitation. C'est ce qui eut lieu à Monguilhem. Le bail fait par les *pariers* eut pour condition, comme toujours, que les vassaux donneraient une redevance fixe qui se payait une fois l'an, à la fête de Saint-Martin : c'était le *cens* ou *fief*. Ce revenu s'appela quelquefois *oblie* ou *acapte*.

Les habitants de Monguilhem avaient le droit, en vertu de la charte de coutumes, d'aliéner les terres qu'ils tenaient du seigneur de Toujouse et du roi d'Angleterre, soit à titre gratuit, soit par ventes ou échanges, donations ou testaments, sous une seule réserve. Il était interdit de les faire passer dans la main des nobles et des clercs, parce que, dans ce cas, ces terres auraient cessé d'être une source de revenus pour les concessionnaires, attendu que les clercs et les nobles jouissaient du privilège de mainmorte. Or, les droits casuels qu'on percevait à l'occasion de ces mutations étaient désignés sous les noms de *lods* et de *ventes*.

L'administration de la police donnait lieu à d'autres revenus connus sous le nom d'*emendes*, amendes, etc. — Les marchandises venant du dehors et passant par la ville subissaient, elles-mêmes, les jours de foire et de marché, comme en d'autres temps, un impôt qu'on désignait sous le nom commun de *peage* ou de *leudes*. Enfin, le *four banal* et le *mazet* (vente de viande et de vin) fournissaient eux-mêmes de petits revenus désignés sous le nom de *fornaige* et de *souquet*.

Tous ces droits ne produisaient pas des sommes considérables pour les paréagers qui devaient les percevoir, par portions égales, par l'entremise de leurs *Bailes*.

La nomination de ces officiers appartenait également aux deux co-seigneurs de Monguilhem. Il est formellement stipulé dans l'acte de *Paréage* que le roi d'Angleterre « mettra un bayle à Monguilhem et led. de Toujouse ung aultre. » Leur juridiction ne s'étendra pas seulement à la perception des droits dus aux suzerains. Ils auront, en outre, le droit *égal et commun* « de connaître tous et chescuns les cas appartenants et dépendants de ladite juridiction. »

Ces magistrats devaient, chaque année, prêter serment de s'acquitter fidèlement de leur charge et de se rendre un compte exact de tous les droits exigés par les co-seigneurs. L'acte de paréage insiste en deux endroits sur ce point capital. Après avoir affirmé le droit de créer un baile pour la perception des revenus, le roi d'Angleterre et le seigneur de Toujouse sont déclarés capables « de commettre des officiers et procureurs pour exiger, lever et prendre annuellement les droits et devoirs seigneuriaux lesquels officiers et procureurs feront et presteront annuellement serment de bien et fidèlement faire leur charge et ce entre les mains desdits bailes. »

On comprend sans peine cette préoccupation de la part des suzerains, touchant leurs droits respectifs et la constitution de la commune. Le baile et les officiers subalternes que nous venons de nommer constituaient les magistrats communaux, en qui s'identifiait la ville naissante.

Dans les cités gallo-romaines, les magistratures se perpétuaient dans quelques familles. Les bastides, au contraire, n'étant guère peuplées que de paysans libres et de serfs affranchis, la participation à la vie communale devint pour tous une utile école : le passage dans les charges publiques y fut un puissant moyen d'élévation. Ces charges étaient annuelles, comme l'établit le paréage de Monguilhem, et remplies tour à tour par un certain nombre de citoyens, ordinairement quatre. L'élection à cette magistrature, qui avait conservé le nom romain de *consulat*, se faisait par le peuple tout entier de la manière la plus large. A Monguilhem, le droit électoral appartenait indistinctement à chaque citoyen. On y dressait ensuite une liste de six candidats sur lesquels le roi avait le droit d'en éliminer un et le seigneur de Toujouse un autre (1).

Une règle invariable, admise dans toutes les bastides, exigeait que les fonctions consulaires ne fussent conférées que pour un an. Le remplacement des *jurats* s'opérait à Monguilhem au *commencement de l'année*, comme il est dit dans l'article en note ci-dessous.

(1) Les *aveux et denombrements* de Monguilhem portent toujours cet article : « Plus appartient audit seigneur le droit d'élire et nommer chaque année les jurats dudit Monguilhem, sur la liste qui lui est presentée au commencement de l'année, lesquels jurats après leur nomination sont tenus et obligés avant de faire aucun exercice de leur charge de prêter le serment requis ès mains des officiers de justice dud seigneur et après leur administration d'en rendre compte devant lesdits officiers » — Nous reviendrons plus longuement dans la suite sur ce point d'administration communale

Les jurats ainsi nommés avaient le commandement de la milice bourgeoise, la garde de la ville, la police, la viabilité, la gestion des biens et des revenus communaux. Ils partageaient la juridiction pour les crimes et délits avec le juge institué par le roi et le seigneur de Toujouse. Ce juge était le *Batle*. Mais celui-ci connaissait seul des matières civiles qui exigent des études spéciales et il avait autorité sur les consuls qui, chaque année, faisaient serment entre ses mains « de bien et fidelement fere leur charge. » (*Paréage*.)

Quelque étendus que fussent les pouvoirs de cette magistrature municipale, certains crimes échappaient à sa juridiction, même quand ils étaient commis par les habitants de la ville de Monguilhem, mais en dehors de la limite de la paroisse. Dans ce cas, le juge de Saint-Sever pouvait seul connaître du crime, « sans que, pour ce regard, ledit de Toujouse ni ses successeurs y pussent donner aulcung empeschement. » Ce n'était que lorsque le délit serait commis dans l'étendue de la juridiction de Monguilhem que « le seigneur de Toujouse ou son Baîle pouvait vindiquer ses subjects et les faire punir suivant les lois et coutumes de ladite ville et suivant la qualité de l'excès (1). »

La justice existait à Monguilhem à tous ses degrés divers. Elle appartenait au même titre au roi d'Angleterre et au seigneur de Toujouse qui exerçaient simultanément la *haute*, la *moyenne* et la *basse* justice. Les deux juridictions avaient des droits égaux. L'acte de paréage leur accorde la faculté de pouvoir « arrêter toutes sortes de criminels » et de les juger. Un article spécial pose en principe absolu dans la nouvelle ville que *tout meurtrier sera puni de mort* (2).

Il ne faudrait pas croire que ces villes de refuge du moyen-âge fussent des asiles privilégiés où des gens sans aveu pouvaient s'abriter pour braver les coups de la justice, après avoir commis des crimes de droit commun. L'une des clauses des coutumes de la bastide anglaise de Saint-Osbert en Bazadois (1275) était conçue en ces termes : « Quilibet undecumque veniat ibidem recipiatur dum tamen sit bonœ famœ. » *Tout étranger sera admis dans la ville, d'où qu'il vienne, pourvu qu'il ait bonne réputation.* Le paréage de Monguilhem ne dit rien de particulier sur ce point, mais ses termes sont tels qu'on peut

---

(1) Paréage de Monguilhem
(2) Nous consacrons plus loin un paragraphe à la *justice*

légitimement conclure que le code de la nouvelle bastide n'était pas destiné à une population de criminels.

Une vieille tradition porte bien que notre ville était, à l'origine, un asile inviolable (*Villefranche, Sauveterre*) qu'il suffisait d'atteindre pour se dérober aux justes sévérités de la justice. Mais il ne pouvait en être ainsi que pour des délits de moindre importance, au plus, pour des colons, des serfs attachés à la glèbe qui désertaient les terres, fuyaient la servitude de leurs maîtres au service desquels ils étaient voués et qu'il leur était défendu de quitter. Rien, dans nos longues recherches, ne justifie l'antique légende d'après laquelle notre ville aurait été plus indulgente que ses voisines, à l'égard des malfaiteurs.

Non, les bastides n'étaient pas destinées à assurer l'impunité aux coupables. Ces cités eurent au contraire pour but, en certains cas, de protéger les citoyens contre les déprédations des voleurs et des assassins. Le paréage de Marciac (Gers) écrit en 1298, porte ces mots : « Ad extirpandum speluncas latronum et malefactorum, » *pour détruire et faire disparaître les cavernes de voleurs et de brigands* (1).

Pourvue d'une magistrature complète, par la volonté des fondateurs, notre ville réclamait des officiers ministériels pour la rédaction des actes publics et des fonctionnaires d'un ordre inférieur pour l'administration municipale et l'exercice de la justice. Monguilhem eut donc son *Notaire* (2) pour l'inscription et la conservation des actes publics et un *Trompette* pour la notification des ordres des magistrats aux citoyens de la nouvelle ville. La prison était le corollaire indispensable de cette organisation communale. Elle fut aussi créée. Elle s'élevait, nous l'avons vu plus haut, à côté de la porte occidentale, sur la première ligne des fossés de la ville.

Mais quel est ce personnage mentionné dans le Paréage, entre le *notaire* et le *trompette* ou menestrel? « Item que Sadite Majesté pour ceste fois tant seulement et sans con

---

(1) Mss de Larcher, t. VII, p. 435 — Mairie de Tarbes — Curie Seimbres, t. I, p 108

(2) La Révolution française supprima une foule d'études de notaires et fit procéder à l'élection de ces officiers ministériels par le suffrage des municipalités Cette opération eut lieu à Monguilhem, pour le notaire du canton du Houga, le 3 fév. 1793 (Archives de M Verdier) — Chaque membre du conseil communal reçut une fève *blanche* et une fève *noire* pour exprimer son vote Joseph Dayrie, notaire à Monguilhem, obtint dix fèves *noires* sur dix votants, et Ducastaing, du Houga, eut une fève *blanche* et neuf *noires*. — Voici les noms de quelques notaires de Monguilhem : *Galabert*, en 1507, — *Du Bosc*, — Jean de Lafaye, en 1428, — Dussaux, en 1672, — Du Faget, 1625, — Labeyrie, 1642, — Gervais, 1759, — Navaille, 1761.

séquence fera le premier notaire de ladite ville, installera le premier *Ladre* ou *Gezitte* et en deffaud de sadite Majesté son sénéchal en la duché de Guienne a la charge neantmoins que le Notère, ladre et trompette seront nommés et présentés par ledit de Toujouse a’ceste première fois. »

Les termes de paréage qu'on vient de lire désignent un de ces infortunés que la société bannissait de son sein et qu'on reléguait dans un coin isolé du reste des citoyens, un *capot* ou *cagot* ou *chrestian*, souvent nommé *Ladre* ou *Gésitte*.

Monguilhem eut, en effet, des *capots* désignés, chez nous sous le nom de *chrestians*, comme on peut s'en assurer en parcourant la *Reconnaissance féodale de 1521* (1). Cet acte mentionne à diverses reprises le quartier de la *chrestianie* ou du *chrestian* qui paraît être le hameau méridional connu encore sous le nom de *Crestayres*, corruption du mot *chrestians* (?) (2).

Le droit de nomination du *notaire*, du *gésitte* ou *ladre* et du trompette appartint donc pour la première fois au roi d'Angleterre auquel le seigneur de Toujouse devait présenter les trois candidats. Mais il est formellement spécifié dans le Paréage que le choix se fera ainsi « pour cette fois tant seulement sans que ceste nomination fasse conséquence en la personne de Sa Majesté pour l'advenir. » Dans la suite, le seigneur de Toujouse pourvoira à ces *places vacantes* « alternativenent avec le roi d'Angleterre, en faveur de qui bon lui semblera »

Par ces dernières nominations. la ville de Monguilhem, se trouvait dotée de tous les éléments essentiels à la vie communale. Elle constituait comme un petit Etat ayant ses juges et ses gouverneurs ou suzerains. En signe de vasselage, les jurats et la communauté « étaient tenus de fournir au seigneur de Toujouse ou à ses successeurs une livre d'épicerie (poivre) payable et portable chaque année le jour et fête de Saint-Christophe en la maison seigneuriale que led. seigneur possédait dans lad. ville de Monguilhem (3). »

Des coutumes locales « pareilles ou semblables et de la

---

(1) Archives municipales de Villeneuve de Marsan
(2) Nous n'insistons pas sur ce point qui sera étudié plus loin dans un chapitre spécial — Charles Catinat, ladre de Monguilhem et de Toujouse, figure comme témoin dans un denombrement fourni en 1668 par Antonin de Toujouse (Archives de Villeneuve de Marsan)

(3) Aveu et dénombrement de Monguilhem $\frac{14-1}{30-31}$ — *Archives de Villeneuve-de Marsan* — Dossier Monguilhem

faisson qu'elles avaient esté données aux habitants de *Saint Genès* (1) et de *Jullac* ou tout ainsin qu'il serait advisé entre ledit sieur sénéchal et le seigneur de Toujouse (2) » allaient devenir le code du tribunal de Monguilhem et de ses habitants. Le texte de ces coutumes, écrit sur un magnifique parchemin, ayant disparu, il nous est impossible de reproduire tous les articles de la précieuse charte. En voici du moins quelques extraits que nous avons analysés au début de nos recherches, il y a quinze ans à peu près :

— « Les habitants de Monguilhem ont le droit de vendre, de donner et d'aliéner tous leurs biens meubles et immeubles en faveur de qui ils voudront, si ce n'est en faveur des clers et des nobles.

— » Libre à eux de marier leurs filles où ils voudront et de faire entrer leurs fils dans les Ordres sacrés.

— » Aucun citoyen, sur la plainte d'un autre, ne pourra être jugé hors de Monguilhem pour des fautes commises dans cette juridiction.

— » Si quelqu'un entre pendant le jour dans un jardin, une vigne, etc., qu'il soit soumis à une amende de quatre deniers morlans.

— » On paiera une amende pour les animaux rencontrés sans permission dans le domaine d'un autre.

— » L'argent provenant de ces peines pécuniaires devra être employé à des travaux utiles à la communauté.

— » Quiconque ira voler dans les vignes, jardins, etc., pendant la nuit, sera condamné à une amende de soixante sous morlans.

— » Les consuls devront être des hommes de bonnes mœurs, bien décidés à s'acquitter consciencieusement des devoirs de leur charge.

— » Ces officiers municipaux pourvoiront à la garde de la ville de jour et de nuit et pourront faire incarcérer toutes sortes de délinquants.

— » Tout citoyen qui usera de fausses mesures paiera 60 sous morlans d'amende.

(1) *Saint-Genès* est ici pour S Gem, selon toute apparence Nous n'avons pas les *coutumes* de cette petite localité des Landes assez voisine de Monguilhem Mais nous possédons le partage conclu, en 1284 (10 septembre), entre Raymond de Mualh, connétable de Bordeaux, pour le roi d'Angleterre, et Sanche de Lupé, seigneur de Castandet, *au sujet de la fondation de la bastide de S Gem*
Ce partage scellé du sceau du connétable en 1301, fut confirmé en 1375 par Thomas de Felton, sénéchal d'Aquitaine pour le roi d'Angleterre Me Arnaut Fabas, notaire de la vicomté de Juillac, rédigea le document en forme publique, en 1316, à la demande d'Arnaud, seigneur de Castandet *(Archives du château de Poyanne)*
(2) *Partage de Monguilhem*

— » Défense aux bouchers de la ville de mettre en vente des viandes qui ne seraient pas irréprochables. Dans le cas de délit de leur part sur ce point, le Bayle et les consuls feront distribuer aux pauvres toutes les marchandises suspectes.

— » Le boulanger qui fera payer trop cher le pain, sera frappé d'une amende et verra ses pains donnés aux pauvres.

— » Le prix des lièvres, des lapins, des perdrix, sera fixé sur la place publique par ordre du bayle du seigneur.

— Les comestibles portés dans la ville ne seront offerts aux revendeurs que lorsque les habitants se seront pourvus.

— » Il n'y a point d'octroi à payer pour les comestibles, animaux ou légumes, présentés sur la place de la ville.

— » Les jurats de la ville seront tenus de garder les intérêts de leurs suzerains et les habitants prêteront serment de fidélité entre leurs mains, dans les cas prévus par la coutume.

— » Les actes rédigés par le notaire public auront toute l'autorité que la loi leur reconnaît.

— » La solennité légale n'est pas rigoureusement exigée pour les testaments qu'on peut faire en présence de témoins dignes de foi.

— » Pour une dette niée, il y a une amende de 12 deniers morlans, lorsque le créancier prouve son droit

— » Il y a peine d'amende contre tout citoyen qui adresse à un autre des paroles grossières et injurieuses.

— » Si quelqu'un menace seulement de frapper un citoyen avec son épée, qu'il soit puni d'une amende de dix sols morlans. Il payera 20 sols, si le sang coule, et il devra réparer les dommages causés au blessé. Si la victime a un membre mutilé, le coupable doit une amende plus forte, et le bayle doit le poursuivre en justice Si un citoyen, hors le cas de légitime défense, en blesse grièvement un autre et le tue, il sera condamné à la peine capitale.

— » Les voleurs et les homicides seront punis au jugement du Bayle.

— » Tout citoyen surpris en flagrant délit d'adultère, sera condamné à parcourir nu toute la ville ou il paiera 20 sols d'amende, à son choix.

— » Tout étranger admis dans la ville jouira des mêmes libertés que les autres habitants.

— » Chaque habitant paiera tous les ans un droit de censive pour l'emplacement de sa maison et les autres immeubles.

— » Tout habitant pourra avoir son four propre pour

faire son pain. — Ceux qui n'en auront pas devront recourir aux fours banals du seigneur, moyennant un pain sur vingt pour droit de *fournage.*

— » Il y aura à Monguilhem des marchés le lundi de quinze en quinze et il y sera institué des foires (1).

— » Tous les ans, les bayles seront renouvelés et prêteront serment entre les mains des consuls.

— » Chaque année, les bayles et les consuls sortant de charge créeront de nouveaux consuls et rendront leurs comptes à la nouvelle administration.

— » Il y a amende contre ceux qui jettent des ordures dans la ville ou déposent des objets nuisibles à la salubrité publique.

— » Les citoyens jouissent du privilège de vendre ou d'acheter du sel.

— » Tout condamné peut faire appel à la cour de Saint-Sever, etc.. etc. »

Telles furent, en substance, les principales dispositions légales destinées à régir la population de notre ville naissante. Chaque bourg, chaque cité, à cette époque, avait sa charte particulière. Il n'y eut pas de constitution générale pour les provinces au moyen-âge.

La coutume de Monguilhem prévoyait le cas d'un conflit possible entre les deux co-seigneurs, lorsque l'un des Bayles instruisait une cause criminelle dont la connaissance appartenait aux deux juridictions égales. L'autorité du premier ne pouvait en rien « préjudicier à la juridiction du second » et *vice versa.* dit le *Paréage de 1319.* On estimera alors que le jugement a été rendu de l'autorité des deux seigneurs. « A esté aussy accordé qu'en cas il se trouvera que aulcun des susdits bailles aye la prevention de quelque affaire dont la cognoissance appartient également à l'ung et à l'aultre des bailles que cela ne préjudiciera point à la juridiction ni de l'ung ni de l'aultre desdits seigneurs, ains qu'il sera sencé que cella s'est fait de l'autorité de l'un et de l'autre. »

Par l'acte de *Paréage* de Monguilhem, le roi d'Angleterre et le seigneur de Toujouse contractaient des obligations réciproques à l'égard des domaines qu'ils voudraient acquérir. S'il plaît au roi d'Angleterre d'étendre ses possessions à Monguilhem, le seigneur de Toujouse aura

---

(1) Monguilhem eut de bonne heure des magasins assez importants pour fournir des étoffes à la ville de Riscle en 1450. Voici ce que nous lisons dans les comptes de cette année : « Item mostra que abe pagat a Sansonet d'Armilh, de Montguilhem, per los draps a loi deguts, trenta e tres scutz 1 sol. » (*Comptes de Riscle,* t I, p. 14.)

droit à la moitié des revenus des biens achetés, à la condition de payer la moitié de la somme fournie par le monarque et celui-ci n'aura pas le droit de bâtir une seconde ville dans la juridiction de la première. Si l'acquisition d'un domaine s'opère, au contraire, avec l'argent du seigneur de Toujouse, le roi d'Angleterre jouira de la moitié des revenus, si du moins il fournit la moitié de la somme payée pour l'achat. Dans tous les cas, le roi n'aura point la faculté de pouvoir aliéner sa part de seigneurie de Monguilhem. La baronnie doit à jamais rester indivise entre les deux fondateurs et leurs successeurs.

Le Paréage de Monguilhem est important et fort précieux à plus d'un titre. Aussi le plaçons-nous en tête de nos pièces justificatives, à la fin du volume.

CHAPITRE III

DOMINATION ANGLAISE ET FRANÇAISE. — HISTOIRE CIVILE. — DÉNOMBREMENTS. — DROITS SEIGNEURIAUX. — ÉPIZOOTIE.

Quoique fondée par l'Angleterre, la ville de Monguilhem ne tarda pas à passer sous le sceptre de la France qui disputait la Gascogne à la Grande-Bretagne (1337).

Monguilhem appartient à la France en 1337 (on le verra dans l'*Histoire seigneuriale*), tout comme en 1339. L'*Inventaire des archives du comte d'Armagnac* conservées au Trésor de Rhodez et rédigé en 1572 par ordre de Jeanne d'Albret, reine de Navarre, comtesse d'Armagnac, fait mention, en effet, d'un curieux appel interjeté par les consuls de Montaigut et Monguilhem en 1339. Voici les termes du passage qui nous concerne (1) :

« Coppie d'une cédule appellatoire présentée par les consuls, manans et habitans des lieux et bastides de Montagut et de Montguilhem dattées de l'an mil troys cens trente neufz prinse par maistre Vidal de Camisia, notaire, contenant appel interjetté par les susdits consuls de Me Guilhaume Barthe, juge de Rieux, et Pierre de Casarnis, juge de Agenoys, commissaires dépputez par le sénéchal de Périgord et juge maige de Agenoys, de ce que jasoit

(1) « Cotté xxi. »

lesdits lieux et bastides fussent du propre domaine et de la puissance du roy de France, ils avaient ordonné les susdits lieux appartenir au comte d'Armagnac. »

Les événements ne tardèrent pas longtemps à nous ramener sous le sceptre de la Grande-Bretagne que nous devions abandonner encore plus tard pour repasser dans le domaine de la Couronne de France.

Edouard III, pour récompenser son fils, le Prince-Noir, du concours qu'il lui avait prêté dans sa lutte contre la France, lui donna le duché d'Aquitaine, le 19 juillet 1362, dit M. Baradat de Lacaze dans son étude sur *Astaffort* (1) *en Agenais*.

Le prince anglais accabla nos contrées d'impositions et même d'un *fouage*, sans avoir consulté les *Etats* (2). Froissart raconte à ce sujet que l'Aquitaine voulut se soustraire à la domination britannique. C'est alors que le comte d'Armagnac, le comte de Comminge et le sire d'Albret, suivis des délégués de leurs Etats, se firent les interprètes de leurs peuples auprès du roi de France et supplièrent Charles V de reprendre la suzeraineté d'Aquitaine. Le prince écouta leurs propositions et somma le Prince-Noir de venir se justifier, à Paris, des accusations dirigées contre lui par les vassaux de Gascogne.

Le prince anglais fit mine de braver le monarque français qui répondit à sa fierté par la confiscation de l'Aquitaine pour laquelle le comte d'Armagnac rendit « foi et hommage, » au mois d'avril 1368. Le roi de France, fidèle à ses engagements secrets envers son puissant vassal, lui fit donation de Monguilhem et de plusieurs autres places (3) importantes, par sa charte du 1ᵉʳ juillet 1368.

L'abbé Monlezun mentionne ce document sans le citer. M. Baradat de Lacaze a eu l'excellente idée de le publier en entier dans son intéressante monographie d'*Astaffort*. Il nous paraît inutile de le reproduire.

« En général, durant la lutte de la France contre l'Angleterre, dit l'abbé Monlezun, les seigneurs gascons ne se piquèrent pas de constance. On dirait qu'ils ne prenaient presque jamais conseil que de leurs intérêts. » Les seigneurs de Monguilhem cédèrent-ils parfois à de tels sentiments ? Nous l'ignorons. Peut-être cette conduite, en apparence

---

(1) *Astaffort en Agenais*, ch. 33.
(2) Froissart, t. VII, pp. 26 et 36.
(3) Ces places sont, en dehors des comtés de Bigorre et de Gaure, Montroyal (Montréal?) Merin, Francescas, Astaffort, Lavardac, Faugueroilles, Cauteronne, Viane, Mas d'Agen, Lyars (Lihores?), Sallefont (Sillon), Montaigut, la moitié de la vicomté de Juillac, etc.

versatille, fut-elle dictée par les nécessités de la guerre. Placés entre deux ennemis puissants, tour à tour maîtres du pays, que pouvaient de faibles gentilshommes devant les droits de la victoire ? La résistance eût amené leur ruine, sans assurer le salut de leur province. Ils ne se conservaient qu'en cédant aux événements, et céder aux événements, c'était passer successivement dans les camps opposés, puisque la guerre était l'élément obligé de toute la noblesse (1). Souvent, les souverains récompensaient le zèle de leurs vassaux, dans ces cas, par des largesses et des bienfaits. C'est ainsi qu'Edouard, duc d'Aquitaine, donna la justice de Toujouse et de Caucabane au seigneur de Monguilhem, afin de reconnaître ses bons et loyaux services (2).

On lira cette pièce plus loin.

La conséquence rigoureuse de ces fréquents changements de domination était, pour nos paroisses frontières de l'Armagnac, le passage alternatif d'une sénéchaussée dans une autre. Monguilhem est de la sénéchaussée des Landes au temps de sa fondation, comme à l'époque où Edouard roi d'Angleterre donne à Bernard de Toujouse la justice de Toujouse et de Caucabane (3). Elle appartient encore à cette juridiction au temps de la rédaction des *Comptes des revenus et des dépenses des sénéchaussées d'Aquitaine*, du 19 juillet 1363 au 29 sept. 1370 (4). On y lit ces mots : *Sénéchaussée des Lannes :* « ... *Ballivia de Monte acuto* (Montaigut) *et de Monte Willelmi* (Monguilhem). *Redditus :* (revenus) 1364 = 48 l. 3 s. 4 d. = 1365 = 20 l. = 1366. 19 l. 10 s. = 1367, 48 l. 14 s; = 1368 = 48 l. 14 s. = 1369 : *nihil quia datur Domino Mathæo de Gournay.* »

Monguilhem passa plus tard dans la sénéchaussée d'Agenais d'abord et puis dans celle de Condom, dont il dépendit jusqu'à la Révolution (5).

---

(1) Monlezun. — *Hist. de la Gasc.*, t. III, p. 252.

(2) *Archives municipales de Villeneuve de Marsan* $\frac{11-1}{9}$

(3) « Oldobardus dei gracia rex Angliæ et dux Aquitaniæ Senescallo Landarum, notum facimus quod concessimus per has patentes pro bono servicio quod dilectus nobis Bernardus dominus de Toujouze, etc »

(4) Ces comptes furent présentés par Richard l'Iongley, écuyer d'Edouard, prince d'Aquitaine et de Galles.

(5) Monguilhem et Toujouse formèrent une enclave du Condomois dans le Marsan et sur les limites de l'Armagnac Le Houga, Mormès, Monlezun, Maupas, Castex, Mauléon, etc, communes voisines de Monguilhem, sont en Armagnac; tandis que Montaigut, Gaube, Bourdalat, Saint Gein, etc, autres paroisses limitrophes de Monguilhem, appartiennent au Marsan. Cette anomalie fut le résultat d'une concession royale faite à Roger, baron de Toujouse et de Mon-

Le commencement du quatorzième siècle fut une époque bien troublée pour notre malheureux pays. Il n'échappait à une angoisse que pour tomber dans une plus cruelle. La guerre de *Cent Ans* et les fléaux du ciel frappaient à coups redoublés nos populations réduites à une affreuse misère. Il est facile d'en juger par l'*Enquête sur les ravages causés par les Anglais et les Français à Montaigut* (1427), village limitrophe de Monguilhem. Nous avons donné une large analyse de ce précieux document dans notre monographie de *Montaigut* (1). Monguilhem n'est pas nommé dans la pièce, mais il est évident que son sort ne put pas différer du sort des paroisses voisines écrasées par la guerre et les intempéries du temps. Les malheurs de Montaigut, tombé au pouvoir du seigneur de Montpezat, sénéchal d'Agenais pour le roi de France, à la fin de 1426, sont *extrêmes*, dit l'*Enquête*.

Les soldats ne se bornaient pas à faire main basse sur les biens d'Eglise (2) : « *Prenam asso qué es dé la gleyzia.* » Ils s'attaquaient à tout ce qui s'offrait à leur rapacité. Depuis le sac de Montaigut par le sénéchal d'Agenais qui força les remparts de la ville, le jour de Noel 1426, jusqu'à l'Assomption de 1427, toutes les terres demeurèrent incultes. Pendant vingt-cinq ans, dit l'*Enquête*, la guerre et la peste ont semé la misère dans la contrée devenue la proie des bandits et des voleurs parés des cou-

---

guilhem, lorsqu'il prêta serment de fidélité entre les mains de Raoul de Brienne, comte d'Eu, en 1337. On trouvera cette pièce importante à l'*Histoire seigneuriale*.

(1) *Montaigut, — Ses coutumes — Notes historiques*, pp. 26 et suiv. — Citons la déposition de l'un des témoins — Etienne Lacua ou Lagume déclare que la ville de Montaigut, placée sur les confins des domaines royaux de France et d'Angleterre, a subi des ravages de toutes sortes, il y a longues années, comme tout récemment encore, par suite des luttes quotidiennes entre Anglais et Français, sans compter que les *Liqueurs* et les pillards de tout ordre se livrent à chaque instant à mille sortes de brigandages. D'ailleurs, la peste, la grèle, les tempêtes, les inondations, la gelée, les brouillards, les vents et d'autres calamités ont mis et mettent chaque jour cette localité dans l'état le plus lamentable. Montaigut est devenu un lieu désert ! Il n'y a plus que six habitants dans les murs de la ville ! Il y a vingt cinq ans on en comptait plus de quarante. Durant cette période de 25 ans, les guerres et les malheurs des temps ont décimé la population qui se trouve surtout anéantie depuis le jour de Noël (1426). A cette époque, le sénéchal d'Agenais fondit violemment sur Montaigut, à la tête de son armée, franchit le mur et les fossés de la ville et s'empara de tout ce qui lui tomba sous la main. L'occupation a duré jusqu'à l'Assomption. De sorte que les colons, les fermiers voisins de la cité, sont demeurés sans aucune ressource. Les terres ne sont plus cultivées dans la campagne, où l'on ne compte que deux paires de bœufs. L'année prochaine, poursuit le déposant, il ne restera plus une tête de bétail, à cause de la guerre devenue permanente. Et ce qu'il y a de pire, c'est que le petit nombre d'habitants encore fixés à Montaigut vont être obligés de quitter la ville, faute de ressources, tant sont immenses les désastres causés par les *Armagnacais, Anglais et Français* et les bandes de la *Ligue*.

(2) *Montaigut*, p. 29

leurs anglaises et françaises, ainsi que des pillards de la *Ligue d'Aire* (1)

On peut juger par là du désordre qui régnait en Armagnac au commencement du quinzième siècle. La frayeur était générale. Des villes même éloignées de la frontière anglaise tremblaient à la pensée de l'approche de l'ennemi. Montréal, notamment, faisait surveiller les environs de Monguilhem et entretenait des relations suivies, ce semble, avec les industriels de cette ville-frontière attachée à la France. Nous en trouvons la preuve dans un manuscrit conservé chez M. de Moncade, à Montréal (Gers) et dont on a extrait les passages suivants à notre intention (2) :

« 1411. — Item fo remeis B. de Liet a M^{ssen} lo Senescau d'Armagnac portar una letra aus Cosselhs de Montguilhem et donem lo a bebé quant fo vengut la prévé... XII dinès. »

« Item baillee (le Conseil de Montréal) a Guilhem de Lassis tissanè dé Montguilhem per liga las arbaletas de las gens de Monrejau.................. v sols. »

« 1412. — Lo 1 jorn d'octobre paguet (le Conseil de Montréal qui s'apprêtait alors à défendre la ville contre les Anglais) au tissanè dé Montguilhem per liga las arbalétas dé las gens dé Monréjau................. VI sols. »

« 1414. — Item plus bengoug un messatge de Maulioun (3) ab una lettra qué las gens deu prebostat dé Marsan éran gran cop amassa et pensava qué corrossan sta billa que lo dy qué era estat pilhat en lo camin costa la barda deu Bosc (4).

» *Item lo 16 jorn de juillet, paguèt à Sans Darbelhat per 4 jorns qué stat la frontiera de Montguilhem et d'Astan* (Estang) *per bésé si los Anglés nos cabalguéran.* »

Si notre éminent maître et ami, M. Paul La Plagne

---

(1) En 1419, les maux sans nombre dont souffraient les provinces placées au-delà de la Loire menaçaient d'envahir la Gascogne ou les Anglais possédaient toujours un certain nombre de places. Cette menace réunit les membres des quatre grandes familles qui se partageaient alors l'Aquitaine. La royauté, dit Monlezun, ne pouvait rien, surtout pour les vassaux éloignés qui devaient songer eux-mêmes à leur sûreté. Ainsi se forma la fameuse *Ligue d'Aire*. Les comtes d'Armagnac, de Foix, d'Astarac, le sire d'Albret et Mathieu de Foix s'assemblèrent dans une loge en bois, dit Dom Vaissette, construite entre Aire (Landes) et Barcelonne (Gers). A la vue des malheurs de la France, ils se promirent une alliance des plus étroites.

On abuse de ce qu'il y a de meilleur. La *Ligue* donna naissance à des compagnies de *partisans* qui causèrent la désolation de nos contrées. On peut en juger par l'analyse de l'*Enquête* de 1427 publiée dans notre brochure : *Montaigut*, etc.

(2) Ces extraits sont empruntés aux comptes consulaires de Montréal.

(3) Paroisse voisine de Monguilhem et centre d'un archiprêtré dans l'ancien diocèse d'Aire. Maulcon appartient maintenant au diocèse d'Auch.

(4) La métairie du *Bosc*, nous dit-on, existe encore sur la limite de Cazeneuve et de Lagraulet.

Barris, ancien conseiller à la cour d'appel à Paris, eût connu ces détails, il n'aurait pas écrit dans sa remarquable préface des *Sceaux Gascons* (*Archives historiques*, fascic. xv, p. xix) le passage suivant :

« Nos villes de Gascogne étaient (pendant la guerre entre Anglais et Français) si loin du théâtre de la guerre qu'elles n'en ressentaient pas les malheurs. » Comme preuve de son assertion, il cite nos archives du Grand Séminaire au sujet de Vic-Fezensac, tout juste pour la période si tourmentée où Montréal se préparait à la guerre et il ajoute ces mots : « L'état (de tranquillité) de cette petite ville à cette époque devait ressembler beaucoup à l'état des villes voisines. » Les textes qu'on vient de lire nous obligent à penser autrement.

Tandis que l'Armagnac se débattait sous l'étreinte des soldats de la Grande-Bretagne, le seigneur de Monguilhem, Bertrand de Toujouse, s'illustrait dans la célèbre campagne qui devait rendre la France à ses rois. Bertrand de Toujouse était un *Armagnac* ardent. Au quinzième siècle, on le sait, ce mot était synonyme de *royaliste*, au jourd'hui. Les comtes d'Armagnac avaient acquis une telle situation en France que leur nom servit à désigner le grand parti inféodé à la royauté nationale (1). Le nom de *Bourguignon* était décerné à tous les défenseurs de la Grande-Bretagne. Les Anglais, en signe de mépris, appelaient Jeanne d'Arc *Armagnac*. C'est que la Pucelle avait, en effet, sous sa bannière les vaillantes légions d'Aquitaine conduites par nos preux gascons. Le baron de Toujouse, seigneur de Monguilhem, combattait sous les ordres de Jeanne d'Arc au siège d'Orléans. Or, le mode de recrutement des compagnies des capitaines gascons étant donné, nous pouvons légitimement conclure que Bernard de Toujouse avait à ses côtés des soldats levés sur ses terres de Toujouse et de Monguilhem.

Mais au moins sa présence au siège d'Orléans est-elle incontestable. *La Revue catholique d'Aire* (pp. 141 et suiv.) a publié autrefois un mémoire intéressant sur *Jeanne d'Arc et les Gascons*. Ce travail est extrait de la *Bibliothèque Richelieu* (Mss français 20634). Le manuscrit contient une partie des comptes de plusieurs trésor-

---

(1) *L'Enquête sur les ravages des Anglais à Montaigut* mentionne les Armagnacs en ces termes : « Et quod detrius est habitatores ejusdem castri ho dierni (Montaigut) propter guerram novissimam Armanhaquensium Gallicorum et Anglicorum acfallorum de Lejua et fadere existencium, habent deserere castrum de monte acuto antedictum cum non habuint de quo eorum vitam valeant sustentare. » (*Archives du château de Poyanne.*)

riers des guerres, en particulier de 1424 à 1431, et Bertrand de Toujouse figure pour une modeste somme dans la distribution des 1733 écus d'or que le roi Charles VII fit répartir entre les officiers, d'abord employés à la délivrance de la ville d'Orléans et plus tard réunis à Bourges et à Selles, en Berry, en attendant qu'on pût marcher sur Reims, où le roi devait être couronné (1).

Ce souvenir était trop flatteur pour Toujouse et Monguilhem pour être omis dans l'histoire de nos communautés.

En appelant le roi d'Angleterre au paréage de Monguilhem, le seigneur de Toujouse avait fait des réserves formelles touchant une certaine étendue de terres qui devaient être *nobles de fief* et sur lesquelles les monarques anglais ne pouvaient rien prétendre. D'ailleurs, ce n'était pas toute la juridiction de S. Pierre de Bérovie (Monguilhem) qui faisait l'objet du paréage, mais seulement les terres possédées par le seigneur de Toujouse. Les autres domaines nobles de la paroisse n'avaient pas pu être compris dans l'accord conclu entre les deux paréagers. Telle était, par exemple, la vaste terre que Pierre de Toujouse acquit de *Peyrot de Sainte-Marie* alias *Peyroton* et dont le nom venait de celui de son propriétaire. Un acte authentique de 1521 nous fournit, sur ce point, des renseignements très précis. C'est l'ancienne *Liève* ou *reconnaissance* du quartier de Peyroton (2), en Monguilhem, appartenant en seul au seigneur de Toujouse. Le document a pour titre : « Sont los fius apartenent particulaumen au noble Bertrand de Toujouse, senhor de Toyoza, Lannamanhan... pertenens apagadous en la feste de Tousanz lousquaus fieus sont estats crompatz a Peyrot de Sente Maria *alias* Peyroton per lo noble Pierre de Toyoza dieu perdony senhor deus susd. loxs en son viven feyta la... reconeissence en la vila de Monguilhem lan M vᶜ et xxi e lou xi joun deu més dé may. »

Toute la pièce vaudrait la peine d'être citée, mais sa longueur nous en interdit ici la reproduction intégrale. Il

---

(1) Les listes les plus intéressantes pour nous ont pour titre : « Le fait des secours sur les Anglais de la ville d'Orléans » et les États des capitaines incorporés dans l'armée, depuis le siege d'Orléans jusqu'à Reims. Bertrand de Toujouse figure entre Galardon de Galard et Arnaud Guilhem de Bergougnan. (*Petite Revue*, 1874 — p. 141.)

(2) Une métairie située dans ce quartier porte encore le nom de *Peyroton*. Ce mot ne doit pas être regardé comme une corruption de Peyroton. La lieve mentionnée ci-dessus, dit une note manuscrite, « a été ville e en copie a M. le marquis de La Mothe Gondrin » (Arch. de Villeneuve $\frac{11-1}{10}$)

nous suffira, du reste, pour en donner une idée, de publier pour le moment un extrait de cette reconnaissance féodale conservée dans les archives de Villeneuve-de-Marsan $\left(\frac{111-1}{10}\right)$. Elle est incomplète. On l'a, plus tard, traduite en français.

« F° 2 *recto*. — Lan 1521 et lou xi journ deu més de may lou susdit Martin aqui présent quen reconego en nom de son nebot apperat Johan de Labat fil de Sauxon sòès miey journau de terra confronta ab la vigna de Johan de Labat et ab terra dé Johan de Arnulh appérat lou Bergè deu Cos et ab lou camin deu senhor fè lo fieu xii baquétes (1). »

Il est à remarquer que la plupart des personnages mentionnés dans la *Reconnaissance de 1521* ont un sobriquet pour complément de nom (2).

Lorsque, après la guerre de *Cent-Ans*, la France retrouva son unité nationale, Monguilhem eut pour suzerain le comte d'Armagnac. Mais le sire d'Albret ayant acquis de l'infortuné Charles V d'Armagnac, pour la modique somme de 15,000 écus d'or (1484), comptés au sire de Beaujeu,

---

(1) Bien des détails nous intéresseraient dans ce terrier composé de huit feuillets et de 16 pages auquel nous voulons seulement emprunter : 1° les noms des monnaies usitées au seizième siècle, en Armagnac, — 2° les noms des mesures de surface et de longueur, — 3° les noms d'un groupe d'habitants de Monguilhem.

1° *Noms de monnaies*. — Baquéte, méye baquéte, baques, baquons, ardits, dinès, florets, sos tournès, ardits tournès, liuro tournèst, escut d'or. — 2° *Mesures de longueur et de surface*. — Arraze ou Raze, pour les longueurs Place, journal, casal, latte, pour les surfaces — 3° *Noms d'habitants*. — Dubosc, Gaucabane, de Galabert, S Aubin, de Marquau, S Marc, Malhan, Pouchic, Romat, Daroulh, Barbe, des Saux, de Labat, de Lauges, Guillemoton, de Mahuc, Arnoulh, Peyroton des Pujos, de Maulon, Senheron, Tabernes, de Bosc, de Vaque, Bidouze, Duplanté, Launelongue, de Vigne, Guilhem Subre, Bazet, Targerie, Des Claus, Daylie, Odet de Laribau, Seigneron de Labeyrie, Cosset, Esgarrebaque, Beronin, prêtre Jouest, Maniban, Laribau, Aux Claus, Descot, S Martin, Manade, Guilhem de Marseu, Lacquaz, Lombian, l'oltin, Berissan, Laforest, Latorgerie, Lacourtoizie, Combalitz, Veigè, Couet, Dariazet, Linge Tiance, Caudeau, S Lary de Gainiges, Escot, Lassabe, Cosset, Tarride, Laune, Labat

(2) On peut voir que la manie du sobriquet n'était pas particulière à Monguilhem, en lisant la note placée au bas de la page 31 de notre ouvrage ayant pour titre : *Baronnie de Bourrouillan* — Paris — Maisonneuve.

Les noms des principaux lieux dits du païsan de Peyrouton et de Monguilhem sont, d'après la *Reconnaissance de 1521* : Burac, Pédeloup, Lane, Baron, Perre, Rabet, Porqué, Picouinet, Veigè du Cut, Hourtinan, moulin dou Bédat, Piquat, Peyrouhet, Cambrat, Charos, Borncs, Berdat, Lafont, l'ours de la Molle, Gaube, la rivière de Sichalles, Labricana, Barlaras, Pere, Boé, Bidau, Casso, Colome, Perroton, Pion, lassa, Pont du Casso Labau, Torquet, Aux fossats, Poey, Bordieu, Casau, Fortegulhe, Aux Embans, a la Porte, aux Mesmes, La Come, Aribeion, Cassous, à l'auquat, cam dou Choevian, Taster, Bayaboe, Movere, Arragclop, La Borde du Porqué, Cam de Colin, Boulodous, Arriu de Milos, Breusina, au Pesqué, Chrestiane, Casalon, Labescat, Chrestian, Aux Carnus, Laplante, Lamolaque, Laresegayre, Ligande, Bestian, au Tapon, Pelan, Teulère, Bosquet, Loche, Courrège, Cassot, Losse, Beigerot, La Coste dou pount, La Lane, Gisques, La Pont de la Ville de Monguilhem

ses droits sur son pays, il reçut l'hommage de notre ville, après avoir fait prononcer l'incapacité de Charles V par le Parlement de Toulouse. Il serait trop long d'entrer dans les détails de cette lamentable page de notre histoire provinciale qui nous montre Charles V prisonnier à Tournon et à Casteljaloux, d'où l'arrachèrent les démarches de l'Armagnac.

Il nous suffira de noter qu'à la mort de Charles V ses domaines furent confisqués et annexés à la couronne, bien que le duc d'Alençon, auquel le malheureux comte d'Armagnac les avait donnés, ne cessât de les réclamer. Ils ne devaient lui être acquis qu'au moment où François I, devenu roi de France, à la mort de Louis XII, y renonça en sa faveur, le 1ᵉʳ février, et le 10 octobre 1515.

Le duc d'Alençon, marié à Marguerite, sœur de François I, avait ainsi sous sa main les vastes domaines de la maison d'Armagnac. Il y envoya sans retard ses délégués, afin d'y faire reconnaître son autorité. A sa mort, Marguerite, sa veuve, demeura notre suzeraine par son mariage avec Henri de Navarre qui avait lui-même des prétentions sur notre pays.

Monguilhem fit alors partie de la sénéchaussée d'Agenais. Un incident survenu dans l'administration de la ville nous apprend ce détail.

La nomination des consuls ou jurats de Monguilhem appartenait à la fois au seigneur de Toujouse et au roi de France, héritier des droits de l'Angleterre sur la bastide. Or, en 1528, le mardi après Pâques, les jurats sortant de charge (1) dressèrent, suivant l'usage, une liste de huit citoyens. Le baron de Toujouse avait la faculté d'en choisir deux pour l'année 1529. Le baile du roi pouvait en choisir deux autres.

La liste fut présentée au baron de Toujouse qui, usant de son droit, nomma pour sa part Martin et Jean de Caucabane. Cela fait, les consuls sortants, sans tenir compte des droits du baile du roi et du seigneur de Toujouse, choisissent pour consuls, de leur autorité privée, Peyrot de Lannelongue et Guilhem de Sobie dit *Tolose* ou bien Peyrot de Caucabane. Puis, ils reçoivent le serment des nouveaux magistrats et les installent sans autre forme de procès.

(1) C'étaient : Jeannot de Manedre, Peyroton du Bos, Béraut des Claus et Arnaud de Falot. Les noms des huit personnages inscrits sur la nouvelle liste étaient Martin de Caucabane, Seigneuron de la Beyrie dit Pouchic, Peyrot de Caucabane, Guilhem de La Borde, Martin de Laulhe dit Peiron, Jehan de Caucabane, Guilhem Sobie, Jehan de Labat et Peyrot de Lanelongue

C'était un empiètement manifeste sur les droits du roi et du seigneur de Toujouse. Noble Bernard de Toujouse, protesta sans retard et fit appel au sénéchal d'Agenais qui lui rendit pleine justice.

Antoine Raffin, dit Poton, écuyer, sieur du Puycalvaire et sénéchal d'Agenais et Gascogne, lance donc aussitôt contre les consuls de Monguilhem, un *Mandement* terminé par ces lignes : « Pour ce est-il que nous mandons (au premier baile ou sergent royal sur ce requis) et à ung chacun de vous que, à la requête dudict exposant, vous adjourniez lesdits consuls *sive* jurats dessus nommés... pour procéder à ladite cause et matière d'appel comme de raison et leur faire inhiber et défendre de par le roy notre sire et nous que pendant et durant ladite cause et matière d'appel ilz nactentent en aucune manière sur la peine de xxv marcs d'argent audict seigneur à appliquer. — Donné à Agen, le neuvième jour d'avril 1529 (1). »

Cet acte d'insubordination de nos consuls ne devait pas être le dernier cas de révolte contre l'autorité du seigneur et du roi. La suite nous l'apprendra. En attendant, rappelons une triste page de notre histoire locale qui va nous montrer les habitants de Monguilhem en état de rébellion non plus contre les hommes, mais contre Dieu lui-même.

Nous sommes à la douloureuse époque de l'invasion des Protestants en Armagnac. Toujouse et Monguilhem ne purent échapper à la funeste contagion. Nous le savons, surtout, par le *Procès-Verbal de l'Etat des Eglises du diocèse d'Aire dressé en vertu des lettres closes de Charles IX, en date du 5 octobre 1571* (2).

Sans pouvoir indiquer le moment précis de l'apostasie du seigneur de Monguilhem qui servit sous le drapeau des Calvinistes, il est certain qu'il prit une part active au sac et au pillage de la ville d'Aire opprimée par l'armée de Montgommery. *Le Procès-Verbal de Charles IX* le mentionne en termes formels et le compte parmi les huguenots employés à la ruine de Subéhargues et d'Aire.

« Aux premiers troubles (1569), dit ce document, les images (d'Aire) avaient esté bruslées et les orgues rompues par les capitaines Peyralongue, *Baile et Toujouse et leur suite de la religion prétendue*. Ont aussi pillé les maisons des chanoines et prébendiers, ravi leurs fruits de leurs dîmes tant en la juridiction d'Aire qu'aux environs

---

(1) Archives de Villeneuve de Marsan.
(2) Archives du Grand Séminaire d'Auch — *Revue de Gascogne*, t. I, pp 70 et suiv.

même, à la Barte, les grenages, dix-neuf pippes de vin de l'an 1569, etc. »

C'est l'année suivante que les troupes de Montgommery, faisant irruption sur Monguilhem, après avoir mis à feu et à sang tout le diocèse d'Aire, s'emparèrent de notre église et la privèrent de sa voûte, s'il faut en croire la tradition. Toujours est-il qu'elles ruinèrent l'édifice de fond en comble, aux termes du *Procès-Verbal* (1).

Monguilhem fut-il doté d'un temple protestant, au seizième siècle, comme Le Houga, par exemple, où le *prêche* avait lieu dans une grange? Impossible de le dire. On sait du moins que notre ville eut le malheur de compter des huguenots parmi ses habitants, car ce sont les *Religionnaires de Monguilhem* qui ruinèrent l'église de Gaube, d'après le témoignage du *Procès-Verbal de Charles IX* (2).

Les nobles avaient donné au peuple l'exemple de la révolte contre l'autorité. Ils ne tardèrent pas à être punis par où ils avaient péché. A leur tour, les populations méconnurent leurs devoirs à l'égard de leurs seigneurs. L'histoire de la plupart de nos paroisses d'Armagnac, à partir du seizième siècle jusqu'à la Révolution, n'est que le récit des mouvements insurrectionnels de la foule contre les dépositaires du pouvoir. Nous en avons fourni des preuves pour Bourrouillan, Panjas, Sainte-Christie, Manciet, etc., dans notre ouvrage : la *Baronnie de Bourrouillan*. Le lecteur en trouvera d'autres dans les pages qui vont suivre.

Le paréage de Monguilhem nous a fait connaître d'une manière générale les droits réciproques du roi et du baron de Toujouse sur notre cité. Divers documents conservés aux archives de Villeneuve-de-Marsan et chez M. le comte de Maquillé, à *Harbaud* (Landes), vont nous permettre d'exposer la série des droits du seigneur de Toujouse sur Monguilhem. Analysons, pour cela l'une des nombreuses Reconnaissances féodales fournies par nos seigneurs durant les derniers siècles. Elle comprend treize articles :

1º Le seigneur possède la terre de Monguilhem (3) en paréage avec le roi et exerce avec lui la justice *haute, moyenne et basse*, c'est-à-dire à tous ses degrés.

(1) L'Armagnac présente l'aspect le plus navrant à cette époque désolée. Toutes les églises de l'archiprêtré de Mauléon, pour ne nommer que ce point du diocèse d'Aire, tombent sous les coups des Huguenots et deviennent la proie de leurs féroces convoitises. On peut, à ce sujet, consulter notre *Pouillé du diocèse d'Aire*. — Paris — Maisonneuve

(2) *Ibid*, p. 91.

(3) Monguilhem confrontait, du couchant, aux terres du seigneur de Montaigut et Bourdalat, de Rimbles, du nord, à la terre et seigneurie de Gastets, frairie du Midou, du muds et du levant, aux terres de Toujouse.

2° Il possède noblement dans la ville une maison seigneuriale avec place et jardin.

3° Le moulin et l'étang de Charos sont *nobles* et lui appartiennent en propre.

4° Le seigneur possède encore l'étang et le moulin de Lons, nobles aussi, et placés au sud-ouest de la ville près du bois de Saint-Hilaire.

5° Comme co-seigneur avec le roi de la ville de Monguilhem, le seigneur, pour exercer la justice, a le droit d'instituer à sa volonté tous juges et officiers nécessaires à cet effet. Il peut même les destituer quand bon lui semble. De plus, il a le droit d'élire et de nommer les consuls de la ville de Monguilhem qui sont obligés, après leur nomination et avant l'exercice de leur charge de prêter le serment requis entre les mains des officiers de justice du seigneur et de rendre compte de leur administration devant ces mêmes officiers.

6° Au seigneur appartiennent, dans toute l'étendue de la juridiction, « les amendes qui sont prononcées, la confiscation et tous autres droits et profits en dépendant, » d'après les reconnaissances présentées à la Chambre des Comptes à Bordeaux.

7° En signe de vasselage, les jurats de Monguilhem doivent payer chaque année à leur seigneur une livre de poivre, qu'ils sont tenus de lui présenter dans sa maison seigneuriale de la Salle, le jour de la fête de saint Christophe.

8° Le seigneur a droit intégralement « et sans aucun partage » à la dîme inféodée dans toute la paroisse de Monguilhem « qu'il prend et lève à raison de huit un de tous les fruits qui s'y recueillent, comme froment, méture, seigle, orge, baillargue, avoine, maïs ou blé d'Inde, millet, panés, milloque, légumages, vin, lin, chanvre. » Les droits du curé sont formellement réservés et les emphytéotes n'ont le droit d'enfermer leurs récoltes sujettes à la dîme « que 24 heures après qu'ils auront averti les délégués du seigneur chargés de la perception de la dîme. »

9° Dans toute l'étendue de la terre de Monguilhem, le seigneur peut prendre la moitié des lods et ventes, « à raison du denier douze de toutes les ventes et aliénations volontaires et rigoureuses et de toutes autres mutations et changement de main des fonds et héritages qui composent ladite seigneurie avec l'entier droit de prélation. »

10° Chaque habitant de la ville de Monguilhem est tenu de venir en tout temps, lorsqu'il en est requis, « faire le guet et garder avec armes en ladite maison seigneuriale pour la conservation de la personne et biens dudit dénombrant, l'aider, garantir et lui servir d'escorte et deffense suivant son pouvoir dans l'étendue de ladite seigneurie. »

11° Le seigneur de Monguilhem a le droit d'établir dans cette juridiction « un berger de la Montagne du pays de Béarn et autres qui viennent avec leurs troupeaux dans les terres, héritages, et de permettre audit berger de faire paître et pacager son troupeau sur les terres, héritages, territoires qui sont dans l'étendue de ladite seigneurie. » Il appartient au seigneur de déterminer les droits de cette concession. mais il doit veiller à ce que les bergers et les troupeaux ne puissent causer aucun dommage aux habitants en entrant dans les vignes en temps prohibé.

12° Le seigneur a droit « à la moitié de la censive annuelle et perpétuelle, foncière et directe, l'autre moitié appartenant au roi, » dans toute l'étendue du territoire de Monguilhem, sauf, toutefois, le quartier de *Peyrouton*. La censive se paie sur tous les fonds de la paroisse, à raison de quinze deniers de fief par journal. Et cette rente annuelle et perpétuelle « est payable et portable chaque année le jour et fête de la saint Martin du mois de novembre en la maison dudit seigneur. »

13° Enfin, le seigneur possède *en entier et sans paréage* avec le roi, la *directe* sur tous les fonds et héritages enclavés dans le quartier de Monguilhem connu sous le nom de *Peyrouton*. Les limites du *parsan* de Peyrouton commencent au pont de Monguilhem (1), suivent le grand chemin de la rivière à la ville, à droite, se dirigent « *jusqu'à un autre grand chemin qui continue à droite, se rend à un ruisseau qui traverse un étang dudit seigneur et de là, près d'une fontaine appelée vulgairement* LA HON BONNE, *d'où il prend encore le long du pré sur le bas des champs de* CAZAUX *près de la borde dite de* ROMAT *et reprend le grand chemin pour aller à Montaigut derrière la maison dudit* CAZAUX *continuant le long dudit grand chemin droit à l'*EMBARAT *où il traverse l'étang appartenant au sieur de Cauquebane, continue le long du ruisseau et va finir au moulin du Bédat, bâti sur ladite rivière du Midou, lesquels grand chemin, rivière du Midou, ruisseau, fontaine, étangs et maison de Cazeaux forment les limites et confrontations du parsan de Peyrouton.* »

(1) Ce pont n'existe plus Il était a une cinquantaine de mètres au nord du pont actuel. Ce dernier ne date que de la création de la nouvelle route de Monguilhem a Castex

Le seigneur de Monguilhem prenait seul la censive sur cet important quartier, à raison de quinze deniers par journal de fonds. Et cette *rente annuelle et perpétuelle, foncière et directe* devait lui être portée chaque année, le jour de la fête de saint Martin, dans la maison seigneuriale de Monguilhem.

Le seigneur avait, en outre, « l'entier droit de lots et ventes et aliénations volontaires et rigoureuses et de toutes autres mutations et changements de main des fonds et héritages enclavés dans ledit parsan et quartier de Peyrouton, avec le droit de prélation et retenue féodale pour l'exercer à son nom ou pour la céder à qui bon lui semble, conformément aux anciennes Reconnaissances féodales (1). »

Il semble, à première vue, que cette longue série de droits seigneuriaux constituait une somme colossale pour nos barons. Profonde erreur ! Le revenu total des terres de Toujouse et de Monguilhem n'atteignait pas le chiffre de SIX MILLE LIVRES ! Encore faut-il y comprendre le produit de neuf superbes métairies. De sorte que les redevances féodales proprement dites payées par les emphytéotes se réduisaient à la modeste somme de 1,100 livres pour Monguilhem et de 1.384 livres pour les baronnies de Toujouse et de Lagoarde ! Chacun peut vérifier ce calcul dans les archives municipales de Villeneuve-de-Marsan où se conserve l'*Etat des rentes des seigneuries et baronnies de Monguilhem, Toujouse et Lagouarde.*

La Reconnaissance féodale signalée plus haut ne mentionne pas le droit de banalité des moulins. Il existait néanmoins chez nous.

Lorsque le baron de Toujouse et le roi d'Angleterre fondent la ville de Monguilhem, ils prennent l'engagement de bâtir à frais communs *ung ou plusieurs moulins banyes* (2) (banaux). Les revenus leur appartiendront exclusivement et personne n'aura le droit d'élever des usines de ce genre sans leur autorisation. Nous verrons les dispositions arrêtées à Toujouse sur ce point. C'étaient les mêmes partout (3) et n'avaient rien d'excessif. Les sei-

---

(1) *Archives de Villeneuve de Marsan* — On trouvera dans le dossier *Monguilhem* plusieurs *reconnaissances féodales* de divers siècles, présentées par les seigneurs de Toujouse et de Monguilhem.

(2) *Pareage de Monguilhem* Voir a la fin du volume

(3) Les archives de Villeneuve (II—1) contiennent un curieux procès intenté par le seigneur du Bourdalat et de Montaigut a une femme nommée Donnemette, veuve de Raymond Delhosto, laboureur Elle habitait le Bourdalat

Au lieu de porter son grain aux deux moulins de Montaigut, elle le fit moudre chez un meunier voisin, probablement a Monguilhem, si nous en jugeons par les pièces déposées dans le dossier de notre ville aux archives de Villeneuve

gneurs bâtissaient les moulins à leurs frais et les entretenaient à leurs propres dépens, dans l'intérêt même des communautés. On ne pouvait donc pas légitimement leur contester le revenu de ces utiles établissements.

Et cependant que de murmures, que de plaintes, partout, à ce sujet et au sujet des autres droits seigneuriaux ! Pour ne parler que de Monguilhem, nous ne connaissons pas de droit féodal qui n'ait été l'objet de réclamations et d'amères récriminations.

Veut-on savoir comment fut accueilli le projet de dénombrement de Monguilhem devant la Chambre des Comptes de Bordeaux, publié à Condom en 1784? Il suffit de parcourir les lignes suivantes dans lesquelles nous énumérons, en treize points correspondant aux treize articles qu'on a lus, les *raisons d'opposition* formulées par les habitants de la communauté. Pour bien saisir la nature des observations qu'on va entendre, il est essentiel de rappeler que le dénombrement, avant d'être présenté aux receveurs des finances était lu au prône de la messe par le curé pendant trois dimanches consécutifs et déposé chez le notaire où chacun pouvait en prendre connaissance.

Tout se passa de la sorte pour le dénombrement de la

de Maisau Le meunier de Montaigut, frustré de ce petit bénéfice, réclama au près des propriétaires des moulins de a juridiction et la délinquante fut assignée par devant le sénéchal de S Sever auquel ressortissait la paroisse du Boudalat « Les moulins de Montaigut sont banaux de tout temps, dit l'acte d'assignation, et les habitants des deux terres de Montaigut et du Boudalat sont tenus d'y faire moudre toutes les espèces de grains qui servent à la consommation de leurs familles et de leurs ménages » Les seigneurs les ds d mau dent donc au sénéchal de condamner Donnementte à faire moudre ses grains à Montaigut *a peine de requisition* (d'amende) *et confiscation de tous les grains et farines qu'elle fera moudre dans d'autres moulins avec depens, dommages et intérêts*

La question de banalité des moulins fut également cause d'une intéressante réunion convoquée a Ognoas, terre voisine de Monguilhem, par Pierre d'Aydie, qui convoqua les habitants « en sa maison et gentillesse d'Ognoas, » le 27 juin 1516 (*Archives du Grand Sem d'Auch*, No 1835) — Les propriétaires négligeaient de faire moudre leurs grains dans les moulins seigneuriaux Le baron d'Ognoas les ayant réunis, il fut décidé que « edz (les habitants) iran moler tot lor blad et mili de quenha sorte et condicion que sie aus molins deud senhor de Onhoas et Pleguevein et Biat et en autres, si y ny a deud senhor Et si ere lo cas que ne podossen moler quand y anessen et trobaren ausd molins, seran tenguts tenir lo blat en losd molins deud senhor, aco per lo terme et espaci de 21 ores et si ere lo cas que no podossen moler au bout de lasd 21 hores, losdits manans s'en poyran anar moler la ond los bon semblera »

Les coutumes de Castex, paroisse voisine de Monguilhem, contiennent une disposition analogue « Ont aussi déclaré lesd consuls que ledit seigneur et dame de Castex possèdent dans ladite terre des moulins qui sont banals Tous les sujets doivent et sont obligés de porter et faire moudre leurs grains aux droits ordinaires de la mouture, promettant et accordant que en cas ils apportent les dits grains en quelque autre moulin, il peut et doit être confisqué audit seigneur, sauf toutefois en cas ils auraient tenu ledit grain dans le moulin dudit seigneur l'espace de 24 heures continuelles, sans avoir pu faire moudre, auquel cas et non autrement il leur est permis de faire moudre ailleurs (*Archives de M le comte d'Abbadie de Barrau*) (Transaction de 1620, entre les habitants et le seigneur)

terre de Monguilhem devant la chambre des comptes à Bordeaux, en 1784. Seulement, les habitants de la juridiction s'inscrivirent en faux pour la plupart des points, par l'organe de leurs consuls. Écoutons leurs observations :

1º Le seigneur n'a que la *moyenne justice* en paréage avec le roi. La *haute* et la *basse* appartiennent aux jurats qui l'exercent au nom du roi. Encore la moyenne est-elle exercée par les officiers du roi et ceux du seigneur qui en ont tous les deux.

2º La maison du seigneur ne jouit d'aucune distinction par rapport à celles des particuliers qui peuvent posséder leurs habitations noblement et jouissent du privilège de pouvoir y placer des girouettes et d'y faire des tours. Les places, fossés et vacants appartiennent à la communauté, le jardin du seigneur n'est point noble, non plus que les autres établis au-delà des fossés.

3º Le seigneur ne possède noblement que l'étang et le moulin de Charos (Chalos).

4º L'étang et le moulin de Lon ne sont point connus dans la paroisse. S'ils existaient, ils ne seraient point nobles, car il n'y a d'autres fonds favorisés de ce privilège que le moulin et l'étang de Charos (1).

5º La haute et basse justice, comme on l'a dit au premier point, appartiennent aux jurats de Monguilhem. La moyenne est exercée par les officiers du seigneur paréager au nom du roi et jusqu'à ce qu'il y ait été pourvu, parce que le seigneur, en qualité de paréager, a le droit d'avoir un juge et de l'instituer, mais il n'a pas le droit d'instituer et de destituer les bas officiers.

La nomination des jurats n'appartient point au seigneur. Le tableau contenant les noms de six sujets doit seulement lui être présenté. Il a le droit d'en rayer un. La communauté en raye un autre. Les autres quatre sont nommés par le roi, et ceux-ci, après leur nomination et avant l'exercice de leur charge consulaire sont tenus de prêter leur serment entre les mains des jurats sortants. Ces derniers, après cette formalité, doivent rendre compte de leur administration aux premiers et non aux officiers du roi ni à ceux du seigneur.

6º Les amendes, confiscations prononcées et tous autres droits et profits qui en dépendent appartiennent, en entier, à la communauté.

---

(1) Nous ignorons ce qu'il y a de fondé dans la réclamation du seigneur touchant le moulin et l'étang du *Lon* N'y aurait il pas erreur de nom ? Il existait autrefois un étang de *Dufon* ou *du Lon*, en Monguilhem, au midi, entre le Bourdalat et Monguilhem

7° Une transaction sur procès, en 1680, a surchargé la communauté de la redevance d'une livre de poivre (1), mais on pense néanmoins que cette surcharge doit tomber.

8° La communauté ne connaît que l'usage pour le paiement de la dîme, qui la fixe de huit un. Mais le seigneur n'a jamais dîmé les « légumages et le chanvre. »

9° La moitié des lots et ventes (droit de mutation) a toujours été payée au seigneur. Mais celui-ci n'a jamais eu le droit intégral « de prélation ni de retenue féodale par puissance des fiefs, pour l'exercer en son nom ou pour la céder à qui bon lui semble. » Au contraire, le premier qui a été investi par le roi a toujours le droit de prélation sur le seigneur.

10° Jamais le seigneur n'a eu dans la communauté le droit de guet et de garde avec armes ni autrement devant sa maison ni ailleurs. Moins encore a-t-il eu celui « d'escorte et défense. » C'est au roi seul que ce droit est dû. C'est à lui seul que la communauté a toujours fait *foi et hommage* et prêté serment de fidélité.

11° Il n'y a jamais eu aucun berger qui ait été établi à Monguilhem par le seigneur. Celui-ci n'a pas le droit de conclure des traités de ce genre. Lorsque des bergers étrangers ont passé dans la communauté, ils n'ont pu faire pacager leurs troupeaux qu'avec l'autorisation des propriétaires.

12° La communauté a toujours cru que la livre de poivre de rente annuelle payable à saint Christophe tenait lieu au seigneur des droits de cens payés au roi à raison de six deniers par journal. Le quartier de Peyrouton n'est point connu à Monguilhem.

13° On reconnaît bien les fonds enclavés dans les limites et confrontations données pour le quartier de *Peyrouton*, mais on n'a jamais connu ces fonds ni ce quartier sous une telle dénomination. La concession faite à la communauté par le roi Edouard d'Angleterre étant générale, il en résulte que le seigneur n'a jamais pu acquérir des droits particuliers sur ce quartier. Par conséquent, les censives, les lots et ventes revendiqués par le seigneur ne sauraient lui appartenir. Bien moins encore peut-il prétendre aux droits de prélation et de retenue féodale par puissance de fief pour les exercer en son nom ou les céder à qui bon lui semblera. Ce quartier ne peut pas être plus surchargé que le reste de la paroisse.

---

(1) Les comptes consulaires de Monguilhem pour 1733 portent le prix de la livre de poivre destinée au seigneur à 2 livres. *(Archives de M. Verdier.)*

Tout ou presque tout est contesté, comme on vient de le voir. Inutile d'en venir à la discussion de chaque point. La réfutation se trouve dans le paréage de Monguilhem, dans les articles du dénombrement rapporté plus haut et approuvé par la Chambre des Comptes de Bordeaux pour être publié à Condom en 1784. Du reste, nous aurons occasion de revenir sur certains articles dans la suite de notre étude.

Tous les dénombrements conservés à Villeneuve-de-Marsan et aux Archives nationales contredisent ouvertement les fausses assertions qu'on vient d'entendre.

Ce ne sont pas seulement les droits du seigneur qui sont contestés. On ose plus d'une fois s'en prendre à ceux du roi lui-même, notamment en 1676. Le premier feuillet du *Mémoire* qui nous révèle ce détail a disparu des archives de Villeneuve-de-Marsan $\left(\frac{11-1}{17}\right)$. Il est aisé de voir cependant qu'il s'agit d'une *saisie féodale* prononcée sur Monguilhem dont les consuls avaient négligé ou refusé de faire le dénombrement complet en 1673 (1).

L'issue de la poursuite n'était pas douteuse pour les réfractaires, s'ils s'obstinaient à ne pas se soumettre. Aussi se hâtèrent-ils de remédier au mal en donnant satisfaction aux Trésoriers Royaux. La jurade s'étant assemblée, la communauté chargea Tilhet, chirurgien, de présenter la *reconnaissance féodale*, conformément à l'hommage de 1663.

Les commissaires du roi consentirent à un délai par ordonnance du 7 déc. 1776. Nous croyons utile de publier les dernières lignes de cette pièce, afin de bien établir que le devoir féodal de *l'hommage et de la reconnaissance* n'était pas un acte arbitraire de l'autorité royale accompli dans l'ombre par les agents du fisc, mais bien un acte solennel élaboré au grand jour et susceptible de toutes les modifications fondées sur le droit des particuliers et sur la justice.

« Nous *Ordonnons*, dit le commissaire en terminant, que l'hommage sera affiché aux portes des églises paroissiales dudit lieu de Monguilhem et dans lesquelles lesdits consuls exercent ladite justice criminelle et politique et prennent les susdits droits pour y demeurer pendant hui-

---

(1) La pièce a pour titre : « Hommage et dénombrement rendu par les consuls et habitants de Monguilhem devant les sieurs trésoriers généraux de France des droits et attributions à eux acquis par les rois prédécesseurs et entre autres du droit de chasse, Marmande, 10 déc. 1676 »

taine et que par l'emploi d'affiches tous prétendans avoir intérêt audit dénombrement seront interpellés de venir déclarer devant nous leurs causes, droits et prétentions et former leurs oppositions audit dénombrement devant nous si bon leur semble, soit aussi dénoncé par exploit trois jours après ladite huitaine. Il sera procédé pendant trois jours consécutifs à la lecture et publication dudit dénombrement afin que personne n'y prétende cause d'ignorance, pendant lesquels pourront aussi les intéressés former leurs oppositions, déduire les causes d'icelle autrement à faute de ce faire qu'il en soit déchu purement et simplement enjoint audit vassal d'en rapporter dans quinzaine ledit dénombrement avec les exploits d'affiches, procès-verbaux et pièces justificatives, etc. — Signé : De Lachèze, com^{re}, Castaignier, greffier-commis. »

Le titre de ce document mentionnait, en particulier, le droit de chasse, autrefois accordé à tous les habitants de Monguilhem, comme aux bourgeois des villes nouvelles, en général. Mais l'abus donna lieu plus tard à une réforme radicale qui frappa Monguilhem dont le droit de chasse est nié au dix-septième siècle.

Jean Tilhet, maitre-chirurgien, et François Lobit, sergent royal, domiciliés de notre ville, voulant user de leurs anciens privilèges, se livrèrent ouvertement à la chasse en 1682. Mal leur en prit.

Vainement, Saintiors, syndic de la ville, essaya-t-il de les défendre (1). Péricot, lieutenant criminel de Condom, fit l'enquête autorisée par décision du 2 janvier 1683, et trois mois plus tard, le sénéchal de Condom condamnait Tilhet et Lobit « chacun à cent livres d'amende et aux dépens de la procédure contre eux (2). »

Nous ne pouvons pas signaler tous les actes d'insubordination tentés par la jurade de Monguilhem à l'égard du suzerain. On nous permettra du moins d'en rappeler deux ou trois autres au moment de rechercher la cause probable de cette irrégularité dans l'administration communale.

Une mesure rigoureuse prononcée par le Procureur du roi du *Bureau des Finances et Chambre du Domaine de Bordeaux* frappe Monguilhem, le 11 avril 1775. La communauté avait négligé de rendre au roi les *foi et hommage, aveu et dénombrement* « pour raison des biens,

---

(1) La coutume de Monguilhem, comme celle de Montaigut, proclamait pour les habitants le droit d'établir des *clapiers* et de chasser. Les ordonnances royales supprimèrent ces privilèges

(2) *Archives de Villeneuve*, dossier Monguilhem $\frac{11-1}{20}$

droits et revenus appartenant à Sa Majesté. » Le Bureau des Finances répondit à cette grave omission par la *saisie féodale*. C'était l'arme victorieuse des suzerains, lorsque leurs vassaux ou censitaires ne furent plus si exacts à payer les redevances féodales. Généralement, la saisie était prononcée quarante jours après les trois publications légales qui précédaient le temps où l'*Aveu* devait être présenté. Ensuite, elle durait ordinairement trois ans, au bout desquels le roi ou le seigneur étaient censés payés de leurs droits. Dans les premiers baux emphytéotiques, il était stipulé, en vertu des édits royaux de 1563, en particulier, *que le suzerain ou le seigneur pourrait rentrer en possession de l'héritage par défaut de paiement de trois années de cens* (1).

Une telle perspective effraya Monguilhem.

Ecoutant donc les conseils de la sagesse, les habitants s'assemblèrent dans l'Hôtel de Ville, dit le document qui nous fournit ce renseignement (2), *par devant le notaire royal*, afin de prévenir de funestes éventualités. Jean-Marie Dayrie, premier jurat de la communauté, prenant la parole, rappelle les circonstances dans lesquelles le roi a fait prononcer la saisie féodale. Il s'agit de remplir au plus tôt le devoir du *dénombrement*, poursuit il, et de nommer à cet effet un procureur chargé d'accomplir toutes les formalités exigées par la loi, « attendu qu'il en coûterait beaucoup de dépense, si quelqu'un de ce lieu était député pour se rendre à Bordeaux pour prester lesd. foi et hommage (3). »

D'une voix unanime, les membres de la jurade acceptent la nomination d'un procureur « lequel ira rendre et prêter la foi, hommage et serment de fidélité que lad. communauté doit à Sa Majesté pour raison de la justice criminelle, police, biens, droits et revenus appartenans à

---

(1) *Recherches sur les lois féodales*, par Doyen.
(2) *Archives de Villeneuve-de-Marsan* — Dossier Monguilhem.
(3) L'accomplissement du devoir de l'*hommage* donnait lieu à des dépenses considérables pour les communautés éloignées du Bureau des Finances Nous en avons la preuve dans les archives particulières de M. Verdier. Il s'agit de l'*hommage* rendu au nom de la ville de Monguilhem, le 8 fév. 1784, par Labadie qui fit, à cet effet, le voyage de Bordeaux

Il fut payé à Bartère, procureur au Bureau du domaine du roi, la somme de 143 livres 8 sols 6 deniers Il n'y avait pas moins de 38 l 8 s pour *épices* du bureau et 12 l 16 s pour épices du parquet

Le délégué devait avoir une mise correcte en pareille circonstance. On lui fit faire un chaperon qui coûta 15 l 15 s Il fallut recourir a un messager avec cheval pour transporter le député et son porte manteau, de Roquefort a Langon et a Bordeaux, ce qui coûta 11 livres pour l aller et autant pour le retour

Labadie eut à faire des dépenses pour ce voyage Il séjourna un mois a Bordeaux et les frais d'auberge s'élevèrent a 122 livres

La dépense totale se porte, pour *cet hommage*, à la somme de 303 l 3 s 6 d

ladite communauté, le tout mouvant de Sa Majesté. » Jean-Marie Dayrie, premier jurat, fut chargé de se rendre à Bordeaux comme Procureur de la communauté, et le mal fut conjuré.

La *saisie féodale* (1) atteignait les seigneurs comme les communautés. Monguilhem et Toujouse nous en fournissent la preuve pour 1776. Léonard de Baylenx, marquis de Poyanne, acquéreur de ces terres, négligea d'en faire l'aveu et le dénombrement devant le Bureau des Finances de Bordeaux (2), en 1776.

Aussitôt, Joseph Bladé, huissier à cheval, accompagné de deux aides, se rend dans les châteaux de Monguilhem et de Toujouse, *prend et saisit féodalement* et met sous la main du roi les terres de Monguilhem et de Toujouse « avec toutes leurs appartenances, circonstances et dépendances. » (8 janvier 1777.)

Les châteaux de Monguilhem et de Toujouse, dans lesquels nous venons de voir entrer les émissaires du Bureau des Finances, n'étaient pas des monuments au xviiie siècle, s'il faut en croire un *Mémoire* écrit par M. de Poyanne et conservé dans les archives particulières de M. le comte de Maquillé, à Harbaud *(Bourdalat* — Landes).

D'après ce manuscrit, le château de Monguilhem à quatre girouettes, a plutôt l'air d'une espèce de grange que d'une résidence seigneuriale. On y a ménagé quelques mauvais logements pour des manœuvres. Le jardin est assez vaste, dit le *Mémoire*, et tout a été loué pour vingt écus, environ. « Le bâtiment pourrait, au moyen de quelques réparations, servir à loger les récoltes (3). »

---

(1) Cette saisie avait parfois un caractère assez original. Le suzerain se transportait par lui ou par son procureur sur le fief saisi, y posait la main et y plantait un bâton garni de paille ou d'un morceau de drap, que l'on nommait *brandon*.

(2) Le Bureau des finances de Bordeaux vérifiait les états des receveurs des tailles et autres comptables du ressort, recevait les aveux et dénombrements, foi et hommage des terres non titrées qui lui étaient renvoyés par la Chambre des comptes et s'occupait aussi de la petite voirie, la grande était au pouvoir de l'Intendant.

La Généralité de Bordeaux comprenait cinq Elections : Agen, Bordeaux, Condom, Périgueux, Sarlat. Monguilhem et Toujouse se trouvaient dans l'Election de Condom qui comprenait 439 paroisses et 37,748 *feux*. Nous avons souvent rencontré ce nom de *feux* dans les papiers relatifs à Monguilhem. D'après Expilly, on entendait, dans nos pays, du moins, par le mot *feu allumant*, une unité financière servant de base à l'assiette des impôts et à leur répartition entre les collectes d'une même recette et entre les diverses communautés composant chaque collecte. Chaque *feu allumant* se divisait en cent *bellugues* et chaque bellugue en quatre parties appelées quarts de bellugue (V. les *Comptes consulaires de Riscle* — Préface, par M. Parfouru)

Monguilhem comptait 53 feux. Il y en avait 52 à Toujouse (Archives de Villeneuve de Marsan)

(3) Le château de Toujouse, d'après le *Mémoire* de M de Poyanne, consistait en un grand bâtiment assez mal en ordre où se trouvaient les greniers et les chais Le jardin et la grange étaient en assez bon état » On tient dans la grange du vin et il y a un laboratoire de l'eau-de-vie avec le pressoir » Si nos châteaux sei

Joseph Laffont, procureur fondé du marquis de Poyanne, avait rendu hommage et fait le dénombrement pour raison des terres de Monguilhem et de Toujouse, le 13 mai 1778. Les archives de Villeneuve-de-Marsan $\left(\frac{11-1}{29}\right)$, nous le montrent, ce jour-là, à Bordeaux, dans le bureau des finances, nu-tête, les deux genoux à terre, sans ceinture, ni épée, ni éperons, tenant les mains jointes et rendant *foi* pour nos baronnies « sises en la *Sénéchaussée d'Agen*. »

Il fallait, peu de mois plus tard, procéder à un nouvel hommage pour les mêmes domaines. Un avocat fut consulté à ce sujet. Voici sa réponse, en substance (1) :

1° Pour le nouveau dénombrement, on doit déclarer que M. de Poyanne est seigneur en paréage avec le roi de la terre de Monguilhem, dont il faut donner les *confrontants*. Monguilhem se compose d'une paroisse unique comprenant même la ville. La seigneurie et la ville constituent un seul corps.

2° Le dénombrement doit se faire par articles distincts et séparés pour chaque corps de domaine utile.

Le marquis de Poyanne ne possède dans la ville de Monguilhem et la paroisse formant toute la juridiction, que les biens compris dans les articles 10, 11 et 12 (2). Il les tient noblement. Il possède, il est vrai, dans la paroisse de Monguilhem les quatre métairies de *Charos, Jouanilhon, Carraboche* et *Coutelet* (3), mais ces métairies sont rurales et assujetties à la taille. La *directe* de ces domaines appartient à M. de Poyanne seul, pour *Jouanilhon, Chalos* (Charos) et *Coutelet*, mais le marquis a la métairie de *Carraboche* en paréage avec le roi. Ces métairies n'étant nobles que de fief, c'est-à-dire allodiales, n'ont pas été comprises jusqu'à présent dans le projet de dénombrement, mais M. Laffont, chargé de ce devoir féodal, pourra, s'il le juge bon, ajouter un article pour mentionner ces terres.

3° Il serait peut-être opportun d'indiquer en détail « les droits utiles et honorifiques en spécifiant leur nature. »
Le marquis de Poyanne a compris dans les articles 1, 2, 3, 4, 5, 6, 7, 8 et 9 (V. plus haut) les autres droits qu'il a dans la ville et paroisse de Monguilhem, comme seigneur

gneuriaux offrent un état si lamentable au dix huitième siècle, cela tient à ce que, après l'extinction des barons de Toujouse, les seigneurs qui leur succédèrent ne vinrent plus résider en Armagnac

(1) *Archives de Villeneuve de-Marsan* — Dossier Monguilhem.
(2) V. plus haut le *dénombrement*, pp 39 et suiv.
(3) Ces métairies se trouvaient dans le quartier de Peyrouton, dont le seigneur avait la *directe*. On l'a vu ailleurs.

haut, moyen et bas justicier. Il doit avoir les droits honorifiques revendiqués au même titre, par les autres seigneurs. Leur énumération sera donnée par M. Laffont, s'il le juge à propos.

Monguilhem n'a point d'arrière-fief « ni de seigneur suzerain et dominant que le roi. »

Pour revendiquer les droits honorifiques attachés à la haute justice, il ne faut d'autres titres *que cette qualité.* Elle les renferme tous et ces honneurs sont dus de droit commun. Pour les exiger, on ne peut invoquer que les reconnaissances générales et particulières fournies par les seigneurs de Monguilhem.

4º Le dénombrement comprendra « chaque corps de fief en censives, » par articles. La *directe* de Monguilhem se compose de deux parties : « la ville et la paroisse, en général, sont tenues en paréage entre le roi et le marquis de Poyanne, sauf le quartier de *Peyrouton,* dont M. de Poyanne est seul seigneur directe. »

Monguilhem n'ayant point d'arrière-fief, il n'y a aucun seigneur censier qui relève du marquis de Poyanne. Par conséquent, il n'y a ni *hommage ni devoir à réclamer.* Les emphytéotes ont tous fait des reconnaissances particulières en indiquant la contenance de leurs terres et les redevances exigées « pour censives. »

Le dénombrement se fit conformément aux remarques précédentes, mais il donna lieu à de vives réclamations (1). On les a vues plus haut (2).

Le lecteur étonné de tant d'actes d'insubordination aura été tenté plus d'une fois de croire notre ville imbue d'un esprit révolutionnaire sans exemple. Ce serait une erreur. Cette fièvre d'indépendance était universelle. Sans vouloir la justifier, nous pouvons l'expliquer, au moins pour Monguilhem.

A peine née à la vie municipale, notre petite cité assiste à une guerre sanglante, dont les détails seront bientôt fournis, entre les seigneurs de Toujouse, d'Ognas et d'Estang. La guerre de Cent-Ans et les fléaux qu'elle traîne à sa suite réduisent ensuite Monguilhem aux abois. Au moment où il compte se relever, le calvinisme l'envahit et le ruine. Les guerres (3) que la Fronde devait suivre de

---

(1) *Archives de Villeneuve de-Maisan* — Dossier Monguilhem $\frac{11-1}{33}$

(2) V pp 45,45

(3) Le duc d'Epernon laisse une garnison à Monguilhem en 1628, « pour le temps et espace de 20 jours » La communauté est obligée de pourvoir à l'entre

près viennent l'assaillir ensuite et toutes sortes de calami‑
tés écrasent nos populations. Ne pouvant s'acquitter de
leurs devoirs envers le seigneur et le roi, les habitants re‑
courent aux moyens de la chicane pour contester à l'un e
à l'autre les droits qu'ils revendiquent.

Leur conduite est blâmable, à coup sûr; mais elle es
plus criminelle en apparence qu'en réalité, lorsqu'on ré
fléchit aux malheurs qui accablent l'Armagnac en généra
et Monguilhem en particulier, à la fin du dix-septième
siècle, pendant le cours du dix-huitième, et surtout a
moment où nous avons vu les saisies féodales se succéde
dans la paroisse. Rappelons les plus connus.

Epizootie. — Grêles. — Gelées. — En 1670, la grêl
tombe avec violence sur le territoire de Monguilhem (1
avril) et prive les habitants de tout espoir de récolte pou
cette année. La population assemblée en jurade sous l
halle communale fait supplier l'Intendant d'accorder un
dégrèvement d'impôts aux victimes. Le 21 juillet 1756, à
l'entrée de la nuit, une grêle épouvantable hache les
moissons et les vignes, et ce malheur ne fut que le com‑
mencement de calamités plus considérables déchaînée
sur le pays.

Pendant huit ans — de 1758 à 1765 — la grêle détrui
régulièrement les récoltes dans les paroisses de Toujouse
et de Monguilhem (1). Le dernier désastre connu de ce
genre, à cette époque, eut lieu le 10 août 1764 (2).

Et, comme si ce n'eût pas été assez, une peste horribl
décima les animaux de la contrée. L'alarme est générale,
disent les papiers du temps, les habitants se trouvent
« réduits à une extrême misère. » Incapables d'acquitter
leurs impositions, ils s'arrêtent au parti de solliciter un
dégrèvement pour 1765, après avoir fait vérifier leurs per‑
tes par des experts du Bourdalat et de Montaigut.

Alexis Labadie, ancien jurat du Bourdalat, et Pierre
Senargous, ancien jurat de Montaigut, parcourent, le 9 sep‑
tembre 1764, les juridictions de Monguilhem et de Tou‑

---

tien des troupes *(Archives de M Verdier* — Transaction sur les Padouens —
4 mai 1628)

Les comptes consulaires conservés dans le chartrier de M Verdier signalen
plus tard de fréquents passages de troupes Les consuls donnent des guides au
chefs d'armée. En 1731, Labadie, rendant ses comptes de l'année, parle de 1
sous payés au sergent de ville pour *guider* le régiment de Brie qui, venant de
Villeneuve, se rendait à Nogaro Le régiment de Berry et des *invalides* passen
la même année à Monguilhem. En 1733, la ville paie 10 sous au *guide* chargé d
conduire un régiment à Villeneuve de Marsan Les comptes consulaires de 173
mentionnent également un passage de troupes

(1) *Archives de M Verdier.* — Comptes consulaires
(2) *Ibid*

jouse et dressent procès-verbal du triste état auquel la grêle et la peste ont réduit les deux paroisses. Munis de cette pièce, nos édiles ont recours à Mgr de Boutin, conseiller du roi et intendant de la généralité de Bordeaux, auquel ils font un tableau désolant de la misère générale, pour réclamer, en terminant leur requête, une diminution d'impôts. Dans les derniers mots de la supplique, ils demandaient à l'Intendant de « s'informer de la qualité du terrain de Monguilhem et de Toujouse qui est des plus ingrats qu'il y ait dans le Condomois, » disaient-ils.

Sans examiner pour le moment l'exagération manifeste de cette déclaration, hâtons-nous de noter que, dès le 13 octobre suivant, M. du Goujon, subdélégué à Condom, informa nos consuls que l'Intendant serait à Condom le 4 novembre 1764, prêt à faire droit à leurs justes réclamations (1).

La peste et la grêle désolent encore la juridiction de Monguilhem, en 1765. Les désastres furent de nouveau constatés par ordre des officiers de l'Election de Condom, le 3 octobre 1765. Pierre Senargous, praticien de Montaigut, fut chargé de cette vérification, de concert avec les consuls et les principaux habitants de Monguilhem (2).

L'enquête porte sur les dommages causés « par l'orage, la grêle, les inondations et la peste sur les animaux. La grêle eut lieu le 15 mai. Les inondations durèrent depuis le 16 mai jusqu'au 24 juin et détruisirent toute la récolte du fourrage (3). La peste sur le bétail éclata le 20 juillet et dura jusqu'au mois d'octobre, emportant la moitié du menu bétail et le huitième des bœufs de labourage.

L'année suivante, la vigne fut ravagée par la gelée. La Province demanda le tableau des désastres causés par le fléau et vint au secours des victimes. Le mémoire présenté à cette occasion (Archives de M. Verdier) nous apprend que la barrique de vin se vendait alors 12 livres et que la récolte moyenne de Monguilhem pour le vin ne dépassait pas 400 barriques. On s'explique la faiblesse de notre production à cette époque, par la difficulté des relations avec les pays voisins.

Les malheurs dont nous venons de parler n'étaient que le douloureux prélude de ceux qui devaient fondre sur Monguilhem quelques années plus tard. Nous avons parlé plus haut d'un *Mémoire* du marquis de Poyanne sur les

---
(1) *Archives de M Verdier.*
(2) *Archives de M Verdier*
(3) *Ibid*

baronnies de Monguilhem et de Toujouse (1). Ce manuscrit mentionne une date néfaste pour tout le Bas-Armagnac, en signalant la maladie épizootique qui détruisit, en 1774, un nombre prodigieux d'animaux de toute espèce (2).

La ville de Mézin, effrayée des progrès d'un mal qui faisait périr des milliers de bêtes à corne, déclara que la foire d'août 1774 était absolument interdite à toute sorte de bétail (3). « On compte déjà ici trois cents têtes, bœufs ou vaches péris, écrivait, le 30 août de la même année, Isaac Duffau, de Labastide-d'Armagnac, à un négociant d'Orthez. On attend l'arrivée d'un commissaire pour constater les dommages et soulager les propriétaires, victimes de la contagion. »

Les ravages furent au moins aussi terribles pendant les mois suivants. « Dites-moi si l'*épidémie* continue, écrivait le 9 septembre 1774, M. d'Espaignet à M. Thomas Bédout, de Cazaubon, son beau-frère. Ici, à La Devèze-Ville, il ne reste que trois paires de bœufs et il vient d'en tomber un en S. Laurent. »

Instruits par une trop cruelle expérience, les consuls de Monguilhem veulent tenter de protéger leur juridiction contre le fléau dévastateur. Ils s'assemblent donc en jurade, le 4 septembre 1774 (4), et arrêtent les mesures de police suivantes :

1º Chaque jour, deux hommes et un commandant garderont rigoureusement les limites de la communauté, en faisant surveiller avec soin le bétail de la paroisse. Dans le cas où un troupeau viendrait à être surpris sans un gardien convenable, le propriétaire sera puni de prison sur-le-champ et il paiera trois livres d'amende. Le bétail étranger rencontré sur le territoire de Monguilhem sera abattu sur l'heure.

Le commandant et ses hommes feront la surveillance de 6 h. du matin à 9 h. et de 3 h. du soir à 8 heures.

2º Un commandant (5) et quatre hommes veilleront depuis 9 h. du soir jusqu'à 6 h. du matin, moment où la patrouille de jour viendra les relever. Personne ne sera dispensé de ce service, et si l'on voulait s'en affranchir, on sera puni de prison et d'amende, au jugement des ju-

---

(1) Archives de M. le comte de Maquillé, à Haïbaud (Bourdalat).
(2) V. aussi les archives de M. Verdier.
(3) *Revue de Gascogne*, t. XXII, p. 445
(4) *Registre des délibérations consulaires de Monguilhem*. — Archives de M Verdier (fº 5, 1º).
(5) La milice bourgeoise était fort bien organisée à Monguilhem Nous le verrons plus loin. C'est à ce corps qu'appartenaient les commandants et les soldats mentionnés dans cette délibération

rats, à moins de fournir des raisons légitimes. Dans ce dernier cas, on en informera le jurat en charge qui pourvoira au remplacement des dispensés.

Les commandants devront faire abattre tous les chiens étrangers, sous des peines très fortes déterminées par les jurats. Une mesure semblable est prise contre les chiens errants de la paroisse. Il faut tenir ces animaux à l'attache.

Défense à Cabarry, vétérinaire (hongreur), d'aller exercer son art dans les paroisses voisines sans être vêtu de lin. Il paiera une amende de 30 livres, s'il va opérer avec des habits de laine. et il sera passible de la prison s'il rentre ensuite dans la paroisse.

3° On dénoncera sur l'heure quiconque laisserait passer du bétail à corne hors de la juridiction. Le coupable paiera une amende de mille livres, conformément à l'arrêt du Parlement.

Les jurats sont chargés de veiller à l'exécution de ce règlement.

Malgré la rigueur des défenses, les infractions aux règlements ne se firent pas longtemps attendre. Le 12 octobre suivant, Claverie, aubergiste, fit venir du vin de Maupas à Monguilhem. J.-M. Dayrie, premier consul, s'en étant aperçu, prescrivit une enquête minutieuse et arriva à découvrir que le vin était entré dans la ville par la connivence de gens de Castex (1).

Le lendemain, la communauté délibère sur ce délit criminel qui peut introduire la maladie dans la juridiction, attendu qu'elle fait des ravages aux environs, et l'on décide que les coupables seront déférés aux tribunaux. En attendant, les chars saisis devant la maison de Claverie sont vite mis en pièces et enfouis sous terre, conformément à l'édit et à la déclaration du roi (2).

Cet exemple n'empêcha pas le métayer de Labourdette d'aller avec ses bœufs dans une paroisse infestée par la peste. A son retour, la jurade indignée s'assemble, et sur la proposition du premier consul, on inflige au coupable la prison et une amende de 20 livres applicable à l'église.

Défense est intimée au délinquant de faire paître ses animaux en dehors des dépendances de sa métairie. Quant aux chars employés aux transports incriminés, la jurade, par excès de commisération, n'en exige pas la destruction,

---

(1) *Registres consulaires de Monguilhem* (folio 6) — Maupas et Castex sont dits, dans cet acte, en Armagnac, généralité d'Auch.
(2) *Ibid* (folio 7).

mais elle inflige au métayer une amende de 30 livres au profit de l'église (1).

M. de Maniban et le marquis de Livry perdirent environ les six septièmes de leurs bêtes à corne — 527 sur 611 ! — dans l'étendue de leurs domaines : Monguilhem fut très éprouvé.

Le Bas-Armagnac se crut délivré de la peste bovine vers la fin de 1774, mais, hélas ! ses espérances ne furent pas de longue durée. Aux premières chaleurs de l'été 1775, le mal reparut presque partout. La consternation était universelle dans toute la région épuisée de ressources. Les métayers, au désespoir, abandonnèrent leurs exploitations quand les maîtres ne vinrent pas les secourir. « Les terres mal cultivées, dit M. Ducruc, curé doyen de Cazaubon (2), ou même laissées en friche sur plusieurs points, ne purent donner que de faibles récoltes qui perdaient encore de leur importance par la difficulté qu'on avait, soit de les recueillir, soit de les porter sur les marchés pour les vendre. Des hommes très compétents estimaient que celles de 1775 perdraient pour le moins un quart de leur valeur et que celles de 1776 devaient perdre encore davantage. »

C'est dans ces douloureuses circonstances que la marquise de Livry se décida à vendre ses terres de Monguilhem et de Toujouse. Le contrat fut passé à Paris, le 10 janvier 1776.

L'année suivante, l'Armagnac était encore aux prises avec la peste. Une lettre écrite aux consuls de Monguilhem par la municipalité de Labastide d'Armagnac (1777) informe nos populations que leurs bestiaux, par mesure de précaution, ne seront pas admis à la foire de cette ville fixée au 19 septembre 1777 (3).

Le navrant tableau que présente l'Armagnac au moment où nous sommes parvenus, nous paraît devoir atténuer dans une certaine mesure l'insubordination à l'égard du Pouvoir, que nous avons vue se manifester si souvent. Il va aussi nous expliquer un peu le désarroi municipal dans lequel Monguilhem se trouve plongé pendant les derniers siècles, vers la fin du régime féodal.

---

(1) Registres consulaires de Monguilhem (follo 7, verso). — Archives de M. Verdier.
(2) Revue de Gascogne, t. XXII, p. 453
(3) Archives de M. Verdier.

CHAPITRE IV

ADMINISTRATION COMMUNALE. — FINANCES. — TAILLES. — IRRÉGULARITÉS DANS L'ADMINISTRATION CONSULAIRE. — DÉSORDRE, ETC.

Le mode d'élection des consuls fut légèrement modifié à Monguilhem, avant la fin du régime féodal. La liste des citoyens éligibles présentée au baron de Toujouse, co-seigneur de Monguilhem, porta huit noms pendant quelque temps (1), bien qu'il n'y eût que quatre officiers municipaux. Plus tard, la liste fut réduite à six noms, comme jadis.

A jour fixe, les consuls sortant de charge dressaient le tableau traditionnel de six membres. Le seigneur avait le droit d'en rayer un et le procureur du roi un autre. A défaut du procureur, la jurade pouvait en éliminer un (2).

Les archives particulières de M. Verdier possèdent une foule de nominations de cette espèce ratifiées par les seigneurs. C'est ainsi qu'en novembre 1723, le marquis de Maniban approuve les élections consulaires de Monguilhem, dans son château du *Busca* (3). Le 17 octobre 1719, il avait signé, dans ce même château, la nomination des consuls de 1720, tout comme il approuva à Paris, le 25 janvier 1728, l'élection des consuls pour 1729 (4).

Mais si l'élection des consuls ne subit que de légères modifications dans sa forme et pour l'époque de l'année où elle avait lieu, il n'en fut pas de même pour la durée des fonctions des consuls. Limitée par les coutumes et les

---

(1) V. ci dessus, p 37.
(2) On peut utilement consulter a ce sujet les procès verbaux des délibérations consulaires de Monguilhem. On voit les habitants s'assembler au son de la cloche, délibérer longuement sur la confection de la liste des jurats à élire en 1658 et arrêter le choix de six noms qu'on devra « présenter a M. de Toujouse, seigneur de Monguilhem, pour qu'il raye un membre de la liste Cette liste devra être ensuite présentée, ajoute le procès verbal, au procureur du roi qui a le droit de rayer un autre nom. Deux des consuls choisis prêteront serment entre les mains du seigneur et les deux autres entre les mains du procureur du roy. A défaut du procureur, les consuls de l'année pourront recevoir le serment, le tout selon les clauses de la transaction de 1630, passée entre le seigneur et la communauté »
(3) Le château du *Busca* s'élève dans la paroisse de Mansencôme (Gers)
(4) *Archives de M Verdier* — Dossier des nominations consulaires

franchises locales à une année seulement, la charge consulaire fut parfois exercée pendant plusieurs années à Monguilhem, au dix-septième et au dix-huitième siècles.

Les jurats s'assemblent notamment le 12 janvier 1756 pour procéder à la nomination de nouveaux consuls. Or, tout le monde se déclare satisfait de la précédente administration, dont le premier consul, très au courant des affaires, a déjà fourni pour la communauté l'hommage au roi. Il est essentiel, dit-on, dans l'intérêt du bien général, que ce magistrat achève son œuvre en vue du dénombrement et de la déclaration des droits de la communauté qu'il s'agit de fournir. L'assemblée prie donc les consuls de l'année précédente de vouloir bien accepter une nouvelle année d'administration municipale. Il en fut ainsi (1).

Quelques années plus tard, le procès-verbal d'élection des consuls porte cette significative mention : « Ladite assemblée capitulairement réunie déclare unanimement *qu'il est d'usage de continuer deux années consécutives les jurats élus, attendu le petits nombre de jurats propres à occuper la première charge de jurat* (2). »

Ce langage est au moins exagéré, si nous consultons les listes de nominations consulaires déposées dans les archives de M. Verdier. Mais il n'en est pas moins vrai qu'il fut difficile, en certains cas, de trouver des consuls pour l'administration communale. Ainsi, le 3 mai 1670, la jurade réunie sous la halle, au son de la cloche, comme toujours, signale l'embarras qu'éprouve la communauté pour se donner des consuls. « L'année dernière, dit le procès-verbal, les consuls modernes de la présente ville sont morts (3), et pour faire les consuls de la présente année, on ne trouve personne qui veuille être consul pour faire la levée des deniers royaux. »

Dans cet embarras, la jurade demande à Jean Tilhet, chirurgien, d'accepter ces fonctions. Le médecin y met une condition : c'est qu'on lui donnera « cinquante livres pour tous les droits de levée du rôle vérifié. » On les lui accorda.

Comme on le voit par cet extrait, la perception des tailles se faisait autrefois par les soins des consuls qui versaient le montant de leurs collectes dans les bureaux de l'Election.

Ce mode de recouvrement des impôts n'était pas sans

---

(1) *Archives de M. Verdier* — Administration consulaire.
(2) *Jurade* du 1 nov. 1770 — *Archives de M. Verdier*
(3) Y eut-il quelque épidémie ?

inconvénient. Nous en avons la preuve à Monguilhem même, en 1658.

Le Bureau de l'Election de Condom avait énergiquement protesté contre la communauté oublieuse, de ses devoirs au point de laisser en charge trois années de suite le sieur de S. Hilaire, seigneur de Hourtinan, qui, durant ce temps, « avait abusé des deniers royaux (1). »

Le Bureau ordonne aux jurats de procéder à de nouvelles élections de consuls « en la forme et manière accoutumée et ce, dans trois jours, à peine de 500 livres et d'être déclarés solidairement responsables du retardement des affaires du roi, enjoint aussi audit S. Hilaire (2) et autres coupables de remettre le cahier des comptes de leur administration en mains du procureur d'office, sous peine d'une amende de cinq cents livres. »

La perception des impôts étant l'une des principales attributions de l'administration communale, entrons dans quelques détails sur les impositions sous l'ancien régime.

Tailles. — Il ne faut point se dissimuler qu'en dehors du *cens* et de la *dîme* exigés par le seigneur et le roi, en retour des libertés, des franchises et des terres octroyées à leurs vassaux, les populations étaient soumises à des tailles onéreuses, à des impôts multiples, *ordinaires* et *extraordinaires*. Les comptes consulaires de Monguilhem (3) le montrent surabondamment. L'uniformité de ces tableaux nous permet de les analyser en quelques lignes (4). Le chiffre de l'impôt annuel subit quelque variation d'une époque à une autre, mais les dénominations sont à peu près toujours les mêmes : *Tailles, Capitations, Vingtièmes, Dons extraordinaires*, etc.

La *taille* s'élève à Monguilhem à 1779 livres 15 sous, en 1783. En 1781, elle fut de 1182 livres 19 sous 1 denier. La répartition se faisait proportionnellement à l'étendue du domaine rural de chaque propriétaire. Elle fut fixée à 26 sols 6 deniers par arpent en 1785.

La *capitation* pour Monguilhem s'élevait à *338 livres plus 33 livres 16 sous pour les deux sols par livre*, en 1736. Trente ans plus tard, en 1766, elle est de 367 livres 15 sous.

---

(1) Archives de M. Verdier.
(2) Ce Jean de S. Hilaire, sieur de Hourtinan, à Monguilhem, serait il de la famille du lieutenant d'artillerie, S. Hilaire Mormès, qui eut le bras emporté par le boulet qui tua Turenne ? — Nous inclinerions a le croire
(3) Archives de M. Verdier
(4) Nous aurions donné en note la série des impôts à Monguilhem pendant les deux derniers siècles, si des lacunes regrettables et trop nombreuses ne s'étaient glissées dans les rôles

L'impôt du *vingtième* pour Monguilhem, en 1783, fut de 653 livres 13 sous 9 deniers, *plus quarante-trois livres 7 deniers pour les quatre sols pour livre du premier vingtième*. Ces vingtièmes étaient une perception faite sur les revenus des biens des contribuables.

Parfois, des charges extraordinaires venaient s'ajouter aux impôts ordinaires exigés par l'Etat. Ainsi, en 1743, le roi ordonne de lever 5 sols par arpent sur les 891 arpents de terre rurale de Monguilhem. En 1727, il avait fallu fournir 126 livres 10 sous 8 deniers d'impôts extraordinaires, sans compter un *don de joyeux avènement* de 76 livres 16 sous, prescrit par ordonnance de l'Intendant de Bordeaux.

Chaque année, au mois d'octobre, l'Intendant de Bordeaux, en vertu d'une ordonnance royale, adressait à la communauté de Monguilhem — comme à toutes les autres, du reste, — la *mande* de la taille et autres impositions. Les consuls avaient mission de dresser les rôles dans lesquels les sommes fixées pour les impositions se trouvaient réparties sur tous les *contribuables et lieutenants* de la juridiction, domiciliés ou forains.

Dès l'arrivée de la *mande*, le son de la cloche appelait la jurade en assemblée générale dans l'hôtel de ville. Les consuls déclaraient avoir reçu l'état des tailles de l'Intentendance et demandaient à faire procéder « à la faction des rôles » pour les vérifier ensuite.

Le premier consul était généralement chargé de ce soin.

Les comptes apurés étaient soumis au bureau de l'Election qui les approuvait ou en demandait la modification.

Personne n'échappait à la loi des *tailles*, des *vingtièmes*, qui frappaient toutes les terres *rurales* (1). Ni prêtres ni gentilshommes n'en étaient dispensés. En voici la preuve.

En 1781, par exemple, il s'agit de répartir, entre les divers habitants de Monguilhem, la somme des tailles portée à 943 l. 2 s. La répartition se fait, comme toujours, proportionnellement à l'étendue de la propriété foncière de chaque contribuable.

« Monseigneur le marquis de Maniban, dit le rôle,... conseigneur de la présente ville, possède 147 journaux

---

(1) Les terres nobles en étaient seules exemptes — Quelques rares citoyens étaient cependant dispensés des impôts C'étaient, en 1753, Olivier Labadie, comme receveur de la *Foraine*, a Monguilhem, et comme receveur des droits de la communauté, Alexandre Dayrie, comme marguillier *des captifs* et comme procureur juridictionnel. (Archives de *M. Verdier*.)

cinq lattes 11 escats. Il est taxé à 154 livres 11 sous 9 deniers.

» 2° Monsieur le curé de la présente ville possède 19 journaux 21 lattes. Il est taxé à 19 livres 19 sous 9 deniers.

» 3° M. de Gourgues possède 34 journaux. Il paie 36 l. 1 s. 4 d.

» 4° Le marquis de Bonas, maréchal de camp et seigneur de Bascaules, paie neuf sous pour onze lattes de terre sise en Monguilhem. »

5° Le marquis de Poyanne, ancien lieutenant-colonel, possède 32 journaux 7 lattes. Il paie 34 l. 3 s. 2 d.

6° M. de Cours, paie 11 livres 15 sous 1 denier pour onze journaux, 23 lattes 11 escats. » — Et ainsi pour tous les autres.

Si, par hasard, il y avait retard ou mauvaise volonté de la part des contribuables, dans le paiement des tailles et autres impositions, on était sûr de voir paraître les agents du fisc. Secondés par la force publique, ils venaient réclamer les impôts. Nous trouvons souvent les porteurs de contraintes et leurs archers à Monguilhem, pendant tout le cours du dix-huitième siècle (1). On les logeait chez les habitants, jusqu'à parfait paiement.

Les consuls *modernes*, c'est-à-dire de l'année, étaient chargés de la perception des tailles, suivant la remarque faite plus haut. Les comptes consulaires de Monguilhem mentionnent à chaque instant les voyages du consul *collecteur* à Condom, où il allait faire ses versements entre les mains du subdélégué. La communauté, bien entendu, payait au *collecteur* les frais de déplacement, lorsqu'il se rendait au bureau de l'Election.

D'ailleurs, les fonctions de *collecteur* ne furent pas toujours gratuites. Nous l'avons vu pour 1670, lorsque Tilhet (2), maître chirurgien, ne consentit à percevoir les tailles que moyennant rétribution. Il semble qu'il soit passé en usage, depuis cette époque, de payer une petite indemnité au collecteur, bien que ces fonctions dussent être exercées sans traitement.

La charge de la perception des impôts est encore dévolue aux officiers municipaux pendant la Révolution française. Il faut même, à ce sujet, noter un curieux incident dans les registres communaux de Monguilhem.

Le 2 juin 1793, Alexandre Dayric s'offre à faire gratui-

---

(1) *Comptes consulaires de Monguilhem* — Archives de M. Verdier
(2) Archives de M. Verdier.

tement la levée des tailles et donne la signature de sa femme pour caution (1).

Plus tard (17 germinal, an II) on met en adjudication la perception des tailles, à Monguilhem. Le citoyen Barés se charge de recueillir les impôts sans salaire. — « Quelqu'un veut-il payer pour opérer la rentrée de ces fonds? » dit le maire. Et aussitôt on voit se présenter plusieurs enchérisseurs. Barés étant celui qui propose la somme la plus considérable, la perception des impôts lui est attribuée sous la caution du citoyen Claude Duboucher (2).

La caution exigée dans ces circonstances pour le *collecteur* n'était pas inutile, même avant la Révolution, nous devons l'avouer, car les comptes consulaires présentent en plus d'un cas de sérieuses irrégularités (3).

Nous connaissons les graves accusations portées contre Saint-Hilaire, sieur de Hourtinan, en 1658, aussi bien que la conduite du Bureau de l'Election à l'égard de la communauté de Monguilhem. A son arrivée aux affaires, en 1666, noble Isaac de Bréchan, seigneur de *Cazaux* (4), fait entendre de nouvelles réclamations contre le même magistrat auquel il reproche d'avoir fait seul la levée des deniers royaux et autres impositions et d'avoir détourné la somme de 400 livres. Dans l'intérêt de la juridiction, noble de Bréchan sollicite le Bureau de l'Election de Condom de retenir cette somme sur le prix d'une métairie vendue pour 2,225 livres par S. Hilaire à noble Pierre du Lart, sieur de *Lascombes et de Cazaux*. Noble Charles de Bilhère, sieur de Montet de Berhède est caution pour l'acheteur. Le Bureau fit, en effet, assigner l'acquéreur, et les droits du roi furent saufs, selon toute apparence (5).

Mais le mauvais exemple donné par S. Hilaire dans la gestion financière de la communauté porta de mauvais fruits. Les consuls tenus, aux termes des coutumes et de la loi, de rendre leurs comptes à l'expiration de leur charge, s'habituèrent peu à peu, au dix-huitième siècle, à ne pas se montrer scrupuleux sur ce point. Les archives particulières de M. Verdier sont instructives à cet égard. Non point qu'il y ait eu des cas bien caractérisés de concussion, nous ne le pensons pas, mais la négligence des officiers municipaux est flagrante en matière de finances.

---

(1) *Registre municipal* (folio 88, verso). — *Archives de M. Verdier*.
(2) Nous ferons connaître plus loin ce personnage. — *Registre municipal*, aux archives de M. Verdier (folio 110)
(3) Consulter a ce sujet les *Comptes* conservés chez M. Verdier.
(4) Fief en Monguilhem.
(5) *Archives de M. Verdier*.

Le mal est très profond lorsque Labadie (1), riche négociant de Monguilhem, devient consul, en 1747. D'un coup d'œil, le nouveau magistrat, habitué à l'ordre le plus méthodique dans son commerce, mesure l'étendue du désarroi et prend, en honnête homme, la résolution d'y porter un prompt remède. Malgré ses efforts, il lui fut cependant impossible de supprimer, alors, tous les abus.

Revenu aux affaires en 1759, il reprit sa campagne contre les coupables. Il en était grand temps. Afin de répondre aux ordres de l'Intendant, Jérôme Labadie de Toujé fait convoquer les consuls par le son de la cloche, le 20 octobre 1759. Personne ne se présente. Le premier consul demeure seul pendant plus de demi-heure dans la salle ordinaire des délibérations. Voyant que la jurade s'obstine, il dresse procès-verbal de l'incident afin de ne pas « demeurer responsable des faits qui en résulteraient et pour que les rebelles devinssent responsables (2). »

La cause de ces résistances, est que Jérôme Labadie demandait aux jurats précédents de lui présenter le tableau de leur gestion communale, dans l'intérêt de la juridiction. « Mais comme la majeure partie du corps de ville se trouvent être débiteurs, dit le procès-verbal, ils n'ont jamais voulu condescendre à mettre et introduire des moyens de convenance pour retirer lesdits revenus et les employer en des réparations très urgentes et même indispensables. Bien plus, ils ont refusé les sujets qu'on a proposés pour pouvoir faire payer les débiteurs, ainsi que les moyens propres à faire exécuter la réparation des grandes routes, la restauration du pont sur le Midou, etc. »

La négligence apportée par les débiteurs au paiement de leurs dettes amène la plus lamentable confusion dans le gouvernement de la commune. Labadie dénonce cette fâcheuse situation à l'Intendant. Les termes de sa lettre sont loin d'être flatteurs pour la population.

« Depuis longtemps, très longtemps, dit Labadie dans son rapport, la communauté de Monguilhem gémit sous des troubles et discordes que plusieurs des habitants sèment et nourrissent dans son sein pour à leur gré jouir de

---

(1) Les *archives* de M. Verdier renferment le *journal* de ce marchand. C'est son *Livre de raison* commencé le 13 janvier 1720. Il est malheureusement inachevé. On y remarque un ordre parfait, et l'on peut juger par ses pages de l'importance du commerce de Labadie, dont le trafic s'étendait à toutes sortes de marchandises. Il faisait la banque, exploitait le poisson des étangs, distillait les vins pour la fabrication des eaux de vie, traitait des affaires considérables en denrées de tout ordre et vendait des lots de cassonnade de mille livres à la fois.

(2) *Comptes consulaires.* — Archives de M. Verdier.

ses revenus et s'emparer de son fonds. Cette conduite irrégulière de leur part et l'éloignement qu'on a soit du rétablissement de l'ordre soit de rendre compte des revenus que les susdits habitants gardent devers eux sous prétexte qu'ils en peuvent utiliser à leurs avantages plutôt que les employer en des réparations urgentes et indispensables, tout cela fait que le suppliant leur ayant plusieurs fois représenté les vexations et les préjudices que l'on commettait contre la communauté, a obligé la majeure partie des habitants à se séparer du corps de ville et à ne plus assister à pas une assemblée que j'ai convoquée (1). » Il requiert contre les coupables.

Les accusations de Jérôme Labadie nous révèlent le vice de l'administration consulaire pratiquée trop en famille. L'autorité devait manquer forcément à des magistrats unis à un grand nombre de familles de leur juridiction par les liens du sang ou de l'amitié. On s'explique alors le manque de vigueur dans la perception des deniers royaux ou communaux (2). On voulait ménager les contribuables pour être ménagé à son tour, car les fonctions consulaires ne durant qu'une année, le magistrat de la veille devenait le sujet du lendemain. De là, les trop faciles résistances de la foule et, par voie de conséquence, le désordre des budgets dont chacun semble avoir voulu disposer à sa guise durant la période de trouble que nous traversons.

Il eût été peut-être difficile, en certains cas, de justifier de l'emploi de quelques sommes, il faut le reconnaître, d'après les notes ajoutées aux rôles présentés par les consuls. Mais si tous les chapitres ne figuraient pas sur les états de fin d'année, on peut, parfois, les reconstituer au moyen de feuilles volantes laissées dans les registres. Les jurats de Monguilhem ne se refusaient pas, à l'occasion, une petite réjouissance aux frais du trésor municipal.

Le Dauphin revient-il à la santé en 1752? Nos édiles se donnent une fête dont les frais sont payés par la caisse communale. La solennité eut lieu le 8 octobre 1752. Un feu de joie fit éclater le bonheur commun, après une cérémonie où les quatre consuls avaient offert (à l'église sans doute) chacun *un cierge fin pesant quatre livres* 3|4, à 2

---

(1) *Comptes consulaires*. — Archives de M. Verdier.
(2) Les faits que nous signalons devaient se reproduire à peu près partout. M. Bessellère, curé doyen de Roquefort, s'exprime ainsi dans son intéressante *Étude sur la vie communale de Roquefort* (p. 22) « Il y a, en terminant cet article, à signaler qu'il arrivait souvent que des imposés avaient des arrérages d'impôts non payés, de plusieurs années. La levée des impôts se faisait paternellement,

livres 8 sols la livre, ci................... 11 l. 8 s.
On brûla 2 liv. 1|2 de poudre à feu à 1 l.
12 s. la livre, ci....................... 3 l. 12 s.
On but 22 pots de vin à 6 sols le pot, ci... 6 l. 12 s.
Vingt-quatre pains de 4 sols furent mangés 4 l. 16 s.
Et, enfin, on absorba pour trois livres dix
sols de viande........................... 3 l. 10 s.
En somme, le budget municipal eut à payer 29 l. 18 s. (1)

Quatre ans après, le 11 janvier 1756, Monguilhem salue par une fête de famille la naissance du comte de Provence. La note fut payée le 12 janvier, c'est-à-dire le lendemain, par ordre des consuls et avec les deniers communs.

La jurade tout entière réunie en corps chez le sieur Barés, traiteur, se donna un charmant petit dîner dont le menu tout gascon mérite d'être conservé. Nous l'extrayons des archives de M. Verdier.

« *Note des frais payés par la communauté*

31 bouteilles de vin à trois sous la bouteille 4 l. 13 s.
7 pains et demi à 4 sous chacun.......... 1 l. 10 s.
1 lièvre et du bœuf..................... 2 l. 2 s.
1 dindon et une paire de chapons........ 2 l. 10 s.
Une paire de chapons et une paire de poulardes.................................. 3 l.
Boudin, saucisse, petit salé et une entrée de
pieds de cochon......................... 3 l. 5 s.
Ustensiles et services.................. 5 l. »

La naissance de Louis XVIII coûta donc 22 livres à la ville (2) !...

C'était peu assurément. Mais la chose la plus grave en tout ceci, fut la déconsidération dans laquelle on vit tomber l'autorité locale. Peu respectueuse des droits des supérieurs, elle perdit elle-même tout prestige aux yeux des

---

(1) *Archives de M. Verdier.* — Comptes consulaires
(2) La célébration de ces *fêtes nationales* aux frais des communautés, avait lieu dans toutes les localités, selon toute apparence. Dans son excellente brochure sur la *Vie communale à Roquefort* (p. 10), M. l'abbé Besseillère cite une délibération de la jurade de cette ville (1729), où il est question des réjouis sances votées à l'occasion de la naissance du Dauphin. M. de S. Guirons, premier jurat, demande à l'assemblée « s'il ne serait pas trouvé à propos, qu'à l'exemple de leurs voisins, tous les messieurs qui composent le corps de ville avec MM. les officiers qui commandent les compagnies, soupassent ensemble à un repas à frais publics. » La proposition fut votée. Nous n'avons pas trop continué ces procédés anciens. Ils sont encore en usage de nos jours dans bien des municipalités.

inférieurs. Que de pages tristement instructives nous pourrions emprunter sur ce point aux archives de M. Verdier! Il nous suffira de citer quelques faits.

Les rixes sont fréquentes dans les auberges (1). Les consuls doivent intervenir souvent comme juges criminels et chargés de la police communale: Le 24 juillet 1757, Olivier Labadie, bourgeois de Monguilhem et premier consul, se voit interpellé sur la place publique, par la femme Garbay, cabaretière, qui vient réclamer son intervention à propos d'une lutte engagée entre ivrognes dans son établissement. L'officier municipal, suivi du sergent de ville, se met aussitôt en mesure d'aller séparer les combattants. Soudain, Pierre Garbay, mari de la plaignante, se jette furieux sur le jurat et le presse avec insolence de marcher plus rapidement. — « C'est vous, lui dit-il, qui nous envoyez sans doute de pareils clients? » — « Mais non, répond le magistrat, je cours au contraire en délivrer votre maison. » Pierre Garbay n'en devient que plus menaçant et parle de *mort d'homme qu'il doit y avoir*.

Dans ses invectives malhonnêtes il parle de si près à l'officier municipal que celui-ci se voit obligé de le repousser tout doucement. L'aubergiste exaspéré lui saute au collet et menace de lui faire un mauvais parti. On vient heureusement au secours du premier consul qui porte plainte au Parlement et réclame des mesures de rigueur « contre les excès commis par les cabaretiers trop accoutumés, dit-il, à susciter des querelles journalières, à l'insolence, à l'emportement et au manquement envers les supérieurs. »

Ce trait et une foule d'autres montrent que les consuls, pas plus que les seigneurs du reste, n'avaient un droit illimité sur leurs administrés. Leur autorité était subordonnée, dans les cas les plus graves, à celle des juridictions supérieures, et, en particulier, à celle du Parlement. Nous en avons pour preuve un autre petit événement survenu à Monguilhem le 29 juin 1748.

C'était le jour de la fête patronale. Les consuls en livrée firent leur tournée, en qualité de juges de police, dans les boucheries, boulangeries et débits de boisson. Tout s'était bien passé jusqu'au moment où ils pénétrèrent chez Dalleman, aubergiste, auquel ils demandèrent — le temps était chaud! — le droit de *tapaison*, c'est-à-dire une bou-

---

(1) Les registres de la *Justice* de Monguilhem conservés aux archives départementales du Gers en mentionnent plusieurs.

teille de vin exigible, par les consuls, en vertu de la coutume, sur chaque barrique de vin débitée dans la paroisse.

L'hôtelier et sa famille s'emportent à cette demande. Dalleman se jette sans égard sur les magistrats « jusqu'à les excéder quoique revêtus de leurs livrées consulaires (1). » L'outrage devait être vengé.

Dès le lendemain, la jurade s'assemble et décide « d'une commune voix » qu'on donne pouvoir aux jurats de poursuivre les coupables en Parlement aux frais de la communauté qui s'engage à payer le procès jusqu'à concurrence de 300 livres. Ces 300 livres seront réparties sur tous les contribuables par un rôle particulier, après qu'il aura plu à l'Intendant ou à son subdélégué de Condom de le rendre exécutoire.

Si la foule s'habituait à mépriser l'autorité consulaire dans les cabarets et sur les places publiques, elle ne la respectait pas davantage dans ses arrêtés de police, on le verra plus loin. Grâce à un tel désordre, loin d'augmenter, les ressources municipales diminuaient chaque jour et tout, ponts, chemins, places de la ville, se trouvait dans un complet abandon.

CHAPITRE V

REVENUS COMMUNAUX. — HALLAGE. — BOUCHERIE. — SOUCHET. — PADOUENS.

Les revenus communaux de Monguilhem, déjà très minimes, menacent de disparaître à l'époque dont nous parlons. Faisons connaître, à ce sujet, les principales sources du budget communal. Elles sont indiquées dans un *Mémoire des droits de Monguilhem* pour 1520 (2), dont voici la teneur :

---

(1) Dalleman appela sa fille et sa servante à son secours pour chasser les importuns — « Cassez leur bras et jambes, » criait-il. Docilis à sa voix, sa fille armée d'une bêche et la servante munie d'une pelle en fer fondent sur les magistrats « qui ne s'attendaient pas, dit le procès verbal, à voir exécuter des ordres si contraires aux bonnes règles et aux loix de subordination si nécessaires dans l'Etat ».

Salles, l'un des consuls, est grièvement blessé à la tête, à l'épaule et à la hanche droite, et Garbay a la main meurtrie. En galants hommes, les consuls ne pensent pas « qu'il soit de leur honneur de se commettre avec des personnes du sexe qui, sans doute, avaient lié leur partie et étoient assurées de trouver du secours. » Ils se retirèrent indignés.

(2) Archives de M. Verdier — Comptes consulaires

« Une halle bâtie au milieu de la place de ladite ville. Le revenu vaut... (Suivant les années.)

» Plus un droit de plaçage annexé au revenu de ladite halle des choses qui se portent vendre au marché de ladite ville qui n'est que de quinze en quinze jours.

» Plus le droit de mesurage du blé et millet qui se vend lesdits jours de marché.

» Plus un pré de la contenance de quatre journaux. Plus une lande et vacant nommé à *Cabendos* située en Monguilhem et noble servant seulement au pâturage du bétail.

» Tout ce dessus est jugé vendu par engagement à M. de Caucabane, seigneur de Baudignan, depuis longues années.

» Plus ladite communauté possède un subside ou souchet d'un droit qu'elle prend sur tout le vin qui se vend dans lad. ville en detail soit des hostes (aubergistes) et autres personnes, soit qu'il se vende en jour de marché ou autrement.

» Plus un autre subside ou souchet d'un droit qu'elle prend sur tous les bouchers de la ville de toutes les bêtes qu'ils tuent à ladite boucherie durant toute l'année.

» Lesdits subsides de vin et de boucherie sont vendus à faculté de rachat à M. du Saige, receveur des tailles.

» Plus la communauté possède des landes ou vacants pour pâturages, des taillis de bois de chênes et châtaigners sur les fossés qui sont autour de la ville.

» Plus un droit de brassage sur les habitants qui ne paient pas de tailles.

» Plus un droit de fouage sur les habitants qui allument feu, soit taille payants ou autres.

» Il y a quatre consuls dans la communauté qui sont juges criminels et politiques. Ils ont pouvoir et sont en possession de tout temps de juger de tous crimes et de toutes polices avec pouvoir de prendre et de choisir tel assesseur que bon leur semblera et prendre tel greffier et baile qu'il leur plaît en la fonction de leur judicature qui ne leur vaut rien que pour l'honneur. Les habitants ont droit de bâtir moulins, étangs, clapiers, garennes, maisons avec tours et girouettes, pigeonniers séparés et à quatre pilliers, de chasser, de pêcher et de pâturage. »

En résumé, ces droits comprenaient cinq articles : 1º le *Hallage et le Plaçage;* — 2º la *Boucherie;* — 3º le *Souchet;* — 4º les *Vacants;* — 5º la *Justice.* Nous n'examinerons ici que les quatre premiers.

Article 1ᵉʳ — Hallage et Plaçage. — Monguilhem présente au milieu de sa grande place centrale, ornée de superbes allées de platanes, au midi, à l'est et au nord, un marché couvert désigné sous le nom de *Halle* (1) dans tous les titres anciens, comme dans le langage usuel de nos jours. Ce bâtiment, devenu le lieu de réunion de la jurade, remonte probablement à l'origine même de Monguilhem, bien qu'il ait subi de nombreuses retouches, peut-être même des modifications essentielles (2), dans le cours des siècles. C'est là que les marchands forains étalaient leurs produits les jours de foire et de marché.

Au dix-huitième siècle, tout le dessous de la halle est en très mauvais état. Aussi Sarragousse, premier consul, assemble t-il la jurade le 6 mai 1753 pour lui exposer la détestable situation des bancs et des tablettes destinés aux marchands étalagistes qui fréquentent les foires et marchés de Monguilhem. Ces foires et marchés, dit l'orateur, sont moins fournis qu'autrefois, à cause du mauvais état des bancs. On décide sur l'heure qu'on abattra les arbres de la place communale désignée sous le nom de la *Moule*, pour remettre à neuf le matériel de la halle et réparer le pont établi sur le Midou.

Les droits perçus pour l'étalage des étoffes, merceries, épices, denrées, etc., sur la place, portaient chez nous le nom de *Hallage*. Ces droits comprenaient divers chapitres, tels que : le *plaçage*, le *mesurage des grains* et le *hallage* proprement dit. Nous en parlerons séparément.

---

(1) Il semblerait résulter de la lecture de quelques quittances fournies par La Badie, trésorier de la communauté, que l'*hôtel de ville* fut construit au dessus de la halle, vers 1750 Le 31 mars de cette année, le consul paie 20 livres 15 sols à Bernard Laffitte pour avoir fait les parois au haut de la halle comprises elles de la chambre de jurade et pour les bancs — Avant, les assemblées communales se tenaient sous la halle — Le même consul paie, le 8 juin suivant, la somme de 10 livres a Sarragousse, forgeron serrurier, « pour la serrure, ferrage de la maison de ville et pour avoir raccommodé le carcan. » (Archives de M. Verdier.)

(2) Tous les registres de jurade conservés chez M Verdier, mentionnent la halle comme centre de réunion pour les délibérations communales Il y est aussi souvent question des réparations à faire au marché Dans les jurades du 9 juin 1723, les consuls « représentent qu'il est de toute nécessité de faire accommoder la halle et le portal royal du couchant ou est aussi la prison royale de la présente ville et le chemin royal de Challos, lesquelles réparations on ne peut différer » On décide aussitôt que le premier consul Joseph Dayrie s'occupera sans retard des travaux à effectuer, soit a la *halle*, soit ailleurs. (Archives de M. Verdier)

En 1748, Dominique Verdier, consul, fait payer à Michel Villepinte, expert, des honoraires pour avoir examiné le travail *de la reconstruction* de la halle Les papiers de M. Verdier parlent d'un travail de même sorte projeté pour Cazères (12 oct 1732) Le roi autorise les jurats et la communauté de Cazères (Landes) à vendre « 76 arpents et demy soixante lattes et demy de fonds et terre vacants ou incultes appartenant à lad communauté » Cazères possédait alors « 1,500 arpents de fonds et terre vacants ou inutiles » L'adjudication fut donnée à Dominique Lalanne, maître charpentier, pour le prix et somme de 1,207 livres

1° **Plaçage ou Terrage.** — C'était le droit exigé des animaux gros ou menus mis en vente sur la place de la *Botterie* (place aux bœufs et aux chevaux). La taxe imposée aux animaux étrangers présentés sur nos places n'était pas très élevée. Elle donna lieu néanmoins à des abus criants.

Les fermiers outrepassaient leurs droits, en certains cas, et les vendeurs, en d'autres circonstances, refusaient de payer l'entrée de leurs animaux sur le marché. Pour mettre un terme à ce désordre, Olivier Labadie, premier jurat, fait assembler « les consuls, jurats et corps de communauté, » à l'Hôtel de Ville, afin de dresser un nouveau règlement pour la place aux bestiaux. En vertu de ce tarif, les fermiers pourront exiger le paiement de l'octroi conformément aux dispositions suivantes qui réduisent de moitié le *plaçage* précédent (1), afin d'attirer le plus possible de vendeurs sur nos marchés (1763).

Tarif. — « *Pour les foires* : 1° bœufs, 2 sous la paire; — 2° vaches, 2 sous la paire; — 3° chevaux, mulets ou bourriques, un sou chaque tête; — 4° moutons ou brebis, six deniers chacun; — 5° chèvres, la même chose; — 6° cochons gras, un sol pièce; — 7° Pourceaux, nourrissons, six deniers.

» *Jours de marché :* — On ne prendra que la moitié des droits fixés par le tarif. »

2° **Mesurage des grains.** — La ville de Monguilhem prélevait un sol par sac de grain de toute espèce de denrées les jours de marché, et deux sols les jours de foire. Ce droit n'était pas affermé au dix-huitième siècle. On l'abandonnait au valet de ville pour lui tenir lieu de gages. C'est entre les mains de cet agent municipal que se trouvait le *conquet* (2) communal ou mesure-étalon de capacité dont il fallait user pour la vente des grains.

3° **Hallage.** — C'était un droit exigé de chaque mar-

---

(1) Si le fermier outrepasse ses droits, il paiera 50 sous d'amende la première fois. La seconde fois, l'amende sera encore de 50 sous et il y aura prison. Les fermiers pourront faire payer les droits de place avant l'entrée des animaux sur le marché, comme cela se pratique partout Tous ceux qui ne seront pas de la juridiction de Monguilhem seront assujettis au droit d'entrée pour leurs animaux, et les contrevenants « seront punis de la prison pour la première fois » — La nouvelle ordonnance fut contrôlée au bureau de Labastide, le 6 août 1763. (*Archives de M. Verdier.*)

(2) Il paraît résulter de certaines indications fournies par les archives de M. Verdier, que le valet de ville avait la garde du petit matériel municipal. Les consuls de Monguilhem remettent à Jean Lacrouty (28 janvier 1770) 5 chaperons, 4 cierges (destinés sans doute aux processions), la hallebarde, une bouteille et un chaupet en fer blanc (mesures étalons de capacité pour les liquides), le conquet de la ville et un tambour, « de quoi ledit Lacrouty s'est chargé et a promis remettre à toute heure à MM. les consuls, » dit le registre consulaire (folio 4, verso).

chand qui venait vendre à Monguilhem, les jours de foire et de marché, et destiné à indemniser la communauté des frais d'entretien des bancs et des tablettes.

La pauvreté du budget ayant forcé nos consuls à contracter des dettes (1) au seizième siècle, la jurade prit le parti de vendre le hallage (1 nov. 1594) à *pacte de rachat* pour la somme de 900 livres, à noble de Caucabane, seigneur de Baudignan. Le 21 août 1600, la ville céda à Planche, moyennant la somme de 110 liv. le padouen appelé au *Marescq*. Or, le seigneur de Toujouse fit entendre à ce sujet de très vives réclamations (2). Il y eut même procès entre d^{lle} de Frère, veuve de Bertrand de Caucacabane, et Bertrand de Toujouse.

Les habitants de Monguilhem intervinrent pour contester au seigneur de Toujouse ses revendications à propos de leur vente. Le procès prit fin le 14 mai 1667, époque où l'engagiste fut débouté de ses prétentions. (Archives de M. le comte de Maquillé, à *Harbaud*.) Monguilhem rentra définitivement en possession de son droit de hallage.

Ce droit fut supprimé à l'époque de la Révolution, mais pour peu de temps (3), car les besoins de la ville réclamaient des revenus. Afin d'augmenter les ressources communales, le conseil municipal décida la création d'un octroi à Monguilhem, le 20 pluviôse, an XIII. « Les recettes de la ville ne suffisant pas à l'acquit des dépenses, dit le procès-verbal, — il y a déjà un déficit sur les années précédentes — les réparations des ponts et chemins demandant certains frais, le conseil municipal délibère qu'il soit établi dans la commune un octroi municipal qui puisse le mettre à même de fournir aux besoins de la localité.

« Le cabaretier paiera pour un hectolitre 1|5 de vin, 4 fr. — Le boucher paiera pour un bœuf, 6 fr.; pour un mouton, 0 fr. 20; pour un agneau, 0 fr. 12; pour une vache, 2 fr.; pour un cochon, 1 fr. 20. » Ce ne fut pas assez.

En 1825, le conseil municipal, « désireux d'apporter certaines améliorations dans la ville, » prit le parti d'établir sur les marchands un droit de *hallage* pour les jours de

---

(1) La communauté est également grevée de dettes au dix-septième siècle. La jurade du 29 juin 1645 nous l'apprend. On doit 1362 livres à Laplan.e (contrat du 24 avril 1628 et du 3 fev. 1634), — 300 liv. à M. de Bréchan, seigneur de Ca/ux, ou à l'évêque d'Aire, son cessionnaire (contrat du 3 oct. 1641), 84 liv. aux héritiers Ducournau (30 juin 1620), 100 liv. à Guilhem Abadie. Les consuls demandent à faire une levée pour payer les intérêts. (Archives de M. Verdu.)

(2) Archives de M. Verdu.

(3) Le conseil communal afferme le droit de place et la petite chambre sous la halle (18 frimaire, an V), pour l'étau de la boucherie, pour la somme de 213 fr. valeur métallique.

foire et de marché. Le sous-préfet de Condom (Archives de Monguilhem), saisi de ce projet en 1826, en obtint la ratification par le préfet du Gers (1).

Monguilhem n'eut primitivement qu'une foire et des marchés le lundi *de quinze en quinze*. On en créa quelques autres plus tard. « Les foires de Monguilhem sont fixées au 19 mars, au 4 août, 16 novembre, 27 décembre, suivant le calendrier grégorien, » dit le *Registre des délibérations* (p. 93). La Révolution dut modifier un peu l'ordre des marchés, car le Registre communal nous apprend que le marché avait lieu *le décadi*. (Mairie de Monguilhem.)

Deux marchés par mois paraissant insuffisants aux besoins de la localité, le conseil municipal émit le vœu (19 mai 1865), qu'il en fût établi un tous les huit jours. Le conseil général du Gers se montra sourd à la demande, d'abord. Il y eut une seconde délibération dans le même sens, le 20 février 1870. L'assemblée départementale accorda, enfin, un marché d'approvisionnement tous les huit jours, après avoir reçu une troisième requête, à la date du 18 mai 1873.

Article 2. — Boucherie. — Les coutumes de Monguilhem traçaient des règles aux bouchers, qui devaient payer certains droits pour abattre les animaux et mettre en vente la viande. Seul, le boucher pouvait alimenter la ville de viande et il fallait que sa marchandise fût irréprochable, sous peine de la voir confisquer et distribuer aux pauvres. L'analyse du bail qu'on va lire montrera avec quel soin scrupuleux nos édiles veillaient à ce qu'il en fût toujours ainsi.

---

(1) Le bail du hallage dure plusieurs années. « Un placard annonce, à l'avance, la mise en adjudication de la halle et des marchés pour une période d'années déterminée. Les conditions du bail sont à peu près toujours celles-ci :

1º Le bail comprend plusieurs années. Il commence le 27 décembre et finit le 27 décembre. — 2º L'adjudication est faite à l'extinction de trois feux au plus offrant et dernier enchérisseur. — 3º Il est défendu au fermier d'encombrer la halle par d'autres matériaux que ceux qui sont nécessaires à la construction des bancs destinés aux foires et marchés. — 4º Le fermier est tenu de balayer la halle chaque vendredi et chaque lendemain de foires et marchés. Il sera tenu d'enlever et d'emporter chez lui les fumiers qui se trouvent sur les places publiques. Il aura soin, toutefois, de ne pas enlever les terres ou sables avec les fumiers. — 5º Le lendemain de chaque foire et marché, il devra enlever les planches et tréteaux. — 6º Le fermier s'oblige à payer le montant de ladite ferme de chaque année en trois paiements égaux. — 7º Il sera fourni caution valable — 8º Tous les frais d'enregistrement, papiers, écritures, seront à la charge du fermier. » — *Tarif pour les marchands :* Bancs attachés aux piliers de la halle par mètre carré : le jour des foires, 1 fr ; le jour des marchés, 50 c — Bancs établis avec planches, sous la halle, par mètre carré : foires, 75 c, marchés, 37 c — Bancs établis ailleurs que sous la halle, par mètre carré : foire, 50 c, marchés 25 c — Marchandises étalées par terre, par mètre carré : foires, 10 c ; marchés, 5 c *(Archives départementales du Gers — Archives municipales de Monguilhem)*

Le traité concernant *l'afferme* de la boucherie et du plaçage de Monguilhem fut passé, en 1761, en faveur de Laffitte (1). Celui-ci s'engage à tenir dans sa boucherie de la viande de bœuf, vache, mouton, depuis le dimanche matin jusqu'au jeudi soir de chaque semaine. Il devra en avoir également les jours de vigile et pendant le carême pour les malades. Mais il ne pourra être contraint à fournir du mouton que depuis le jour de la Madeleine jusqu'au carnaval. Depuis le carnaval jusqu'à la Madeleine, il pourra vendre du mouton pour les malades aussi bien que pour les autres à raison de *huit sols par livre*.

Laffitte n'est autorisé à tuer des bœufs et des vaches qu'après les avoir préalablement exposés sur la place publique de la ville de Monguilhem et après que les jurats ou leurs délégués les auront examinés. Défense au boucher de mettre en vente la viande d'animaux malades ou simplement estropiés sans l'autorisation des consuls.

Le prix du bœuf ne pourra pas excéder quatre sols (2) trois deniers par livre. La livre de vache est fixée à trois sols trois deniers. Celle du mouton à 7 sols trois deniers, depuis la Madeleine jusqu'au carnaval. — Laffitte paya 24 livres pour le droit de boucherie et dix-huit livres pour le droit de plaçage (3).

Les bouchers et les aubergistes de Monguilhem crurent pouvoir s'affranchir de toutes sortes de devoirs envers la ville en 1793. Claverie, agent national, les rappela à l'ordre le 25 germinal de cette année et proposa un tarif en vertu duquel l'agneau était fixé à 30 sous la livre, la brebis à 15 sous et le mouton à 24. Les bouchers ne tenant aucun compte de la loi du maximum imposée par la Ré-

---

(1) Archives particulières de M. le comte de Maquillé, à *Harboud (Bour lalot — Landes)*. — La halle de Monguilhem fut longtemps, même en ce siècle, l'abattoir de la ville.

(2) Le tarif variait évidemment avec le prix des animaux. Les archives de M Verdier possèdent plusieurs actes d'adjudication de la boucherie de Monguilhem Nous ne voulons leur emprunter que celui de 1768. « La boucherie est mise aux enchères le 17 avril 1768 Les conditions faites au boucher sont les suivantes. *Taxe de la viande pour toute l année* Le bœuf gras avec croute a 8 s la livre, le bœuf gras d'herbe a 6 s la livre, le veau de lait a 9 sols la livre, le mouton, a 9 s la liv., le bœuf au a 5 s. la liv., la vache à 4 s la liv. — Le boucher sera obligé de fournir du bœuf gras depuis le jour de Quasimodo, ou plutôt depuis le 17 avril jusqu'a la S Jean, et ensuite depuis la veille de Noël jusqu'à *Quasimodo* Et pendant qu'il ne fournira point de bœuf gras avec croute, il sera obligé de fournir du bœuf gras d'herbe Il sera obligé de fournir du mouton pendant toute l'année tout comme du veau de lait Toute la viande qu'il fournira sera bonne et saine, et si elle ne se trouvait pas de même, elle sera confisquée et le boucher condamné a une amende qui sera réglée par messieurs les consuls en charge ou en cas d'absence desdits consuls par deux anciens jurats Il ne sera pas permis au boucher de vendre la viande a un plus haut prix que celui qui est fixé ci dessus ni a ceux de l'endroit ni à un étranger sous peine d'être puni de la prison et d'une amende »

(3) *Archives de M le comte de Maquillé, à Harbaud* (Bourdalat — Landes)

volution, « vendaient 3 livres le quartier d'agneau, lorsque l'animal tout entier coûtait à peine cette somme (1). »

Article 3. — Souchet. — Le Registre des délibérations consulaires de Monguilhem (2) nous donne, à diverses reprises, la signification propre de ce mot : « Droit de souchet ou de vendre du vin dans les cabarets, » y est-il dit.

Le droit d'auberge fut libre à Monguilhem (3). Et Dieu sait si on en usa ! Les comptes consulaires et les Registres des délibérations communales fournissent, à ce sujet, une foule d'utiles renseignements.

Le tableau des *droits de Monguilhem*, au dix-huitième siècle (Archives de M. Verdier), nous apprend que la communauté prélevait cinquante sols sur chaque barrique de vin étranger vendue à Monguilhem et 25 sols pour chaque barrique de vin du crû. Dans tous les cas, le débitant devait fournir une bouteille aux consuls en fonction.

Ce dernier droit fut, parfois, contesté et donna lieu à de tristes scènes où l'autorité consulaire perdait, on l'a vu, tout son prestige. Le droit dont nous parlons portait le nom de *droit de chaupet* ou de *tapaison*.

C'est en famille que nos braves édiles prelevaient le droit de *chaupet* qui occasionna tant de désordres. Citons-en un exemple pour 1753. Un nouvel aubergiste venait de s'établir à Monguilhem. Joseph Sarragousse, premier consul, suivi de deux de ses collègues, Michel S. Aubin et Joseph Laffargue, se rendit, après les vêpres du jour de Pâques (22 avril 1753), chez le nouvel *hoste* et le pria de s'acquitter envers les officiers municipaux rangés autour d'une table, en leur servant une bouteille.

Lajus — c'est le nom du cabaretier — ne se fait point prier. Vite, la bouteille est servie aux magistrats qui la boivent consciencieusement, entourés d'autres clients.

---

(1) *Registre municipal*, folio 112. — Archives de M. Verdier.
(2) *Ibid.* (folio 2, verso).
(3) Le nombre d'auberges et de débits de boisson était considérable. Voici la liste des débitants de 1770, avec l'indication des quantités de vin vendues par chacun d'eux :
1º *Pierre Laffitte*, 15 barriques (vin étranger) a 2 l. 10 s la barrique de droit, 10 barriques de vin de la juridiction à 1 liv, 5 sous, — 2º *Joseph Claverie*, 18 barriques (vin étranger), 6 barriques de vin du crû, — 3º *Pierre Garbay*, 2 bar. (vin étranger) et 17 barriques de vin de Monguilhem, — 4º *Jean Sarignac*, 6 bar. vin étr., 5 barriques de vin de Monguilhem, — 5º *Jean Claverie*, 11 barr. vin étr., 5 barr. de Monguilhem, — 6º *Jacques Dalleman*, 2 bar. de vin étr, 3 bar de Monguilhem, — 7º *Michel Lacroutz*, 1 bar. de vin étranger, — 8º *Labordère*, 1 bar. vin étranger, — 9º *Pichon* père, 1 bar. de vin étranger, — 10º *Nérac*, 1 bar de vin étr. ; — 11º *Joseph Lacave*, 1 bar. de Monguilhem.

Certains ne débitaient leur vin qu'après le mois d'aout Mais tous étaient fort lents a acquitter les droits de *souchet*. Les archives de M. Verdier mentionnent une foule de réclamations a ce sujet, notamment de 1770 a 1775 Les jurats sont impuissants a contraindre les réfractaires

Tout-à-coup, Romat, « simple baile et habitant de la ville, » déclare que « c'est abusif de prendre cette bouteille de vin. » — « De quoi vous avisez-vous ? » reprend Sarragousse. « N'est-ce pas la règle ? » — « Non, répond le brutal interlocuteur. » — Et Lajus retire aux consommateurs la bouteille qu'il leur avait servie. — Le baile continuait de plus belle à invectiver Sarragousse. Outré de se voir offensé dans sa dignité de consul, ce dernier répond à l'insolent qui lui criait : « Qui êtes-vous ? Je ne vous connais pas ! » — « Je vais vous l'apprendre ! » Et aussitôt il met la main au collet du baile et réclame le secours du valet de ville auquel il donne ordre d'écrouer le délinquant dans les prisons de la ville. Ce qui est fait à l'instant même.

Un tel acte d'autorité ne saurait surprendre de la part du premier consul auquel appartenait la justice de la police.

Cependant, le bruit de ces violences se répandit dans toute la ville. Madame Labadie plaida la cause de Romat auquel Sarragousse fit rendre la liberté « après un demy quart d'heure de détention, » malgré le projet bien arrêté de le tenir sous les verrous jusqu'au lendemain (1). C'est toujours, on le voit, la paternelle administration municipale en famille !

Le *droit de souchet*, comme tous les autres, était mis en adjudication, à *l'extinction des feux*, au milieu de la jurade assemblée sous la halle ou dans la salle des délibérations de l'Hôtel de Ville. Il arriva plus d'une fois que, faute de garantie suffisante, la ville perdit cette redevance, parce que l'adjudicataire était reconnu insolvable au moment du règlement des comptes. Afin de mettre un terme à cet abus, les jurats assemblés le 4 avril 1763 rédigent une ordonnance aux termes de laquelle aucun citoyen ne peut être admis à enchérir « s'il ne fournit au préalable une caution sérieuse. »

Le fermage des droits de boucherie et de souchet donna lieu, plus d'une fois, à bien d'autres mécomptes. Il y eut des cas, en effet, où il fut impossible de trouver

---

(1) Archives de M. Verdier. — Cette scène d'auberge fut suivie bientôt après d'un autre scandale sur la place. Romat avait reçu, en qualité de baile, une dépêche du subdélégué de Condom pour Sarragousse, premier consul. Au lieu de la lui remettre en temps utile, il attendit jusqu'au dernier moment du éclat fixé par M. de Goujon, pour la lui communiquer. De plus, apercevant le premier consul sur la place, au milieu de nombreux amis : « Tenez, lui dit il, j'ai un ordre du subdélégué pour vous. Mais je veux vous lire la lettre de M. du Goujon, vous ne sauriez pas la lire vous même » Et il ajouta des insultes a ce procédé blessant pour le premier magistrat qui s'en plaignit avec amertume au subdélégué de Condom, le 27 mai 1763.

des fermiers. On peut citer comme exemple les enchères de 1756.

Convoqués au son de la cloche, les consuls et les jurats s'assemblent sous la halle. Labadie, premier consul, parle des efforts vainement tentés, plusieurs dimanches de suite, pour trouver un fermier. Aucun ne s'est présenté ! L'intérêt de la commune réclame, néanmoins, qu'on avise à un moyen de sauvegarder les droits de la ville. Il propose donc un régisseur. « La boucherie ne trouve pas d'adjudicataire, poursuit-il, si on ne l'accorde pas pour trois ans. Quant au *souchet*, personne ne veut s'en charger (1). » Le vœu du premier consul est adopté : un régisseur percevra, moyennant un honoraire, les droits municipaux.

La situation n'était pas meilleure en 1770, car, alors, aubergistes et bouchers forment un syndicat pour empêcher les enchères. La communauté s'assembla en jurade le 20 mai, et l'on prit une fois de plus le parti de faire procéder à la perception des droits communaux par les soins d'un régisseur obligé de passer une fois par semaine chez les débitants de vin et de viande, et dont le traitement fut fixé à 24 livres par an (2).

On fut plus heureux les années suivantes. Les enchères purent avoir lieu à *Quasimodo*, époque ordinaire du renouvellement des *baux*. Mais les difficultés du budget municipal ne furent pas moindres pour cela (3).

Les fermiers de 1786 ne purent avoir raison des cabaretiers qui refusaient de payer les droits de souchet. Ils les poursuivirent devant l'Intendant de Bordeaux, mais l'instance resta sans résultat et la Généralité ne prononça jamais.

Avant ce procès, les cabaretiers, pour préluder à leur rébellion ouverte, avaient pris *des abonnements à tant par année* avec la communauté. Or, lorsque le terme du paiement arrivait, ces industriels se dérobaient et pas un ne voulait s'acquitter (4). Les consuls les firent assigner devant les Trésoriers de France, à Bordeaux, qui n'avaient pas encore rendu leur jugement en l'année 1786.

Une opposition systématique de ce genre avait fait renoncer précédemment au droit de *plaçage*, dit le Registre des délibérations municipales déposé chez M. Verdier (f°s 55 v° et 56 r°).

---

(1) *Délibérations de la jurade.* — *Archives de M. Verdier*
(2) *Ibid.*
(3) *Ibid.*
(4) *Archives de M. Verdier* — *Registre municipal* (folios 55 et 56)

Le besoin d'argent avait forcé les consuls du dix-septième siècle à vendre, *à pacte de rachat, les droits de souchet et de boucherie* de Monguilhem, en faveur de Guillaume du Saige (1), receveur des tailles du Condomois, et du Bazadais, moyennant la somme de 1,800 livres. Le contrat eut lieu le 15 octobre 1641. Mais un arrêt du Conseil du roi rétablit ce droit en faveur de la communauté, le 14 mai 1667.

Article 4. — Vacants ou Padouens. — La pauvreté de la caisse municipale poussa nos édiles à aliéner successivement tous les droits de la communauté. Il n'y eut pas jusqu'aux *Padouens* eux-mêmes qui ne devinssent l'objet de fâcheuses négociations. Nous connaissons l'origine de ces biens communaux, évalués dans les documents anciens à 66 journaux onze lattes trois escats et demi. Le paréage conclu entre le roi d'Angleterre et le seigneur de Toujouse abandonnait ces terres à la communauté pour le pâturage des animaux. Or, au dix-septième siècle, des créanciers intraitables menacent de s'emparer des *vacants* si la ville ne s'acquitte à leur égard. Gens roués, les consuls appellent (24 avril 1627) un arpenteur de Vielle, en Chalosse, et lui demandent de distribuer les *padouens* en autant de lots qu'il y a de familles dans la localité.

Le but des édiles est de dérober les vacants aux créanciers, en les présentant comme propriété privée des habitants. Ce curieux acte de partage porte la date du 4 mai 1628. Il y est spécifié que les divers propriétaires *fictifs* des padouens ne pourront « clore ni séparer leurs lots au moyen de fossés ou de haies (2). » Il résulterait de l'étude des papiers relatifs à cette affaire qu'on n'aliéna de la sorte que 55 journaux.

La précaution prise en cette circonstance put ne pas manquer d'une certaine habileté, mais les difficultés ne

---

(1) Le 15 oct. 1641, Isaac de Bréchan, sieur de Cazaux, agissant au nom des habitants de Monguilhem, vend a du Saige « les droits, profits, revenus et émoluments que lesdits consuls et communauté de Monguilhem ont accoutumé prendre et leur appartient de mémoire perdue du droit de souchet et boucherie en ladite ville » — A son tour, Guillaume du Saige entre en négociations avec noble Jacques du Bédat, sieur de Picardon, le 22 août 1656, et lui cède « la somme de mille livres tournoises à prendre et se faire payer des consuls, manans et habitants de Monguilhem, en laquelle et plus grande somme ladite communauté lui était redevable par sentence arbitrale du 11 oct. 1641, et en vertu de deux autres actes de 1642, retenus par Labeyrie, notaire à Montaigut. » (Archives de M. Verdier.)

(2) *Archives de M. Verdier.* — Les consuls de Monguilhem avaient vendu 9 journaux de landes à noble S. Hillaire, sieur de Pierrefitte, pour la somme de 121 liv. 1/2 L'acquéreur s'engageait a payer une dette de la communauté égale à cette somme. Il ne le fit pas. Le corps de jurado s'assembla le 26 août 1630 et vendit ces mêmes terres à Pierre Ducourneau, procureur du roi à Villeneuve de Marsan.

tardèrent pas à reparaître. La créance du Saige demeurait tout entière en 1656. Les consuls prirent le parti d'engager, alors, une bonne partie des vacants en faveur d'Antonin de Toujouse qui paya, en effet, le 15 août 1656, la somme de 1,500 livres au receveur des tailles du Condomois, auquel notre communauté devait 1,800 livres, dont elle compléta le paiement en versant 300 livres de plus entre ses mains.

De fait, les landes communales demeurèrent ainsi engagées au seigneur de Toujouse, tout en conservant l'apparence de biens particuliers redevables du fief au roi. Cette situation équivoque donna lieu à un conflit très long et très coûteux pour la communauté.

Les *padouens* étaient nobles, aux termes du paréage, et, partant, libres de tout cens envers le roi. Or, le *cadastre* ou terrier inscrivit ces biens parmi les terres rurales. Boucherat, fermier des domaines du roi, ne manqua pas, en conséquence, de les taxer comme tels et de réclamer 200 livres de droits. Il y eut procès. Le jugement fut favorable à la ville qui dut payer seulement une taxe de cinquante livres (1).

Les consuls profitèrent de l'occasion pour demander la revision du cadastre communal dans le but d'obtenir dégrèvement d'une charge à laquelle rien n'obligeait la communauté. Satisfaction leur fut donnée. Au fond, la tracasserie pouvait n'avoir d'autre cause que les appétits insatiables des fermiers généraux des domaines du roi dont la prétention tendait à faire ordonner la réunion au *Domaine de Sa Majesté* des padouens de Monguilhem, des tavernes, des boucheries, du souchet, du *taulage* ou plaçage pour grossir d'autant leurs revenus annuels.

La ville réclama immédiatement « auprès des commissaires députés par le roi pour la confection du papier terrier (2) dans la Généralité de Bordeaux. » Elle obtint gain de

---

(1) *Archives de M. Verdier.*

(2) Les archives de M. Verdier possèdent plusieurs terriers de Monguilhem, de Toujouse, de Montaigut et du Bourdalat. Il suffit de les parcourir pour se convaincre de la grande division de la propriété sous le régime des Rois. Nous ne voulons parler avec quelque détail que des terriers de Monguilhem et de Toujouse. — Le premier terrier de Monguilhem est de 1673. Il commence par ces mots : « C'est le cadastre de l'arpentement général de la juridiction de Monguilhem faict par nous arpenteur soubsigné en l'année 1673. » Il se termine par les lignes suivantes, après avoir indiqué la contenance des domaines respectifs des 99 propriétaires de la paroisse : « Monte le présent cadastre au nombre de 877 journaux neuf lattes dix escats à la perche et mesure de Monguilhem, faisant le journal de 25 lattes, la latte de 25 escats et chaque escat de 16 pans en carré qui reviennent à la perche et mesure d'Albret au nombre de 2047 journaux cinq lattes six escats. » Brethon, arpenteur.

« Somme toute, la contenance du présent cadastre (volume de 68 feuilles in-fo avec table) 907 journaux treize lattes vingt-quatre escats compris trente-trois

cause pour les padouens engagés à diverses personnes. De fait, les padouens furent définitivement aliénés et perdus pour la ville de Monguilhem. Une délibération communale de l'époque de la Révolution (Registre de la commune, f° 55, v°, chez M. Verdier) en parle en ces termes : « Il paraît qu'autrefois la communauté de Monguilhem possédait 66 journaux de biens reconnus sous la dénomination de padouens en nature de landes. Ces padouens sont aujourd'hui réduits à 6 journaux, dont les citoyens désirent le partage. »

Les prétentions de la foule ont singulièrement baissé depuis le 30 mai 1790. A cette époque, en effet, Dayrie, notaire à Monguilhem, s'élève, au sein de l'assemblée communale, contre les empiétements commis par quelques citoyens qui travaillent à s'emparer des padouens. La pièce vaut la peine d'être analysée. (V. les *Reg. cons.*, chez M. Verdier, f° 37).

Il est de notoriété publique, dit Dayrie, — les titres et divers dénombrements fournis par la communauté en font foi — que Monguilhem possédait jadis 66 journaux de lande ou bien communal dont la *majeure partie* « sont sans doute les landes reconnues sous la dénomination de *padevents*. » La plus grande partie de ces terres a été usurpée, poursuit l'orateur, par des propriétaires de la commune « qui, contre le droit public et les loix du royaume, même contre les dispositions du décret de l'assemblée nationale, se sont permis et se permettent chaque jour de clore et par là privent l'autre partie des citoyens de l'usage commun qui lui appartient. »

Mais le temps de la justice a sonné, la propriété doit

journaux sept lattes dix-huit escats d'augmentation pour l'abonnement du moulin, maison et jardins qui sont dans la ville. Distraction faite de 8 journaux pour les *vaquants* ou pour la place et cimetière dudit lieu, il en reste 899 j. sur lesquels pèse imposition des charges et extraordinaires de la communauté. » Il ressort de la lecture de ce cadastre que Monguilhem s'étendait alors vers Lagoarde, à Toujouse Cette sorte d'enclave du *Marca* subsiste encore en 1830 Le géomètre *délimitateur* du département conclut, à cette époque (25 mars 1830), « à l'annexion de ce territoire compris entre les Landes et Toujouse, a la commune de Toujouse. » (Arch. de M. Verdier).

Le second terrier de Monguilhem fut commencé le 23 août 1754, par Barthélemy de Tilh, du lieu des *Tilhs*, en Béarn. Ce travail, contenu dans un grand cahier petit in-folio de 98 pages, est inachevé. Il mentionne le *Giesia*.

Le livre terrier de Toujouse, composé de 146 feuillets in 4°, porte ce titre : « C'est lo livre terrier du lieu de Sainte Foy de Toujouse faict en l'annee 1669. » Il est dressé avec le plus grand soin par Pierre Labarbe, habitant du Bourdalat de Montaigut, et Charles Deblonque, habitant de Maignan. La paroisse compte 99 propriétaires dont les domaines sont indiqués en journaux composés de 25 lattes La latte a 25 escats et l'escat carré est *de 16 pans.* Au folio 56, on trouve Charles Catinat, architecte. Le cadastre mentionne également les *Gézitains* aux folios 93, 99 : 1° Bernard de Guilhemon La Trilhe *gezitain* tient la maison où il demeure appelée aux Capots. — 2° Guiraud Monguilhem, *gézitain*, possède une maison aux Capots. La question des *Gézites* sera traitée plus loin.

être respectée, chacun doit jouir de ses droits. Le devoir de la municipalité étant de veiller à l'exécution de la loi, Dayrie demande à l'assemblée d'ordonner la recherche des titres de propriété de ces biens communaux, de les demander à Ratiau, procureur de la communauté, entre les mains duquel ils se trouvent pour avoir été chargé de fournir le dernier dénombrement au roi. En attendant, que le conseil exige la restitution des biens usurpés afin d'en faire bénéficier tous les habitants; qu'il prescrive la destruction des fossés et des tertres qui sillonnent indûment une propriété qui est devenue le patrimoine de tous et à laquelle chaque citoyen doit avoir part, après une équitable répartition.

Les citoyens Barés et Toujé se sentent visés par la diatribe du notaire. — « Nous ne possédons point de lande connue sous le nom de *padevents*, » disent-ils. Cependant, il est notoire « que ce sont eux qui en possèdent la plus grande partie et qui ont été les premiers à la clore. » « Malheur, ajoutent-ils, à ceux qui ordonneraient la destruction « des fossés qui closent et servent de fermeture à leurs landes ! » — « Nous vous défions de faire la moindre entreprise sur *lesdits padevents*, nous nous f.... de vous ! »

L'enquête ne dut pas être favorable, puisqu'on ne parle plus tard, des *66 journaux*, nous l'avons vu, que comme d'une jouissance lointaine, dès longtemps abandonnée. Ces *padouens* étaient au midi de Monguilhem, à la limite de la paroisse, dans la direction de Toujouse et en deçà du ruisseau de *Pigehère*, à l'endroit encore désigné sous le nom de *Lanne commune*.

Une pièce conservée aux archives départementales du Gers nous montre les habitants de Monguilhem réunis à la mairie, le 5 nivôse, an v, de la République, pour le partage de la lande communale qu'on devait diviser en 58 lots, de manière à en donner une parcelle à chaque famille de la localité. Il fut décidé qu'un arpenteur procéderait au partage des communaux, entre le 5 nivôse et le 10 du mois suivant. La tentative n'eut point de suite : la lande communale fut respectée jusqu'au 15 août 1866. A cette époque, et le 15 mai de l'année suivante (1867), la municipalité de Monguilhem vota la vente de ce domaine communal. Le produit devait être placé en rentes sur l'Etat.

L'aliénation de trois hectares trente-cinq ares de cette lande donna une somme de 3,240 fr. La vente n'eut lieu qu'après une enquête de *commodo et incommodo*, dirigée par M. Fr. de Cours, maire de Monlezun, muni d'un mandat du sous-préfet de Condom. La lande fut distribuée en sept lots. Six seulement ont été vendus pour le prix de 3,240 francs. Le septième lot, de 57 ares 80 centiares, demeura la propriété de la commune pour le *pacage des animaux des pauvres* (1).

Des champs plantureux ont succédé à des terrains en apparence stériles, mais, au fond, doués d'une rare fertilité.

CHAPITRE VI

JUSTICE. — PONTS ET CHAUSSÉES. — MILICE. — ENSEIGNEMENT. — HORLOGE. — POSTES.

Le budget municipal de Monguilhem était très modeste. Il flottait, pendant les deux derniers siècles, entre 350 et 500 livres. C'est avec ces faibles ressources que la ville devait pourvoir à ses divers services, dont nous allons étudier les plus importants, savoir : 1° *la Justice;* — 2° *les Ponts et Chaussées;* — 3° *la Milice;* — 4° *l'Enseignement;* — 5° *l'Horloge;* — 6° *les Postes.*

§ I. **Justice.** — Monguilhem était le siège d'une *justice* complète, avec ses trois degrés : *haute, moyenne et basse justice* (2).

Ces sortes de *justice*, attachées à un fief, ne pouvaient en être ni séparées ni détachées par aliénation particulière. Jusqu'au XIᵉ siècle, le seigneur rendait lui-même la justice. Plus tard, il la fit rendre par un magistrat qu'il nommait. Ces juges étaient ordinairement choisis parmi les gradués, licenciés ou docteurs en droit ou avocats, mais le seigneur n'était pas tenu à ce choix.

Les revenus de la justice consistaient dans les amendes et confiscations, les vacations des officiers, leurs frais de transport et le prix des expéditions des actes de justice.

Le seigneur pouvait se réserver et faire percevoir ces revenus, mais alors, il donnait des gages fixes aux officiers de sa justice. Plus ordinairement, il leur abandonnait tous ces droits, moyennant une somme qui lui était payée tous les ans, c'est-à-dire qu'il les leur affermait.

(1) Archives départementales du Gers — *Registre des délibérations de Monguilhem.*
(2) Toujouse avait trois sièges de justice : Toujouse, Lagouaide et Bascuules. Les deux premiers furent unis à celui de Monguilhem (V. les archives départementales du Gers — JUSTICES.)

Pour maintenir et publier ses droits, le seigneur haut justicier faisait établir sur un lieu élevé une potence ou fourche patibulaire composée de deux piliers en pierre surmontés d'une traverse en bois à laquelle on attachait le patient.

Le *haut* justicier connaissait de toutes les causses réelles, personnelles ou mixtes entre ses sujets ou lorsque le défendeur était son sujet. Il nommait tuteurs, émancipait, apposait les scellés, décrétait (expropriait) les biens. Il connaissait aussi de toutes causes civiles. En matière criminelle, il connaissait de tous crimes ou délits, même de peine de mort. Dans ce cas, il prenait deux assesseurs parmi les gradués du pays. Le juge avait aussi la police de la voirie.

Les officiers de la justice étaient : 1° le *Juge*; — 2° son *Lieutenant* (ou juge suppléant), si la justice était importante (le juge avait autrefois des suppléants presque partout); — 3° le *Procureur* (officier du ministère public); — 4° le *Greffier*; — 5° le *Sergent* ou huissier.

La plupart des registres de la *justice* de Monguilhem, Toujouse et Lagouarde ont disparu pendant la Révolution. C'est à peine s'il en reste quelques cahiers aux archives départementales du Gers (de 1768 à 1778). La nature des procès discutés dans ces fascicules offre peu d'intérêt. Aussi, n'en parlons-nous que pour mémoire. Relevons-y, seulement, les noms des officiers de notre tribunal vers la fin du régime féodal. Pierre Mauriet est juge; Arnaud Mauriet, greffier, Laborde, lieutenant de juge, et Deyries, procureur.

Pierre Mauriet fut nommé à sa charge par le marquis de Poyanne, le 7 novembre 1779 (1).

Il s'agit ici de la *justice* purement civile. La justice cri-

---

(1) *Archives départementales du Gers* — Voici les termes des lettres de nomination de ce juge « Ch. Léonard de Baylenx de Poyanne, marquis de Poyanne, chevalier des ordres du roy, lieutenant général de ses armées, inspecteur général de la cavalerie et de dragons, mestre de camp, lieutenant inspecteur, etc., seigneur de Monguilhem, de Toujouse et de la baronnie de Lagoarde, étant instruit de la bonne vie et mœurs, religion catholique, apostolique, romaine, suffisance et expérience de la pratique de maître Pierre Mauriet, habitant de Villeneuve de Marsan, le nommons et instituons dans la charge de juge de la ville et seigneurie de Monguilhem, de la seigneurie de Toujouse et baronnie de Lagouarde, en Condomois, à place de juge actuel, s'il y en a que nous destituons, pour ledit sieur Mauriet exercer les charges de juge de ladite ville et seigneurie de Monguilhem, seigneurie de Toujouse et baronnie de Lagouarde, avec les honneurs et privilèges, prérogatives, fruits, profits et esmoluments y attachés En joignant à nos justiciables de le reconnaître en tout ce qui sera de sa charge de juge Nous réservant de le destituer quand bon nous semblera La présente nomination étant faite à titre gratuit » — « Donné au château de Poyanne, le 7 novembre 1779, sous le sceau de nos armes et contresigné par notre secrétaire — POYANNE — ROBERT, *secrétaire*.

minelle et politique était exercée par les consuls qui, de tout temps, eurent le droit de juger toutes sortes de crimes et de veiller à la police avec pouvoir de prendre et de choisir tel assesseur et tel baile que bon leur semblerait et de se donner le groffier qu'ils voudraient dans l'exercice de leurs fonctions, d'ailleurs purement gratuites, selon les termes de la coutume. (Archives de M. Verdier.)

Personne n'avait de doute au sujet de ce droit de justice criminelle et politique, à Monguilhem. Mais le droit de justice *civile* donna lieu à un long procès, au dix-septième siècle. En voici une courte analyse.

Carbon, seigneur de Toujouse, Monguilhem et Maupas, et les habitants de Monguilhem se reprochaient mutuellement des excès touchant la justice civile. Chacune des deux parties revendiquait le droit exclusif de l'exercer à Monguilhem. Le Parlement de Bordeaux dut mettre un terme au débat. Mais l'affaire traînant trop en longueur, on s'arrêta au sage parti de transiger de part et d'autre. L'accord eut lieu le 21 février 1630, avant midi, dans la ville de Monguilhem. Dame Françoise de Pardaillan, *mère pitoyable* de noble Antonin de Toujouse, fils et héritier de Carbon de Toujouse, assistée de plusieurs membres de sa famille, d'une part, et les consuls de Monguilhem, d'autre part, conclurent cette convention : « ... S'il arrive qu'à l'avenir aucung juge soit pourvu par Sa Majesté de la judicature dud. Monguilhem et receu pour l'exercice de la charge devant le sénéchal de Condom, ladite dame et les seigneurs de Toujouse conseigneurs avec le roi de lad. terre de Monguilhem souffriront qu'il exerce seul les actes de la justice *civile* se qualifiant juge pour le roy et du seigneur de Toujouse conseigneur de ladite terre de Monguilhem et ce, sous les attributions, droits et esmoluments et admendes qui escherront par moytié et esgales partz pour lesdits conseigneurs et jusques à ce que quelqu'un ait impétré la judicature comme royale, il sera loisible à lad. dame et conseigneurs à l'advenir d'y establir un juge pour le service de la justice *civile*. L'administration de la *criminelle et politique* demeureront ausdits consuls, tout ainsi qu'ils ont accoustumé de l'exercer de tout temps donné et mémoire, sans qu'ils soient tenous d'y appeler le juge du lieu ains sera à leur option de ce faire acister à tel autre que bon leur semblera pour adjoinct ou accsseur suyvant le mérite et importance des matières (1). »

L'administration de la *justice* imposait certains frais à

(1) *Archives de M. Verdier. — Transaction de 1630.* — V. aussi p. 68

la ville de Monguilhem qui devait pourvoir à l'entretien du parquet, des prisons et des instruments de supplice.

La salle d'audience ou *parquet* était établie, à la fin du dix-huitième siècle, dans l'hôtel de ville, au-dessus de la halle. Les comptes consulaires (1) parlent souvent de frais exigés pour l'entretien de ce local où se trouvait déposé le *carcan* (2) dont les registres communaux signalent les réparations.

Les prisons s'élevaient à côté du *Portal royal*, à l'ouest de la ville, sur la seconde ligne des fossés, à l'endroit aujourd'hui en partie occupé par l'*Hôtel des Voyageurs*. La maison d'arrêt devait avoir une assez grande étendue, puisqu'on y logeait, en certains cas, toute une collection de malfaiteurs ou de délinquants. Nous en avons la preuve dans les faits suivants qui montrent en même temps le mauvais état de notre pénitencier.

Le 29 décembre 17.., la foire de Monguilhem fut troublée par les entreprises de quelques bandits occupés à exploiter les étrangers. Condat, de Montaigut, dit un procès-verbal (3). sentit la main d'un individu dans sa poche, au milieu de la foule. Un adroit *pickpoket* lui volait son argent. — « Au voleur ! » s'écria-t-il. Mais le voleur, sans s'effrayer, poursuivait sa manœuvre. Ce que voyant, Condat saute à la gorge de l'audacieux filou et appelle au secours.

On accourt en toute hâte et la police arrive sans retard. Les magistrats municipaux, ayant interrogé le coupable, apprirent qu'il était originaire de Castelsarrasin et qu'il résidait à Pau, après avoir exercé son métier de quincailler dans plusieurs localités du Béarn. On trouva dans sa poche des sommes assez considérables. Il ne sut pas en justifier la provenance. Puis, il avoua qu'il avait dîné à l'auberge, en compagnie de deux autres étrangers, *marchands de cochons*, dit-il.

La police rechercha aussitôt les deux fripons. Mais elle apprit que les bandits avaient précipitamment pris la fuite, à la nouvelle de l'arrestation du troisième larron. Des agents se jetèrent à leur poursuite et finirent par les découvrir, couchés dans un fossé et presque entièrement déguisés sous une couche de feuillage. Ils avaient à leurs côtés un pistolet de poche avec du plomb et de la poudre. Ils portaient, d'ailleurs sur eux, une pince destinée à ouvrir les

(1) *Archives de M. Verdier*.
(2) Collier de fer au moyen duquel on attachait un criminel au poteau, après la sentence du juge.
(3) *Archives de M. Verdier*.

serrures. Puis au collet et garrottés, les bandits furent jetés dans les prisons de la ville pour y subir un interrogatoire immédiat, qui les fit convaincre de mensonge.

L'enquête devait continuer le lendemain. Mais au moment où la porte de la prison s'ouvrit, les magistrats aperçurent une brèche dans la muraille! Les prisonniers avaient presque réussi à se débarrasser de leurs fers et étaient sur le point de s'évader, s'ils avaient eu quelques instants pour élargir le trou par lequel ils comptaient prendre la clé des champs. Leur projet fut, heureusement, déjoué et la justice put suivre son cours (1).

Dans une autre circonstance, on le verra plus loin, les prisons reçurent une bande de mutins. (1790)

La solidité de la maison d'arrêt ne semble pas en rapport avec son étendue, si nous en jugeons par le premier fait que nous venons de rapporter ou par les détails suivants.

M. de Tourny. intendant de la Généralité de Bordeaux, demande aux consuls de Monguilhem de faire procéder à l'arrestation de Pierre Gaspard qui veut se soustraire au service militaire Nos édiles le font saisir. en effet, dans la métairie de *Saudouze*, « au milieu de neuf hommes, femmes ou filles, qui paraissent être de véritables vagabonds, » dit le procès-verbal.

Peu confiants dans la solidité des murs de la prison, les consuls se hâtent de demander au subdélégué de Condom d'envoyer ses derniers ordres pour l'expédition du réfractaire qui « s'était vanté de se faire enlever (2). »

Les comptes consulaires mentionnent fréquemment les travaux de réparation faits aux *prisons*, aux frais de la communauté

La Révolution supprima toutes les justices féodales pour créer une nouvelle magistrature civile. On conserva, néanmoins, un reste d'autorité judiciaire, en matière criminelle et politique, aux officiers municipaux. Monguilhem fut d'abord rattaché à la justice de paix du Houga. et puis à celle de Nogaro

§ II. **Ponts et Chaussées.** — L'administration de la voirie appartenait aux consuls qui avaient mission de veiller avec soin à l'entretien des rues, des places. des ponts et des chemins. Les modiques ressources de la communauté n'eussent point suffi à des travaux si impor-

---

(1) *Archives de M. Verdier*
(2) *Archives de M. Verdier* — La fin du procès verbal semble indiquer que, pour avoir des soldats, le gouvernement devait envoyer presque à la chasse des hommes « Nous tâcherons cependant, conjointement avec les autres paroisses et avec le secours de M Barada, à qui nous avons communiqué votre lettre, de vous procurer les hommes que notre dit seigneur de Tourny demande »

tants. Mais la jurade avait à sa disposition les *corvées* des contribuables, sans lesquelles il lui était impossible de pourvoir aux besoins les plus urgents de la voirie communale.

Les comptes consulaires nous parlent des travaux exécutés sur les chemins, en 1755, par les habitants de Monguilhem auxquels on donnait trois quarts de litre de vin par jour. En 1759, les travaux continuent sous la direction des commandants de brigade de la milice qui dirigent une dizaine d'ouvriers placés sous leurs ordres.

Une foule de délibérations municipales signalent aussi les reconstructions et restaurations des ponts établis sur le Midou (1) ou sur d'autres petits cours d'eau de la juridiction. A peine remis à neuf, ces ponts et ponceaux devenaient souvent le jouet des eaux qui les entraînaient ou en compromettaient la solidité.

Notre situation, au dix-huitième siècle, est aussi détestable au point de vue de la voirie qu'à celui des finances. La cause de ce mal est en grande partie dans le manque de prestige et d'énergie de l'autorité locale dont la parole est méconnue, et, dans l'absence, à peu près totale, de ressources pécuniaires. Les preuves abondent dans les archives consulaires conservées chez M. Verdier. Monguilhem avait l'aspect d'un cloaque.

Au mois de novembre 1758, la jurade s'assemble et l'on décide qu'on fera lire, le jour de N.-D., à l'issue de la messe, une ordonnance ayant pour objet de défendre formellement de mettre du fumier devant les portes sur la grande place centrale, où l'on ne devra pas non plus laisser pénétrer les volatiles et des animaux immondes. Peine inutile ! « La défense fut si méprisée, disent les consuls dans une requête adressée à l'Intendant de la Généralité de Bordeaux, que pas un particulier ne tint compte d'y obéir. Au contraire, au lieu de sortir le fumier qu'il y avait déjà, ils y firent porter de nouvelles quantités de bruyères. » Les consuls supplient l'Intendant d'intervenir, au nom des intérêts de la ville. S'il vient à leur aide, leurs

---

(1) Au dix-huitième siècle, le grand maître des Eaux et Forêts demande d'élargir le Midou et de le curer pour empêcher les inondations et la destruction des ponts. Emoi général à Monguilhem et à Toujouse. On déclare le projet irréalisable, fallut-il vendre toutes les terres des particuliers. Il y a, dit on, plus de cent mille chars de bois dans le lit de la rivière dans ces deux communautés seules. Qui pourrait songer à l'extraire ?

Et puis, c'est surtout le seigneur qui serait atteint par cette mesure, puisque ses terres confrontent au Midou, en grande partie. On le prie donc d'intervenir afin d'obtenir dispense d'une entreprise inexécutable. — Le 22 décembre 1737, Jean Barros apprit à la jurade assemblée que le pont du Midi, du côté de Castex, était sur le point de crouler. (Arch. de M. Verdier.)

ordres seront écoutés, sinon ils se déclarent impuissants.
« Les consuls de Monguilhem, qui sont juges de police de la communauté, rendront bien une ordonnance, dit le rapport, qui défendra la libre circulation des animaux sur la place et l'établissement de fumiers devant les portes, mais ils ont tout lieu de croire qu'elle ne soit pas exécutée. »

Que l'Intendant agisse sans délai, car il faut arrêter le désordre qui va sans cesse grossissant. Un particulier, peut-être enhardi par la faiblesse des consuls, poursuit la requête, n'est-il pas allé jusqu'à empiéter sur la voie publique dans le voisinage de Monguilhem? Il a mis le chemin en culture, *laissant à peine un passage pour piéton!*

L'état de hideuse malpropreté de Monguilhem était d'autant plus regrettable, *que la ville jouissait d'un bon lustre depuis plusieurs siècles.* C'est ce que dit M. de Maliac, bourgeois de Monguilhem et procureur du roi pour la confection du terrier de la paroisse, dans une requête motivée qu'il adresse à M. de Tourny, intendant de la Généralité de Bordeaux, pour lui demander un appui efficace contre la mauvaise volonté de ses compatriotes.

Les avenues de la ville sont ruinées, au grand préjudice de la contrée entière. Monguilhem, en effet, est un endroit très fréquenté, à cause de son bureau des fermes du roi (1), et un lieu de très grand passage pour une immense contrée. Ses chemins conduisent « la plus grande partie du Bas-Armagnac dans la ville de Mont-de-Marsan où il y a un port. » C'est le langage de M. Maliac, au dire duquel l'intérieur de la ville est absolument impraticable par suite de l'abaissement progressif du sol de la place occasionné par l'enlèvement des fumiers et des terres sur lesquelles ils se trouvent établis. Les pluies comblent les vides laissés par l'extraction des bruyères pourries et convertis en petits marais sur lesquels les volatiles aquatiques viennent prendre leurs ébats, tandis que des animaux de basse-cour, abandonnés à leur caprice, bouleversent le sol sur tous les points non envahis par l'eau.

Le résultat forcé d'un tel état de choses est le complet anéantissement des revenus de la communauté, car la ville n'étant abordable que deux ou trois mois de l'année, vu son état marécageux, les populations voisines et les marchands désertent ses foires et ses marchés pour fréquenter ceux de Nogaro, d'Aire, de Villeneuve-de-Marsan, etc. Toute ressource ayant à peu près disparu il devient impossible à la ville de pourvoir à l'entretien du régent,

---
(1) Pour tout ce qui précède, voir les archives de M. Verdier.

de l'église. du parquet. des ponts et des chaussées. Que va devenir la jeunesse, si l'on ne fait promptement revivre les recettes municipales ?

L'auteur du rapport indique à l'Intendant le moyen de « rendre à Monguilhem le lustre dont il jouissait depuis plusieurs siècles. » Les foires et les marchés subsistent encore aux jours marqués. Il faut seulement les rendre accessibles aux paroisses environnantes et aux marchands d'alentour par la prompte réparation des chemins et des places de la ville. L'entreprise est d'autant plus facile à accomplir que la population est nombreuse et qu'il y a beaucoup d'attelages dans la juridiction.

Et puis, il faut contraindre les habitants qui ont ruiné les routes, les rues et la place avec leurs fumiers, à réparer les dommages causés, tout en leur défendant de nouveaux excès de ce genre. Le premier jurat fera procéder, ensuite, à la réparation « du reste par corvées et manœuvres que tous les habitants de la ville et juridiction seront tenus de faire à tour de rôle. scavoir les particuliers brassiers ou autres à *brasse* et ceux qui auront des bœufs par charrois, et en cas de refus de quelques-uns des habitants tant de la ville que juridiction ordonner qu'ils y seront contraints sous peine d'une amende arbitraire aux jurats de ladite ville ou communauté ou d'une contrainte d'un valet de ville à trente sols par jour. si mieux n'aime l'Intendant la fixer d'ors et déjà à une somme de six livres contre chaque bouvier ou charretier et de trois livres contre chaque particulier, qu'il sera également permis aux jurats de contraindre au payement de lad. amende par logement d'un valet de ville à trente sols par jour jusqu'à ce qu'ils auront payé l'amende (1). »

(1) *Archives de M Verdier* — Monguilhem avait un bureau de Foraine dont les registres (1756 et années suivantes) sont conservés dans les archives de M Verdier Olivier Labadie, premier jurat, en était chargé à l'époque des réclamations de M de Maliac Il écrivit, de son coté, à l'Intendant de Bordeaux pour lui exposer la triste situation de la ville et lui demander de forcer les habitants à se prêter gratuitement aux réparations projetées Lui même ne pouvait pas songer à obtenir un tel sacrifice, parce que, disait il, « la population toujours armée contre tout ce qui semble avoir trait à la nouveauté et à la dépendance offriait des résistances opiniâtres aux ordres qui lui étaient donnés de la part des préposés de la communauté Ce qui le prouve, c'est que la plupart des habitants refusent deja de faire les corvées necessaires pour le rétablissement des pavés de la ville » Et cependant les charges de la ville sont lourdes, ajoute t il il faut fournir à l'entretien d'un clocher, de deux cloches, d'une horloge d un maitre d'école, de la halle, des pavés, de l'hotel de ville, du parquet et des prisons

Malgré tous les efforts qu'on put tenter, la propreté des rues et de la place laissait encore à désirer à l'époque de la Revolution Le 25 aout 1790, le conseil général de la commune s'occupe de cette grave question Jean Claverie, procureur, s'élève avec indignation contre les réfractaires qui, au mépris des défenses précédentes et au vœu des autorités actuelles s'obstinent à entretenir des fu

On remédia partiellement au mal, selon toute apparence, mais Monguilhem n'avait pas retrouvé sa vraie physionomie, même au milieu de ce siècle. Aujourd'hui, notre charmante petite cité peut rivaliser de coquetterie et de propreté avec les villes les plus agréables de la contrée. Quant à nos routes, elles ont subi d'importantes modifications et des voies nouvelles sont venues s'ajouter aux anciennes pour ouvrir nos foires et marchés à toutes les populations du voisinage. Trois de ces routes méritent une mention spéciale. Aussi. les ferons-nous connaître en quelques lignes.

1° **Route de Nogaro à Monguilhem.** — La loi du 21 mars 1836 ordonna le classement d'un certain nombre de routes au rang de chemins vicinaux de grande communication. Celle de Monguilhem à Nogaro fut de cette catégorie.

M. Duffaur, agent voyer de Cazaubon, évalua la dépense de la transformation de ce chemin à 75,710 fr. 84 c. (30 juillet 1838) et le Conseil général du Gers, dans sa session d'août 1839, vota la création de cette route dont les travaux furent bientôt commencés (1848) (1) pour être suspendus peu de temps après, faute d'argent. Des instances réitérées en 1852 amenèrent une sérieuse reprise de l'ouvrage. Le préfet fit accorder 8,000 fr. pris sur les crédits de la vicinalité de cette année.

Deux tracés furent proposés entre Monlezun et Monguilhem : l'un par le village de Toujouse, et l'autre en ligne droite, parallèlement au Midou. D'abord favorable à celui-ci l'administration se prononça plus tard pour celui-là. C'est-à-dire pour celui qui passait près de l'église de Toujouse. Puis, des influences contraires agirent sur l'esprit du préfet on voulut revenir au tracé parallèle au Midou et négliger totalement Toujouse.

M. Joret, ancien député et gendre de M. Martial du Puy, propriétaire du château de Lencla, à Toujouse. protesta énergiquement dans une lettre adressée au préfet du Gers, le 20 décembre 1852. Le préfet maintint sa décision qu'il communiqua à M. Joret, le 29 décembre 1852 Au rapport des ingénieurs, il y avait une longueur d'un kilomètre de plus par le tracé de Toujouse et des dépenses supérieures à celles qu'exigeait le tracé par la plaine.

---

miers jusque dans la ville et à empêcher ainsi l'écoulement des eaux On donne un mois aux habitants pour faire disparaître les fumiers Passe ce terme, on sévira (Reg des delib)

(1) Archives départementales du Gers, — Voirie, n° 49 — Les documents contenus dans ce dossier vont nous fournir les éléments de ce travail sur nos chemins modernes

L'opinion du préfet prévalut : ce fut le début de graves complications. MM. Martial du Puy et de Maquillé exigèrent l'expropriation des terrains qu'on leur réclamait pour cause d'utilité publique. Malgré tout, le nouveau tracé fut mis en adjudication et donné à Sylvestre Duron (1), de Sarbazan (Landes).

Pendant ce temps, M. Joret poursuivait sa campagne en faveur de Toujouse. Le préfet, M. Féart, ne voulut pas se déjuger, mais répondant à la lettre du 1er février 1855 de M. Joret, il commença à parler de « l'intérêt postérieur qu'il voulait témoigner à Toujouse et se déclara tout disposé à équilibrer, au moyen d'une juste compensation, les effets préjudiciables que pouvait avoir pour cette localité la rectification du chemin de grande communication n° 43, de Nogaro à Monguilhem. »

Cette réponse était une victoire pour M. Joret et la commune de Toujouse, qui réclamaient énergiquement une indemnité à raison de l'abandon du tracé par le village. La famille du Puy, notamment, avait éprouvé un grave dommage d'une telle résolution. Pour favoriser la construction du chemin n° 43 par Toujouse, elle avait, en effet, dès l'année 1848, mis gratuitement à la disposition du département toutes ses terres placées sur le parcours de la route. Des ouvriers avaient arraché les vignes sur ce tracé, opéré des déblais considérables, et M. du Puy avait dû fermer ses terres ouvertes par le chemin, au moyen de palissades et de clôtures artificielles. De tels sacrifices ne pouvaient rester sans effet...

M. Joret, ou plutôt son beau-père ne consentit à céder de nouvelles terres que par expropriation. Le jugement fut prononcé par le tribunal de Condom, le 14 janvier 1854. Une indemnité de 4,000 fr. était accordée à M. du Puy. Mais l'argent n'était pas le mobile des légitimes protestations de ce dernier. Prenant donc la somme que le tribunal lui allouait, il la versa généreusement dans les caisses des ponts et chaussées en faveur du chemin d'intérêt commun n° 17, de Monguilhem à Toujouse, et d'une autre route complémentaire qui s'y rattachait, le chemin de Toujouse au Houga.

Ces longs démêlés retardèrent la construction de la route de Monlezun à Monguilhem qui ne fut résolument abordée qu'en 1856.

2° **Route départementale d'Eauze à Villeneuve-**

---

(1) Duron voulut, plus tard, céder son entreprise à Bidouze. le préfet s'y opposa (26 déc 1855)

de-Marsan. — On décida, en 1839, de créer un chemin de grande communication entre Eauze et Villeneuve-de-Marsan, par Monguilhem. Seulement, le plan proposé par l'administration ne se trouva pas du goût de MM. Verdier et de Maquillé, qui proposèrent un tracé à angle droit dans l'intérieur de la ville pour prendre la direction de *Charos* et des Landes. Le conseil municipal de Monguilhem approuva l'avis de ces Messieurs par son vote du 10 mars 1839.

MM. Verdier et de Maquillé offraient gratuitement les terrains de leurs domaines coupés par le tracé. Plusieurs années s'écoulèrent sans que la route fût construite. Rien n'était fait en 1845 et, à cette époque, on vit surgir, soudain, une nouvelle difficulté. Le pont du Midou s'écroula (1)!

On proposa alors de le rebâtir, non plus à la place qu'il occupait, mais plus haut, à l'est, à une distance de 70 mètres environ, sur le tracé du chemin qu'on avait l'intention de créer en cet endroit pour relier Castex à Monguilhem. M. le comte d'Abbadie de Barrau, favorable à ce projet, accepta généreusement la construction du pont à ses frais, moyennant une somme de 4 500 fr. qu'on lui paierait en 1850. Les dépenses du pont étaient évaluées à 9,000 fr. Comme on le pense bien, l'administration départementale se hâta d'accepter des offres si avantageuses (1847)

Le déplacement du pont entraînait forcément le changement du lit de la rivière sur un petit parcours, si l'on voulait au moins que le pont fût perpendiculaire au Midou dans le tracé du nouveau chemin. Il fallut s'entendre avec les riverains. C'est ce qui eut lieu. Peu de temps suffit, ensuite, pour l'achèvement du chemin de Castex à Monguilhem, devenu de nos jours une délicieuse promenade entre ces deux localités, grâce à la plantation d'arbres divers sur son parcours.

Le Conseil général du Gers a élevé ce *chemin de grande communication* au rang de *route départementale*. au mois d'avril 1886.

3° **Chemin d'intérêt commun de Labastide à S.**

---

(1) Les inondations de 1792 avaient à peu près détruit le pont du Midou, nous apprend Clavérie, procureur de la commune de Monguilhem qui déclarait devant le conseil communal, le 2 décembre 1792, que Monguilhem devenait, de ce côté irabordable. Il en était de même à l'ouest de la ville, où le pont du ruisseau de la ville basse avait totalement disparu (Regis cons, f° 77, r°)

Le procureur exhorte l'assemblée à demander un secours de 1,200 livres pour faire à ces ponts les réparations les plus urgentes. Il termine par une charge à fond de train contre le moulin du Bédat dont le canal fait refluer les eaux et provoque des inondations

Germé par Monguilhem et Le Houga, n° 17. — La construction de ce chemin fut définitivement résolue en 1856. C'est alors, seulement, qu'on s'occupa de son tracé entre Monguilhem et Le Houga, par Toujouse. La partie comprise entre Monguilhem et Toujouse ne souffrit aucun retard, mais il n'en fut pas de même de celle de Toujouse au Houga. La lenteur venait de Toujouse, car Le Houga avait terminé sa portion de chemin en 1863, tandis que Toujouse n'avait presque rien fait en 1868. M. de Clarens, conseiller général du Gers, fit hâter les travaux par son intervention auprès du préfet du Gers. Ce *chemin d'intérêt commun* a été naguère élevé au rang de *chemin de grande communication*, par le bienveillant concours de MM. Cazes, Scillan et Lascourrèges, membres distingués du Conseil général du département.

Nous aurions encore à signaler les chemins de Monguilhem à Montaigut et au Bourdalat, mais ces indications sur nos principales voies suffisent pour bien marquer l'importance de notre réseau de routes modernes et la facilité qu'elles offrent aux voyageurs et au commerce pour pénétrer au centre du Bas-Armagnac.

§ III **Milice bourgeoise et militaire.** — Une ordonnance royale ayant prescrit la création d'une milice dans chaque localité un peu importante, Monguilhem se mit en devoir de répondre au vœu du monarque. Plus tard, le gouvernement vit un danger dans cette institution. Il ordonna donc de retirer les armes des mains des citoyens.

Pour se conformer aux ordres du maréchal de Thomond, commandant de la province de Guyenne (18 sept. 1757), la jurade de Monguilhem se réunit le 23 octobre 1757 et prescrivit à tous les détenteurs d'armes à feu d'avoir à les déposer à l'hôtel de ville (1). Sur l'avis du subdélégué de Condom, on consentait seulement à laisser les armes, à titre provisoire, aux citoyens chargés de la perception des impôts pour l'année.

Les armes remises à la maison commune gênaient à cause de l'école établie dans le local voisin. On décida en jurade, le 28 octobre 1757 qu'elles seraient transportées dans une maison particulière. Le premier consul, M Labadie, fut prié de les recevoir dans son domicile ; c'est ce qu'il fit (2).

Mais cette mesure de la remise des armes ne suffisait pas. Aux termes de la loi, il fallait les envoyer ensuite à

---
(1) *Archives de M Verdier*
(2) *Ibid*

Condom. La communauté se réunit en jurade au mois de mars 1758 et décida qu'on adresserait une pressante supplique à M. de Tourny, intendant à Bordeaux, afin de solliciter le maintien du dépôt d'armes, à Monguilhem, ou tout au moins d'une partie. Les raisons alléguées par les consuls pour obtenir cette faveur étaient dignes de considération :

1° Les consuls de Monguilhem, dit la requête, ont la police de la ville. Or, il y a dans la localité des foires et des marchés très importants qui attirent beaucoup d'étrangers. Ces assemblées donnent lieu fréquemment à de graves désordres. S'il n'y a point d'armes pour protéger les magistrats, la confusion sera bientôt à son comble.

2° Monguilhem est un lieu de passage très fréquenté par les voyageurs qui se rendent à Mont-de-Marsan, à Bordeaux, à Bayonne et à Toulouse. Comment faire respecter l'ordre dans la cité, si l'on est privé d'armes pour contenir les mutins étrangers qui viendraient à troubler la paix publique? Et puis, des bandits ne pourraient-ils pas venir assaillir les paisibles habitants de la ville, si on les savait complètement désarmés?

3° Les bois voisins de la ville sont sillonnés par des bandes de loups (1) qui se jettent sur les animaux jusque dans les basse-cours de la ville. Pourrait-on repousser ces terribles ennemis sans armes?

L'Intendant envoya une demande si bien motivée à son subdélégué de Condom (17 avril 1758). M. du Goujon fut d'avis de laisser un dépôt d'armes à Monguilhem. La même faveur fut également maintenue un peu plus tard. On touchait alors au rétablissement des *milices bourgeoises*.

Une ordonnance du duc de Richelieu, en date du 1er juillet 1761, prescrivit cette réorganisation dans les bourgs et les villes. Le 10 août suivant, une seconde ordonnance du même maréchal fournissait des explications plus précises sur le choix des officiers destinés à commander les compagnies. Il fallait les prendre parmi les principaux habitants, en observant de donner la préférence à ceux qui avaient servi dans les troupes du roi. Mais on ne pouvait pas forcer ces derniers à accepter cet emploi, pas plus que les nobles, du reste, si leur zèle ne les décidait à prendre la charge par dévouement pour leurs compatriotes. Dans ce dernier cas, on leur devait la préférence

---

(1) Il y a encore des loups dans les parages de Monguilhem, en 1793. Voici ce que nous lisons dans le *Registre des délibérations* (Mairie de Monguilhem) « Le quintidi sans culotide, le loup a égorgé des brebis à la métairie de Housset »

Selon les vœux du gouvernement, les patrouilles de la milice bourgeoise devaient faire « le service d'une manière constante et exacte. » La loi demandait de prendre les officiers placés à la tête de la milice parmi les jurats, consuls ou syndics de la communauté sortant d'exercice. Les médecins, chirurgiens et maîtres d'école étaient exemptés des patrouilles auxquelles étaient assujettis, sans exception, tous les autres habitants non pourvus d'un privilège particulier. Mais on devait laisser à leurs travaux les habitants de la campagne.

Les patrouilles étaient organisées, à Monguilhem, de manière à ne réclamer, chaque nuit, que le concours de la dixième partie des hommes propres à ce service. La loi de juillet était, du reste formelle sur ce point pour toutes les villes.

Les ordonnances permettaient à la municipalité de garder six fusils seulement, destinés aux patrouilles. Les autres armes étaient tenues en dépôt à l'hôtel de ville.

L'organisation de la milice de Monguilhem paraît complète dès l'époque de la publication des ordonnances royales. Dans une assemblée tenue le 2 janvier 1763, les officiers élaborent un nouveau règlement.

« Tous les commandants seront maîtres de leurs soldats, et chaque commandant veillera à faire exécuter les ordonnances, dit le procès-verbal de la réunion et répondra encore des armes qui servent à lad. patrouille pour qu'il n'y soit fait aucun dommage. Et pour cet effet, il visitera chaque soir les armes afin de savoir si le commandant qui l'aura précédé les a laissées en bon état. »

Les commandants de la première dizaine de janvier furent : 1º Labadie-Toujé, 2º Rosis, 3º Barés, 4º Sarragouse, 5º Claverie, 6º Blain, 7º Dayric, 8º Labadie. Puis, la série recommençait dans le même ordre. On trouve dans les archives de M. Verdier plusieurs listes de patrouilles composées de dix hommes.

Nos braves miliciens bourgeois paraissent s'être consciencieusement acquittés de leur mission. Un procès-verbal nous montre Dayrie, commandant de la patrouille devant la porte de l'hôtel de ville, le 18 avril 1763, le soir. Il venait, suivi de ses hommes, faire son service. Mais parvenu sur le seuil de la porte, il s'aperçoit qu'on l'a forcée et qu'on a soustrait deux fusils de patrouille. Vite, on requiert un jurat et on dresse procès-verbal de l'enlèvement frauduleux.

Le rapport adressé à l'Intendant, à cette occasion, demeura sans résultat. Il y eut une seconde requête dont le sort n'est pas connu.

La patrouille de Monguilhem ne veillait pas seulement à l'ordre de la ville pendant la nuit. Elle exécutait, en outre, des *corvées d'ensemble* par section de dix hommes. Nous avons sous les yeux, au moment où nous traçons ces lignes, l'organisation de ces escouades commandées par un chef, pour l'année 1765.

Il s'agit de la réparation des chemins à laquelle on emploie tous les hommes valides de la localité. Trois soldats manquent à l'appel (14 juin), fait par Dayne, commandant. On leur inflige une amende assez bénigne. Chacun d'eux aura à payer une bouteille de vin, et, à la première manœuvre qui sera faite, les délinquants seront, d'office, placés en tête des listes.

Au-dessus de la milice bourgeoise se trouvait la milice royale destinée aux armées de la France.

Sous l'ancien régime le service militaire était soumis à une législation bien différente de celle d'à présent. On tirait au sort, cependant, en vertu des ordonnances royales, et les communautés devaient fournir certaines sommes pour l'équipement des jeunes soldats appelés à servir dans les bataillons de milice. Nous en avons la preuve dans les comptes consulaires de Monguilhem (1).

Le tirage au sort avait lieu tantôt dans une paroisse et tantôt dans une autre pour les jeunes gens d'une même région. Le roi ayant voulu porter le nombre de soldats de ses bataillons de milice, de cinq cents hommes, répartis en dix compagnies, à cinq cents quatre-vingts, il fallait procéder à un nouveau tirage au sort.

Conformément aux ordonnances, les consuls de Monguilhem durent avertir les jeunes gens de leur juridiction et de Lagouarde que l'opération aurait lieu, cette année, le 13 février 1756, à Ayzieux. Mais en même temps, ils protestèrent respectueusement auprès de l'Intendant qu'il convenait de les dispenser de ce devoir pour l'année présente, vu que plusieurs paroisses voisines « n'étaient pas mandées pour le tirage au sort depuis quelques années. » Il ne convenait pas, disaient-ils, que les mêmes localités fussent toujours soumises aux mêmes obligations. Nos édiles acceptaient, néanmoins, d'être associés aux paroisses environnantes pour le tirage au sort « à cause du petit nombre de garçons qui s'y trouvaient. » Les paroisses de

---

(1) L'article 12 de l'ordonnance du 12 novembre 1733, déterminait la part contributive des paroisses pour l'habillement des miliciens.

Toujouse, Monguilhem. Lias, Larée et Ayzieux prirent part au tirage au sort à Ayzieux.

Sans vouloir entrer dans de trop longs détails sur ce sujet, nous ferons observer qu'à l'époque du tirage au sort un ordre du subdélégué adressé aux diverses municipalités prévenait les consuls d'avertir les garçons ou jeunes gens mariés d'avoir à se rendre *tel* jour fixé dans la localité où le sous-intendant devait se trouver pour le choix des soldats. Tous les intéressés recevaient un billet de convocation, et les jurats dressaient une ordonnance qu'on lisait à la foule assemblée le dimanche matin, à l'issue de la messe. Le matin du tirage au sort, les conscrits se réunissaient autour des jurats qui les conduisaient à l'urne militaire.

Les archives de M. Verdier possèdent une série de listes de convocation écrites par les consuls de Monguilhem. Il est inutile de les imprimer, mais nous voulons, au moins, présenter en note le texte de l'arrêté pris par la jurade pour le tirage au sort de 1758, fixé à Lias (1)

Monguilhem donnait, généralement, un milicien par an. La communauté devait lui avancer d'après les dispositions de la loi, la somme de 17 livres, *tant pour la paire de souliers que pour le petit équipement* qu'on lui fournissait (2).

Le choix des conscrits destinés à prendre part au tirage au sort avait lieu en présence de toute la paroisse réunie. Les autorités locales, dans l'intérêt de leurs administrés, avaient soin, paraît-il, d'entretenir de bonnes relations avec les supérieurs. En adressant sa liste de conscrits au subdélégué de Condom, en 1756, la ville de Monguilhem

---

(1) « Tous les garçons ou jeunes gens mariés de la présente ville et juridiction sujets à tirer au sort suivant l'ordonnance de la milice affichée et publiée, demeureront avertis de se rendre à Lias pour vendredy prochain, 10 février 1758, à huit heures du matin, pour y aller tirer au sort. Conformément à ladite ordonnance, les personnes qui pourront avoir quelque exemption ne sont pas moins obligées de s'y rendre pour se présenter à M. le Subdélégué en outre commissaire pour faire tirer le sort, qui leur rendra justice. Si par cas on avait oublié des billets, tous ceux qui sont obligés de se présenter ne doivent pas se figurer que cela les dispense de se rendre à l'appel. La publication et affiche de lad. ordonnance avec la présente sont des avertissements suffisants pour que tous ceux qui sont sujets à se présenter se rendent quoiqu'ils n'eussent pas de billet.

» Il est encore ordonné à tous ceux qui doivent se présenter pour aller tirer au sort de se rendre et s'assembler pour vendredi prochain entre 5 et 6 heures pour le plus tard, 10 du courant, dans la présente ville, pour partir avec mes sieurs les jurats qui les accompagneront à Lias pour être présents au tirement du sort »

L'âge des conscrits n'avait rien de bien fixe. Dans les listes qui accompagnent cette ordonnance, on trouve des jeunes gens de 18 à 30 ans

(2) *Archives de M. Verdier* — De plus, on devait donner cinq livres pour un milicien de remplacement ou d'augmentation seulement, pour frais des commissaires chargés du tirage au sort. (Ordonnance royale.)

prie M. du Goujon de vouloir bier agréer l'hommage de *huit perdrix et quatre bécasses !*...

Ce n'était pas la première fois que nos édiles usaient de ce bon procédé. Le subdélégué lui-même leur avait suggéré ce moyen pour mériter les bonnes grâces du secrétaire de l'Intendant. Celui-ci devait marier sa fille, le 10 février 1753. M. du Goujon, désireux de lui offrir du gibier à cette occasion, fit écrire aux consuls de Monguilhem, le 31 janvier 1751, pour les prier de procurer *quelques pièces*, qu'on remettrait, le 7 février suivant, chez M. le curé d'Ayzieux. Afin de mieux stimuler le zèle de ses correspondants, le subdélégué leur faisait dire : « Nous pouvons avoir besoin de ces messieurs journellement, et surtout dans le cas de milice où nous sommes. »

La chasse ne fut pas très heureuse. Les consuls de Monguilhem s'excusent, par billet du 7 février, de ne pouvoir *envoyer que quatre bécasses, une perdrix et deux bécassines, à cause de la rareté du gibier, détruit par les dernières neiges.*

M. du Goujon écrivant à nos jurats, en 1757, les informait « que, sur ses représentations, Monguilhem était dispensé de contribuer à la milice de la présente année (1). » Une telle marque de bienveillance n'avait-elle pas pour cause les gracieux cadeaux des Nemrod de la paroisse ? Si la ville n'eut pas de milice à fournir cette année, il n'en fut pas de même pendant celles qui précédèrent et suivirent cette date.

Les comptes consulaires mentionnent fréquemment les dépenses faites à l'occasion de la *milice* ou des *miliciens*. La communauté paie 35 livres pour l'habillement d'un milicien, par ordre du subdélégué, en 1733. Quatre ans plus tard, M. du Goujon avertit les consuls de Monguilhem de faire partir les miliciens de 1733, 1734, 1735 et 1736, pour Nérac, où un jurat devra les accompagner aux frais de la ville. Il suffira aux miliciens, dit l'ordre de départ, d'apporter une chemise et leurs souliers, « attendu qu'ils ne resteront que peu de jours à Nérac, d'où ils rentreront chez eux. »

Monguilhem doit fournir un milicien pour 1754 et pourvoir à son habillement « qui ce monte à 5 livres 10 sous, » dit le compte des consuls. La ville ayant différé de payer cette somme, reçut ordre de s'acquitter au plus tôt, si les consuls ne voulaient pas voir *un cavalier de sénéchaussée s'installer chez les habitants, à 6 livres par jour.* » Ce

---

(1) Archives de M. Verdier

mode de recrutement de l'armée fut modifié par la Révolution et les gouvernements qui lui ont succédé, comme on le voit par la note mise au bas de la page (1).

§ IV. **Enseignement.** — M. Balguerie, préfet du Gers, en l'an x, conçut le projet d'ordonner l'aliénation du presbytère de Monguilhem qui tombait en ruine. Le conseil municipal, ému d'un tel dessein, s'assembla et résolut d'acheter cet immeuble. L'un des considérants de la délibération est ainsi conçu : « *Il y a eu de tout temps*, dans la ville de Monguilhem, un instituteur qui tient son école dans la maison presbytérale, où s'assemblent un grand nombre d'enfants que l'éloignement de toute autre ville y appelle. » Ces lignes ont, par elles-mêmes, une grande importance pour l'histoire de l'enseignement à Monguilhem, car elles sont, pour notre paroisse, une réponse péremptoire à l'affirmation de ceux qui semblent croire que l'enseignement pour les enfants du peuple date de la Révolution.

« Il y a eu de tout temps dans la ville Monguilhem un instituteur, » dit le procès-verbal. Sans nous préoccuper de ce qu'il peut y avoir d'exagéré dans une assertion ab-

---

(1) Le mode de recrutement de l'armée a beaucoup varié avec les siècles Pendant longtemps, dit M. La Châtre (t 1, p 1101), il n'y eut point d'armée permanente, en France Les armées se composaient de levées faites dans le moment où il fallait entrer en campagne, et ces levées se faisaient par une sorte de *conscription*, c'est à dire de choix parmi les hommes aptes à porter les armes. L'établissement des premières troupes permanentes date de Charles VII (1415) qui créa un corps de cavalerie sous le nom de *compagnie d'ordonnance*. Les milices des communes furent remplacées par un corps permanent de 16,000 fantassins, appelés francs archers, fournis par les paroisses Ces derniers et les *chevau légers* (on appela ainsi le contingent des fiefs) se recrutaient par une espèce de conscription, les compagnies d'ordonnance par un enrôlement volontaire

Louis XI supprima les francs archers et les remplaça par des mercenaires écossais. Charles VIII rétablit les francs archers, par conscription sur la base d'un homme par 55 feux Louis XII les supprima de nouveau et les remplaça par des bandes d'infanterie soldées, et enrôlées volontairement. *Depuis lors jusqu'en 1792, le recrutement de l'armée régulière et permanente ne se fit plus que par enrôlement volontaire*, dit le *Dictionnaire universel*, t 1, p 1101. Il y a ici une erreur manifeste, puisque nous voyons la conscription *involontaire* encore pratiquée à Monguilhem et dans les environs, en plein dix huitième siècle.

La conscription, qui n'avait paru que comme un fait accidentel, à l'époque de la Révolution, dans la levée de 300,000 et dans la réquisition, fut reglementée par la loi de l'an vi Elle devint le mode fondamental du recrutement qui fut supprimé après 1814 Mais on comprit qu'il fallait le rétablir. On le fit par une loi du 10 mars 1818 (Buchet — Cublize) La *garde nationale* fut comme le pendant de l'armée régulière: Etablie le 14 juillet 1789, sous le nom de *garde bourgeoise* pour défendre l'Assemblée constituante, la *garde nationale* devint bientôt générale (1790) par une loi qui en régla l'organisation Elle fut dissoute en 1827 et rétablie en 1830 La révolution de 1848 appela tous les citoyens à faire partie de la *garde nationale*, mais elle fut de nouveau dissoute après les événements de 1851, puis reconstituée sur de nouvelles bases quelques mois après pour disparaître encore et se montrer de nouveau en 1870

La *garde nationale* se trouve organisée à Monguilhem, comme partout, à ces diverses époques. (V. les *archives de la mairie*)

C'était comme une suite de la *milice bourgeoise*.

solue, difficile à vérifier, pour les époques les plus lointaines, nous voulons montrer que les écoles de Monguilhem ont au moins un assez long passé.

Le 3 février 1728, la jurade de Monguilhem se réunit au son de la cloche, « à la manière accoutumée, » afin de décider la création d'une école. Il est représenté « par messieurs les consuls qu'il est de toute nécessité d'establir un régent dans la présente ville et juridiction de Monguilhem pour l'instruction de la jeunesse et que il n'y a personne capable de faire les rolles des tailhes ny autres affaires de la communauté (1). »

Les ressources dont la communauté est à même de disposer, ajoutent les jurats, « ne peuvent pas suffire pour la dépense des fraix municipaux, attendeu que Mgr l'Intendant ne leur permet pas d'imposition sur aucun rolle pour les fraix municipaux. » Dans ces conditions, il faut solliciter de l'Intendant une imposition qui permette de donner des gages à l'instituteur. On voulait l'enseignement gratuit, comme on le voit, et, de fait, on l'établit.

L'assemblée tout entière approuve « d'une haute voix messieurs les consuls » qui sont priés de se mettre en relation avec M. l'Intendant dans le but de « le prié et supplié de vouloir permettre à la présente communauté et assemblée l'imposition de deux cents livres pour le paiement des gages d'un régent donnant ladite assemblée plein pouvoir à messieurs les consuls de faire présenter à Mgr l'Intendant telle requête qu'ils trouveront à propos pour ce qu'il regarde la demande conteneue au présent acte et de prier M. de Palanque, procureur de la communauté de Monguilhem, former la requête et prendre la peine de la présenter avec le présent acte à Monseigneur l'Intendant, afin qu'il plaise à mondit seigneur accorder à Monguilhem la demande faite par la jurade (2). »

---

(1) Il y a une évidente exagération dans cette affirmation. On le conclut de la parfaite rédaction des actes communaux et des nombreuses signatures apposées sur les divers registres et papiers conservés chez M. Verdier. Lorsque le cardinal de Clermont, archevêque d'Auch, veut fonder un collège dans sa ville archiepiscopale, il déclare, pour mieux réussir auprès du roi François I, « que en la ville d'Auch ne ez environs ny a aucunes escholes, collèges ny lieux pour instruire les enfants » Le Prélat se trompait aussi. Un acte du 14 octobre 1529, conservé aux archives de Condom et publié par M. Gardère (Rev. de Gasc., t. XXVI, p. 114), nous apprend que le conseil de Condom, en votant une somme de 80 livres tournois pour le traitement des régents, ne fit que se conformer à l'usage déjà suivi par les villes voisines (V. l'Instruction publique à Fleurance, avant 1789, par M. Parfouru.) Leitoure, Floirence et Aux sont formellement désignés comme ayant des écoles secondaires. En 1502, Vic Fezensac avait également son école de latin et d'écriture (Rev. de Gasc., t. XXIV, p. 103.) L'archevêque d'Auch n'était donc pas moins excessif que nos édiles dans sa déclamation que nous citons afin de donner à la note relative à Monguilhem une juste portée.

(2) Archives de M. Verdier.

La réponse à la pétition de la jurade dut être favorable, puisque Monguilhem a, presque aussitôt, un régent du nom de Pierre Duni, *maître ès-arts*, qui, se trouvant malade en 1732, fit un testament en faveur de l'église de la paroisse (1).

L'école demeura-t-elle ensuite quelque temps sans maître ? Nous l'ignorons. Nous savons seulement que la jurade de Monguilhem s'assemble de nouveau dans l'hôtel de ville, le 6 mai 1751, pour la nomination d'un nouveau régent. On a décidé au mois de janvier, est-il dit dans le procès-verbal, qu'on établirait un maître d'école dans la ville, et que Jean Faget, troisième consul, s'est offert pour remplir cet emploi, moyennant une rétribution de soixante livres par an payable par le trésorier communal. A cette condition, Faget s'engage « de bien enseigner la petite famille à prier Dieu, de leur enseigner le catéchisme du diocèse qu'il leur fera chaque jour et prier Dieu aussi chaque jour matin et soir, à servir la messe, de les enseigner à lire, à écrire et à compter, et de vaquer journellement à ladite charge sans entendre comprendre à ses obligations d'enseigner que des enfants de fonciers et habitants de ladite ville et qui y ont des biens fonds ou maison. Les artisans, métayers ou brassiers qui voudront faire enseigner leur famille seront obligés de le payer chacun en particulier au-delà des gages de la communauté. »

Ses conditions furent acceptées. Le régent se mit à l'œuvre. On trouva ses services excellents et l'assemblée demanda qu'on lui continuât un emploi dont il s'était si bien acquitté. Faget tenait encore l'école de Monguilhem en 1752. Les comptes consulaires de Labadie mentionnent, pour cette année, le traitement de l'instituteur.

D'Arramon est régent de Monguilhem après Faget (2). La jurade du 15 juillet 1759 nous l'apprend. Ce jour-là, les consuls assemblent la jurade afin de *s'occuper de la régence*. Le temps de la régence de d'Arramon expire, dit M. Labadie Toujé : il faut cependant pourvoir à l'enseignement pour l'année suivante, ajoute-t-il. Le sieur « d'Arramon s'étant acquitté de son devoir et s'étant conduit jusqu'à présent d'une manière irréprochable, l'assemblée entière est d'avis unanime de lui continuer ses fonctions *pour une nouvelle année seulement*, à commencer depuis le 22 août prochain, aux mêmes conditions que par le passé, c'est-à-dire pour 180 livres, comme

---

(1) Archives de M. Verdier.
(2) Ibid. — Régent

on voit par l'acte de délibération du 19 juillet 1757.

Mais la communauté ne peut prendre sur son budget que la somme de 80 livres. Pour parfaire le traitement du régent, quelques membres de l'assemblée offrent une contribution personnelle. Labadie de Toujé donne 25 livres, Denis Blain, 10 liv., J.-M. Dayries, 6 liv., Joseph Claverie, 12 liv. 10 s., Jean Faget, 6 liv. Le traitement de l'instituteur se trouve ainsi définitivement assuré. On lit une douzaine de signatures au bas de ce procès-verbal (1).

Serait-ce pour grossir ses émoluments annuels que d'Arramon achète, en 1759, le droit de hallage de Monguilhem ?

La série des instituteurs dut se continuer jusqu'au temps de la Révolution, puisque la délibération communale de l'an x déclare que, de tout temps, il y eut un régent à Monguilhem.

Il est au moins certain que le budget communal fait mention, le 2 floréal an x, du traitement du régent de la commune porté à 150 livres (2).

Il faut arriver à 1810 pour avoir la liste méthodique et suivie de nos instituteurs. *Le tableau des écoles primaires existantes dans l'arrondissement de Condom* (3), dressé le 14 février 1810, mentionne M. François Terrade, célibataire, âgé de 58 ans, comme instituteur de Monguilhem. D'après ce tableau, chaque élève payait 1 fr. 50 par mois, *pour apprendre la lecture, et 2 fr. pour la lecture et l'écriture.*

Après M. Terrade, l'école communale de Monguilhem se transforme en collège et donne aux élèves un enseignement primaire et secondaire très complet. L'établissement a pour principal un homme de valeur, que le malheur et le talent rendirent également cher à nos populations. C'était M. Caussin. Les archives départementales du Gers nous fournissent des renseignements très complets sur ce maitre éminent originaire de Paris et fondateur d'une *institution libre* à Mont-de-Marsan, avant de venir à Monguilhem.

L'enseignement officiel prit ombrage de son école, et, la malveillance aidant, M. Caussin fut accusé « de professer des principes révolutionnaires et de ne cesser de tenir des

---

(1) Archives de M. Verdier.
(2) *Registre des délibérations.* — Les dépenses communales en l'an x sont « Sergent de ville, 80 fr, — secrétaire de la commune, 30 fr ; — Papier des registres, 12 fr , — Papier, bois, encre, chandelles, 30 fr — sonneur des cloches pour les assemblées et monter l'horloge, 18 fr , — l'instituteur de la commune, 150 fr — Total, 320 fr. »
(3) *Archives départ. du Gers.*

propos séditieux qui pouvaient troubler l'ordre public. »
On le chassa de son établissement, et il fut frappé de suspension, par le recteur d'académie de Pau, le 29 juillet 1815.

M. Caussin se rendit alors à Cazaubon, dans l'espoir d'y gagner sa vie, mais ses ennemis l'y poursuivirent. « Caussin, écrivait le préfet des Landes au maire de Cazaubon, le 27 août 1815, a été considéré comme un homme dangereux et il a été contraint de quitter le département des Landes par ordre supérieur, à raison de sa conduite, durant l'*interrègne dernier*... Moins de talents et plus de bonnes mœurs et de meilleurs principes conviennent mieux à l'instruction de ces communes. »

Traqué par ses adversaires, M. Caussin serait retourné à Paris, dit-il, dans une lettre du 22 août 1815, mais les événements l'effrayèrent. Il se fixa provisoirement à Marquestau où sa conduite fut irréprochable, si bien que le curé de la paroisse aurait voulu le retenir pour l'éducation des enfants. Pendant ce temps, un grand nombre de pères de famille de Mont-de-Marsan réclamaient énergiquement la réintégration de M. Caussin, « qui méritait leur confiance et leur estime par ses talents, sa moralité et sa conduite. » « Les inculpations portées contre lui sont de toute fausseté, poursuivent-ils, ils osent le garantir à tous ceux qui voudront le constater. »

Le préfet du Gers se montra moins rigoureux que son collègue des Landes à l'égard de l'innocent professeur qui le priait, le 14 octobre 1815, de le protéger « contre une persécution injuste excitée par la jalousie et occasionnée par une rivalité entre le collège de Mont-de-Marsan et son institution. » M. Caussin put exercer à Marquestau les fonctions d'instituteur, de 1815 à 1816.

Désormais libre de toute entrave, M. Caussin songe alors à fonder un nouveau collège au centre du Bas-Armagnac. Il choisit Monguilhem pour la création de cette école (1817-1818), autorisée par le recteur d'académie de Cahors. Les élèves affluèrent de toutes parts. L'établissement acquit en peu d'années une réelle importance.

Malheureusement, l'excellent directeur, brisé par ses longues épreuves et vaincu par les ans, dut se retirer de l'enseignement. M. Tisnès, ancien séminariste, gendre de M. Caussin, prit le gouvernement de la florissante école où l'on ne comptait pas moins de 90 pensionnaires ou externes, en 1824, disent les registres déposés aux archives du département du Gers.

Le départ de M. Tisnès, devenu, depuis, rédacteur d'un

journal dans les Basses-Pyrénées, entraîna, plus tard, la chute du collège de Monguilhem, dont les brillantes fêtes de la distribution des prix attiraient, tous les ans, un énorme concours de parents et d'étrangers.

L'un des professeurs du collège, avait le titre d'instituteur communal. Ce titre, après le départ de M. Tisnès, passa à M. Henri Firmin, qui le transmit à M. Béreilh.

M. Béreilh était le digne successeur des maîtres distingués qui le précédèrent à Monguilhem. Elevé au Séminaire d'Auch, il sut inculquer la science et la vertu à de très nombreux élèves, au nom desquels nous sommes heureux de lui rendre un public et sincère hommage d'affectueuse reconnaissance. M. Béreilh fut nommé instituteur de Monguilhem, le 20 novembre 1831.

M. Aragon lui succéda le 1er octobre 1870, pour céder lui-même son poste à M. Ducassé, le 26 octobre 1875. Celui-ci eut pour successeur M. Carsalade (1880). M. Fort a pris la direction de notre école communale, après ce dernier, le 16 novembre 1885, pour la céder, à son tour, à M. Soussens, installé le 30 avril 1889.

Préoccupé de la formation de l'esprit et du cœur des jeunes filles du peuple, un saint curé, dont nous aurons à rappeler ailleurs les œuvres, M. Lajus, secondé par les familles les plus influentes de Monguilhem, a doté la ville en ce siècle, d'un couvent de religieuses de l'*Immaculée Conception*, de Bordeaux. D'abord établi au faubourg de la *Ville-Basse* (1), le couvent fut installé dans l'ancienne maison presbytérale de la paroisse, dès que M. Lajus put occuper le nouveau presbytère, bâti à ses frais, qu'il destinait à la commune à titre purement gratuit pour le logement des curés de Monguilhem.

Les jeunes filles n'ont pas seules profité des bienfaits des excellentes religieuses de la *Sainte-Famille* de Bordeaux. On voit ces anges de la charité, aimées et respectées de tous, porter leurs maternels secours dans la demeure du plus humble malade et travailler ainsi avec un zèle égal, aux soins de l'infirme, comme *Sœurs de Charité*, et à l'éducation de l'enfance, en qualité d'institutrices communales.

Daigne Dieu nous garder longtemps, nous conserver toujours les chères sœurs de la *Sainte-Famille !*

§ V. **Horloge communale.** — La tour du clocher de Monguilhem, pourvue de belles cloches, s'enrichit d'un nouvel ornement au milieu du dix-septième siècle. On la

(1) Le couvent primitif de Monguilhem est devenu maintenant l'*Hotel du Nord*, à l'angle sud ouest de la place de la *Liberté*, en face de l'*Hotel de France*.

dota d'une grande horloge. C'est pour assurer cette heureuse innovation, que la jurade s'assemble, le 4 février 1750, dans le lieu ordinaire de ses réunions.

Il est important pour la ville, dit-on, d'avoir une horloge communale. Ce serait le moyen de couper court aux abus si fréquents dans les débits de vin, par exemple. et les jours de foire. Lorsqu'on veut appliquer les règlements de police sur l'heure de fermeture des établissements publics, les délinquants ne manquent jamais de répondre aux magistrats : « Nous ne sommes pas en contravention, prouvez que votre heure est exacte. »

L'établissement d'une horloge est également très utile au point de vue des offices de l'église. Il faut que les fidèles soient exactement fixés sur les heures des divers exercices du culte.

Labadie, bourgeois de Monguilhem, propose alors de confier la construction de l'horloge à un ouvrier de Sos, nommé Lascabanes, qui travaille à des prix modérés. D'une voix unanime, l'assemblée vote les fonds nécessaires à la fabrication de l'horloge. Labadie est chargé de se mettre en relation avec l'artiste. Ce qu'il fait sans retard.

Lascabanes proposa une caution comme garantie de l'entreprise et consentit à construire l'horloge pour la somme de 250 livres. Il avait à sa charge la fourniture du système d'horlogerie, des poids, du cadran, des cordages, ainsi que les frais de pose et de port jusqu'à Gabarret.

L'appareil, d'après les conventions, devait marquer les heures et les demi-heures. Le marché fut conclu le 12 juillet 1750. La pose eut lieu au temps marqué (1751), mais il paraît que le travail fut manqué, puisqu'un autre ouvrier, du nom de Galiay, intervient plus tard et prend des engagements au sujet d'une horloge dont il se dit l'auteur et qui fut placée du 6 au 8 juin 1755 (1). Il promit de la disposer de telle sorte, qu'au lieu de la régler toutes les douze heures, il suffirait de la monter une fois toutes les vingt-quatre heures. Il fut fidèle à sa parole. — Planté re-

(1) *Archives de M. Verdier*. — Voici les termes de l'engagement de Galiay : « Je déclare que je m'engage envers la communauté et ville de Monguilhem d'accommoder l'horloge que j'ay fait pour lad ville, c'est a dire que je mettray en le laissant dans le même emplacement où il est presentement qu'il ne faudra le monter que toutes les 24 heures, sans cependant rien déranger au clocher et ce par le moyen de poulies et nouvelles cordes avec les poids qu'il faudra changer m'obligeant de faire et fournir le tout a mes dépens et d'en repondre pendant un an du jour que je l'auray rangé pour qu'il ne doive être monté que une fois toutes les vingt quatre heures, promettant de l'avoir mis dans l'état convenable ainsin qu'il est dit ci dessus pour le 15 du mois de mai prochain, my sentant obligé parce que jay fait ledit horloge qu'il faut monter presentement toutes les 12 heures A Monguilhem, le 11 avril 1755 — GALIAY approuvant l'ecriture et conditions expliquées cy dessus »

toucha l'horloge communale en 1780 (1). — Les comptes consulaires mentionnent, tous les ans, le traitement de l'employé chargé de l'horloge et des cloches.

§. VI. **Postes.** — Louis XI est regardé, à bon droit, comme le créateur de l'administration des postes, mais cette précieuse institution est restée à l'état rudimentaire pendant bien longtemps. Qu'était la poste aux lettres, jusqu'au commencement de ce siècle même dans nos pays ? Les dépêches déposées dans un bureau, parfois très éloigné, attendaient que les destinataires vinssent les réclamer. Le comble de la bienveillance, pour un *postier*, était de faire parvenir quelques lettres par l'entremise d'un voisin ou d'un ami. Le dimanche, après la messe, le crieur public annonçait à la foule l'arrivée de lettres à l'adresse de *tels* habitants de la localité, et on allait les *lever*.

Monguilhem eut de très bonne heure un service de dépêches organisé aux frais de la ville. Nous le savons par diverses délibérations de la jurade. Il suffira d'en mentionner quelques-unes.

Le 28 décembre 1765, la communauté s'assemble à l'hôtel de ville, sous la présidence des consuls, et Olivier Labadie, premier jurat, représente « qu'il est très essentiel, soit pour le bien public de la localité, soit pour l'avantage des habitants, de nommer un messager pour aller porter les lettres à Villeneuve et retirer celles qui se trouveront pour les habitants de ladite ville et autres petits paquets sous enveloppe, sans que ledit messager puisse exiger d'autre rétribution que celle fixée par ladite communauté. »

Séance tenante, Jean Labordère fils, cordonnier, fut chargé de ce service conjointement avec son père. Tous les deux s'engageaient à aller porter tous les mardis de chaque semaine les lettres ou paquets sous enveloppe à Villeneuve et à rapporter du courrier les plis destinés aux habitants, pour la somme de 12 livres, avec exemption de la capitation. La ville devait payer, en outre, *quarante sols* par an au courrier de Villeneuve ou messager chargé de remettre la correspondance de Monguilhem à Mont-de-Marsan et d'en rapporter les dépêches à l'adresse de Monguilhem. Labordère devait s'en charger à son tour (2).

Au mois de novembre 1773, François Blain, premier jurat de Monguilhem, parle devant la communauté réunie

(1) Archives de M. Vertus
(2) Ibid

en jurade, de « la difficulté qu'il y a de pouvoir envoyer à Villeneuve pour aller chercher des ordres adressés à la ville, répondre à ces ordres et envoyer les lettres au courrier de Villeneuve et ailleurs, lorsque le cas l'exige. » Il y aurait avantage, dit-il, à avoir un commissionnaire, car « la ville a toujours été dans l'usage d'en avoir un. »

Le conseil déclare qu'il est urgent de procurer un courrier aux frais de la communauté. On nomme donc à cet emploi Bertrand Lajus, tailleur à Monguilhem, qui, moyennant la somme annuelle de *douze livres* et l'exemption de la capitation, ira tous les samedis chercher les paquets et les lettres déposés chez le courrier de Villeneuve et y porter toutes les correspondances que les habitants de Monguilhem *voudront lui remettre tous les vendredis soir de chaque semaine* (1).

L'année suivante, 1774 (2), la jurade confia le service des dépêches à Jean S. Aubin, aux mêmes conditions qu'en 1773. Le nouveau courrier exigea que les habitants lui fournissent une rétribution supplémentaire, toutes les fois que les paquets qui leur seraient destinés ou qu'ils enverraient, auraient des dimensions trop grandes ou un poids trop lourd.

En 1790, Jean Labordère est chargé du service des dépêches entre Monguilhem et Mont-de-Marsan. La ville lui paie un traitement annuel de 30 livres (3). Le 10 brumaire de l'an III, le citoyen Albert fut nommé porteur des paquets de l'administration du Houga à Monguilhem, trois fois la semaine, pour 40 livres, en remplacement de Labordère, infirme. Le 11 messidor suivant, Labordère s'engagea à aller trois fois par décade à Mont-de-Marsan, moyennant la somme de 40 fr., pour le service des dépêches (4).

En 1825, Monguilhem a un *piéton* qui fait régulièrement le service entre la ville et Le Houga (5). *(Arch. départ. du Gers.)*

Le service des dépêches pour Monguilhem se fit pendant longtemps par Le Houga. Plus tard, c'est Nogaro qui lui faisait parvenir les papiers administratifs. Cette situation durait encore en 1845. Le Conseil général du Gers vota alors l'établissement d'un *bureau de distribution* dans notre ville, chargé du service des dépêches pour

(1) Archives de M. Verdu.
(2) Ibid. — Registre des délibérations (f° 2, v°)
(3) Ibid. (f° 50, v°)
(4) Regist des délib de Monguilhem (Mairie)
(5) Ibid

Toujouse, et Monlezun, Mademoiselle Béreilh fut la première titulaire et Madame E. Roumat lui succéda dans la direction des postes de notre ville, qui dessert actuellement la commune du Bourdalat, dans les Landes, Toujouse et Monlezun, dans le Gers (1).

Un service de courriers établis entre Mont-de-Marsan et Estang, Le Houga et Monguilhem nous assure plusieurs distributions par jour et nous met en communication directe avec Auch, chef-lieu du département, ainsi qu'avec Paris.

CHAPITRE VII

MAIRIE. — GUERRE CIVILE. — MISÈRE PUBLIQUE. — ÉMIGRÉS. — RÉQUISITIONS, ETC., ETC.

L'organisation communale établie au quatorzième siècle, à Monguilhem, touchait à son déclin vers 1789. Le peuple, dans la France entière, se compose, maintenant, de la presque totalité de la population française et de toutes les classes savantes, littéraires, artistiques, marchandes, libérales, industrielles, agricoles, dit M. Amédée Gabourd, auquel nous empruntons ces lignes. Dans tous les rangs de la bourgeoisie, l'instruction avait pénétré, le luxe avait développé des besoins, l'ambition avait fait naître des intérêts, des jalousies, des prétentions. Au milieu de ce peuple, la littérature philosophique, les idées de controverse religieuse, le désir de la liberté absolue faisaient fermenter partout des espérances de révolte et de résistance que nous avons vu se manifester à Monguilhem, au sujet de tous les droits seigneuriaux. « Les philosophes, dit Gabourd, enseignaient à la foule que Dieu n'existait pas, et cette foule en concluait naturellement que la loi du plus fort devait remplacer celle du plus juste. »

« La France, pour tout dire, en un mot, avait dévié de sa mission. Elle avait cessé, au dix-huitième siècle, d'être le peuple éminemment catholique pour devenir, en Europe, l'auxiliaire de l'hérésie ou de l'incrédulité. Elle y était arrivée par ses mœurs, par sa littérature, par les scandales qui attristaient l'église. »

Jusqu'à la Régence et à Louis XV. la corruption avait

(1) Archives départ. du Gers. — Monguilhem possède aussi un bureau de tabac, créé le 28 avril 1830, ainsi qu'une recette buraliste, établie en 1830.

été le vice des cours et des hautes classes de la société : la bourgeoisie et la population des campagnes étaient généralement demeurées pures. Mais les mœurs de la Régence et de la cour de Louis XV descendirent avec une effrayante rapidité dans les classes inférieures. La bourgeoisie imita les désordres scandaleux de l'aristocratie et le cynisme de la corruption trouva des apôtres et des disciples jusque dans les derniers rangs de la société. (Gabourd.)

Aussi, lorsque les États-Généraux du royaume s'ouvrirent à Versailles, le 5 mai 1789, la France se trouva préparée aux révolutions radicales, que leurs douze cents membres, environ, se chargèrent d'opérer.

L'*Assemblée nationale* naquit bientôt de l'union intime des députés du *Tiers-Etat* qui jurèrent, solennellement, à la voix de Bailly, *de ne jamais se séparer jusqu'à ce que la constitution du royaume fût établie et affermie sur des fondements solides*. LE SERMENT DU JEU DE PAUME, fait le 20 juin 1789, fut la première victoire de la révolution sur la monarchie. Vainement le roi essaiera-t-il, après le lit de justice du 23 juin, de dissoudre l'assemblée. Le Tiers-Etat et la majorité du clergé demeureront dans la salle des délibérations et Mirabeau fera entendre cette parole d'audacieuse révolte à celui qui vient les sommer de se disperser : « Allez dire à votre maître que nous sommes ici par la volonté du peuple et que nous n'en sortirons que par la force des baïonnettes. » Cette menace était une déclaration de guerre. Le roi céda. Les États-Généraux furent supprimés et l'*Assemblée nationale* se trouva constituée. La Bastille tomba au pouvoir des émeutiers, le 14 juillet, malgré la courageuse défense des vétérans qui la gardaient. Ce fut le point de départ d'une effervescence générale dans toute la province.

Monguilhem ne demeura pas étranger à ce grand mouvement de fiévreuse indépendance auquel ses habitants s'étaient préparés de longue main par leurs fréquentes tentatives de rébellion contre les autorités locales. Le pays sillonné de chemins très fréquentés permettait aux révoltés de parcourir la contrée et de semer partout le poison de la révolte. Notre ville eut ses clubs. Or, on sait quels étaient, en général, les points discutés dans ces réunions où le peuple des campagnes apprit à se liguer pour accomplir bientôt les volontés des comités révolutionnaires organisés à Paris et dans les principaux centres.

Sur ces entrefaites, l'Assemblée nationale tint, dans la nuit du 4 août 1789, une séance à jamais célèbre. « Là, par un esprit d'entraînement dont il n'existait aucun exemple dans l'histoire, les députés de la noblesse, ceux du clergé, et après eux ceux des communes, firent tour à tour et au bruit des acclamations l'abandon de tous leurs droits et privilèges. On décréta d'enthousiasme l'abolition du titre de serf et celle des juridictions seigneuriales, des privilèges de la noblesse, des provinces et des villes, le rachat de la dîme, l'égalité des impôts, l'admission de tous les Français aux emplois civils et militaires et la destruction de tout ce qui pouvait rappeler directement ou indirectement l'ancien régime ou la monarchie absolue. »

C'était la révolution légale après la révolution de fait. Le roi donna son consentement aux décisions de l'Assemblée nationale qui, désormais, prendra le nom de *Constituante*.

Le remaniement de la France commença presque aussitôt. L'entreprise était immense, mais l'audace des réformateurs ne se laissa fléchir ni par les difficultés ni par les obstacles.

Le régime féodal avait vécu.

On est surpris, en lisant le registre des délibérations de l'hôtel de ville de Monguilhem, de voir la promptitude avec laquelle notre commune suit l'impulsion donnée par la capitale. Nous trouvons dans ses pages l'écho fidèle des événements accomplis à Paris, preuve évidente de l'habile organisation des comités révolutionnaires en province. On pourrait presque écrire les grandes lignes de la Révolution française avec les seules délibérations de notre commune et l'analyse du nombre infini de lois transcrites dans les feuillets de ses procès-verbaux.

Nous y puiserons seulement les éléments de quelques paragraphes relatifs aux faits les plus saillants de notre histoire communale.

Mairie. — La Révolution voulut faire disparaître tout souvenir du régime féodal. Il fallut donc d'abord réorganiser les communes de France et détruire les antiques jurades pour leur substituer des conseils composés de citoyens choisis par le suffrage de leurs compatriotes.

Louis XVI publia une proclamation ordonnant la mise à exécution du décret de l'Assemblée nationale relatif à la constitution des municipalités. (13 décembre 1789.)

Les jurats de Monguilhem convoquèrent les électeurs en assemblée à l'hôtel de ville, le 14 février 1790, à 2 heures de l'après-midi. Les trois citoyens les plus âgés reçurent et dépouillèrent les bulletins de vote. C'étaient : Alexandre Dayrie, de La Coste, Joseph Sarragousse, et Pierre Ducom. Il s'agissait de la formation du bureau.

Le résultat du scrutin fut la nomination de M. Fr. Laburthe, docteur en théologie et curé de Monguilhem, à la présidence de l'élection. On lui donna Bernard Claverie pour secrétaire.

Trois scrutateurs furent ensuite désignés pour surveiller l'opération : Alexandre Dayrie, Jérôme Lababie et Joseph Dayrie, notaire (1). On leva alors la séance et l'assemblée s'ajourna au 16 février, dans l'église paroissiale, à 8 heures du matin, pour la nomination du maire et des officiers municipaux.

Au jour marqué, les électeurs se trouvent à leur poste, et M. Laburthe les préside avec Claverie pour greffier. Le curé et son secrétaire commencent par *prêter serment d'être fidèles à la nation, à la loi et au roi*. Puis, ils reçoivent le même serment de tous les votants auxquels on donne lecture du décret de l'Assemblée nationale sur la formation des municipalités, afin que chaque électeur sache bien l'importance de l'acte qu'il va accomplir.

Le scrutin commence ensuite. Les électeurs sont au nombre de 67. Alexandre Dayrie, de La Coste, réunit 57 voix, et Jérôme Labadie, de Toujé, 10 seulement. Le premier est donc proclamé maire de Monguilhem. Il exerçait les fonctions de procureur juridictionnel dans la ville. Or, ces fonctions étaient incompatibles avec celles de maire. Il dut opter : c'est pour la mairie qu'il se prononça (2).

Vint ensuite l'élection des officiers municipaux dont le nombre, aux termes de la loi, devait être proportionnel à celui des habitants. Monguilhem se composant de 92 *feux* ou maisons et sa population n'étant que de 453 âmes, il fallait faire le choix de deux officiers seulement. M. Blain eut 64 voix sur 67 électeurs et 65 bulletins furent déposés en faveur de Jean Claverie Maynat : tous deux devinrent officiers municipaux.

Restait la nomination du procureur syndic de la communauté. Un nouveau scrutin conféra cette charge, par 66 voix sur 67, à Jérôme Labadie, de Toujé. On élut ensuite six notables et leurs suppléants pour compléter la municipalité (3), qui prêta serment de fidélité devant l'assemblée.

La date de cette élection marque la fin de l'administration communale par les consuls et les jurats. Au lieu d'une assemblée générale des citoyens de la paroisse appelés à délibérer sur les affaires communes, sous la pré-

---

(1) *Registre des délibérations* (f° 23). — Arch. de M. Verdier.
(2) *Regist. des déliber.* (f° 25). — Archives de M. Verdier.
(3) *Ibid* (f° 26, v°).

sidence des consuls, nous aurons désormais un conseil de dix membres entre les mains desquels vont se trouver les intérêts divers de la cité (1).

Alexandre Dayrie ne garda pas longtemps son titre de maire. Le procès-verbal de l'assemblée communale du 6 avril 1790 nous apprend qu'il déclara ce jour-là ne pouvoir conserver ses fonctions à cause de son grand âge : il avait plus de 80 ans. En conséquence, il prie les membres du conseil d'accepter sa démission et de procéder à la nomination d'un autre magistrat. A son tour, Jérôme Labadie déclare que son emploi — il est receveur de la foraine — est incompatible avec sa nouvelle charge. Il prie donc l'assemblée de lui donner un successeur, comme procureur.

La démission des deux magistrats fut acceptée par le conseil, qui chargea M. Laburthe, curé de la paroisse,

(1) Nous avons recueilli une foule de noms de consuls de Monguilhem dans les documents soumis à notre étude. Il est bon d'en conserver le souvenir Aussi, les inscrivons nous ici pour la plupart, dans leur ordre chronologique (?) Jean Tilhet, Vital Dayrie, Pierre Planté et Jean Ducos, — 1628 Daniel Tilhet, Guilhem de Lobit, Vidal Boyrie; — 1630. Pierre Fitère, Jean Tauzin, Pierre Galabert, Bertrand Romat, — 1632. Guiraud S. Aubin, Auger Dulanna, Auger de Lhost, — 1642 Pierre Dugarbay, Pierre S Aubin, Jean Lacroutz, dit *Caparre*, — 1645 Auger et Arnaultet S Aubin père et fils, Auger Duloste, Guilhem Lamarque, — 1658 Jean de S Hilaire, Guillaume Dussans, Arnautet S. Aubin, Jeannon Lagarde, — 1667. Jean Bonneville, Pierre Laborde, Pierre Planté et Carbon Matha; — 1669, Pierre S Aubin, premier consul, — 1670. Jean Dutilhet, m⁰ chirurgien, Bernard S Aubin, Pierre Planté, Jean Ducos, — 1671. Jean S Aubin, Pierre Laborde, Jean Labassa, Bernadet Lacroutz, — 1672 Jean Lacroutz, Jean Labeyrie, Jean Berbesie, Carbon Matha, — 1675 J.-Pierre S Hilaire, Jean Marseille, Jean Daubas, Jean Ducos, — 1676 Bernard S. Aubin dit *Bachus*; 1680, Pierre Planté, Pierre Labeyrie, — 1688 Jean Labadie, Bernard Darraba, Joseph Garbay, Jean Lamarque, — 1689. Michel S Aubin, — 1716. Jean Matha Carbon, — 1717. Bernard S. Aubin, Bernard Dalleman, Jean Couerbe, Pierre Delhoste, — 1718. Guilhem Guichenu, — 1720 Jean Lobit, Jean Romat, Jean Labordère, Bernard Laffargue, — 1721. Jean Claverie, — 1722. Pierre Planté, 1ᵉʳ consul, — 1723 Joseph Dayrie, Jeanon Claverie, Petit Jean Labordère, Jean Matha Carbon, — 1724 Jean Lobit, Bernard Dalleman, Fr. Lacroutz, Jean Matha; — 1725 Bernard Dujuge, Petit Jean Labordère, Joseph Lagardère, Guilhem Guichenu, — 1726 Bernard Dallemand, Jean Lacroutz, Guilhem Guichenu, Jean Claverie, — 1727 Pierre Claverie, Jean Couerbe, Jean Pascau, — 1728 Jean Lobit, Joseph Dulana, Pierre Garbay, Jean Laffargue, — 1729 Bernard du Jugo, Bernard Dalleman, — 1730 Bernard du Juge, Alex S Aubin, Joseph Caillebar, Jean Laffargue, — 1732 Pierre Planté, — 1734 Olivier Labadie, — 1735 Olivier Labadie, — 1736 Bernard du Juge, Miquelon S Aubin, Alexandre S Aubin, Guilhem Guichenu, — 1737. Jean Barres, Joseph Caillebar, Pierre Salles, Jean Laffargue, — 1738. Pierre Planté, — 1739. Alexandre Dayrie, — 1740. Bernard Dujuge, Bernard Claverie, Joseph S. Aubin, Michel Matha; — 1741. Bernard Dalleman, — 1742 J. M. S Aubin, — 1744 Dominique Verdier, Bernard Claverie, — 1747 Domin Verdier, Bernard Claverie, Jean Couerbe, Jean Laffarge, — 1748 Dom Verdier — 1749 J. M. S. Aubin, — 1750 Domin Verdier, Bernard Claverie, Jean Couerbe, Jean Laffargue, — 1752 Blain; — 1753. Joseph Sarragousse, Michel S. Aubin, Joseph Laffargue, — 1754 1755-1756. Olivier Labadie, Joseph Lacave, Jean Labordère, Guilhemon Guichenu, — 1757. Olivier Labadie, — 1759. Jérôme Labadie, Jean Lacave, Bern. S Aubin, Jean Laffargue, — 1765 Olivier Labadie, Joseph Claverie, Jean Matha; — 1771. Olivier Labadie, — 1773 Blain, 1ᵉʳ jurat, — 1774 Fr. Blain, Jean-Marie Dayrie, — 1775 J. M. Dayrie, Jean Garbay, Pierre Lacroutz; — 1783. Fr. Blain, 1ᵉʳ jurat, — 1789. Pierre Ducom, jurat en exercice.

d'annoncer au prône, le dimanche suivant, qu'on devait procéder, le 11 avril 1790, à la nomination d'un nouveau maire et d'un procureur-syndic. Mais le jour de l'élection venu, les électeurs protestent ne vouloir d'autre maire que Dayrie et d'autre procureur que Labadie (1). Dans une nouvelle assemblée, tenue à l'hôtel de ville le 2 mai 1790, le maire *par force*, Dayrie, propose à la foule de donner un successeur au procureur de la commune, à cause de l'incompatibilité de son emploi de receveur des contributions indirectes (foraine) avec sa charge de syndic.

L'assemblée devient alors tumultueuse. Un jeune homme, qui n'est point *citoyen actif*, paraît *cabaler* pour détourner les électeurs d'un nouveau vote. Lorsque le maire parvient à rétablir l'ordre, il propose de procéder au scrutin, mais la foule s'écoule brusquement et le magistrat reste seul dans la salle. Le *Registre des délibérations* (f° 33, r°) ne fournit aucun détail précis sur ce petit événement communal.

C'est seulement le 14 juillet 1790 qu'une nouvelle convocation des électeurs put amener un résultat favorable. Le maire fit comprendre aux citoyens réunis autour de lui que l'article xv de la proclamation du roi (18 décembre 1789) défendait d'admettre aux fonctions de procureur-syndic, un receveur des contributions indirectes. Sur cinquante-huit votants, cinquante se prononcèrent aussitôt dans le scrutin, en faveur de J. Benoît Claverie.

Département. — Pendant ce temps, la France féodale perdait son antique physionomie. Les anciennes divisions provinciales disparaissaient et le pays cessait d'être un corps monarchique composé de différents peuples. Il n'y eut plus de Guienne et de Gascogne. Notre province, comme toutes les autres, du reste, fut divisée en départements, c'est-à-dire en circonscriptions territoriales d'une étendue plus ou moins considérable, auxquelles on enleva les anciennes dénominations. On leur donna, en retour, des noms tirés, chez nous, de la rivière qui arrose la ville d'Auch (Gers), dans les *Landes*, des bruyères qui couvrent la majeure partie du pays, et, le long des montagnes, des pics pyrénéens. Pau devient le chef-lieu des *Basses-Pyrénées*, Tarbes celui des *Hautes-Pyrénées*.

Monguilhem et Toujouse appartinrent au département du Gers, tandis qu'*Eyres*, notre annexe, fit partie des *Landes*. Le voisinage de Mont-de-Marsan et l'éloignement d'Auch du Bas-Armagnac firent regretter à quelques

---

(1) *Regist. des délib.* (f° 29, r°) — *Archives de M. Verdier*.

paroisses de la limite du Gers, vers les Landes, de n'avoir pas été annexées au département, dont le chef-lieu, Mont-de-Marsan, les attirait à chaque instant pour leurs transactions. Monguilhem fut de ce nombre, on va le voir.

Le roi donna commission (3 mai 1790), au comte de Montaut et au baron de Cadignan de Catellan, de s'occuper sans délai de l'organisation « et établissement du département du Gers et des districts qui devaient dépendre de ce département, » conformément au vœu de l'Assemblée nationale (1).

Il fallait, pour cela, réunir les comices électoraux. M. de Montaut se mit en mesure de s'acquitter de son mandat. La liste des citoyens, fut dressée sur-le-champ, à Monguilhem. (*Registre des Délibér., f° 34*)

Cependant, ce n'est que le 16 mai 1790 que notre municipalité fut réunie et officiellement informée que MM. de Montaut et de Cadignan, en vertu des décrets de l'assemblée nationale du 16 janvier, du 16 et du 27 février 1790, avaient divisé le Gers en districts et en cantons, et que l'un de ces derniers, établi au Houga, avait Monguilhem dans sa circonscription.

Le but de l'Assemblée nationale n'est pas atteint pour nous, dit le maire, dans la réunion du 16 mai. Au lieu de rapprocher les citoyens du centre de l'administration, la nouvelle circonscription les en éloigne. Toutefois, ajoute-t-il, il y a un moyen de remédier à ce mal, c'est de détacher Monguilhem du Houga et de le faire entrer dans le canton de Villeneuve-de-Marsan, qui n'est pas plus éloigné, en l'incorporant au district de Mont-de-Marsan et aux Landes. De tout temps, poursuit-il, les relations de Monguilhem avec Mont-de-Marsan et Villeneuve furent très suivies. D'ailleurs, au point de vue de l'administration et de la justice, il est infiniment plus commode d'avoir à traiter avec le chef-lieu du département des Landes qu'avec Auch. La première ville est à nos portes, la seconde en est éloignée de plus de douze lieues (2). En conséquence, il demande la réunion de Monguilhem et des communes voisines aux Landes.

On émit des vœux plus ardents encore dans la réunion du conseil général de la commune, le 12 septembre 1790 (3), lorsqu'on apprit que le chef-lieu de la justice du district de Nogaro était fixé à Plaisance-du-Gers, aux ex-

---

(1) Archives de M. Verdier — Regist des delibé (f° 34)
(2) Archives de M. Verdier — Reg des délibé, f° 35, r°.
(3) Ibid (f° 46)

trémités du département. Une semblable organisation, loin d'être utile au pays, dit-on, lui devient très préjudiciable. On a prétendu rapprocher la justice des justiciables, et on s'évertue à l'éloigner le plus possible! Les plaideurs de Monguilhem devront parcourir de très mauvais chemins sur un rayon de seize lieues de France pour aboutir au tribunal de Plaisance. C'est un abus, s'écrie-t-on, il faut protester. Il fut donc décidé qu'on insisterait encore auprès de l'Assemblée nationale pour que Monguilhem fût rattaché au département des Landes.

Guerre civile. — Remontons à la première délibération du mois de mai 1790. L'organisation départementale n'étant pas encore définitivement arrêtée, M. de Montaut informa la municipalité de Monguilhem que l'Assemblée primaire (1) du Houga devait se tenir le 14 mai 1790, à huit heures du matin. La lettre de convocation parvint à Monguilhem, le 13 mai, seulement. Les officiers municipaux étaient chargés de prévenir les habitants de se rendre au scrutin afin de procéder à la nomination des électeurs et on demandait au curé de la paroisse de lire cette convocation au prône de la messe.

Il fut impossible d'avertir les citoyens en temps utile à Monguilhem. D'autres paroisses se trouvèrent dans le même cas, par suite du débordement des rivières. De sorte qu'il manqua la moitié des électeurs à l'assemblée primaire. Un orateur de Monguilhem (2) proposa alors à l'assemblée primaire de s'ajourner à une autre date. Son avis fut combattu avec passion, mais force fut de se rendre à la majorité des voix. On décida de fixer la nouvelle réunion au mardi, 18 mai 1790.

Les maires des diverses municipalités présents à l'assemblée devaient signer la lettre adressée aux commissaires du roi, MM. de Montaut et de Cadignan, pour les informer de ce retard. Ceux-ci ne virent qu'un prétexte dans les motifs invoqués dans la lettre et ils fixèrent l'assemblée au 17 mai.

Par leur ordre, des émissaires, expédiés de toutes parts, annoncèrent aux municipalités que la convocation des

---

(1) L'assemblée primaire, en vertu de la Constitution de 1791, formait le premier degré du système électoral Les citoyens qui composaient ces assemblées étaient appelés à choisir des électeurs chargés à leur tour de nommer les membres du Corps législatif, les juges et les administrateurs de district et de département (V La Chatre, t. II, p 930)

(2) Nous empruntons tous les détails de ce récit aux archives de M. Verdier, où l'on trouve d'intéressants mémoires sur ce sujet Il nous a été impossible de découvrir un mémoire contradictoire qui fut peut-être écrit par les autorités du Houga Il le faudrait pour juger impartialement le fait que nous rapportons,

électeurs était fixée au Houga, pour le lundi 17 mai, à 8 heures du matin.

Au lieu de trois cents votants qu'on avait comptés le 13, il y en eut 600 au scrutin le 17 mai !

Mais ce retard déroutait les prévisions d'une certaine coterie et faisait tomber l'espoir de voir réussir une *cabale*. Tout fut mis en usage, paraît-il, par quelques citoyens du Houga, afin d'ourdir un complot contre les électeurs de Monguilhem, qui avaient forcé au respect de la loi par l'ajournement de l'assemblée. Un comité décida d'empêcher nos orateurs de parler, s'ils essayaient de se faire entendre à la seconde réunion. Pour mieux réussir dans leur dessein, les membres de la coterie publièrent de toutes parts que Monguilhem et Toujouse travaillaient à se détacher du canton du Houga pour se faire annexer aux Landes.

Les esprits s'échauffèrent. On fut sur le point de se battre.

Au jour marqué, les électeurs de Monguilhem se présentèrent à l'assemblée. A peine arrivés, ils entrent dans la salle et le fauteuil de la présidence est offert à Alexandre Dayrie, maire de Monguilhem, comme doyen d'âge. L'appel nominal des municipalités du futur canton du Houga se fait ensuite et M. Deplaces, maire du Houga, donne lecture de l'*adresse aux cantons*. M. Lasies, avocat, lit à son tour l'*adresse au peuple français*, par l'auteur de l'*adresse au peuple breton*. Puis, il prononce un discours patois dans le but d'exposer l'objet de l'assemblée. Que les électeurs se défient des manœuvres déjà employées pour égarer les votes, dit-il. Il s'agit de se donner des administrateurs nouveaux pour remplacer ceux de l'ancien régime. Mais qu'étaient ces administrateurs, que devaient-ils être? Le public ne le voyait pas.

Un citoyen de Monguilhem eut la pensée de s'expliquer très clairement à ce sujet. Il demanda donc la parole et l'obtint. En homme habile, il commença par rendre hommage aux *adresses* qu'on venait d'entendre et fit l'éloge du discours du citoyen Lasies. Toutefois, ajoute-t-il, le peuple qui doit se prononcer sur le choix des électeurs appelés à nommer les administrateurs, a besoin de plus amples explications sur son mandat. Il se propose de les fournir à la tribune. Or, le meilleur moyen d'instruire sûrement la foule sur sa mission, consiste à lui lire d'abord en patois la troisième section du décret sur les assemblées primaires et administratives.

Aussitôt, une bande de citoyen du Houga élèvent la

voix et veulent l'empêcher de parler. — « Vous usurpez sur les droits du président qui n'est pas encore nommé, lui crie-t-on. C'est à lui qu'il appartiendra de faire les commentaires convenables sur la portée de l'élection ! » — « Que l'orateur de Monguilhem garde la parole, s'écrient les représentants des autres municipalités ! Lisez ! parlez ! » dit-on de toutes parts.

Ce fut le signal du trouble. On était sur le point d'en venir aux mains, lorsque le silence se rétablit pour un moment. L'orateur de Monguilhem en profita pour réclamer « en sa faveur les droits de l'homme décrétés par l'assemblée nationale. » Puis il continua à développer sa thèse. Mais aussitôt le tumulte fut à son comble dans l'assemblée divisée en deux camps bien tranchés. — « Je demande qu'on mette aux voix, si je dois continuer de parler, dit l'orateur. » — L'épreuve est refusée, on lui répond par des vociférations. S'il persiste à vouloir occuper la tribune, on emploiera des moyens efficaces pour l'en chasser, lui crie-t-on.

Devant ces menaces, l'orateur descend, car il veut, dit-il, éviter l'effusion du sang.

On procède ensuite au choix des scrutateurs d'âge, qui sont : MM. Lacomme, archiprêtre du Houga, le curé de Lau, M. Deplace, maire du Houga.

— « A la porte les curés ! hurlent aussitôt quelques électeurs du Houga, nous n'en voulons pas pour scrutateurs (1). » Et les prêtres durent quitter la salle, au mépris des décrets de l'assemblée nationale. L'heure de dîner était arrivée. On leva la séance.

Pendant ce temps de répit, une lettre anonyme informe l'orateur de Monguilhem que des agents ont parcouru la campagne dans le but d'obtenir les suffrages de certains électeurs.

L'auteur de la dépêche demande la révélation de ces manœuvres en pleine assemblée. Le citoyen Rivedieu, du Houga, dit-il, est décidé à fournir des renseignements à ce sujet, s'il y est invité.

Le rappel se fit bientôt entendre dans la rue et les électeurs rentrèrent en séance. S'avançant vers le président d'âge, l'orateur de Monguilhem lui remet la lettre qu'il a reçue. Il lui demande, ensuite, de la lire. — « Que Rivedieu fasse des révélations, » crie la foule. Rivedieu prend

---

(1) Jusqu'ici, les prêtres ont figuré dans les diverses assemblées, on l'a déjà vu à l'époque de la création de la mairie à Monguilhem. Mais la Révolution fait des progrès rapides dans les voies de l'intolérance religieuse. Encore quelque temps, et nous verrons le clergé proscrit et mis à mort.

la parole, en effet, et finit en déclarant que Dupont, citoyen du Houga, peut lui-même fournir des explications sur le même sujet.

Dupont, interpellé, déclare ne rien savoir. Au même moment un citoyen du Houga court vers un électeur de Monguilhem auquel il conteste le titre de *citoyen actif* (1).
— « Il est citoyen actif ! » répondent ses compagnons avec ensemble. Le meilleur moyen de le savoir, du reste, consiste, ajoutent-ils, à faire la vérification des rôles des diverses municipalités présentes.

Ce n'est pas ce que réclamaient les électeurs du Houga. Ils voulaient faire voter tous leurs concitoyens et prétendaient pratiquer un triage pour les autres : ils se proposaient, notamment, d'empêcher un habitant de Monguilhem de déposer son bulletin. Une telle prétention fut énergiquement repoussée par les concitoyens de ce dernier et les électeurs des communes voisines.

L'assemblée ne tarda pas à se diviser en deux camps prêts à se livrer bataille. On ne voyait qu'armes et bâtons en l'air, tout d'abord, mais ensuite, ce fut une grêle de coups de part et d'autre. La salle n'était plus qu'un théâtre de combat acharné.

La paix ! criaient les électeurs de Monguilhem, *la paix !* Les gens du Houga s'acharnaient, au contraire, contre leurs adversaires. « Le procès-verbal de la séance devra faire mention de toutes ces violences, » dit l'orateur de Monguilhem, et il quitte la salle. La foule le suit de près, afin d'éviter un plus grand carnage. Mais le tocsin se fait bientôt entendre. Les gens du Houga appellent leurs compatriotes aux armes et ceux-ci courent à leurs fusils pour se jeter sur les rangs des nôtres dont plusieurs seraient tombés victimes de cette infâme agression, si des électeurs des municipalités voisines ne fussent rapidement intervenus.

Sans se déconcerter, nos compatriotes réclament leur maire. Ils ne veulent pas le laisser aux mains de l'ennemi qui cherche à le retenir par la force. Néanmoins, le calme reparut et l'on put procéder à l'appel nominal des électeurs. Mais ceux de Monguilhem se tenaient hors de la salle déclarant qu'ils ne reparaîtraient pas dans un coupe-gorge où leurs jours s'étaient vus en danger. — « Nous ne

---

(1) On appelait *citoyen actif* celui qui jouissait des droits politiques. *Citoyen actif* s'est dit particulièrement à l'époque de la Révolution française de 1789 de ceux qui réunissaient toutes les conditions exigées pour avoir droit de suffrage dans les *assemblées primaires*.

voterons pas, vocifère-t-on sur d'autres points, si Monguilhem ne prend pas part au vote. »

On vient encore solliciter nos gens de marcher au scrutin : tous refusent, jusqu'à ce que l'un des orateurs de la journée faisant appel aux bons sentiments de ses compatriotes, les décide à aller voter, en entrant le premier dans la salle du scrutin. L'assemblée se trouva de la sorte reconstituée. On procéda à l'appel et chacun apporta son bulletin pour la nomination du président et du secrétaire.

Cependant, le jour touchait à son déclin. On leva donc la séance et le dépouillement du scrutin fut renvoyé au lendemain. Chacun songeait à regagner ses foyers. Les électeurs de Monguilhem, après s'être réunis sur la place publique, se dirigèrent vers le chemin qui les ramenait dans leur ville. Mais à peine furent-ils engagés dans un étroit sentier conduisant à Monguilhem, ils se trouvèrent en butte à de nouvelles vexations. Les citoyens du Houga, s'étant munis d'un taureau se précipitèrent sur leurs pas et lancèrent sur les voyageurs l'animal furieux qui se jeta, tête baissée, sur leurs rangs. Le courage de nos concitoyens suffit à réduire la bête à l'impuissance.

Cette nouvelle violence mit le comble à l'indignation des habitants de Monguilhem. Ils résolurent de ne plus reparaître à l'assemblée du Houga, et ils tinrent parole.

Leur détermination n'eut d'autre effet que d'accroître la fureur de leurs voisins. On allait voir reparaître les temps malheureux du moyen-âge, où des localités rivales avaient recours aux armes afin de vider leurs différends. Mais pour commencer les hostilités, il fallait un prétexte. Les habitants du Houga le trouvèrent sans peine.

Leur course aux taureaux était proche. A cette époque, il n'existait pas, comme de nos jours, des troupeaux organisés pour les fêtes patronales de l'Armagnac. A l'avance, on faisait courir l'œil sur les animaux de la contrée aptes à ce genre d'exercice et l'on choisissait les meilleurs sujets pour *la course*. Or, Madame Verdier, de Monguilhem, possédait un excellent taureau de course dans sa métairie de *Piron*, à Toujouse. Les habitants du Houga l'achetèrent au régisseur, mais le marché ne devait être définitif qu'après avoir consulté Madame Verdier. Celle-ci refusa de ratifier la vente. Il n'en fallut pas davantage pour soulever une violente tempête dans le Houga et pousser ses habitants à des mesures excessives contre les habitants de Monguilhem. Malheur à ces derniers, dit-on, s'ils osaient franchir les limites du Houga ! On devait les assommer sans autre forme de procès.

Dayries cadet, marchand d'étoffes à Monguilhem, faillit en faire l'expérience. Cet industriel avait établi au Houga une succursale pour ses marchandises. Son magasin fut assailli à diverses reprises par la foule furieuse qui voulait mettre ses produits en lambeaux. Quelques citoyens plus paisibles parvinrent, cependant, à calmer l'effervescence de la multitude qui allait sans cesse grandissant, mais le négociant, dont nous avons la correspondance, n'en tremblait pas moins pour son commerce et n'osait plus se montrer au Houga (1).

Pendant ce temps, Madame Verdier recevait un billet menaçant qui annonçait une collision imminente entre les deux villes voisines. Il portait la date du 22 juin et la signature de Madame Bouillon d'Estalens, du Houga.

Madame d'Estalens se croit obligée d'avertir sa correspondante que « certains jeunes gens de sa ville, très mécontents du refus de son taureau, après la déclaration de M. Beth (2), son représentant, veulent à tout prix l'avoir à leur disposition. Les propos du peuple lui font redouter des déterminations très graves. Si Madame Verdier pouvait trouver un biais pour laisser prendre le taureau, sans avoir l'air de le livrer !... »

Madame Verdier ne voulut pas se rendre aux menaces dont l'écho lui arrivait par la lettre de son amie, mais elle fut vivement émue de la forme brutale d'une communication adressée deux jours plus tard à M. Beth. En voici les termes : « Outrés des mauvais procédés de Madame Verdier et des vôtres, nous vous sommons, Monsieur, à nous remettre dans 24 heures le bœuf que nous réclamons avec justice, sans quoi les moissons et les granges de Madame Verdier seront incendiées sur-le-champ et vos jours répondront du succès des avertissements que nous vous donnons.

» C'est tout ce que nous avons à vous dire, et c'est à

---

(1) Le frère de Dayrie écrivait, le 28 juin 1790, a M Taret, officier municipal, une longue lettre dont nous extrayons ce passage « En qualité d'ami, faites moi la grace de me dire si dans la fermentation qui règne au Houga, je dois rien craindre pour les menaces qui sont faites a mon frère et aux marchandises qu'il a emmagasinées dans notre ville Chaque jour, a chaque moment, on nous assure que la boutique va être enfoncée publiquement et les marchandises mises en lambeaux Et chaque jour aussi on nous assure que mon frère ne se présentera pas pour retirer ses draperies, sans qu'on attente a sa vie ou qu'on lui casse les bras, dit on Pourrions nous être rendus responsables d'un marché de taureau ? » (Archives de M Verdier)

(2) M Beth, domicilié de Toujouse et chirurgien, fut informé par un de ses amis du Houga, le 25 juin, qu'il se trouvait gravement compromis dans l'affaire du taureau. On le pressait de faire consentir Madame Verdier a la vente, afin d'éviter un conflit prêt a éclater Laffitte, de Toujouse, impliqué dans l'aventure avec Massiac, fut aussi averti, le 24, par le même correspondant qui l'engageait aussi a faire ratifier le marché (Archives de M Verdier.)

vous de vous conduire selon que la prudence vous le suggèrera.

» Signé : Les Citoyens du Houga.

» *Au Houga, le 24 juin 1790.* »

M. Beth était beau-frère de Madame Benquet de Verdier, disent les archives de M. Verdier. Vite, il communiqua à sa parente le billet qu'il recevait. Madame Verdier s'empressa de signaler ces menaces (24 juin) au maire du Houga, ainsi qu'aux électeurs de l'assemblée électorale du Gers dont elle réclamait le secours le plus prompt. Elle protestait, d'ailleurs, qu'elle n'avait nullement consenti à la vente conditionnelle du taureau en litige, qu'elle réservait pour ses fermes.

Ceci se passait le jour de la fête du Bourdalat, paroisse limitrophe de Monguilhem et du Houga. Quelques mauvais esprits du Houga prétendirent avoir reçu, au Bourdalat, des mauvais traitements de la part des habitants de Monguilhem. Les officiers municipaux du Bourdalat déclarèrent ces derniers absolument innocents des méfaits reprochés. L'auteur véritable était un jeune citoyen de Lusson.

Cette loyale affirmation ne put calmer le courroux de la foule mutinée du Houga, qui jura une guerre à mort aux habitants de Monguilhem. Nous sommes à la veille d'une sanglante bataille, à en juger par les dossiers conservés chez M. Verdier.

Néanmoins, avant d'en venir aux mains, le *lieutenant-colonel de la milice garde nationale et troupe volontaire* de Monguilhem, le citoyen Joseph Dayrie, assemble ses soldats, le 30 juin 1790, et leur demande de tenter un dernier effort pour éviter, s'il est possible, l'effusion du sang qui se prépare.

« Messieurs. dit-il aux miliciens rangés autour de lui, on menace de violer les décrets de l'auguste assemblée nationale (1). Cependant, en y donnant notre adhésion, nous avons juré de verser jusqu'à la dernière goutte de notre sang pour en maintenir l'exécution. Des forces supérieures se présentent, les ennemis sont à nos portes. Déjà, nous assure-t-on, un détachement de vingt hommes s'est présenté sur les possessions d'un de nos concitoyens dont les moissons, les maisons et les granges sont menacées d'incendie.

» La vie de plusieurs de nos voisins est compromise.

---

(1) Allusion à l'élection des électeurs de l'assemblée électorale du Gers, à laquelle les habitants de Monguilhem refusaient de prendre part, après les scènes du Houga

Ils n'ont aucun secours. La terreur s'est emparée de leur âme et l'un d'entre eux, M. Beth, chirurgien à Toujouse, seul et unique médecin de la contrée, se trouve retenu dans notre ville et est empêché de donner ses soins aux malades. Le commerce est arrêté dans sa marche. Nos têtes sont vouées au massacre, nos vies sont menacées, la guerre nous est déclarée.

» C'est à cause du danger commun qui nous mecace, que je vous ai assemblés. Il faut agir avec prudence et sagesse et imiter la conduite pleine de modération de nos augustes représentants. Notre conduite ne sera point blâmée. Préparons-nous à une courageuse défensive et prononçons des peines contre celui d'entre nous qui voudrait devenir agresseur ou donnerait lieu à ces forcenés ennemis d'accomplir leurs menaces.

» Mais en même temps, Messieurs, cherchons à appeler des forces étrangères et à demander la punition des coupables. Justifions notre innocence, montrons que nous sommes victimes de la calomnie, apprenons au public que nous ne sommes point coupables et promettons de ne jamais nous trouver liés avec ceux qui nous menacent. Le temps presse, les circonstances sont favorables, remettons nos différends à l'appréciation de la fédération générale de nos frères d'armes du Gers, présentons nos plaintes en forme d'adresse et réclamons justice. »

On rédigea, en effet, une adresse aux *Electeurs de l'assemblée électorale du Gers*. Le texte est conservé dans les archives de M. Verdier.

Après avoir sommairement rappelé les faits qui précédèrent les lugubres événements auxquels fait allusion Dayrie, les signataires déclarent ne réclamer que la sûreté des personnes et la tranquillité des citoyens.

« Le maire du Houga est parmi vous, Messieurs, poursuit le document, il était à la bagarre lorsqu'on s'est vu obligé de recourir à sa protection, et sa famille n'a pas voulu recevoir la lettre de protestation des électeurs de Monguilhem. La garde nationale a empêché elle-même la remise des dépêches relatives à cette lamentable affaire. Vous allez établir un tribunal pour le bon ordre public, en laissant à ce tribunal le soin de venger notre plainte. Apprenons à M. le maire du Houga qu'il doit sûreté et protection, que la milice ou garde nationale lui est soumise et qu'il doit veiller à sa discipline pour le bon ordre. S'il ne peut la contenir lui-même, il doit appeler du secours pour que les étrangers ne soient point en danger parmi eux et pour que la liberté soit rendue au commerce (1). »

L'adresse demande aux électeurs, en terminant, « d'interposer leur autorité pour arrêter les projets horribles médités et empêcher l'insurrection dont on est menacé (2). »

Les archives de M. Verdier sont muettes sur la suite de la requête qui dut être favorablement accueillie, car nous ne trouvons plus trace de la moindre collision entre Monguilhem et Le Houga définitivement réconciliés. Ces deux villes sont maintenant aussi amies qu'elles furent un instant ennemies.

Les réclamations de nos concitoyens touchant leur annexion au département des Landes furent, en tout cas, repoussées par le pouvoir. Monguilhem et Toujouse firent définitivement partie du GERS divisé en six *districts* (3) et en cinquante et un cantons. Nos communes furent d'abord comprises dans le canton du Houga (4) et dans le

(1) Archives de M. Verdier.
(2) La garde nationale, que nous venons de voir haranguée par Dayrie, était chargée de protéger l'ordre dans la cité. Elle n'était que la suite de l'ancienne milice bourgeoise A elle revenait le soin de la police aux jours des grandes assemblées. Rappelons à ce sujet un petit exploit de notre armée municipale.
Le 19 novembre 1790, c'était jour de foire a Monguilhem La garde nationale fut sous les armes toute la journée et maintint l'ordre au milieu de la foule Mais le soir, après la dernière patrouille, on vint précipitamment la requérir pour disperser un groupe suspect de onze a douze personnes, disait-on
En soldats intrépides, nos gardes sautent aux armes et courent au pas de course vers les mutins qu'ils assaillent brusquement Le désordre est bientôt a son comble Les coups pleuvent de toutes parts Les prétendus suspects sont frappés par la garde et la garde voit les armes de ses hommes voler en éclats de tous côtés, sous la main des soi-disant rebelles qu'une telle impétuosité a poussés a une résistance désespérée
Force reste a la loi, néanmoins. Les récalcitrants sont jetés en prison
Dès le lendemain, Jean Claverie, procureur de la commune, assemble le conseil général pour prononcer sur l'événement de la veille « Messieurs, leur dit il gravement, le bonheur de la société gît dans la tranquillité publique Les decrets de l'assemblée nationale nous prescrivent de veiller au bon ordre et de réprimer les perturbateurs du repos public » Il raconte ensuite les incidents de la lutte nocturne, vante le courage des soldats et flétrit la résistance des rebelles dont il demande le châtiment.
On procède a l'interrogatoire des prisonniers. O surprise ! D'une voix unanime, ils répondent qu'en se réunissant ils n'avaient aucune intention hostile. Ils voulaient simplement se retirer ensemble au Bourdalat d'où ils étaient venus à la foire ! « Le crime n'est jamais avoué par les coupables, dit magistralement le procureur, l'attroupement est toujours répréhensible, » et il requiert trois jours de prison pour les délinquants On délibère et l'on se borne a infliger une amende de 10 livres a ceux qui ont insulté et désarmé la garde ! (Archives de M. Verdier. — Registre consulaire, fo 49, ro)
La garde nationale fut sérieusement réorganisée a Monguilhem par délibération du 29 juillet 1792 On procéda alors a la nomination des officiers. (Regist consul, fo 72, ro.) — Le 9 septembre 1793, la municipalité dressa la liste des bons citoyens qu'on pouvait armer. Le citoyen Laffitte, agent du district de Nogaro, leur fit distribuer des piques qu'on devait rapporter à la première réquisition (Reg. cons, fo 91, vo)
(3) Auch, Condom, Lectoure, Lombez, Mirande et *Nogaro*.
(4) Le canton du Houga, créé par décret de la Convention, fut conservé par la *Constitution* de l'an III (1794) Mais la Constitution de l'an VIII le supprima Il comprenait 19 municipalités en 1791 1o *Cantiran*, — 2o *Daunian*, — 3o *Guillas*

district de Nogaro. Mais les premières divisions du *Gers* ayant été modifiées pour la troisième fois en l'an XIII (1800), Monguilhem et Toujouse firent partie du canton de Nogaro (1) et de l'arrondissement de Condom.

Nous n'avons pas à raconter ici les manœuvres des jacobins de Paris, dont le contre-coup se faisait ressentir jusqu'au fond de la province, en 1791, pas plus que nous ne devons entrer dans les détails des élections de l'*Assemblée législative* qui, s'érigeant elle même en tribunal, jugea criminellement le roi Louis XVI et se couvrit de honte en le faisant monter sur l'échafaud, le 21 janvier 1793. Il nous suffit de rappeler cette date qui marque le commencement de la *Terreur* en France, en général, et à Monguilhem, en particulier.

Duboucher. — La Terreur à Monguilhem. — Ecoutons, avant de commencer notre récit, le langage d'Alexandre Dayrie, de Monguilhem, dans le rapport qu'il adressa, le 11 nivose an VI, au ministre de la police générale, à Paris : « Dès le moment de l'élection de Duboucher, Monguilhem, paisible, suivant les lois avec la dernière exactitude et se livrant au mouvement du plus pur patriotisme, commença à éprouver tout ce que les tracasseries et vexations ont d'odieux : les citoyens en fuite, obligés de quitter leur domicile, de vivre et se cacher dans les bois. La classe de ces citoyens les plus nécessiteux, celle qui ne subsiste que par son travail, écrouée dans les maisons d'arrêt et devant les tribunaux criminels par les ordres de Duboucher, la consternation et la terreur générale répandue dans cette commune, tel fut le résultat des premières opérations du nouveau maire. résultat qui fut continué jusqu'au 19 prairial an II. » (Archives de M. Verdier.) (2)

Le personnage dénoncé dans ce rapport était un homme peu recommandable, à en juger par les volumineux dossiers qui s'occupent de lui dans les archives de M. Verdier. Il fut élu maire de Monguilhem le 30 décembre 1792,

---

(Toujouse), — 4° *Le Houga;* — 5° *La Terrade;* — 6° *Demau,* — 7° *Laur,* — 8° *Luppé;* — 9° *Maignan;* — 10° *Monlezun,* — 11° *Monguilhem;* — 12° *Mormes,* — 13° *Perchède,* — 14° *Rivière,* — 15° *Rongousse,* — 16° *S. Aubin,* — 17° *Toujun;* — 18° *Violles,* 19° *Lauzuzan.* — Le canton fut plusieurs fois modifié

(1) Il fut question, en 1852, d'ériger Estang en canton et d'y annexer Monguilhem Notre municipalité, consultée par le préfet du Gers (27 juillet 1852), émit un vœu favorable à ce projet qui n'aboutit pas Il en a été de même dans ces derniers temps, lorsqu'on a proposé l'érection d'Estang en canton, sans préjudice de celui de Cazaubon

(2) Les faits articulés par Dayrie sont vrais Néanmoins, son rapport, inspiré en partie par l'esprit de vengeance, porte un cachet manifeste de partialité. Nous verrons bientôt que Dayrie et Duboucher se firent une guerre acharnée pendant la Terreur. Tous les deux donnèrent dans le mouvement

malgré *sa qualité d'étranger* et bien qu'il fût simple fermier des terres et domaines du duc de Béthune Charost (1) dans notre commune et à Toujouse.

Maire de Monguilhem et souvent secrétaire, tout à la fois, Duboucher, qui écrit de sa main la plupart des procès-verbaux des séances tenues sous son administration, nous fournit assez d'éléments, malgré sa manifeste réserve, pour juger de la situation de notre ville à l'époque douloureuse que nous allons traverser.

Duboucher indisposa de bonne heure l'opinion contre lui par ses allures de proconsul et ses criantes injustices. La commune de Monguilhem payait, en 1790, 1169 livres 19 sous 10 deniers de *tailles* et 478 livres 6 sous 2 deniers de *vingtièmes* (total, 1649 livres 6 sous 2 deniers d'impôts). Or, les biens nobles ayant été assujettis à cette époque à l'impôt commun, ceux des Béthune-Charost et des Campistron, héritiers des Poyanne, à Monguilhem, durent être cotisés comme ceux des autres citoyens. En 1791, les *contributions, tailles et vingtièmes* furent cumulés. Il arriva que le district de Nogaro, ne prenant pas garde à l'article 56, ajouté aux rôles de Monguilhem et par lequel les régisseurs des Béthune-Charost et des Campistron payaient en commun, par suite d'un arrangement fait entre eux, une somme de 1101 livres de *vingtièmes* pour les biens de Toujouse, Monguilhem et Ayzieux, il arriva, disons-nous, que le district de Nogaro porta le chiffre des contributions de Monguilhem à la somme de 2750 livres, 7 sous 3 deniers, tandis qu'elles ne s'élevaient, en réalité, qu'à 1649 livres 6 sous 2 deniers.

La commune protesta contre le mandement de la taille de 1791. Après l'élection de Duboucher à la mairie, le district, au lieu d'envoyer le *mandement pour la répartition de l'impôt* à Monguilhem, fit parvenir à nos édiles *le rôle fait et arrangé*, par lequel on faisait peser sur tous les propriétaires de la commune la part due par les Béthune-Charost et Campistron ou, pour mieux dire, par Duboucher lui-même, fermier de leurs domaines, qui, de fait, était seul dégrevé par cette injuste répartition de 1100 livres « ôtées des poches des contribuables (2). »

(1) M. de Béthune Charost passa un bail de ses domaines de Monguilher et de Toujouse avec Claude Duboucher, pour une période de 9 ans, le 22 février 1788, moyennant la somme de 16,480 livres *(Archives départ. du Gers. — Archives de M. le comte de Maquillé, à Harbaud,* Landes.) Après lui, l'administration des biens de la famille de Béthune Charost passa à MM. Mauriet et S. Marc (V. *Archives de M. le comte de Maquillé, à Harbaud.*)

(2) V. le *Registre des délibérations* de la commune de Monguilhem, p 46, à la mairie — L'affaire des impôts donna lieu à des négociations avec toutes les

De tels procédés et d'autres du même genre ne pouvaient qu'aigrir davantage les esprits de la foule irritée contre le tyranneau. Nous voyons Duboucher, ceint de l'écharpe nationale de maire, au sein du conseil général de la commune assemblé par son ordre, le 6 nivose an II. Là, il fait un tableau saisissant des désordres occasionnés par un citoyen qu'il a dû frapper pour avoir violé la loi, dit-il, et qui le menace, après s'être associé deux autres malfaiteurs qu'il nomme (1). Ces trois scélérats doivent l'attendre sur le chemin de *Coutelet*, lieu de sa résidence, et l'assassiner. Il est d'autant plus fondé à redouter ces menaces, que le chef du complot, Bernard Mazau, en a exécuté de semblables, il y a quinze jours environ, sur la personne d'un malheureux citoyen de la commune de Toujouse que ce monstre et ses compagnons — ils étaient quatre — ont laissé pour mort sur le théâtre du crime.

Déjà, l'un des séides de l'assassin s'est présenté, armé, dans la maison de Duboucher, malade, à 10 heures du soir. Le maire n'avait que sa femme et sa mère pour le protéger et le défendre contre l'infâme agresseur. Un autre bandit, son complice, poursuit l'orateur, s'est vanté de *fusiller Duboucher partout où il le rencontrerait.*

Le maire est décidé à se défendre. Il montre deux pistolets à l'assemblée et déclare vouloir s'en servir contre quiconque attentera à ses jours. Néanmoins, au nom de l'ordre, il se place sous la sauvegarde du conseil et de la commune.

Puis, il propose de procéder à la formation du *comité de surveillance* qui était l'objet de la réunion (2).

Soudain, la salle des délibérations se voit envahie par Guillaume Ducom et Bertrand Labarbe, tenant, chacun, un énorme bâton à la main.

S'adressant à Duboucher, Ducom lui crie : « Pourquoi vous avisez-vous de porter des pistolets. Sans doute pour m'assassiner ? Vous êtes un voleur, et le juge de paix du Houga devant lequel vous m'avez cité, ne vaut pas plus que vous et n'est que votre compère ! » — « Au nom de la loi, dit le maire, faites sortir cet homme. » Mais Ducom poursuit sa harangue peu parlementaire et déclare ne vouloir ni sortir ni se taire.

A cet instant, Bertrand Labarbe se lève brusquement

---

administrations du département pendant plusieurs années Il serait fastidieux de retracer les phases de ce procès
(1) *Archives de M. Verdier.* — Registre consulaire (fo 72 à 74).
(2) Le comité de surveillance ne constitua son bureau que le 16 nivose an II. (*Regist. consul.*, fo 96)

et parle à Duboucher en ces termes : « F.....! vous ne portez des pistolets que pour m'assassiner peut-être moi-même le premier ? Vous représentez ici un émigré, vous êtes suspect; vous avez fait passer du grain aux émigrés, mais on recherche les preuves de ce fait épouvantable... »

Une vive émotion règne dans l'assemblée. On va assister à une scène sanglante!... « Sortez! » dit le maire au brutal, et celui-ci répond : « Je sortirai quand il me plaira. » L'agitation allait grandissant, lorsqu'un troisième agresseur, Ferrand, tisserand, se précipite dans la salle et s'écrie en interpellant Duboucher : « Votre intention, en portant des armes, ne peut être que d'assassiner quelqu'un. Vous êtes suspect!... » Il parlait encore quand Mazau, hors de lui-même, vint faire entendre à son tour des menaces. Le désordre fut alors à son comble, il fallut se séparer. « Si l'on ne s'égorgea pas dans cette séance, dit le procès-verbal, on ne le dut qu'à la courageuse attitude de la municipalité et à sa rare prudence (1). »

Nous venons d'entendre les ennemis de Duboucher lui jeter à la face l'insulte de : SUSPECT! Il le fut peu, pensons-nous, mais d'autres, à Monguilhem, devinrent victimes de la fameuse loi des *Suspects*, à laquelle put échapper, cependant, par la faveur de Duboucher, l'une des familles les plus honorables de la localité, la famille Verdier.

Le conseil général de la commune, assemblé à la mairie, le 12 mai 1793, entendit de la bouche de Barés, la lecture de l'arrêté (16 avril 1793) du département du Gers sur les *Suspects*. Ceux-ci devaient se trouver, *sous trois jours*, dans le chef-lieu, à Auch, pour être inscrits au nombre des détenus. Séance tenante, il fut décidé que le *citoyen Verdier, sa femme et leur servante*, partiraient immédiatement pour Auch. Dans le cas d'une hésitation, la force publique devait les y conduire (2). L'ordre ne reçut pas d'exécution, grâce à l'entremise de Duboucher qui n'eut pas le courage de laisser consommer une telle infamie.

---

(1) Monguilhem donna trop souvent, pendant la Révolution, l'exemple de semblables désordres. Les violences y devinrent fréquentes. Nous n'en citerons que quelques unes, d'après le *Registre des délibérations communales*, conservé chez M. Verdier (f°° 114 et 132).

Le 4 floréal an II, le conseil général de la commune reçoit les réclamations de Labordère, sergent de ville, et du citoyen Alexandre Labadie, officier de santé, qui se plaignent d'avoir été assaillis à coups de pierres et d'avoir eu leurs domiciles violés.

Jean Lamothe, potier de Castandet, est l'objet d'une tentative d'assassinat, entre le Bourdalit et Y Canne, sur le territoire de Monguilhem (1793).

(2) *Archives de M. Verdier.* — *Regist. consul*, f 88

Émigrés. — En retour, les lois de confiscation des biens des émigrés furent scrupuleusement observées. La famille de Béthune-Charost (1), légitimement représentée par un régisseur, n'eut pas à subir ces rigueurs, comme il sera dit ailleurs, mais il n'en fut pas de même pour noble Alexandre de Mun, qui possédait chez nous la métairie de *Pouy* (quartier de Lagouarde), et se trouvait co-seigneur de Monguilhem pour un quart, non plus que pour *MM. Dumoulin, Dabadie et Dayrenx, pères d'émigrés*, disent les registres communaux, et pour Roguade, d'Aire. Nos *terroristes* locaux mirent sous sequestre tous leurs biens par le concours de Garbay, fils cadet, du Houga, chargé de ce soin, en qualité de commissaire, par Lanusse, Tastet, Marcou-Latour, Lapart, administrateurs du district de Nogaro, et Daubons, agent national (11 fructidor an II. — *Regist. cons.*, f°s 131-132.)

Néanmoins, le 4 messidor an III, Anne Roguade, d'Aire, et son mari, *mère et père d'émigrés*, sollicitèrent et obtinrent de rentrer en jouissance provisoire de leurs biens indivis, en vertu de la loi du 13 ventôse. Dumoulin et Dayrens agirent de même, le 15 messidor an III, suivant. La municipalité de Monguilhem avait nommé des régisseurs pour ces domaines, par délibérations du *duodi* vendémiaire an III, principalement pour les terres de *Mahue, Marca* et *Hourset*. Les deux premières métairies se trouvent actuellement dans la commune de Toujouse.

Volontaires. — Pendant que nos villes et nos campagnes se livraient aux désordres les plus graves, tous les souverains de l'Europe, menacés par la propagande révolutionnaire, formaient une vaste coalition contre la France qui se vit menacée à la fois sur tous les points. La Convention puisa des ressources dans une énergie farouche et décréta la levée en masse.

Le 21 mars 1793, le Conseil général de Monguilhem s'assemble pour s'occuper du recrutement imposé par la *Nation en danger et voler au secours de la patrie*. On décida qu'un registre serait ouvert pour recevoir les inscriptions volontaires. Mais personne ne se présenta ce jour-là. Le dimanche suivant, 24 mars, on ne

---

(1) Le 15 décembre 1792, Joseph Baylin, d'Estang, et Fr. Labarthe, de Mauléon, avaient procédé, en vertu d'une commission du district de Nogaro, en date du 7 décembre 1792, à l'inventaire et sequestration de tous les meubles, effets et capitaux de M. de Béthune Charost, à Toujouse, et, la veille (14 déc.), ils s'étaient livrés à Monguilhem à une enquête semblable dans les métairies de *Coutelet*, résidence de Dubochet, de *Caraboche*, de *Charos* et de *Jouanillon*. Ce travail fut inutile et le sequestre ne put être maintenu, attendu que M. de Béthune-Charost *n'émigra point*. (*Archives départ. du Gers.*)

montra pas plus d'empressement. Le conseil prit alors le parti de faire nommer dix *volontaires* (?!) qui iraient rejoindre l'armée, conformément au décret du 24 février 1793. Tout-à-coup, on voit accourir une série de jeunes hommes qui promettent par serment de servir comme *volontaires et de défendre la liberté, l'égalité, jusqu'à la dernière goutte de leur sang* (1). C'étaient : *Pierre Barés jeune, J.-B. Dussans, Jean Lacroix, Pierre Darraba, Jean Lacave, Jacques Dupui, Joseph et Jean Loron frères, Pierre Lamarquette* (2).

Quelques jours plus tard, 28 avril 1793, le Conseil ayant fait appel à de nouveaux dévouements pour la formation d'une compagnie de soixante hommes destinée à garder temporairement la ville d'Oloron, *Pierre Brun*, laboureur, se présenta comme volontaire.

Conseil permanent. — Misère. — Résistance au conseil. — Les événements se précipitaient alors; l'assemblée communale décida, le 7 prairial an II, qu'à partir de ce moment, le conseil général se tiendrait en *permanence*, tant que la patrie serait en danger (3). Dès le lendemain (8 prairial), le *conseil permanent*, « considérant qu'il importe essentiellement pour le salut de la patrie que nul individu que l'âge assujettit à prendre les armes contre les satellites des despotes coalisés contre la sainte liberté ne puisse échapper ni se soustraire à la loi qui les appelle à la défense d'une aussi belle cause, » délibère que tous les jeunes gens qui se trouvent encore dans la commune, et qui ont atteint l'âge de dix-huit ans, depuis le 23 août, seront appelés à la maison commune pour être requis en cas de besoin « ou être conduits au district, sous bonne et sûre garde, en cas de refus de leur part (4). » *(Registre consul., f° 119, v°.)*

La misère publique croissait proportionnellement aux efforts désespérés de la République, pour qui rien n'était sacré. Il est impossible de compter le nombre de réquisitions de tout ordre infligées à nos malheureuses populations, au nom du salut public. Les visites domiciliaires se succèdent sans interruption, les boutiquiers eux-mêmes

---
(1) *Archives de M. Verdier.* — *Regist. consul.* (f°⁰ 83 84).
(2) *Ibid.* (f° 88, r°)
(3) *Ibid.* (f° 119).
(4) Le *Conseil* se montrait impitoyable même pour les *volontaires*. Un jour, l'un d'eux, Pierre Barés, quitte l'armée et reparaît à Monguilhem. L'assemblée communale demande aussitôt à *agir révolutionnairement* contre le prétendu coupable Barés, sans se laisser troubler par tant de zèle, présente une permission en règle de ses chefs et déclare qu'il va rejoindre à Tarbes, le 5 fructidor an II, la compagnie de *hussards* dans laquelle on *le verse* (Mairie de Monguilhem, *Registre des délibér.*)

perdent leurs petites provisions de cuirs. Le 22 septembre 1793, bouchers, cordonniers et marchands sont obligés de céder toutes les peaux dont ils disposent pour l'*armée des Pyrénées*, (1), au nom de laquelle Delhoste, chirurgien au Houga, vient faire de nouvelles perquisitions, quelques semaines plus tard (2).

C'est pour la même armée que Bernard Doat, de Barcelonne, muni de pouvoirs réguliers, vient acheter, à Monguilhem, à Claude Duboucher (27 septembre 1793), cent quatre-vingts sacs de froment, au prix de *soixante-trois livres le sac !*

Ce prix des denrées les plus nécessaires était écrasant pour le peuple. La Convention nationale le comprit. Aussi, craignant de voir la multitude se tourner contre ses oppresseurs, elle publia la fameuse loi du *maximum*, en vertu de laquelle les marchandises ne pouvaient être vendues au-dessus d'un prix déterminé par la loi.

Afin de seconder les vues de la Convention dans leur petite sphère, les jacobins de Monguilhem se hâtent d'élever les salaires, *conformément à l'article 8 de la loi du 29 septembre 1793.* » C'est le seul moyen, disent-ils, de mettre un frein à la cupidité des riches et à la malveillance des ennemis de la patrie qui ne cherchent qu'à décourager les sans-culottes (3) et à faire tourner leurs bras contre cette même patrie qui veille avec tant de soins à leur bonheur. » *(Séance du 25 nivôse an II.)*

Le conseil général de la commune fixa la journée des manœuvres employés à la terre à *dix sous et deux chopines de vin*. Le salaire des domestiques et des autres ouvriers fut augmenté en proportion. Celui qui gagnait 60 livres, fut coté à 90 livr. La journée des autres ouvriers fut le double de celle de 1790. On porta la journée des femmes à quinze sous par jour et trois chopines de vin (4).

Les récriminations que nous venons d'entendre contre les riches ne sont pas les seules consignées dans les Registres communaux de Monguilhem. Le 30 pluviôse an II,

---

(1) Archives de M. Verdier *Regist des delib.*, fo 92)
(2) Ibid (fo 131) Monguilhem fit une souscription patriotique, le 9 janvier 1790 (Regist comm , fos 18 à 23), en vertu du décret de l'Assemblée nationale du mardi 6 octobre 1789 Les engagements des souscripteurs envers la nation du raient trois ans Lorsque ces contributions firent défaut, en 1793, on en vint aux réquisitions forcées — Nos registres parlent, à cette époque (fructidor an II), d'une distribution de secours faite, au nom de la Convention, aux parents des défenseurs *actuellement à la frontière (Mairie de Monguilhem)*
(3) On appela de ce nom les révolutionnaires exclusifs Cette expression est due à Maury qui, se voyant interrompu à l'Assemblée par les clameurs des femmes placées sur la tribune, cria de l'une tant *ces sans culottes* Le mot eut un plein succès et désigna désormais les républicains
(4) Archives de M. Verdier — *Regist des delib*, fo 93

par exemple, le citoyen Claverie, agent national, se plaint des menées des *aristocrates* qui menacent de rendre impossible le gouvernement de la commune. A l'entendre, « ce parti semblerait avoir pour objet l'avilissement des autorités constituées et la marche en arrière de la Révolution. »

Et ce qu'il y a de plus lamentable, à son avis, c'est que ce parti *aristocrate* paraît grossir chaque jour. Il n'en veut pour preuve, assure-t-il, que le mépris affecté des réactionnaires pour le lieu des séances et le temps des réunions. Plusieurs membres du conseil n'osent plus se présenter. Il est temps de mettre un frein à tant d'excès et de rechercher énergiquement les coupables.

Le scandale qui vient d'avoir lieu, ajoute-t-il, prouve l'étendue du mal. Le *Temple de la raison (l'église) a été profané* (1)! Tandis qu'on y célébrait les exercices de la *décade* (2), dont Duboucher, maire, présidait l'accomplissement, les partisans des *aristos* ont affecté d'interrompre le magistrat, au moment où il donnait lecture des lois et faisait des commentaires à la foule. Vainement, le sergent municipal a-t-il essayé, au nom du conseil, de rétablir l'ordre troublé. Les citoyens Vergoignan et Blain ont eux-mêmes échoué dans cette pénible tâche. Le rassemblement formé devant le *temple de la raison* allait toujours croissant. Impossible de rétablir le calme.

Du reste, ces scènes ne sont pas nouvelles, dit l'agent national. L'hôtel de ville n'est pas plus respecté que le *temple de la raison*. N'a-t-on pas vu naguère, s'écrie le magistrat indigné, des forcenés envahir la salle des délibérations pour réclamer des frais de transport de grains

---

(1) C'était l'église paroissiale, choisie pour les réunions des énergumènes de la localité.

(2) La Révolution française eut l'idée de faire dater une ère nouvelle du 22 septembre 1792, jour où fut proclamée la République, et elle voulut rattacher son calendrier au système décimal adopté pour toute sorte de mesures. Le commencement de l'année julienne ne s'accordant pas avec celui d'une saison, un hasard heureux avait réalisé, dit le *Dictionnaire universel* (t. I, p. 751) une première réforme en faisant coïncider l'équinoxe et le commencement de l'automne avec le premier jour de l'ère républicaine. Les mois romains sont d'une durée inégale, se dirent les réformateurs. Il leur parut préférable d'avoir des mois de trente jours, égaux entre eux, et cinq jours complémentaires, comme chez les anciens égyptiens.
Par décret de la *Convention nationale*, du 6 octobre 1793, il fut donc réglé que le mois se diviserait en trois périodes de dix jours, nommées *décades*. Les jours de la décade furent appelés : *primidi, duodi, tridi, quatridi, quintidi, sextidi, septidi, octidi, nonidi, décadi*, c'est-à-dire premier, second, troisième jour, etc.
Les mois furent appelés *vendémiaire, brumaire, frimaire, nivose, pluviose, ventose, germinal, floréal, prairial, messidor, thermidor, fructidor*.
Le calendrier républicain fut *officiellement* en vigueur de 1792 à 1805, époque de l'avènement de Bonaparte à l'Empire. Mais, de fait, l'usage du calendrier grégorien ne cessa jamais d'être généralement, même pendant cette période, suivi par les particuliers dans les relations ordinaires sociales. Les fanatiques républicains seuls usaient de la nomenclature révolutionnaire. Le repos du dimanche fut fixé à la *décade* et non plus au septième jour de la semaine.

destinés aux armées et dont la municipalité ne saurait répondre? Des menaces ont retenti contre le citoyen Duboucher revêtu des insignes de sa charge et devenu le point de mire des révoltés.

On avait, d'ailleurs, entendu déjà de pareilles réclamations. L'assemblée n'a pas oublié, poursuit l'orateur. que le 28 du même mois, les mutins, probablement soudoyés par l'aristocratie, ont envahi le local où se tenait la réunion de la *Société populaire* et ont réclamé à grands cris le paiement de charrois entrepris pour le compte de la nation. « Si les tyrans, dit le fougueux agent, veulent, par ces menées, amollir nos courages, ils se trompent. Montrons-nous dignes d'occuper notre poste en résistant à leurs efforts et en déjouant leurs complots perfides. »

Le conseil général entre en délibération et l'on décide que la municipalité étant dépourvue de moyens d'action suffisants pour rétablir l'ordre, deux commissaires seront délégués au district pour solliciter du Directoire, au nom de la paix et du bien public, qu'on envoie deux commissaires avec mission d'ouvrir une enquête à Monguilhem, d'y rétablir l'ordre, et « dévoiler les auteurs des complots des ennemis (1). »

Greniers d'abondance. — Le spectre de l'aristocratie se dressait toujours menaçant devant nos démagogues qui tentaient des efforts désespérés dans le but d'assurer le triomphe de la révolution. « Les mauvais citoyens s'agitent en tous sens pour créer une disette imaginaire au sein même de l'abondance, » s'écrie le citoyen Claverie, agent national, devant le conseil général assemblé dans la mairie, le 21 ventose an II. Mais un récent arrêté du représentant du peuple, Dartigoeyte (2), va permettre de combattre cette guerre des aristos et d'empêcher les accaparements de grains, d'où naît la misère générale. Il est essentiel, dit-il, que le conseil s'occupe sans retard de l'exécution de cet arrêté salutaire et choisisse un grenier propre à recevoir les grains qui devront y être réunis. Il propose donc aux membres du conseil de faire déposer, eux les premiers, leurs récoltes dans ce grenier « pour montrer à leurs concitoyens que l'obéissance aux lois est le premier devoir d'un véritable sans-culotte. » *(Registre des délibér*, fº 105.)

Sans désemparer, on décide de mettre immédiatement

---

(1) Archives de M. Verdier — Regist. des delib, fº 100 et 101.
(2) Les arrêtés de Dartigoeyte et du département du Gers sur les subsistances datés du 15 et du 17 ventose, furent lus devant le peuple assemblé dans le Temple de la Raison, le 20 ventose an II. *(Regist. des delib.,* fº 106.)

en réquisition le grenier du *citoyen Verdier* et d'assembler les habitants pour leur donner lecture de l'arrêté du représentant du peuple et de celui du département (15 et 27 pluviose an II), afin que chacun se conforme aux décisions édictées. Les membres du conseil, possesseurs de grains, annonceront qu'ils vont commencer par observer la loi, en faisant, *au grenier d'abondance*, le versement de leurs denrées. On décide, en outre, que deux membres du conseil se rendront dans chaque quartier, dès le lendemain, et qu'ils feront, *maison par maison*, le recensement exact du *milloc* qui sera laissé sous la garde des propriétaires jusqu'à l'époque de l'égrenage. Alors, il faudra le déposer au grenier commun. *(Reg. des délib., f° 105.)*

En agissant de la sorte, *on veut combattre l'égoïsme et la malveillance dont le but est d'arrêter les progrès de la Révolution*. Mais, hélas! disent les membres du conseil, « tant d'efforts ont été jusqu'ici inutiles et le résultat de nos opérations n'a pu produire l'effet que nous avions lieu d'attendre (1). »

C'est que la foule, et avec raison, n'avait pas confiance dans la municipalité jacobine de Monguilhem. La résistance était surtout dirigée par Bertrand Labarbe, tonnelier, homme pratique et de bon sens qui dénonçait à ses concitoyens le danger des greniers d'abondance. « Ne faisons la remise de nos grains, disait-il, qu'à la condition de les voir garantir par une caution du citoyen Verdier. Sans cela, bien j... f..... ! seront ceux qui auront la sottise de remettre leurs récoltes aux agents du Conseil ! »

Et Labarbe ne se bornait pas à une résistance passive. Il haranguait la foule, s'efforçant de créer un parti puissant contre la Révolution, à Monguilhem. « Il a propagé ses principes contre-révolutionnaires, dit le procès-verbal de l'assemblée du 2 germinal an II, et inspiré sur le compte de la municipalité tout ce que la malignité de son caractère a pu lui suggérer pour porter ceux de ses concitoyens qui avaient le malheur de l'entendre à la rébellion et au mépris des autorités constituées. »

Vainement, l'un des commissaires du conseil général de la commune essaya-t-il un jour de « ramener ce mauvais citoyen aux bons principes, » ajoute le compte-rendu officiel, « le citoyen Baylin ne retira de sa mission que des injures et des sarcasmes à l'adresse de la municipalité. » *(Regist. des délib., f° 106, v°.)*

Incapables de faire rigoureusement exécuter les arrêtés

---

(1) *Archives de M Verdier. — Regist des délib, f° 106*

de Dartigoeyte et du département pour la remise des grains dans le prétendu *grenier d'abondance* que le public regardait justement comme le grenier de la famine, le conseil communal décida que Labarbe « serait traduit devant le district sous bonne et sûre garde. » On devait le réduire. ainsi, à l'impossibité de *gangrener ses concitoyens par ses principes dangereux.* (F° 107.)

Néanmoins, le lendemain, Labarbe jouissait encore de sa pleine liberté, car nous le retrouvons dans une assemblée générale de tous les citoyens convoqués dans le *Temple de la Raison*, à Monguilhem.

Après avoir déclaré la séance ouverte, Duboucher commence la lecture d'un arrêté du district du 29 ventôse, prescrivant à la commune de Monguilhem de fournir une réquisition de 75 quintaux de blé (1) et de millet, en faveur de la commune de Beaumarchez, réduite aux abois.

Or, dès la veille, le public, menacé de la ruine et de la famine par tant de réquisitions de toutes sortes, résolut de s'opposer à de folles largesses pleines de dangers pour la localité devenue le *grenier* de tous les affamés à vingt lieues à la ronde. On sonna donc le tocsin au milieu de la nuit. Les propriétaires mis en éveil furent avertis que des étrangers venaient encore enlever les vivres de la commune et que le maire, d'accord avec ses officiers, avait résolu de réduire la ville aux horreurs de la misère.

On comprend déjà que le maire, Duboucher, allait avoir peu de succès dans la séance du 3 germinal.

La foule attentive, mais au fond très irritée, avait écouté avec calme la lecture de l'arrêté demandant des subsides pour Beaumarchez. Quand le maire essaya de persuader à ses auditeurs qu'ils devaient consentir à ce nouveau sacrifice, l'assemblée devint houleuse. Aussitôt, Labarbe prenant la parole : « Mes amis, s'écria-t-il, nous n'avons pas besoin de *grenier d'abondance* pour garder nos récoltes. Chacun de nous est en état de conserver son grain. Pour

---

(1) Le 11 pluviose an II, des délégués de Vic sur Losse (Vic Fezensac) étaient déjà venus demander un secours de grain à Monguilhem On leur accorda 41 sacs de milhoc et treize sacs de froment, aux prix fixes par la loi du maximum (Regist des délib, f° 98, v°, chez M Verdier)

Le mois suivant (ventôse an II), les agents de Vic, munis d'un arrêté de Dartigoeyte, daté du 5 ventôse, revinrent à Monguilhem pour l'approvisionnement de leur ville totalement dépourvue de subsistances, disait on Il fut décidé qu'on irait immédiatement chez les propriétaires détenteurs des grains vendus aux agents de Vic et qu'on ferait transporter les denrées chez le citoyen Blain, aubergiste, pour les adresser à Nogaro, dans le plus bref délai Mourant de faim, les républicains vicois avaient imprudemment fait réclamer par ordre de justice les 398 sacs de millet et les 22 sacs de froment promis par le district de Nogaro Le décret de Dartigoeyte, transcrit sur nos registres (f° 101), est daté de *Vo l Unité*, ci devant Saint Gaudens (Haute Garonne)

moi, je ne consentirai à en fournir aux autres que lorsque j'aurai ma provision assurée, et si vous voulez marcher avec moi, non-seulement nous n'obéirons pas à l'arrêté du district, mais même nous ne porterons rien au magasin général. Que ceux qui sont de mon avis lèvent la main ! » Au même instant, hommes, femmes, enfants, tous, sauf quelques rares exceptions, lèvent le bras en l'air et jurent de se ranger sous le drapeau de Labarbe.

« Allons plus loin, s'écrie à son tour Antoine Capdepont, métayer à *Chapit* (1), si vous voulez me croire, nous irons nous-mêmes retirer les grains versés au grenier d'abondance ! » Sa femme parle dans le même sens. Les autres femmes, en chœur, joignent leur voix à la voix de la nommée Garbaye, servante de la *citoyenne Verdier*, dit le procès-verbal (f° 107, v°), et le désordre est à son comble. C'est en vain que le maire s'efforce de rétablir le silence. On n'entend que des menaces, on ne voit plus que des bras qui s'agitent en l'air prêts à porter des coups meurtriers et à faire couler le sang.

Réduit à la dernière extrémité, Duboucher interpelle personnellement Capdepont. « Je ne vous reconnais pas pour maire, » répond le paysan, et le conseil municipal fait appel à la force publique. La garde est sourde à sa voix !...

Le citoyen Mazeau, probablement dépourvu de toute sorte de grains, s'avance seul et s'écrie : « Je regarde comme très *suspect* celui qui ne se conformerait pas à l'arrêté du représentant du peuple. »

Son compte est immédiatement réglé. Labarbe et quelques-uns de ses partisans se jettent sur le malencontreux orateur et lui assènent une volée de coups de poing. Le procès-verbal, usant d'euphémisme, dit simplement « lui font craindre avec juste raison de le maltraiter. »

La force armée ayant refusé de faire son devoir (?!), le conseil général de la commune, incapable de rétablir l'ordre, se voit contraint de lever la séance et rédige le procès-verbal de cette orageuse assemblée pour appeler immédiatement à son aide *la gendarmerie nationale* de Labastide et faire procéder à l'arrestation des coupables, qu'on cherche à découvrir dans la journée du 4 germinal. (*Regist. des délib.*, f° 108.)

La bagarre de Monguilhem ne faisait pas l'affaire des

---

(1) *Chapit* est le nom d'une propriété de M. Roumat. Le *Chapitre* d'Aire percevait, jadis, un droit à Monguilhem. Était-ce dans ce domaine ? Une autre terre s'appelait l'*Abescat* (l'évêché).

habitants de Beaumarchez qui portèrent plainte au district de Nogaro. Celui-ci blâma la conduite de la municipalité de notre ville, car il ignorait la cause de son opposition à l'arrêté du département. Dans la séance du 5 germinal an II, Duboucher fut chargé de se rendre à Nogaro, afin d'y faire connaître les événements du 3 et de justifier ses collègues.

Pendant ce temps, la commune de Beaumarchez était menacée des horreurs de la famine. Sa population, d'après l'arrêté du district de Nogaro, s'élevait à 2.140 individus qui, réduits à une livre de vivres par jour, consommaient rapidement les ressources du grenier d'abondance local évaluées, au début, à 49,123 livres de grains, en y comprenant le grain destiné aux semailles. D'après les calculs les plus exacts, la population se trouvait actuellement sans ressources. « Il faut donc la secourir. » dit le district. et il fixe la part contributive de Monguilhem à 75 sacs de blé (1). »

Laterrade, commissaire de Beaumarchez, reparut donc à Monguilhem, le 14 germinal an II, et put, enfin, emporter les vivres arrachés à nos concitoyens menacés, à leur tour, de mourir de faim.

Le 12 floréal an II, nous voyons arriver à Monguilhem les commissaires de La Devèze-Montagne, chargés d'acheter au prix maximum, en méchants assignats, des subsistances à nos concitoyens épuisés, que le district de Nogaro sommait de livrer 95 quintaux de maïs et de blé aux porteurs de son ordre.

En nourrissant les villes éloignées, Monguilhem voyait ses citoyens réduits à un minimum de vivres qui les empêchait tout juste de mourir de faim. Nous avons entendu faire, plus d'une fois, le récit des horreurs endurées à cette époque. par des personnes témoins des lugubres événements dont nous ne rencontrions qu'un faible écho dans les procès-verbaux du temps. A un moment donné, les républicains eux mêmes, si prompts à ouvrir aux étrangers le grenier d'abondance dans lequel ils n'avaient rien versé, firent entendre une note aigue (7 prairial de l'an II) au sein de l'assemblée communale.

L'agent national, Claverie, trouva moyen, ce jour-là encore, de placer une harangue patriotique dans laquelle il faisait un appel pressant à la concorde et à la paix. « Un

---

(1) Le même arrêté fixait la quote part de Bascolonne à 50 sacs, celle de Galiax à 26, celle du Houga à 100 quintaux de grains (Regist des délib, fo 109 — Archives de M Verdier)

système de désorganisation dont les funestes effets, dit-il, semblent tendre directement à nous dévoyer de la ligne constitutionnelle et révolutionnaire, s'est implanté dans la commune. »

Il s'agit de le combattre, ajoute-t-il. Puis, abordant un autre ordre d'idées, « j'ai diverses mesures à vous proposer, citoyens, dit-il. Elles sont relatives à nos séances dont certains officiers et notables se dispensent trop facilement, et AUX SUBSISTANCES. » Il fait remarquer, sur ce dernier point, que, depuis les dernières réquisitions, les ressources de la commune « sont insuffisantes jusqu'à la prochaine récolte. Vous sentez de quelle conséquence il est pour la population, poursuit-il, que nous nous assurions de la quantité des subsistances qui nous restent encore. »

Il propose, enfin, de nouvelles mesures révolutionnaires : 1° Il faut faire un recensement général de tous les grains et légumes secs, qui se trouvent chez les habitants; — 2° On doit obliger tous les habitants à envoyer l'excédant de leurs grains au grenier d'abondance; — 3° Chacun doit garder seulement sa provision jusqu'à la prochaine récolte; — 4° Il faut dénoncer au représentant du peuple ou au *district* tous les réfractaires; — 5° Enfin, un tableau de ce recensement devra être adressé au district. (*Reg. comm.*, f° 118, v°.) (1)

Nous sommes en plein communisme, comme on le voit. Le recensement fit connaître le danger qui menaçait la commune : on ne put faire déposer au grenier d'abondance que 41 quintaux sept livres trois quarts de grains et de farines ! Les laboureurs et habitants de la campagne furent rationnés à une livre de grains par jour, et les habitants de la ville à trois quarts de livre.

Eh ! bien, c'est au milieu de cette misère noire que le district de Nogaro impose (21 prairial an II) à Monguilhem une nouvelle réquisition de quarante quintaux de grains pour Aignan. Le conseil général refuse tout secours et réclame lui-même des vivres au district (2).

Mais voici venir, presque aussitôt, des réclamations plus pressantes encore. Le son de la cloche appelle les citoyens de Monguilhem dans le *Temple de l'Être suprême* (église). le 12 messidor an II. On y donne lecture à la foule d'un arrêté de Pinet et de Cavaignac, représentants du peuple dans le Gers. Aux termes de ce nouvel ukase, il faut verser dans les *greniers militaires* du district de

---

(1) *Archives de M. Verdier* — *Reg. des délib.* (f° 118)
(2) *Ibid* (f° 120)

Nogaro, le blé. le seigle, les farines laissés à la disposition des habitants et dont la majeure partie doit être employée « à venir au secours des braves défenseurs de la patrie. »

Darré fut chargé de la réquisition; mais ses investigations dans les familles n'amenèrent aucun bon résultat. Aussi, lorsque deux jours plus tard (14 messidor an II), le citoyen Dussans vint, au nom du district, évaluer nos ressources, il apprit que Monguilhem ne pouvait plus fournir ni grains ni farines (1).

Le 4 thermidor suivant (juillet), le Conseil général de Monguilhem est encore assemblé, afin de délibérer « sur les moyens à prendre pour remplir une réquisition de grains de 36 quintaux destinés à l'approvisionnement de nos armées (2). »

Guerre intestine. — Nouvelles réquisitions. — Réorganisation de la mairie. — Salpêtre. — La consternation était universelle, car à la misère venaient s'ajouter les scènes sauvages des dissensions intestines. Monguilhem subissait le joug d'un étranger, de Duboucher, si souvent mentionné dans ces pages. Nous le trouvons aux prises avec Alexandre Dayrie (3), marchand drapier à Monguilhem et frère du notaire de la ville. Il l'accuse, devant le conseil de la commune, d'avoir tenu « des propos contre-révolutionnaires, tendant à l'avilissement de la représentation nationale, » et fait lancer contre lui un mandat d'amener. Le délinquant s'est dérobé. dit on, au moment d'être saisi.

Pour réussir dans son dessein, Duboucher rédige un mandat d'arrêt qu'il fait signer par Blain, l'un de ses com-

---

(1) Archives de M. Verdier. (f° 124)
(2) Ibid (f° 126, v°).
(3) Alexandre Dayrie passait pour être réactionnaire Se retirant de la foire d'Eauze, le 6 aout 1793, il tint des propos contre révolutionnaires devant de nombreux témoins, dit Pierre Barès, l'aîné, aux membres du conseil général de la commune, le 16 ventôse 1793 Il a dit, d'après le dénonciateur . 1° que le roi Louis XVI n'avait pas été jugé légalement, mais que la Convention l'avait fait assassiner et que la Convention nationale n'était composée que d'un tas de brigands et de voleurs, 2° qu'il faisait la gageure que, sous peu, il y aurait une autre Constitution (Regist. des délib, f°s 102 103)
Vite, on ordonne l'interrogatoire des témoins — Dayrie a traité la Convention d'un tas de f... b.., dit Brune, l'un des témoins de Campagne. — « La Convention n'est composée que de brigands et de f., canailles, » a ajouté le marchand, au dire de Claverie, de Monguilhem.
Des témoins de Toujouse racontent ensuite que, se retirant du Houga en compagnie de Dayrie, ce citoyen avait « mis la conversation sur les prêtres assermentés et non assermentés, ajoutant que les uns et les autres étaient de la f canaille, que, malgré tout, il ne trouvait pas le mariage des prêtres a propos » (f° 103, v°)
On entendit ensuite des témoins de Cazaubon et d'Estang qui accusèrent Dayrie d'avoir traité les conventionnels de f gueux et de f brigands. Le 20 ventôse, un mandat d'arrêt fut lancé contre le coupable (f° 105)

parses. Mais la loi réclamait trois signatures au moins. Le maire appose simplement le nom de *Darré* sur le mandat d'arrêt qu'il expédie, le 6 floréal (mai), à la gendarmerie, ordonnant « à tous exécuteurs de mandements de justice de conduire en la maison d'arrêt du district de Nogaro, Alexandre Dayrie, marchand à Monguilhem. (*Reg. des délib.*, f° 116. — *Archives de M. Verdier.*)

Grâce à ce faux, le malheureux négociant fut, en effet, jeté dans les prisons de Plaisance-du-Gers, siège du tribunal de première instance du district de Nogaro.

Dayrie gémissait depuis quelque temps sous les verrous, lorsqu'un jour la citoyenne Dussans, veuve de son frère, pénètre dans la salle du conseil général de Monguilhem et présente une requête dans laquelle le prisonnier demande, en grâce, d'être entendu sur le crime qu'on lui reproche. L'assemblée décide qu'on lui donnera satisfaction, afin qu'il puisse justifier sa conduite, si, comme il l'affirme, il est innocent.

En conséquence, le conseil de Monguilhem demande au gardien de la maison d'arrêt de Plaisance de mettre Dayrie à la disposition de Claverie, capitaine de la garde nationale, de Joseph Bouignères, cadet, Jean Dubos et Pierre Garbay, gardes nationaux de Monguilhem, qui se sont transportés à Plaisance pour y prendre le prisonnier et le ramener devant ses juges. Durant l'interrogatoire, Alexandre Dayrie devait être gardé à vue dans sa maison, placée sous la surveillance de la garde nationale (1).

Le lecteur ne doit pas s'étonner de l'empressement mis par le conseil général de Monguilhem à accueillir la pétition de la veuve Dayrie. Une communication du tribunal de Plaisance l'avait informé, dès le 29 prairial an II, que le détenu se déclarait victime d'un faux commis par Duboucher et Blain (2), qui abusèrent du nom de Darré (*Reg. des délib.*, f°s 121-122.)

Duboucher avait bien cherché à justifier sa conduite pour atténuer les conséquences de son crime, mais le conseil de Monguilhem, assemblé le 29 prairial an II, déclara ses explications mensongères. Le maire, d'après le procès-verbal (f° 122), n'avait pas voulu entendre Dayrie lorsque, de retour à Monguilhem, après une absence, le malheureux négociant voulut expliquer son départ, à la suite du mandat d'amener. Et le mandat *d'arrêt* fut lancé contre Dayrie, à l'insu du conseil. Dayrie subit ainsi cinq mois de détention !

(1) *Archives de M. Verdier* — *Reg. des délib.* com
(2) *Ibid*

Mais sa justification fut victorieuse lorsqu'il reparut devant le conseil communal, dans les conditions que nous venons de rappeler. Par contre, Duboucher et Blain furent convaincus du faux qui les fit arrêter, le 19 prairial an II, et condamner à 20 ans de fers par le tribunal d'Auch.

C'est pour un faux que Duboucher perdit la liberté. Deux faux le ramèneront triomphant au milieu se ses concitoyens après onze mois de détention! Sa femme, en effet, réussit à inventer une délibération du conseil général de Monguilhem, sur laquelle un affidé parvint à apposer le sceau de la mairie de la ville, après avoir pénétré par effraction dans la salle des délibérations, probablement dans la nuit du 4 thermidor an II (1). De plus, elle se procura une autre fausse délibération du district de Mont-de-Marsan, qui n'avait rien à voir dans l'affaire Duboucher.

Les deux pièces déclaraient « que Duboucher avait toujours été considéré comme un homme rempli d'honneur et de probité. » Grâce au désordre qui régnait alors partout, c'est sur la présentation de ces documents apocryphes « cotés et paraphés par le citoyen Pons (de Verdun), que le comité de législation du Gers, délibérant en vertu de la loi du 6 floréal an III, de la République, » remit Duboucher en liberté (2).

Il résulte « desdites pièces produites par le détenu, » dit l'*arrêt imprimé*, « que les circonstances du fait qui avait donné lieu au jugement contre Duboucher annonçaient plutôt une erreur qu'un crime et que cette erreur avait été suffisamment punie par une détention de près d'une année. »

Furieux de cette issue, Dayrie conçut le projet de faire condamner Duboucher pour la seconde fois. Il obtint donc une délibération du conseil général de la commune de Monguilhem (11 messidor an III-1794) et une autre du directoire du district de Mont-de-Marsan (5 messidor an III) pour faire constater que la mise en liberté du criminel était le fruit d'un double faux. Les déclarations du conseil de Monguilhem (3) et du directoire des Landes ne laissent

(1) Le *Registre des délibérations* (f° 126), conservé chez M. Verdier, rapporte que, le 4 thermidor an II, il fut constaté qu'on avait forcé les fenêtres de la mairie de Monguilhem pour y faire des extraits de délibérations et les revêtir du sceau communal.
(2) On peut consulter toutes les pièces de cette curieuse affaire dans les archives de M. Verdier.
(3) *Reg. des délib.* — *11 messidor an II* — Mairie de Monguilhem — Voici un passage de la délibération : « Duboucher est un étranger parmi nous. S'il a obtenu des certificats de civisme, ce n'est pas depuis qu'il est en prison et depuis qu'il s'est permis avec un autre membre de délibérer à l'insu du corps mu

aucun doute sur les audacieuses manœuvres de Duboucher. Mais l'affaire ne dut pas, cependant, avoir d'autre suite.

M. Verdier. — On n'a pas oublié les attaques du conseil communal de Monguilhem contre M. Verdier. Devenu *suspect* aux jacobins de notre ville, celui-ci voulut se dérober à leurs poursuites en se retirant dans les Landes, auprès d'amis dévoués, tandis que Madame Verdier alla cacher ses enfants dans une maison isolée du Bourdalat. Ces détails, que nous tenons de Madame Verdier, morte depuis peu d'années, à l'âge de plus de 80 ans, et belle-fille de la précédente, nous fournissent l'explication d'une note écrite de la main même de M. P. Verdier, au f° 94 du *Reg. comm.* conservé dans les archives de sa famille. Il y déclare (2 octobre 1793) « que ses infirmités et le besoin de faire élever ses enfants le mettent dans la nécessité de quitter Monguilhem et d'aller établir son domicile à Mont-de-Marsan. »

Ce fut dans ces circonstances que M. Verdier se vit contraint d'accepter, dans les Landes, *l'administration des approvisionnements des armées.* (*Reg. des délib*, f° 130. — *Archives de M. Verdier.*) Monguilhem ne tarda pas à le réclamer pour le placer à la tête du conseil de la commune. C'était après la condamnation de Duboucher. M. Pierre Verdier reparut donc dans sa patrie, où nous le voyons, au mois d'août 1793 (6 fructidor an II), demander un congé « pour aller rendre ses comptes à Mont-de-Marsan, comme administrateur des approvisionnements de l'armée (f° 130). » Il s'engage à retourner à Monguilhem à bref délai. Fidèle à sa parole, il revint sans retard et fut installé maire de Monguilhem, par Bouignères, *faisant alors fonction de maire*, qui lui donna l'accolade fraternelle (1). Son mérite et son savoir valurent seuls au nouveau magistrat le périlleux honneur de devenir chef de la municipalité qu'il pouvait mieux diriger que personne durant la période révolutionnaire. Du reste, la délibération communale du 18 brumaire an III, montre clairement que sa nomination fut l'œuvre de Dartigoeyte, désireux d'avoir dans les communes des correspondants intelligents et capables.

M. Verdier cesse de s'appartenir à partir de ce moment.

---

nicipal dans les affaires où il s'agissait de faire verser le sang des citoyens Ce n'est que sur de faux écrits que le *Comité de législation* a pu prononcer la mise en liberté. Le conseil communal désavoue ces procédés et ne regarde pas Duboucher comme un homme d'honneur » Le langage du district de Mont de Marsan n'était ni moins clair, ni moins explicite (V. les *Archives de M Verdier*)

(1) *Registre des délib de Monguilhem*, à la mairie

Il se voit contraint, malgré lui, d'exercer des fonctions qui répugnent à sa loyale nature. A peine installé comme maire, il fut appelé, en effet, par Monestier de La Lozère à l'emploi de « suppléant à l'administration du département des Landes et pressé de se rendre sans délai, à Mont-de-Marsan. »

M. Verdier, un peu embarrassé par cette sommation, demande à consulter les *représentants du peuple sur les fonctions incompatibles*. Son unique désir est de se soustraire au rôle qu'on lui offre. Ce n'est pas l'avis de Monestier de La Lozère qui, par un second arrêté, met « M. Verdier en réquisition à l'administration des Landes (1). » Il n'y a plus à hésiter. Le maire de Monguilhem fait taire ses répugnances et prend le chemin du chef-lieu des Landes, ainsi qu'il est dit dans la séance du conseil communal du 10 nivôse an III.

Notre ville tenait cependant à conserver à la tête de son administration un homme d'une si parfaite honorabilité. Il fut décidé, dans la séance du 15 nivôse an III, que deux commissaires se rendraient auprès du directoire de Nogaro afin de solliciter le maintien de M. Verdier « dans la place de maire de Monguilhem. » Le désir de conserver l'excellent magistrat à notre ville, pousse les édiles à une manifeste exagération : « Il n'y a dans la commune, disent-ils, aucun citoyen propre à remplir ces fonctions, la presque totalité des habitants ne sachant pas signer. »

Cette assertion est fausse de tout point. Il suffit de lire le *Registre des délibérations communales* pour s'en convaincre. Du reste, la ville avait des instituteurs de temps immémorial, et leurs leçons ne restèrent pas sans résultat, si l'on en juge par la manière dont les délibérations communales sont toujours rédigées et par le nombre de signatures apposées sur les registres communaux.

Au mois de floréal suivant, la municipalité se montre régulièrement organisée à Monguilhem, mais la séance du 11 floréal donne lieu à un curieux incident. Il s'agissait de l'installation des nouveaux officiers municipaux. Jean-Pierre Laborde-Pépéré, commissaire nommé par arrêté du 2 floréal an III pour l'institution des nouvelles autorités dans le canton du Houga, choisit Dubos-Lartigue « pour installer la municipalité de Monguilhem. » Ce dernier était juge de paix au Houga d'où il se rendit à Monguilhem, le 11 floréal. Or, M. Blain, ancien colonel, se trouvait sur la liste des officiers municipaux, à la place du ci-

(1) *Mairie de Monguilhem* (séance du 15 nivôse)

toyen Claverie. Le conseil proteste contre un tel choix, exigeant qu'il fût déclaré dans le procès-verbal que « Blain a été destitué de la place d'officier municipal à raison d'un faux matériel, auquel il a coopéré conjointement avec Duboucher, alors maire, lequel, à raison de ce faux, a été condamné à vingt ans de fers par le tribunal du département du Gers (1). »

Les membres du conseil ne prêtent serment « avec Blain, entre les mains du juge de paix du Houga, que pour obéir aux lois, mais ils se réservent de ne pas délibérer avec lui (2). » Il n'est pas possible. disent-ils, qu'on maintienne la nomination de Blain à la place de Claverie qui a exercé les fonctions d'officier municipal avec toute l'exactitude et l'énergie d'un bon républicain.

Le premier soin de M. Verdier, à son arrivée aux affaires, fut de procéder à la revision des comptes, assez peu en ordre, de l'administration précédente. La première délibération du conseil communal dans le Registre de la mairie de Monguilhem a pour objet ce travail.

Nouvelles réquisitions. — Détente. — Les pages suivantes du Registre communal signalent de nouvelles réquisitions imposées aux habitants écrasés par toutes sortes de charges.

Un jour, Dartigoeyte leur ordonne d'envoyer à Saint-Sever, pour l'armée des Pyrénées, du foin et des fourrages. Le lendemain. on fait dresser l'inventaire de tous les tartres qui se trouvent dans la commune et on distribue du cuir aux cordonniers pour la fabrication de chaussures militaires. Puis, la municipalité demande aux citoyens « de faire sécher le plus possible de prunes et d'en faire la déclaration à la commune. »

Le 5 fructidor an II, un nouveau contingent de 19 sacs d'avoine, de froment et autres grains est envoyé par la commune aux magasins militaires de Saint-Sever, et le 20 fructidor an II on adresse au magasin des *Salins*, à Nogaro, la somme de 445 livres provenant de la vente des cendres remises par les habitants de Monguilhem. On dé-

---

(1) *Mairie de Monguilhem* — Registres communaux
(2) L'année suivante, an IV, la municipalité de Monguilhem se réorganise encore Les citoyens sont convoqués pour élire les officiers au scrutin secret Après deux épreuves, Pierre Vergoignan est proclamé maire et le citoyen Dayrie, marchand, est élu adjoint *(Regist. com.)* — Duboucher fut traité par nos concitoyens avec autant de mépris que Blain Lorsqu'il s'agit, de constituer la garde nationale de notre ville, le 12 floréal an IV, Duboucher fut inscrit sur les listes de la milice, mais personne n'y répondit à l'appel Ce n'est que le 30 prairial an IV que la garde se trouve sérieusement organisée, en vertu des lois du 28 prairial an III, 16 vendémiaire an IV, et de l'arrêté du 26 germinal an IV du département du Gers Bernard Claverie fut nommé capitaine et eut pour lieutenant Vergoignan fils. *(Reg. de la com. de Monguilhem.)*

cide ensuite de convoquer une assemblée générale des citoyens dans le *Temple de l'Etre suprême* (église) pour y faire le partage des biens communaux. En attendant, la municipalité fait procéder à de nouvelles réquisitions, en vertu de la loi du 8 messidor. et les habitants sont soumis à des visites domiciliaires pour l'évaluation des grains dont le comité de *Salut public* pourra disposer dans la localité. (21 fructidor an II. — *Registre de la mairie de Monguilhem.)*

Le désir de procurer quelque ressource à la commune fit entreprendre, à Monguilhem, l'industrie du salpêtre. Seulement, les fonds manquaient pour commencer l'exploitation. La ville demanda au district de Nogaro une avance de six cents livres « pour le lavage des terres salpêtrées découvertes dans l'étendue de sa juridiction. »

Le citoyen Battre, agent salpêtrier de l'arrondissement, donna un avis favorable et le directoire de Nogaro prit l'arrêté suivant : « Considérant combien il importe au salut de la patrie, à la prospérité de nos armes, de favoriser la confection du salpêtre, le directoire voulant seconder de tous les moyens que la loi lui donne la fabrication de cette matière première de la confection de la poudre,

» Oui l'agent national, ARRÊTE que le receveur de ce district comptera au citoyen Claverie, officier municipal de Monguilhem, la somme de 600 livres, à titre d'avance, pour être employée aux usages mentionnés dans la susdite pétition, laquelle sera remboursée dans la caisse du receveur des sommes provenant de la confection et de la vente du salpêtre que produiront ces eaux, et à défaut d'insuffisance par une addition d'imposition sur les habitants de cette commune, conformément à l'article XI du décret du 14 frimaire, 3e année de la République;

» Arrêté en dernière, le 15 germinal, 3e année républicaine (1). »

L'administration du district ne tarda pas, de son côté, à réclamer d'urgents secours. Monguilhem était sommé de fournir 280 quintaux de grains de toute espèce. Grand fut l'embarras de la municipalité qui, s'étant assemblée, déclara que « la commune de Monguilhem ne saurait supporter par son étendue une réquisition aussi considérable, que le milloc qu'elle s'est trouvé avoir (2) provenait d'une part, de l'afferme des biens de Béthune-Charost,

---

(1) *Mairie de Monguilhem* — Registre communal.
(2) La commune avait précédemment fourni (26 frimaire an III) 101 quintaux de grains, sur réquisition (V. ces détails à la mairie.)

réunis à Coutelet, et, do l'autre, des biens sequestrés, que ces articles disparaissant, cette commune était plus petite que toutes celles environnantes, et qu'il en est qui n'ont environ que 30 quintaux requis ayant le double d'étendue. » On se déclara incapable de fournir les subsides demandés. (3 prairial an III de la République.)

L'exécution de Robespierre, deux mois plus tard (thermidor 1794), fut un soulagement pour nos contrées qui respirèrent, enfin. L'importance des comités de salut public et de sûreté générale fut considérablement amoindrie, les prisons s'ouvrirent, et le club des jacobins, dernier asile du parti vaincu (de Robespierre), fut fermé par ordre des comités.

Le calme reparaît alors à Monguilhem, où les registres communaux ne signalent plus d'abus trop criants. Mais on rencontre partout les souvenirs de la profonde misère qui règne dans la contrée jusqu'au jour de l'avènement de Napoléon qui allait rendre à la France la religion proscrite de ses pères. Ces souvenirs sont spécialement consignés dans les archives privées que nous avons pu parcourir. Nos renseignements seraient plus complets si, refusant d'obéir à l'arrêté criminel de Dartigoeyte (13 septembre an II), relatif à l'exécution immédiate dans le Gers d'un décret de la Convention (18 juillet 1793), les jacobins avaient épargné nos papiers féodaux.

Le département du Gers confirma malheureusement (14 septembre 1793) la loi néfaste qui prescrivait la destruction de tous les papiers du *moyen-âge de l'ancien régime et des symboles propres à rappeler le gouvernement monarchique.* Aussitôt, on vit des commissaires parcourir le Gers et veiller partout à l'accomplissement de la loi (1).

Le *brûlement des papiers féodaux* eut lieu à Monguilhem, sur la *place de la Course*, au milieu d'un appareil sacrilège qu'on vit se reproduire presque partout en même temps. Des bandits, revêtus des ornements sacerdotaux arrachés à l'église, organisèrent une ignoble procession et dressèrent en bûcher la plupart des manuscrits des archives municipales, de la justice et de l'église. Puis, on y mit le feu, tandis que les patriotes dansaient la *carmagnole* autour du *brasier philosophique*, aux chants lugubres de la Révolution.

L'horrible cérémonie allait finir avec l'*auto-da-fé*, lors-

(1) V. notre livre *baronnie de Bolmzouillan* (Paris, chez Maisonneuve), pp. 1 (Préface) et 377

qu'on vit les misérables affublés des vêtements sacrés, prendre ces ornements et les jeter au milieu du brasier qui les dévora en quelques instants (1).

Peu d'événements méritent de fixer l'attention du lecteur dans notre histoire communale, à partir de 1800 jusqu'à nos jours. Aussi, nous bornerons-nous à clôre les pages de cette partie de notre livre par la simple énumération des maires de Monguilhem au dix-huitième siècle.

Mais d'abord, faisons observer que la Révolution, en supprimant les anciennes jurades, ne priva pas les nouvelles autorités municipales de tous les droits attribués par la législation féodale aux bailes et aux consuls locaux (2). La loi de 1884 règle actuellement l'administration communale. Nous y renvoyons le lecteur, nous bornant à établir que les attributions des maires se divisent aujourd'hui en deux parties distinctes : elles sont judiciaires ou administratives.

1º Sous le rapport judiciaire, le maire est officier de l'état civil, officier et juge de police. Comme tel, il est chargé de la tenue des registres de naissances, mariages, reconnaissances, adoptions et décès; il recherche et constate les crimes, délits et contraventions énumérés dans les lois pénales; enfin, il connaît des contraventions commises dans l'intérieur de la commune par les personnes prises en flagrant délit; 2º Sous le rapport administratif, il est à la fois l'agent du pouvoir central et le représentant de la communauté municipale, dont il gère les revenus. Le maire est, en outre, juge administratif en matière de contributions directes.

La distinction des attributions dont il vient d'être parlé est importante en ce qui concerne la responsabilité de ce magistrat. Aussi, en matière criminelle, lorsqu'il agit comme délégué du gouvernement, il faut une autorisation du Conseil d'Etat pour le poursuivre, mais cette autorisation n'est pas nécessaire lorsqu'il n'agit que comme représentant des intérêts de la commune.

---

(1) Nous tenons ces détails de feue Madame Verdier — Elle les avait recueillis de la bouche même de son beau père, M. Pierre Verdier, qui dut assister, *par force*, au spectacle du *brûlement* des papiers — Les républicains continuèrent à poursuivre M Verdier de leurs haines, même après la Tourmente. Le *Reveil ré publicain*, journal d'Auch, l'attaqua, notamment dans son nº 60 (2ᵉ col , 3ᵉ p) de l an vi, en reproduisant une lettre anonyme partie du Houga Le rédacteur, Pourquier Armagnac, fut condamné par le tribunal d'Auch, le 7 floréal an vi. Il s'agissait d'une affaire dans laquelle Duboucher se trouvait impliqué. Celui ci fut contraint par le département a payer des impositions dont il se disait « obéré et surchargé odieusement » *(Archives de M. Verdier)*

(2) Sous l'ancien régime, les consuls portaient une livrée que nous avons déjà signalée ailleurs. Depuis la Révolution, le maire seul et les adjoints ont une écharpe tricolore comme signe distinctif de leur autorité.

On connaît déjà les noms des premiers maires de Monguilhem depuis 1790. Ce sont, par ordre de date, MM. DAYRIE (1790-1792), CL. DUBOUCHER (1792-1793), BOUIGNÈRES (maire intérimaire), P. VERDIER, (V. plus haut, pp. 109, 110, 111, 123, 140.) PIERRE VERGOIGNAN, (An IV. V. p. 142, note 2.)

La série des maires se trouve ensuite interrompue par la création des *présidents de canton*, qui furent substitués aux maires des communes. Elle reprend, dans nos registres, à partir de l'an XII.

Le 30 prairial an XII, la municipalité de Monguilhem prête serment de fidélité à l'empereur Napoléon Ier. — Le préfet du Gers nomma M. JEAN LATANÉ maire, le 12 germinal an XII. — M. BOUIGNÈRES aîné est nommé maire de Monguilhem, le 16 février 1806, en remplacement de M. Latané.

Le 1er janvier 1813, M. PIERRE BARÉS est nommé maire. Il fut suspendu de ses fonctions, le 26 septembre 1814, pour avoir poussé trois citoyens, dont deux étaient vêtus en femme, à assaillir les employés des contributions indirectes, afin *de les dégoûter* de venir faire des perquisitions à Monguilhem.

M. JEAN-PIERRE ARNAUD, officier de santé, est maire le 22 novembre 1814.

Le 5 mars 1826, M. ANDRÉ VERDIER est installé comme maire de Monguilhem. Il avait été nommé le 2 janvier 1826.

M. JEAN-MARIE-RAYMOND BLAIN, lieutenant-colonel en retraite, fut installé comme maire, le 17 octobre 1830.

M. JEAN-PIERRE ARNAUD redevint maire le 4 mars 1832.

M. BERNARD LAROCHE lui succéda le 25 octobre 1846.

En 1849, M. ALPHÉE VERDIER fut nommé à sa place et conserva l'écharpe municipale jusqu'en 1888, année de sa mort.

M. AMÉDÉE DUPUY a été élu maire de Monguilhem, la même année (1888).

MONGUILHEM

HISTOIRE PAROISSIALE

CHAPITRE Ier

LE GLÉSIA. — FONDATIONS. — PERSÉCUTION. — PRÊTRE CONSTITUTIONNEL.

Le paréage conclu entre le roi d'Angleterre et le seigneur de Toujouse donne le nom de *Saint-Pierre de Bérobie* (1) à la paroisse de Monguilhem. Son église, nous l'avons dit ailleurs, était bâtie sur un superbe plateau, au sud-ouest de la ville actuelle et à une distance de quinze cents mètres environ, au quartier de *Rabet*. L'emplacement de l'édifice porte encore le nom de *Glésia*. La construction d'une belle église gothique (1471) dans l'intérieur de la nouvelle bastide dut rendre l'ancien bâtiment inutile. On ignore l'époque de la ruine de ce dernier. Peut-être fut-il démoli par les protestants, en 1569? (V. plus haut, p. 38-39, *Histoire civile*.)

Dans tous les cas, le cimetière qui l'entoura jadis était demeuré sans emploi au dix-septième siècle. Aussi, l'herbe, les ronces et les arbres l'avaient-ils rapidement envahi. M. Bourdens, curé de Monguilhem, en 1644, eut la pensée de le livrer à la culture, au bénéfice de l'église paroissiale. Mais cette terre, désormais défrichée et mise en rapport, était sujette à une redevance : elle devait le fief et la dîme au seigneur de Toujouse.

Le curé sollicita le dégrèvement de ce fonds en faveur

---

(1) V. plus haut, *pp.* 8 et 9.

de la fabrique. Antonin de Toujouse y consentit sans peine. Ce ne fut pas sans réserve, cependant. Il mit pour condition à sa largesse que les curés de Monguilhem. « maintenant et à l'avenir, seraient tenus de célébrer chaque année quatre messes aux intentions du bienfaiteur, de sa femme et leurs successeurs, une de trois en trois mois, la première de la Sainte-Trinité, la seconde du Saint-Esprit, la troisième de Notre-Dame et l'autre des morts (1). »

L'honoraire des messes devait être pris sur le revenu des terres de l'église de Monguilhem, et le curé avait le devoir de prévenir les membres de la famille de Toujouse, présents à Monguilhem, du jour de la célébration des messes de *requiem*. De plus, le jour de la procession du *Corpus Christi*, le curé de Monguilhem était obligé de faire une halte devant le château seigneurial « pour faire reposer le Saint-Sacrement au-devant de la porte du lougis dud. sieur de Toujouse et des siens et d'y faire les oraisons et cérémonies accoutumées, » même lorsqu'ils ne résideraient pas dans le château de Monguilhem.

Bernard Loron, praticien du Houga, Michel Navailles, receveur des droits forains à Monguilhem, et Daniel Tillet, marchand de la ville, assistent, en qualité de témoins, à la donation consentie par Antonin de Toujouse en faveur de M. Bourdens ou plutôt de son église.

Quelques années plus tard, Monguilhem fut sur le point d'assister à la fondation d'un couvent de Carmes dans ses murs, grâce à la libéralité du seigneur de Toujouse. Le 20 août 1668, en effet, la cloche se fait entendre au beffroi de l'église et convoque la jurade en assemblée générale sous la halle de la commune, lieu ordinaire de ses réunions.

Les consuls représentent, alors, « que messire Anthonin de Toujouse, conseigneur avec Sa Majesté, désire et souhète il y a longs jours de fere une fondation et donner de ses biens pour establir dans le présent lieu ung couvent de religieux de l'ordre des Carmes. » Mais il est nécessaire de « donner les moyens audit seigneur d'obtenir la permission du roy et du seigneur évêque pour faire cest establissement et accomplir son pieux dessein et de faire voir que ladite communauté agrée et consent audit establissement (2). »

---

(1) *Archives municipales* de Villeneuve de Marsan. — Le *Segrat* indiquerait il le *Glésia?* Les archives de Villeneuve nous apprennent qu'Antonin de Toujouse abandonna à l'église de Monguilhem, en 1714, les droits de dîme et de fief de ce fonds

(2) *Archives de M. Verdier*. — Les consuls sont . Jehan Lacroutz, Jehan Du lana, Jehan Matha et Jehan Lamarque, dit Maica Ces quatre noms doivent être ajoutés à ceux de la note 1, page 111

D'une voix unanime, les membres de la jurade « agréent et consentent ladite fondation et establissement desdits religieux Carmes comme croyant ladite fondation utile et nécessaire pour le bien publicq. » « Sans que neangmoins, ajoute le procès-verbal, pas un des susnommés (membres de la jurade) s'engaigent en général ny en particulier de leurs biens pour le fait dudit establissement remettant cela à la dévotion d'ung chacun, »

Malgré cet avis favorable, Monguilhem fut privé de l'avantage de posséder une maison de religieux Carmes (1), par suite de la mort prématurée, sans doute, d'Antonin de Toujouse, qui fait son testament, en 1669. Le pieux bienfaiteur fit une fondation de messes, constituée sur la métairie du *Millet*, dont il sera question plus bas.

D'autres personnes joignirent leurs libéralités à celles du seigneur de Toujouse, à l'égard de l'église de Monguilhem, qui jouissait de plusieurs terres : *Millet*, *Labourdette*, *le Segrat* (2), *le Glésia*, etc. Des charges pesaient néanmoins sur ces domaines. Le curé était obligé de célébrer chaque année un grand nombre de messes pour le repos de l'âme des bienfaiteurs (3). Le revenu devint insuffisant, vers 1754, pour maintenir une telle charge.

M. de Ladoue, curé de Monguilhem, demanda donc une réduction des messes aux intentions de noble Antonin de Toujouse et de Mademoiselle de Bréchan, fondateurs d'obits dans son église. L'évêque d'Aire, Mgr Gilbert de Montmorin, chargea Lacroix, curé d'Estang, de faire une enquête à ce sujet et rendit ensuite une ordonnance (27 août 1734), en vertu de laquelle le nombre des messes

(1) Si la paroisse n'a pas eu des Carmes, elle fut au moins dotée de confréries religieuses, entre autres, de celles du Saint Sacrement, de Sainte Catherine pour les soins des morts *(R de G.,* t xiv, p 872) Le 28 juin 1764, le curé de la paroisse assemble les membres de cette pieuse association et leur représente la nécessité de sortir de l'état déplorable ou elle est tombée par suite des divisions survenues dans son sein. Il propose un règlement, afin de remédier au mal *(Archives de M. Verdier.)*

(2) V. la note 1 de la page précédente.

(3) *Archives de M. Verdier* — Noble Françoise de Lau meurt à Monguilhem ou elle est enterrée dans l'église, le 26 août 1634 Par testament remis entre les mains de Jean Pierre de Labeyrie, notaire royal du Bourdalat de Montaigut, elle laisse au recteur de Monguilhem, a perpétuité, le quart d'une pièce de terre labourable appelée aux *Campots* « joignant les fossés de la ville d'un côté, d'autre chemin public, d'autre terre de Jeannot Romat, et d'autre avec terre de Guilhem de Lobit, a la charge que ledit recteur, qui que ce soit, sera tenu de dire une messe haute et une autre messe basse ou les faire dire tous les ans et en tel jour qu'elle feust enterrée qui estoit le 2e du mois d'aout 1634 »

Louise de Berischan (Bréchan), domiciliée à Monguilhem, lègue une partie de ses biens aux églises de Guillas et de Monguilhem Elle laisse le *pesque de Bauquet, noble, portant 6 livres 10 sous et tout icelui bois a haute futaie un bernet joignant et un pré joignant appelé à Sammatran dépendant de Labourdette* Les anciens cadastres de Monguilhem donnent la métairie de Labourdette comme bien dépendant de la maison de *Bréchan*

fondées était réduit à quinze. *(Archives de M. Verdier.)*

Le revenu de la métairie de *Millet* appartenait à la cure de Monguilhem, mais celui de *Labourdette* et du *Segrat* revenait à la fabrique. L'église de Toujouse partageait même avec celle de Monguilhem les fruits de *Labourdette*, mis aux enchères publiques à des époques fixes (1) par les soins des marguilliers (2). Le bail était ordinairement de six ans (3).

D'abord comprise dans l'archiprêtré du *Plan* (4), la paroisse de Monguilhem fit, ensuite, partie de l'archiprêtré de Mauléon (5) et devint chef-lieu de conférences ecclésiastiques de cet archiprêtré, jusqu'au moment de la Révolution. Le diocèse d'Aire avait douze centres de conférences, parmi lesquels on trouve Monguilhem. La conférence de Monguilhem comprenait : Castets, Estang, Lias, Marquestau, Maupas, Moncla, Larée, Eyres, Montaigut, Le Bourdalat, Gaube-Jusan, Saint-Étienne, Homède et Oulhède, Soubère, Cucassé, Toujouse et Guillas (6).

M. Laburthe, curé de Monguilhem, fut, chez nous, le dernier président de ces réunions sacerdotales. La Révolution le trouva inflexible. La loi sur la *Constitution civile du clergé* (décembre 1790) était votée et les municipalités en pressaient partout l'exécution. Le maire de Monguilhem, Dayrie, voulut imposer le serment de la *constitution* à M. Laburthe, pasteur de la paroisse. Mais celui-ci, après avoir mûrement réfléchi, se rendit, le 11 février 1790, auprès du magistrat et lui déclara « qu'il avait lu et relu ses auteurs et que sa conscience ne lui permettait pas de prêter le serment de la constitution civile du clergé. » Néanmoins, ajouta-t-il, il était décidé à continuer le service dans la paroisse jusqu'à nouvel ordre (7).

---

(1) On peut consulter les comptes de la fabrique de Monguilhem dans les *Archives de M. Verdier*. On y verra que *Labourdette* donnait un revenu moyen de 180 livres par an, et le *Ségrat* de 16 livres seulement.

(2) Les marguilliers étaient nommés par la jurade tous les ans. Mais cet emploi était dévolu plusieurs années de suite, quelquefois, au même fabricien. Nous avons relevé quelques noms de marguilliers de Monguilhem, dans les archives de M. Verdier : J. Bonneville, 1723, 1732, — Labadie ou Dabadie, 1734, 1737, 1738, 1739, 1740, 1741, 1756, etc ; — S. Aubin, 1754, — Barès, 1744, 1750, etc

(3) M. Bonnet, ancien curé de Monguilhem, mort chanoine d'Aire, fonda a Monguilhem la *coupe* ou *plat* pour l'entretien de la chapelle de Notre-Dame.

(4) *Pouillé du diocèse d'Auch* (p. 134).

(5) *Ibid.* (p. 142).

(6) *Ibid*, (p. 42).

(7) La répulsion du clergé pour la *constitution civile du clergé* fut assez générale dans le diocèse d'Auch. Le *tableau général des fonctionnaires publics qui n'ont pas prêté le serment civique conformément à la loi*, à cette époque, donne l'énumération suivante pour le CANTON DU HOUGA : « *Lacomme*, curé du Houga, *Pepet*, curé de Laujuzan, *Ducos*, curé de Laur, *Daste*, curé de Luppé, LABURTHE, curé de Monguilhem, *Dubos*, curé de Monlezun, *Nodenot*, curé de Mormès, *Dubosc*, curé de S. Aubin, LEGLISE, curé de Toujouse, *Barciet*, curé de Toujun, *Gastera*, curé de Violles »

Cette solution ne satisfaisait point Dayrie. Le maire assembla donc le conseil de la commune le dimanche suivant, avant la messe, et lui fit part du refus de M. Laburthe. Il manifesta, ensuite, l'intention d'avoir une explication plus nette avec lui, devant le peuple, à l'issue de la messe, pour savoir, enfin, si le curé persistait dans sa manière de voir. Sa motion fut approuvée (1).

Lorsque M. Laburthe eut achevé la messe, Dayrie, suivi de ses officiers, s'avança vers le sanctuaire et demanda au prêtre fidèle s'il persistait dans son refus de prêter le serment prescrit par le décret du 29 novembre 1790. — « Oui ! répondit le curé à haute et intelligible voix, oui, je refuse de prêter un pareil serment !... »

Se tournant vers la foule : — « Vous avez bien entendu qu'il refuse le serment, n'est-ce pas ? » dit Dayrie. — « Oui, oui ! » répondit le peuple. Et les officiers municipaux dressèrent aussitôt procès verbal de cette scène sacrilège (2).

La Révolution n'en voulait pas seulement à la fidélité du prêtre à ses devoirs sacrés, elle convoitait encore les biens de l'Eglise qu'elle avait déclarés *nationaux* par sa loi du 2 novembre.

Peu de jours après le scandale que nous venons de rappeler, M. Laburthe dut comparaître une fois de plus devant la municipalité assemblée à la mairie, « pour déclarer les revenus et charges de son bénéfice, conformément au décret de l'Assemblée nationale du 13 novembre 1789, confirmé par les lettres du roi du 18 du même mois (3).

« 1º Il a le quart de la dime, le seigneur a les trois quarts, à Monguilhem; — 2º A Eyres (annexe), la moitié de la dime et quelques novales, l'évêque d'Aire prend l'autre moitié qu'il a affermée pour 240 livres. Les novales dont jouit le curé valent 50 livres, environ; — 3º la métairie du Millet; — 4º le petit presbytère totalement délabré et la moitié du jardin fournis par la localité. L'autre moitié de jardin est un fonds obituaire (4). »

Avant de procéder à l'aliénation des biens ecclésiastiques, la nation, sous prétexte d'offrir aux prêtres une compensation pour les biens dont on les dépouillait violemment, ainsi que leurs églises, la nation, disons-nous, voulut connaître exactement le revenu de chaque église et de ses titulaires. Une seconde enquête eut donc lieu, en

---

(1) *Archives de M. Verdier* — *Regist des delib* (fº 59, rº et vº)
(2) *Ibid.*
(3) *Ibid.*
(4) *Ibid* (fº 56 et 57)

même temps, dans toutes les paroisses de chaque département.

M. Laburthe, curé de Monguillem, présenta, le 19 janvier 1791, le mémoire qu'on va lire. Nous donnerons, à sa place, l'analyse de celui de M. Léglise, curé de Toujouse, à la même époque.

« **Compte des fruits récoltés à la dixme du bénéfice — cure de Monguilhem, l'année 1790.**

» Article 1er. — Linet récolté à la dixme de Monguilhem et Eires, son annexe, le douzième ayant été réservé pour droit de collecte. Six faix à raison de six francs le faix.. 36 fr. »

» *Observation.* — La récolte du linet a été très modique parce que, en 1789, la graine de linet manqua et les cultivateurs des deux paroisses en semèrent beaucoup moins qu'à l'ordinaire; à Eyres surtout, plusieurs ne semèrent point.

» *Dixme de Monguilhem,* — *grain d'été.* — 1° Froment et méture dix-sept gerbiers quatre gerbes qui ont rendu quitte de frais de collecte, pour lesquels le rendant compte a retenu un douzième, trente-cinq sacs un quart et demi et une poignère et demi, à raison de seize livres le sac, s'élevant à la somme de 566 fr. 10 s.

» 2° Avoine, dix-sept gerbes et demi qui ont rendu, non compris le douzième retenu pour droit de récolte cinq sacs et un quart qui, à raison de six livres le sac, s'élèvent à la somme de......................... 31 fr. 10 s.

» *Dixme de l'avoine d'Eires,* — *grain d'été.* — A Eires, annexe de Monguilhem, Jean Deiries mon collecteur, après avoir prélevé ses droits de collecte (le douzième) a fait porter chez moi : 1° dix sacs un conquet méture laquelle, à raison de quinze livres le sac, s'élève à la somme de 157 fr. 10 s. — 2° un conquet avoine qui s'élève à la somme de 1 fr. 10.

» Total de cette première page............. 793 fr. »

» *Observations.* — Dans mes paroisses, la paille a manqué de beaucoup plus d'un tiers, en proportion des années ordinaires.

» Article 2. — *Récolte d'automne.* — Vin de la dixme de Monguilhem, après avoir retenu le douzième pour frais de collecte, huit barriques un quart qui, à raison de quarante-deux livres la barrique, s'élèvent à la somme de 348 fr. 10 s.

» Vin de la dixme d'Eires, le douzième retenu pour droits de collecte, cinq barriques et demi, qui, à raison de 42 livres la barrique, s'élèvent à la somme de 231 fr.

» Millocq récolté à la dîme de Monguilhem, quitte des frais de collecte pour lesquels j'ay retenu un douzième, vingt et un sacs un conquet et trois poignères qui, à raison de onze livres le sac, s'élèvent à la somme de 233 fr. 15 s.

» Millocq de la dixme d'Eires. — Jean Deiries mon collecteur qui tient ce milloc chez lui ne m'en a déclaré pour ma portion que six sacs et demi qui, à raison de onze livres le sac, s'élèvent à la somme de 71 fr. 10 s.

» Total du prix des fruits de la dixme du bénéfice-cure .... 1,675 fr. 15 s.

» *Observations.* — Le vin a diminué cette année dernière sur la précédente, de plus des deux tiers. Celle du milloc sur les années ordinaires, deux tiers.

» *Reprises du Rendant-compte.* — Sur le vin, le louage de quatorze futailles employées pour loger le vin des deux paroisses qu'il porte bien modérément à la somme de 10 livres dix sols qu'il faut déduire de celle-ci. — Reste net........................ 1.665 fr. 5 s.

» Je soussigné, déclare et certifie n'avoir récolté cette année aux dixmes de mon bénéfice-cure d'autres fruits que ceux énoncés aux deux pages ci-dessus et dont le prix est récapitulé au bas de celle-ci et n'avoir en aucune manière négligé la collecte des revenus dudit bénéfice. En foy de quoi j'ai signé la présente déclaration à Monguilhem, le 19 janvier 1791.

» Laburthe,
» curé de Monguilhem et Eires, annexe.

» *Nota.* — Le curé de Monguilhem jouit des biens-fonds appelés *petite métairie de Millet* et *pré de la Hounère* pour les fruits de cesdits biens luy tenir lieu des rétributions des messes fondées à perpétuité, savoir, par M. de Toujouse cinquante messes, pour rétribution desquelles il a laissé le bien de *Millet*, par Mademoiselle de Bruhan (1), trente messes pour rétribution desquelles elle a laissé le bien appelé le *Pré de la Hounère*, pour Mademoiselle Françoise Du Lau deux messes, pour lesquelles elle a laissé une hypothèque sur un champ représenté par le sol adjacent à la maison presbytérale et lui servant de décharge, ces biens aujourd'hui réunis en une même petite masse forment un tout d'environ 23 journaux, mesure du païs. Les 19 journaux et lattes sont situés dans la pa-

(1) *Bruhan,*) Bourrouillan

roisse de Monguilhem et trois journaux vingt lattes sont situés dans la paroisse de Castets. Le titulaire actuel du bénéfice-cure de Monguilhem a dépensé tout son patrimoine et toutes ses ressources. Il a encore beaucoup emprunté et doit encore pour avoir voulu mettre ce bien en bonne valeur. Si le directoire du district jugeait que ces biens ne sont pas compris au rang de ceux qui étant fondations pour messes l'assemblée nationale a décrété devoir être acquittées et payées comme par le passé, et par une autre disposition particulière doivent demeurer provisoirement et n'être pas vendus quant à présent, le *Rendant-compte* s'empressera de lui envoyer l'état des fruits récoltés sur ses obits l'année 1790 et il ose espérer que quelqu'un des honorables membres du directoire daignera lui montrer et indiquer à cet égard ce qu'il doit pour se conformer aux vues de l'auguste Diète de France.

» LABURTHE,
» curé de Monguilhem (1). »

Le directoire du district de Nogaro renvoya cette pièce à la municipalité de Monguilhem pour la faire approuver, le 26 janvier 1791. « Cet état a déjà reçu notre approbation, » répondit aussitôt Deyrie, maire de Monguilhem. Le 22 mars 1791, le district déclara « que les fruits récoltés dans la cure de Monguilhem l'année 1790 devaient être évalués net à la somme de mille six cent soixante-cinq livres cinq sols, d'après la liquidation faite sur ce tarif arrêté sur les fourlaux de la ville. » Cette décision reçut elle-même l'approbation du district du département à Auch, le 29 juin 1791. Plus tard, le traitement du curé de Monguilhem fut fixé à 1,606 fr. (16 avril 1792, — an IV de la Liberté.)

Afin de mieux déguiser l'iniquité, l'Etat prenait l'engagement de doter le clergé et les églises. On sait ce que valurent ses fallacieuses promesses.

Tous les biens dépendants de la cure et de l'église de Monguilhem furent vendus, à Nogaro, au profit de la nation, sauf le jardin du presbytère et le *Campot*, le 2 et le 4 juin 1791. Ce jour-là, le directoire du district de Nogaro aliéna également, pour le prix de 4,175 fr., « une brasserie ci-devant jouie par les églises de Toujouse et de Monguilhem » (à la Gouarde), ainsi qu'un journal de terre environ situé dans la paroisse de Saint-Canne et dépendant des églises de Toujouse et de Monguilhem, pour la somme

---

(1) Archives départementales du Gers, à Auch.

de 1,410 livres. La vente des terres ecclésiastiques de Monguilhem valut à la nation 40,300 livres (1).

La métairie de *Labourdette*, comprise dans cette aliénation, donna lieu à un vif incident, en 1792. Cette terre appartenait par individis, on le sait, aux fabriques de Toujouse et de Monguilhem. Or, elle échut à Massiac, de Toujouse, par la vente de 1791.

Le premier soin de l'acquéreur fut de ruiner son nouveau domaine, au point de n'y pas laisser une haie ni un brin de bruyère. On eût dit qu'il redoutait une prochaine revendication de la part du légitime propriétaire. Aussi, s'empressait-il d'en tirer tout le parti possible, avant de restituer le bien mal acquis.

Indignés de sa conduite, les habitants de Toujouse se rendent en foule à Monguilhem, le 10 avril 1792, et demandent à délibérer avec leurs voisins sur un cas aussi grave, d'autant que la vente de *Labourdette* privait, au mépris de la loi, leur juridiction de revenus auxquels ils avaient un droit absolu, jusqu'à ce que la nation eût pris d'autres dispositions.

La harangue des orateurs de Toujouse, consignée dans le Registre des délibérations (2), est d'une parfaite logique et montre une grande habileté de langage dans ses auteurs. Le conseil général de Monguilhem accueillit la demande de Toujouse, et, un jour, les officiers municipaux, revêtus de leurs insignes, firent défense à Massiac de prendre les fruits d'une terre illégitimement acquise, puisque la loi n'avait pas encore ordonné l'aliénation des biens des fabriques, au temps où Labourdette fut vendue.

Massiac fit appel à la justice de paix du Houga, dont le juge appela à sa barre les magistrats de Monguilhem.

Le juge de paix du Houga commet un abus de pouvoir en faisant assigner un corps constitué, s'écrie Claverie (Jean), procureur de la commune de Monguilhem, dans un discours pathétique adressé à ses collègues du conseil, le 29 juin 1792. Protestons devant le directoire du département!...

La protestation eut lieu, en effet, et elle fut favorablement accueillie, comme étant fondée sur la loi. Aussi, lorsque Massiac reparut, le 6 novembre an I de la République (1792), devant le conseil communal de Monguilhem pour réclamer la validation de l'achat de Labourdette, on lui répondit en plaçant sous ses yeux la décision du départe-

(1) Archives départementales du Gers.
(2) Archives de M. Verdier — Reg. delib. (fos 66 à 71).

ment du Gers, du 4 juillet 1792, en vertu de laquelle l'acquisition de Massiac était déclarée nulle et la municipalité de Monguilhem remise en possession de son immeuble.

« Sans doute, dit-on au réclamant, on parle d'une loi du 19 août 1792, en vertu de laquelle il faut procéder à la vente des biens des fabriques. Mais cette loi ne saurait, par un effet rétroactif, valider une vente nulle de plein droit, qu'il s'agit de recommencer en procédant à de nouvelles enchères auxquelles tout le monde pourra prétendre. Personne ne s'est présenté aux dernières qu'on savait être entachées de nullité. »

En somme, Massiac fut débouté de ses prétentions, et Monguilhem, conjointement avec Toujouse, rentra en possession de Labourdette, pour un instant (1). De fait, la vente de cette terre ne tarda pas à être définitive.

Le département du Gers avait alors pour évêque constitutionnel Paul-Benoît Barthe, élu dans la cathédrale d'Auch, le 13 février 1791. Ce faux prélat s'était empressé, à son arrivée dans le *diocèse du Gers*, d'établir une nouvelle division des paroisses. Les archives départementales du Gers possèdent le registre de sa courte administration pastorale. Or, nous voyons dans ce volume manuscrit, que l'évêque schismatique déclare que « l'étendue de la paroisse de Monguilhem doit former une cure seule. Les rivières de la localité, dit le texte, exigent que cette paroisse reste seule. » Il en fut ainsi (28 mai 1792). Bien qu'il eût refusé de prêter serment à la constitution civile du clergé, M. Laburthe continuait, néanmoins, à se dévouer au bien des âmes au milieu de son cher troupeau, où nous le voyons jusqu'à la fin de 1792, au moins.

Mais au mois de mars 1793 (28 mars), l'évêque intrus du Gers donne l'institution canonique, pour la cure de Monguilhem, au citoyen Laffourcade (2), prêtre à Auch.

La Révolution sévissait alors avec rage contre les prêtres fidèles, dont la plupart s'enfuirent en exil. M. Laburthe fut de ce nombre, nous assure-t-on. Deux hommes,

---

(1) *Archives de M. Verdier*. — *Reg. des délib.* (f°s 74 et 75) — Les membres du conseil de Monguilhem vont trop loin en disant que personne ne se présenta aux enchères de 1791. Les *Archives depart. du Gers* nous apprennent, au contraire, que l'acharnement des enchérisseurs fut tel qu'on vendit *Millet* pour 19,100 fr., *Labourdette* pour 19,000 et le *Seyrat* pour 1,800. Tout cela, il est vrai, payable en mauvais assignats.

(2) *Archives depart. du Gers* — *Registre de l'administration de P. B. Barthe*, n° 1002. — La paroisse de Castex, voisine de Monguilhem, eut quatre prêtres assermentés pendant la période révolutionnaire, dit M. l'abbé Romat dans ses notes sur l'*Histoire paroissiale* de Castex. Ce sont : Joseph Moussot (27 thermidor an III), Josep Badie, 29 thermidor an III, Joseph Lacome, 3 messidor an V, Pierre Dubourdieu, 22 vendémiaire an VI (V. les *Registres de l'état civil* de Castex.)

connus de nos concitoyens et devenus chers à nos populations par leur amour du bien et l'héroïsme de leur charité, méritent de voir leurs noms inscrits dans cette histoire. C'étaient : MM. Jagette (on trouve Jayette) et Bouignère.

Le premier, prêtre depuis quelques années, s'exposa cent fois à une mort cruelle en venant donner les soins de son ministère à des familles chrétiennes de Monguilhem, de Castets et de Toujouse, pendant la tourmente révolutionnaire. Le second, l'abbé Bouignère, né à Lannemaignan, dut s'expatrier au moment où les comités insurrectionnels fermèrent les établissements religieux. Il était diacre, lorsqu'il traversa les Pyrénées pour aller demander la consécration sacerdotale en Espagne (1).

Poussé par le zèle et méprisant la mort, il repassa bientôt les monts et reparut clandestinement au milieu de ses amis. Monguilhem le vit plusieurs fois. Une foule d'enfants reçurent le baptême de sa main dans les paroisses du voisinage. Il courait partout où les fidèles l'appelaient. Il était souvent accompagné de M. Pierre Verdier. Combien de fois la digne épouse de ce courageux chrétien et Madame Toujé n'ont-elles pas visité MM. Jagette et Bouignères dans leur retraite ignorée de la foule, à *Péleret* (métairie), en particulier, afin de pourvoir à leur subsistance d'une main libérale ! Les habitants de la campagne se disputaient aussi l'honneur et la joie de protéger les ministres de Dieu contre les fureurs des révolutionnaires.

Le métayer de *Péleret* se fit spécialement remarquer par son empressement à fournir un asile à l'abbé Bouignères et à tous les prêtres, assez nombreux d'ailleurs, auxquels nos populations eurent souvent recours pour l'administration secrète des sacrements.

Monguilhem était alors sans pasteur, même constitutionnel. Jean-Baptiste Lafourcade, le prêtre intrus que nous avons vu nommer par Barthe, au départ de M. Laburthe, prêta le serment civique entre les mains de nos édiles, le 21 mars 1793 (2). Cet acte criminel ne le sauva pas pour longtemps. Le bruit se répandit, en effet, qu'il s'était permis de tenir des propos contre la Constitution et principalement contre la Convention nationale. Pierre Barés demanda une enquête contre lui, dans la séance du conseil, *siégeant en permanence*, du 16 avril 1793. Le ré-

---

(1) Nous devons ces détails à Madame Verdier, morte il y a quelques années à l'âge de plus de 80 ans
(2) Archives de M. Verdier — *Registre des délib.* (f° 84)

sultat de l'information fut transmis au directoire du district qui devait statuer (1).

Le cas ne fut, sans doute, pas jugé très grave, puisque le malheureux curé intrus put recevoir de la municipalité un *certificat de civisme* prescrit, plus tard, par les lois du 30 janvier, 5 février, 19 juin 1793.

Jean-Baptiste Laffourcade, arrivé à Monguilhem, dit l'acte, comme curé constitutionnel, s'est toujours montré obéissant aux lois de la République et a toujours témoigné un zèle qui atteste la pureté de son *civisme*. L'infortuné! Ce civisme allait causer sa perte. La Révolution ne voulut même pas de prêtres intrus. Elle leur demanda donc d'abdiquer cette qualité. Trop docile aux décrets de la Convention, le curé constitutionnel de Monguilhem couronna son déshonneur en renonçant à son titre de prêtre, le 13 frimaire 1793 (2), comme le prouve l'attestation fournie par le citoyen Daubons, alors procureur-syndic du district de Nogaro. Lafourcade remit ses lettres d'ordination en pleine assemblée communale, à Monguilhem, entre les mains du maire et demanda à n'être plus connu sous cette désignation. Il s'était *déprêtrisé*, suivant le langage du temps.

Redevenu simple citoyen, Jean-Baptiste Lafourcade fut compris dans la réquisition des hommes de 18 à 25 ans imposée par la Convention nationale. Il se présenta *pour voler au secours de la patrie et de ses frères d'armes*, dit le procès-verbal conservé dans le Registre des délibérations communales. (*Archives de M. Verdier*, f° 111.) Mais ses infirmités ne lui permirent pas de donner suite à son projet, ainsi qu'il est dit dans une déclaration signée de la main du citoyen Marcou-Latour, officier de santé.

Jean-Baptiste Lafourcade se fixa à Monguilhem, où *il vécut en bon républicain*, affirment les papiers de l'époque.

La suppression de tout culte rendait inutiles les ornements et vases sacrés des églises devenues elles-mêmes le *Temple de la Raison* ou de l'*Etre suprême* (3). Un décret de la Convention ordonna de dresser, dans les paroisses, l'inventaire détaillé des objets en argent et en or, surtout, déposés dans l'église de Monguilhem et l'envoi de ces objets sacrés au chef-lieu du district *pour être mis à la disposition de la nation*.

(1) *Archives de M. Verdier*. — *Registre des délibérations* (f°s 85 86).
(2) *Ibid.* (f° 86).
(3) *Archives départementales du Gers*. — V, dans ce dépôt les pièces officielles de l'enquête.

Le comité du Salut public demanda l'état de l'argenterie en l'église de Monguilhem, dans l'assemblée communale de notre ville, le 2 fructidor an II. Blain et Claverie furent chargés de fournir les renseignements réclamés (1). Nous croyons inutile de reproduire ici l'aride nomenclature de cordons, d'aubes, d'amicts, dressée à cette occasion. Il suffit de rappeler que Duboucher fut chargé de remettre au district les objets saints de notre église échappés aux saturnales organisées par les sans-culottes de la localité.

CHAPITRE II

RÉTABLISSEMENT DU CULTE. — PRESBYTÈRE. — ÉGLISE, ETC., ETC.

Le premier pasteur qui se montre à la tête de la paroisse de Monguilhem, après le rétablissement du culte en France, fut l'abbé Pierre Jagette (ou Gayette). Le tableau de *l'Organisation du diocèse d'Agen*, dont nous ferons partie jusqu'à l'époque de la restauration du siège archiépiscopal d'Auch, mentionne *Pierre Gayet* comme curé de Monguilhem, en 1804. Ce nom aura été mal imprimé, sans doute, car, d'après la tradition de la paroisse, le prêtre chargé du service spirituel de Monguilhem, même avant le Concordat, s'appelait *Jagette* (2).

Quoi qu'il en soit de ce détail, l'abbé Jagette abandonna plus tard le Gers pour retourner dans son ancien diocèse d'Aire auquel il avait toujours appartenu. Il devint curé de Saint-Gein.

Le registre de nos délibérations communales (17 messidor an x) rapporte que ce prêtre, « ci-devant vicaire de Monguilhem (3), se présenta devant le préfet des Landes

(1) C'est dans l'église, transformée en salle de club, que se faisaient toutes les réunions révolutionnaires Mais l'ardeur de la foule n'était pas grande pour les fêtes impies des jacobins. Dans la séance du 1er fructidor an II, le conseil général de la commune se plaint amèrement *des fainéants et citoyens qui restent dans l'inaction les jours ci devant fêtes et dimanches, au lieu de célébrer le repos décadaire.* Pour faire cesser un tel état de choses, les *sans culottes* décident qu'on « fera lire l'arrêté y relatif au Temple de l'Etre suprême, » c'est-à-dire dans l'église. (*Registre communal de Monguilhem.* — Mairie.)
(2) Dans le tableau de *l'Organisation du diocèse d'Auch* (p. 3), publié par l'évêque d'Agen en 1804, Monguilhem se trouve, comme paroisse, dans la *Justice de paix de Nogaro.*
(3) Il avait dû prendre le titre de *vicaire* avant la restauration officielle du culte. Monguilhem n'a pas eu de vicaire depuis la Révolution. Le dernier vicaire, au moment de la Tourmente, fut M. Delhoste, qui prenait le titre de vicaire d'Eyres.

RELIURE SERRÉE
ABSENCE DE MARGES INTÉRIEURES

VALABLE POUR TOUT OU PARTIE DU

et lui fit le serment qui suit : « Je promets d'être fidèle au gouvernement et de n'entretenir directement ou indirectement aucune correspondance ni liaison avec les ennemis de l'Etat. » Rien, ici, n'engageait sa conscience Comme nous sommes loin des serments de la *Constitution civile du clergé*. Que nous sommes même loin du serment plus mitigé prêté plus tard à Monguilhem, les 10 et 16 messidor an v, par Joseph Lacomme, « ministre du culte catholique, résidant à Maupas, » et Laurent Ducor, prêtre, résidant à Hontanx ! Il était ainsi conçu. d'après le Registre des délibérations communales de Monguilhem (p. 54) : « Je reconnais que l'universalité des citoyens français est le souverain, et je promets soumission et obéissance aux lois de la République. »

Au départ de l'abbé Jagette, la paroisse de Monguilhem fut consultée par l'autorité ecclésiastique, touchant les sacrifices que les habitants comptaient s'imposer pour l'installation d'un curé.

Le 24 nivôse an XII de la République, le conseil municipal s'assemble et déclare : 1º Les augmentations qu'on pourra accorder sur les revenus de la commune au curé ou au vicaire ne pourront pas excéder 120 fr.; — L'ameublement de la maison curiale ne souffrira aucune difficulté pour le desservant; — 3º Rien ne manque pour les objets nécessaires au service du culte de la paroisse. Après la délibération, le conseil municipal « se permet d'émettre un vœu au sujet du nouveau pasteur. » Le désir général des habitants, dit-il, serait de voir nommer à cette paroisse « le citoyen Duperrier. »

L'autorité diocésaine, faisant droit à cette respectueuse demande, nomma, en effet, M. Duperrier à la succursale de Monguilhem. L'installation eut lieu le 11 ventôse suivant (1).

---

(1) *Mairie de Monguilhem. — Reg. des délib.* : « Le dimanche onze du mois de ventôse an XII de la R. F., à neuf heures du matin, nous maire de la commune de Monguilhem, premier arrondissement du département du Gers, étant au lieu ordinaire de nos séances, est comparu M. Dominique Duperrier, prêtre, qui nous a représenté le titre de son installation canonique à lui fait le 6 du mois de ventôse an XII, duquel il résulte que cette commune est érigée en succursale et qu'il en est nommé le desservant

» Vu la délégation a nous faite le 1er de ce mois par le sous préfet du 1er arrondissement du département du Gers, aux fins de recevoir le serment prescrit par la loi du 18 germinal an X, attendu que M. Duperrier est dans l'impossibilité de se rendre au chef lieu, avons reçu le serment de M. Duperrier dans les termes ci après et ensuite être procédé à son installation.

» Je jure et promets a Dieu, sur les saints évangiles, de garder obéissance et fidélité au gouvernement établi par la Constitution de la R. F. Je promets aussi de n'avoir aucune intelligence, de n'assister a aucun conseil, de n'entretenir aucune ligue, soit au dedans, soit au dehors, qui soit contraire à la tranquillité publique, et si dans ma commune ou ailleurs j'apprends qu'il se trame quelque

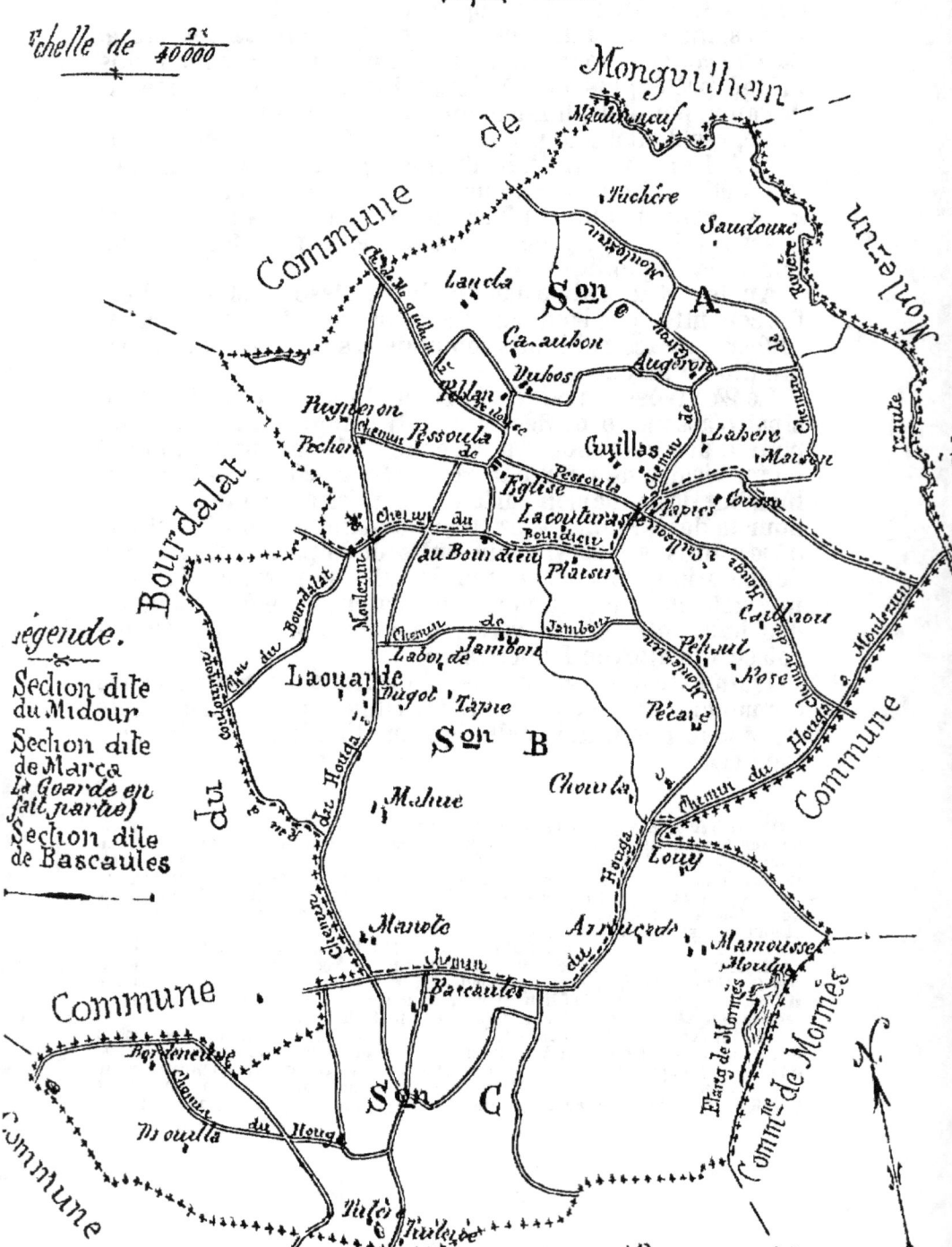

L'église et le presbytère de Monguilhem, entièrement délaissés depuis bien des années, réclamaient d'urgentes réparations. Le presbytère, longtemps loué (1) pour une modique somme, fut sur le point de devenir l'*Hôtel de Ville* de la commune, en l'an x, car le préfet du Gers en avait ordonné la vente. Le conseil municipal s'émut de ce projet et résolut d'acheter cet immeuble au profit de la commune. S'étant donc assemblé extraordinairement, en vertu d'un arrêté du préfet du Gers, signé Balguerie, il examina les moyens à prendre pour faire l'acquisition de la maison curiale. Les considérants consignés dans le procès-verbal sont assez curieux pour être reproduits.

« Le conseil municipal a considéré : 1° que ladite maison est le seul local où puissent se tenir les délibérations de la commune, qui n'a, d'ailleurs, aucune autre propriété;

» 2° Que cette maison est le dépôt de ses registres et qu'elle n'a aucun autre local pour les y placer, si l'aliénation en est faite à des particuliers;

» 3° Qu'il y a eu de tout temps, dans la ville de Monguilhem, un instituteur qui tient son école dans la maison presbytérale où s'assemblent un grand nombre d'enfants que l'éloignement de toute autre ville y appelle.

» 4° Qu'il y a des foires et un marché par décade à

---

chose au préjudice de l'Etat, je le ferai savoir au gouvernement et ai signé : DUPERRIER *Dominique*

» Nous maire susdit, accompagné d'un grand nombre de paroissiens, avons conduit en cérémonial M. D. Duperrier à la porte de l'église succursale, où étant arrivés, nous lui avons remis les clés de ladite église qu'il a ouvert et nous l'avons ainsi mis en possession civile de la succursale de cette commune à la charge par lui d'y résider.

» Ordonnons qu'il sera reconnu en ladite qualité, que les paroissiens lui rendront, en conséquence, tous les devoirs dus et raisonnables

» Lu et publié aujourd'hui à l'issue de la messe de paroisse, etc.

» CLAVERIE, maire. »

(1) Le *Registre des délibérations* communales de Monguilhem contient divers ses mentions relatives au presbytère pendant la période révolutionnaire. — 8 frimaire an IV. Le jardin du presbytère, distribué en huit lots, est loué pour 74 livres cinq sols. Le presbytère, divisé en quatre lots, est loué pour trente livres. — 2 vendémiaire an VII Afferme du jardin et de la maison du presbytère. — An VII, 9 vendémiaire Enquête sur la *place du presbytère* dont Labadie réclame la propriété Les curés en ont joui de tout temps, disent les témoins.

Le presbytère était la maison qui sert actuellement de couvent aux *Religieuses de l'Immaculée Conception* L'école des garçons s'y trouvait autrefois établie avec la mairie, au moins vers la fin de la période révolutionnaire. Ce presbytère n'avait reçu cette destination que depuis le dix septième siècle. Les archives de M Verdier contiennent différents titres qui s'y rapportent On y voit que M. de Lavie, curé de Monguilhem, insiste auprès des consuls pour avoir « une maison logeable. » Celle qu'il occupe est absolument insuffisante. Alors, la municipalité se met à même de lui donner satisfaction et fait un échange avec Lallemand « Celui-ci baille, par acte solennel du 30 novembre 1670, une maison avec le sol consistant en une chambre sur le bas et deux sur le haut avec l'emban couvert de tuiles que confronte du levant maison du presbytère, de midi place des héritiers du nommé Olive, de septentrion fossés de l'église. » La maison fut ensuite modifiée sans doute et devint le local transformé en couvent.

Monguilhem pendant la tenue desquelles il y a lieu à exercer la police municipale pour des délits qui la concernent, et que c'est dans cette maison seulement que le maire ou l'adjoint peuvent faire traduire les délinquants;

» 5º Qu'il sera pourvu sans délai par le conseil municipal aux moyens nécessaires pour acquérir ladite maison presbytérale. Par ce motif, a délibéré que le citoyen préfet du Gers sera prié de suspendre la vente de la maison presbytérale pendant six mois et qu'il prescrira que la somme nécessaire à cette acquisition soit prélevée à Monguilhem sur les contribuables au marc le franc. »

L'aliénation ne se fit jamais, heureusement, de sorte que le nouveau curé put occuper ce bâtiment, malgré son état de délabrement. Les travaux de réparation commencés en 1805 marchèrent fort lentement. M. Duperrier dut les activer.

Mais c'est surtout l'église qui devint l'objet constant de ses sollicitudes. La Révolution en avait fait un lieu de réunions publiques, où les citoyens étaient convoqués au son de la cloche, comme nous l'apprend un *état* des dépenses de la commune, inscrit dans le *Registre des délibérations*, à la date du 2 floréal an x. « Sonneur des cloches pour les assemblées et monter l'horloge, 28 fr. » C'est sur cet édifice que le nouveau curé concentra tous ses soins. Les restaurations demandaient de grands frais et l'argent manquait absolument.

N'y tenant plus, le curé s'adressa (13 octobre 1810) à M. l'abbé Lagrange. pro-vicaire général de l'évêque d'Agen pour Auch, et lui exposa l'état de notre malheureuse église. Le maître-autel, les quatre chapelles se trouvent, disait-il. dans un état lamentable. le lambris de la voûte menace de tomber.

Les quatre chapelles mentionnées ici existent encore : leurs vocables ont été en partie modifiés. La première, au nord, était et est encore consacrée à la T.-S. Vierge (1); la

---

(1) D'après un manuscrit déposé dans les archives de M. Verdier, la clé de voûte de la chapelle de Notre Dame portait une inscription rappelant qu'elle avait été réparée, en 1703, par les libéralités de Louis Dorbe, garde de la foraine, et Paule Descamps Le même manuscrit contient le fait suivant :

Jean Barés et Domenge Bonnet, hôte et hôtesse de Monguilhem, demandèrent, vers 1731, *le droit de sépulture et d agenouilloir ou banc plat* dans la chapelle de Notre Dame Mais Jean Bonneville, marguillier, réclama auprès de l'évêque d'Aire contre une telle faveur qu'on ne fait « qu'aux personnes les plus qualifiées, patrons, seigneurs, ou bien fauteurs de l'église » Or, l'hôte et l'hôtesse n'avaient aucun de ces titres Le droit de sépulture paraît avoir été refusé, bien que le curé de la paroisse eût lu la concession du haut de la chaire, le 29 octobre 1731.

seconde était dédiée à saint Roch; elle a maintenant saint Joseph pour patron. Le *Sacré-Cœur* était honoré, comme de nos jours dans la première chapelle (sud est) du midi et la seconde chapelle, de ce côté, maintenant consacrée à *Sainte-Philomène*, possédait un autel dédié à *Saint-Jean Baptiste*.

Les démarches tentées par M. Duperrier auprès de l'autorité diocésaine pour la restauration de notre église n'amenèrent aucun bon résultat. Notre curé fut-il découragé par cet insuccès ou nous abandonna-t-il pour un autre motif? Nous l'ignorons. Nous constatons seulement que Monguilhem est sans pasteur en 1816 (1).

Pour hâter la nomination d'un nouveau titulaire, la commune s'offre à fournir au curé, en dehors de son traitement, une subvention assez considérable. Aussi, le préfet fait-il part de ce généreux dessein à M. Lagrange, pro-vicaire du diocèse, et lui parle-t-il en termes avantageux du bon accueil réservé par notre ville au prêtre qui va y être envoyé. Il y occupera, dit-il, « un très joli presbytère placé à côté de l'église sur une belle place avec jardin et une petite prairie (2). »

M. l'abbé Berdet succéda à M. Duperrier. Reprenant en sous-œuvre les projets de son prédécesseur, le nouveau curé voulut restaurer notre église. Il résulte du devis estimatif dressé par ses soins et présenté à l'administration diocésaine que « l'autel du Saint-Sacrement est entièrement délabré, la voûte de l'édifice s'écroule, le porche et le clocher exigent des réparations, l'extérieur de l'église a besoin de travaux particuliers, le parvis intérieur est à refaire, la tribune et l'escalier sont en mauvais état et il est urgent de crépir les murs intérieurs. »

Le meilleur moyen d'arriver à un résultat pratique pour ces grands travaux consistait, disait M. Berdet, à s'adresser directement à l'Etat, en lui exposant la triste situation faite par la Révolution à la paroisse de Monguilhem.

Il envoya donc au ministre de l'intérieur la requête qu'on va lire :

« *A Son Excellence le Ministre de l'Intérieur* (3).

» Monseigneur, M. le curé et MM. les membres de la fabrique de Monguilhem, canton de Nogaro, département du Gers, ont l'honneur de s'adresser à Votre Excellence

---
(1) *Archives de l'archevêché d'Auch.* — Dossier Monguilhem.
(2) Ibid
(3) Archives départementales du Gers — Série O. — *Eglises* et presbytères.

pour réclamer des secours devenus indispensables à l'entretien du bâtiment de l'église.

» La nécessité des réparations pouvait seule justifier cette demande et déterminer la décision de Votre justice. Les murs intérieurs et extérieurs de l'église sont en mauvais état, la charpente et la voûte menacent à tout instant la sûreté et peut-être la vie des fidèles lorsqu'ils se réunissent pour l'office du culte : il est urgent d'y porter remède dans un très court délai, pour prévenir les événements fâcheux.

» A ces justes causes, se réunissent des considérations que les membres de la fabrique doivent faire connaître à Votre Excellence.

» L'église de Monguilhem possédait avant la Révolution plusieurs immeubles d'une valeur d'environ quarante mille francs; les revenus étaient suffisants alors pour subvenir aux frais ordinaires d'entretien. Le gouvernement s'empara de toutes ces propriétés et les vendit à son profit. Par un procès-verbal d'adjudication fait à la requête de MM. les administrateurs du directoire du district de Nogaro, en date des 8, 29 mai et 4 juin 1791, signé : Duplasse, président, Daubons, Bartare, procureur-syndic, et Lajoie, secrétaire, la métairie de Labourdette fut aliénée en faveur du sieur X***, de Toujouse, pour une somme de 19,000 fr. Cette adjudication fut enregistrée à Nogaro, le 20 juin 1791.

» Par un autre procès-verbal de vente des 8 mai et 4 juin 1791, les mêmes administrateurs du même district de Nogaro adjugèrent au même sieur X*** une pièce de terre dite de la Boiterie et un bois dit du Segrat pour la somme de 1,800 fr. Ce nouveau procès-verbal fut enregistré à Nogaro, le 21 juin 1791.

« Une seconde métairie appelée à *Millet*, située commune de Monguilhem, de même valeur et contenance que la précédente, fut encore vendue à la même époque. Elle était possédée et jouie à titre d'*obit* par la fabrique de Monguilhem et de Toujouse. Les pièces ne sont point dans les mains des membres de la fabrique, mais la vente en est constante et facile à justifier.

» Ainsi dépouillée de sa propriété, l'église de Monguilhem n'a plus conservé aucune ressource et aucun revenu. Le gouvernement seul a profité de ces aliénations en en recevant le prix.

» D'après ces considérations, les requérants espèrent qu'il paraîtra juste de s'adresser à Votre Excellence pour obtenir des secours et des compensations qui puissent remplacer les pertes que les événements ont fait éprouver à la fabrique.

» BERDET, recteur, ROUMAT, trésorier, VERGOIGNAN aîné, JOSEPH CLAVÉRIE. »

Tous les faits articulés dans cette supplique étaient d'une parfaite exactitude, nous l'avons vu ailleurs. Le baron de Lascours, alors préfet du Gers, l'appuya donc avec bienveillance, en écrivant lui-même au ministre de l'intérieur, le 2 avril 1822 (1).

L'abbé Berdet, si admirablement zélé pour notre église, aurait été bien mal récompensé de son dévouement, s'il fallait en croire une lettre adressée par lui-même à l'archevêque d'Auch avant de quitter notre paroisse. A l'entendre, ses paroissiens auraient pris un malin plaisir à user envers lui de vilains procédés qui, d'ailleurs, ajoutait-il, leur étaient familiers. Un jour, *ils pendaient leur curé en effigie*, le lendemain, *ils le sonnaient à l'agonie*, plus tard, on le *provoquait en duel*, etc.

Quoi qu'il en soit de ces faits plus que blâmables, s'ils sont vrais, M. Berdet, né à Vic-Fezensac, le 10 mars 1789 (2), et nommé curé de Monguilhem le 28 juillet 1820, quitta notre paroisse en 1826. Il y fut remplacé par M. l'abbé Lajus, né à Panjas, en 1794.

Simple, bon, pieux, tel fut notre nouveau pasteur qui ne tarda pas à s'occuper avec la plus tendre sollicitude de l'embellissement de sa chère église de Monguilhem. Il allait être puissamment aidé dans ses saints efforts par des âmes d'élite, dont l'une, Madame Verdier, ravie à l'affection de ses concitoyens, il y a quelques années, a laissé dans la paroisse le souvenir aimé et respecté de l'épouse modèle, de la mère par excellence, de la femme forte de l'Evangile, pour tout dire en un mot.

Par ses sacrifices personnels, autant que par la générosité de quelques-uns de ses paroissiens, M. Lajus fit de notre église l'un des sanctuaires les plus gracieux et les mieux dotés de l'Armagnac. Lorsque sa bourse ne suffisait pas à ses projets pour le lieu saint, il ne craignait pas de solliciter la charité du gouvernement. Ses démarches, hélas ! n'étaient pas toujours couronnées de succès. C'est ainsi qu'une supplique adressée à la reine, en 1840, demeura sans effet (3).

(1) Archives départementales du Gers — Série O.
(2) Archives départementales du Gers.
(3) Ibid.

Il devait être plus heureux en 1842. Le 31 décembre de cette année, le ministre des cultes transmit une nouvelle requête du saint curé au préfet du Gers, en le priant de « donner à la pétition la suite dont elle lui paraîtrait susceptible. » M. Lajus s'adressa encore au gouvernement pour une nouvelle restauration de l'église et du clocher, le 1er octobre 1846.

C'est en déployant ce zèle infatigable, aussi bien que par ses généreux sacrifices, que M. Lajus parvint à la presque complète réalisation de ses plans : l'entière restauration de son église. Malheureusement, ses efforts demeurèrent impuissants devant la voûte de notre édifice gothique. Il s'agissait ici d'une somme importante : son modeste budget ne lui permit point de l'y consacrer. Dieu sait, cependant, s'il caressa longtemps ce rêve!

Ce n'est pas seulement l'édifice matériel de sa paroisse qui préoccupait le saint curé. Avant tout, il voulut donner à Dieu des âmes fidèles, des cœurs chrétiens. L'éducation des enfants du peuple devint donc sa grande préoccupation et il s'appliqua tout spécialement à l'instruction des jeunes filles, dont l'influence est si grande dans la famille, quand elles ont reçu une formation chrétienne. Nous l'avons vu plus haut. (V. p. 103.)

M. Lajus résolut d'assurer un avenir plus durable au couvent dans notre ville, en donnant à la paroisse un presbytère construit à ses frais, à la condition de laisser aux religieuses le presbytère communal définitivement destiné à l'enseignement des jeunes filles. Après avoir fait le bien pendant sa vie, le saint pasteur continuait à l'accomplir après sa mort. Une partie de ses modestes ressources passa aux indigents de la paroisse, en vertu d'une clause de son testament. C'est ainsi que le fruit de son travail de cinquante ans parmi nous était allé aux pauvres, aux œuvres chrétiennes ou à l'église de Monguilhem, que nous allons décrire telle qu'il nous l'a laissée, après avoir donné la liste d'un petit nombre de prêtres, successivement employés à l'administration de notre paroisse. Il ne nous a pas été possible de dresser un tableau complet de nos Recteurs et de nos Vicaires. Voici, du moins, les quelques mentions relevées dans nos recherches.

BOURDENX était curé de Monguilhem en 1644; — LAVIT, en 1668; — GALABERT (Jorly de), prébendé à Monguilhem au seizième siècle; — Daniel GARBAY et Pierre GARBAY, bénéficiers de Monguilhem au seizième siècle; — REQUAIL (Jean), curé en 1571. Il avait deux vicaires (V. le *Pouillé du diocèse d'Aire*, p. 81); — JORNILHET, en

1686; — DE BONNET, en 1710; — LADOUE (Henri de), en 1731-1751; — LANNELONGUE, en 1757; — ABBADIE (d'), en 1764; — BAISECOUR signe les registres de Monguilhem en qualité de vicaire en 1766; — POMADÈRE, curé en 1766; — LA BARCHÈDE, en 1766 et 1772; — ARCET (d') est vicaire de Monguilhem en 1774; — DELHOSTE est vicaire en 1777-1778; — LABURTHE, d'abord vicaire probablement, devient curé de Monguilhem en 1774; — JAGETTE est curé en 1802; — DUPERRIER, curé de 1804 à 1816; — BERDET, curé de 1820 à 1826; — LAJUS, curé de 1826 à 1877; — DESCOUBÈS, curé de 1877 à 1882; — CAPMARTIN, curé de 1882 à 1889; — DUPRAT, installé en 1889.

Eglise de Monguilhem; — Sa description. — A défaut de date précise, l'architecture de l'église de Monguilhem permettrait au visiteur de fixer l'époque de sa fondation, c'est-à-dire le xve siècle. C'est un petit monument de la troisième période ogivale. Il se compose d'un grand rectangle précédé, à l'ouest, d'un beau porche extérieur voûté en croisée d'ogive, flanqué de chapelles au nord et au midi, et pourvu à l'est d'un chevet à pans coupés soutenus par des contreforts, faisant face aux angles.

Le plan de notre église, *si parva licet componere magnis*, est à peu près celui de Saint-Pierre de Condom. C'est un plan qui semble avoir servi de type à un grand nombre d'églises de nos contrées fondées vers le même temps. Deux réseaux de chapelles encadrent la nef terminée, à l'est, par un sanctuaire à pans coupés.

Le clocher rectangulaire, établi à l'ouest de l'édifice, est dominé par une flèche peu élancée à quatre eaux, surmontée, aux angles supérieurs, de girouettes originales métalliques. La majeure partie de cette tour est bâtie en brique plate cuite, comme le reste du monument. De larges baies rectangulaires inachevées laissent librement se propager les ondes sonores des cloches établies dans le beffroi (1), dont la partie supérieure est de date plus récente que l'église.

---

(1) Les nouvelles cloches sont l'œuvre de l'excellent fondeur du diocèse, M. Escoubet, de Ramouzens (Gers) La paroisse les doit au zèle de M. l'abbé Capmartin, prématurément enlevé à l'affection de nos compatriotes, en 1880 Avant la Révolution, Monguilhem avait deux cloches L'une d'elles fut enlevée, en 1793, et envoyée à l'hôtel de la Monnaie, a Pau. — Le 24 juin 1737, la jurade de Monguilhem s'assemble au son de la cloche pour apprendre de la bouche des consuls qu'il faut refondre la cloche qui s'est rompue.
Aussitôt, Mrs Jean et Joseph Corralez, originaires d'Espagne et domiciliés à Nogaro, s'offrent à exécuter le travail de refonte de la cloche et s'engagent à la rétablir dans son état primitif. On leur donnera soixante livres pour la refonte,

A la base de la tour se dessine, à l'ouest, un bel arc ogival en tiers point ouvrant sur le porche extérieur, où l'on aperçoit un superbe portail gothique flanqué de pilastres prismatiques avec pyramidions tronqués entre lesquels on a disposé deux consoles historiées — à gauche c'est un animal fantastique et, à droite, une sorte de moine — sur lesquelles vient retomber la base de l'archivolte ornée de crosses végétales et autrefois dominée par un finial. Les arcs toriques ou elliptiques avec aplatissement à la face antérieure du portail forment comme une perspective fuyante sous cette archivolte ogivale.

Des contreforts saillants faisant face aux angles soutiennent les murs de l'église au nord-ouest et au sud-ouest. Les armes des Maniban, jadis seigneurs de Monguilhem, se montrent au claveau central de la voûte gothique du porche dont les quatre nervures reposent, aux angles, sur des consoles historiées, ainsi que sur la litre encore très visible au nord, surtout sur le mur extérieur de la chapelle de la Vierge.

Intérieur. — Une modeste tribune à balustres, soutenue par deux colonnes en pierre cylindriques, servant de bénitiers, occupe le fond occidental de l'unique nef de l'église abritée sous un plafond en berceau. La voûte primitive disparut, assure-t-on, sous les coups des huguenots devenus maîtres de Monguilhem, en 1569. Des restaurations ultérieures (1) enlevèrent malheureusement à notre élégant édifice son cachet ogival. Des fenêtres cintrées ont, au chevet, comme aux chapelles et à l'ouest, usurpé fort indûment la place des anciennes baies gothiques qu'on aurait dû respecter.

Quatre arcades ogivales d'inégale grandeur, deux au nord et deux au midi, donnent accès dans les chapelles voûtées en croisée d'ogive, que nous allons examiner. Mais avant, notons, sur le mur septentrional de la nef, à l'angle nord-est, un curieux cartel inscrit en lettres gothiques, où nous lisons la date de fondation du monument et les noms des marguilliers de cette époque. Le texte est rédigé en roman. Le voici :

L(an) M · CCCCLXXI · E(t) LO(u) XII · JORN · DEU · MES · DE · AOS · FO(u) · COMENSADA · LA · MURALLE: (E)STANT ·

et la communauté prendra a sa charge le métal 1 fournit ou les matériaux nécessaires pour le travail Le prix de la fonte a donner est de 27 sols par livre Les fondeurs s'obligent a livrer la cloche le 1er septembre 1737. B... fut chargé de traiter avec les Espagnols (Archives de M. Verdier.)

(1) Les comptes consulaires conservés chez M. Verdier mentionnent fréquemment des travaux de réparation faits a l'église et au clocher, notamment en 1748 Le clocher est même réparé par Ducourneau, en 1793. (Reg com., fos 89 91)

OLFRES · JOANET · DE · ARNOL · E(T) BERTRAN · DE · GALABERT.

Série des chapelles. — I° Chapelles du nord. — 1° Chapelle de Saint-Joseph. — En face, en entrant, baie cintrée avec vitrail peint ayant au centre un médaillon dans lequel saint Joseph tient l'Enfant Jésus sur le bras. A droite, gracieux autel en marbre surmonté d'une niche avec statue polychromée de saint Joseph.

2° Chapelle de la Vierge. — Elle est dominée par une voûte en croisée d'ogive dont les nervures reposent, aux angles, sur des consoles historiées. On remarquera les proportions de cette chapelle qui sont plus étendues que celles des trois autres. Une pieuse tradition faisait ainsi honorer dans les églises la Mère de Dieu. Au mur septentrional, on aperçoit une large fenêtre gothique divisée en deux baies par un meneau en pierre qui va s'épanouir dans le tympan de l'ogive, pour y déterminer des dessins flamboyants.

Un bel autel en marbre blanc s'élève à droite, contre le mur oriental. Une statue de la Vierge tenant l'Enfant-Jésus se montre dans la niche en renfoncement qui domine l'autel.

II° Chapelles du midi. — 1° Chapelle de Sainte-Philomène. — Au midi, comme au nord, des voûtes en croisée d'ogive simples dominent les chapelles.

La chapelle de *Sainte-Philomène*, autrefois placée sous le vocable de *Saint-Jean-Baptiste*, est éclairée, au midi, par une baie cintrée. Un élégant autel en marbre blanc la décore à gauche, en entrant, et la statue de *sainte Philomène* se détache dans la niche pratiquée dans le mur oriental (1).

2° Chapelle du Sacré-Cœur. — Les nervures de la voûte reposent, aux angles, sur des consoles historiées ornées de faces humaines, tandis que la clé de voûte présente un hexagone au centre duquel le Fils de Dieu tient la croix triomphale de la main gauche et bénit le monde avec la droite.

Le *Bon Pasteur* portant la brebis égarée sur ses épaules forme le sujet du vitrail peint, placé dans la fenêtre cintrée du midi. Contre le mur oriental se dresse le bel

---

(1) Il y a dans cette chapelle un confessionnal assez ancien construit en 1757. — Les comptes des marguilliers déposés chez M Verdier rappellent que le curé de Monguilhem en confia l'exécution au Bordelais, maître menuisier à Villeneuve de Marsan, qui devait le faire dans le goût de celui de Gabarret. Ce Bordelais fit d'autres travaux dans l'église

autel en marbre de diverses couleurs que domine une toile peinte représentant le *Sacré Cœur*.

Un grand tableau peint adossé au mur occidental, et portant la date de 1749, présente deux pontifes : saint Alexandre, pape, et saint-Orens, sans doute (1).

Chevet. — Un grand arc ogival s'élève à l'entrée du chevet à cinq pans coupés ornés, à la base, d'un beau lambris (2). Le sanctuaire s'abrite sous une voûte en ogive dont les six nervures partent des angles pour aboutir à une clé centrale festonnée, de forme rectangulaire, au milieu de laquelle le sculpteur a gravé un personnage qu'on croit être saint Pierre, patron de la paroisse.

Trois belles verrières cintrées éclairent le sanctuaire. Le *Christ* meurt sur la croix, ayant les saintes femmes et saint Jean à ses pieds, dans le vitrail du milieu. *Saint Pierre* se montre dans le vitrail de gauche, et *saint André* dans celui de droite.

Au centre de l'abside s'élève le bel autel paroissial en marbre de diverses couleurs.

---

(1) L'église de Monguilhem possédait, autrefois, une série de toiles peintes : *S Joseph*, *S Christophe* et trois autres tableaux que le curé fait nettoyer par Vignon, sculpteur de Lunéville, en Lorraine Ce même artiste répare les *uth aux* (sic) de l'église, en 1766 (*Archives de M. Verdier.*)

(2) Vignon, sculpteur, exécuta ces lambris, en 1766 (*Arch de M. Verdier.*) L'année suivante, Jean de Pomadère, curé de Monguilhem, fit exécuter des peintures (1767) dans son église par Jean Baptiste Corbon, maître peintre, natif d'Aix en Provence, qui peignit les boiseries du chœur et la chaire (Archives de M. Verdier)

Les comptes des marguilliers de 1770 et 1779 signalent d'autres dépenses faites pour l'église : achats de livres, d'un ostensoir. M Lasseire, orfèvre de Mont-de-Marsan, « fait un soleil du poids de 2 marcs 3/4 et demi à raison de 52 liv. le marc — 201 liv. 3 s 9 d » On lui donne en paiement le vieux soleil pesant six onces et demie et demi gros (*Arch. de M. Verdier*)

MONGUILHEM

ET

TOUJOUSE

TOUJOUSE

HISTOIRE MUNICIPALE

CHAPITRE UNIQUE

Nous connaissons déjà la haute antiquité de la paroisse de *Toujouse* (V. p. 3, etc.) mentionnée dans le *Pouillé du diocèse d'Aire* et le *Livre Rouge* (pp. 85, 134, 141). La localité se composait de trois sections bien distinctes, dont nous aurons à nous occuper successivement, savoir : *Toujouse* (1), *Bascaules* et *La Gouarde* (2).

Le *Pouillé du diocèse d'Aire* (p. 83) s'exprime ainsi, en parlant de Toujouse.

« *Toujouse*, annexe : *Guillas*. — Je ne sais si Guillas ne serait pas La Garde, dont il est parlé dans le Livre Rouge en ces termes : *Capellanus de Toyosa et de Bas-*

---

(1) Le mot Toujouse s'écrit le plus souvent *Touyouse*. L'étymologie de ce mot paraît être *Touye* ou *Touya*, *tuie*, en français. La paroisse est, en effet, fertile en produits des landes. *Toujouse*, pays de *tuie*, comme *Houga* paraît venu de *heuguère*, *fougère*. Les textes latins portent : *l'olyanum*, *l'olga*.

(2) Le nom de *La Gouarde* a aussi diverses orthographes dans les documents des archives : *La Gouarde*, *Laouarde*, *La Gouarde*, *La Garde*, *Lagouarde*.

caudet et de Garda dependentibus payait 40 sols morlans pour le droit de visite. Ces trois églises étaient *de dono episcopi* et quoique La Garde et Bascaudet soient marquées être de l'archiprêtré de Plano, ce ne serait pas une raison. Bascaudez est sans église. Le seigneur perçoit toute la dîme et la situation du lieu fait que les habitants ne sont d'aucune paroisse, d'aucun parlement, ni d'aucune généralité. »

Autant d'affirmations, autant d'erreurs ou à peu près. Guillas était une église bien distincte de *La Gouarde*, nous le verrons. *Bascaudet*, est le nom mal écrit de la baronnie de *Bascaules*. Bascaules avait une église, si, du moins, il faut s'en rapporter aux cartes diocésaines anciennes. La carte publiée sous Mgr Desmarets, archevêque d'Auch, signale encore l'église de Bascaules, 25 ans avant la rédaction du *Pouillé d'Aire*. Enfin, Toujouse, uni à Monguilhem, pour la *justice*, était du parlement et de la généralité de Bordeaux, et ses habitants appartenaient à la paroisse de *Toujouse*.

On verra plus loin la concession faite par Raoul de Brienne, au nom du roi de France, à la paroisse de Toujouse, au point de vue de la justice d'appel pour cette communauté. Contentons-nous de rappeler ici que le roi d'Angleterre, Edouard, duc d'Aquitaine, voulant récompenser les bons et loyaux services qu'il avait reçus du baron de Toujouse, lui accorda la haute, moyenne et basse justice de *Toujouse*. de *Saint-Pierre de Caucabane* (1). Nous en trouvons la preuve dans un document conservé aux archives de Villeneuve-de-Marsan $\frac{11-1}{9}$, où le lecteur pourra le consulter. Le texte n'est pas irréprochable au point de vue de la lecture de la pièce originale. L'auteur

---

(1) Une heureuse découverte nous permet de rectifier la note 5, de la page 2, de ce livre « Le bois de *Caucabane*, près de Montaigut, existe encore, avons-nous dit, mais on n'y trouve nulle part la trace d'une église » C'est une erreur. De nouvelles recherches nous permettent d'affirmer que, sur la rive gauche du *Midou*, dans le territoire actuel de Lannemaignan, au couchant du village, a une distance de 2 kilomètres environ, l'on voit l'emplacement d'une ancienne église située dans le bois de *Caucabane* Cet édifice s'élevait à l'angle formé par la limite du Gers et des *Londes*, a gauche de la route, de Lannemaignan a Villeneuve, dans un champ de la métairie du *Bois*, propriété de M. de Muret Ce point s'appelle le *Glesia* La, se trouvait sans doute l'église *Saint Pierre de Caucabane*, peu éloignée de celle d'Ires. Cette dernière, devint sans doute annexe de Monguilhem, a l'époque de la destruction de la première Rien ne le prouve cependant, et il est certain que les églises de *Caucabane* et d'*Ipes* existaient en même temps, au XIVᵉ siècle, lorsque le Livre rouge d'Aire fut rédigé (1335) (Voir notre *Pouillé*, pp 134, 148) De plus, a ce moment, *Sainte Foy* (pour *Saint Pierre*) de *Caucabane* était annexe de Monguilhem (p. 148 du *Pouillé*) et *Ipes* était paroisse (p 148 du *Pouillé*) Plus tard, *Ipes* devint annexe de Monguilhem, jusqu'à la Révolution

de la copie avoue lui-même n'avoir pas su lire le texte primitif. Ce qu'il en a transcrit suffit, néanmoins, pour confirmer notre assertion. Nous donnons en note cette pièce (1).

Pour éviter des frais inutiles, le baron de Toujouse, seigneur, tout à la fois, de Toujouse, de La Gouarde et de Monguilhem, faisait rendre la justice par les officiers de Monguilhem. On trouve aux archives départementales du Gers, quelques registres de la justice de Monguilhem, comme nous l'avons rappelé ailleurs. Il suffit d'y jeter un coup d'œil pour constater l'exactitude de notre affirmation.

L'histoire seigneuriale des barons de Toujouse et de Monguilhem, qu'on lira plus loin, nous dispense d'entrer ici dans une foule de détails relatifs à la communauté de Toujouse, au point de vue purement civil et municipal.

Toujouse formait un petit bourg, dont le château seigneurial était le centre. Les édifices primitifs ont disparu. Il ne reste rien notamment de l'antique château féodal qui s'élevait au levant de l'église, et le presbytère actuel est bâti sur l'emplacement de la *salle* ou maison noble des seigneurs des derniers siècles. L'école communale occupe le côté oriental des anciens *pressoirs banaux* où la population devait venir presser son vin.

L'église seule, autrefois chapelle du château, nous présente un reste authentique du château seigneurial primitif dans la cour duquel on pénétrait par la grande arcade gothique de l'ouest, établie à la base d'un clocher en brique sans élévation et dominé par une flèche à quatre eaux peu élancée.

C'est dans ce bourg que nous voyons Bertrand de Toujouse assembler les habitants de Toujouse et de La Gouarde, après un long procès en parlement contre la famille de Gironde, pour recevoir le serment de fidélité de ses emphytéotes et confirmer leurs coutumes antiques (2). La cérémonie eut lieu le 5 octobre 1597. Le lecteur verra à la fin de ce volume cette charte remarquable. Nous allons nous borner à l'analyser, afin de retracer, en passant,

(1) « Oldedardus Dei gratia rex Angliæ et dux Aquitaniæ Senescallo Landarum qui nunc est vel qui pro tempore fuerit salutem. Cum per has nostras patentes pro bono servicio quod dilectus nobis Bernardus dominus de Touyoure nobis et progenitoribus nostris quondam regibus Angliæ hactenus impenderit .. concessimus pro se et heredibus suis altam et bassam justiciam mixtam imperii in parochiis Sanctæ Fidei de Touyoure et Sancti Petri de Cauquabane , cum aliis quibuscumque quæ nos habemus vel habere possumus infra parochias prædictas de nobis et heredibus nostris pro ligio homagio nobis et heredibus inde faciendo. »

(2) *Archives de Villeneuve-de-Marsan* $\left(\frac{11-1}{8}\right)$

les principales dispositions du petit code communal qui régissait la plupart de nos paroisses, sous l'ancien régime. Le fond de ce code communal était à peu près le même partout. Il faut cependant y noter parfois d'importantes différences. Nous en avons la preuve pour Castex (1), paroisse voisine de Monguilhem.

(1) La seigneurie de Castex a successivement appartenu à différentes familles, dont la plus ancienne est celle de Castex. Jean de Castex figure comme témoin dans l'acte de paréage de *Montaigut*. (V. notre brochure, *Montaigut*, p 10) On trouve ensuite à la tête de cette terre, les *Bassabat*, les *Roquelaure*, les *Gourgues*, et enfin les Comtes D'ABBADIE DE BARRAU, à partir du dix huitième siècle

Nous voudrions pouvoir reproduire intégralement les *fors* et *coutumes* de Castex conservés dans les archives particulières de M le comte d'Abbadie de Barrau, ancien représentant du Gers à l'Assemblée nationale Mais la longueur du texte nous interdit ce plaisir qui serait certainement partagé par le lecteur. Contentons nous d'une substantielle analyse

Noble Bertrand de Bassabat est devenu seigneur de Castex au commencement du dix septième siècle Les consuls et habitants de la localité s'assemblent pour lui rendre foi et hommage et recevoir confirmation de leurs « libertés, privilèges, coutumes, exemptions, etc »

La cérémonie a lieu au mois de mai (du 13 au 17) 1620
Bertrand de Bassabat et Catherine sa femme jurent, la main placée sur le livre des évangiles, qu'ils respecteront les coutumes, droits et privilèges accordés aux habitants de Castex, à l'exemple de leurs prédécesseurs

A leur tour, les consuls, jurats et autres habitants jurent à leurs nouveaux maîtres « de leur rendre toute sorte de fidélité, de respect et d'honneur, » de se connaître leurs droits et de les défendre envers et contre tous

1º Ils leur jureront toutes les redevances exigibles et ils reconnaissent Bertrand de Bassabat comme leur unique seigneur « haut, moyen et bas justicier, comme seigneur directe et sans compagnon des hommes et terres de Castex » qui comprend les paroisses de Saint Martin de Castex, de Saint Canne et de Labeyrie. Bertrand de Bassabat a le droit de créer les officiers de la justice de Castex, juge, lieutenant, procureur et bailo, et de les destituer à son gré Néanmoins, la justice criminelle et de police sera rendue par les consuls « au nom et sous l'autorité du seigneur »

2º Comme par le passé, les quatre consuls en charge dresseront une liste de huit personnes, chaque année, à Nöel, qu'ils feront approuver par le juge pour la soumettre au seigneur. Celui ci choisira sur la liste trois consuls pour l'année suivante. Le choix du quatrième sera réservé à la communauté, c'est le consul sergent chargé de la convocation de la jurade, etc Les consuls, revêtus de leurs chaperon et livrée, prêteront serment le jour de l'an devant le seigneur et devront assister aux assemblées communales avec leur costume, qu'ils porteront aussi à l'église, en particulier pour les fêtes,

La censive annuelle est de six liards par an et par journal de terre
Les lots et ventes (droits de mutation) appartiennent au seigneur à raison du denier douze. Le droit n'est que de six liards pour les simples *échanges* (par journal).

Chaque propriétaire de maison doit au seigneur une redevance annuelle d'une paire de poulets. Il doit aussi lui faire filer une livre de lin. Chaque habitant doit au seigneur quatre jours de corvée par an *(las besiaus)* et le seigneur peut les exiger quand il le juge à propos pour ses terres

Les habitants doivent une redevance au seigneur, à raison du droit de pâturage qu'il leur accorde dans son bois du *Bédat* et aussi à raison des *padouens* abandonnés à la communauté de tout temps, savoir » une pièce de lande appelée la *Peur de la justice*, et le *Padiven*, de la contenance de quarante journaux, un bois à haute fûtaie, à la *Barthe dé darré lou loc*, d'une étendue de 40 journaux, un autre bois appelé à *la Barthole*, contenant deux journaux,

Il est dû quatre sols pour chaque barrique de vin vendu au détail pendant l'année, et chaque habitant a le droit de débiter du vin dans la paroisse, pourvu que les consuls l'aient goûté, taxé et bondé à l'avance pour empêcher toute falsification Les consuls ont droit à une pinte de vin pour ce travail de *marque*.

La communauté et le seigneur se partagent « par moitié » les droits de la vente du vin.

1° Tous les habitants reconnaissent d'une voix unanime que la terre de Toujouse dépend du seigneur de ce nom; 2° A ce titre, le seigneur doit être maintenu dans tous ses droits de haute, moyenne et basse justice; 3° Il a droit aux fiefs, lots, ventes, hommes, services, prérogatives, prééminences, franchises, libertés, et personne ne peut rien prétendre sur Toujouse, pas plus que sur La Goarde; 4° Le seigneur de Toujouse a seul le droit de nommer les juges et leurs officiers. Seul, il peut les installer. Pour ce qui concerne La Goarde, cette baronnie est du ressort de la justice de Monguilhem. « De toute ancienneté, Toujouse et La Goarde sont la propriété des barons de Toujouse. » De tout temps, les seigneurs de Toujouse ont joui noblement de la forêt à haute fûtaie de Toujouse, connue sous le nom de *Bédat du seigneur*; 6° Les métairies de *Saudouze* et de *Fau* appartiennent au seigneur de Toujouse qui jouit *noblement* de ces terres, ainsi que d'une métairie située en La Goarde dont il est propriétaire *par indivis* avec les habitants du village de *Saubin*. Ces domaines sont exempts de tout impôt, de temps immémorial; 7° Les consuls et habitants de Toujouse et de La Goarde reconnaissent que le seigneur a droit à la dîme de tous les fruits qui se récoltent dans l'étendue de ces baronnies, tels « que froment, seigle, baillarge, orge,

Le droit de boucherie est vendu chaque année aux enchères Les consuls et le seigneur se partagent ce revenu
Les habitants doivent faire moudre leurs grains aux moulins du seigneur.
Quiconque blessera quelqu'un jusqu'à l'effusion du sang paiera une amende de douze livres trois sols. — Même amende pour un célibataire qui aurait déshonoré une fille
Le baile impose une amende de six sols neuf deniers à raison du dommage causé par une tête de bétail, sans préjudice de la réparation du dommage qui est estimé par les consuls auxquels il faut payer quatre kai olus pour leur peine. — Le baile prend cinq deniers par assignation faite au nom d'un habitant et vingt sols tournois pour un étranger, etc
Les consuls appelleront à leurs assemblées de jurade le procureur juridictionnel ou le seigneur. — Les consuls feront exécuter les réparations des chemins. En cas de guerre, les habitants se rendront en armes auprès du seigneur ou lui enverront quelqu'un à leur place — Tous les ans, les consuls iront demander au seigneur, le 22 septembre, de fixer l'ouverture des vendanges.
Labeyrie, notaire royal de Castex, rédigea le procès verbal de la cérémonie de vasselage que nous venons de rappeler. Les Brousan sont notaires de Castex au XVII° et au XVIII° siècles — Le chemin qui reliait Castex à Monguilhem n'était pas praticable en 1714. Latant, procureur du marquis de Gourgue, somma les habitants de le réparer.
Les biens communaux de Castex, dont nous avons parlé précédemment, furent partagés par portions égales entre les 70 propriétaires de la commune en 1793 On décida, le 14 juillet an II (1793), que des arpenteurs feraient le partage. Il revenait à chaque maison 9 lattes 1/2 de lande, 16 lattes 1/2 de bois (Voir les détails de ce partage dans les Archives de M. Verdier, à Monguilhem et dans le *Registre communal* de Castex.) Le cadastre *(terrier)* de Castex fut dressé en 1662. Il comprend les terres de *Castex*, *Saint-Ganne* et *Labeyrie*. Le volume *in-folio* a 278 feuillets et contient le nom de 165 propriétaires. (Voir les archives de Castex.)

avoine, millet, panis, milloques, légumages, vins, lin, chanvre; 8° Le seigneur de Toujouse a droit au fief de Toujouse et de La Goarde, à raison de cinq liards par journal composé de 25 lattes un quart, la latte ayant une longueur « de seize pans; » 9° Le seigneur jouit du droit de lots et ventes, à raison d'un douzième de la somme payée pour la vente des biens, « pour droit d'investiture, » sans préjudice du droit de prélation qu'il se réserve en payant au vendeur « le sort principal: » 10° Pour droit d'investiture, dans le cas d'échange de biens, le seigneur a droit à trois sols quatre deniers. « Pour droit d'investiture d'un rachapt au proche linager, » il reçoit une égale somme; 11° Le seigneur prend *par feu allumant* ou ménage, le droit de *galinage* qui est d'une paire de poulets, payable, chaque année, à la fête de Noel; 12° Le droit de *padivance* ou de pacage dans les terrains vagues inféodés aux habitants de Toujouse de temps immémorial, assure au seigneur « un devoir de cinquet » par ménage, c'est-à-dire cinq liards et *une paire de poulets de belle taille*, payables: le *cinquet*, à la fête de Sainte Madeleine, les poulets à la Pentecôte. Ces revenus annuels doivent être remis par les vassaux « en la maison dudit seigneur en ses mains ou autres que bon luy semblera; » 13° Le seigneur a le droit de *maynade*, c'est à dire qu'il peut choisir un mois de l'année, à son gré, pour faire vendre et débiter ses vins. Durant ce temps, personne n'aura le droit de vendre ou de débiter du vin en gros ou au détail, sans son exprès consentement. Le mois choisi est celui d'août. S'il y avait contravention à cette coutume, le vin mis en vente sera confisqué au profit du seigneur et le fût sera brûlé sur la place de Toujouse. Mais le seigneur s'oblige à mettre assez de vin en vente, pendant le mois d'août, pour que chaque habitant soit suffisamment approvisionné. S'il oubliait son engagement, les vassaux pourraient vendre eux-mêmes leur vin, sans devenir l'objet d'une poursuite quelconque; 14° Tous les habitants sont tenus de faire moudre les grains destinés à leur usage ordinaire ou extraordinaire dans les moulins du seigneur, à la condition que celui-ci aura soin de tenir ses usines en bon état. Dans le cas où, après vingt-quatre heures d'attente, les clients n'auraient pas pu être servis, « faute d'eau, refus ou autrement, » il leur sera loisible d'aller faire moudre leurs grains où bon leur semblera. Les habitants de Toujouse et de La Goarde auront aussi le droit de *bégade*, c'est-à-dire la priorité sur les clients étrangers, qui, sous aucun prétexte, ne pourront passer avant eux. Le droit de *pugnère* (1) ne pourra, en aucun cas, être surélevé.

Si les moulins du seigneur de Toujouse venaient à éprouver quelque dégât pour cause d'inondation ou autrement, les habitants s'engagent à concourir à leur réparation, soit avec leurs bras, soit avec leurs animaux, soit avec leurs outils, à la condition que le seigneur les défraiera, alors, de toute dépense et pourvoira à leur nourriture.

Les vassaux ne sont tenus à aucun dédommagement envers le seigneur pour le retard mis à la réparation des moulins, et ils ne sont obligés de contribuer à ces ouvrages extraordinaires qu'à tour de rôle, et, ce devoir accompli, ils ne doivent plus rien, de ce chef, à leur seigneur qui ne peut pas les appeler arbitrairement pour ces travaux, mais seulement les uns après les autres, de façon à ce que chaque habitant paie successivement sa part de contribution. Mais le seigneur peut les obliger à ces *manœuvres* par telles voies qu'il jugera plus convenables, si les récalcitrants ne peuvent présenter une excuse valable pour se dispenser de ces devoirs.

Après avoir fait ces déclarations à leur seigneur, les habitants de Toujouse viennent, les uns après les autres, prêter serment de fidélité entre ses mains. Ils se disent disposés à défendre ses intérêts, « à lui révéler toute entreprise et machination qui viendrait à leur *notice* (connaissance) et soustenir sa cause contre quelque personne que ce soit, sauf contre le roi leur souverain prince. » Ils jurent qu'ils sont disposés à lui obéir et à le servir en tout ce qui ne sera pas préjudiciable aux intérêts de la communauté.

Le baron prenant la parole à son tour fait serment à ses vassaux qu'il sera pour eux bon et fidèle seigneur, qu'il les maintiendra dans leurs privilèges, les soutiendra et les défendra de tout son pouvoir, quand besoin sera.

Après cela, les consuls, jurats et habitants de Toujouse et de La Goarde prient leur seigneur de faire dresser la liste de leurs privilèges. C'est fait aussitôt.

1° Les seigneurs de Toujouse ont inféodé aux habitants le *padivent* de Toujouse, moyennant un droit de *cinquet* ou de cinq liards par ménage, d'une paire de poulets et de deux *manœuvres*. Les *padivents* ainsi concédés, sont : toute la lande et tous les terrains de *Piron*, de la *Hon Navère*, du *Tuco deu Monge*, de la *Come de Picheher*;

---

(1) La *pugnere* est une mesure de capacité.

2º Toute la lande appelée au *Tuco de Richon*, à la Come d'*Arrioula*, au *Tuco de Saint-Aubin*, à *la Hourcade*, au *cap de la Come deu Hau*, au cap du *Tuco de Lubaton*, au *tuco de Pelan* et de *Pouget* et à la *Hountartole*; 3º Toute la terre, le bois, la lande appelée *Loupeyrons*, *es lanes de Pecaoue*, à *Guillomin*, à *Jorly* et au *Cap de la Coume deu Pouy* (1).

Les habitants de Toujouse ont la pleine jouissance de ces *padrents* et *communaux* sur lesquels le seigneur ne peut prétendre d'autres droits que ceux que nous avons spécifiés ci-dessus et celui d'y puiser le *soustrage* et *tute* nécessaires pour ses métairies. Du reste, chaque habitant jouit du même privilège que le seigneur au point de vue du *soustrage et de la tute* nécessaires à ses terres. De plus, le seigneur peut inféoder et donner à un habitant quelconque un *demi journal* de ses terres pour s'y bâtir une maison, à la condition que cette habitation ne nuira pas aux intérêts des autres citoyens. En vertu d'un accord spécial, conclu entre le seigneur et les habitants, il demeure établi que si quelqu'un est surpris en flagrant délit de vol de bois, il sera frappé d'une amende d'un demi-écu sol applicable, moitié au seigneur et moitié aux jurats de Toujouse. Si l'auteur du dommage n'est pas pris sur le fait, il pourra cependant être condamné à la suite d'une dénonciation faite en bonne et due forme, soit par un homme, soit par une femme. Le malfaiteur paiera, en outre, au dénonciateur, une amende de dix sols, et les instruments employés pour commettre le délit seront confisqués au profit de la jurade. Lorsque les jurats auront connu du délit, le baile appliquera l'amende et le coupable sera contraint de s'exécuter, sous peine de voir ses immeubles saisis et d'être lui-même, au besoin, jeté en prison. Aucune décision de justice ne sera nécessaire pour en venir à l'emploi de ces moyens de rigueur.

Tous les revenus provenant des *padrents ou du bois* seront utilisés pour le bien de la communauté et mis à l'encan *au plus offrant et dernier enchérisseur*.

Celui-ci ne pourra pas être étranger à la paroisse et il sera tenu de payer comptant ou de fournir une bonne caution avant d'entrer en jouissance de son acquisition.

Tout dommage porté à l'acquéreur, soit par les animaux, soit par les personnes, sera puni d'une amende. Chaque tête de gros bétail à corne (bouin), chaque pourceau, sera

---

(1) Il est question dans cette pièce du *village* du *Cos*, du *Porté*, etc., en Toujouse. Le mot *village* est évidemment pris pour *hameau*, *quartier*.

frappé d'une amende de six liards. Les chèvres et les brebis payeront deux liards par tête.

Si une personne va ramasser des glands au préjudice de l'acheteur, on lui infligera une amende de *demi-écu*. Les amendes seront applicables : moitié au seigneur et moitié au fermier du *glandage*. Les voisins et *estipendiers dudit bois ont droit au passage par les lieux accoutumés et sans s'en divertir ni faire arrest*.

Quiconque sera trouvé de nuit ou de jour en flagrant délit de vol dans une vigne, dans un champ de blé, dans les jardins, vergers, ou endommageant les *chalats*, sera saisi et amené de force sur la place de Toujouse pour y être attaché par le baile et être mis au *pilori* pendant vingt-quatre heures. De plus, le coupable sera frappé d'une amende d'un écu payable au seigneur, il devra réparer le dommage causé, d'après l'estimation des experts, compter dix sols au baile et donner dix sols à son dénonciateur, propriétaire ou autre, auquel on déférera le serment. Si le dénonciateur vient à être convaincu de mensonge, il sera passible d'une amende deux fois plus considérable.

Quiconque osera ouvrir, sans le consentement préalable du propriétaire, les vignes, les prés, les bois, les châtaigneraies et autres domaines clos où sera placé un signe prohibitif, encourra la même peine que le voleur dont il vient d'être parlé. Les animaux trouvés dans ces domaines seront saisis, enfermés, et le maître sera obligé de payer le dommage causé, après condamnation par le juge ou procureur du seigneur, qui aura droit à une vacation de dix sols.

Le propriétaire qui trouvera des pourceaux, des chèvres, des oies dans ses vignes, jardins, bois, *castagnets* ou prés, aura le droit de les tuer, s'il le juge à propos, ou de se faire payer le dommage subi, après estimation par les consuls et le procureur du seigneur. L'amende dont il est parlé précédemment est indépendante de la réparation des dommages.

Le propriétaire ne pourra jamais être recherché pour cause d'exaction, soit à raison des animaux tués, soit à raison des amendes imposées pour réparation de dommages.

Les jurats de Toujouse auront le droit de choisir douze hommes intelligents et capables pour l'administration des affaires de la communauté. Tout ce qui sera réglé par ce conseil devra être exécuté pour le bien commun.

Les jurats pourront contraindre les habitants à s'acquitter de leurs obligations envers le fisc, en faisant saisir les meubles, en violant le domicile et en brisant les portes, au besoin, sans qu'ils soient obligés de recourir aux décisions de la justice.

Les jurats et les membres du conseil auront le droit de faire mesurer et de faire vendre, en tout temps, pour l'utilité de la paroisse, sauf pendant *la mayade*, toute sorte de vin *emprunté ou pris en paiement*. Quand il y aura contravention, le vin mis en vente au détail sera saisi, confisqué et distribué aux pauvres. Le fût sera brûlé sur la place publique et le délinquant encourra une amende de demi-écu payable au seigneur.

Personne n'aura le droit de débiter ou de vendre au détail aucune espèce de vin étranger à la paroisse, tant qu'il y en aura dans l'étendue de la juridiction de Toujouse, à moins d'en avoir reçu l'autorisation des jurats et de leurs concitoyens.

Si on venait à violer ces défenses, le vin mis en vente au préjudice de la communauté sera confisqué, le fût sera brûlé sur la place publique et le coupable paiera un demi écu d'amende au seigneur et aux jurats, à raison de leur déplacement pour aller constater le délit sur les lieux mêmes.

Mais s'il arrivait qu'il n'y eût pas du vin du crû mis en vente dans la paroisse de Toujouse, il sera permis à tout habitant de Toujouse, après que les jurats et les seigneurs en seront avertis, de vendre du vin récolté dans des paroisses étrangères. Dans ce cas, le seigneur aura droit à un *subside de trois sols* pour chaque barrique.

Les jurats de Toujouse feront, tous les ans, la visite de la paroisse pour sceller de leur *marque* tout le vin récolté dans la juridiction. Ils déféreront le serment aux propriétaires, pour savoir s'ils n'auraient pas mêlé des vins de paroisses étrangères à leurs propres produits. Aucune pièce de vin du crû ou étrangère ne pourra être mise en vente au détail, si elle n'a reçu, au préalable, la marque de la jurade.

Les jurats ont le droit de prélever, de temps immémorial, un *chaupet* de vin sur chaque pièce *marquée* mise en vente, mais dans ce cas seulement.

En vertu d'un accord consenti entre les habitants et le seigneur, défense aux taverniers, cabaretiers et autres gens de Toujouse, de vendre du vin aux habitants de la paroisse, depuis le crépuscule du soir, jusqu'à l'aurore du matin, sous peine d'une amende de deux écus payables au seigneur.

Toutes sortes de jeux, tout genre de débauches, sont expressément interdits sous peine, pour chaque délinquant, d'une amende de demi-écu payable au seigneur et d'un emprisonnement de vingt-quatre heures.

Le baile du seigneur — et à son défaut, son lieutenant. — pourra « faire les exploits et contraintes sans permission ni authorité » de qui que ce soit, contre ceux qui auraient encouru les diverses peines ci-dessus énoncées.

La pièce a pour titre : « *Carte et confirmation des droits et devoirs, statuts et privilèges deus au seigneur de Toujouse et aux habitants dudit lieu avec la clause de fidélité entre eux faite et prettée aux règlements de police, fait en l'an 1597.* »

L'examen d'un document de cette espèce nous paraît capable de faire tomber certains préjugés sur les temps calomniés du moyen-âge, que certaine école présente comme une époque de barbarie. Au dire d'hommes passionnés, la féodalité fut le règne de la tyrannie. Est ce le cas à Toujouse?

Quelle merveilleuse harmonie, au contraire, dans cette assemblée populaire présidée par un seigneur bienfaisant. qui, après avoir donné des terres à leurs ancêtres, par la main de ses pères, maintient ses emphytéotes dans les libertés et franchises des siècles précédents, moyennant une légitime redevance annuelle et la simple reconnaissance, par *la foi et l'hommage*. de ses antiques libéralités.

Le peuple n'est pas plus maître de ses destinées, aujourd'hui, qu'au temps de la féodalité. Les *fors* de Toujouse l'attestent hautement. Voyez! Les consuls, les jurats sont choisis par le peuple lui-même. Le seigneur se réserve seulement le droit d'investiture. Les magistrats appelés à juger leurs concitoyens et à gouverner leur modeste juridiction. se défient de leurs propres lumières. Ils choisissent douze hommes intelligents et sages parmi leurs concitoyens, afin de s'éclairer de leurs conseils.

Les membres de ce petit Sénat leur feront connaître les besoins communaux. Ils les aideront à s'acquitter de leurs délicates fonctions. Toujouse a le régime représentatif par excellence.

Le seigneur est le chef constitutionnel de ce petit royaume rural. Le baile est son ministre. Il personnifie le pouvoir exécutif. Le pouvoir judiciaire est entre les mains des consuls élus par le suffrage populaire. et le conseil des douzes membres est comme la Chambre Haute. tout à la fois, et le corps représentatif de la communauté.

Un serment réciproque liait. dans cette minuscule monarchie, le peuple au baron et le baron à ses emphytéotes. Le livre des lois n'était pas encore un recueil indigeste de décisions contradictoires. C'était une simple énumération de règles faciles à comprendre et d'une application élémentaire.

Les successeurs de Bernard de Toujouse continuèrent à jouir paisiblement de leurs droits jusqu'au jour où l'esprit de révolte se glissant dans les masses, on vit le peuple s'insurger contre les réclamations des seigneurs auxquels il contesta la plupart des redevances. Nous avons signalé, ailleurs, ce mouvement révolutionnaire en Armagnac. Toujouse le ressentit, à son tour, et manifesta des sentiments d'indépendance qui obligèrent le marquis de Poyanne, en 1780, à affirmer ses droits par la production de documents authentiques recherchés par les hommes de loi.

Nous le savons par les *Nouvelles observations pour dresser le dénombrement de Monguilhem et de Toujouse* (1), qui servirent de base à l'*Aveu* fourni par Léonard de Baylens, marquis de Poyanne, « pour raison de la terre, des baronnies et seigneuries de Toujouse et de Lagouarde (2). » Au risque de tomber dans des redites apparentes, nous allons rappeler sommairement, d'après ce texte, les droits des seigneurs de Toujouse, presque à la veille de la Révolution. La pièce comprend 29 articles.

ARTICLE 1. — Le marquis déclare être seul seigneur de la baronnie de Sainte Foy de Toujouse et de Lagouarde. Seul, il a la haute, moyenne et basse justice « avec l'attribut des amendes, confiscation, et tous autres droits et profits en dépendant. » Il a aussi le droit exclusif d'instituer, à sa guise, et de destituer, quand il lui plaît, « tous juges et officiers nécessaires pour l'exercice de la justice. »

ART. 2. — Le seigneur a le droit de choisir sur la liste présentée par les jurats, tous les ans, au commencement de l'année les consuls de Toujouse. Et ceux-ci, avant de faire aucun exercice de leur charge, sont tenus de prêter serment entre les mains des officiers de justice du seigneur. A l'expiration de leur mandat, ils rendront compte aussi, de leur administration devant les mêmes magistrats chargés de représenter le marquis. Et toutes les fois que le marquis arrivera sur sa terre de Toujouse, les consuls en livrée devront lui faire une visite.

ART. 3. — La censive (impôt) annuelle et perpétuelle

---

(1) Archives de Villeneuve de Marson — Dossier Monguilhem
(2) Ibid

foncière et directe appartient au marquis pour Toujouse et Lagouarde. Il lui est dû, de ce chef, pour chaque journal de terre, 15 deniers et une paire de poules par *feu al lumant* et par chaque habitant vendant séparément « pour le droit appelé communément *gallinage* ou *fouage*. » Ces redevances doivent être acquittées dans le château de Toujouse, le jour de Noël de chaque année.

Art. 4. — Au seigneur appartient le droit de *lods et ventes* (mutations), *à raison du denier douze* pour toute vente ou aliénation volontaire ou forcée, mutation, et pour tout changement de main des terres et héritages de la paroisse. Le seigneur a aussi le droit de *prélation* qu'il peut exercer par lui-même ou céder à un autre.

Art. 5. — Chaque achat, chaque rachat, chaque contrat d'engagement vaut au seigneur « trois sols quatre deniers d'investiture. »

Art. 6. — Le seigneur peut prendre trois sols quatre deniers pour droit d'investiture dans chaque contrat d'échange.

Art. 7. — Chaque habitant des baronnies de Toujouse et de Lagouarde doit quinze deniers payables à la Madeleine, *et une paire de poules à haute crête*, payables à la Pentecôte, tous les ans, « pour raison des *padouens* (terrains communaux). »

Art. 8. — Le seigneur prend la dîme inféodée, en Toujouse et Lagouarde, à raison de huit un, de tous les fruits récoltés dans la juridiction : « froment, méture, seigle, orge, baillarge, avoine, maïs ou blé d'Inde, millet, panis, milloque, légumages, lin, vin, chanvre, etc. »

Art. 9. — Chaque habitant des baronnies est tenu de faire moudre son grain aux moulins du seigneur que celui-ci doit faire entretenir en bon état. Dans le cas où l'inondation ou une force majeure ruinerait les moulins, chaque habitant, à tour de rôle, sera tenu de concourir à la réparation des dégâts par ses mains ou avec ses animaux.

Dans ce cas, le seigneur doit nourrir les ouvriers. Seul, le seigneur a le droit de faire bâtir des moulins à eau et à vent, dans l'étendue de ses terres. Les habitants sont obligés de l'aider dans ces constructions et il leur doit la nourriture.

Toute contravention à cette loi entraîne, pour le délinquant, une amende de trois livres.

Art. 10. — Chaque habitant doit, annuellement au seigneur, trois journées de corvée, « vulgairement appelée *béziaux* » Et le seigneur a le droit de demander ces corvées « avec bœufs et charrettes » quand il le jugera à propos, et d'utiliser les bras des manœuvres pour ses vignes. champs, prés, étangs, etc.

Art. 11. — Le seigneur a le droit d'établir dans ses baronnies un berger de la montagne « du pais de Béarn et autres qui viennent avec leurs troupeaux et de permettre audit berger de faire paître et pacager son troupeau sur les terres, héritages, territoire... dans le temps et saison qu'il plaît audit seigneur. » Mais le berger ne pourra occasionner aucun dégât ni dommage aux habitants, en entrant dans les vignes, dans les prés, etc., en temps prohibé.

Art. 12. — Chaque habitant est tenu, sur réquisition, de « faire guet et garde avec armes en la maison seigneuriale » pour protéger la personne et les biens du seigneur. « l'aider et garantir et lui servir d'escorte dans l'étendue des baronnies. »

Art. 13. — Le seigneur a le droit de *mayade*, c'est-à-dire la faculté de choisir un mois de l'année pour vendre et débiter son vin. Il peut choisir le mois d'août. Pendant ce mois, aucun habitant, aucun étranger ne peut vendre et débiter aucune sorte de vin sans son exprès consentement. En cas d'infraction à ce règlement, le vin trouvé en perce et mis en vente au détail, sera confisqué au profit du seigneur et le bois brûlé sur la place publique.

Mais le seigneur est tenu de faire débiter pendant le mois d'août tout le vin nécessaire aux habitants. Toute amende provenant de contraventions contre le droit de *mayade*, appartient au seigneur.

Art. 14. — Le seigneur a droit à trois sols par barrique de vin étranger vendu en détail dans ses baronnies de Toujouse et de Lagouarde.

Art. 15. — Le seigneur a le droit de pressoir qui lui permet de prélever « la huitième partie de tout le vin pressé chez lui. » Il ne peut exiger que la dixième partie du vin lorsqu'il autorise les habitants à presser leur vin ailleurs. « Auquel droit de huit un ou de dix un est compris le droit du seigneur seulement de dîme du vin pressuré et pourvu néanmoins que le vin aye été auparavant foulé et coulé aux tonneaux. Pour raison de ladite banalité de pressoir, lesdits habitants ne peuvent sous quelque prétexte que ce soit faire pressurer leurs grapes déjà foulées qu'au pressoir dudit seigneur, sous peine de confiscation au profit du seigneur de ladite grape et vin. »

Art. 16. — Chaque chef de famille est tenu, chaque année, de faire filer gratuitement pour le seigneur une livre de linet ou d'étoupe livrée par le seigneur. Le fil doit être rapporté au château de Toujouse.

Art. 17. — Le seigneur possède à Toujouse un château avec ses dépendances.

Art. 18. — Le seigneur possède noblement la métairie de Saudouze.

Art. 19. — Celle de *Pémarsieu*.

Art. 20. — Celle du *Bourdieu du Hau*

Art. 21. — Celle de *La Couturasse*.

Art. 22. — Celle du *Pont*.

Art. 23. — Six journaux de terre. « confrontant du levant pié de Doat de Nogaro, midi, couchant et nord avec le bois noble du *Bédat*, appartenant audit seigneur. »

Art. 24. — Le seigneur possède noblement un bois à haute fûtaie, près du Midou et de l'Izaute, connu sous le nom de Bédat. Personne n'a le droit d'y faire paître les animaux sans la permission du seigneur qui se fait payer un droit *d'herbage*.

Art. 25. — Le seigneur possède noblement la vigne appelée *de Lahitte, du travail de vingt hommes*.

Art. 26. — Il possède aussi noblement un champ appelé *au Monge*.

Art. 27. — Une vigne appelée *du Roglan* de huit hommes de travail.

Art. 28. — Un champ appelé au *Trictin*, de la contenance d'un journal.

Art. 29. — Enfin, le seigneur possède noblement un moulin et un étang « avec le droit de banalité. » Il est situé sur le ruisseau de *Manieu* (1).

« Tous lesquels fonds nobles cy-dessus, dit l'*Aveu* que nous venons d'analyser, sont de la contenance d'environ 250 journaux. »

Bien que la part du seigneur de Toujouse fût considérable, le nombre de propriétaires de la localité s'élevait à 99, ce qui prouve la grande division des terres sous la féodalité comme de nos jours. Ce renseignement nous est fourni par le livre terrier de Toujouse conservé dans les archives particulières de M. Verdier, à Monguilhem. Ce magnifique volume in-4º se compose de 146 feuillets. En voici le titre : « C'est le livre *Terrier du lieu de Sainte-Foy de Toujouse, faict en l'année 1699* (2). »

La table alphabétique des noms contenus dans le volume précède le cahier. Le terrier est dressé avec un soin re-

---

(1) « Confronte ledit moulin et étang du levant la metairie de Bernard Labadje dit la *Menue* et *Bernet* dudit seigneur, midi, pré dudit La Menue et J.-J. Labadie son frère, couchant, ruisseau, chemin, pont, appele a *Manieu* qui conduit audit Toujouse, nord, terres de Labadie et de Lignol. »

(2) Toujouse avait eu un autre cadastre en 1673 (*Archives de M. Verdier*.)

marquable. De gracieux dessins tracés à la plume ornent souvent les lettres initiales. Pierre Labarbe, habitant du Bourdalat de Montaigut (1), et Charles Deblanque, habitant de Maignan, furent chargés du travail du terrier « du vouloir et consentement du seigneur et consuls, jurats et habitants de Toujouse. »

L'*arpentement* des terres y est indiqué d'après les mesures agraires en usage dans les localités c'est-à-dire en *journaux, lattes, escats et pans.* « Le journal est composé de 25 lattes, la latte de 25 escats. l'escat carré de 16 pans. »

Les registres consulaires de Monguilhem et les divers dossiers des archives de M. Verdier fournissent quelques indications sur les impositions royales perçues à Toujouse au dix-huitième siècle sur les biens nobles comme sur les terres rurales. Le chiffre moyen des impôts, — nous prenons celui de 1767. — en dehors des dîmes et autres droits seigneuriaux prélevés sur les habitants, était de 371 livres 6 sous 10 deniers pour les *vingtièmes*, et de 1040 livres pour les *tailles*. Nous n'avons pas la *capitation*.

Il résulte de l'examen de l'*Etat des rentes des seigneuries et baronnies de Monguilhem Toujouse et La Gouarde*, conservé aux archives de Villeneuve-de-Marsan (Landes) $\frac{11-1}{25}$, que le revenu total de ces terres ne s'élevait, pour le seigneur. propriétaire primitif. qu'à la somme de SIX MILLE LIVRES. Et encore faut-il comprendre dans ce total le produit de neuf superbes métairies. Monguilhem payait 1100 livres pour sa part. Toujouse et La Gouarde donnaient 1384 livres de leur côté.

L'étendue de la commune de Toujouse est évaluée à 1831 journaux, en 1792 (*Archives de M. Verdier*). La répartition de l'impôt, durant la Révolution, donna lieu à de vifs incidents. Le 16 mai 1792, on vit le conseil municipal s'assembler pour traiter cette question. M. Beth, chirurgien à Toujouse, s'éleva avec indignation contre Joseph

---

(1) Montaigut et Le Bourdalat eurent aussi leur livre terrier rédigé par Pierre Labarbe et Charles de Blanque, le 15 décembre 1671, sur l'ordre du marquis de Poyanne et des jurats de Montaigut et du Bourdalat Ce beau manuscrit in 4° de 92 feuillets est déposé dans les archives particulières de M Verdier, a Monguilhem Le travail d'arpentage fut terminé le 15 avril 1672

Le territoire de Montaigut et du Bourdalat, dit le *Terrier*, « monte le nombre de 1982 journaux 24 lattes et demie, sans y comprendre le bien du seigneur qui monte cent quarante neuf journaux »

Gomme a Monguilhem et a Toujouse, le journal vaut 25 lattes, la latte 25 escats et l'escat *seize pans en carre.* Le nombre de propriétaires de Montaigut et du Bourdalat atteint le chiffre de 200 environ Nouvelle preuve de la division de la propriété avant 89!

M*** cadet, prévenu de concussion et de faux dans la rédaction du rôle d'imposition des six derniers mois des *privilégiés* pour 1789. Mais son âge ne lui permettait pas de poursuivre le coupable. Ce soin fut dévolu à Jean Genous jeune. *(Archives de M Verdier.)*

Les biens nobles ne figuraient pas sur les cadastres, où l'on inscrivait seulement les terres rurales non privilégiées. Il en résultait pour Toujouse que si la répartition de l'impôt nouveau se faisait d'après les *terriers*, chaque propriétaire serait grevé d'une redevance plus considérable, tandis que sa contribution deviendrait moindre si l'assiette des impôts se faisait sur l'étendue totale de la commune, qui comprenait 1831 journaux dont 592 journaux 11 lattes seulement « étaient encadastrés, » d'après le procès-verbal de la séance du 16 mai 1792. A ce compte, Toujouse aurait eu 1238 journaux 11 lattes de biens nobles (1).

Le conseil municipal insiste avec raison pour que la répartition de l'impôt se fasse proportionnellement au nombre total de journaux.

La disparition des archives de Toujouse et des registres des délibérations municipales de la commune, pendant la période révolutionnaire. ne nous permet pas de fournir beaucoup de renseignements sur le passé de cette localité au point de vue purement civil. Du moins nous est-il possible de constater que l'enseignement de la jeunesse ne fut pas négligé dans la paroisse, même avant la Révolution.

La carte de confirmation des coutumes de Toujouse, analysée plus haut, signale une école dans la communauté, en 1597. Destingoy la dirigeait.

L'enseignement fut rétabli à Toujouse, en ce siècle, lorsque cette commune fut détachée de Monguilhem pour former une paroisse distincte. Voici la liste des maîtres qui s'y sont succédé, avec la date de leur nomination, depuis 1872 seulement :

MM. Fauré, 24 septembre 1872; Aspe, 16 février 1873; Carrol, 1er décembre 1873; Sarraméa, 1er octobre 1879; Lafforgue. 1er octobre 1880; Pillardau, 1er janvier 1883; Montégut, 1er octobre 1883; Capmarty, 1er décembre 1883; Amaré, 1er août 1885.

Depuis 1881, Toujouse a une école facultative de filles tenue par Mesdames les Institutrices de la commune.

---

(1) Il faut comprendre dans ce chiffre les biens nobles de *Boscovles*, qui composaient une baronnie parfaitement distincte de Toujouse.

La lecture du *Terrier de Toujouse* (1606) nous a révélé l'existence dans cette communauté de ces malheureux parias du moyen-âge désignés sous les noms divers de *Capots, Gésittes*, etc. Nous lisons, en effet, aux pages 98, 99 de ce recueil : « 1° Bernard de Guilhemon La Trilhe, *gézittain*, tient la maison où il demeure. terre. etc.. appelée aux *Capots* — 1 journal 13 lattes 1/2.

» 2° Guiraud Monguilhem, *gézitain*, possède une maison, terre. etc., aux *Capots*. »

D'ailleurs, la *Carte de confirmation* qu'on lira à la fin de ce volume mentionne à son tour un Catinat, *ladre* de Toujouse et de Monguilhem. On nous pardonnera d'entrer dans quelques détails sur cette classe infortunée devenue l'objet de savantes recherches, depuis quelques années surtout (1).

LES CAPOTS

Un article du paréage conclu en 1317, entre Edouard II, roi d'Angleterre, Guillaume de Montaigut et le seigneur de Toujouse, au sujet de la fondation de Monguilhem, est ainsi conçu : « Item que sadite Majesté pour ceste fois tant seulement et sans conséquence fera le premier notère de ladite ville. *installera le premier ladre ou gésite* et le premier trompette et en deffaud de sa dite Majesté son sénéchal en la duché de Guienne. à la charge néanmoings que le notère, ladre et trompette seront nommés et présentés par ledit de Toujouse, à ceste première fois sans que cette nomination fasse conséquence en la personne de Sa Majesté pour l'advenir. »

A ne juger que par les apparences. il semblerait résulter de ce texte très précis que les *ladres ou gézittes* étaient une sorte de fonctionnaires. Mais un examen plus attentif du langage de l'accord de 1319 ne nous permet pas de nous arrêter à cette idée. et il faut voir dans *ce ladre ou gésitte de Monguilhem*, non un serviteur quelconque, mais bien un lépreux, comme partout ailleurs.

La séquestration des ladres ou lépreux était, en effet. un acte de l'autorité, comme aujourd'hui la réclusion d'un aliéné dangereux. par exemple, est un arrêté du Préfet. Les grandes communes flamandes, artésiennes. picardes. étaient fort jalouses de ce droit. Elles procédaient à la séquestration en grande et solennelle cérémonie dont on voit

---

(4) Nous avons déjà traité partiellement cette question dans la baronnie de *Bourrouillon* (pp 464 et suivantes) — V aussi plus haut, p 25

le détail dans leurs antiques coutumes. Quand la commune n'avait pas ce droit, il revenait au seigneur et le roi d'Angleterre le réserve à son profit, à Monguilhem, rien de plus naturel.

C'était un droit honorifique, une marque de suzeraineté qui avait aussi des conséquences pécuniaires, car les biens des capots étaient exempts de la taille. (Voir les fors de Béarn (1).) Or, les capots se multiplièrent comme les autres hommes, leurs biens s'agrandirent, les comtes d'Armagnac ne pouvaient les soumettre à la taille votée par les Etats où les capots n'avaient pas entrée. Ils leur imposèrent *una quista*, une quête, qui fut acceptée en compensation de la taille.

Les jurisconsultes du roi d'Angleterre, auteurs du paréage de Monguilhem, en gens pratiques et minutieux, réservent formellement les droits de leur maître et du seigneur de Toujouse.

Pour eux comme pour nous, *ladre ou gésille* était synonyme de *capot*. Dans les temps modernes relativement, le peuple a appelé les ladres *capots*, sans doute, parce qu'il était défendu à ces malheureux de sortir de leur maison sans avoir *una capa*, une chappe ou vêtement sur lequel devait être cousue une pièce d'étoffe rouge ayant la forme d'une sorte de trident qu'on appelait la *patte* d'oie.

Mais leur nom légal, le seul que l'on rencontre officiellement, est *leprosus, christian, ladre, gezita, giesite*, etc.

Giézi, serviteur du prophète Elysée, fut maudit par son maître de la part de Dieu (Reg. IX, c. 5) « sed et lepra

---

(1) Grand Coutumier de France, t. VIII, *Fors et Coutumes de Béarn* — Mais si les capots etaient dispensés de la taille à l'égard du roi, ils avaient a s'acquitter d'autres devoirs envers leurs seigneurs Les preuves abondent partout Citons en deux prises sur des points eloignés l'un de l'autre

Un document de nos archives du Grand Séminaire d'Auch (n° 12121), faisant l'enumération des revenus de l'*abbaye laique* de Lourdes (Hautes Pyrenees) en 1602, dit, dans un endroit « , plus a l'abbaye 9 sols bons de tief annuel qu'Etienne Gesitain (*gesite* ou *capot*) fait »

On lit a la page 99 du Terrier de Toujouse de 1669, la note suivante concernant les capots dont les biens sont *encadastres* et soumis à certaines redevances, comme les biens des autres citoyens « Guiraud Monguilhem, *gezitain*, tient la maison ou il demeure, parc, sol, ayrial, cabane, jardin, terres labourables et vigne, appelé aux *Capots* Confronte du levant et midi, vigne, terre, maison des heritiers de Guilhemon Latrille, couchant et bize, landes des heritiers de M Lacourtoisie, contient ur journal neuf lattes et demye »

Un autre *gezitte*, Charles Catinat (p 56 du Terrier), se trouve dans les mêmes conditions que le précédent Ses biens ont une contenance de « 10 journaux trois lattes et demye » « Il tient, dit le *Terrier*, la maison ou il demeure, sol, ayrial, jardin, verger, terre labourable, vignes, comes, houneres, lande et bernet appele a *Guillas*

» Plus terre labourable appelée *Gaouara*, plus autre champ appelé *devant Vidau de la Jeanne* Plus terre, champ, appelé au *camp de la Gleyze*, plus lande bouzigue appelée a *las lanes*, plus lande a *la Coste du Moulot*, plus pré a *la Taste*. »

Naaman adhœrebit tibi et semini tuo, usque in sempiternum. Et egressus est ab eo sicut nix. »

Giézi était donc considéré comme le père de tous les lépreux, et tout lépreux fut appelé fils de Giézi, race de Giézi. *Gesite* veut dire famille de Gesi (sous-entendu gens), comme nous disons Tullia, Æmilia Cœcilia Metella, pour exprimer les familles de Tullius, d'Emilius, de Cécilius Metellus. Les règlements de police faits par les parlements pour les capots, en français, ont soin de traduire *Gezita* par *race de Giezi*.

Gésitte est donc synonyme de lépreux ou ladre, comme le dit le paréage de Monguilhem, avec une foule d'autres titres des douzième et treizième siècles et temps suivants, même les actes des notaires conservés dans nos archives du Grand Séminaire d'Auch.

Le nom de *christiani* était donné par commisération, non-seulement aux lépreux, mais à toutes les races déshéritées. En patois, *chrestian*, à Monguilhem, par exemple, en dauphinois et provençal *chrestin* ou *crestin,* depuis 150 ans, réduit à *crétin*. Il y a des villages de crétins dans les vallées vaudoises et les alpes dauphinoises. On a grande pitié d'eux, on les nomme aussi les *innocents*. Ils vivent séparés du reste des hommes, ils s'allient entre eux. On les baptise, ils vont à l'église, quelques-uns sont en état de faire la première communion.

Les Pyrénées présentent également quelques villages où l'on rencontre en nombre assez considérable ces malheureuses créatures. Ce ne sont pas les vrais capots dont nous parlons ici.

Ces infortunés lépreux ou ladres, à l'aspect repoussant, furent cantonnés hors des villes, dans des maisons ou dans des enceintes que l'on bâtit exprès pour eux et qui prirent le nom de *léproserie* ou *ladrerie*. On en comptait, au douzième siècle, 2000 dans les provinces du domaine royal. (Labour, *Recherches sur les anciennes ladreries.*)

Il y avait aussi dans nos provinces un grand nombre de léproseries et d'hôpitaux. Un parchemin qui sert maintenant de couverture à un vieux registre de l'étude de M. Cussol, notaire à Miradoux, contient un fragment de testament rédigé le 15 juillet 1340 *(XV^a die introitus julii)* par Bernard de Biranhis, notaire de Miradoux. Le nom du testateur a disparu, mais pour perpétuer le souvenir de sa dévotion, le parchemin laisse lire aisément la large liste des legs pieux. Or, entre autres, il donne à tous les hôpitaux qui existent entre le Gers et l'Arratz, à chacun 2 sous, à toutes les maisons de lépreux placées entre le Gers et l'Arratz. à chacune 2 sous.

Il y a bien peu de nos petites villes et de villages auprès desquels on ne trouve encore, maintenant, une maison, un hameau, un champ qui s'appelle aux *Capots*. Nous en citons un certain nombre en note, au bas de cette page (1). A Vic-Fezensac, ils avaient leur quartier hors des murailles de la ville, vers le sud. Dans un acte du 1er janvier 1545, Latreille, notaire, écrit : « ... me suis transporté hors la ville et au lieu où les *Gézittes sive cappots* d'icelle ville font leur résidence coutumière, distant de la ville d'ung gest d'arbalete ou environ, personnellement estably Odet de Vic, *gezitte sive cappot*, etc... »

Ces capots de Vic étaient apparemment très nombreux, car ils avaient au quatorzième siècle, jusqu'au milieu du seizième siècle, leur paroisse spéciale, *Sancta Katharina de Christianis ou Gesitarum* sise *in pertinenciis Vici*. Cette église est du nombre de celles qui, dans tous les testaments des habitants de Vic, reçoivent un legs si minime qu'il soit. L'abbé Monlezun, dans une notice sur Vic-Fezensac, publiée dans l'Annuaire du Gers de 1857. la nomme Sainte-Quitterie, au quartier *des Capots*. Mais son

---

(1) *Riguepeu* Echange fait par Jean de Vic, fust à de Riguepeu (Naba, not 2) janvier 1662) — *Gimont* Raymond Dastugue achete une piece de terre vendue par les agents du roi comme venant de Naudin *chrisliani acci sati de morbo leprosorum* 1335 (Hist du Tang, t. X, p 785) —; *Prechac*. Christian de Préchac achete un chêne (Comites consulaires de Riscle, p 15) — *Bassoues* La leproserie de Bassoues était entre la ville et l'église de Saint Frix — *Peyrusse*, Contrat de mariage entre Juan Darrieux et Marie de Labastide, *gesittes* (Barris, not 28 décembre 1633) — *Montbert* (V. Baronnie de Bourrouillan, p 465, *Brugèles*, p 444) — *Montesquiou* Testament de Ramond Niran *gésitte* (Barris, not) Il veut être enterré dans l'église de Saint Blaise. — *Lagraulet* Divers contrats passés par des *gésistes* Jean Doulin (Camarade, not a Gondrin 1597. Metairie des capots) — *Gondrin* 13 juillet 1626 Bail a ferme de deux pièces de vignes aux *Chrestians*, a Gondrin Le hameau des *Capots* porte encore ce nom
Roques Il y a le quartier des *Capots* —*Couriensan* (V D Brugèles, p 422) — *Vaupillon* (V D Brugels, p 423) Un notaire de Vaupillon (1580, p 205) mentionne une maison pres du cimetiere des *Capots* à La Roque Fourcès — *Ayguetinte* Les *capots* d'Ayguetinte se chargent de recouvrir l'église de la Cavalerie (Not de Beaucaire 1620, f° 122) — *Miradoux* Lieu dit aux *Capots* (Guillemette, not 5 nov 1687) — *Nogaro* Sabasah, not (1617), passe un acte pour Charles Labadie, *chrestian*, meunier — *Lannemaignan* Jean de Vignes, *gesitain*, figure dans un acte retenu par Lafitan, not a Nogaro (24 juillet 1660) — *Sainte Christie* Vente de terres, par devant Lafitan, not. a Nogaro (24 juillet 1660), a des *gésitains* de Sainte Christie — *Barran* Le cartulaire de Barran mentionne la christianie ou leproserie de cette ville (Congres de Dax, p 228, par M Lavergne) — *Lauze* Bertrand de Bezo est saisi au corps sur un chemin public, a Lauze, *prope hospitium Gesito* (Chastanet, not a Nogaro Archives du Grand Seminaire d'Auch) [1487] — *Castelnavet* Contrat d'apprentissage de charpentier, a Castelnavet, entre Daunis, *gésitte*, et Arnaud de La Riu, *chrestian* (Garros, not, 13 nov 1495) — *Bourrouillan* (V la Baronnie de Bourrouillan, p 165) — *Aguin* Ruisseau des *cavots* — *Castelnau Barbarens* Cimetière des capots, à l'est de la ville — *Aignan* Quartier des capots, au midi de l'église — A *Lupiac*, les capots se nomment *Bohemis* Ils habitent le quartier de la ville placé au midi de l'église — *Plaisance, Beaumarchés* ont des *gézittes* Il y en a aussi a Auch, a Condom, à Fleurance, à Roquelaure, etc., etc

vocable était réellement Sainte-Catherine, d'après les registres de notaires de Vic placés dans nos archives.

La chapelle de Sainte-Quitterie était dans l'église même de Saint-Pierre, ainsi qu'il est exprimé dans plusieurs actes et testaments, notamment dans celui de noble Arnaud de Malartic, seigneur de Suberbies et la Motte-Girard, fait au château comtal de Vic, le 2 novembre 1385, qui élit sa sépulture en la collégiale de Saint-Pierre, devant l'autel de la chapelle de Sainte-Quitterie.

Dom Brugèles, qui publiait son précieux volume des *Chroniques* en 1746, nous dit (p. 379) : « Il y a dans la paroisse (de Pessan) des capots qui ont eu souvent des contestations avec les autres paroissiens au sujet du pain bénit, de l'eau bénite et de quelques autres cérémonies et fonctions ecclésiastiques qui leur étaient faites séparément des autres fidèles; mais à présent, il n'y a de différence que pour le cimetière qu'ils ont à part. »

Presque tous ces gézittes exerçaient le métier de charpentier et se l'apprenaient mutuellement, comme on le voit dans un grand nombre de contrats d'apprentissage : « 13 mars 1495, Johannes Daunis, crestian de *Peyrussa Magna* (Peyrusse-Grande), donne son fils à Arnaud de la Riu, crestian deudit loc de Castelnabet et asso per hun an contat et complet, condan de pascas proxement venient en abant. Loudit Johan Daunis pagara per la sotada deudit son filh cinq escuts... » Ils n'étaient pas toujours charpentiers bien habiles peut-être. car, en 1544, Odet de Vic, capot et charpentier, ayant entrepris une construction pour sire Pierre Gauthier, apothicaire à Vic Fezensac, le bâtiment tomba quinze jours après qu'il fut terminé. Il y eut procès remis, le 5 février 1544, à l'arbitrage de trois maîtres *fustiers* de la ville. (Archives du Grand Séminaire d'Auch.)

Quelquefois, cependant, les *capots* sembleraient s'être élevés au rang d'architecte, si nous devons en juger par un détail que nous relevons dans le Terrier de 1669, de Toujouse. La *Carte de confirmation des coutumes de Toujouse* nous a fait connaître l'existence de *Catinat, ladre de Toujouse et de Monguilhem*. Or, le *folio* 56 du *Terrier* dit, en parlant de Charles Catinat, qu'il est *maître architecte* à Toujouse, et qu'il possède 10 journaux 3 lattes 1/2 de terre dans la juridiction. (V. *note 1*, p. 189.)

Les capots n'avaient aucun lien de famille avec le reste de la population et se mariaient toujours entre eux, formant dans chaque *christiante* une famille qui allait chercher ses femmes au loin ou envoyait ses jeunes gens se marier ailleurs (1). Leur isolement était tel au moyen-âge qu'on ne les cotisait pas à la taille. Ils payaient un

(1) Les registres de Larroquau, not. à Lannepax, en fournissent bon nombre d'exemples au dix septième siècle (Archives du Grand Séminaire d'Auch) — 1° 28 mars 1622 Aux métairies appelées aux *Chrestias*, juridiction de Valence, « mariage entre Jean de Sardes, jésitte, charpentier, habitant de Biran, et Ranguine Manciet, fille de Manciet, jésitte à Valence — 2° 25 juillet 1622. Pierre de la Ponterique, jésitte du Saint Puy, épouse Jeanne Manciet, fille de Jean Manciet, de Valence — 3° 6 juin 1624 Mariage entre Pierre Espaignet, fils d'Arnaud, tous deux charpentiers d'Aignan, et Peyronne Manciet, de Valence. — 4° Mariage de Bernard Saint Gey, gésitte de Lagraulet, avec Peyroton Manciet, gésitte de Valence — 5° 31 mai 1641. Domenge Manciet, charpentier de Valence, épouse Marie Deyre, gésitte de Ligardes

Les gésittes habitaient, de toute ancienneté, dit le registre de Larroquau, près de la ville de Valence, et avaient coutume d'enterrer leurs morts au dehors de ladite ville et près de *la porte appelée de Maignaut*. En 1624, ce lieu leur parut fort incommode pour leurs sépultures Aussi demandèrent ils aux consuls, qui la leur accordèrent, la faculté de pouvoir inhumer leurs morts dans un coin séparé du cimetière paroissial

Cet acte vaut la peine d'être conservé : « De quoy ayant lesdits sieurs consuls conféré en jurade qu'ils auraient à ces fins fait convoquer et aurait été passé le contrat qui s'ensuit. C'est que aujourd'hui 19 janvier 1624 avant midy régnant très chrestien prince Louys, etc… dans le cimetière de l'église paroissiale, devant moi notaire constitué en leurs personnes, MM. Fris Roques et Jehan Dupouy consuls faisant tant pour eux que pour les autres leurs collègues et successeurs à l'advenir, avec l'advis et conseil ou assistance de M. Jehan Roger archiprêtre et de plusieurs jurats de la ville, ayant esgard à l'incommodité des dits jezittes aprésent habitant la juridiction de la ville etc, — pour les raisons ci dessus desduites . inclinans à leurs prières et supplications, ont permis et par ces présentes permettent auxdits jézittes à présent habitans et résidents près ladite ville au lieu dit aux *Chrestias* qui sont Peyroton Manciet, Jehan et Merigon dit Higua Manciet frères, fils à feu Ramond, Jehan et Guillaume Manciet aussi frères, fils à feu Mengollet, faisant cinq familles et maisons séparées iceux cy présents et stipullant et acceptant sauf ledit Guillaume Manciet pour lequel les autres se sont faits forts Et ce de faire dores en avant et à perpétuité enterrer et ensepvelir ceux de leurs dites familles qui décèderont soit à leurs maisons soit ailleurs, dans un certain lieu du cimetière de ladite église parrochiale de ladite ville de Valence et tout contre la muraille d'icelle auprès la porte de Maignault et despuis icelle ou quoique soit despuis le degré qui a esté basti joignant la tour de ladite porte et les murs de ladite ville vers occident et en tel espace qui leur sera marqué pour séparation : sans qu'ils ni les leurs à l'advenir puissent prendre avantaige pardessus les bornes ou marques qui a cest effet y seront faites Laquelle permission lesdits consuls faisant avec l'advis que dessus ont fait et font ausdits jezittes qui sont les ci dessus nommes, lesquels ont promis et seront tenus de bailler payer et délivrer entre les mains des consuls ou autres ayant charge d'eux la somme de quinze livres tournoises, qu'est 3 livres pour chescune famille ou chef de maison desdits jezittes à l'effect d'estre employée à la réparation qu'il convient faire au plus tôt à la couverture de ladite église paroissiale de la ville et à cest effect seront tenus de la délivrer à la première réquisition Et arrêté que pour les mesmes considérations lesdits Manciet, jezittes ou les leurs à l'advenir jouissent de la même permission, liberté et privilège seront tenus à perpétuité de tenir à leurs propres frais et dépends ladite couverture de l'église en bon état icelle retraite et recouvrir quand besoin sera, en leur faisant porter les matériaux sauf qu'il y aurait chute de tout ou de partie de ladite couverture ou brisure du bois d'icelle, auquel cas lesdits jézittes ne seront tenus à telle réparation à leurs dépens, si ce n'est que tel degaast procedant de leur faulte et coulpe pour avoir manqué au travail qu'ils auroient faict avant telle chute ou brisure

» Aussi est pacte faict et arresté que au cas ou aucun autre jezitte se retirerait en ladite juridiction de Valence pour y habiter et résider ou que les susdits se separeroient ou leurs successeurs en augmentation de famille et par nouvelle retirance voulant jouir de la mesme permission, liberté et privilège sera tenu par anticipation payer pareille somme de trois livres et des lois en avant contribuer à l'entretenement de ladite couverture auquel effet et avant pouvoir jouir dudit privilège lesdits nouveaux habitants seront tenus payer lesdites 3 livres.

Suivent les formules, serment sur les évangiles et signatures. — *Larrouquau*, notaire.

impôt fixe spécial appelé la *quête des capots*. Nous en avons parlé plus haut. On voit cette quête des capots portée pour divers lieux, en 1466, sur l'*Etat des revenus féodaux du comte d'Armagnac*.

Ces rigueurs ne se sont relâchées que vers la fin du dix-septième siècle. Nous en avons fourni une preuve dans la *Baronnie de Bourrouillan* (p. 465), à propos des capots de Monbert. Le Parlement de Toulouse décide, par arrêt du 6 juillet 1746, que « les capots de Monbert, dans le diocèse d'Auch, charpentiers et tonneliers, leurs femmes, enfants et descendants seront traités et reçus dans l'église ès lieu de Monbert et assemblées publiques sans aucune différence ni distinction des autres paroissiens et habitants et prendront comme eux l'eau bénite dans le même bénitier et admis aux mêmes droits, privilèges, prérogatives et prééminences que les autres paroissiens, etc. »

La répulsion pour les capots était universelle.

Un de ces malheureux, de la paroisse de Saint André, raconte M. l'abbé Gaubin dans sa monographie de *La Devèze* (p. 220, *note*), s'étant permis un dimanche de prendre de l'eau bénite au bénitier commun, au lieu d'entrer par la porte du nord, dite *porte dous Capots* : « Que fais-tu là, chien de *capoutas ?* » lui cria vivement certaine dame de la localité. Et d'une main rendue preste et agile par l'indignation, elle s'arma de sa béquille et en frappa l'audacieux *gésitain*.

On ne trouve plus trace de cette classe infortunée dans les paroisses, à partir de la Révolution française.

TOUJOUSE

HISTOIRE PAROISSIALE

CHAPITRE UNIQUE

SAINTE-FOY DE TOUJOUSE. — SEIGNEURS PROTESTANTS. — MALHEURS DE LA PAROISSE AU SEIZIÈME SIÈCLE ET PENDANT LA RÉVOLUTION. — ÉGLISE. — PRESBYTÈRE. — — GUILLAS. — LA GOARDE. — BASCAULES. — CAMP DE CÉSAR, ETC.

Tous les documents anciens et modernes désignent constamment la paroisse de Toujouse sous le nom de : *Sainte-Foy de Toujouse* (1). Ce titre fut celui de l'église primitive. Il n'existait plus aux derniers siècles. Il avait fait place à celui de *Notre-Dame de l'Assomption* (2). Il est vrai que l'église *Sainte-Foy* a pu disparaître totalement, sans qu'on en ait gardé le moindre souvenir, et l'église de *l'Assomption* peut n'être que la chapelle du château — la tradition le prétend — restaurée à la suite des ravages des huguenots, en 1569, et affectée au culte paroissial.

Quoi qu'il en soit de ce point, il est certain que Toujouse est une paroisse très antique de l'ancien diocèse d'Aire. Le *livre rouge d'Aire* la mentionne à diverses reprises et la place dans l'archiprêtré du Plan (3), en lui donnant pour annexes *Bascaules* et *La Gouarde*, dont il sera parlé plus loin : *Ecclesia de Toyosa et de Bascaudes* (pour Bascaules) *et de La Garda dependentibus*. Toujouse payait à l'é-

---

(1) Voir le dossier *Monguilhem*, aux archives de Villeneuve de Marsan.
(2) Archives du Grand Séminaire d'Auch. — *Délibération de la fabrique de Toujouse 1779*. — V. note 3, p. 196.
(3) Voir notre *Pouillé d'Aire*, p. 141.

vêque, patron de la paroisse, 40 sous morlans. Il était dû, en outre, 17 sols morlans, pour *Saint-Pierre de Caucc-bane et Le Saumont*, sans compter la quête pour ces dernières églises.

De l'archiprêtré du Plan, Toujouse passa dans celui de Mauléon et fit partie de la Conférence ecclésiastique de Monguilhem.

Le seigneur de Toujouse avait apostasié, au temps des guerres de Religion, et s'était signalé dans les pillages et les massacres d'Aire (1). Par un juste châtiment du ciel, des bandits venus d'Aire avec les hordes calvinistes ravagèrent la paroisse de Toujouse, sous la conduite du capitaine Capin, de Cazaubon.

Voici comment s'exprime à ce sujet le *Procès-Verbal de Charles IX sur les ravages des églises du diocèse d'Aire* (2) : « L'église paroissiale de Toujouse est à la collation de l'évêque d'Aire, a cure d'âmes, en est curé Me Philippe Gayres, prêtre chanoine de Condom, qui réside audit Condom, mais fait faire le service divin par deux vicaires, mais non si honorablement qu'avant les troubles, parce que les ornemens, livres et joyaux ont été pillés et emportés par le capitaine Capin, de ladite religion, et les biens dudit curé pillés par Bernard de Lestremau, du Houga, Lasserre Lou Casso, d'Aire, et d'iceux rachetés pour cent écus, après avoir été pris et emportés par le capitaine Mesmes. »

Me Jean de La Croix, prêtre, fut massacré à Toujouse par un nommé Lacourtoisie.

Toujouse avait pour curé, en 1751, Bertrand Dubosc, pourvu de son titre depuis 1739.

Les biens de la paroisse étaient administrés, ici, comme ailleurs, par un *marguillier* nommé chaque année par la jurade. Celui de 1779 était Guillaume Lagouanelle. Nous donnons en note l'acte par lequel il fut chargé de la fabrique paroissiale (3), afin de conserver le souvenir des formalités en usage sur ces matières, avant 1789.

---

(1) Voir notre *Pouillé d'Aire*, p 108
(2) Archives du Grand Séminaire, n° 102 — *Rev. de Gasc.*, t 11, p. 324
(3) « L'onzième jour du mois de janvier mil sept cent soixante dix neuf, après midi, en la ville de Monguilhem, en Condomois, par devant moi, notaire royal, presens les témoins bas nommés, feurent présens. Me Joseph Nautery, docteur en théologie, curé de Toujouse, Gerome Ginous, Jean Lagouanelle, Guilhaume Lagouanelle, Jean Capdepont, Jean Destout et Jean Lignol, les tous habitans de la paroisse de Toujouse, lesant tant pour eux que pour le reste des habitans, pu lesquelles parties a este dict quil importe de faire le choix et nomination dun marguillier et sindic pour le service des églises Nostre Dame de l'Assomption de Toujouse et de celle de Nostre Dame la Nativité de Guillas, toutes les deux de Toujouse, aux fins de faire les services nécessaires ausdittes esglises, conserver, administrer les biens desdittes esglises, à laquelle nomination les

Le marguillier ou *fabriqueur* (fabricien) enregistrait tous les revenus de l'église, dîmes, redevances, casuel, etc. Le budget atteignait une somme assez élevée dans la paroisse de Toujouse, qui jouissait de plusieurs terres dans cette juridiction et de la moitié des fruits de la métairie de *Labourdette*, en Monguilhem. De plus, le droit de sépulture dans l'église venait parfois grossir les revenus de la fabrique, bien qu'il fût très modeste en lui-même : 3 livres.

Le 9 juin 1734, le curé de Toujouse est appelé dans la maison de la veuve Lagouanelle, à *Jambon*, pour administrer à cette femme malade, les derniers sacrements et recevoir son testament, en présence de nombreux témoins. La malade, Jeanne Soucaret, déclare vouloir être « inhumée dans l'église de Toujouse en l'aumônant de la somme de trois livres payable par son héritier, immédiatement après son enterrement. »

L'église de Toujouse avait Jean Destout pour marguillier, en 1788 (1), c'est-à-dire à la veille du jour où la Révolution allait faire main-basse sur tous les biens ecclésiastiques.

M. Léglise était alors curé de la paroisse. Forcé par la loi de déclarer le revenu de son bénéfice, le digne ecclésiastique dressa le tableau fidèle des biens dont il jouissait en qualité de recteur.

La commune avait pour administrateur à cette époque, un homme brutal qui suscita mille difficultés à son curé. Nous avons puisé ces renseignements aux sources officielles, dans les archives départementales du Gers.

M. Léglise, curé de Toujouse, présenta lui-même ses comptes aux membres du Directoire du District de Nogaro, mais son Maire lui opposa une formelle résistance. Le Prêtre requit une assemblée générale de la municipalité

---

susnommés ont procédé et apres avoir conféré ensemble les sus nommés d'unanimes voix ont nommé pour syndic et marguillier des susdites églises de Toujouse, Guillaume Gouanère a Jambon, audit Toujouse, laquelle nomination a été approuvée par les denommés au present sans repugnance d'aucun auquel Lagouanelle la dite assemblée en ladite qualité de sindic et marguillier donnent pouvoir de faire le service nécessaire ausdites esglises de régir, administrer les biens desdites esglises, le reconnaissant pour solvable cautionné, lequel Lagouanelle ici présent a accepté ladite charge de sindic et de marguillier desdites églises, promet de tout regir, administrer les biens desdites esglises du mieux quil lui sera possible, de tout quoi ladite assemblée a requis acte avec déclaration que fait laditte assemblée quelle approuve dors et déja tout ce quil sera fait par ledit Lagouanelle pour l'intéret et avantage desdites esglises, etc.

» *Signé* : LAFFITTE, not royal, a Monguilhem. »

(1) Nous le savons par une quittance délivrée a ce fabricien, le 14 novembre 1788, par M. Léglise, curé. Le recteur déclare que le marguillier a reçu le prix de *la ferme de la grosse dîme de Mamousse* cédée a Jean Genoux et Jean Cazalets, fermiers. (*Archives du Grand Seminaire d'Auch*.)

et des notables de la commune pour vérifier ses calculs. Elle eut lieu, en effet, le 13 février 1791. On reconnut le mal fondé de l'opposition de la Mairie et les chiffres de M. Léglise furent exacts. Le Maire approuva comme tout le monde, mais ensuite il refusa de signer le *Mémoire*.

Le Curé fit appel au Directoire. Le Maire riposta en termes violents. Les comptes de M. Léglise ne sont pas fidèles, dit-il, en substance. Lui et son conseil municipal sont décidés à faire leur devoir et à remplir *avec scrupule leurs fonctions civiles et politiques* (!?). Cet étrange magistrat *est prêt à verser jusqu'à la dernière goutte de son sang, pour demeurer fidèle à ses serments*. Que le curé montre un compte où la Nation ne soit pas trompée !.. (22 avril 1791).

M. Pierre Léglise répond avec fermeté aux mensongères allégations du proconsul municipal. Il l'accuse d'avoir fait couper à son profit les arbres sur les fonds de la cure et de s'être emparé d'une lande dont les curés de Toujouse jouissaient de temps immémorial et qui, depuis, a été déclarée *bien national*. Néanmoins, il ne demande pas que le Directoire du District de Nogaro prenne des mesures de rigueur contre le coupable, son calomniateur.

Le Directoire, après mûr examen, donne, enfin, gain de cause à M. Léglise et le revenu de Toujouse, pour 1790, est estimé, conformément à ses chiffres, à 1,813 livres 3 sols 9 deniers.

Le Département approuva aussi son *Mémoire*, le 10 août 1791. En conséquence, le traitement ou plutôt l'indemnité du curé de Toujouse qu'on dépouillait de ses biens fut fixée à 1,857 livres le 17 avril 1792. — « An IV de la Liberté. »

En adressant sa réponse au Directoire du District de Nogaro, M. Léglise avait joint au dossier, le premier compte du 13 février 1791, la copie du second compte non signé par le Maire, et un *Mémoire* contenant l'historique du débat. C'est de cette dernière pièce que nous détachons les lignes suivantes :

« **Etat des fruits décimaux perçus par le curé de Toujouse, en 1790.**

» 1° *Lin*. — Cinquante-sept livres et demie de lin brie non peigné, droits de collecte retenus.

» *Graine de lin :* Deux conquets, droits de collecte et d'accommodage retenus.

» 2° *Méture et froment*. — Trente et un conquets, et demi, méture et froment. Deux cents conquets et trois quarts de conquet, droits de collecte retenus.

» 3° *Vin*. — Droits de collecte retenus, treize barriques de quarante veltes chacune et une qui a goût de bois.

» 4° *Milloc* — Cent dix-sept conquets et un quart milloc, droits et collecte retenus.

» *Nota* 1°. — Que la récolte du froment était cette année 1790, sur une des moindres *leuges* à l'égard des novales.

» *Nota* 2°. — Que les droits réservés par le curé à raison de collecte n'est que le douzième et les frais d'œuvre, ou accommodage du lin est le tiers.

» *Nota* 3°. — Que personne n'a accusé de l'avoine... que le peu de seigle que la dîme a fourni, est compris avec la méture ci-dessus mentionnée.

» *Nota* 4°. — Que le curé ne comprend point dans le présent état les revenus des fonds obituaires, et il n'en a que de cette espèce. Les décrets du 10 décembre les laissent aux curés qui les jouissent en sus de leur traitement. » (1791.)

Ce travail préliminaire d'inventaire, prescrit par la Convention, n'était que le prélude d'une mesure plus révolutionnaire. Encore quelques mois, et les églises de Toujouse seront dépouillées de toutes leurs terres, même de leurs meubles. Nous avons dressé la liste des immeubles vendus, aux archives départementales du Gers. Il est bon de la consigner dans ces pages.

Fabrique de Toujouse. — L'église de Toujouse possédait divers biens pour fondations obituaires dont le prix d'estimation, au moment de la vente, est indiqué entre parenthèses dans l'énumération qui suit :

1° Demi-journal de pré de *Saudouze*, en Toujouse (800 francs); — 2° Le pré de *la Tuhère* (3,000 fr.); — 3° Une maison de brasserie avec jardin, près *Hialère, Lahounère* (2,050 fr.); — 4° Lande de *Darrè Hornard* (805 fr.); — 5° Lande de *devant la maison* (3,050 fr.); — 6° Lande de *derrière la maison* (800 fr.); — 7° Lande *derrière le jardin* (4.200 fr); — 8° Lande de *Hourquet* (2,000 fr.); — 9° Un champ au levant du jardin du curé (250 fr.); — 10° Champ de *Lerbatage* (500 fr.); — 11° *Châtaignerate* (300 francs); — 12° Vigne au couchant du midi de Guillas (1,725 francs); — 13° Vigne rouge (600 fr.); — 14° Lande sur le *Padevent* (1,000 fr.); —15° Lande de *Guirotet* et lande de *Pichon* (1,200 fr.).

Toutes ces terres furent vendues au profit de la nation

pour la somme totale de 26,480 fr., au mois de juin 1791. Lorsque l'aliénation eut lieu, Toujouse, qui faisait partie du département du Gers, depuis la nouvelle division de la France, n'avait plus de pasteur officiel. M. Léglise, son curé légitime, refusa énergiquement le serment à la Constitution civile du clergé et se vit arracher son bénéfice par l'évêque intrus du Gers, Paul-Benoît Barthe, auteur d'une nouvelle organisation des paroisses du diocèse.

« Il convient, dit le prélat constitutionnel, au n° 1093 de son Registre déposé aux archives départementales du Gers, de conserver Monlezun pour cure et de lui donner Toujouse pour annexe. Ces deux paroisses, séparées par une rivière, ne peuvent point être desservies par le curé. Il faut un vicaire résidant à Toujouse. » La paroisse constitutionnelle de Monlezun devait ainsi se composer de deux éléments : Monlezun (295 habitants), Toujouse et Guillas (302 habitants).

Malgré tout, M. Léglise continua à se dévouer pour son cher troupeau, au milieu duquel on le trouve encore en 1792. Mais la persécution sévit bientôt avec plus de rigueur. Le curé de Toujouse, comme les autres prêtres fidèles, dut s'éloigner d'un pays où ses jours n'étaient plus en sûreté. Le culte des intrus ne fut pas longtemps respecté, d'ailleurs. La Révolution n'avait pas besoin de prêtres. Elle s'empara donc, en 1793, même des meubles des églises (1), devenues le centre des réunions populaires.

A l'époque du Concordat, en 1801, M. Batbie, fut nommé desservant de Toujouse. La pénurie de prêtres dans le diocèse ne permit pas à l'Evêque d'Agen (2) de maintenir

---

(1) L'inventaire des meubles des églises de Guillas et de Toujouse est plus étendu que celui de Monguilhem, dans les dossiers des archives départementales du Gers. Antoine M***, notable de la commune, dit le procès verbal de la délibération communale de Toujouse, reçut délégation de porter tous les objets du culte a Nogaro, le 2 prairial de l'an II de la République Les habitants de Toujouse mirent tant de zèle a obéir aux ordres de la Convention, que M*** remit au District, non seulement la cloche de Guillas, mais encore la *ferrure de la cloche et la girouette du clocher avec deux fontaines d'étain établies dans la sacristie (Archives du Gers.)*
Du reste, voici un extrait exact de la liste des ornements portés a Nogaro :
« Nappes, aubes, rideaux, ornements de toute sorte — Boîte en argent, 3 onces, boîte ronde en argent, 1 once, calice avec patène, 1 livre 8 onces, ciboire, 8 onces (2 livres 4 onces d'argent).
» Sonnette, croix de laiton, crucifix, etc. »
Ces divers articles provenaient de l'église de Toujouse.
On prit les objets suivants dans celle de Guillas : « Nappes, linges, ornements, etc. — Argenterie : une cloche et deux sonnettes, calice avec patène, deux encensoirs, une croix de cuivre, lampes, girouettes, plat de cuivre, deux fontaines d'étain, un ostensoir, un ciboire, les ferrures de la cloche »
(2) L'évêque d'Agen avait deux départements dans son diocèse : le Lot et Garonne et le Gers.

un curé dans la paroisse. Le service religieux de Toujouse fut dévolu au curé de Monguilhen, auquel on alloua une indemnité de 200 livres, payable par le receveur communal. Ce ne fut pas sans résistance que Toujouse se laissa dépouiller de son titre. On peut lire sur ce point, à l'archevêché d'Auch, un Mémoire très curieux écrit par M. Batbie, curé de Toujouse, le 20 mai 1804, d'après un travail préliminaire rédigé par Laffitte, maire de Toujouse, Massiac, Soucaret, adjoint, Lignol, Beth fils, Antoine d'Abadie, Genous, aîné, etc. En voici l'analyse fidèle. Quelques arguments sont peut-être fondés, d'autres sont de pure fantaisie.

1º L'église de Toujouse, disent les auteurs du Mémoire, est très éloignée de toute autre église. Elle est à cinq quarts d'heure du Houga, trois quarts d'heure de Monlezun, demi-heure de Monguilhem.

2º Trois maisons seulement de Toujouse, sont à une demi-lieue de l'église paroissiale. Elles se trouvent à trois quarts d'heure du Houga.

3º Pas de rivière, pas de mauvais chemin qui puisse empêcher les habitants de Toujouse d'aller à leur église paroissiale. Pour se rendre à Monlezun, il faut traverser l'*Izaute* qui déborde souvent. Les chemins du Houga sont impraticables et Monguilhem « est inabordable à raison de son entrée, et cet endroit est *très marécageux et mal sein.* » — Cette dernière réflexion n'était pas meilleure que l'orthographe des pétitionnaires. Aussi n'eut-elle aucun succès.

4º La population de Toujouse est assez considérable pour occuper un prêtre.

5º Toujouse a une belle église voûtée qui ne demande aucune espèce de réparation et la paroisse possède un presbytère avec jardin.

6º « Monguilhem, qui n'est utile à Toujouse que par des foires et des marchés bien plus propres à éloigner qu'à solliciter cette réunion, n'offre aux habitants des campagnes que des cabarets, où ils se voient obligés d'aller le dimanche pour assister aux offices, dépenser ce qu'ils auraient gagné pendant *la semaine et la religion*, bien loin de retirer les fidèles du vice les y entrênerait nécessairement. » La logique et la vérité faisant également défaut dans ce raisonnement, faut-il s'étonner que la pétition soit demeurée sans résultat ?

Toujouse resta donc sans Pasteur. M. Duperrier, curé de Monguilhem, fut chargé de ce service.

Malgré son annexion à notre paroisse, cette commune

ne perdit cependant pas l'espoir de voir son antique église, autrefois chapelle des seigneurs, rendue à sa destination paroissiale. Mgr de Morlhon, devenu archevêque d'Auch, accueillit, en effet, favorablement ses vœux, en 1827. Le Prélat fit publier, à cette époque, dans l'église de Monguilhem, une ordonnance en vertu de laquelle l'église de Toujouse serait affectée au culte, dès qu'on aurait rempli certaines prescriptions.

L'Abbé Ducom, recteur du Houga, avait été chargé, par ordonnance archiépiscopale du 10 février 1827, de se rendre à Toujouse et de s'assurer s'il était possible d'y rétablir les offices. L'enquête fut favorable. Il fut donc décidé que les exercices du culte reprendraient dans l'église aux conditions suivantes :

1° Les habitants devaient faire réparer la toiture et les vitraux dans le plus bref délai. — 2° Le maître-autel, la pierre sacrée et le tableau placé au centre du contre-retable seront promptement réparés. — 3° La paroisse se procurera au moins une custode pour conserver les Saintes Espèces et permettre aux fidèles d'adorer Notre-Seigneur dans son Temple. — 4° La sacristie sera pourvue du linge et des ornements nécessaires à la célébration des saints mystères.

Le curé de Monguilhem fut chargé de l'exécution de l'ordonnance archiépiscopale et prié d'informer l'autorité du moment où le service paroissial pourrait reprendre à Toujouse.

La restauration de l'église de *Notre-Dame*, à Toujouse, rendait inutile l'église voisine de GUILLAS (1), à peine éloignée de quelques centaines de mètres (six minutes) de l'ancienne chapelle seigneuriale et église paroissiale tout à la fois. (2)

Les habitants résolurent d'en demander la démolition pour employer la valeur des matériaux qui en proviendraient à la réparation de NOTRE-DAME et à la création d'une ÉCOLE.

Le conseil municipal, assemblé le 7 février 1836, vota la destruction de GUILLAS déjà en ruine et sans emploi, depuis la Révolution. Le conseil de fabrique de Monguilhem, appelé à statuer sur cette question, se prononça, le 22 juillet 1838, sur l'urgence de démolir cette église, et sa

---

(1) Le *Pouillé du diocèse d'Auch* (p. 82) donne *Guillas* comme annexe de Toujouse.
(2) Cette église était sous le vocable de la *Nativité de N.-D.* (V. le *Pouillé*, p. 83.)

délibération fut transmise à l'autorité diocésaine et préfectorale.

Le préfet du Gers avait lui-même prié le cardinal d'Izoard, archevêque d'Auch, de donner une prompte solution à cette question (1). (20 mars 1837. — Archives de l'Archevêché.)

Mgr d'Izoard approuva, enfin, ce projet, déclarant « que la vente de Guillas pouvait être autorisée et le produit mis à la disposition de la fabrique de Monguilhem pour recevoir une destination d'une utilité reconnue. »

Le but des habitants de Toujouse était d'arriver sûrement, par les ressources provenant de Guillas, à donner un presbytère à la paroisse pour y faire installer un curé. Mais avant, il fallait obtenir de l'État le rétablissement du titre de succursale dans la commune. Ils firent, dans ce sens, une demande régulière au préfet du Gers, en 1843. Celui-ci réclama l'avis de la fabrique de Monguilhem qui parvint à Auch, aussitôt que l'archevêque le demanda.

M. Lajus, curé de Monguilhem, désireux de voir cesser son second service à Toujouse, s'employa de son mieux au succès des démarches de Toujouse. Grâce à son intervention, l'avis du conseil de fabrique de Monguilhem fut favorable. L'archevêque eut la réponse de nos fabriciens le 23 septembre 1844. La décision avait été prise le 15 du même mois.

Malgré tant d'efforts, Toujouse n'eut un presbytère qu'en 1849, mais la paroisse avait été érigée en succursale le 20 février 1846. M. l'abbé Ducéré, né à Mauléon (canton de Cazaubon) le 8 mars 1803, fit cesser le veuvage de l'église de Toujouse, dès que la paroisse fut pourvue d'un presbytère provisoire que son éloignement devait faire échanger plus tard contre la maison voisine de l'église.

M. Ducéré, nommé à Toujouse le 27 septembre 1849, fut accueilli avec transport par sa population. Il venait renouer l'antique chaîne, un instant rompue, des curés de Toujouse, dont il nous a été impossible de rétablir la longue série depuis l'apparition de cette paroisse dans l'histoire du moyen-âge. Du moins, pouvons-nous présenter au lecteur, un certain nombre de noms rencontrés dans nos recherches.

Dubosco (Bertrand), en 1571; — Gayles (Philippe) est curé de Toujouse en 1571 (*Carte de confirmation*); — Sey-

---

(1) Le Préfet du Gers disait dans sa lettre que *Guillas* serait démoli pour employer le prix des matériaux « aux frais d'acquisition d'un presbytère et d'une maison d'école »

chan Menaud, en 1619; — Duclos, en 1687; — Bernard Duburc, en 1678; — Verdier (Jérôme), en 1701; — Dando, en 1784; — Bertrand Dubosc, en 1762; — Nautéry (1), en 1784; — Léglise, en 1792; — Batbie, en 1802; — M. Pierre Ducéré, en 1849. Avant d'être nommé à Toujouse, M. l'abbé Ducéré avait été vicaire de Riscle, en 1836, à Castillon-de-Bats, en 1837, et curé de Violes en 1839. Il fit son éducation secondaire à Toulouse et vint suivre les cours de théologie an Grand Séminaire d'Auch, où il fut ordonné prêtre le 17 avril 1836. Il est mort dans sa paroisse, le 21 août 1889.

GUILLAS

Le *Pouillé du diocèse d'Aire*, rédigé en 1749, donne Guillas pour annexe à Toujouse. Nous venons de voir dans quelles circonstances l'église fut détruite. Il nous est plus difficile de fixer le moment de sa construction. Le *Livre Rouge d'Aire* n'en fait point mention; d'où l'on peut conclure que ce monument n'était pas antérieur au quatorzième siècle.

Mais il existait au dix-septième siècle, à coup sûr. Le 18 mai 1678, Bernard Duburc, docteur en théologie, curé à Toujouse, achète, en effet, une maison avec ayrial et jardin près de l'église de Guillas, pour en faire un presbytère (2), *au nom et du consentement des consuls et des habitants* de Toujouse. Le presbytère, dit le document qui nous fournit ce renseignement, fut dévalisé pendant la Révolution. On voulait le vendre comme bien national, mais il y eut des oppositions qui empêchèrent cette aliénation (3).

---

(1) L'histoire de ce prêtre mérite d'être signalée. (V. *les Dioceses d'Aire et de Dax*, par M. Légé, t. I, pp. 125 148, etc.)
En 1791, quatre prêtres desservaient Castandet avec Maurin (Landes), son annexe C'étaient deux frères appelés *Joseph* Nautéry et deux autres ecclésiastiques. Joseph Nautéry, ancien curé de Toujouse, était vicaire de son frère Un moine apostat de La Castelle, Pée, fut élu comme curé constitutionnel de Castandet, mais il se rétracta dès qu'il connut le bref du Pape Les Nautéry continuèrent a desservir la paroisse, jusqu'à l'arrivée de Labarrère, ancien vicaire constitutionnel de Mont de Marsan, qui prit possession de Castandet, le 9 octobre 1791. L'ancien curé de Toujouse refusa de reconnaître l'intrus Il fut dénoncé au département « comme errant dans la campagne, trompant les simples et se faisant parmi eux un parti considérable » Cette courageuse opposition valut l'exil aux deux freres Nautéry. L'aîné fut même guillotiné à Saint-Sever, en 1793. Ils étaient originaires d'Aire. Joseph Nautéry était encore curé de Toujouse en 1779. (Voir plus haut p   .)
(2) *Archives de M. Verdier*, à Monguilhem
(3) La vente de cet immeuble n'a eu lieu qu'en ce siècle, le 8 juillet 1855. Le maire de Toujouse procéda, alors, a l'aliénation aux enchères « du presbytère,

Le livre terrier de Toujouse de 1669 (1), mentionne, à la page 8, une pièce de terre appelée *au camp de la gleise*, appartenant au curé de la paroisse, et de la contenance d'un journal et une latte et demie. « Ce champ, dit le Terrier, est voisin de l'église et du cimetière de Guillas. »

L'église de Guillas, bâtie sur un petit plateau au nord-est du village de Toujouse, fut une simple chapelle de secours, selon toute apparence. « Le curé de Toujouse conduisait à *sa chapelle succursale de Guillas*, dit le P. Labat (*Rev. de Gasc.* t. XIV, p. 373), la procession de la fête-Dieu, vers le milieu du dix-huitième siècle, et y faisait d'autres processions, pour les fruits de la terre, les samedis de mai et d'autres jours encore. »

Le curé de Toujouse, ajoute le savant Jésuite, n'avait, à l'époque de la visite pastorale de Mgr de Gaujac, évêque d'Aire, ni fille de service, ni confessionnal. Monseigneur, qui aimait à noter avec éloge le premier point, se plaignait du second. En vain le prêtre dit-il qu'il confessait à Guilhas, il dut céder. L'évêque admira, du moins à Toujouse, un fort beau tableau de l'Assomption qui s'y trouve encore.

Il ne reste plus rien de l'église de Guillas. Mais la paroisse de Toujouse est fière, à juste titre, de sa belle église gothique, dont il nous reste à parler avec quelque détail.

Église de Toujouse. — L'église de Toujouse, gothique maintenant, fut romane à l'origine, lorsqu'elle n'était encore, sans doute, que chapelle seigneuriale. Le mur du nord, muni de petites baies à sommet circulaire, et le chevet, portent encore, à l'extérieur, des caractères manifestes des procédés du onzième au douzième siècle.

Saccagé par les huguenots, en 1569, cet édifice reçut, au seizième siècle, selon toute apparence, d'importantes mo-

---

du champ, du jardin, du petit bois, tel qu'en jouit M. le curé, » dit la délibération municipale

C'était un premier lot qui donna une somme de 2,620 fr.

Un deuxième lot se composait de la terre dite de *Guillas*, d'une contenance d'environ neuf ares quarante centiares

La mise à prix fut fixée à 300 fr. La vente eut lieu pour 400 fr.

Le projet de vente comprenait, en outre, une vigne dont les curés de Toujouse avaient toujours eu la jouissance, mais la délibération municipale du 6 novembre 1854 avait fait cette réserve expresse : « Cependant, le Conseil réserve de garder la vigne s'il peut payer la maison à acquérir (pour le nouveau presbytère), soit par les ressources du budget et des autres ventes, soit par les dons qu'on se propose de faire a la commune »

Or, il arriva que les ventes opérées au mois de juillet 1855 suffirent, avec certains dons, a la municipalité, pour acheter la nouvelle maison presbytérale Le maire, « d'accord avec le Conseil, crut donc devoir réserver le terrain en nature de vigne, » qui appartient encore à la jouissance, mais dont la jouissance appartenait au curé de Toujouse. (*Archives départementales du Gers.*)

(1) Archives de M. Verdier.

difications, qui eurent pour résultat de transformer le style de l'église, dans laquelle on entre par un portail de la Renaissance établi au midi, sous un porche rustique adossé au mur occidental qui soutient la face nord du clocher à flèche quadrangulaire. La base de la tour détermine un grand porche gothique par lequel on pénétrait dans la cour d'honneur du château moderne de Toujouse. La tour du beffroi est ainsi séparée de l'église.

Portail. — Des pilastres — deux présentent sur leur face antérieure des losanges alternés avec des cercles concentriques — soutiennent un bel entablement orné de trois figures mutilées de personnages. Une attique ornée de quatre niches évidées à sommet arrondi ayant toutes une statue polychromée d'Evangéliste, surmonte l'entablement.

Intérieur. — L'église primitive n'a qu'une nef éclairée par deux fenêtres très étroites au nord et abritée sous une élégante voûte en pierre, dont les nervures vont aboutir à des clés de voûte ouvragées. Des colonnes cylindriques engagées servent d'appui à la retombée des arcs doubleaux et des nervures, au nord et au midi et divisent l'église en trois travées. Un œil-de-bœuf d'assez petit diamètre éclaire la nef, à l'ouest, où des consoles soutiennent les arcs de la voûte.

Bas-côté du midi. — La chapelle seigneuriale fut probablement jugée insuffisante pour la paroisse. On donna plus de développement à son enceinte, en ajoutant un bas-côté qui communique avec la grande nef par deux arcades ogivales placées dans les *entre-colonnements* des deux travées orientales de la nef. Ainsi fut établie la chapelle de la Vierge formée de deux travées avec voûte ogivale dont les nervures sont soutenues aux angles par des consoles à figures grimaçantes. L'autel de la Vierge, dominé par une statue du Sacré-Cœur, s'élève contre le mur oriental de la chapelle.

Chevet. — Le chevet, placé à l'est, se développe sous une voûte hardie, comme en bâtissaient les artistes du seizième siècle. Après avoir franchi la ligne de l'arc triomphal en ogive soutenu par le chapiteau de deux belles colonnes engagées, à l'entrée du sanctuaire, on remarque les nervures saillantes qui, partant des chapiteaux de six colonnettes disposées aux angles des pans coupés du chevet, montent harmonieusement vers le sommet de la voûte pour s'enchevêtrer avec art et former une série de roses polychromées aux divers points d'intersection de ces lignes de pierre. On ne compte pas moins de sept clés de voûte dans ce brillant réseau de rubans en saillie entrecoupés de boutons épanouis, où le regard distingue les symboles des quatre évangélistes, une figure humaine, sorte de portrait historique, et le monogramme du Sauveur habilement combiné avec celui de la Vierge. La grande clé de voûte centrale présente un relief avec la Mère de Dieu tenant l'Enfant-Jésus. Elle est assise sur un croissant.

Deux baies ogivales ornées de vitraux peints à deux compartiments — *saint Joseph et sainte Anne, à gauche, sainte Julie et saint Martial, à droite* — éclairent le chevet, à l'est.

LA GOARDE

Au sud-ouest du village de Toujouse, à un kilomètre environ, se développe un beau plateau, connu de nos jours, comme autrefois, sous le nom significatif de *La Goarde* (*La Garda*, lieu d'observation). Les documents faisant défaut, nous ne tenterons pas une étude étymologique sur cette appellation (1). Mais il n'y a pas témérité à affirmer que ce point du territoire de Toujouse, jadis dépendant de Monguilhem, dont il ne fut plus détaché qu'en ce siècle, est un des coins les plus intéressants de l'Armagnac, peut-être le centre de l'une des plus anciennes paroisses du pays.

Le territoire de Toujouse est couvert de *tumulus* ou *tucos* (2), notamment dans la direction de La Goarde et de Bascaules. Ces monuments de la période gauloise sont une preuve certaine que le plateau de La Goarde fut habité de très bonne heure et put ainsi devenir le berceau d'une population chrétienne qui eut son église dans le *Lieu (locus, loc)* (3) de ce nom, indiqué dans la *Vente de La Gouarde* à Lubat de Toujouse, par Bernard de Bidouse. (Archives de Villeneuve-de-Marsan.)

Ce texte s'exprime ainsi : « *In quo quidem territorio*

---

(1) A propos d'étymologie, nous croyons devoir retirer celle que nous donnons, en hésitant (pp. 2 et 7), à l'occasion de *Berobie, Bérebie, Bellevigne* (?). Rien de moins sûr que la science étymologique. Soyons sobres sur l'origine des mots !

(2) *La Carte de confirmation de Toujouse* (voir à la fin du volume) mentionne les *tucos deu Monge*, de *Pichon*, de *Saint-Aubin*, de *Lubaton*, de *Pelan* et de *Pouget*. Nous trouverons d'autres tumulus a *Bascaules*. (V. plus haut, pp. 177, 178.)

(3) Le mot *Loc* signifie village, château-fort, ville dans le langage ancien. Nous avons vu les *Coutumes* de Castex signaler un bois au midi du *loc* de Castex. Le village fortifié de Corneillan, près de Riscle, n'est jamais désigné par les gens du pays que sous le nom de *Loc*. (*Ké bau au loc. Je vais au village*)

(de La Goarde) *antiquitus solebat esse* LOCUS *et populatio incolarum.* » Sur le territoire de La Goarde s'élevait, dans l'antiquité, un LIEU (ville ou village) *avec sa population d'habitants.* A quelle époque La Goarde était-elle le siège d'une ville peuplée? Rien ne nous permet de le préciser. Mais nous retenons cette précieuse indication, qui nous reporte, peut-être, aux temps de la conquête des Gaules par les armées romaines. Des découvertes ultérieures pourront fournir la solution de ce problème.

En attendant, constatons à *La Goarde* l'existence d'une paroisse annexée à Toujouse, dès le quatorzième siècle. Le Livre rouge d'Aire est bien formel sur ce point. (*Pouillé du diocèse d'Aire*, p. 141). L'église disparut-elle pendant les guerres sanglantes de Cent-Ans? Nous n'en serions pas surpris, car la vente du territoire de La Goarde, consentie le 4 août 1476 par Bernard de Bidouse, en faveur de Lubat, seigneur de Toujouse, n'en parle point. Le Procès-Verbal des ravages causés dans le diocèse d'Aire et rédigé sous Charles IX, n'en fait pas non plus mention.

Mais si la paroisse de La Goarde n'existait plus au quinzième siècle, tous les documents qui composent le *dossier Monguilhem* dans les archives de Villeneuve-de-Marsan, nomment cette *baronnie* à toutes les époques postérieures à cette date et en donnent les limites. « La baronnie de La Gouarde, disent en particulier les *Dénombrements de Toujouse*, confronte du levant la terre dudit Toujouze, midi terre de Bascaules et du Bourdalat, couchant terre du Bourdalat, nord la terre de Monguilhem. »

Et les seigneurs de Toujouse s'en proclament seigneurs dans tous les aveux présentés aux commissaires royaux.

Néanmoins, il y eut contestation à ce sujet, vers 1476 (1). Sachent tous présens et à venir, dit l'acte de *Vente*

---

(1) *Archives de Villeneuve de Marsan*. — L'acte de vente de La Goarde commence ainsi :

« In nomine Domini, Amen. Noverint universi praesentes pariter et futuri quod prout dictum est per partes infrascriptas, lis, questio et debatum esset et amplius esse ( ) inter nobilem Lubatum de Tojosa Dominum loci de Tojosa, ex parte una et Bernardum de Bidosa habitatorem parochiae Beati Andreae de Lauro inferiore, ex parte altera, de et super territorio vocato de Lagarda, diocesis adurensis, qualibet ipsarum partium illud ad se expectare et pertinere dicente et asserente, fuerunt que inter se ad invicem amici concordes quod dictus Bernardus de Bidosa venderet alienaret, cederet, quittaret et remitteret dicto domino de Tojosa dictum territorium vocatum de Lagarda et omnejus et omnem actionem causam, hypothecam et obligationem quod et quas habebat et habere poterat et debebat . cum et pro pretio octingenta santorum quod dictus nobilis de Tojosa eidem Bernardo de Bidosa daret et traderet, etc » C'est ce qui eut lieu le 4 août 1477.

Le parchemin qui contient cet acte important a été tronqué à la fin Mais les éléments essentiels de la transaction y sont bien nettement conservés.

PLAN D'ENSEMBLE DE LA Cne DE MONGUILHEM

de La Gouarde, qu'un débat s'étant élevé au sujet du territoire de La Goarde, dans le diocèse d'Aire, entre noble Lubat de Toujouse et Bernard de Bidouze, habitant de Laujuzan (1), qui réclamaient, chacun, ce domaine comme sa propriété personnelle, des amis communs intervinrent et rétablirent l'accord entre les deux parties.

De fait, il paraîtrait que la baronnie était la propriété de Bidouze, car les arbitres décidèrent qu'il y aurait vente par devant notaire. Il en fut ainsi. Le 4 août 1476, Bernard de Bidouze cède La Goarde à Lubat de Toujouse, moyennant la somme de *huit cents écus, valant chaque écu dix-huit sols et le sol six ardits*. D'après le texte, *La Gouarde* confronte avec les territoires de Montaigut, de Toujouse et de Bascaules.

Le territoire de la baronnie de La Goarde n'était pas fort étendu, comme on peut en juger par les divers documents des archives de M. Verdier, à Monguilhem, et de la mairie de Villeneuve-de-Marsan. On y comptait un très petit nombre de maisons au dix-huitième siècle. Celles de *Carbon, Guichené* dit *Dagot, Matha, Laffargue, Delhoste* étaient les principales (2). Quoique peu nombreux, les habitants de la baronnie de La Goarde osèrent s'élever au dix-huitième siècle contre le seigneur de Toujouse auquel ils contestèrent le *droit de pressoir*. Messire Joseph Gaspard de Maniban, releva appel d'une sentence du Sénéchal de Condom qui donnait raison aux insoumis, le 13 décembre 1722, et produisit un titre authentique du mois d'avril 1656 retenu par Dupuy, notaire, en vertu duquel il pouvait contraindre ses emphytéotes de La Goarde à se soumettre au droit de pressoir.

Mieux informés, les habitants de La Goarde et, à leur tête, dame Marie de Prat Ferré, veuve de Messire Blaise de Benquet, se transportèrent au Houga, le 19 mars 1727 et déclarèrent se désister de leur procès, « Voulant, dirent-ils, que le tout demeure pour nul et comme non advenu, se soumettant de payer au seigneur de Maniban le droit de pressoir audit Toujouse, et autres droits seigneuriaux suivant les anciennes coutumes et enfin suivant

---

(1) Laujuzan fut un fief de la maison de Toujouse Cette paroisse dut être habitée de très bonne heure, si nous en jugeons par le *tresor* de monnaies *élusates* ou gauloises trouvé sur son territoire, le 6 mai 1882 Cette belle collection de deniers en mauvais argent fut découverte dans le bois de *La Terrade* par des ouvriers de M H de Cours Elle comprenait 980 pièces que nous avons étudiées dans le *Conservateur*, d'Auch, du 8 juin 1882 La plupart des pièces étaient concaves et ornées d'un côté, d'un *hippogriphe* ailé.

(2) *Acte de désistement des habitants de La Gouarde*. — Villeneuve de Marsan.
— 1—1

qu'il est porté par la transaction du vingtième avril 1656 et par les anciennes reconnaissances (1).

Ainsi se trouva définitivement consacré le droit de *pressoir* du seigneur de Toujouse dans le quartier de *La Goarde*, alors compris dans la juridiction de Monguilhem (2) et, aujourd'hui, incorporé à Toujouse depuis l'année 1829.

BASCAULES

Bascaules est une très ancienne paroisse, qui existait déjà au quatorzième siècle, car le *Livre rouge d'Aire* (V. notre *Pouillé*, pp. 134 et 140) la mentionne formellement, comme l'une des annexes de Toujouse : *Ecclesia de Bascaudis*, (Bascaules). L'église était encore debout au commencement du dix-septième siècle — la carte géographique du diocèse d'Auch éditée par Mgr Desmarets la signale — un peu au sud-est du château moderne, construit par M. Cousseilhat, non loin des fondements de la *salle* seigneuriale de Bascaules. Cet édifice était bâti, nous a-t-on assuré, sur le petit plateau qu'on rencontre à l'entrée du *bois de Bascaules*, un peu au sud ouest d'un *tumulus* tronqué de forme circulaire et entouré d'une clôture en terre. Des arbres divers dominent ce *tuco*, ainsi que l'emplacement présumé de l'ancienne église, qui dut tomber en ruines vers la fin du dernier siècle.

Une élégante petite chapelle, ménagée au sud-ouest du château actuel de Bascaules, par les soins et aux frais de la famille Cousseilhat, rappelle seule, maintenant, le souvenir de l'antique église complètement détruite.

Bascaules et La Goarde méritent de fixer l'attention des savants. Le nom de *La Goarde* révèle déjà l'existence d'une sorte de poste avancé, de citadelle ou de *castrum* (3), à l'époque, *peut-être*, de l'invasion de la Gaule par César. Un remarquable monument militaire établi à un

---

(1) *Archives de Villeneuve de Marsan*

(2) *La Goarde* est mentionné dans une consultation de l'avocat Pizet que les habitants de Monguilhem interrogent, en 1703, afin de connaître leurs devoirs à l'égard de leur seigneur « Il faut bien se garder de produire la reconnaissance générale du 24 avril 1656 des habitants de la paroisse de La Gouarde, dit l'avocat, pour servir de pièce justificative d'un article de ce dénombrement, vu que dans cette reconnaissance la dîme de Lagoarde est regardée comme appartenant à la terre de Monguilhem Cette production contribuerait a établir que cette dîme appartient au roi, ce qui entraînerait pour Monguilhem l'obligation de payer le droit de *lods* au monarque » (*Archives de Villeneuve de Marsan*)

(3) Le Glossaire de Du Cange (*Supplément*, t II, p 581) traduit GARDA par *Ara, munitio, Castrum*

kilomètre et demi de là environ, au sud-est, et à quelques centaines de mètres du château de Bascaules, dans le bois du domaine de *Tchourla*, en Toujouse, paraît avoir été le centre d'un système de défense, dont *La Goarde* ne fut sans doute qu'un élément. Nous voulons parler du *Castra de César*, à *Bascaules*, où César, d'après la tradition locale, aurait livré jadis une grande bataille.

Nous savons quel cas il faut faire des légendes populaires, et nous sommes le premier à mettre le lecteur en garde contre des récits de pure fantaisie dus à l'imagination de la foule. Mais ici, il y a plus que de l'imagination. Nous sommes en présence d'un vestige guerrier très important.

Nous n'avons pas à nous prononcer sur les discussions engagées depuis longtemps entre savants et historiens, au sujet de la détermination de l'emplacement sur lequel P. Crassus, lieutenant de César, aurait livré la seconde grande bataille qui, après la prise de Sos (1), assurait aux Romains la possession de l'Aquitaine.

On nous pardonnera, cependant, de faire observer que le territoire, à peine ondulé, de Monguilhem et de Toujouse, aurait aisément pu devenir, au temps de l'invasion du général romain marchant sur la capitale des *Tarusates* (Aire), un magnifique champ de bataille — *apertissimis campis* (César) — où les armées ennemies composées de huit à dix mille Romains et de cinquante mille Aquitains pouvaient facilement se mouvoir avec la cavalerie.

Crassus, après la défaite des *Sotiates*, disent les *Commentaires*, se jeta *in fines Vocatium et Tarusatium* (2). Le général marcha droit devant lui, selon toute apparence, afin de s'emparer par un rapide coup de main de l'*Oppidum* des *Tarusates*. Or, nos paroisses, placées sur la li-

---

(1) Le cartulaire de Lescar mentionnant les villes détruites par les Sarrasins, en 710, avons nous dit dans notre brochure sur les *Bains Gallo Romains du Glesia*, à Montréal du Gers p 20, signale la *Civitas Sotiensis*, après la *Civitas Lactorensis* (V. D Brugèles — Preuves, p 9) Le Cartulaire de Bigorre rapporte à son tour la destruction des cités de la Gascogne par les Normands, vers le milieu du neuvième siècle Or, il dit que les Barbares, après avoir ravagé la ville de Bazas, tombèrent sur Sos, qu'ils détruisirent de fond en comble, pour s'abattre ensuite sur l'*Oppidum des Lactorates* (V Brugèles, loc , cit)
D'après ces textes, comme d'après l'*Itinéraire de Bordeaux à Jérusalem* et une foule d'auteurs sérieux, il est clair que *Sos*, dans le Lot et Garonne, fut bien la capitale des *Sotiates* emportée par les troupes de Crassus à l'époque de la conquête de la Gaule par César Divers auteurs, cependant, ont cherché a établir que l'emplacement de l'*Oppidum des Sotiates* était à *Lectoure*, d'après les uns, dans la *Haute Garonne*, d'après les autres, à Aire, suivant un certain nombre, dans les Hautes Pyrénées, suivant quelques autres
(2) Orihenart, dans sa *Descriptio utriusque Vasconia*, ajoute que Crassus, au témoignage de César, se jeta *illico*, immédiatement, sur le *Tursan*, après avoir battu les *Sotiates*. Le pays des *Tarusates* désigne le Tursan, d'après le même auteur

mite du *Tursan (Tarusates)*, étaient assez peu éloignées des frontières des *Vocates (Bazadais)*, si bien que Raoul de Brienne, en 1337, accorde à Roger de Toujouse, pour ses deux seigneuries de Toujouse et de Monguilhem, le droit d'appel pour la justice au siège judiciaire de Bazas, on le verra plus loin. De plus, les travaux militaires que nous allons décrire sont à douze ou quatorze kilomètres d'Aire, entre *Sos* et la capitale des *Tarusates*. Il est probable, d'ailleurs, que les Aquitains n'attendirent pas l'ennemi derrière leurs remparts, et qu'ils durent disputer pied à pied le pays aux envahisseurs On peut donc admettre que les armées ennemies se trouvèrent en contact sur notre territoire, AU MOINS avant la bataille définitive qui assurait la conquête de l'Aquitaine à Rome et qu'elles se mesurèrent sur nos territoires de Monguilhem et de Toujouse dans un combat préliminaire.

Ainsi s'expliquerait la présence d'une foule de tumulus ou tombeaux gaulois à *La Goarde*, autrefois juridiction de Monguilhem, et l'existence du *Castra de César* à *Bascaules* établi non loin de *La Goarde* (lieu d'observation).

En écrivant ces lignes nous ne voulons rien affirmer, nous bornant à fournir quelques nouvelles données aux historiens désireux de résoudre le problème relatif à la *seconde grande bataille* de Crassus, avant la soumission des Aquitains.

Les camps retranchés *romains* ou *aquitains* — nos guerriers apprirent à les construire en luttant contre Rome — sont nombreux en Gascogne (1), et le seul fait de l'existence du *Castra de Bascaules* ne prouverait rien en faveur de la thèse que nous insinuons. Mais il en est autrement, nous semble-t-il, si l'on considère : 1° la position géographique de nos paroisses placées entre *Sos* et l'*Oppidum des Tarusates*, à quelques kilomètres d'Aire; 2° leur voisinage des frontières des *Vocates* et des *Tarusates;* 3° les tombeaux ou tumulus gaulois si nombreux de Toujouse élevés sur des guerriers tombés sur le champ de bataille; 4° le voisinage de *La Goarde*, centre de popu-

(1) On peut en citer plusieurs dans les environs d'Aire le castra de Saint Loubouer, le castra de Samadet, le castra de Miramont Sensacq et le castra de Sarron Saint Agnet Seul, celui de Bascaules, qui appartint peut être au même système de défense du pays des *Tarusates* (Aire), s'appelle *Castra de Cesar*, nous assure t on Nous ne l'avons pas vérifié
Une figure rectangulaire indiquait « un *camp de Cesar*, sur la rive droite de la Douze, entre Cazaubon et Mauvezin, au sud de l'ancien diocèse de Bazas » (*Bulletin de la Société de Borda*, 1886, p 40. — V. dans ce recueil, une discussion sur l'emplacement ou se livra la seconde grande bataille de Crassus, pp. 35 45, 107-112, 205 210)

lation très antique. En tout cas, voici la description du monument de Bascaules.

Un vaste promontoire, aujourd'hui envahi par les pins, les ronces et les épines, s'étend de l'est à l'ouest vers un gracieux vallon et dessine comme un camp retranché dont les côtés vont en s'amortissant au nord et au midi, où ils déterminent un talus. Le promontoire domine le petit vallon au fond duquel coule le ruisseau de *Hountique* et plusieurs de ses lignes portent encore la trace évidente de retranchements en terre.

En avant de cette grande esplanade, à l'est, se dresse au milieu du vallon de *Hountique* un superbe *tumulus* elliptique tronqué autour duquel on distingue aisément les restes, maintenant comblés, de fossés de circonvallation. Le *tumulus* mesure sept mètres de hauteur à l'ouest. Des fouilles pratiquées à sa partie supérieure ont amené la découverte d'armes et d'ossements de toute sorte. Une étude plus approfondie de ce magnifique monument fournirait peut-être de précieuses indications sur l'événement mémorable, dont il atteste le souvenir, au milieu de cette vaste forêt qui, se développant vers Mormès (Monlezun), dérobe au regard du visiteur un riche panorama.

Pas un vestige, aux abords du *tumulus*, ne rappelle en cet endroit l'existence d'un édifice qui aurait pu être le siège de l'antique seigneurie et porter par là même le nom de *Castéra*, qui indique souvent la place d'un manoir féodal. Ce sont uniquement des travaux en terre, ayant tous les caractères des camps retranchés des premiers âges de la période gallo-romaine.

Peut-être y eut-il, autrefois, un château féodal près de l'église disparue de *Bascaules ?* Rien, cependant, ne nous autorise à l'affirmer. Mais nous savons que, jusqu'à ces derniers temps, la Salle *seigneuriale* s'élevait dans le voisinage du château actuel.

Bascaules, comme *La Goarde* et Toujouse, constituait une baronnie indépendante ayant son administration et sa *justice* à tous les degrés.

Inutile de rechercher la trace des barons de *Bascaules*, au delà du quatorzième siècle, puisque, à cette époque, la terre de ce nom faisait partie des domaines de Jean II, comte d'Armagnac qui, voulant récompenser Arnaud-Raymond de Bernède (1), son écuyer et seigneur d'Arblade-Comtal, pour des services qu'il en avait reçus, la lui donna

---

(1) Bertrand de Bernede est seigneur d'Arblade Comtal, en 1491. *(Armorial des Landes,* p 107)

en *toute justice* (1). Son fils, Jean III, ratifia la concession du 28 avril 1379, dans le château de Lavardens, le 26 août 1385, raconte l'abbé Monlezun dans l'*Histoire de la Gascogne* (t. IV, p. 435).

Nos archives du Grand Séminaire confirment le récit du chanoine auscitain (2). Voici, en effet, ce qu'on lit dans un *Mémoire pour M. le marquis de Bonas, au sujet de l'hommage et dénombrement* qu'il doit rendre pour la terre de Bascaules :

« **Bascaules.** — Cette terre consiste : 1° *En justice haute, moyenne et basse*, droit de créer les officiers pour l'exercer. Ce fait est prouvé par un contrat portant donation du 28 avril 1379, faite par Jean, comte d'Armagnac, à Arnaud-Raimond de Bernède, son écuyer, par la confirmation de cette donation par Jean, comte d'Armagnac, fils du donateur, le 26 août 1385, par les hommages du 7 février 1450, du 6 août 1587, de 1639 et 1671.

» 2° *En droit de dîme*. Ce droit est prouvé par le contrat de donation, par l'hommage de 1634, par des comptes de recettes informes de 1610 et 1631.

» 3° *En droit de fief*. Ce fait se prouve par des actes passés entre la dame marquise de Léaumont, d'un côté, et le sieur Lagarenne, du Houga, et la veuve du sieur Labeirie du Duc. On peut hommager en ces terres.

» La terre et seigneurie de Bascaules consistant en justice haute, moyenne et basse, cinq métairies avec leurs terres cultes et incultes, prez, bois, vignes, landes, un étang, un moulin à vent qui ne travaille point, une tuilerie et droit de fief et de dîme. »

Le droit de gatage. — Tout est normal dans les revendications du marquis de Bonas sur Bascaules. On ne peut pas en dire autant d'un article, relatif à l'un de ses fiefs, contenu dans le même *Mémoire*. Nous voulons parler du *droit de gatage* pour *Sarragachies* (canton de Riscle, *Gers.*)

L'auteur du *Mémoire* passe en revue les droits du seigneur sur la *justice*, le *fief*, les *lods et ventes*, la *rente en avoine, volaille*, etc. Puis, il ajoute : « A l'égard du *droit de gatage* qui est une rente de quelques blancs (3) paya-

---

(1) Archives du Grand Séminaire d'Auch, n° 4388.
(2) N° 2467 de l'Inv. G — Nous possédons l'acte de confirmation consenti par Jean III en faveur du seigneur de Bernède Il est écrit en latin et il rapporte que c'est pour services exceptionnels rendus a Jean II pendant la guerre, que Bascaules est donné au seigneur d'Aiblade La pièce se termine par ces mots.
« *Datum in castro nostro de Lavardenchis, die 26 mensis augusti, anno 1385.*
— (Voir sur Bernède, Archiv hist de Gasc — *Comptes consul de Riscle*, pp 81, 97.)
(3) On distinguait le *grand blanc*, d'une valeur de 10 deniers, du *blanc simple*, valant 5 deniers

ble par les nouveaux époux, comme ce droit est insolite, quoiqu'on ait l'acte d'achat, et que l'hommage de 1634 en fasse mention, on n'a aucune preuve contre les habitans qui prétendent au contraire détruire presque tous les droits cy-dessus par des coutumes qu'ils ont en bonne forme.

» Cela posé, il me semble qu'il faudrait se contenter d'exiger les quatre premiers articles et hommager en ces termes. »

Quel était ce *droit de gatage?* Ce fut, selon toute apparence, le prétendu *droit du seigneur*, sur lequel on a tant discuté dans ces derniers temps, et qu'on nommait *fodero*, en Italie, *droit princier*, en Russie, *jus primœ noctis*, en Belgique. Une telle monstruosité ne put jamais être un DROIT, aucune législation humaine n'aurait eu l'impudeur de la consacrer par une disposition quelconque (1). Mais il peut se faire, nous l'admettons, qu'aux époques barbares où le paganisme exerçait encore son empire souverain sur nos pays, certains suzerains, mus par des instincts bestiaux, aient affreusement abusé de leur autorité pour exiger une redevance criminelle de la part des nouveaux fiancés, établis sur leurs domaines, qu'ils traitaient en esclaves.

Les mœurs s'étant ensuite épurées par l'action bienfaisante et divine de l'Eglise, les seigneurs devenus chrétiens se seront bornés à recevoir un hommage purement honorifique, un tribut pécuniaire, à l'occasion des mariages contractés sur leurs terres.

C'est le sentiment du savant jésuite, Daniel Papebrock, dans les *Bollandistes (Acta Sanctorum, aprilis.* t. III, p. 822) Il est question, en cet endroit, du *jus primœ noctis*, revendiqué par certains seigneurs en Belgique : « Quamvis enim, dit-il, lex christiana fœdum *avitæ gentilitatis* abusum sustulerit, quo primus concubitus domino deferebatur, remansit tamen jus certi nummi... »

La conversion de l'ignoble *jus primœ noctis* en un sim-

(1) Le débat fut occasionné, en 1854, par le compte rendu que M Dupin aîné lut à l'Académie des sciences morales et politiques, au sujet du livre de M Bouthars, intitulé *Coutumes locales du bailliage d'Amiens* Il était question dans ce livre du droit infame qu'on nomma par euphémisme *droit du seigneur*, pour ne point scandaliser les oreilles pudiques
Louis Veuillot attaqua violemment M Dupin et soutint dans un livre plein d'esprit et de verve *le Droit du seigneur*, que ce prétendu droit *n'avait existé ni toujours, ni quelquefois, ni partout, ni quelque part* La querelle s'envenima M Delpit publia contre L Veuillot sa *Réponse d'un campagnard a un parisien* (in 8º, 1857, Paris), et M Bascle de Lagrèze fit paraître dans le *Droit* son *Essai sur le droit du seigneur, à l'occasion de la controverse entre M. Dupin et M. Veuillot* Nous passons sous silence le nom d'une foule d'auteurs qui se mêlèrent au débat (V l'*Histoire du droit dans les Pyrénées*, ch v, p 384)

ple hommage purement honorifique, s'opéra également en Russie, en 965, par ordre de la grande duchesse Olga, raconte *Evers* dans l'*Ancien droit des Russes* (p. 70).

« La princesse, dit-il, ordonna de n'accepter du fiancé qu'une *martre noire*. Non-seulement le prince, mais encore le boyard (seigneur) la recevaient du sujet. » C'est ce qu'on appela, en Russie, le *don de martre*.

Ce qui se passa en Russie, en Belgique et en Italie, dut s'accomplir dans nos contrées. Le *Mémoire du marquis de Bonas*, seigneur de Bascaules, semble nous l'apprendre clairement, car les mots : *droit de gatage*, sont la simple traduction de *don de martre*, croyons-nous. La *martre*, personne ne l'ignore, est ce petit mammifère carnassier, à l'odeur nauséabonde, qu'on désigne dans le pays de Sarragachies et en Armagnac sous le nom de *Gat putch*, *putz* ou *put* (*chat puant*). On l'appelle *gat* (chat) à cause de sa ressemblance avec le chat qui fréquente, comme lui, les greniers et les combles des maisons. Le *droit de gatage* de Sarragachies n'est donc vraisemblablement que le *don de martre* des Russes ou le *fodero* (fourrure) des Italiens. *Gat putch* aura fait *gatage*, par la suppression de l'adjectif qui, parfois, sert lui-même, tout seul, à désigner la *martre*, qu'on nomme *putoy* en certains endroits, pour *gat putoy* ou *putz*.

Plus tard, les seigneurs de Sarragachies auront préféré au *chat puant* ou *martre*, une redevance en argent de la part des nouveaux époux, et le *droit de gatage* sera devenu *une rente de quelques blancs*, suivant le langage du *Mémoire du marquis de Bonas*. Celui-ci déclare, d'ailleurs, *ce droit insolite*, c'est-à-dire contraire à l'usage, aux règles. D'où il résulte nettement que l'infamie qu'on s'est plu, à tort, à nommer *droit du seigneur*, fut un horrible abus, heureusement fort rare, sans doute, et limité aux époques barbares, puisque nous voyons le moyen-âge chrétien le racheter, partout, par une redevance honorifique ou pécuniaire.

« Le droit du seigneur a dû prendre naissance du temps où le maître regardait l'esclave comme sa chose, » dit M. Bascle de Lagrèze dans son remarquable ouvrage : *Histoire du droit dans les Pyrénées* (p. 421). « Si la féodalité, en France, n'a pas su détruire partout cet odieux abus de pouvoir, il ne faut pas du moins lui imputer de l'avoir créé. »

Nous sommes, sur ce point, de l'avis de l'éminent magistrat; mais nous nous en écartons formellement, lorsqu'il laisse supposer que « l'odieux abus, en opposition avec les règles religieuses et politiques, » était répandu et pratiqué dans nos contrées au moyen-âge. « Ce droit est insolite, nous dit en termes précis le *Memoire du marquis de Bonas*, quoiqu'on ait l'acte d'achat et que l'hommage de 1634 en fasse mention. » L'*abus* fut donc certainement très rare, même au début, et M. Bascle de Lagrèze nous paraît excessif, lorsque, se fondant sur les dénombrements du seigneur de Louvie, dans les montagnes d'Ossau (*Hist. du droit*, p. 403), en 1538, du seigneur de Bizanos, en 1538 (2 février) et en 1674 (12 septembre), il « n'hésite pas à conclure de l'existence du droit du seigneur dans les vallées du Béarn, à l'existence du même droit dans celles de la Bigorre. »

Au moins aurait-il dû ajouter. ce nous semble, qu'il ne parlait que des temps antérieurs au règne du christianisme en nos pays, et que plus tard, « les seigneurs de fiefs, trouvant le prétendu droit attaché à la seigneurie, se bornèrent à l'alléguer en nature pour l'avoir en argent. » « Ce devoir (*jus primœ noctis*) a été pourtant converty par *sesdits prédécesseurs* (du seigneur) en cet autre scavoir, dit le dénombrement du seigneur de Bizanos (*12 septembre 1674. — Hist. du droit*, etc., p. 405) : que lesdits soubmis sont tenus et obligés, chaque fois qu'il se fait des nopces dans ledit lieu, de lui porter une poule, un chapon, une épaule de mouton, deux pains et un gateau et trois écuelles d'une sorte de bouillie, vulgairement appelée *bibaroue*. »

L'époque de la conversion du droit n'est pas indiquée dans cette pièce. Les mots *sesdits prédécesseurs* sont tout à fait vagues et indéterminés. On peut donc conclure que ce fut dans un temps très lointain, car l'Eglise n'aurait jamais toléré de telles infamies, auxquelles les fidèles ne se fussent pas prêtés davantage et que la loi civile eût certainement réprimées (1). Le moyen-âge chrétien ne pratiqua jamais l'ignoble droit du seigneur.

Il nous plaît, après cette réserve. de rendre hommage au bon esprit et à l'impartiale loyauté du savant auteur de l'*Histoire du droit dans les Pyrénées*, qui sait allier

---

(1) Les peuples se seraient justement révoltés, comme se révoltèrent les vassaux des comtes d'*Acquasana*, en Italie, lorsque ces tyrans voulurent réclamer ces hideuses redevances. (*Annali di Alessandria da Girolamo Ghilini*, Milano, 1666, in follo, p. 86.) M. Bascle de Lagrèze cite les paroles de l'auteur dans la note 4 de la page 393 de son *Hist. du droit dans les Pyrenées*. « No poterano più soffrire il disonesto e tirannico vivere de' conti di Acquasana, loro signori, li quali non contentandosi di riscuotere da loro sudditi li carichi ordinari, volevano anche ricoverare i personali, dalle divine ed umane leggi prohibiti, eu goder le primizie delle vergini che audavano a marito. »

la discussion du meilleur goût à une grande érudition.

Mais, nous objectera-t-on, peut-être, les textes (1) discutés par M. de Lagrèze sont en contradiction avec votre doctrine ! Le dénombrement du seigneur de Louvie, en 1538, place les nouveaux mariés dans l'alternative de se laisser déshonorer ou de lui payer un tribut. De plus, un privilège est accordé à l'aîné des enfants mâles qui a pu naître de la tyrannie du seigneur. Enfin, ce dénombrement fut vérifié comme ceux du seigneur de Bizanos, en 1538 et en 1674. Les lois féodales sanctionnaient donc le *jus primœ noctis*.

Notre réponse à ces difficultés ne sera pas longue.

1º L'alternative même laissée aux jeunes époux est une preuve que l'horrible privilège ne fut pas exercé dans le moyen-âge chrétien. Pas un homme n'eût accepté l'outrage que quelques misérables pièces de monnaie pouvaient lui épargner.

2º Le privilège réservé à l'aîné des enfants mâles et inscrit dans le dénombrement était une conséquence logique du droit supposé dans l'article précédent et exercé peut-être aux époques païennes de la période gallo romaine. Mais rien ne montre qu'il y ait jamais eu un enfant favorisé du bienfait révélé par ce texte et que l'abus ait existé au moyen-âge. Les lois divines et humaines l'auraient empêché.

3º La vérification et l'approbation de ces dénombrements est précisément la preuve la plus convaincante que le *jus primœ noctis* ne fut jamais exercé dans notre société chrétienne du moyen-âge. Toute clause qui blesse les bonnes mœurs fut toujours considérée par nos lois comme nulle, comme absolument impossible. Les parlements se seraient donc bien gardés de permettre la vérification des dénombrements fournis par le seigneur de Louvie, si l'alternative posée dans la pièce signalée plus haut avait pu avoir quelque chose d'effectif dans le sens du crime. Mais ils la prenaient pour ce qu'elle était, c'est-à-dire pour une triviale *formule*, qui rappelait une atrocité païenne rache-

---

(1) Nous croyons devoir placer sous les yeux du lecteur les deux articles du dénombrement du seigneur de Louvie (1538), que nous discutons dans ces lignes. Seulement, il nous paraît convenable de substituer au texte original gascon la traduction latine qui suit

• *Item* quod cum aliqui de his domibus quæ supra sunt declaratæ matrimonium contrahent, antequam suas cognoverint mulieres tenebuntur illas, pro prima nocte, dicto domino nostro de Lobia offerre, ut ex eis faciat secundum beneplacitum suum, vel alioquin illi tributum solvere

» *Item*, quamvis pro unoquoque puero generato habitores teneantur solvere quamdam denariorum summam, tamen si fiat quod primogenitus sit masculus, ille *francus* erit, quia generari potuit ex operibus dicti domini de Lobia, in dicta prima nocte supradictarum voluptatum suarum »

tée plus tard au moyen d'une redevance pécuniaire exigée par le seigneur et consentie par le vassal, comme un hommage féodal, à l'occasion d'un contrat passé sur les terres du seigneur (1).

Les formules légales de la période gallo-romaine se sont conservées dans les actes les plus solennels jusqu'à ces derniers siècles. Nous ne voulons en fournir qu'une preuve. Les habitants de Bourrouillan se réunissent devant la porte de leur église paroissiale, le 21 mars 1574, pour faire leur reconnaissance féodale en faveur de leur seigneur. Or, ils promettent « de défendre la personne, biens, droits et honneur dudict seigneur envers et contre toutz et ayder et servir de toutes leurs forces excepté LEMPIRE ROMAIN *et le roy de France* (2) ! »

Faudrait-il conclure de cette banale *formule* et d'autres analogues que l'EMPIRE ROMAIN exerçait encore sa domination sur nos contrées au seizième siècle? Et cependant, voilà un document rédigé par les hommes de loi de l'époque, enregistré dans les cours du temps ! De même, l'alternative laissée aux habitants d'Aas. par le seigneur de Louvie, fut une simple *formule*, transmise de génération en génération, qui n'exprimait pour les vassaux qu'une redevance pécuniaire payable à l'occasion des noces célébrées dans les domaines du seigneur de ce nom.

Mais pourquoi insister davantage, lorsque nous avons un texte précis et clair comme le *Mémoire pour le marquis de Bonas*, qui nous indique ouvertement la nature *insolite* d'une tyrannie inavouable, convertie en un tribut en argent? Le lecteur nous pardonnera cette longue digression provoquée par une pièce qui réclamait des éclaircissements : nous croyons les avoir fournis. Revenons, maintenant, à la baronnie de Bascaules, après avoir fait observer qu'en écrivant les lignes précédentes nous n'avons nullement prétendu trancher la question des origines du *droit du seigneur*, dans lequel nous voyons, pour notre part, un infâme abus des époques païennes.

En 1475, il y eut débat entre Carbonnel de Latrau, seigneur de Mormès, et Bernard de Bernède, seigneur de Bascaules, au sujet d'une écluse construite par le premier

---

(1) Si, parfois, les populations réclamèrent contre ce droit *insolite*, les cours leur donnèrent raison, en supprimant des revendications dont la source, même lointaine, leur parut impure. On peut citer, comme preuve, l'arrêt rendu le 19 mars 1409, par les juges d'Amiens. Dieu sait si on a abusé d'une décision qui portait uniquement sur l'abolition d'une redevance pécuniaire à l'occasion des mariages !

(2) V. notre livre : *Baronnie de Bourrouillan*, — Paris, Maisonneuve, — p 43.

sur le ruisseau de la *Mamousse* (1), afin d'établir un étang, dont le bassin s'étendrait sur le territoire de *Maumousse* et de *Bascaules*. Bertrand de Bernède, seigneur d'Arblade-Comtal et de Bascaules, protesta contre l'empiètement de son voisin, par suite des développements exagérés de l'écluse. L'accord finit, cependant, par se rétablir. La conciliation se fit à Nogaro par devant Mᵉ Jean de Monastère, notaire royal, en présence de divers témoins, le 21 mars 1475. Ces témoins étaient : Pierre de Sainte-Marie, de la Terrade de Mau, Jean de Soubiran, de Saint Germé, Jean de Barthe, de La Leugue, Pierre de Soubano et Vital de Pratferré, habitants de Mormès.

Jean de Bernède, seigneur de Corneillan, agissant en qualité de procureur de Carbonnel de Latrau (de Trabe), transigea avec Bertrand de Bernède, seigneur de Bascaules, sur les bases suivantes : 1° Le seigneur de Mormès pourra élever son écluse, mais il paiera 50 écus au seigneur de Bascaules, pour le terrain envahi par l'eau de l'étang, à cause de l'exhaussement; 2° Si, jamais, l'écluse vient à se rompre et que le sol de l'étang soit desséché, le seigneur de Bascaules rentrera en possession du terrain actuellement occupé par les eaux et il rendra les 50 écus au seigneur de Mormès ou à ses descendants; 3° A chaque changement de seigneur de Bascaules, le seigneur de Mormès (ou ses descendants) devra payer une paire de gants blancs au nouveau seigneur, pour reconnaître qu'une partie du bassin de l'étang appartient à Bascaules (2).

Le nom de Bascaules se trouve écrit *Bascaulas*, dans ce texte latin (3). (*Archives du Grand Séminaire d'Auch*, n° 2468.)

La terre de Bascaules passa dans la maison de Mun, au dix-septième siècle. Nous avons dit ailleurs dans quelles circonstances la famille d'Arblade s'était alliée à celle des Mun.

Marguerite de Mun, fille de Jean de Mun, avait épousé Jean de Luppé, baron de Luppé et d'Arblade, le 4 février

(1) Il y avait à Bascaules un fief du nom de *Mamousse* Les archives de M· Verdier, à Monguilhem, mentionnent, dans cette baronnie, la *maison noble de Mamousse* Bernard de Laur, dit Mamousse, l'habite en 1677 En 1682, Bertrand Labadie, avocat au Parlement, y résidait La grosse dîme de Mamousse fut affermée, en 1788, par la fabrique de Toulouse, a Jean Genoux et Jean Cazalets (Archives du Grand Séminaire d Auch.) (V *Mamousse*, dans le plan de Toulouse)

(2) « Item fuit conventum... quod dictus dominus de Mormenis et sui in futurum successores domini et pocessores dicti pescarii tenantur solvere dicto domino et Arblada ut domino de Bascaulas pro dicta terra seu illius recognitione unum par chirothecarum alburnum mutatione domini, etc »

(3) Le *livre rouge* d'Aire écrit *Bascaudes*, et on retrouve cette forme dans l'acte de donation de Bascaules par Jean III, comte d'Armagnac (Archives du Grand Séminaire d'Auch, n° 2467)

1651 (1). Plus tard, sa fille, Marie-Anne de Luppé, héritière de Jean de Luppé, baron d'Arblade, voulut, elle-même, se marier avec Alexandre de Mun, son cousin, fils du marquis Jean-Jacques de Mun et de Louise de Léaumont. Rome accorda la dispense de parenté et l'union fut contractée. en 1681, par devant M⁰ Lafitan, notaire royal (2). Un seul fils, Jean-Paul de Mun, naquit de ce mariage. Le jeune marquis, seigneur d'Arblade, de Bascaules, etc., mourut en bas âge, laissant à sa mère une immense fortune.

Marie Anne de Luppé avait épousé, en secondes noces, François de Monlezun, dans l'intérêt même de son jeune fils. Il ne vécut qu'un an, après son mariage. Messire de Verduzan, troisième mari de Marie-Anne de Luppé, ne passa que peu d'années auprès d'elle, et messire de Luppé-Polastron, son quatrième époux, mourut sans postérité, comme ses deux derniers prédécesseurs.

Bascaules eut ainsi plusieurs seigneurs en peu de temps : Jean-Paul de Mun, François de Monlezun, noble de Verduzan, et Luppé Polastron. Le marquis de Bonas eut lui-même ce titre, comme nous l'avons vu par l'extrait du *Mémoire*, cité plus haut. Marie-Anne de Luppé, marquise de Mun, avait choisi, en effet, N. de Pardeillan, marquis de Bonas, pour son légataire universel. Néanmoins, elle lui laissait le soin de rendre le comté d'Arblade à la branche cadette de la maison de Mun.

Or, Bascaules en faisait partie (3).

Le seigneur de Pardaillan était sur le point de s'acquitter de son obligation, lorsque le testament de Marie-Anne de Luppé, marquise de Mun, entaché d'un vice de forme, donna lieu à de violentes contestations. Le seigneur d'Aspe invoqua de prétendus droits sur la terre d'Arblade. Les tribunaux furent chargés de vider la querelle. Après des débats très longs et très orageux, le comté passa, avec Bascaules, aux mains de Jean Louis comte de Mun, brigadier des armées du roi, qui le donna à Alexandre-François de Mun, son neveu, lieutenant des gardes-du-corps du roi.

Lorsque la Révolution française éclata, la baronnie de Bascaules appartenait encore à Pierre-Alexandre de Mun,

---

(1) V notre étude *M. le comte de Mun*, p 42
(2) *Ibid*, p. 37.
(3) Le *Mémoire* du marquis de Bonas, cité précédemment, contient l'énumération de toutes les terres dépendantes du comté d'Arblade et fournit sur chacune d'elles des détails intéressants (Arch du Grand Séminaire d'Auch, n° 4388) Nous nous bornons à donner les noms des domaines Arblade Comtal, La Lengue, Sarragachies, Crémon, Lacaussade, Camortères, Tarsaguet, Bascaules, Sion, Mauruc, Saint Aubin, Plis, La Barthe de Saint Gilède, Pontac, Magnan, Sorbets, Caupène, etc

comte d'Arblade. Mais celui-ci ayant émigré, à l'époque de la Terreur, ses biens furent confisqués et vendus *au profit de la Nation*, suivant un euphémisme du temps. Ceux de Toujouse avaient une grande étendue : 242 journaux. Ils comprenaient : la *Salle* noble de Bascaules, les métairies de *Bascaules*, de la *Teulère*, de *Bordenave* et du Pouy (1). Tout fut aliéné, le 5 frimaire, à Nogaro, pour la somme de 176,400 fr. *Lou Pesquerot*, situé en Monguilhem, fut annexé à ces terres pour le prix de 800 fr.

A la répartition du *Milliard*, sous Charles X, le marquis de Mun reçut une indemnité de 785,118 fr. 05 pour ses terres du Gers, *nationalement* vendues pendant la Révolution. Il eut 99 396 fr. pour celles de Monguilhem et de Toujouse, seulement.

Aujourd'hui, Bascaules est un magnifique domaine, au centre duquel s'élève un gracieux castel aux allures féodales, comme pour rappeler le passé historique de l'antique baronnie de ce nom.

(1) La métairie du Pouy, en Monguilhem (La Gouardé), fut vendue 20,283 fr — La *Salle* de Bascaules (87 journaux), 31,440 — Bordeneuve (60 j), 25,669. — *Teulère* (50 j), 21,590. — *Drouilha* (45 j) 20,495 fr. (Arch départ du Gers)

MONGUILHEM
ET
TOUJOUSE

HISTOIRE SEIGNEURIALE

CHAPITRE I

SEIGNEURS DE TOUJOUSE ET DE MONGUILHEM. — LES ANGLAIS SE FONT DES AMIS EN ARMAGNAC. — GUERRE ENTRE LES SEIGNEURS DE TOUJOUSE, D'OGNOAS ET D'ESTANG. — LES BARONS DE TOUJOUSE PASSENT SOUS LA DOMINATION FRANÇAISE. — CONCESSION DE RAOUL DE BRIENNE EN FAVEUR DE MONGUILHEM ET DE TOUJOUSE. — MEURTRE D'ANESANCE DE TOUJOUSE. — TOMBEAU DU PRÉLAT. — GUERRE DE CENT ANS, ETC., ETC.

Les premiers seigneurs connus de Toujouse et de Monguilhem sont Annet et Bernard de Toujouse qui signèrent, en 1319, le paréage de Monguilhem avec le roi d'Angleterre. Bernard reparaît dans l'histoire dans les circonstances que nous allons rappeler.

Monguilhem venait à peine de naître à la vie communale, lorsque des événements graves s'accomplirent autour de la nouvelle bastide, peut-être même à l'intérieur de la cité. Nous sommes en plein moyen-âge. Arnaud Guillem d'Armagnac gouverne, pour le roi de France, les villes de Marquestau, de Montela et de Villefranche (La Bastide), et le roi d'Angleterre, déjà maître de Lias, vient de fonder des villes nouvelles destinées, avec Estang, à soutenir ses droits sur la Gascogne. Parmi les nouvelles cités se trouvent Montaigut (1) et Monguilhem. Le seigneur d'Estang avait concouru à la création de la première et le baron de Toujouse avait favorisé la fondation de la seconde. L'affermissement du pouvoir anglais par l'établissement de ces deux nouveaux centres de population sur les confins de l'Armagnac donna-t-il lieu aux entreprises militaires d'Arnaud-Guillem d'Armagnac, sénéchal du comte d'Armagnac, contre Estang? Rien ne nous le dit. Mais ce que nous savons sûrement, d'après un document inédit du château de Poyanne, c'est que Arnaud-Guillem s'empara d'Estang peu de temps, sans doute, après la fondation de Monguilhem, et que Bernard de Toujouse et Arnaud d'Ognoas se liguèrent contre lui et marchèrent sur Estang. La guerre paraît avoir été terrible : il y eut des morts, des ruines, des désastres de tout genre. Le comte d'Armagnac, Jean, intervint heureusement, et la paix entre les belligérants fut signée en 1322. L'acte qui en contient les conditions a une véritable importance historique. Aussi croyons-nous devoir en donner une large analyse, vu que le seigneur de Toujouse a une part active dans cette transaction.

Les hostilités entre les seigneurs de Toujouse, d'Ognoas et d'Estang duraient depuis le jour où Arnaud-Guillem s'était emparé de force d'Estang. Fatigués de cette guerre calamiteuse, les deux partis résolurent de signer la paix et d'appeler Jean comte d'Armagnac comme arbitre : c'était leur ami commun. En conséquence, les préliminaires de l'accord furent rédigés par devant témoins et en présence du notaire, le même jour (7 des ides de février 1322), à Estang et à *Villefranche d'Armagnac* (2).

Notre document nomme parmi les membres de la petite assemblée d'Estang : Arnaud Guillaume d'Armagnac, syndic d'Estang, Pierre d'Estang, jurat et syndic d'Estang, Pierre Jeglar et Vital de Mansinhed, jurats d'Estang, Roger, évêque de Lavaur, le baron de Mauléon et de Villefranche (Labastide), Géraud, vicomte du Fezensaguet

---

(1) Guillaume de Montaigut, sénéchal du duché d'Aquitaine, et le seigneur d'Estang fondèrent la bastide de Montaigut en 1320 Les coutumes données par le sénéchal a la nouvelle ville existent encore dans les *archives de Poyanne* Guillaume de Toulouse, sénéchal des Landes, les fit approuver par le roi d'Angleterre, le 20 février 1320 (V. le texte dans notre brochure. *Montaigut. — Ses Coutumes*. — Paris, chez Maisonneuve)

(2) *Villefranche d'Armagnac* n'est autre que *Labastide d'Armagnac*, selon toute apparence. Dans le *livre rouge d'Aire*, pp 133 et 142, il y a une paroisse du nom de *Villafranca* dans l'archiprêtré de Mauléon. Or, cette même paroisse se trouve désignée a la page 147, sous le nom de *Bastida armaniaci*. (V. le *Pouillé du diocèse d'Aire*)

et du Bruilhois, Guillaume de Cardalhac, chanoine, archidiacre d'Anglés, dans le diocèse d'Auch, Bernard de Pardailhan, Jean d'Armagnac, seigneur de Termes, Pierre de Brac, docteur en droit, et Jean de Gourgue, notaire d'Estang (1).

La réunion de Villefranche paraît moins nombreuse. On y compte : Bernard de Toujouse, Arnaud d'Ognoas, Roger, évêque de Lavaur, Guillaume de Cardalhac, Pierre de Brac, Anessance de Toujouse et Géraud de Montbrun, — ces deux derniers, chanoines de Bazas, — Pierre, seigneur de Saint-Aubin (de Sto-Albino), et Jean de Gourgue, notaire d'Estang.

Avant de faire connaître le jugement prononcé par Jean d'Armagnac, arbitre des belligérants, indiquons les bases de l'accord arrêtées par les parties adverses.

Arnaud-Guillem d'Armagnac, le seigneur de Toujouse et Arnaud d'Ognoas prennent l'engagement de s'en remettre absolument aux décisions de leur arbitre auquel ils donnent les pouvoirs les plus étendus et dont ils ac-

---

(1) La pièce que nous analysons commence ainsi : « Noverint universi quod cum ratione discordiarum controversiarum questionum que erant et verisimilcr esse sperabant inter nobilem Domicellum Guilhelmum de Armaniaco, homines et universitatem castri de Astano et corum familiares domesticos amicos et valitores ex parte una — et Bernardum de Toiosa et Arnaldum de Unhoanis domicellos et eorum familiares domesticos amicos et valitores ex altera, super dampnis, injuriis, violenciis, homicidiis illatis hinc inde a tempore quod dictus dominus Arnaldus Guilhelmus tenuit dictum locum de Astano usque ad hunc presentem diem, tandem tractatu amicabili interveniente, partes predicte videlicet dictus Arnaldus Guilhelmus de Armaniaco, domicellus Petrus de Stagno juratus et syndicus dicti loci, de quo syndicatu ibidem idem Petrus fecit fidem per quoddam instrumentum publicum cujus tenor inferius est insertus et Petrus Jeglar et Vitalis de Marsinhed iurati dicti loci de Astano pro se et suis omnibus familiaribus domesticis amicis et valitoribus et tota universitate et singulis de universitate ejusdem loci de Astano et eorum valitoribus ex parte una — et prœdicti Bernardus de Toiosa et Arnaldus de Unhoanis domicelli pro se et suis omnibus familiaribus domesticis, amicis et valitoribus ex alia — constituti personaliter in presentia mei notarii et testium infrascriptorum submiserunt se gratis et spontanea voluntate super prediclis discordiis seu questionibus et super omnibus dampnis injuriis rancoribus et odiis inde sequutis et exortis et aliis omnibus que predicta tangunt et tangere possunt a tempore quod dictus Arnaldus Guilhelmus tenuit dictum locum de Astano ut promissum est usque ad presentem diem voluntate arbitrio pronunciacioni et ordinationi egregii et potentis viri domini Johannis Dei gracia comitis Armaniaci Fezensiaci et Ruthenorum tanquam in arbitrum arbitratam et amicabilem compositionem et amicum communem partium prœdictarum volentes, consentientes diste partes quod predictus dominus comes possit super prœdictis omnibus et singulis ordinare, statuere, deffinire, etc »

Le texte de l'acte de *Syndicat* auquel il est fait allusion dans ce document se trouve, en effet, à la suite de l'accord.

Il commence par les mots : « Noverint universi, etc , » et rappelle que la communauté d'Estang, dont Vital Damou, Bernard Miramont, Vital de Marsanhed et Arnaud de Toiosa etaient consuls, ayant été convoquée, selon l'usage, par le crieur public, les habitants firent l'élection de leur procureur syndic Vital de Umat etait alors recteur de l'église Saint Martin d'Estang, et Fabri se trouvait notaire de la communauté gouvernée par CATHERINE : *Katarina domina Destan*.

L'acte se termine par ces mots : « Acta fuerunt hec in ecclesia de Astano die sabbati post festum beati Marchi evangeliste anno domini M. CCC. XV. »

ceptent d'avance toutes les conditions. Il pourra les convoquer et les entendre tant qu'il voudra, et choisir le jour qui lui plaira pour vider le débat, pendant la semaine de l'octave de Pâques de 1322. Le comte d'Armagnac pourra, d'ailleurs, prendre tout le temps qui lui sera nécessaire, au-delà de cette date, pour calculer les indemnités dues par les belligérants, à l'occasion de la dernière guerre.

Une amende de mille marcs d'argent sera infligée à celle des deux parties qui sera infidèle aux engagements contractés : la moitié de cette somme sera dévolue au comte d'Armagnac et l'autre moitié ira à la partie restée fidèle. etc. Si l'un des contractants, au mépris de la foi jurée, venait à prendre de nouveau les armes et qu'il fût traître à sa parole, il devrait se battre en champ clos, seul, armé d'une lance et d'un bâton long de deux rases (1), contre deux champions choisis par l'autre, montés à cheval et munis des armes qu'il jugerait bon de leur donner. Arnaud-Guillaume d'Armagnac, les jurats d'Estang, ainsi que Bernard de Toujouse et Arnaud d'Ognoas, devaient faire connaître, avant la mi-carême, au comte d'Armagnac ou à son baile de Mauléon, ceux de leurs sujets qui refuseraient de souscrire à la paix. Et si quelqu'un des leurs venait à repousser les clauses de l'accord ou à y contrevenir, la paix n'en serait pas moins assurée. Chaque belligérant devra refuser tout appui, tout secours à ceux qui invoqueraient sa protection, après avoir causé quelque dommage à l'autre.

Le futur traité de paix laissera subsister dans toute sa vigueur le traité précédemment conclu entre le seigneur d'Estang, celui de Aroca (?) et le seigneur de Toujouse, Bernard. La main placée sur les saints évangiles, les parties firent le solennel serment d'accepter le jugement de leur arbitre et d'y demeurer invariablement fidèles.

Tout étant parfaitement réglé, les contractants et leurs témoins comparaissent devant Jean, comte d'Armagnac, à Villefranche d'Armagnac, le 7 des ides de février. Les conditions de la paix sont les suivantes : les contractants agissant pour eux, pour leurs parents, leurs amis et leurs soldats, se pardonnent mutuellement tous leurs torts réciproques : dommages, haines, injures, violences, homicides, depuis le jour de l'occupation d'Estang par Arnaud Guillaume d'Armagnac, jusqu'à l'heure pré-

---

(1) Le mot rase indique une mesure de longueur. Un des articles de la coutume de Montaigut porte ces mots : « Item in qualibet platea domus seu atali dicte ville longitudinis LX rasis et amplitudinis XV rasis debet habere dominus », denarios morlanos censuales, etc. » La rase vaut 0 46 c. de longueur.

sente. La paix sera désormais stable et inébranlable entre eux, leurs familles, leurs vassaux, etc. En signe de paix et de pardon, Arnaud Guillaume admettra au baiser de paix Bernard de Toujouse et Arnaud d'Ognoas.

Bernard de Toujouse et Arnaud d'Ognoas ne pourront, de vingt ans, franchir la clôture d'Estang, sans le consentement d'Arnaud Guillem d'Armagnac ou des habitants de la localité.

Si, durant la trêve, un ou plusieurs sujets de l'un des contractants viole la paix, le nom des coupables devra être donné par leur maître, avant la mi-carême de 1322, au comte d'Armagnac ou à son baile de Mauléon. Défense de conseiller ou de protéger en aucune façon les rebelles.

Le comte d'Armagnac prendra tout le temps qui lui sera nécessaire, même au-delà de l'octave de Pâques, pour déterminer la nature et l'importance des indemnités réciproques à payer pour les dommages causés pendant la guerre.

Les contractants doivent accepter et remplir immédiatement les clauses de l'accord fixées par leur arbitre.

C'est ce qui eut lieu. A peine la sentence fut-elle prononcée, que les trois ennemis se donnèrent le baiser de paix, après avoir fait le serment de demeurer fidèles aux décisions du comte d'Armagnac.

Toujouse et Monguilhem obéissaient alors à la Grande-Bretagne. Huit ans plus tard, nos deux paroisses reconnaissent encore l'autorité de l'Angleterre, dont Edouard III avait occupé le trône, à la place du faible Edouard II, qui fut forcé d'abdiquer pour aller mourir, bientôt après, au fond d'une prison.

Le jeune roi de la Grande-Bretagne ne négligeait pas une occasion pour se mettre en relation avec la noblesse gasconne. Le 2 avril 1330 (1), deux de ses commissaires furent envoyés en Armagnac. Le seigneur de Toujouse — avec une foule d'autres gentilshommes — reçut notification de cette ambassade par une lettre dans laquelle le monarque le félicitait de son dévouement traditionnel pour lui et ses ancêtres.

Le baron de Toujouse n'avait pas craint, ajoutait-il, d'exposer sa vie et ses biens pour la protection des droits de la couronne d'Angleterre. Puis, après l'avoir remercié de son inébranlable attachement à la Grande-Bretagne, le prince lui exprimait son désir ardent de remédier aux

---

(1) Ch. *Documents historiques sur la maison de Galard*, t I, p, 450, — Monlezun, t III, p. 215.

abus du duché d'Aquitaine. Des démarches sont actuellement tentées dans ce but auprès du roi de France, lui disait-il. Que le seigneur de Toujouse accueille donc avec confiance les déclarations des députés anglais, Jean Darcy de Cosyn et Guillaume de Sciutz, seigneur de Pomès, et qu'il continue à son gouvernement les témoignages de sympathie et d'affection auxquels il l'a précédemment habitué.

Malgré toutes ces précautions, une guerre sourde continuait, surtout en Aquitaine, entre les deux couronnes de France et d'Angleterre; si bien qu'en 1337, Edouard III et Philippe de Valois levèrent brusquement le masque et les hostilités commencèrent.

Tandis qu'Edouard nouait des négociations sur les frontières et cherchait des ennemis à son rival, Philippe confisqua la Gascogne. Il envoya des commissaires pour saisir cette province en son nom. « Le roi manda en même temps au comte de Foix de se trouver à Marmande, vers les premiers jours de juillet, et fit partir bientôt après le connétable Raoul de Brienne, comte d'Eu. » Celui ci parut à Villeneuve d'Agen, le 10 juillet 1337. La plupart des villes reconnurent l'autorité du roi de France. Roger de Toujouse fit lui-même sa soumission, comme on le voit par la lettre si importante que nous donnons en note (1).

(1) *Serment de Roger de Toujouse à Raoul de Brienne, comte d'Eu* (1337) — « Raoul, comte d'Eu et de Guines, connetable de France et lieutenant du roy notresire ès parties du Lenguedoc A tous ceulx qui ces lettres verront, salut Come Rogier de Toioze, escuyer seigneur dudit lieu naguères soit venu a nous et nous aict faict au nom dudict notresire le Roy serment de feauté et foy et sondict chasteau aict soubmis en la obeissance dudit roy notresire Et nous ait supplié que li et ces successeurs soient tenus en ces justes pocessions, usaiges, libertés, franchises, saisines, fors et coutumes es quelles il et ses prédécesseurs ont ansiennement esté ou temps que ils étoient de la obeissance du roy d'Angleterre et que li et ces gens et ses subgiectz soient de la jugearie de Bazadoys qual sans graves perilhs de leurs ennemys autre assiziage ou jugearie non pourront seurement aler Nous es suplications dudict Rogier favorablement innany ou deliberation de notre conseilh, de grace special et de certaine science avons otroye et autroyons par ces présentes de par ledit notre sire le roy et de part nous audict escuyer que il et ces successeurs, ces subjects et ces miens et ces familles soient tenus et gardés sous la protection et sauvegarde speciale dudict notresire le roy et nostre, en ces justes possessions, usaiges, libertés, franchises, saisines, fors et coutumes ès quelles li et ces successeurs et subgectz sont et ont esté ou temps que culx estoient en la obeissance dudict roy d'Angleterre Et néantmoins que ledict Rougier et ces successeurs et subgiects soient de la jugegalie et assiziage de Bazadoys et en autre assiziage non puis sent etre convenuz *ad instans* de partie ou autrement. Mas es dites juegaties et assiriage soient tenus de venir quant à venir y sont appelés pour faire et recevoir droict selon la coustume de Bazadoys Si vous mandons et a chacun de vous si come il li apartient et puet appartenir que ledict Rogier ne ces subjets ne ces successeurs contre la forme de cette présente grace vous ne moulestez en corps ni en biens ne ne fassiez estre moulestes mes de cette présente grace les faciez joir et user à plein. En témoing de laquelle chose nous avons faict mettre en ces présentes lettres nostre ceel. — Donné en nous tentes devant Pomiers, le XXVI° jour de aoust l'an de grace MCCCXXXVII. » (*Archives de Villeneuve de Marsan, Original — $\frac{11-1}{2}$*)

Il résulte de ce document, qu'au temps où nous sommes, les chemins ne sont plus sûrs pour nos populations, du côté de Saint-Sever, siège de notre juge d'appel. Aussi, Roger de Toujouse, désormais inféodé à la France, demande-t-il à faire partie du ressort judiciaire du Bazadais (1). Ses vœux sont exaucés. Raoul de Brienne lui donne, en outre, l'assurance que le roi de France le maintiendra « en ces justes possessions, usaiges. libertés, franchises. fors et coutumes ès quelles li et ces successeurs et subjects sont et ont esté au temps que eulx estoient en la obéissance dudit roi d'Angleterre. »

Françaises par le cœur, nos populations ne voulaient point d'autre suzerain que le roi de France. Nous l'avons vu plus haut. (V. p. 29.)

Quelques années auparavant, un incident survenu entre l'évêque d'Aire et l'abbé de Saint-Sever (1329) avait jeté dans l'embarras le roi d'Angleterre, alors suzerain de Toujouse. Nous mentionnons le fait, en passant, à raison des droits revendiqués sur Toujouse par l'une des parties.

Il s'agissait de dîmes réclamées par l'abbé contre l'évêque. L'affaire fut portée à la cour d'Edouard qui, ne voulant pas mécontenter ces deux personnages influents, leur conseilla de recourir à des arbitres. Bernard de Luc, camérier du couvent, et Peregrin de Baquerisse, archiprêtre de Mauléon, furent chargés des intérêts de l'évêque et de

---

(1) V. plus haut p 31. Nous ignorons comment Monguilhem et Toujouse passèrent plus tard dans la *sénéchaussée d'Agenais* pour faire partie, ensuite, de celle de Condom Mais il est certain que notre ville est du ressort de Condom en 1553

Voici, en effet, ce qu'on lit dans un procès verbal conservé aux archives de Condom, cote FF, 35, dressé en 1553, dit M. Baradat de Lacaze dans son intéressante étude sur *Astafort en Agenais* (p 8, note 2). Le *Procès Verbal* est rédigé par François Laage, premier président au Parlement de Bordeaux, et par Gilles de Noailles, conseiller au même Parlement.

La sénéchaussée de Condom comprend « en outre de la ville de Condom et de sa banlieue qui avait une lieue de Gascogne, qui est pour le moings deux grandes lieues de France : le marquisat de Fimarcon et les terres d'icelui, savoir est . Castelnau, Abrin, Blaziert, Roquepine, Le Mas, Pellegrue, Maisolar, Lagarde, Laroque, Sainct Martin (de Goyne), Beriac, Saint Mezard, Poy Carrege laid, Rinhac, La Romyeu, Ligarde et Gazaupouy. »

La seigneurie d'Astafort et celle de Dunes
La vicomté de Bruilhois

Les villes dont les noms suivent . Nérac, en Albret, Mézin, Montréal, Gabaret, MONTGUILHEM, Cazères, Gimade, Mont de Marsan, Sainct Justin, Roquefort, Captieux, Casteljaloux (jusqu'à l'Avance rive droite) Caumont et Damazan.

M. Baradat de Lacave ajoute ensuite . « Les limites de l'evêché (de Condom créé en 1317 par le pape Jean XXII) différaient peu de celles de la sénéchaussée » C'est une erreur. Il suffit, pour s'en convaincre, de jeter un coup d'œil sur notre carte du *diocèse de Condom* et de parcourir notre *Pouillé du diocèse d'Aire*. Le diocèse de Condom s'arrêtait à la limite de Montréal, celui d'Auch s'avançait en pointe vers Sos et confinait au diocèse d'Aire, auquel appartenaient les archiprêtrés de *Mauléon*, de *Roquefort*, du *Plan*, de *Mont de Marsan*, dont les principales villes étaient de la sénéchaussée de Condom, dit le Procès Verbal de 1553 (V. *Astafort*, p 8 et 9.)

l'abbé. Ils se réunirent à Roquefort. D'après leur sentence, le monastère dut payer à l'évêque 230 livres tournois et lui abandonner les dîmes d'Urgons (1) et de Parenties (2). L'abbaye conservait les dîmes de Toujouse (3), de Cauna, etc.

Garsias, évêque d'Aire, mentionné dans cet accord, était monté sur le siège épiscopal de cette ville à la suite d'événements bien douloureux pour le baron de Toujouse et de Monguilhem. Un des parents de ce seigneur, son frère, peut-être, que nous venons de voir figurer comme témoin dans le traité de paix survenu en 1322 entre Estang et Toujouse, avait succédé à Guillaume III, de Corneillan, sur le siège d'Aire, vers 1324, après avoir occupé une stalle de chanoine dans l'église de Bazas (4). Il s'appelait ANER SANCIUS ou ANESSANCE DE TOUJOUSE (5). Le prélat descendait de la noble et vaillante race des Toujouse. Aussi, n'était-il pas homme à pactiser avec l'iniquité. Sa fermeté lui valut la persécution de quelques Bâtards gascons qui se portèrent sur lui aux dernières extrémités.

On sait que le mariage, au commencement du quatorzième siècle, avait oublié la sainteté de ses devoirs. Bien peu de familles furent exemptes de la honte de voir croître et s'élever au foyer domestique, sous les yeux de l'épouse et parmi les enfants légitimes, des rejetons adultérins. Les *Bâtards* devinrent le fléau de notre pays. Leur main rapace ne sut rien ménager. Les biens de l'Eglise furent plus spécialement l'objet de leur convoitise.

Les plaintes de l'épiscopat étaient aussi universelles que vaines. Anesance de Toujouse, monté sur le siège épiscopal d'Aire, montra cependant une telle énergie contre les coupables (6), que ceux-ci résolurent de se venger de sa ferme attitude. Tersol de Baulat, Bernard et Raymond-Guillaume de Canet, Jean et Arnaud de Rive-Haute, Medo, Pierre de Sanguinède, Arnaud-Guillem de Sariac, Menaud et Jean de Capdeville sont cités par l'abbé Monlezun comme les auteurs de ce sacrilège attentat.

---

(1) Urgons est actuellement une paroisse du canton de Geaune C'était, autrefois, le siège de l'archiprêtré de Tursan (V. notre *Pouillé du diocèse d'Aire*, p 124)
(2) Parenties était annexe d'Uchac. (V le *Pouillé*, p. 73)
(3) *Revue d'Aquitaine* (t. V, p 396).
(4) V plus haut, p 225, et consulter le *Traité de paix* dans les archives de M Legé, curé de Duhort (Landes)
(5) C'est à tort que le *Gallia christiana* et le *Clergé de France* le disent issu de la famille de *Joyeuse*. Nous avons précédemment expliqué la cause de cette erreur (V. p 3)
(6) *Hist de la Gascogne* par Monlezun, t III, p 204, — *Gallia christiana*, t I, — Labbe, t II, pars II, — Manuscrit d'Aire, — D Brugelles — *La Devèze*, par M. Gaubin

La *Petite Revue d'Aire* (année 1873, p. 263), utilisant sans doute un texte mal copié de Larcher, dit que le meurtre se produisit « un jour que l'évêque se rendait à *Vogaro* (?). » C'est : en s'éloignant, non de *Vogaro*, mais de *Nogaro*, qu'il fallait écrire. Une bulle du pape Jean XXII (1), fulminée contre les assassins, va nous rappeler les circonstances de ce tragique événement. Elle est imprimée, d'une manière très incorrecte, dans la *Petite Revue d'Aire* (1873, pp. 264 et suiv.). En voici l'analyse :

Le Souverain-Pontife s'adresse à l'archevêque d'Auch et aux évêques de Condom et de Tarbes. Le cri du sang d'un prélat de Gascogne, tombé dans ces derniers temps, par un crime horrible, sous les coups meurtriers d'assassins criminels, s'est répandu de toutes parts, dit-il. Profondément touché d'un attentat horrible cruellement commis par des mains sanguinaires, il se sent poussé d'autant plus à infliger aux coupables des châtiments mérités, que ce crime épouvantable est la plus grave injure faite à Dieu, un outrage au siège apostolique et un scandale pour les fidèles.

Lorsque, il y a peu de jours, Anessance, d'heureuse mémoire, évêque d'Aire (2), revenait de la cour romaine à Aire pour reprendre la direction de son troupeau, et qu'il n'était plus qu'à trois lieues environ de son église, quelques hommes d'iniquité, ayant appris son retour, l'attendirent traîtreusement, les uns à pied, les autres à cheval, le long du chemin et lui tendirent des pièges. Mettant de côté toute crainte de Dieu et tout sentiment humain, ils l'assaillirent cruellement lui et ses compagnons de voyage et le mirent à mort ainsi que quatre gentilshommes de sa suite et deux serviteurs, après les avoir horriblement couverts d'innombrables blessures. Ce sacrilège attentat ne leur suffisait pas, ajoute le Pontife. Les assassins, après le massacre, s'emparèrent de la

---

(1) Cette pièce importante vient d'être retrouvée dans les archives vaticanes par M. l'abbé Guérard, qui l'annonçait naguère dans un rapport du 26 mars 1889, inséré dans la *Revue catholique de Tarbes* (t. 18 — 1889). Ce document figurera dans le *Bullaire de Gascogne*, actuellement en préparation.

(2) Le texte latin porte ces mots « Cum enim bonæ memoriæ Antisanctius episcopus adurensis his diebus, etc. » *Episcopus adurensis* est traduit par *évêque de Durens* dans l'*Inventaire du château de Lectoure* (Bibliothèque nationale — Fonds français, n° 16836.) L'auteur de cette naïveté est Jean Dupin, conseiller du roi et garde des titres de S. M. qui sont au château de Nérac et se citant e de la Chambre des Comptes de ladite ville (1618). Il fait cette faute, en inscrivant sur son *Inventaire* la « Sentence de condamnation du sénéchal d'Armagnac, donnée dans le château de Rivière Basse contre les seigneurs de Baulet, de Canet et autres, à cause des homicides sacrilèges et volleries commises es personnes de l'évêque de Durens, du sieur de Montagut et autres, de l'année 1327 » (*Petite Revue d'Aire* 1873, p. 266.)

mitre du prélat, des vases d'argent et autres objets destinés au culte divin, lui arrachèrent l'anneau pastoral du doigt, volèrent ses chevaux, le dépouillèrent de tous ses bagages et emportèrent iniquement le fruit de leur pillage.

Pour que ce crime épouvantable ne demeure pas impuni, et que personne n'ait la présomption d'imiter de si funestes exemples, le Pape Jean XXII ordonne à l'archevêque d'Auch, aux évêques de Condom et de Tarbes, qui doivent s'entendre à cet effet, de faire savoir au plus tôt, partout où ils le jugeront utile, que les auteurs et les fauteurs de ce monstrueux attentat sont frappés d'excommunication et déclarés sacrilèges. De plus, les coupables ont encouru et doivent subir les peines édictées par Clément V, dans le Concile de Vienne, contre les scélérats de cet ordre. Que les prélats, agissant au nom du Siège apostolique, fassent une sérieuse enquête pour découvrir les assassins. Dès qu'ils les connaîtront, ils devront les sommer d'avoir à se présenter en personne devant le Pape pour être jugés, décidés à accepter le verdict de la Cour romaine (1).

(1) « Donné à Avignon, le IV des kalendes de février, deuxième année du pontificat de Jean XXII. » (*Petite Revue d'Ahie*, 1878, p. 264) — Labbe, *Collection des Conciles*, édition de 1874, t. VII, p 1515 — Le corps d'Anesance de Toujouse fut déposé dans un beau sarcophage en marbre blanc, d'une longueur de 2 mètres 5 centimètres, qui semble appartenir à l'époque mérovingienne ou carlovingienne. Le tombeau demeura établi sur un support en pierre au bord de la route de Nogaro à Monguilhem Il était suivi d'un second sarcophage en pierre dans lequel on donna la sépulture à l'un des principaux compagnons du prélat, dit la tradition.

Les deux monuments sont restés à leur place jusque vers le milieu de ce siècle. Ils se trouvaient à quelques centaines de mètres de l'église d'*Espagnet*, dans l'emplacement qui forme aujourd'hui la cour fermée de la famille *Foucade* dite *Laborde*. Espagnet fut le théâtre du crime. C'est devant l'église romane de cette annexe de Caupenne qu'on voit, maintenant, les tombeaux dégradés par les révolutions et par l'action du temps.

Ils sont au nord, à droite et à gauche du superbe portail roman de l'église, qui appartient au XIe siècle, selon toute apparence. (V. notre brochure : *Anesance de Toujouse*, p. 17)

1° *Tombeau d'Anesance*. — Il est a droite, sous le porche La hauteur de l'auge est de 0 m. 45 c. au nord et de 0 m. 35 c au midi La paroi gauche a presque entièrement disparu, à l'ouest. Une partie du couvercle fait également défaut, a l'ouest et au midi Le grand intérêt du monument est surtout à la face orientale, au nord et au midi, bien qu'il ne faille pas dédaigner le couvercle tectiforme (*tectum patonaceum*), orné d'imbrications et d'élégants enroulements.

A l'est (côté droit du tombeau), le sarcophage présente un magnifique bas relief (un peu mutilé au sommet), enfermé dans un cartel rectangulaire C'est la *chute originelle*. Au centre, on voit *l'arbre de la science du bien et du mal* Eve est a gauche, Adam a droite. Ils viennent de consommer leur péché, en mangeant le fruit défendu et voudraient cacher leur nudité

Au côté nord, bas relief mystérieux. A droite, une sorte de taureau (?) parait vouloir passer de l'ouest à l'est Il porte son museau en avant d'un arbre vers un second animal — loup ou renard ? — qui semble sortir d'un bois simulé par deux arbres sculptés a gauche du tableau

Enfin, au midi, le sarcophage est orné d'un troisième bas relief dans lequel on aperçoit un personnage mutilé. Il marche de l'est a l'ouest vers un édifice figuré par un mur bâti en pierre de grand appareil La longue robe qui le couvre n'indiquerait elle pas un pontife, dont le bras gauche, appuyé sur la poitrine, tient

« Une pierre placée sur le chemin qui conduit de Nogaro à Aire, dit l'abbé Monlezun (*Hist. de la Gasc.*, t. III, p. 205), marque, dit-on, encore le lieu où Anessance tomba sous le coup de ses assassins, et une tombe vide, qu'on voit sous le porche de la petite église d'Espagnet, renferma d'abord ses dépouilles mortelles transportées peut-être plus tard dans sa cathédrale. »

La pierre signalée par l'auteur de l'*Histoire de la Gascogne* n'existe plus, si jamais elle s'y est trouvée, à l'endroit marqué; nous l'avons constaté par nous-même. Mais le tombeau du prélat se voit, en effet, à droite, en entrant dans la petite église d'Espagnet, tandis qu'à gauche, on aperçoit un second sarcophage, plus vulgaire, qu'on dit avoir été celui du vicaire général de l'évêque (?.) Nous venons de le dire dans la note placée au bas de la page précédente.

S'il fallait en croire la *Revue d'Aquitaine* (1), dont la *Géographie des Landes* par A. Joanne (2) répète les invraisemblables assertions, l'opinion publique se serait prononcée pour les meurtriers.

L'auteur de cette affirmation serait bien embarrassé, ou nous nous trompons fort, pour fournir des preuves acceptables à l'appui de son dire.

Mais il faut reconnaître que les coupables purent se dérober pendant quelques années aux rigueurs des lois canoniques et civiles. « Les malheurs des temps et le rang des coupables contraignirent la justice de gémir quelque temps en silence et de s'avouer impuissante. » Le roi de France, Philippe de Valois, ne craignit même pas de céder à la demande de Thibaut de Barbazan et de signer des lettres de grâce, en faveur des criminels.

Nous avons publié ce document dans notre brochure : *Anesance de Toujouse et son tombeau d'Espagnet* (p. 7).

Si le pouvoir royal ne craignait pas de transiger ainsi avec l'iniquité, l'autorité religieuse se montrait moins disposée à pactiser avec le crime. Nous avons entendu la parole du Pape à l'archevêque d'Auch et aux évêques de Condom et de Tarbes. Elle va s'accomplir maintenant.

Guillaume de Flavacourt, archevêque d'Auch, ne se

---

un rouleau fermé — sorte de philactere — tandis que le bras droit tendu vers l'occident se détache en avant d'une tige légèrement sinueuse aux deux extrémités?

2º Le tombeau du *compagnon d'Anesance de Toujouse* est à gauche du portail. Il est en pierre. Sa longueur est de deux mètres. Il n'a pour ornement qu'une croix encadrée au pan septentrional du couvercle.

(V. pour les dessins la planche de notre brochure. *Anesance de Toujouse* et nos photographies de *l'église d'Espagnet*.)

(1) *Revue d'Aquitaine*, — Noulens, t. X, p. 48
(2) *Géographie des Landes*, p. 58.

laisse pas désarmer par la protection royale accordée aux meurtriers d'Anesance. Il veut venger la mort du prélat. En conséquence, il convoque un Concile dans la ville de Marciac. Tous les évêques de la province s'y trouvent assemblés ou s'y font représenter, le 13 décembre 1330.

Pendant ce temps, Thibaud et Menaud de Barbazan, Guillaume de Moncade, Arnaud, seigneur de Morlas, et Thibaud de Tuzaguet, donnaient asile aux assassins d'Anesance de Toujouse, et les meurtriers tiraient vanité de leur forfait, raconte l'abbé Monlezun; ils s'en glorifiaient publiquement. C'est au milieu de ce silence de la justice humaine que l'archevêque d'Auch, obéissant aux ordres du Souverain-Pontife, frappe d'anathème les coupables sacrilèges et leur applique les peines édictées par la Constitution *quia quod contra Prœlatos* du Concile de Nogaro de 1290, c'est-à-dire l'excommunication majeure encourue *ipso facto*.

Guillaume de Beaucaire, sénéchal d'Armagnac, et Raymond de Monteils, juge ordinaire du comté, représentaient le comte d'Armagnac au Concile. Guillaume de Flavacourt les requit d'appliquer les règles de la justice aux meurtriers et les menaça, s'ils refusaient ou différaient d'exécuter ses ordres, d'en appeler au Roi et au Pape, non seulement contre les assassins, mais encore contre le comte et ses officiers.

Vaines menaces! Le roi de France craignit d'amoindrir sa popularité en Armagnac, s'il mettait son glaive à la disposition d'un prince de l'Eglise, et on le vit signer, un an plus tard, en janvier 1332, de nouvelles lettres de rémission confirmant la grâce accordée en 1328. (V. ce document dans notre brochure : *Anesance*, p. 9.)

En assurant ainsi l'impunité aux coupables, Philippe de Valois faisait injure à l'Eglise et semble n'avoir eu qu'un but : se concilier l'estime des seigneurs gascons.

Ceci se passait presque au moment où la France et l'Angleterre allaient commencer une guerre mémorable qui porte avec raison, dans l'histoire, le nom de *Guerre de Cent-Ans* (1337-1453). Les barons de Toujouse y prirent une part active, nous l'avons dit déjà, et c'est au début des hostilités que Roger de Toujouse reconnut la suzeraineté du roi de France sur ses domaines.

Dix-huit ans plus tard, un de ses successeurs, peut-être son fils, Bernard de Toujouse, transige (1355) avec Arnaud-Guilhem d'Armau et Arnaud d'Ognoas (1).

(1) Une foule de détails .és pages qui vont suivre sont empruntés a l'*Inventaire* des papiers de Toujouse rédigé a la mort d'Antonin de Toujouse. (Archives de Poyanne.)

CHAPITRE II

ALLIANCES CONTRACTÉES PAR LES SEIGNEURS DE TOUJOUSE ET DE MONGUILHEM. — TESTAMENTS, LEGS. — TROUBLES EN ARMAGNAC. — HOMMAGE AU COMTE D'ARMAGNAC. — CONVERSION DE RENTES FÉODALES. — CHANGEMENT DE SEIGNEURS. — PROTESTANTISME, ETC.

Les nombreux dépôts d'archives que nous avons consultés ne nous permettent pas de donner la suite généalogique des seigneurs de Toujouse au XIV° et au XV° siècle. Mais ils nous fournissent des notes importantes dont la place naturelle est dans ces pages.

En 1365, Annet de Toujouse fait une donation en faveur de Gachies de Toujouse, un de ses frères peut-être, mais à coup sûr un de ses parents. L'acte contenant ce legs nomme en même temps Bernard ou Bernata de Toujouse, ainsi que Marie de Toujouse, qui donne quittance, en 1371, en faveur d'Arnaud-Guillem de Monlezun, tandis que Roger de Toujouse fait, deux ans plus tard, une vente à Bertrand de Montesquieu.

L'*Inventaire* des titres de la maison de Poyanne, signale, en 1380, un acquit délivré par de Marca en faveur d'Amanieu et d'Arnaud-Guillem de Toujouse, mais il ne permet pas de dire avec certitude les noms de leurs descendants.

L'un d'eux, cependant, Amanieu de Toujouse, est connu par son mariage avec Béatrice de Bezolles, le 3 septembre 1380. D'ailleurs, une reconnaissance conservée dans les papiers de Poyanne montre qu'Arnaud-Guillem, Pélagos et Amanieu de Toujouse étaient frères. Ils avaient une sœur, Miramonde de Toujouse, qui transigea sur certains droits qu'elle réclamait par acte du 24 janvier 1430. — Amanieu de Toujouse, frère de Miramonde, avait dicté son testament en 1400. Il testa de nouveau en 1410. Ce gentilhomme joignait à sa qualité de baron de Toujouse le titre de seigneur de Monclara. Il eut pour fils Jean de Toujouse et peut-être Bertrand de Toujouse, l'un des célèbres capitaines de l'armée de Jeanne d'Arc, que nous avons fait connaître plus haut. (V. p. 34.)

Jeanne de Toujouse, parente du brave chevalier que nous avons rencontré sous les murs d'Orléans, avait probablement épousé noble Bertrand d'Arblade, qui lui signa une reconnaissance dotale, le 19 juillet 1400. Une de ses sœurs, Anne, *aliàs* Jeanne de Toujouse, avait épousé, de son côté, Pierre de Lavardac, seigneur d'Ayzieu, qui souscrivit, le 4 janvier 1403 et le 25 juin 1430, des quittances dotales en faveur de Jean de Toujouse.

Le contrat de constitution dotale pour ce mariage est écrit sur un magnifique parchemin bien conservé de nos archives du Grand Séminaire (n° 11555 de l'*Inventaire général*). Il fut rédigé à Monguilhem (1), le 3 août 1423, par Jean de Lafage, notaire de notre ville. D'après ce document, en langue romane, les 350 écus « feyts d'aur de bon aur e deu pés dé tres diners, » de la dot d'Anne de Toujouse furent constitués sur les biens d'Ayzieu, de Campagne, et sur les autres domaines de Pey de Lavardac.

De son côté, Jean de Toujouse donna quittance à Guiraud de Saint Martin, le 24 mai 1429. Cinq ans plus tard (10 octobre 1434), il fit son testament en faveur de Lubat de Toujouse, son fils, qui donna quittance à Géraud de Saint-Martin, le 29 décembre 1448 (2). Jeanne de Toujouse, sœur de Lubat, selon toute apparence, épousa Gérard de Benquet, seigneur d'Arblade, par contrat du 6 février 1442. Elle signa une quittance dotale à son mari, dans l'année 1471, et n'eut qu'un fils de son mariage : Pierre, aliàs *Pothon*, qui perdit la raison. Gérard de Benquet épousa, en secondes noces, Marie de Massencome, et fit son testament, le 19 novembre 1489, *en partant pour la France* (3). Il légua ses biens à ses enfants, Mathurin, Jean et Jeanne de Benquet.

Lubat de Toujouse, marié à Annette de Saint-Maurisse, par contrat du 6 mars 1468, eut plusieurs enfants de cette union : 1° Pierre de Toujouse; 2° Jeannette, qui donne quittance, le 26 juillet 1500, avec Bertrand de Bernède, seigneur d'Arblade-Comtal, son mari. qu'elle avait épousé le 26 juillet 1500; 3° Marguerite de Toujouse, qui épousa Pierre de Lamensan, seigneur de Castandet.

(1) Suivant l'usage, la conclusion de l'acte est en latin . *Actum fuit hoc in loco de Monteguilhelmo*, etc

(2) L'Inventaire d'Antonin de Toujouse mentionne encore Hélène de Toujouse qui reçoit quittance du sieur Baholard, le 25 juin 1430. Elle était probablement sœur de Jeanne de Toujouse.

L'église d'Auch avait, a cette époque, Pierre de Toujouse comme archidiacre d'Armagnac (Monlezun, t iv, p 142) Il se trouva dans l'assemblée tenue dans le cloitre de la métropole d'Auch, a l'occasion de la lecture d'une lettre de Béranger de Guillot, archevêque d'Auch, qui défendait au chapitre de reconnaitre l'autorité du pape Benoit XIII, l'un des trois pontifes durant le schisme d'occident

(3) Chastanet, not de Nogaro — Archives du Grand Séminaire d'Auch.

Lubat fit son testament le 7 décembre 1473 par devant Gauzan, notaire de Lectoure; mais cette date n'est pas celle de sa mort, comme le prouve un document déposé aux archives de Villeneuve-de-Marsan (Landes) et dont nous avons donné l'analyse à l'article *Lagoarde*. (V. plus haut, p. 208.)

Bertrande de Toujouse épousa Manaud de Batz, le 9 septembre 1482. Guiraud de Toujouse, Simon et Peyrot de Toujouse n'étaient-ils pas ses frères, comme Jean de Toujouse, qui transige avec le seigneur d'Arblade, le 25 juillet 1501, et assiste, en qualité de témoin, à l'acte par lequel Fabri, notaire à Vic-Fezensac, donne quittance de la dot de Florette de Podenas, le 22 septembre 1501? (Archives du Grand Séminaire d'Auch. — Fabri, notaire à Vic-Fezensac.)

Un autre membre de la famille de Toujouse, Carbon ou Carbonnel, paraît, le 26 juillet 1504, dans un acte par lequel il achète au seigneur de Gohas des fiefs situés dans la paroisse d'Aithés.

Carbonnel de Toujouse, encore simple clerc, avait précédemment administré la cure de Thermes, de Sarragachies et ses annexes, dit Chastanet, notaire à Nogaro, au quinzième siècle. Dans un acte conservé dans nos archives du Grand Séminaire, on voit Géraud de Pouy, recteur de Thermes et de Sarragachies, résigner sa cure en faveur de Carbonnel de Toujouse, du consentement de l'archevêque d'Auch, dont les délégués se rendent, à cet effet, dans la ville de Nogaro, le 24 juillet 1484. C'étaient : Bernard de Barran, archidiacre d'Armagnac, Pierre d'Armagnac, archidiacre d'Anglés, docteur en droit canon, Pierre de Bayonne, prêtre comme les précédents, Bernard de Serres et Pierre de Lana, notaire apostolique d'Auch. Les témoins de Carbonnel furent : Odon de Lavardac, Jean de Broquet, prêtres, chanoines de l'église collégiale de Saint-Nicolas, de Nogaro, et Guillaume de Saint-Lannes, curé de Violles. (Chastanet, notaire à Nogaro. f° 66, r°. — Archives du Grand Séminaire d'Auch.)

Cette même année, Peyrot de Toujouse, peut-être frère de Carbonnel de Toujouse, archiprêtre de Mauléon en 1501, assiste à la prise de possession de la comté d'Armagnac par le sire d'Albret (3 mai 1484).

L'Armagnac, à cette époque, se trouvait réduit à l'état le plus lamentable, par suite de la guerre soutenue par Jean V, comte d'Armagnac, contre Louis XI, roi de France. Charles, frère unique de Jean V, fut enfermé à la Bastille, et Lectoure devint le siège de la sénéchaussée d'Armagnac, par décret du 27 décembre 1473 (1). La terreur s'était emparée de toute la Gascogne ; beaucoup de villes avaient partagé les malheurs de la ville de Lectoure, ruinée par les troupes royales.

Malgré tout, notre pays demeura fidèle à son suzerain captif, surtout après la mort de Louis XI. La majeure partie de l'Armagnac était échue à Pierre de Beaujeu par la folle libéralité de Louis XI. Aussi, le donataire s'empressa-t-il de convoquer à Nogaro la noblesse et les députés d'Armagnac, pour le dimanche 20 novembre 1479. Cet état de choses ne dura pas longtemps. grâce à l'avènement de *Charles VIII*. Les États d'Armagnac s'assemblèrent à Muret, dans les premiers jours de 1484. Il y fut décidé qu'on adresserait au roi une députation des trois ordres du pays pour demander au jeune prince l'élargissement de Charles d'Armagnac et son rétablissement dans le domaine de ses ancêtres. Le parlement de Toulouse plaida aussi la cause de l'infortuné prisonnier, et le monarque céda à des instances si unanimes et si touchantes, en brisant les fers du comte d'Armagnac (2), après quatorze années d'horribles traitements et de persécutions atroces dans les cachots de la Bastille.

En sortant des prisons royales, Charles d'Armagnac se trouva aux prises avec la plus poignante misère, forcé de mendier un asile et le pain de la charité. Heureusement, les États Généraux s'assemblèrent à Tours, le 15 janvier 1484. Charles d'Armagnac y parut et plaida chaleureusement sa cause, surtout le 11 février, lorsque le roi vint assister à la réunion. On lui promit justice; et, en effet, le sénéchal de Lyon eut ordre de mettre à la disposition de Charles d'Armagnac les domaines de son frère (3).

Charles fut accueilli en triomphe dans sa bonne ville d'Auch, où il logea à l'archevêché qu'on avait disposé pour le recevoir. Il venait en Gascogne pour assister au serment de fidélité de ses vasseaux. Le seigneur de Monguilhem, Peyrot de Toujouse, fut convoqué, à cet effet, dans la ville de Nogaro, avec la noblesse et les consuls des villes d'Armagnac. Il se produisit à cette occasion un incident assez curieux pour être noté.

Charles avait vendu son comté d'Armagnac au sire d'Albret. Lorsque celui-ci somma les nobles et les États de le reconnaître comme comte d'Armagnac, ceux-là refu-

---

(1) *Hist. de la Gascogne* par Monlezun (T iv, p 379.)
(2) *Ibid*, t v, p 10 (V. plus haut, p 37)
(3) On mit des restrictions injustes à cette tardive réparation, mais Charles s'estimait heureux du peu qu'il obtenait (Monlezun, t. v, p 26)

sèrent d'accomplir cette formalité avant d'avoir vu le comte d'Armagnac lui-même qui les appelait à Auch. Ce fait nous est connu par les registres de Chastanet, notaire à Nogaro, qui signale en ces termes le retour de Charles d'Armagnac dans son pays (1) : « Nota quod ab ista die (17 mai 1484) citra fuit restitus noster Dominus karolus Dei gracia Comes Armaniaci, Fezenciaci. Ruthene et Insule. Ideo advertas ponere in instrumentis post regnacionem Domini nostri regis Dominacionem dicti domini nostri comitis sic dicendo : — *Et domino nostro Domino karolo eadem gracia comite Armaniaci Fezenciaci, Ruthene et Insule dominante.*

L'hésitation des délégués et des consuls (2) provenait du trouble causé par la présence, dans le pays, des agents de Pierre de Beaujeu qui exploitaient encore nos contrées. L'un d'eux, Jehan Lapleigne, escuyer du sire de Beaujeu, figure comme témoin dans l'acte de protestation rédigé par Chastanet (f° 48). Il nous parait utile d'analyser cette pièce.

L'an 1484 et le 19ᵉ jour du mois de mai, Bernard de La Mothe, procureur du sire d'Albret, et Pons de Baynac, doyen commendataire et seigneur temporel de Moiras, se trouvent à Nogaro, munis des pleins pouvoirs de leurs chefs respectifs, pour y recevoir le serment de fidélité des vassaux d'Armagnac. Le comte d'Armagnac a vendu ses droits au sire d'Albret, dont le procureur vient prendre possession à Nogaro. L'acte de vente du comté d'Armagnac est lu à haute voix devant les assistants par Chastanet lui-même, et le doyen de Moiras ordonne aux vassaux de rendre foi et hommage au sire d'Albret (3).

Jean de Baradat, consul de Nogaro, élevant la voix au nom de ceux qui protestaient (4) avec lui, déclara qu'ils étaient décidés à obéir au comte d'Armagnac, mais que

---

(1) Nota — A partir de ce jour (17 mai 1484), Charles d'Armagnac a été rétabli dans le gouvernement de sa comté Aussi, faut il désormais dans les actes, après avoir affirmé l'autorité du roi régnant, indiquer la suzeraineté de notre comte en disant : « Régnant, etc., et notre seigneur Charles par la même grâce de Dieu, comte d'Armagnac, de Fezensac, de Rhodez et de l'Isle, etc.

(2) Cfr les Archives du Grand Séminaire d'Auch — *Registre de Chastanet,* notaire — MM Parfouru et de Carsalade du Pont reproduisent le récit de ces faits dans les *Comptes de la ville de Riscle* t 1, p 318

(3) Cette vente consentie par le malheureux Charles d'Armagnac etait déjà un triste indice de ses gouts de dépense Le sire d'Albret eût agi avec plus de délicatesse en n'exploitant pas la misère de l'infortuné comte, affaibli par sa longue captivité.

(4) Les auteurs de la protestation furent assez nombreux Chastanet donne leurs noms . Guiraulton de Camicas, baile de Nogaro, Bernard de Cadroy, bayle de Barcelonne, Bernard de Sobiran, bayle de Riscle, Pey de la Marcha, d'Aignan, Manaulton deu Barry, bayle de Fogar (Houga), Jean de Baradat et Berdot de La Faurie, consuls de Nogaro, Berdot de Sent Pot et Peyron de Lafitan, consuls

celui-ci les convoquant à Auch, ils ne voulaient faire le serment demandé que lorsqu'ils auraient eu une entrevue avec leur suzerain, « et qu'ils avaient commandement et délibération des habitants dont ils étaient consuls de ne fere poinct ledit sacrement jusques a ce qu'ils ayent veu et parlé à mond. sieur le comte et que tout a ceste heure ils se veullent mettre a chemin pour aller devers luy. » Sur ce refus, le doyen de Moiras proteste au nom de son maître et demande au notaire un acte authentique par lequel il conste du refus d'obéissance des consuls rebelles. Peyrot de Toujouse, seigneur de Monguilhem, baron de Toujouse, Michel de Luppé, seigneur de Cremen, Bertrand Claverie, écuyer, etc., signèrent comme témoins, le 31 mai 1484.

Tout dut s'arranger dans l'assemblée d'Auch, d'abord, et quelques jours plus tard à Aire, où le comte d'Armagnac, Madeleine de France, tutrice de la reine de Navarre, le sire d'Albret, Odet d'Aydie et Jean de Foix conclurent un traité de confédération, en apparence pour défendre les intérêts de la patrie, mais en réalité pour parer probablement aux éventualités d'une régence déjà hautement disputée (1).

Peyrot de Toujouse, que nous venons de rencontrer à Nogaro, reparaît, le 1er août 1507, dans une quittance qu'il reçoit de noble Jean d'Artigué. Ce même jour, il transige avec ses vassaux de Toujouse au sujet du revenu annuel d'oisons et d'agneaux que ses emphytéotes lui payaient.

De tout temps, le seigneur de Toujouse et de Monguilhem percevait cette rente annuelle, à raison du *droit de pacage* accordé par ses ancêtres aux habitants de Toujouse dans les *vacants* et les *communaux* de cette juridiction. En 1507, les vassaux préfèrent un autre genre de redevance; ils supplient donc Peyrot ou Pierre de Toujouse de consentir à ce changement. Les voici réunis, à cet effet, dans le château de Toujouse. Nous y voyons (1er août 1507) : Johanet de La Cortozie, bayle de Toujouse; Nauton de Miqueou, Peyrot de Lafargue, Barbé, Guillamot de Solas et Lubat Fiteta, consuls de Toujouse, ainsi qu'une foule d'autres citoyens, dont les noms sont indiqués dans

de Riscle, Ramond de Mormes, Arnaud Tauban, consuls d'Aignan, Ménaud d'Estoet et Peyrot de Rius, consuls de Barcelonne, Jehan de Sarraute et Bernard Destalens, consuls de Fogar (Houga), Berdot de Faget et Peyrot du Faur, consuls de Caupène, Jehan de La Lane, consul de Fustarouau, Berthomieu du Castanh et Bidet du Castanh, consuls de La Pujolle.

(1) *Hist. de la Gascogne*, t. v, p. 28.

l'acte roman (1) auquel nous empruntons ce renseignement.

L'assemblée conclut « que lod. senhor Peyrot de Tojosa per et' et los sos advenir a renunciat et quittat lad. rente d'agnets et aucats ausdits habitans los quaus dits habitans per ets et los lors a temps advenir volen en recompense de lad. quitance et rente d'agnets et aucats que lod. noble senhor Peyrot de Tojose prengue et los sos advenir, sur los fruts deudit loc de Tojose com son blats, mils, vins et tote autre condicion de fruts la decime de hoeit un aulmentan en sus lad. decime. »

Les témoins de l'accord furent : Peyrot deu Cos, de Lannemaignan, Johanon de Saint-Aubin, de Panjas et Bernard de Tabernes, notaire de Montaigut, qui rédigea l'acte.

Pierre de Toujouse figure dans un autre acte du 16 mai 1509, conservé dans les archives particulières de M. l'abbé Légé, curé de Duhort (Landes). Le mauvais état de ce document, d'ailleurs incomplet, ne nous a pas permis de l'analyser. Mieux partagé pour une autre pièce de la collection de M. Lucmau de Classun, ancien archiprêtre de la cathédrale d'Aire, nous savons que Pierre de Toujouse, seigneur de Monguilhem *et autres places*, devint seigneur de Maupas (2), en vertu du testament de Bernard de Sanguinède, seigneur de Maupas, Laujuzan et Cantiran (1512).

L'acte est écrit en roman. Nous allons en reproduire les parties principales, afin que le lecteur soit bien fixé sur les pratiques si chrétiennes et si pieuses autrefois usitées dans les documents publics. Aucune œuvre importante n'est oubliée dans ses religieuses dispositions arrêtées, non pas *in extremis*, mais dans un moment où le testateur, maître de toutes ses facultés, dicte librement ses volontés au notaire de Monguilhem, dans le château de Toujouse (3).

---

(1) Archives municipales de Villeneuve de Marsan. — Dossier *Monguilhem* (1507).

(2) Les d'Aydie étaient aussi seigneurs de Maupas — (Monlezun, t. v, p 14). — *Genealogie de noble d'Aydie de Betoulin.*

(3) *Testament de Bernard de Sanguinède, seigneur de Maupas, Laujuzan, Cantiran, en faveur du seigneur de Toujouse*

« In nomine Sancte et individue Trinitatis, etc Conegude cause sie, etc., que lo noble home Bernard de Sanguineda senhor de Maupas de Lau Juzan et de Cantiran en Armanhac diocesa d'Aux estant sen d'esprit, etc Recomande son ame a touts lous sens « et a la ben aymade de Jesus Chrit madona Sancta Maria Magdalena et a la sancta et subei excelenta victoriosa au pas de la mort intercessor, qui debotement y bol recorre, berges et spoza et martire de Jesu Christ, madona Sancta Catharina, qui au trespas de la sua anima boloasa esser. »

« 1º Veut être enseveli dans l'eglise de N D de Maupas

« 2º Veut que deux ou trois ans « apres que lo corps s'en sera consumit sieys frays menous de Nogaro benguen cantar en la gleysa deudit loc de Maupas la on lo cors sera sosterrat et apres que auran cantat lois missas s'en porteran

16

Galabert était, alors, notaire à Monguilhem. Il rédigea encore, le 22 juin 1513, un acte gascon par lequel Pierre d'Aydie, co-seigneur de Maupas, vend un écu de fief situé en Castex à noble Carbon de Toujouse, curé de Toujouse, d'Estang et archiprêtre de Mauléon, moyennant la somme de cinq écus (1).

Pierre de Toujouse, seigneur de Monguilhem, eut plusieurs enfants. Il avait épousé par contrat du 20 avril 1524, retenu par Brossier, notaire de Fourcés, noble demoiselle Louise de Montlezun qui lui apporta en dot la

los hos deudit testayre entau combent de Noguaro acompagnat ab los ordenes dendit testayre los quaus hos seran sepulturat en la sepultura ont sons ancestras son expelatz et sosterraiz

» 3° Laisse pour le salut de son âme la somme de 200 écus comptant 18 sols par écu et 6 ardits par sol, qui seront distribués comme il suit : au luminaire de Saint Jean d'Ane, 5 sols, au luminaire de Saint Jean de *Abe ba* (?) de Maupas, 2 écus, a Saint-Vincent et a Saint Roch de Maupas, a chacun 1 écu, au luminaire de N.-D. de Maupas, 2 écus, a Saint André et a Saint-Blaise de Laujuzan, 1 écu; à N. D. de Cantiran, 1 écu, à N. D. de Labeyria, miey escut, a N. D. de Sarrance, miey escut, a N. D. de Toujouse, miey escut, aux frères mineurs de Nogaro, 50 écus a charge de fonder un obit pour le repos de son ame, pour trois trente naires de Saint Amadour, trois de *requiem* qui sont chantés dans l'église paroissiale de Maupas, pour cinq messes qui seront chantées trois jours après sa sépulture, savoir une de N.-D., une de Sainte Barbe, et une de Sainte Catalina, une de Saint Jean et une de Saint Sébastien. Le reste des 200 écus sera employé a célébrer des trentenaires de messes basses et a dire des oraisons

» 4° Laisse aux fils et aux filles de ses nièces Guilaute et Rose de Sanguinède a chacun » detz ardits et ab aquo los institue sous heretes et heretes particularis »

» 5° Dans le cas ou noble Marguerite de Bassabat sa femme dame de Maupas serait enceinte d'un fils ou d'une fille, si c'est un fils il l'institue son héritier universel et si c'est une fille il lui laisse 500 écus pour la marier.

» 6° Laisse Marguerite de Bassabat sa femme usufruitière de tous ses biens et dans le cas ou elle voudrait se marier il lui donne cent écus outre la dot qu'elle a apportee quand elle l'a épousé

» 7° Institue pour son héritier universel noble Peyrot de Toujouse seigneur de Toujouse et en partie de Monguilhem *et après et sous hereteś*

» 8° Nomme exécuteurs testamentaires de ses dernières volontés noble Carbon de Toujouse archiprêtre de Mauléon, Odet de Lupé chanoine de Nogaro, Guiraud de Bassabat, seigneur de Castet, Auger de Lau, seigneur de Camortères, Thibaut de Bassabat, seigneur de Daunian

— » Asso fo feyt defens lo loc de Toyosa lo xvij jorn deu mes d'aost l'an mil sinc cens et dotze Testimonis adasso presens eran Mossen Arnaud de Labadia capelan habitant de Termes, Mossen Pés de Beyria caperan habitant de Mauleon, Johan de Labadia, terxene, Jehan de Sabateia, Johan de la Cortezia habitants de Toyosa adasso far pregatz et appelatz et jo frances deu Bosc notari public per las auctoritats apostolique et imperiau habitant de Monguilhem que lo presen testament retengui et en mous registras ley registrat »
(Original en parchemin — Archives de M Classun de Lucmau, dossier d'Aors)
Les Toujouse sont seigneurs de Toujouse, de Monguilhem, de Maupas, de Laujuzan et de Cantiran

(1) » In nomine Domini amen. — Coneguda causa sie que lo noble home Pierre Daydie, consenhor de Maupas en lo diocese d'Ayre a venut et alienat, quital,, au noble, sage et discret home mossen Carbon de Toyosa, recto de Toyosa, d'Estang et archipestre de Mauleon sous assaber un scut de flus con dau per aquet detz et hoeyt soos et pei so vi ardits per lo prets et soma de cinq scuts, etc »

» Asso fo feyt dehens la villa de Monguilhem, lo 22 jorn deu més de jun l'an mil sing cents et trètze, Testimonis son desso presens eran, Johan de Lombiran, Arnaud deu Bordiu, Peyrot de Lanalonga habitants de Monguilhem .. Et ego Georgius de Galaberto publicus auctoritatibus apostolica et imperiali notarius habitator de Monteguilhelmo qui hoc publicum stumentum retinui, etc.

seigneurie de Laujuzan et de Cantiran. Sanguinède, coseigneur de Maupas, l'avait déjà fait héritier, nous l'avons dit, par son testament de 1512.

Afin d'arriver à la possession intégrale de la seigneurie de Maupas, Pierre acquit d'Etiennette d'Aydie la part qui lui revenait sur ce domaine. La ratification de la vente eut lieu en 1545. en faveur de Louise de Montlezun.

Bernard de Toujouse, fils de Pierre de Toujouse, d'après une transaction signée entre lui et François de Gironde, eut probablement deux sœurs : Marguerite de Toujouse et Jeannette de Toujouse. Celle-ci épousa Bertrand de Bernède, seigneur d'Arblade, par contrat du 26 juillet 1524.

Bertrand de Toujouse, seigneur de Monguilhem, Maupas, etc., eut plusieurs enfants de son mariage avec demoiselle Madeleine de Birac. Deux au moins nous sont connus : 1° Marie de Toujouse, l'aînée de la famille; 2° Pierre de Toujouse (1).

Marie de Toujouse apporta en dot à son mari Brandellis de Gironde, seigneur de Montclara, en Agenais, les terres de Clarens (2), Toujouse et Monguilhem, tandis que Pierre,

---

(1) *Revue du Gascogne*, t. XIX, p 192
(2) CLARENS fut autrefois une paroisse Son territoire s'étend entre Loissan et Arblade le Haut On y remarque un beau parc et le château construit par M de Chanceaulme de Clarens, ancien conseiller général du canton de Nogaro. D'abord inféodée aux seigneurs de Saint Griède (de Sanguinède), la terre de Clarens passa plus tard à la famille de Toujouse, dont un membre, Bernard de Toujouse, hérita de Bernard de Sanguinède, par testament du 17 aout 1512 Clarens était le fief de la maison de Chanceaulme au dernier siècle, son château est maintenant habité par M le comte de Boury, marié à Mademoiselle de Chanceaulme de Clarens, arrière petite fille de l'ami de cœur du célèbre amiral de Villaret Joyeuse, auquel la ville d'Auch élevait naguère une statue en marbre, sur le square qui portera son nom
Nous devons à l'exquise bienveillance de Madame la comtesse de Boury, la connaissance de quelques lettres écrites à son arrière grand père par l'illustre amiral auscitain On nous pardonnera d'en insérer quelques extraits dans les pages de ce livre Elles ont une réelle importance
Chanceaulme de Clarens et Villaret Joyeuse s'étaient connus sur les bancs du collège d'Auch et avaient conçu l'un pour l'autre une étroite amitié qui ne se démentit jamais On en jugera par les fragments qu'on va lire
En 1769, Villaret Joyeuse est déjà lieutenant sur la frégate du roi le *Saint Domingue* Prêt à partir pour le Cap Français, il écrit à Chanceaulme le 30 octobre 1769 · « Je ne sais, mon cher ami, lequel de nous deux est celui qui a le mieux tenu parole, vous avez exigé à mon départ que je vous écrive. Les manières obligeantes qu'ont eues Messieurs vos parents et vous particulièrement devaient vous être garants que je ne manquerais point à un devoir si essentiel, mais vous m'aviez promis, ce me semble, de me répondre courrier par courrier, il y a pourtant un mois que j'ai eu réponse de M d'Arblade et M Clarens m'a mis de côté Faute que je ne lui pardonne qu'a condition qu'il m'écrira dans un mois et demi au Cap Français »
La lettre continue sur ce ton familier, et la plume de l'officier devient tantôt égrillarde tantôt émue, suivant l'impression du moment « Sortez un instant de votre réserve, dit-il à M de Chanceaulme, et donnez quelque minute au plus fidèle de vos amis » Sa lettre est datée de *une heure de la nuit*
Se trouvant à bord de la *Montagne*, en rade de Brest, le 8 frimaire de l'an 3 de la République, Villaret Joyeuse écrivait à Chanceaulme de Clarens · « Votre

son frère, reçut en héritage Maupas et la terre de Lauju-

lettre, mon cher camarade, m'a rappelé les plus beaux jours de ma vie Plus heureux que moy il me paraît, d'après le précis que vous me faites de votre vie politique depuis notre séparation, que vous avez constamment cultivé le champ de vos pères et par conséquent joui de cette félicité inconnue dans les camps Heureux, trop heureux, d'avance vous jouissez délicieusement de tous les agrémens de la santé et du vrai bonheur dans les bras d'une épouse chérie et dans le sein d'une famille dont vous êtes l'idole, tandis que votre ami éloigné pendant dix ans de sa patrie guerroyant dans l'Inde sous les ordres du Bailly de Suffren, tandis que votre amy, dis je, lancé dans ce grand tourbillon, compte à peine depuis vingt ans qu'il commande deux ans d'existence. »

Puis, il parle a son ami de son mariage qui date de sept ans déjà Il est père de deux garçons et d'une fille, issus de son union avec une veuve riche et sans enfants, qui lui a apporté une belle fortune. « Je commençais à en jouir, dit il, lorsque le nouvel ordre de choses m'a fait reprendre l'épée que je me proposais de remettre au crocq. La Révolution, par la grande émigration du corps de la marine, m'a porté au commandement de l'armée navale et au grade de vice amiral Je serai certainement dehors avec trente six vaisseaux de guerre et une vingtaine de frégates lorsque vous recevrez ma lettre Peut être tirerai je du canon lorsque vous la lirez Peut être ce moment la sera t il un des plus beaux de ma vie. Voila mes jouissances, mon cher Chanceaulme, voyez qui de nous a le plus vécu

« Mon père est mort depuis dix ans, ma mère vit encore. Elle est à Versailles bien portante. Peut être lorsque la Liberté sera bien affermie et que nous aurons donné la paix à l'Europe irai je à Paris et aurai je un jour le plaisir, mon cher Clarens, de vous recevoir chez moy, etc »

A bord du vaisseau l'*Océan*, en rade de Brest, l'amiral Villaret Joyeuse, commandant en chef des forces navales de la République, écrit (17 brumaire an 10) à son ami Chanceaulme et l'engage a faire entrer son fils dans la marine. Il répond de son avenir. « Je vous engage, lui dit il, malgré votre répugnance pour la marine, a le (votre fils) destiner à notre carrière que le premier Consul fait embrasser a un de ses frères et qui est aujourd'hui briguée par tous les chefs du gouvernement qui veulent donner à leurs enfants un état qui mène à la fortune et à la considération

« Mon aîné, âgé de treize ans, vient d'être reçu aspirant Songez que je suis né d'un père qui ne m'a pas laissé cinq sols de rente et que mon grade m'en donne 120,000 pendant que je suis employé. Quel est l'état qui offre une pareille perspective ! »

Il donne ensuite à son ami la marche à observer pour les cours que son fils doit suivre afin d'entrer dans la marine « Si je ne touchais au moment de mon départ, ajoute t il, je vous dirais de me l'envoyer à Brest ; au moment où vous recevrez ma lettre vous apprendrez sans doute par les papiers publics que j'ai mis en mer avec une flotte de vingt un vaisseaux de ligne et quantité de frégates et transports, le tout destiné pour Saint-Domingue et la reprise de possession de nos colonies. Cette opération me retiendra probablement près d'un an

« Personne, lui dit il en terminant, ne vous est plus sincèrement attaché et plus dévoué que votre ami »

Madame Villaret-Joyeuse, née de Villars, écrit à son tour à M. Chanceaulme au sujet de son fils (10 floréal an 10) et lui donne l'assurance que tout ira pour le mieux pour le futur marin. « Vous avez sans doute appris, lui dit elle, que le premier Consul vient de donner le gouvernement de la Martinique et des îles environnantes à M. de Joyeuse! Mais ce que vous ne pouvez pas savoir (et ce que je vous apprends avec plaisir) c'est que Bonne Aparte (sic) a fait expédier un vaisseau dans le port de Brest et celui de Lorient pour lui porter l'ordre de se rendre avant d'en prendre possession Cette nouvelle me comble de joie, parce que faisant la traversée avec mon mari, cela dissipe la peine que j'éprouvais d'avoir à le faire seule. Par ce nouvel arrangement, vous voyez, Monsieur, que mon mari arrivera assez tôt pour être utile à M. votre fils. Dans le cas où Brest de vint son département, nous le recommanderions au contre amiral Kron, mon beau-frère, etc. »

M. de Clarens ne fut pas insensible à de si aimables procédés de la part de son ami. Par ses relations, il réussit, en 1812, à faire accepter par le Gers l'amiral de Villaret Joyeuse comme candidat au Sénat. L'illustre marin ne cacha pas le plaisir qu'il éprouvait à la nouvelle de ce témoignage de sympathie de la

zan (1). Ces renseignements sont fournis par l'acte de partage fait, le 10 mars 1533, par Bertrand. seigneur de Monguilhem.

Brandellis de Montclara rendit hommage pour ses terres de Monguilhem, Toujouse, etc., le 8 janvier 1540. dit un document conservé aux Archives Nationales, à Paris, dans un registre relié. (Chambre des Comptes. Languedoc $\frac{P}{557}$) (2). Il nous a été possible d'en avoir un extrait. grâce à l'obligeance de M. de Jaurgain, un de nos savants gas-

pait de ses compatriotes Il était alors a Venise, d'où il date sa lettre, le 14 mars 1812

« Recevez mes sincères remerciements, mon cher Clarens dit il, de votre attention a m'annoncer la marque de bon souvenir que viennent de me donner nos concitoyens en me nommant candidat au Sénat Je m'attendais d'autant moins a cette faveur, mon vieux camarade, que j'ai conservé peu de relations avec nos bons auscitains d'après la mort de presque tous mes contemporains Ainsi, c'est à vous, mon cher Chanceaulme, que je rapporte en grande partie cette distinction flatteuse »

Le vaillant officier parle ensuite du fils de son ami qu'il regrette de n'avoir pas vu a Paris, a l'époque du couronnement, et lui apprend la mort de sa femme dans la Martinique, ou la maladie a décimé les rangs des officiers qu'il avait emmenés a sa suite. « Le service de la marine est aujourd'hui ingrat, » dit il.

« Je suis a Venise, poursuit il, depuis sept mois J'ai été constamment malade, et ma santé n'est pas encore très bonne Je suis avec tout l'agrément imaginable, fort aimé de tous les habitants et comblé de bontés de Son Altesse Impériale le vieux roy. Je joins a mon gouvernement le commandement de la sixième division militaire qui embrasse six départements J'ai a peu près cent mille francs de traitement, mais les frais de représentation sont si excessifs que j'ai de la peine a joindre les deux bouts parce que tout est ici plus cher qu'a Paris

« Je suis ici au bout du monde Les papiers publics qui sans doute annonceront les travaux du département du Gers n'y sont pas encore parvenus Ainsi votre lettre est le seul avis que j'ai encore reçu concernant ces délibérations (il s'agit de sa candidature au Sénat)

« Je ne scai conséquemment pas encore le parti que prendra l'Empereur a mon égard. Mais je crois qu'il avait eu le projet de m'accorder la chaise curule, il ne m'eût pas envoyé a Venise Quoi qu'il en soit, mon cher Clarens, je n'en serai pas moins reconnaissant de tous vos soins et de toutes vos démarches, et je vous prie d'être bien convaincu que l'absence et les grandes distances qui nous ont séparés depuis notre enfance loin d'avoir altéré mon amitié pour vous semblent au contraire l'avoir accrue.

« Adieu, mon cher Clarens, aimez moi un peu, car toujours je vous aimerai beaucoup. — VILLARET

Le vaillant marin touchait a la fin de sa brillante carrière La joie qu'éprouvaient les deux amis a la pensée d'un rapprochement peu éloigné par un changement de position de l'amiral ne fut qu'une lueur d'un instant Villaret Joyeuse mourut a Venise en 1812. Il était né a Auch (Gers) en 1750

(1) Pierre de Toujouse, seigneur de Laujuzan, épousa Jeanne Françoise de Lau, dont il eut un fils, au moins, Jean. Pierre fit son testament le 15 janvier 1634, Jean de Toujouse épousa Silvie de Taride qui lui donna un fils, Jean Hector de Toujouse, qui transigea avec Marguerite de Toujouse, le 20 août 1665 Jean Hector de Toujouse paraît avoir épouse Marguerite de Feriagut d'Esticux Il fut maintenu dans sa noblesse par jugement de l'intendant de Montauban (26 août 1698). (*Rev. de Gasc*, t. XIX, p. 102)

(2) L'année précédente, 8 janvier 1539, Brandellis de Gironde avait également fait hommage au roi pour raison de ses terres et seigneuries de Toujouse, de *Saint-Pé* *de Arcabana* (sic) (Caucabane) et de Lagouarde « et de la part et partie qu'il avait, dans la terre et seigneurie de Monguilhem mouvant du roy, a cause de sa duché de Guyenne. » Lettres données a Paris, le 8 janvier 1539 (Archives nationales, p. 1151 — p. 109)

cons bien connu par ses nombreux travaux historiques sur le pays de Navarre et de Béarn. Cet extrait doit trouver place dans ce livre.

« François par la grâce de Dieu roy de France : à nos amez et feaulx gens de nos comptes et trésoriers à Paris, au sénéchal d'Agenoys ou à son lieutenant et à nos procureur, receveur et officiers en lad. seneschaussée salut et dilection : Savoir vous faisons que notre cher et bien amé Brandellis de Gironde, écuyer, seigneur de Toujouse, nous a aujourd'hui faict, ès mains de nostre amé et féal chancelier, les foy et hommages, qu'il nous estoit tenu de faire pour raison des terres et seigneuries dudit Toujouse, de Saint Pée de Caucabanne et de La Garde et de la part et portion qu'il a en la terre et seigneurie de Montguillem avec toutes leurs appartenances à cause de Marie de Toujouse (1), sa femme, auxquels foy et hommage nous l'avons receu, sauf nostre droit et l'aultruy, etc..... » Par le roy, COEFFIER.

Les Gironde de Guyenne portaient (2) : *Écartelé, aux 1 et 4 d'or à 3 hirondelles de sable becquées et membrées de gueules, 2 et 1, aux 2 et 3, d'azur à une croix tréflée (d'argent ou d'or).* (La Chenaye-des-Bois.)

D'après un titre des archives de Villeneuve-de-Marsan, Pierre de Toujouse transigea, en 1529, avec les habitants de Toujouse. « Nul vin, disait un article de l'accord, ne devra être vendu à l'avenir, avant d'avoir été *marqué* par les jurats qui pourront, si bon leur semble, prendre un *chaupet* de chaque pièce marquée. » C'est un premier pas, ce nous semble, vers les lois fiscales de la *régie* !

L'absence de documents suivis sur la période de notre

(1) Marie de Toujouse, dame de Monguilhem était fille de Bertrand de Toujouse et de Catherine de Lustiac. Elle épousa, le 10 mars 1534, Brandellis de Gironde, seigneur de Monclara, Saint-Étienne, Saint-Caprais, Monguilhem, Toujouse. (V. Allais, \III, p. 166.)

(2) Les Gironde d'Auvergne, dont la jonction avec les précédents n'est pas connue, s'armaient d'or à 3 hirondelles de sable. *Les deux premières affrontées, la 3e en pointe, regardant les autres.* — Le blason ci-dessus est un peu inexact. Notre graveur a fait les hirondelles d'argent; elles doivent être de *sable*.

histoire que nous traversons, nous jette ici dans un certain embarras. Les terres de Monguilhem et de Toujouse sont passées dans la maison de Gironde, par le mariage de Marie de Toujouse avec Brandellis de Gironde, nous venons de le voir. En vertu de quel accord ? L'histoire ne le dit pas, mais ce ne fut probablement pas sans injustice, car le parlement de Bordeaux déclara plus tard Bertrand de Toujouse, seigneur de Toujouse et de Monguilhem « a lencontre de feu nobles Brandellis de Gironde et Marie de Toujouse mariés, seigneur et dame de Montclara, en Quercy (1). »

Peyrot de Toujouse signe un accord avec les habitants de Toujouse, en 1537. Il devait être fils de Bertrand, ainsi que Pierre de Toujouse, abbé de Tasque (2). Celui-ci fit le dénombrement de son abbaye, le 27 janvier 1247. (Archives du Grand Séminaire d'Auch, n° 18274.)

L'abbé de Tasque transige avec Brandellis de Toujouse, sa sœur, peut-être, le 23 mai 1564. *Il avait pris la meilleure part*, en entrant dans le cloître. Néanmoins, l'épreuve viendra l'y visiter, puisqu'il sera témoin de la ruine de son monastère quelques années plus tard (3). Mais au moins demeurera-t-il fidèle à ses serments monastiques. Son frère (?), au contraire, Bertrand de Toujouse, va favoriser la propagation de l'erreur dans ses domaines de Monguilhem et de Toujouse et se jeter lui-même dans les rangs des huguenots qui s'avancent sous la conduite de Montgommery, semant les ruines, le meurtre et le pillage sur leur sanglant chemin.

Oubliant les chrétiennes traditions de sa famille, le baron de Toujouse, seigneur de Monguilhem, prend les armes à la voix de la reine de Navarre et s'enrôle sous la bannière déshonorée des bandits et des pillards commandés par le chef de l'armée des vicomtes qui paraît dans l'Armagnac en 1570. *(Procès-Verbal de Charles IX*, aux archives du Grand-Séminaire d'Auch. — V. encore notre étude : *Les Huguenots en Bigorre*)

Des compagnies volantes, détachées du corps de troupes protestantes, sillonnent alors la contrée sous la conduite d'officiers passés au calvinisme et assez lâches pour se faire les oppresseurs de leurs concitoyens.

---

(1) V. la *Carte de confirmation des droits deus au seigneur de Toujouse* (Plus bas, aux pièces justificatives)
(2) *Archives du Grand Séminaire d'Auch.* — Chastanet, notaire a Nogaro, 1481 — Divers documents concernant l'abbaye de Tasque
(3) *Le Clergé de France* (t 1, p. 537) l'appelle » toit Pierre de Joyeuse (V plus haut, p 3) « De son temps, ajoute t il, les hérétiques ruinèrent l'abbaye de Tasque »

Les biens ecclésiastiques sont le butin préféré des soldats huguenots. Le capitaine Paulin et le capitaine Moncla ordonnèrent le pillage des églises de Mauléon, de Bréchan et de Lannemaignan. Un certain Laforest, d'Estang, s'empara de Me Bertrand de Lannelongue, que les protestants emmenèrent en captivité dans le Béarn, où il mourut, assure-t-on.

Le sort des églises de Soubère, de Cucassé et de Labeyrie ne fut pas meilleur. Elles disparurent dans l'incendie allumé par les protestants, et c'est un membre de la famille des seigneurs de Toujouse et Monguilhem. Amadon de Toujouse, seigneur de Maupas (1), qui se rendit coupable de ces criminelles destructions, de concert avec le capitaine Baudignan. Baraillon, curé de la paroisse, fut deux fois rançonné par Amadon de Toujouse et une fois par Baudignan. Le premier lui arracha deux cents livres, après l'avoir deux fois incarcéré, et le second lui infligea trois cents livres de rançon.

Ces rapides notes suffiront au lecteur pour se faire une idée du désolant tableau que présentait l'Armagnac durant les années 1569 et 1570.

Vit-on jamais des temps plus funestes à la foi chrétienne? Le procès verbal rédigé après la tourmente, en 1571, constate qu'il périt sous la main des religionnaires soixante-dix-sept prêtres ou religieux, sans comprendre dans ce nombre ceux qui, ayant été rançonnés ou pris, moururent par suite des mauvais traitements ou perdirent la raison. Sur 223 églises environ, que comptait alors le diocèse d'Aire, *cent quarante-trois* furent brûlées ou ruinées et *quarante-huit* furent simplement pillées; ainsi, trente-deux seulement échappèrent à la rage des ennemis.

Une enquête semblable faite pour le diocèse d'Auch constatait que les hérétiques avaient occupé et suivi tout le diocèse, excepté les villes d'Auch, de Fleurance et de Marciac. Voici la note que contient à ce sujet l'*Inventaire général des archives du vénérable clergé d'Auch, dressé par Lunet, en 1737* (p. 23) : « Enquête sur les nonjouissances, spoliations et ravissements des fruits décimaux et autres, des bénéficiers du diocèse d'Auch, causées par les hérétiques qui avaient occupé tout le diocèse d'Auch, à l'exception des villes d'Auch, de Fleurance et de Marciac : les chanoines de Vic et de Nogaro furent faits prisonniers et tout le plat pays ruiné et ravagé, les places et châteaux du

---

(1) Archives de l'archevêché d'Auch. — Magnifique volume manuscrit in folio de plus de six cents pages — *Baronnie de Bourrouillan*, p. 416, note 1.

diocèse et les églises pillées et brûlées au moyen de deux couleuvrines et deux canons que lesd. hérétiques faisoient traîner à leur suite, s'étant raliez avec ceux de Béarn, lad. enquête faite par le lieutenant du bailly royal de la ville de Pavie, de lui signée et de son greffier, ensemble de quarante-cinq ou cinquante attestants (1589) (1). »

Le seigneur de Toujouse, devenu protestant, était Peyrot ou Pierre de Toujouse, qui eut plusieurs enfants de son mariage avec Louise de Montlezun. L'un d'eux s'appelait Bertrand. Il épousa Madeleine de Birac, par contrat du 12 janvier 1578. Ce gentilhomme était frère d'Amadon de Toujouse, seigneur de Maupas, que nous venons de voir conduire des bandes de pillards contre les églises du Bas-Armagnac. Amadon épousa Jeanne de Marsan, le 7 juin 1575, dans la maison de Laballe, en Gabardan (2). Le contrat fut retenu par Sainte-Fauste, notaire de Cazaubon. Il nous semble utile de rappeler quelques lignes de cette pièce, afin de bien établir la chute déplorable de plusieurs membres de la famille de nos barons dans les erreurs luthériennes.

« Constitués en leurs personnes, noble Amadon de Toujouse, sieur de Maupas et autres lieux, d'une part, et Jehanne de Marsan damoiselle faisant avec le vouloir et consentement de noble Hambal de Gurlard de Barsac, chevalier sieur de Montfort et conseigneur de Roquefort de Marsan, et Pierre de Camau, sieur de Dadou et de la Harie ses beaux-frères, Loys de Barbotan escuier, sieur dud. lieu et de Laballe, et Hector de Lamynsans, sieur de Darricau, etc., ses cousins et autres lesquels de leur bon gré et volonté ont accordé les pactes de mariage suivants. *Premièrement* a este passé et accordé que soubs l'invo-

---

(1) Les guerres de Religion firent d'immenses ravages dans le diocèse d'Auch. On peut le voir à la p 59 d'un livre curieux paru en 1581. Il a pour titre : *Le Secret des Finances.* — Diocèse d'Auch. — « MASSACRES : chanoines, curés et prestres, les uns occis, autres noyés et estranglés, 21, moynes occis, 4 ; cordeliers, 5, jacopins, 2. — NOBLESSE. Gentilshommes catholiques occis, tant en leurs maisons qu'en guerre, 45, gentilshommes de la religion (protestants), 100. — SOLDATS : Soldats catholiques occis, le nombre est de 6000, soldats de la religion (protestants), 7500. — MASSACRÉS : Hommes et femmes de la religion (protestants) de ce diocèse qui ont esté massacrez, noyez, estranglez et exécutez par divers supplices, le nombre est de 48

» ESTRANGERS : Espagnols, Anglais, Escossais, Suisses, Italiens, Flamens, Reistres, etc , autres estrangers occis dans ce diocèse, durant le temps de cet estat, revient jusques au nombre de 600. — FEUX : Maisons bruslées, 39, détruites pour raison des troubles, 360.

» Nombre de personnes occis, exécutez et massacrez au diocèse d'Auch revient à 13,834.

» Somme total des deniers levez audit diocèse, 44,674,000 fr.

» Réduits en escus vallant quatorze millions huit cens quatre vingt unze mil trois cens trente trois escus et tiers d'escu. »

(2) Archives du Grand Séminaire d'Auch, n° 18393

cation du nom de Dieu ledict de Toujouse prendra et de présent par parolle à futur prend pour femme et espouze lad. de Marsan. Et semblablement lad. de Marsan prendra comme de présent par parolle a futur prend de consentement desd. parents led. de Toujouze promectant respectivement solempniser led. mariage en LESGLISE REFFORMÉE suyvant l'institution et ordonnance de Dieu quand l'une partie requeira l'autre, etc. »

Les nombreux rameaux de la famille de Toujouse s'étendaient ainsi au loin dans tout le Bas-Armagnac et au-delà. Faute de documents assez complets, il nous est cependant impossible d'indiquer leur trait-d'union avec Marguerite de Toujouse, fille de Gairault de Toujouse, en son vivant seigneur de Castet, et de Marguerite du Gout dame de Castet-Endorte, qui donna mille livres tournoises à son mari, N. de Toujouse, par acte passé à Grenade, le 3 mars 1524 (1).

Amadon de Toujouse, seigneur de Maupas, était fils de Pierre de Toujouse et frère de Bertrand de Toujouse, l'auteur, selon toute apparence, des pillages commis à Aire, d'après le *Procès-Verbal* de Charles IX. contre le chapitre, la cathédrale d'Aire et l'église de Subéhargues (2).

Bertrand de Toujouse, seigneur de Monguilhem et de Toujouse, transige avec le seigneur de Montclara, le 19 juin 1588. Son fils, Carbon de Toujouse, dévoué comme ses ancêtres à la cour de Béarn, fut nommé *gentilhomme ordinaire de la reine Marguerite* (3), *le 18 juin 1599*. Henri IV avait alors abjuré l'hérésie depuis le 15 juillet 1593. Tout nous fait croire que nos seigneurs les barons de Monguilhem et de Toujouse imitèrent l'exemple du prince Béarnais, et que Carbon de Toujouse, comme son père, retourna à la foi de ses aïeux. Du moins ne rencontrons-nous plus trace d'hérésie chez les Toujouse à partir de cette époque. Le pouvoir royal s'applique avec ardeur

---

(1) Archives du Grand Séminaire d'Auch, n° 1830.

(2) Archives de Villeneuve de Marsan. — Dossier *Monguilhem*. — Corte de confirmation des droits dus au seigneur de Toujouse (1597). Les annotateurs de l'enquête sur les ravages des Protestants en Bigorre, n'hésitent pas à dire (*Les Huguenots en Bigorre*, p. 171, note 3) que « Bertrand de Toujouse, seigneur de Maupas, fils de Pierre de Toujouse, fut le MAUPAS mentionné dans l'*Enquête sur les ravages faits par les Huguenots dans le comté de Bigorre*. » (P. 174 des *Huguenots en Bigorre*.) — (Neantmoings le mesme Logis avec sa troupe advenant dud. pays de Béarn, le vendredi douziesme jour du moys de mars l'an mil cinq cens septante quatre, par surprinse, s'empara et print la ville de Tarbe environ la pointe du jour, accompagné dud. baron de Basian et Sarraslet, MAUPAS et autres.)

(3) Cependant, en 1599, la reine de Navarre n'était plus Marguerite, mais Catherine de Bourbon, sœur de Henri IV. N'y a-t-il pas une erreur dans l'*Histoire de Toujouse*?

à effacer partout le souvenir de l'erreur luthérienne dans toute la Gascogne, nous en avons fourni des preuves pour le diocèse d'Auch dans la *Baronnie de Bourrouillan* (p. 416 et suiv.).

CHAPITRE III

BERTRAND DE TOUJOUSE RÉCLAME LES BARONNIES DE TOUJOUSE ET DE MONGUILHEM. — RECONNAISSANCES FÉODALES — HOMMAGES. — REVENDICATIONS DE L'ÉVÊQUE D'AIRE SUR TOUJOUSE. — CARBON DE TOUJOUSE ÉPOUSE FR.-PAULE DE PARDAILLAN. — ANTONIN DE TOUJOUSE.

Marie de Toujouse, l'aînée de la famille, avons-nous dit ailleurs, avait apporté avec sa main à Brandellis de Gironde, les terres de Toujouse et de Monguilhem, en 1533. Pourquoi Pierre de Toujouse, son père, avait-il ainsi disposé de nos baronnies? Rien ne nous explique ce mystère, mais il est certain que Bertrand de Toujouse, son fils, revendiqua la propriété de ces domaines, même après la mort de Marie de Toujouse et de Brandellis de Gironde, son époux, en qualité d'héritier de Pierre de Toujouse et d'Amadon de Toujouse (1), seigneur de Maupas. Divers arrêts de la cour souveraine du parlement de Bordeaux le confirmèrent dans ses droits de *haute, moyenne et basse justice* sur Toujouse, La Goarde et Monguilhem. Aussi se regarda-t-il toujours comme seul seigneur de ces terres.

Et c'est en cette qualité que, le 5 octobre 1597, il assemble dans le bourg de Toujouse tous ses vassaux « chefs de maison » leur rappelle qu'il est seul seigneur *directe* de leur communauté et que « nul aultre seigneur n'y a droict ny intérest soit en droit de justice que de fief, rentes, lots, ventes, honneurs, services, autorités, privilèges, etc. » En conséquence, il leur demande « de faire déclaration présentement confesser, advouer et ratifier tous les droits et devoirs à luy appartenant, » et, en accomplissant ce devoir, de lui prêter serment de fidélité. De son côté, il prend l'engagement de les maintenir dans leurs droits et tous leurs privilèges « les conserver et garantir de son pouvoir envers et contre tous. » Après avoir entendu la

(1) Archives de Villeneuve de Marsan. — Dossier Monguilhem. — Carte de confirmation des droits du seigneur de Toujouse (V. à la fin du volume)

lecture de cette déclaration, tous les habitants de Toujouse répondent, à leur tour, « qu'ils sont contents d'effectuer et entretenir envers ledit seigneur, tout ce en quoi ils sont tenus et soubmis et offrent lui en faire la déclaration due et requise sous les conditions précédentes. »

La grande reconnaissance féodale dont nous venons de parler établissait les droits de Bertrand de Toujouse sur la juridiction de ce nom et sur une partie de la juridiction de Monguilhem, la baronnie de La Goarde. Le baron de Toujouse avait obtenu des arrêts favorables à sa cause, après de longs démêlés avec Brandellis de Gironde, probablement. Ce dernier réclamait les seigneuries de Toujouse et de Monguilhem, à raison de son mariage avec Marie de Toujouse. La mort du seigneur de Montclara (1), en Quercy, mit fin à ces débats. Déjà, une transaction avait été signée entre les deux parties, le 19 juin 1588.

Les droits du seigneur de Toujouse sur la métairie de Saubin, est-il dit dans la *Carte de confirmation* (2), étaient indivis avec les habitants du *village* de ce nom. Il les vendit le 16 mars 1603, et six ans plus tard (13 mai 1609), il consentit une donation en faveur de Carbon, son fils.

Carbon de Toujouse était fils de Bertrand de Toujouse et de Madeleine de Birac, avons-nous dit. Il épousa demoiselle Paule de Pardaillan de La Mothe Gondrin, et vendit les terres de Laujuzan et de Cantiran à son frère, Pierre de Toujouse (15 mars 1609).

Le contrat de mariage de Carbon de Toujouse avec Paule de Pardaillan existe encore dans nos archives du Grand Séminaire, sous le n° 10955. Il suffit d'en reproduire quelques extraits avec l'analyse de certaines clauses.

« Pactes de mariage faits et accordés entre messire Blaise de Pardaillan, seigneur et baron de La Mothe-Gondrin, et noble Bertrand de Toujouse, sieur dudit lieu et de Maupas, sur le mariage fait et accordé tant par lesdits sieurs que dame Louise du Bois, mère dudit sieur de La Mothe Gondrin et demoiselle de Virac, femme dudit sieur de Toujouse, entre noble Carbon de Toujouse, fils aîné desdits sieur et demoiselle de Toujouse, et damoiselle Françoise-Paule de Pardaillan, fille de lad. dame et sieur de La Mothe-Gondrin. »

1° Le sieur de La Mothe s'engage à faire ratifier le con-

---

(1) Brandellis de Gironde avait eu des enfants de son mariage avec Marie de Toujouse. François, l'un d'eux, fit son testament, le 1 mai 1610, et laissa l'usufruit de la terre de Montclara à sa femme.

(2) V. aux pièces justificatives, à la fin du volume — La métairie de *Saubin* est, aujourd'hui, en partie dans les Landes.

trat par Louise du Bois et à faire prendre pour mari par Françoise-Paule de Pardaillan, sa sœur, noble Carbon de Toujouse. De son côté, Bertrand de Toujouse promet de faire agréer le mariage par demoiselle de Virac, sa femme, et de faire accepter Françoise-Paule de Pardaillan pour épouse par son fils Carbon de Toujouse.

2° Blaise de Pardaillan s'engage à compter à sa sœur Françoise-Paule la somme de 24.000 livres destinée à payer, d'après une précédente convention, ce que le seigneur de Toujouse doit à François de Gironde, sieur de Montclara.

3° Bertrand de Toujouse donne à son fils, à raison de son mariage, les trois quarts de ses biens et de ceux de sa femme, Madeleine de Birac (Virac). Il nomme Carbon son héritier contractuel, mais il se réserve, de concert avec sa femme, la jouissance de ses biens. Dans le cas où Bertrand de Toujouse viendrait à se séparer de sa femme, Carbon son fils aura la jouissance de l'usufruit et des revenus de Monguilhem et de Toujouse (1).

Lorsque ce petit événement de famille s'accomplit, l'Armagnac n'est plus, avec le Béarn et la Navarre, une province indépendante comme au temps de ses comtes.

Une des lois constitutives de l'ancienne monarchie française exigeait que tous les apanages fissent retour à l'Etat dans le cas où le prince qui les possédait parviendrait à la couronne. Or, notre *bon Henri* était devenu roi de France, malgré ses répugnances et sa longue hésitation. Voyant que deux fils lui étaient nés, il céda, enfin, aux sollicitations du parlement et reconnut que, par le fait de *son ascension au trône*, tous les fiefs mouvants de la couronne y avaient fait retour et devaient y être irrévocablement unis. L'Armagnac fut de ce nombre (2).

A partir de ce moment, Monguilhem, tour à tour dépendant de la Grande-Bretagne et des royaumes de France et de Navarre, devient à jamais une ville française et cesse par là-même de se trouver mêlé à ces rapides et incessants mouvements provinciaux qui firent si souvent tomber nos malheureux pays d'une main dans une autre, suivant le hasard des événements et le sort des combats. Le Béarn et la Navarre, d'abord réservés par Henri IV, passèrent eux-mêmes, sous le gouvernement de Louis XIII, dans les domaines de la couronne de France. La Gascogne cessait de vivre de sa

---

(1) Le contrat de mariage fut rédigé par Du Faur, notaire d'Eauze, le 21 juin 1603. Étaient présents : noble de Barbotan, sieur de Mormès, noble Arnaud d'Armagnac, baron de Termes, Jean Pierre Caubet, habitant d'Ayzieux.
(2) *Hist. de la Gascogne*, p. Monlezun, t. v, p. 482.

vie propre et perdait son autonomie séculaire, après une longue et brillante existence de huit siècles environ. « Pour dernier titre de gloire, dit l'abbé Monlezun, elle ne s'effaçait qu'en donnant à la France le roi dont elle avait besoin pour relever ses destinées. »

Les changements politiques survenus dans l'état général de la France. n'avaient, cependant, rien modifié aux coutumes locales de nos pays. Les droits des seigneurs demeuraient intacts et les devoirs des vassaux envers leurs suzerains étaient toujours les mêmes. Aussi, les *Reconnaissances féodales* suivaient-elles leur cours ordinaire.

Le seigneur de Toujouse et de Monguilhem reçut celle de ses *emphytéotes* de Toujouse et d'une partie de Monguilhem (quartier de La Goarde), le 15 avril 1619. Cette cérémonie de vasselage eut lieu dans le château de Toujouse en présence d'un grand nombre de témoins qui figurent dans une pièce (1) des archives municipales de Villeneuve-de-Marsan $\frac{11-1}{14}$ et parmi lesquels nous remarquons Menaud Seychan, curé de Toujouse, et Daniel et Pierre du Garbay, frères, bénéficiers de Monguilhem.

L'évêché d'Aire avait des droits sur la dîme de Toujouse, nous l'avons vu plus haut (2). Ces droits vont donner lieu à un vif débat entre le seigneur de Toujouse et l'évêque d'Aire qui triomphe d'abord; mais le baron de Toujouse fait ensuite appel au parlement et il obtient gain de cause contre son auguste contradicteur. Ne reculant devant aucune mesure, Carbon de Toujouse fit exécuter l'arrêt du parlement de Bordeaux ordonnant la séquestration des fruits décimaux de Toujouse et de Monguilhem (3).

La cause du dissentiment entre Carbon de Toujouse et Sébastien de Boutelier, évêque d'Aire, n'est pas indiquée dans le document qui nous fournit ces détails, mais le 23 septembre 1624, nous voyons Noguès, sergent royal de la ville de Panjas, monter à cheval et se rendre à Aire *distant dudit Panjas de trois grandes lieues*, pour signifier à l'évêque d'Aire l'arrêt du parlement qui prononce la saisie de ses revenus décimaux de Toujouse et de Monguilhem.

Noguès fait diligence, raconte-t-il lui-même, pour *trou-*

(1) Cette pièce fut vidimée en 1825, à Villeneuve-de-Marsan.
(2) *Pouillé du diocèse d'Aire*, pp. 81, 133
(3) Archives municipales de Villeneuve-de-Marsan, $\frac{11-1}{13}$

ver le prélat en personne ainsi que messire Jacques Monier, son avocat. Il ne put voir que ce dernier auquel il intime la condamnation du parlement *pour qu'il ne prétende ignorance de cause et lui déclare que tout présentement et conformément audict arrest et lettres, il s'en va procéder par sayste sur tous et chescuns les fruits de millet, pains* (1)*. millocque* (2)*, fruits de vin et vendange provenants de droit de disme dont est question.* Puis *il fait commandement à Monier de par le Roy nostre sire, à peyne de mille livres faire recevoir tout ce dessus audict sieur evesque.*

Quand sa mission à Aire est terminée, Noguès se rend à Toujouse et là, en vertu de l'arrêt du parlement de Bordeaux, il fait saisir et mettre sous la main du roy et de sa justice tous les fruits énoncés ci-dessus. Il confie ensuite la garde des fruits mis sous sequestre, à des commissaires de justice, dont les noms suivent : « Jehan de Luson, Guillaume de Pujos, Arnauld de Pesquidous dict de Jehanbon, Peyrot de Labady, Janoutet de Beguer, Antoine de Laborde et Vital de Labadye dict de Guillas, habitants de la juridiction dudict Toujouse qui consentent, à titre purement gratuit, à garder ce dépôt. » Noguès s'adressant à chacun d'eux, en particulier, leur ordonne ensuite, au nom du roi, sous peine d'une amende de mille livres, de « bien regner et gouverner lesdicts fruicts de milhet, de pains, milloque, fruicts de vin et vendange pour de tout sy après en rendre compte et prester le reliquat à qui appartiendra et n'en vider leurs mains que par la cour n'en soit ordonné sur peyne d'en répondre en leur propre et privé nom et à mesmes peynes que dessus. » Noguès continue le récit de sa campagne en disant : « Jay faict inhibition et défense à tous ceux quil appartiendra ne troubler ni empescher ledict séquestre du fait de leur charge et commission auxquels jay requis me voulloir signer mon present procès-verbal pour le rendre plus valide. » Les commissaires s'excusent de ne pouvoir lui accorder leur signature et déclarent « qu'ils ne savent ny lire ny escripre. » Le sergent a recours à un notaire du nom de Pratferré.

Noguès, après ces longues formalités, n'était pas encore au bout de sa corvée. Le 24 septembre 1624, il reprend le chemin d'Aire et fait en sorte de trouver l'évê-

(1) *Pains* désigne encore de nos jours le menu millet destiné aux oiseaux.
(2) La *milloque* dont il est ici question paraît être le MAÏS. Il résulterait de là que le maïs, originaire de l'Amérique du Sud, introduit en France au XVIe siècle, avait déjà pénétré en Armagnac au commencement du XVIIe siècle. Voilà qui contribuera à faire cesser les incertitudes et les discussions des botanistes !

que en son palais, ainsi que Monier dans sa maison, afin de leur signifier le résultat de ses opérations. Peine inutile ! Le prélat et l'avocat sont absents ! Il s'adresse, alors, au gardien des clés de la maison de maître Monier. Mais il a beau l'interroger, ce gardien ne veut décliner ni son nom ni son prénom, *quel commandement qu'il lui en fasse*. Le sergent s'arrête, enfin, à un parti extrême. Il affiche sur la porte principale de Monier « l'exploit de saisie des biens décimaux de l'évêque à Toujouse, en vertu de l'arrest de la cour de Bordeaux, pour qu'ils n'en puissent prétendre cause d'ignorance, en présence de Nauton de Benque, de Toujouse, emmené comme témoin (1). »

Madeleine de Birac, dame de Toujouse et de Monguilhem dut mourir vers la fin de 1628, car on dressa un *Inventaire de ses biens après décès*, le 20 décembre 1628. Carbon de Toujouse devint aussitôt maître absolu de ses domaines du Bas-Armagnac. Il eut plusieurs enfants de son mariage avec Françoise Paule de Pardaillan de La Mothe-Gondrin. On en connaît un grand nombre : c'est, d'abord, Antonin de Toujouse dont nous allons bientôt nous occuper. Après, ce sont : Françoise de Toujouse mariée à J.-L. Fayrin (2), seigneur de *La Haille*, Henriette de Toujouse, femme de Bernard de Ferragut, seigneur de *Loubagnac*, en Riguepeu, Jean de Toujouse, seigneur de Maupas, et N. N. de Toujouse, religieuses ursulines au monastère de Gondrin (V. les papiers d'Aon, dans les archives particulières de M. l'abbé Classun de Lucmau, ancien archiprêtre d'Aire), et Jeanne de Toujouse (3).

Antonin de Toujouse, baron de Toujouse, seigneur de Monguilhem, reçut une donation de sa mère, Françoise Paule de Pardaillan, le 28 octobre 1630. Six ans plus tard (1636), il épousa Marguerite de Monbeton, dame de *La Haille*. En 1637, son père et sa mère firent cession, en sa faveur, de la moitié de tous leurs biens. Carbon de Toujouse, son père, mourut vers cette époque. Le 28 octobre 1637, noble Françoise Paule de Pardaillan, dame de Toujouse et de Monguilhem, donne à Antonin de Toujouse,

---

(1) Ce document a pour titre : « Arrêt du Parlement de Bordeaux qui ordonne la séquestration des fruits décimaux de Toujouse et de Monguilhem, avec les exploits et signification pour le seigneur de Toujouse contre M. l'évêque d'Aire »
— (17 septembre 1624) — *Archives de Villeneuve*, $\frac{11-1}{13}$

(2) Ce J.-L. Fayrin, sieur de la *Haille*, fut un des gentilshommes du célèbre comte de Cramail.

(3) Jeanne de Toujouse, mère de noble Bertrand de Pardaillan, sieur de La couture, assiste, comme témoin, au mariage de Marguerite avec Jean Barakul (20 janvier 1664). — *Archives du Grand Séminaire d'Auch*, n° 20937.

son fils mineur, tous ses meubles et immeubles aux conditions suivantes :

1º Sa vie durant, la donatrice se réserve l'usage de ses biens dotaux et la jouissance de la moitié des biens de *feu Carbon de Toujouse*, son mari, qui lui sont acquis par contrat de mariage, et la somme de 20,000 fr. pour en disposer selon son bon vouloir.

2º Le donataire sera tenu de payer au nom de la donatrice la somme de 3,000 liv. à Jean de Toujouse, sieur de Maupas, son frère, qui les recevra quand il aura atteint l'âge voulu. Il devra payer, en outre, toutes les dettes de la maison contractées depuis le décès de Carbon de Toujouse, son père. Antonin aura à compter encore à ses sœurs, religieuses au couvent de Gondrin, la dot qui leur revient. Il se servira pour cela de la somme de 3,600 livres qui sont dues à sa mère par le seigneur de Hontanx, à raison de la dot jadis donnée à feue Madeleine de Toujouse, dame de Hontanx.

Françoise Paule de Pardaillan se réserve aussi la jouissance de Monguilhem « bailhée à Messieurs de Belmont et Montcorneilh, lorsque lesdits seigneurs de Belmont et de Montcorneilh auront fait leur jouissance, » et de la moitié de la terre de Maupas, après « que le sieur Du Règne les aura jouis comme lui ont esté promis par les pactes de son mariage avec ladite demoiselle Marie de Toujouse. »

La donatrice s'engage à nourrir Jean, son fils, jusqu'à ce qu'il ait atteint l'âge de dix-huit ans, sans préjudice de ses droits. — En cas de séparation, le donataire sera tenu de laisser à sa mère « la moitié de sa maison et office où ils habitent de présent ensemble, la moitié du jardin et verger, et la moitié des meubles de ladite maison. » Dans tous les cas, Antonin doit retirer « devers soy l'autre Jeanne de Toujouse plus jeune, sa sœur, la nourrir, etc., » et, plus tard, il lui paiera 500 fr. que Françoise Paule de Pardaillan réserve à chacune de ses filles.

Les témoins de cette donation furent : noble Ch. de Pardaillan, seigneur de Bretagne, J.-Jacques Lau, sieur de La Lane, Antoine-Bertrand de Toujouse, sieur de Laujuzan, Jean-François Du Règne, avocat à la cour du parlement de Toulouse, Duclos, recteur de Toujouse, et Mathelin du Vigne, chirurgien habitant de Toujouse (1).

(1) Archives particulières de M. Classun de Lucman — On voit dans l'acte que nous venons d'analyser qu'il existait un étang à Pémorieu, une chaussée au Peyperol, (une motte où était autrefois le château) un étang et un moulin à Imbès. Chacun des contractants, est-il dit dans l'acte, pourra loger ou faire loger les pasteurs de brebis qui viendront à Toujouse ou Monguilhem du pays de Béarn ou d'ailleurs.

Antonin de Toujouse, devenu majeur, administra ses terres par lui-même. Nous le voyons signer une reconnaissance de 10,000 liv. en faveur de la dame de Barbotan, le 11 septembre 1642, et consentir un acte de libéralité à l'égard de l'église de Monguilhem, le 17 octobre 1644.

L'hérésie avait envahi Toujouse et Monguilhem à l'époque des guerres de Religion, nous avons eu le regret de le constater.

Nos barons, surtout, mirent leurs bras au service de la Réforme. Mais le sentiment catholique était trop profond dans leur famille, pour que l'erreur l'étouffât sans retour. La foi ne tarda pas à renaître dans l'âme de nos seigneurs et Antonin de Toujouse se fit surtout remarquer par ses généreuses libéralités à l'égard de l'église de Monguilhem. (V. plus haut, p. 148.)

Les archives de Villeneuve-de-Marsan $\frac{11-1}{19}$, nous le montrent à Bordeaux, le 23 novembre 1667. Il y rend foi et *hommage* pour raison de ses terres de Toujouse et de Monguilhem (1). Inutile de reproduire ces mémoires qui ne nous apprendraient aucun détail nouveau. Mais nous voulons faire remarquer, en passant, que le château de Toujouse, maintenant occupé par nos seigneurs, n'est plus le manoir féodal du moyen-âge signalé dans les archives de M. de Classun de Lucmau (dossier Aon) et autrefois « bâti sur une motte, » à l'est de l'église seigneuriale où l'on aperçoit encore des traces de fossés anciens.

Voici en quels termes l'article 2 du *Dénombrement* parle du château de Toujouse en 1668 : « Le dénombrant déclare posséder en seul la terre et baronnie de Toujouse avec tous droits de justice haute, moyenne et basse, consistant en château, pont-levis, cour, basse-cour, chambres, antichambres, écuries, jardin, verger, garenne, étang, le tout joignant le château et en formant la clôture et vol du chapon. L'enclos tout compris est d'environ trois journaux de *perche*, etc. »

Jean de Toujouse, frère d'Antonin, mourut très jeune, selon toute apparence, car son frère prend le titre de seigneur de Maupas, dans l'acte par lequel il abandonne son droit de fief et de dîme sur le Segrat, à l'église de Monguilhem, en 1644. Le 26 juillet 1657, Antonin de Toujouse et Marguerite de Monbeton, son épouse, signèrent un *contrat de communauté d'acquets*.

(1) Il est nu tête, les deux genoux à terre, sans ceinture, sans épée ni éperons, il tient les mains jointes et fait foi et hommage pour Toujouse et Monguilhem entre les mains des présidents-trésoriers de France

La famille de Toujouse est alors sur le point de s'éteindre. Avant d'assister à sa disparition, plaçons sous les yeux du lecteur les *armes probables* de cette puissante famille. Nous disons *probables*, car le blason des Toujouse n'est pas enregistré dans les collections de d'*Hozier*. On ne connaît qu'un *sceau* (1) de Roger, sire de Toujouse, dont le dessin fut extrait, à notre intention, il y a quelques années, du fond de *Clairambauld (vol. 106, n° 8287. — Archives nationales. — Titres scellés. —* Paris.)

Du reste, les *Archives historiques de la Gascogne* l'ont récemment publié. Le centre du sceau est occupé par un écu en pointe contenant un *loup rampant*. Nous sommes porté à croire que cet écu constitue les armes des Toujouse. Sans rien affirmer à ce sujet, voici comment nous *blasonnons : De gueules au loup (?) ravissant d'or* (2).

CHAPITRE IV

TESTAMENT D'ANTONIN DE TOUJOUSE. — PROCÈS APRÈS SA MORT. —NOUVEAUX SEIGNEURS : MARC-ANTOINE DE COURS. — MARQUIS DE LA MOTHE-GONDRIN. — MANIBAN. — LÉONARD DE BAYLENS DE POYANNE.

Antonin de Toujouse, seigneur de Toujouse et de Monguilhem, fit son testament solennel, le 31 mars 1669. Il y ajouta, le 24 janvier 1673, un codicille qui fut retenu par

---

(1) Ce sceau est extrait d'une quittance militaire à laquelle il était attaché et dont voici le texte. « Sachent tous que Nous Roger sire de Toujouse, chevalier avons eu et receu de Jacques Lempereur trésorier des guerres du roy nostre sire, par les mains de Evain Dol son lieutenant en piest sur les gages de nous, des gens darmes et de pie de nostre compagnie dessus dits en ces présentes guerres de Gascogne sous le comte d'Armaignac 32 livres dix sous tournois, etc. — 22 octobre 1353 » — « Le sceau, nous écrivait M. P. La Plagne Barris, le 22 novembre 1885 a perdu sa légende et le tour circulaire Il n'a que quinze millimètres de diamètre » Les émaux ne sont pas nets Aussi, ne garantissons nous pas ceux du blason que nous inscrivons dans cette page.

(2) La queue levée de l'animal laisserait croire tout d'abord que le quadrupède est un renard Heraldiquement la queue du loup est baissée. On trouve cependant des loups ravissants avec queue levée, même dans le *Dictionnaire heraldique* de l'*Encyclopedie de Migne* (pp 1183 1184),

Dussaulx, notaire, lieutenant du juge de Monguilhem et de Toujouse. M. Duburc, curé de Toujouse, fut nommé exécuteur testamentaire de notre baron. Mais aussitôt après la mort de celui-ci, le marquis de La Mothe-Gondrin se présenta comme héritier bénéficiaire du seigneur de Toujouse, et il exigea qu'on rédigeât l'inventaire général de tous les meubles et immeubles du défunt. Marguerite de Monbeton, veuve d'Antonin, protesta énergiquement contre cette conduite. Le testament de son mari lui donnait, disait-elle, un droit exclusif, absolu sur tous les meubles des châteaux de Toujouse et de Monguilhem, aussi bien que sur les bestiaux de toutes les métairies de ces deux juridictions. On s'échauffa de part et d'autre, le débat s'envenima.

Des hommes de loi s'interposèrent, heureusement, et, à la fin, les deux parties consentirent à la rédaction d'un *inventaire complet après décès*, qui fut, en effet, dressé, le 24 février 1673, par Dussaulx, notaire de Monguilhem, lieutenant du juge de cette ville et de Toujouse, et de Lobit, greffier de notre justice.

Malgré tout l'intérêt que pourrait présenter ce volumineux travail où se trouve l'analyse d'une infinité de papiers importants pour Monguilhem et pour Toujouse, il nous est impossible de le reproduire, à cause de son excessive longueur. Il nous a été conservé dans les archives des marquis de Poyanne, dans les domaines desquels nous verrons bientôt passer la ville de Monguilhem avec Toujouse.

Le débat survenu entre le marquis de La Mothe-Gondrin et Marguerite de Monbeton, veuve d'Antonin de Toujouse, s'explique par l'analyse de certains actes concernant le seigneur de Toujouse, transcrite dans les derniers feuillets de l'*Inventaire après décès* dont nous venons de parler. On voit là, qu'Antonin se défend énergiquement d'avoir fait *telles* dispositions défavorables à *tel* personnage et il déclare devant le sénéchal de Condom « qu'il est averti qu'on a fabriqué *certaine donation* de tous ses biens ou sommes d'argent, en faveur de certaines personnes, laquelle il déclare fausse et de nul effet et valeur, laquelle veut que ses héritiers la puissent inscrire à faux. Il déclare de plus que, pour certaines raisons, il annule le testament mentionné ailleurs et qu'il en fait un autre écrit et signé de la main de Dussaulx, notaire, et qu'il l'a signé aussi dans toutes les pages, qu'il y a apposé certaines clauses dérogatoires pour éviter toute falsification et dans lequel est contenue sa dernière volonté pour la disposition de ses biens. Sur quoi, par advis du conseil, on lui fait donner acte de sa déclaration. » (2 mai 1669.)

La mort d'Antonin de Toujouse fit passer les seigneuries de Toujouse, de Monguilhem et de La Goarde entre les mains des Pardaillan Gondrin, ses héritiers naturels, car il n'avait pas eu d'enfants de son union avec Marguerite de Frairin, de la famille de Monbeton.

Les PARDAILLAN-GONDRIN portaient : *Ecartelé : au 1 et 4 d'or, au château sommé de trois tours de gueules surmontées de trois têtes de Maures de sable bandées d'argent qui est de Castillon. — Au 2 et 3 d'argent à 3 fasces ondées d'azur qui est de Pardaillan* (1).

Après ses longs démêlés avec les Pardaillan-Gondrin, Marguerite épousa noble Marc-Antoine de Cours (2), chevalier, seigneur de Monlezun, qu'elle constitua son « héritier général et universel en tous et chacun ses biens, » par son testament.

Après la mort de sa femme, Marc-Antoine de Cours, qui avait des droits à revendiquer sur les Pardaillan-Gondrin, du chef de Marguerite de Frairin (une somme de 20.000 francs), entra en négociations avec François-Raynaud (on trouve ces deux noms) de La Mothe-Gondrin. Celui-ci lui abandonna la jouissance de la terre et seigneurie de Monguilhem, par contrat du 30 mai 1681. A partir de ce moment, noble Marc-Antoine de Cours (3) est seigneur *nomi-*

---

(1) V. la généalogie de la maison de Pardaillan et de ses diverses branches dans les *Grands Officiers de la Couronne* t. V, pp 171 et suivantes. Bertich 2 p 192, est consacré aux *Pardaillan, seigneurs de Panjas*

(2) Marc Antoine de Cours, chevalier, seigneur de Moupas Montlezun et autres places, était l'un des fils de Jean Jacques de Cours, marié en secondes noces à Jeanne de Latrau (12 mai 1631)

(3) Marc Antoine de Cours avait épousé Jeanne de Pouert, dame de Maupas, qui ne lui donna pas d'héritier, dit M Noulens dans sa *Notice de Cours*, où il ne mentionne pas l'alliance de ce gentilhomme avec la veuve d'Antonin de Toujouse Marc Antoine et Jeanne de Pouert firent leurs dispositions testamentaires le 5 août 1683, dans le château de Sion. D'après leurs volontés, la succession entière du mari devait passer à François de Cours fils d'Hector de Cours auteur de la *branche de Montlezun*, qui épousa Clairc de Sariaute et eut une nom-

nal de Monguilhem, mais François de Pardailhan en demeure le seigneur réel, de *droit* (*Archives de M. Verdier. — Réglement de dette sur la terre de Monguilhem.*)

A la mort de Marguerite de Monbeton, Marc-Antoine de Cours se remaria avec dame Jeanne de Fouert, dame de Maupas. Les deux époux se donnèrent, par testament mutuel, l'usufruit et la jouissance de leurs biens.

Les armes de la famille de Cours sont : *d'argent à un pin de sinople terrassé de sable, senestré d'un lion de gueules couronné rampant contre le fût de l'arbre.*

Noble Marc-Antoine étant mort à son tour, sa veuve se remaria avec messire Pierre de Lartigue, seigneur, baron de Pélesté, habitant du château de Maupas. Le mariage eut lieu le 1er janvier 1686. Noble dame de Fouert se réserva la jouissance des biens que son dernier mari lui avait laissés pour en disposer à sa guise. Néanmoins, les revenus de la terre de Monguilhem furent saisis en 1690 pour le paiement d'un compte de tutelle que Marc-Antoine de Cours aurait dû régler avant sa mort, par suite de son

breuse postérité qui s'est noblement perpétuée jusqu'à nos jours (Ch. Noulens — *Notice de Cours* pp 38, 82 et suiv.)

Marc Antoine de Cours laissait par son testament, 900 livres aux paroisses de Monguilhem, Toujouse et Maupas, pour être employées en travaux d'utilité communale (V. ce document au château de Montlezun, chez M. de Cours.) Il léguait, 400 livres tournoises aux deux communautés de Toujouse et de Monguilhem *pour l'utilité publique*, en vertu de son testament du 5 mars 1687, dit un acte de l'étude de M° Cazet, à Nogaro. Et ce document ajoute que le testateur voulait qu'on célébrât *mille messes de requiem* « à dire par les siens curés de Toujouse et de Monguilhem auxquels elles seront payées à raison de cinq sols par messe dans l'année du décès. »

François de Cours, fils aîné d'Hector de Cours, héritier de Marc Antoine, seigneur de Monguilhem, contracta deux mariages successifs le premier, avec Jeanne de Cahments, au, le second, avec Marguerite de Florence son fils aîné Féix de Cours, (épousa Marie de Barbotan (1 août 1685), qui lui donna huit enfants François de Cours, l'aîné, se maria avec Marie Hyacinthe d'Armier d'Aignes, dont il eut six enfants — Clair Joseph de Cours, leur aîné, naquit le 8 novembre 1766

La terre de Montlezun appartenant à la famille de Goutgues, au dix-septième siècle Jean Jacques de Latran, seigneur de La Terrade, l'acquit d'Arnaud de Goutgues, en 1632, dit M. Noulens dans sa *Notice de Cours*, p 38, note D'après le même auteur (p 37), c'est Jeanne de Latran qui, par son mariage avec Jean Jacques de Cours (12 mai 1631), apporta à celui-ci le fief de Montlezun, en vertu d'une donation consentie en sa faveur (1631)

administration des biens du sieur de Sion (1), pendant sa minorité. Il avait rendu compte de sa tutelle à messire François d'Armagnac. seigneur, baron de Thermes, tuteur des enfants de Sion. Or, il y eut un reliquat de 5,235 livres 14 sols. Instruit de cette affaire, le baron de Pélesté consentit à ce que le baron de Thermes se payât sur l'héritage de Marc-Antoine de Cours. C'est ce qu'il fit en donnant ordre de saisir les fermiers (2) de Monguilhem.

Le baron de Pélesté prétendit avoir la jouissance de la seigneurie de Monguilhem. Mais il fut aisé de lui démontrer que, venant de Marc-Antoine de Cours, « cette terre ne pouvait être jouie que par sa femme. » (*Archives de M. Verdier.*)

Noble François de Pardaillan, marquis de La Mothe-Gondrin, est encore seigneur de Monguilhem, de Toujouse et de La Gouarde, en 1701. Jean-Gui de Maniban, président à mortier au parlement de Toulouse, acquit ces terres par contrat du 19 mars 1701. Voici, en effet, ce que nous lisons dans le dénombrement de Toujouse et de Monguilhem rendu par M. de Maniban, le 14 mars 1702 : (*Archives municipales de Villeneuve-de-Marsan* $\frac{11-1}{22}$)

« Premièrement dit ledit seigneur dénombrant de Maniban, qu'il possède ladite terre et seigneurie de Toujouse en conséquence du contrat de vente qui lui a été fait le 19 mars *de l'année 1701* par messire François de Pardaillan. etc. » Puis viennent les dénombrements de Toujouse et de Monguilhem. L'*aveu* de Monguilhem est tronqué, mais la vente de cette terre eut certainement lieu alors aussi.

---

(1) L'héritier universel de Jeanne de Fouert, fut Jean de Fouert, seigneur de Sion, Le mineur dont il est question dans ce passage était Blaise de La Haille, qui avait pour mère Marie Andrée Tierrin de Monbeton de La Haille et pour oncles Jean de Monbeton, prêtre, chanoine de Saint Orens à Auch, et noble Antoine de Monbeton, sieur de *La Haille* (V notre livre la *Baronnie de Bourrouillan* — Paris — Maisonneuve)

Les registres de M. Cazet, notaire à Nogaro, contiennent divers actes concernant la famille de noble de Fouert, seigneur de Sion Ils sont de 1673, 1674 1682, etc.

(2) Le marquis de La Mothe Gondrin, devenu seigneur réel de Monguilhem par la mort d'Antoine de Toujouse, avait *affermé* cette terre à Labadie, de Monguilhem Marc Antoine de Cours passa un nouveau bail avec Labadie, marchand, le 2 juillet 1681 Le fermier s'engageait à lui payer une somme annuelle de 122 livres, quelques chapons, etc (*Archives de M. Verdier.*) Ce bail fut renouvelé pour six ans (de 1684 à 1690), en 1684. Le prix de *ferme* était le même, et Labadie s'engageait, en outre, à payer « six faix de linet, deux paires de chapons, deux paires de poules, six paires de poulets, deux chevreaux, et lorsque l'étang de Chaios se viderait, le seigneur avait droit à la moitié des anguilles et à 20 livres de poisson chaque année » Labadie devait payer les tailles — Ce même Labadie *afferme* Castex, en 1694, et reside dans le château (*Archives de M. Verdier.*)

Les Maniban, nouveaux seigneurs de Monguilhem, portaient : *de gueules, à deux bourdons de pèlerin d'or, mis en sautoir accompagnés d'un croissant d'argent en chef et de trois larmes d'argent, 2 en flanc, 1 en pointe.*

Souvent, jusqu'à cette heure, nous avons parlé d'*Aveu* et de *Dénombrement*. Comme ces mots reviendront fréquemment sous notre plume, il nous paraît utile d'en dire la nature et l'origine.

L'hommage n'était dû que pour les terres nobles, c'est-à-dire celles qui devaient le service militaire, et au centre desquelles se trouvait généralement la *salle* (1) ou *maison noble* habitée par le seigneur. Celui-ci, tenu à l'hommage en signe de dépendance à l'égard du suzerain, donna à son tour à certaines familles des terres à exploiter avec pleine liberté de les aliéner, mais il se réserva aussi l'*hommage* pour ces biens, transmissibles par vente ou par contrat purement gratuit. Ces concessions prirent le nom d'*inféodation*, à raison du *fief* ou rente annuelle payable au seigneur.

Au début, l'acte d'hommage ne s'écrivait pas. Il se faisait par l'emphytéote (2) entre les mains du seigneur qui

---

(1) « La deuxième catégorie de résidences seigneuriales, dit M. Henri O'Shéa, dans son intéressant travail sur la *Maison Basque* (Revue des Basses Pyrénées et des Landes, 1886), était constituée par la *Salle* ou *Jouregui* (basque). En Basse Navarre, on disait *Palacio* et *Salle*. C'était la résidence d'un seigneur dans une ville ou dans un village, la plus considérable maison noble qu'on y voyait. La *Salle* est ainsi nommée, probablement, ajoute-t-il, de l'importance de la *Salle* dans laquelle avaient lieu les grandes réceptions officielles »

En Gascogne, comme en Navarre, les *Salles* étaient la résidence des nobles qui n'avaient pas de vassaux et ne devaient, en général, que le service d'un homme de guerre.

Il y eut dans nos parages une énorme quantité de *Salles* rurales. Il y en avait 8 dans le Fimarcon, 5 à Vic-Fezensac, 4 à Montesquiou, etc., etc. Toutes sont de construction identique, étant une salle carrée ou *bat longue*. Les hommages du Mss de Wolfenbuttel les qualifient *una militta*. Il y en a quelques unes près des villages, comme à Batz, Ligardes, etc. Certains petits nobles des *Salles* devinrent de grands seigneurs, par exemple les Cassagnet-Tilladet, ils furent marquis de Fimarcon.

(2) Celui qui jouit par bail *emphytéotique* ou en vertu du contrat par lequel le propriétaire d'un fond, le seigneur par exemple, cédait à perpétuité le domaine utile d'une terre à la charge par le preneur de payer une redevance, en reconnaissance du domaine direct que conservait le bailleur.

Les lois du 11 août 1789, des 18-20 décembre 1790 déclarèrent rachetables tou

exigeait, en outre, de lui le serment de fidélité. Plus tard, les grands seigneurs recevaient la *foi* de leurs subalternes, puis ils en faisaient expédier des lettres qui étaient adressées à leurs officiers de justice, afin qu'ils eussent, y est-il dit, « à leur lever la main en cas de saisie, et à leur faire fournir le dénombrement. »

Chaque vassal était obligé d'*avouer* par écrit, c'est-à-dire de confesser, de reconnaître qu'il tenait son fief de tel seigneur et à de telles conditions Cet acte se nomma *Aveu*.

L'usage voulut qu'il se donnât dans les quarante jours qui suivaient l'hommage (1). On y énonça la coutume qui régissait le fief, les droits de justice, de corvée, de banalité, etc., très détaillés et circonstanciés. C'était le dénombrement ou énumération des usages et devoirs locaux.

Lorsque les possesseurs inférieurs de fiefs s'étaient acquittés de ce devoir vis-à-vis de leur *dominant* ou seigneur, celui-ci en faisait autant envers le sien. le comte ou le roi.

A partir du quatorzième siècle et du quinzième, les vassaux inférieurs présentent leurs *aveux et dénombrements* aux jours des assises ou *plaids*, comme il est dit dans le dénombrement qu'on va lire. Le juge du seigneur en donnait acte au vassal, reconnaissait que l'aveu *était mis en cour et que le vassal en requérait la réception*.

Ces solennités féodales se pratiquaient avec exactitude dans nos seigneuries de Monguilhem, de La Goarde et de Toujouse. Ce qui le prouve, c'est la belle série d'*aveux* et de *dénombrements* de Monguilhem, Toujouse et La Goarde conservée dans les archives municipales de Villeneuve-de-Marsan. Beaucoup de ces pièces ont disparu, mais il en reste assez pour nous fixer sur les moindres détails des cérémonies de vasselage usitées avant la Révolution.

Jean-Guy de Maniban, le nouveau seigneur de Monguilhem, Toujouse et La Goarde n'assista pas à l'imposante cérémonie de l'hommage qui lui fut rendu, en 1701, par ses nouveaux emphytéotes (2).

On voit dans le texte de ce document qu'il fut représenté par J.-B. Latournerie, avocat à la cour du parlement

---

tes les *emphyteoses* établies a perpétuité. La loi du 17 juillet 1793, supprima, sans indemnité, toutes celles qui portaient un caractère féodal. (V *La Châtre*, t. I, p 1410

(1) Saint Louis avait fixé ce temps a quinze jours et quinze nuits

(2) Archives de Villeneuve de Marsan

de Toulouse et procureur ordinaire de M. de Maniban, en vertu d'un acte du 25 juin 1701, enregistré à Monguilhem et à Toujouse.

La ville de Monguilhem procéda de son côté au serment de fidélité envers M. de Maniban, le 25 septembre 1701. Il nous a été impossible de retrouver le texte de ce document. Un *Mémoire important*, adressé à nos consuls par un procureur de la cour du parlement de Bordeaux, se borne à mentionner le fait (1). Mais, en retour, nous possédons le dénombrement des terres de Monguilhem et de Toujouse fourni par le marquis de Maniban, en conséquence de son hommage rendu au roi le 13 mars 1702 (2).

Jean-Guy de Maniban, marié en 1668 à Marie-Marguerite de Fieubet (3) eut un fils, nommé Gaspard, qui fut président à mortier au parlement de Toulouse, en 1728, et qui lui succéda comme seigneur de nos terres.

Gaspard avait épousé Jeanne de Lamoignon, dont il eut deux filles, Marie-Françoise et Marie-Christine. La première fut donnée en mariage à Louis-Auguste, baron de Lavedan, marquis de Malause. Elle mourut sans postérité en 1741. La seconde, née longtemps après sa sœur, épousa Paul Sanguin, marquis de Livry, né à Versailles en 1709.

Paul Sanguin avait un rang honorable à la cour. Il n'eut pas d'enfants de son mariage avec Marie-Christine, et il mourut le 15 mai 1758. Gaspard de Maniban vivait encore alors. Son testament, empreint des sentiments de la plus vive piété, est du 15 juillet 1762. Marie-Christine s'y trouve établie légataire universelle de M. de Maniban. Toutefois, les biens possédés par la famille du marquis « au temps de Thomas de Maniban » passèrent à la ligne collatérale représentée par Cécile-Louis-Marie de Campistron, petit-fils du célèbre poète tragique de ce nom, et d'une sœur du marquis Gaspard de Maniban (4).

La marquise de Livry ne reçut en héritage que les biens acquis par son père et son grand-père. Les baronnies de Monguilhem, de Toujouse et de La Goarde, entre autres, firent donc partie de son lot. Elle ne les conserva pas longtemps. Il était impossible à l'excellente marquise, « la bonté même, » au témoignage des contemporains, d'ad-

---

(1) Archives de Villeneuve de Marsan.

(2) *Ibid* $\frac{11-1}{28}$

(3) M. l'abbé Ducruc, curé doyen de Cazaubon a publié dans la *Revue de Gascogne*, t. XXI, pp 164 et suiv , une excellente étude sur les Maniban Nous lui empruntons quelques renseignements

(4) *Revue de Gascogne*, t XXI p 171

ministrer de si vastes domaines sans passer par les mains d'agents qui étaient plus ou moins au gré des populations (1). Aussi, prit-elle la résolution de vendre une partie de ses terres et de se retirer à *Soisi*, canton de Corbeil (Seine-et-Oise), où elle s'était fait construire une belle habitation.

« La marquise de Livry vendit Toujouse et Monguilhem à M. de Poyanne pour 200.000 fr. dans les derniers mois de 1774, » dit M. Ducruc, curé-doyen de Cazaubon, dans sa remarquable étude sur *Cazaubon et les baronnies d'Auzan*. Il y a, dans ces lignes, deux légères erreurs, si nous devons nous fier aux archives municipales de Villeneuve-de-Marsan et de M. le comte de Maquillé, à Harbaud (Bourdalat — Landes). D'après les témoignages de ces dépôts, Mgr Léonard de Baylenx, marquis de Poyanne, gouverneur des villes et châteaux de Dax et de Saint-Sever, acquit Toujouse et Monguilhem de la dame de Maniban, marquise de Livry, par contrat du 10 janvier 1776, retenu à Paris par Bréchard et Lebriand, et pour la somme de 150.000 fr. (2)

La marquise de Livry ne reçut *comptant* que 50.000 fr., disent les archives de *Harbaud* (chez M. de Maquillé, au Bourdalat — Landes). Pour les autres 100.000 fr., ils furent constitués en une rente perpétuelle de 4,000 fr., qui ne résista pas à l'épreuve de la Révolution française, non

---

(1) Malgré son éloignement de Monguilhem et de Toujouse, la marquise de Livry exerça ses droits jusqu'à la fin de son administration Ainsi, en 1770, elle choisit encore pour Toujouse deux consuls sur quatre conformément à la coutume de la paroisse Voici un document qui l'établit « L'an 1770 et le trente du mois d'octobre, se sont capitulairement assemblés en la manière accoutumée et endroit ordinaire a tenir les assemblées, sieurs Joseph Beth, Jacques Claverie, Jean Genous, Jean Pouissegu, Pierre Duprat, Joseph Dubosc et Jean Capdepont, les tous jurats et principaux habitants de la paroisse de Toujouse, à laquelle assemblée a été délibéré qu'il est d'usage de procéder a la nouvelle élection des jurats pour servir l'année prochaine 1771 En conséquence, ledit Pierre Duprat a nommé pour servir au premier rang Guillaume Lagonelle et Jerome Lauron, et pour le second rang, Anthoine Chauvin et Joseph Rimazeilles, pour être présentés a haute et puissante dame madame la marquise de Livry, seigneuresse de Toujouse et autres lieux pour par ladite dame être fait choix de deux sujets sur quatre, que ladite communauté a accoutumé d'en nommer pour lesdits deux sujets choisis par la dame de Livry exercer ladite charge des jurats, etc — Signé LADADIE, *secrétaire* de la communauté » (Contrôlé a Labastide, le 4 novembre 1770)

Deux mois plus tard, la marquise de Livry contre signait cette élection a Paris « Nous Marie Christine de Maniban, marquise de Livry, seigneuresse de Toujouse et autres places, vu la présentation consulaire dudit lieu ci dessus. Nous avons nommé pour premier consul Guillaume Lagonelle, et pour second, Antoine Chauvin, auxquels nous enjoignons de remplir exactement les fonctions de consuls de ladite communauté de Toujouse, l'année prochaine 1771, après avoir prêté le serment en tel cas requis entre les mains de nos officiers de justice, en foi de quoi nous avons signé ces présentes contresignées, et auxquelles nous avons fait apposer le sceau de nos armes. Donné a Paris, le 31 décembre 1770 » Signé MANIBAN DE LIVRY (Archives du Grand Séminaire d'Auch)

(2) Cfr *Archives de Villeneuve* et de *Harbaud* (Bourdalat).

plus que la rente viagère que Marie-Christine de Maniban, marquise de Livry, s'était réservée sur le domaine du *Busca*, vendu à M. Faudouas, le 18 mai 1780 (1).

Devenu seigneur de Monguilhem et de Toujouse, le marquis de Poyanne (2) dut songer à faire son *aveu* et *dénombrement*, à raison de ses terres. Les documents rédigés à l'occasion de ces déclarations féodales sont déposés aux archives de Villeneuve-de-Marsan. Ils ont une véritable importance historique et méritent d'être connus, à divers titres, mais surtout à cause de la précision et de la clarté de leurs divers articles.

Les Poyanne avaient pour armes : Ecartelé : *au 1 et 4 d'or à la levrette dressée de gueules*; — *au 2 et 3 d'azur, à trois canettes d'argent*.

CHAPITRE V

SEIGNEURS DE MONGUILHEM ET DE TOUJOUSE AU MOMENT DE LA RÉVOLUTION. — M. DE BÉTHUNE-CHAROST. — SON EXÉCUTION. — RÉCLAMATIONS DE SA VEUVE. — LES TERRES DE MONGUILHEM ET DE TOUJOUSE PASSENT A DIVERSES FAMILLES, ETC.

Dans la première partie de ce livre, nous avons assisté à la fin du régime féodal. Monguilhem et Toujouse avaient alors pour seigneur le duc de Béthune-Charost. Voici comment :

Charles-Léonard de Poyanne, l'acquéreur des terres de

---

(1) Archives de M. le comte de Maquillé, à Harbaud (Landes)
(2) *Essai généalogique sur les Poyanne, seigneurs de Monguilhem, etc.* — Le nom primitif des Poyanne était Poudens. Vital de Poudens, qui vivait en 1203 fut père de Sans Anel qui a continué la descendance des Poudens, de Guillaume Arnaud de Poudens, chevalier, et de *Auger de Poudens*
Ce dernier se maria avec Thomase de *Boylens*, dame héritière de la terre de

Monguilhem et de Toujouse, né à Dax le 13 mars 1718, eut deux filles de son mariage avec Charlotte-Louise du Baylens, et fut père de Bernard de Poudens de Baylenx qui fut la souche des seigneurs de Baylens de Poyanne par son mariage contracté en 1330 avec demoiselle Miramonde de Poyanne, fille unique et héritière de Guette, seigneur de Poyanne (V Cauna — Généalogies POUDENS et POYANNE, *passim*)

Les seigneurs de Poyanne quittèrent peu à peu le nom de Poudens pour ne conserver que ceux de *Baylens* et de *Poyanne*, maisons éteintes chez eux.

La filiation des Poyanne est nettement établie à partir de *Bertrand de Baylens*, seigneur de *Poyanne*, qui épousa Honorette de Gerderest, fille de Anet, seigneur de Gerderest et baron de Béarn, dont il eut *Arnaud Guillem* de Baylens Celui-ci fut marié à Marie de Cauna, en 1438, et en eut deux fils *Bertrand* et Charles, seigneur de Gamarde

Bertrand (3e du nom) épousa Jeanne de Grammont, fille de François de Grammont et d'Isabeau de Monferran Plusieurs enfants sortirent de cette union 1º *Guillaume de Baylens*, 2º Jean, chanoine de Dax, 3º Rose Marie, épouse de François de Lafitte, seigneur de Labarthe au diocèse de Lectoure, 4º Claire, mariée à Pierre de Saint Cricq, qui donne quittance de la dot le 11 juillet 1505

L'aîné de la famille, *Guillaume*, épousa Marguerite de Laminsan, dame de Laminsan, Castandet, etc Il fut père de 1º *Etienne de Baylens*, 2º André, mort sans postérité, 3º Marguerite mariée à Nelle Adam de Benquet, seigneur baron de Puyo, 4º Jouyne, mariée à Joan de Melet, *sénéchal de Tartas* ? 5º Eléonore, femme de Jean du Lion, par contrat du 20 avril 1526, 6º Bertrane ou Bertonie, épouse de Christophe de Béarn (1522), 7º Jeanne, mariée à Bernard de Poy, 8º Marie, 9º Anne, probablement mariée à Le Blanc, seigneur de Labatut

Etienne de Baylens, seigneur de Poyanne, etc, reçut d'Antoine, roi de Navarre, et de Jeanne, reine de Navarre, la haute justice de Poyanne, en considération des services rendus à leurs prédécesseurs et à eux mêmes Il épousa, le 22 novembre 1542, demoiselle Jeanne d'Antin, fille du baron d'Antin (Jean), seigneur d'Antin, Bonnefont etc , sénéchal de Bigorre et de Dax Trois enfants sortirent de ce mariage 1º *Françoise*, mariée à Bertrand de Lanne, seigneur de Montholieu, 2º *Anne*, mariée à Charles de Poudens, seigneur et baron de Poudens, et 3º *Bertrand de Poyanne*, gentilhomme ordinaire de la chambre du roi

Bertrand de Poyanne joua un rôle considérable dans les guerres de religion. Il était gouverneur du pays des Landes et de la ville de Dax Il épousa Louise de Cassignet de Tilladet, fille d'Antoine de Cassagnet Ses enfants furent 1º *Bernard*, 2º Jeanne, mariée le 18 septembre 1593 à noble Jean Paul de Caupène, seigneur et baron d'Amou, 3º autre *Jeanne*, mariée à Jesbahin de Valier, le 5 juin 1594, 4º *Françoise*, mariée, le 3 janvier 1593, à Alexandre de Biaudos (V Cauna, p 177 — 1)

Bertrand de Poyanne se démit en faveur de *Bernard*, son fils, de la capitainerie du château d'Ax (28 juin 1599) Ce dernier ne fut investi officiellement que le 9 avril 1605 du gouvernement du château de Dax Il succéda à son père comme gouverneur des villes et châteaux de Dax, Saint Sever, etc, en 1607, en 1620 il fut nommé gouverneur de Navarreux, en 1621 le roi le nomma son lieutenant dans les provinces de Béarn et de Navarre Il épousa, le 3 octobre 1600, demoiselle Anne de Bassabat de Vimont, fille de Jean de Bassabat de Pouidère, et de Catherine de Fontaine, dont il eut trois enfants 1º *Henry*, 2º *Bernard (Poirdiac)*, seigneur de Laminsan 3º *Antoine Scipion*

Henri Gabriel de Baylens, marquis de *Poyanne*, épousa, le 16 avril 1639, Jeanne Marie de Castille, marquise de Castelnau, fille d'Antonin, marquis de Castelnau, et de Jeanne de Valier Ils eurent trois enfants , 1º *Antoine*, 2º Gaston Jean Baptiste 3º *Anne Josèphe Marie*, mariée le 27 février 1683 à Jean Louis de Pardaillan, comte de Gondrin Laîné, Antoine de Baylens de Poyanne, marquis de Poyanne et de Castelnau, succéda à son père Il épousa (10 février 1687) Marie Anne Berthée Avice, fille d'Aubin Avice, seigneur de Mongon et d'Artémise de Nesmond Il mourut l'année même de son mariage, le 12 décembre 1687, à Niort Le 27 du même mois et la même année, sa femme mit au monde un enfant qui reçut le nom de *Philippe*.

Philippe de Baylens de Poyanne, marquis de Poyanne et de Castelnau, seigneur de Gamarde, etc , colonel d'infanterie, gouverneur de Dax, épousa en premières noces, le 10 novembre 1710 Anne de Martin, fille de Jean Louis Martin, seigneur d'Adzielle (Madame de Béthune était sœur d'Anne de Martin Elle fut aussi son héritière)

Philippe de Baylens mourut le 26 avril 1725, laissant un fils unique, *Charles*

Bois de Fienne (1). C'étaient : 1º Henriette-Rosalie, 2º Caroline-Rosalie. Celle-ci épousa Charles de Taleyrand-Périgord, prince de Chalais. L'aînée se maria, le 17 février 1767, avec Maximilien-Alexis de Béthune, duc de Sully, fils de Maximilien-Antoine de Béthune, duc de Sully, et de Gabrielle-Louise de Chastillon. Elle apporta à son mari toutes les terres de la maison de Poyanne, non pas immédiatement, mais après la mort de son père, survenue en 1781 (2).

La duchesse de Sully et la princesse de Chalais, *sœurs germaines*, furent héritières de leur mère d'abord et ensuite de leur père, dont le testament fut déposé chez Mᵉ Bréchard, notaire à Paris, le 26 septembre 1781. L'année suivante (1782), la princesse de Chalais, autorisée par son mari, renonça, par acte reçu chez Mᵉ Bréchard, « à sa qualité d'héritière du marquis de Poyanne, son père, pour s'en tenir à sa qualité de légataire. » Par suite de cet accord, la duchesse de Sully demeurait seule héritière du marquis de Poyanne. Les seigneuries de Monguilhem, de Toujouse, de La Goarde, etc., devenaient ainsi son fief exclusif.

Henriette-Rosalie de Baylenx de Poyanne n'eut qu'une fille de son mariage avec le duc de Béthune de Sully : Maximilienne-Augustine-Henriette de Béthune, qui épousa le 15 janvier 1790 messire Arnaud-François-Louis-Edme de Béthune de Charost, né le 15 janvier 1770, et fils unique du premier mariage du fameux duc de Charost. Arnaud-Joseph duc de Béthune duc de Charost (3) dit le *Père de l'humanité souffrante*, maréchal de camp des armées du roi et lieutenant-général en Picardie, marié le 19 février 1760 à Louise-Suzanne-Edme de Martel. Nos paroisses changeaient de seigneur pour la dernière fois. La Révolution allait guillotiner notre dernier seigneur, qui

---

Leonard, dernier marquis de Poyanne, qui épousa, comme nous le disons ci-dessus, demoiselle Charlotte Louise du Bois de Fiennes (Nous empruntons la plupart de ces renseignements à des notes généalogiques extraites par M. l'abbé de Carsalade du Pont des archives de la maison de Poyanne, mises à sa disposition par M. Léopold de Belin, par l'entremise de M. Henry de Campios.)

(1) Elle était fille d'Olivier du Bois, marquis de Leuville (*Archives de Harbaud.*)

(2) Archives particulières de M. le comte de Maquille, à Harbourt, au Bourdalat — Landes.

(3) V. la généalogie de la puissante maison de Béthune dans les *Grands Officiers de la Couronne*, par le P. Anselme (pp. 210 et suiv.) Le § III est consacré aux comtes et ducs de Charost Béthune, pairs de France.

Le comte de Charost fut érigé en *duché pairie* sous le nom de *Béthune Charost*, au mois de mars 1672. Les lettres royales furent vérifiées au Parlement, le 11 août 1690 (P. Anselme.)

avait pour armes : *D'argent à la fasce de gueule, brisé en chef d'un lambel de 3 pendants de même.*

Traduit devant le tribunal révolutionnaire de Paris, l'infortuné duc de Béthune-Charost fut condamné à mort et exécuté le 9 floréal an II de la République, comme le constate ce laconique acte de décès emprunté au *Registre des actes de décès de Paris*, en date du 20 floréal an II : « Acte de décès de Arnaud-Louis-François-Edme de Béthune-Charost, du neuf de ce mois, cy-devant duc, âgé de 23 ans, natif de Paris, domicilié à Calais (1). » C'est ainsi que la Révolution inscrivait la mort des nobles et des prêtres sur ses sanglants registres. Après avoir consommé le crime, elle n'osait pas laisser subsister la trace de ses scélératesses. L'histoire, heureusement, n'a pas craint de soulever le voile de son infâme nécrologe et d'indiquer sans crainte la cause véritable de la mort de ses innombrables victimes. Nous disons donc avec elle : le 9 floréal an II de la République, le dernier seigneur de Monguilhem et de Toujouse, fut lâchement assassiné, à Paris, par les prétendus magistrats de la Révolution.

Il laissait sa jeune veuve sans enfants. Elle fut elle-même jetée dans les prisons de la République, et tous ses biens tombèrent sous le sequestre de la Nation. C'étaient, du chef seulement de sa mère, Henriette-Rosalie de Poyanne de Baylens : les terres et seigneuries de *Monguilhem, Toujouse* et *Lagouarde* dans le Gers, et, dans les Landes, les terres et seigneuries de *Poyanne, Onard, Nousse, Cazaubon, Castera, Castelnerle, Reylens, Préchacq, Gamarde, Poyartin, Ourdisse, Ouzourt, Clermont, Garbey, Mimbaste, Sengresse, Maurin, Bourdalat, Montaigut, Vallier, Geaune, Castelnau, Saubaner, Monfort* (2).

(1) Archives du château de Poyanne.
(2) Les domaines de la maison de Poyanne ne se trouvent pas tous compris dans cette énumération. D'après l'*Inventaire servi des titres et papiers de la maison de Poyanne*, postérieur à 1737 et conservé dans les archives Poyanne, voici la nomenclature des terres dépendantes de cette puissante famille. Les nu-

L'infortuné duc de Béthune-Charost. dernier seigneur féodal de Monguilhem et de Toujouse, avait à peine 23 ans lorsque sa tête roula sur l'échafaud, à Paris. Il avait été condamné à la peine capitale en vertu de la loi du 10 mars 1793, « comme convaincu d'être complice de conspirations tendantes à opprimer le peuple, exciter la guerre civile, dissoudre la représentation nationale et rétablir le despotisme. » On sait ce que valaient ces mensongères accusations invoquées sans motif contre tous ceux qui firent ombrage aux bandits de 1793.

Le père du défunt, Armand-Joseph, duc de Béthune-Charost, domicilié de Meillant, district de Saint-Amand, département du Cher, vint protester devant la Nation après la mort de son fils, prouva qu'il n'avait pas émigré pendant la Terreur, et réclama, comme héritier de son fils, tous les biens meubles qui lui avaient appartenu. Le bureau du domaine national du département de Paris fit droit à ses justes réclamations.

A son tour, la duchesse Maximilienne Augustine-Henriette de Béthune, la jeune veuve de notre malheureux seigneur, à peine échappée aux fers de la Révolution. réclama ses biens sequestrés, en prouvant la renonciation « par elle faite à la communauté des biens avec son mari en vertu d'un acte reçu par M⁰ Guillaume et son collègue. notaire à Paris, le 25 messidor an II, duement enregistré (1). » Quoique la jeune duchesse ne fût portée sur aucune liste d'émigration, on considéra. néanmoins. ses biens comme valablement confisqués, et la vente commença dans les différents districts du département des Landes. Ceux de Monguilhem et de Toujouse échappèrent intégralement à cette inique mesure.

méros placés a la suite des noms propres indiquent les pages de l'*Inventaire* ou se trouve l'analyse des pieces concernant ces noms

Arboucave 211, Arrisseus 200 Artois, 152, Bascous, 191, Batz, 176, 178, 186 192, Belmont, 216, Be saut 258, Bourdalat, 193 Buanes, 148, 172, Castelnau, 145 a 147, 151, 153, 155, 156, 171, 173, 177, 189, 191, 192, 195, 198, 208 209, 210, 214, 215, Castetmerle, 235, Caunı 175, Caveres, 150 Cledes, 194, Clermont, 102 a 104 149 a 144, 178, 182, 196 202 219, Dax, 151, Estang, 188, Gamarde, 49, 105 a 110, 151, 175, 187, 192 203 205, Geaune, 145 a 147 155, 161, 191, 208 214, 216 Gouts 133, 172, 181, 186, 198, 203 204, Laminsans 175, 185, 209, Laurede 83, 152, 187 Lesgor, 201 Louiguen 188, Murin, 185, 186, 190 a 192, 216, 223, 224, Mimbaste 197, 219, Miradous, 184, 198 Miramont, 217 Miremont 208, Montaigut, 15, 149 153, 157, 161, 171, 179, 181, 191 a 193, 204, 204, 216 219, Mont de Marsan, 202 Montfort, 137, 138, 210, 215, 219, Nart, 152 157, 190, Nerbis 170 181, Nousse, 122 a 126, 153, 161, 214, 217, Onart, 107, 178 180, 187, Ourdize, 106, 118, Ouzout, 191, 219, Poyanne (toutes les pages), Poyartin, 102 a 106, Prechac, 184, 204, 215, 225 a 234, Puyo, 156, 192, 193 a 195, 198, 201, 205 a 208, 210, Renung, 151, 212, Revlenx, 153, 203, 217, Saint Geours, 117, 151, 195, 197, 215, Sengresse ou Saint Gresse, 127 a 137, 181, 185 187 203, 213, 219 Sonprosse 133 Tartas 205, 210 Vic, 209, Valier (Petit), 150, 157, 171, 172

(1) *Archives du chateau de Poyanne*

La duchesse de Béthune-Charost se pourvut aussitôt devant la Convention pour faire prononcer la nullité des ventes consommées sous le faux prétexte d'émigration. Sur cette réclamation motivée intervint, le 21 pluviôse an III, un arrêt du comité de législation, investi par la Convention du pouvoir législatif, *relativement aux biens des émigrés ou présumés tels*. Par cet arrêt, la duchesse de Béthune fut réintégrée dans la propriété de ses domaines non vendus. Quant aux biens déjà aliénés, il fut ordonné que les receveurs de l'Etat verseraient entre ses mains « les portions du prix par eux perçues et que les portions non encore encaissées lui seraient payées par les détenteurs. » M. Charles-François Geoffroy, procureur-fondé de la famille de Béthune Charost pour les terres de Gascogne, et résidant à Poyanne, mérite d'être mentionné pour son énergique attitude en face des féroces administrateurs du département des Landes, lorsque, après la décapitation du jeune duc de Béthune et l'incarcération de sa femme, il revendiqua hautement la main levée du sequestre injustement prononcé par le département des Landes.

Après avoir établi le séjour de ses maîtres en France, pendant la Tourmente, le courageux intendant démontre, avec autant de vigueur que de vérité, la nullité de la sequestration prononcée le 24 avril.

« La loi du 12 février dernier, en vertu de laquelle on a sequestré, dit-il, ne décrétait que le principe, c'est-à-dire que les biens des émigrés devaient être mis sous la surveillance des corps administratifs, sans qu'elle statuât sur l'époque à laquelle ces biens seraient sequestrés.

» La loi du 30 mars suivant a seulement déterminé la manière dont les biens des *émigrés*, mis sous la main de la Nation par la loi précédente, seraient administrés. Elle a réglé les moyens de cette *main-mise* et les exceptions que les circonstances et l'équité prescrivent.

» C'est donc d'après l'esprit de cette loi du 30 mars que le district de Tartas et la municipalité de Poyanne devaient opérer. Les formes à observer se trouvent prescrites aux articles 7 et 8 de cette même loi; mais ils ont fait sequestrer le 24 avril, tandis qu'au 8 mai seulement ils pouvaient envoyer au département un état des biens qu'ils croyaient sujets au sequestre, et ce n'est que dans le mois suivant et sur un arrêté du département que ces biens pouvaient être sequestrés, etc. »

M. Geoffroy termine son éloquent réquisitoire contre les administrateurs des Landes en réclamant impérieusement « que la sequestration des biens de la succession Poyanne soit déclarée nulle et non avenue et qu'il soit ordonné que les frais, démarches. circonstances et dépendances résultant de ladite sequestration soient remboursés au pétitionnaire. »

Malgré les injustes résistances de Batbédat (1). secrétaire général des Landes. la requête de M. Geoffroy eut une heureuse issue : le sequestre fut levé et la famille de Béthune Charost rentra en possession de ses domaines (2).

Les biens nobles de Monguilhem et de Toujouse, provenant de la famille de Poyanne, restèrent, comme ceux des Landes, la propriété de la duchesse de Béthune, qui épousa, plus tard. le duc Eugène de Montmorency-Laval auquel elle apporta toutes les anciennes terres de Poyanne. Elle mourut sans descendance, laissant la majeure partie de ses biens à son neveu, le prince de Talleyrand-Périgord. Il résulte de son testament olographe, écrit à Beaumesnil. le 6 juillet 1825, qu'elle avait, autrefois. disposé à titre particulier de ses terres d'Armagnac : MONGUILHEM. TOUJOUSE, LE BOURDALAT, en faveur de son époux, le marquis de Montmorency.

Les armes des Montmorency-Laval sont : *D'or à la croix de gueules chargée de cinq coquilles et cantonnée de 16 alérions d'azur* (3).

(1) Louis Samson Batbédat né a Saint Geours, près de Mugron, le 21 octobre 1751, fut élevé chez les Barnabites de Dax et reçut, tout jeune encore, la tonsure et les ordres mineurs des mains de Mgr de Laneuville Diacre a 23 ans, il fut aussitôt nommé prébendier dans l'église de Dax

Son mépris de l'autorité le fit chasser du Séminaire de Dax. Il se mit a la tête des Prébendiers dont il devint le syndic dans une lutte contre l'évêque

Cet homme était né pour la Révolution Il fut tour a tour créateur de la *Société populaire de Dax*, pendant la Tourmente, membre du Directoire du département des Landes et devint, par la supériorité de son talent, le maître, puis le tyran de son pays Il souleva contre lui des haines qui finirent par l'abattre, et il alla mourir à Bordeaux, dans un état voisin de la misère (Cfr les *Diocèses d'Aire et de Dax* (passim, par M Légé)

(2) Archives du château de Poyanne.

(3) Voir la généalogie des Montmorency dans les *Grands Officiers de la Couronne* (t III, pp 566 et suiv).

La duchesse Maximilienne-Augustine-Henriette de Béthune mourut à Caen (Calvados), le 1er janvier 1833. Son second mari, M. Eugène-Alexandre, marquis de Montmorency-Laval, résolut, presque aussitôt, d'aliéner les domaines de Monguilhem et de Toujouse, dont voici la désignation avec l'indication des contenances.

1º *Domaine de Monguilhem*. — Il se composait de quatre fermes ou métairies, appelées : JOANILLON (27 hectares 94 ares 74 centiares ou 33 journaux); — CHAROS (30 hectares 48 ares 80 centiares ou 36 journaux); — COUTELET (21 hectares 34 ares 25 centiares ou 25 journaux 5 lattes); — CARRABOCHE ou GARRABOCHE (38 hectares 45 ares 10 centiares ou 45 journaux 10 lattes).

Ce domaine avait, en outre, un moulin à eau situé en Montaigut, un étang et d'autres dépendances.

2º *Domaine de Toujouse*. — Il comprenait une maison sise dans le village de Toujouse et les quatre fermes ou métairies suivantes : LE BOURDIEU (37 hectares 43 ares 50 centiares ou 44 journaux cinq lattes); — LA COUTURASSE (40 hectares 81 ares 90 centiares ou 48 journaux 5 lattes); — PÉMARSIEU (33 hectares 87 ares 60 centiares ou 40 journaux); — SAUDOUSE (46 hectares 24 ares 10 centiares ou 54 journaux 15 lattes); — des *Brasseries* (1), d'une contenance de 5 hectares 58 ares 90 centiares ou 6 journaux 15 lattes.

C'était, en tout, une étendue de terre de *291 hectares 50 ares 60 centiares ou 344 journaux 8 lattes 23 escats et demi*.

La vente eut lieu par procureur, le 18 mars 1833, dans l'étude de M. Riant, notaire à Paris, en faveur de M. Bonaventure-Alexandre-César de Margouet de Villa « moyennant la somme de 125,000 fr. de prix principal, et une expédition de ce contrat fut transcrite au bureau des hypothèques de Condom, le 12 avril 1833, vol. 70, nº 1 (2). »

M. de Margouet garda quelques mois à peine son beau domaine de Monguilhem et de Toujouse. Il le revendit pour 120.000 fr. à M. Charles-André du Bois, comte de Maquillé, chevalier de la Légion d'honneur, demeurant à Paris, rue Godot, nº 34 (1er juillet 1834).

La famille du Bois de Maquillé tire son nom du château du *Bois*, situé dans la paroisse de Flacé, province du Maine, aujourd'hui département de la Sarthe. Elle en était en possession avant 1250.

(1) On trouvera plus loin l'explication de ce mot
(2) *Archives particulières de M. le comte de Maquillé*, à Harband (Bourdalat, — Landes).

La famille du Bois a pour armes : *Emanché en fasce d'argent et de sable à 3 pointes et 2 demies.*

Jacques du Bois épousa Renée de Maquillé, unique héritière de cette famille, et le château du Bois fut appelé *Bois Maquillé*, nom qu'il porte encore.

La branche aînée s'éteignit en la personne de François du Bois, gentilhomme de la Chambre de Henri III et député de la Noblesse du Maine aux Etats de Blois (1588).

Son frère cadet, Claude du Bois, eut en partage la terre de Maquillé, en Anjou. Il est l'auteur de la branche de cette famille par MM. le comte et vicomte de Maquillé, fils du comte de ce nom, député et pair de France, sous la Restauration, lesquels ont des enfants et petits-enfants.

La famille de Maquillé a pour armes : *D'azur au pairle renversé d'argent senestré de 5 besans d'or posés en croix.*

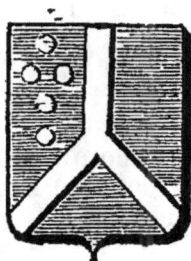

La maison de Maquillé a eu plusieurs autres branches dont l'une, restée dans le Maine et connue sous le nom de MARQUIS DE COURCERIER, s'est éteinte en 1795.

A la suite de la Révolution, la terre de Maquillé fut comme bien *national*, affectée aux hospices d'Angers. M. le comte de Maquillé l'a rachetée. Elle n'était jamais sortie de sa famille.

M. Charles-André du Bois, comte de Maquillé, étant mort à Paris, le 6 mai 1849, l'inventaire de ses biens d'Armagnac fut aussitôt dressé et le partage eut lieu entre son épouse. Madame Aglaé Leleu et ses deux enfants : M⟨r⟩ Constant-Antoine du Bois de Maquillé et Madame Aglaé-Marie du Bois de Maquillé, épouse de M. Ch. Joseph d'Andigné de Beauregard, propriétaire à Angers, cloître de Saint-Martin.

La famille d'Andigné est l'une des plus anciennes maisons de l'Anjou. Dans une enquête du xvi⟨e⟩ siècle, elle est désignée sous le nom flatteur de : *la grande race des d'Andigné*.

Jean d'Andigné figure à Versailles dans la *salle des Croisades*, en l'an 1000. La filiation est établie depuis le treizième siècle.

La maison d'Andigné porte : *D'argent aux trois aiglettes au vol abaissé de gueules becquées et membrées d'azur*. Devise : *Aquila non capit muscas*.

Sirvien d'Andigné, gentilhomme du roi Charles VIII, fut chargé, à la mort de ce prince, de reconduire sa veuve, la reine Anne de Bretagne (1498).

Mathurin d'Andigné était attaché à la cour du roi François I.

Louis Isidore d'Andigné commandait, en 1707, un des huit vaisseaux partis du port de Dunkerque sous les ordres du chevalier de Forbin.

On rencontre la famille d'Andigné dans toutes les Annales de l'Anjou, du Maine et de Bretagne.

Aujourd'hui, M. Constant-Antoine de Maquillé, fixé à *Harbaud*, commune du Bourdalat, dans le département des Landes, administre lui-même ses magnifiques terres de Monguilhem, Toujouse et Le Bourdalat (Landes). Elles comprennent : 1º une métairie située à Monguilhem : *Carraboche*; 2º six métairies à Toujouse : *Mahue, Marca, Le Bourdieu, La Couturasse, Saudouse* et *Pémarsieu*; 3º et cinq métairies au Bourdalat : Harbaud, *Sapy, Toujé, Couillet, Cantau*. Les autres métairies de Monguilhem qui firent, jadis, partie du domaine des barons de Toujouse et de Monguilhem, composent le lot réservé à Madame de La Vingtrie, fille de Madame Aglaé-Marie du Bois de Maquillé, épouse de M. d'Andigné de Beauregard. Ce sont : *Le Coutelet, Joanillon, Charos* et *Hourcet*.

La famille Bayard de La Vingtrie est originaire de Normandie Perche, où elle occupa pendant plus de deux cents ans des charges élevées dans les eaux et forêts de Moulins la Manche et siégea aux Etats de la Noblesse en 19.

Les armes des La Vingtrie sont : *D'argent au chêne de sinople arraché de sable, accompagné d'un trophée de lauriers du même en pointe*

Nicolas Bayard de La Vingtrie, conseiller du roi et de *Monsieur*, lieutenant-général de police de Moulins-la-Manche, comte de Moulins, juge des eaux et forêts de Moulins, Laigle, Verneuil, etc., mourut en 1777.

Louis-Jacques, conseiller du roi, lieutenant général civil et criminel du bailliage de Perche, fut chevalier de l'ordre de Saint-Michel (1787).

M. Edmond Louis Bayard de La Vingtrie, devenu propriétaire d'une partie des terres de Monguilhem, par son mariage avec Mademoiselle d'Andigné de Beauregard, est né le 5 juillet 1829. Il quitta de bonne heure l'armée, avec le grade de lieutenant de cavalerie, et devint chef de bataillon commandant la garde mobile de Maine-et-Loire, à l'époque de l'invasion allemande. Sa belle conduite lui valut la croix de la Légion d'honneur sur le champ de bataille de Patay.

M. Bayard de La Vingtrie, mort le 2 juillet 1872 des suites des fatigues de la guerre, a laissé deux enfants Mademoiselle Marthe de La Vingtrie et M. René de La Vingtrie, officier dans l'armée.

Mademoiselle Marthe de La Vingtrie a épousé M. le baron de Grainville, issu d'une famille normande de robe et d'épée du bailliage de Rouen, alliée aux vieilles maisons de Normandie, dont les représentants ont figuré à la conquête d'Angleterre sous Guillaume le Conquérant et aux Croisades. Par ce mariage. M. le baron de Grainville est devenu propriétaire du *Coutelet*, etc.. à Monguilhem.

Les armes des Grainville sont : *D'argent au lion de gueule, la tête contournée, chargé d'une cotice d'azur a 1 croisettes d'or*.

L'histoire de la transmission des autres terres de Monguilhem. qui constituèrent jadis l'apanage de familles nobles de notre ville. ne manquerait pas d'intérêt. Mais nous sommes forcé de nous borner à signaler. en passant, les métairies pourvues du caractère spécial de *fiefs* proprement dits ou sorties de la maison de nos seigneurs pour passer dans celle de M. de Gourgues.

A la première catégorie appartiennent HOURTINAN et CAZAUX, à la seconde le domaine de PÉDELOUP (1).

En 1673, noble de Saint-Hilaire porte le nom de seigneur de *Hourtinan*. Il possède, à la même époque, les métairies de *La Moulaque* et de *Menjoile*, maintenant disparues. En 1754. la métairie de *Hourtinan* est devenue la propriété d'Olivier Labadie, bourgeois de Monguilhem et receveur des fermes du roi, à Monguilhem.

Les métairies de *Perreton*, de *Cazaux* et *Trigoulat* étaient également sa propriété. A la mort d'Olivier Labadie, son héritier, Olivier Rozis, bourgeois de Moncla, se décide à vendre ses terres de Monguilhem. qui passent à la famille Verdier. par acte du 13 avril 1789.

Hourtinan n'est plus métairie de nos jours. Cette belle terre est partiellement exploitée par des *brassiers* et forme un splendide vignoble connu de la France entière par ses incomparables eaux-de-vie sorties des *alambics* de M. Verdier.

(1) La terre de *Pedeloup* est voisine de *Peleret*, autrefois domaine d'un de nos gentilshommes les plus importants, noble de CAUCABANE Cette famille avait pour armes Parti au 1 d'azur a trois besans d'argent 2 et 1, le 2 coupe au 1 d'argent à trois barres de sable, au 2 d'or à un lion d'or (Armorial des Landes page 378, par M de Cauna)

En 1673, la famille de Caucabane possédait, à Monguilhem, les métairies de *Peleret, Moulouguet* et *Rebert (Terries de Monguilhem) Moulouguet* appartenait a Jérome Labadie en 1754 (Terrier de Monguilhem)

Le fief de CAZAUX. possédé par noble Jean de Bréchan (1). en 1673, faisait partie du domaine de M. Olivier Labadie, en 1754. Il partagea le sort de *Hourtinan*, à la mort du receveur des fermes du roi, à Monguilhem.

PÉDELOUP faisait partie de l'immense *Quartier de Peyroton* acquis, le 11 mai 1521, de *Peyrot de Sainte-Marie, alias* PEYROTON, par Pierre de Toujouse, seigneur de Toujouse et de Lannemaignan. (V. plus haut, p. 35.) La famille de Gourgues possédait le domaine de *Pédeloup* en 1673. (V. le Terrier de Monguilhem.)

Il lui appartenait encore en 1789. A cette époque (14 mars 1789), le marquis de Gourgues vendit *Pédeloup*, — avec la terre de CASTEX. sur laquelle il cédait le droit de *justice haute, moyenne et basse*, — à M. Gabriel-Xavier-Bernard d'ABBADIE DE BARRAU (2), écuyer, abbé laïque et patron de Bastanès, seigneur de Làa de Maslacq. de Capdevielle, de Bugnein, et autres lieux.

Le nouveau seigneur de CASTEX vendit alors ses domaines du Béarn, pour se fixer en Armagnac. où ses dignes descendants sont encore établis.

La famille d'Abbadie de Barrau, devenue si populaire en nos contrées, était une maison d'ancienne noblesse. dit M. de Jaurgain (p. 14), dans l'*Armorial du Bearn*, auquel nous empruntons ces détails (3) « Elle a donné plusieurs officiers de mérite à l'armée et des conseillers et secrétaires du roi au Parlement de Navarre et tire son nom de l'abbaye laïque ou *abbadie de Bastanès* (4). Ses chefs ont

---

(1) Les métairies de *Laboudette* et de *Rabet* (le *Glesta* se trouve à *Rabet*) appartenaient aussi à noble de Bréchan La première fut donnée aux églises de Monguilhem et de Toujouse, la seconde devint la propriété de Jean Romit (1754).

(2) M. G.-X.-B. d'Abbadie de Barrau épousa à Bayonne, le 14 mars 1786, m i demoiselle Salvadora Françoise Julienne Miélèle Drouilhet, fille et héritière de Jean François Etienne Léonard Drouilhet, comte et seigneur de Carrion de C i Iatrava Le contrat de cette union, qui est en original dans les registres de la ville de Bayonne, porte que ce mariage eut lieu *par permission et agrement e près de Sa Majeste catholique le Roi d'Espagne, en vertu de son décret royal donne au Prado, le 5 du present mois (mars 1786), qui nous a eté exhibé et que les epoux ont retiré devers eux*. — Cette autorisation était nécessaire pour la transmission du titre espagnol de comte de Carrion de Calatrava.

(3) *Genealogie de la maison d'Abbadie de Barrau*

(4) Le premier membre connu de cette famille, originaire du Béarn, est noble Johan d'Abbadie, abbé laïque et patron de Bastanès Il résidait à Bugnein, où il possédait le domaine de Capdevielle qui fut anobli en faveur de l'un de ses descendants Marie à Catherine de Donguin, le 29 juin 1536, il eut un fils de cette union BERDOLFI D'ABBADIE, qui eut lui même deux enfants Louis et Guillaume L'aîné, LOUIS, eut un fils, PIERRE D'ABBADIE, qui se maria, le 21 janvier 1607, avec Marie de Hesperien, dont il eut sept enfants

Noble PIERRE D'ABBADIE, l'aîné de cette nombreuse famille, épousa (8 janvier 1641) Marguerite de Navailles, qui lui donna quatre enfants Le premier, HENRI D'ABBADIE, admis dans la première compagnie des mousquetaires du roi, fut nommé lieutenant d'une compagnie de chevau-légers, en 1673, après avoir servi en Flandre et en Vivarais Il eut deux enfants de son mariage avec demoiselle FRANÇOISE OURY 1° JEAN HENRI, qui mourut sans postérité, à Pau, le 19 no

siégé aux Etats de Béarn dans le corps de la noblesse, pour cette abbaye et pour les fiefs de Capdevielle de Bugnein et de Laa de Maslacq.

» D'après le dénombrement général des maisons de la vicomté de Béarn, il y avait à Bastanès, en 1385, deux abbayes laïques (1) : l'*Abadie Jusaa* et l'*Abadie Susaa.* » Chacune avait son abbé et son patron. Or, noble Thomas d'Abbadie, patron de Bastanès, n'ayant eu que deux filles, l'aînée de celles-ci, Françoise, épousa, par contrat du 9 mars 1733, noble François DE BARRAU-ABBADIE DE SUS, père du nouveau seigneur de Castex, qui eut deux fils de son union avec la comtesse de Carrion de Calatrava : 1º M. Jean-François Théodoze; 2º M. Jean-François Adrien d'Abbadie de Barrau.

M.-J.-F.-Th. d'Abbadie de Barrau sut donner une puissante impulsion à l'agriculture en Armagnac. Il eut six enfants de son union (13 janvier 1812) avec Mademoiselle Félicie-Anne-Charlotte de Pémolié de Saint-Martin, savoir : 1º M. Bernard-Gabriel-Xavier; 2º M. François-Adrien d'Abbadie de Barrau (auteur du 2e *rameau*, qui a eu deux enfants de son mariage avec Mademoiselle Amélie PINET DE MAUPAS; 3º M. François-Charles d'Abbadie de Barrau, père de trois enfants issus de son union avec Mademoiselle Marie Rondineau; 4º Mademoiselle Nathalie Salvadora d'Abbadie de Barrau, alliée à M. Jean-François Adrien d'Abbadie de Barrau, son oncle; 5º Mademoiselle

---

vembre 1710, et 2º THOMAS D'ABBADIE, qui épousa *Françoise de Jasses Nabas*, par contrat du 11 février 1714 Deux filles naquirent de cette union FRANÇOISE et MARIE D'ABBADIE L'aînée épousa noble FRANÇOIS DE BARRAU D'ABBADIE, comme nous le disons plus haut (V. la *Généalogie de la maison d'Abbadie de Barrau*, dans l'*Armorial général du Béarn*.) Les pages 125, 127, 128, 129, contiennent quatre magnifiques planches de blasons Ce sont 1º *Les huit quartiers de MM d'Abbadie de Barrau*, — 2º *Les huit quartiers de Madame la comtesse d'Abbadie de Barrau*, — 3º *Les seize quartiers de Madame la vicomtesse d'Abbadie de Barrau* (quartiers paternels), 4º *Les seize quartiers de Madame la vicomtesse d'Abbadie de Barrau* (quartiers maternels) — Les pages 128 et 129 portent pour titre des tableaux. *Les trente deux quartiers* Il faut lire, comme nous venons d'écrire. *Les seize quartiers*, d'après un errata inséré à la page 130

(1) Marca, dans son *Histoire du Béarn* (L I, CXXVIII, XIX), pense que l'inféodation des églises de Béarn fut faite par Charlemagne et par Louis le Débonnaire, pour obliger la noblesse à continuer la guerre sur la frontière, contre les Sarrasins d'Espagne, ce qui était un des motifs du pape Zacharie pour consentir à ces aliénations des biens ecclésiastiques Marc ajoute que les possesseurs de ces dîmes prirent la qualité d'*abbé*, à l'exemple des seigneurs de France lesquels, à raison des abbayes dont ils jouissaient, prenaient le titre d'*abbé* » (Bascle de Lagrèze, *Histoire du droit*, p. 28)

On trouve dans des chartes que des ducs et des comtes étaient jadis appelés *abbés* et qu'on nommait *abbayes* des duchés et des comtés.

Au fait, on n'est pas très fixé sur l'origine des *abbés laïques* Mais il est certain que les gentilshommes revêtus de cette qualité figurent dans les monuments les plus anciens de l'histoire du Béarn et sont toujours considérés comme ayant eu la mission de défendre, les armes à la main, l'entrée des Pyrénées

Louise-Caroline d'Abbadie de Barrau. alliée à M. Pierre Lambert de Laduguie, décédé sans postérité; 6° Mademoiselle Eugénie-Salvadora d'Abbadie de Barrau. religieuse du Sacré-Cœur.

A la mort de son père. chevalier de la Légion d'honneur. M. Bernard-Gabriel-Xavier d'Abbadie de Barrau, comte de Carrion de Calatrava, est devenu chef du nom et des armes de sa Maison, universellement aimée et respectée dans le Bas-Armagnac.

M. le comte d'Abbadie de Barrau. longtemps conseiller général du Gers, fut envoyé, en qualité de député, à l'Assemblée nationale, en 1870 : il siégeait à l'extrême droite. Plusieurs enfants sont issus de son mariage (26 avril 1847) avec Mademoiselle Françoise-Aglaé de Champs de Saint-Léger. Ce sont : 1° M. Jean-Marie-Francisque. vicomte d'Abbadie de Barrau, qui a épousé. le 12 janvier 1870. Mademoiselle Laurence-Marie-Thérèse de Tinseau. qui lui a donné quatre enfants : Marie-Alphonsine Bernard, Marie-Xavier-Léon-Georges. Marie-Joseph-Michel Marie-Antoinette-Madeleine-Gabrielle; 2° M. François-Marie-Joseph. membre de la Compagnie de Jésus: 3° M. Marie-Charles-Henry. qui s'est marié. au mois de septembre 1878, avec Mademoiselle Alice Bentégeat; 4° Mademoiselle Marie-Françoise-Adrienne-Mélanie, religieuse carmélite; 5° Mademoiselle Julienne-Salvadora-Michèle-Pauline-Marie d'Abbadie de Barrau.

La famille d'Abbadie de Barrau a pour armes : *Parti. au 1 d'azur à la bande d'argent chargée de trois étoiles du champ et accompagnée de deux lions d'or, lampassés de gueules l'un en chef et l'autre en pointe, qui est d'Abbadie de Bastanès; au 2 d'argent à une fleur de lis d'azur de laquelle sort un épi de blé tigé et feuillé de sinople, et deux piques au naturel mouvant des flancs de l'écu. affrontées et appointées vers la pointe, qui est des comtes de Carrion de Calatrava.*

Le lecteur. en admirant la belle série de blasons de nos

antiques barons et de leurs successeurs dans nos paroisses, n'a pas rencontré les *armes* de la ville de Monguilhem. Il connaît (V. p. 19) les efforts que nous avons tentés pour arriver à les découvrir; il sait nos doutes à leur égard (1).

Ne conviendrait-il pas, cependant, que la bastide anglo-française du quatorzième siècle eût un symbole de son antique individualité, de son existence politique? Nous proposons le suivant : Parti : *au premier, de gueules aux trois léopards d'argent passant l'un sur l'autre (Angleterre)* (2); *au deuxième. d'azur au lion rampant de gueules. lampassé du même (Monguilhem).*

La *devise* de nos armes sera. si l'on veut : Drét tous-tem, jamé pòu. — Loyal toujours. Jamais peur !

(1) Une regrettable distraction a fait omettre ci-dessus, à la page 259, une note relative au *lion rampant* qu'on avait cru découvrir tout d'abord dans le sceau de *Roger de Toujouse*. Nous demandions de substituer à notre interprétation de la page 20 celle, plus probable, de la page 259 — C'est par erreur, d'autre part, qu'on a reproduit à la *note 1* de la page 259 le texte déjà imprimé à la *note 1* de la page 20, au sujet du *sceau de Roger de Toujouse*. Nous prions le lecteur de pardonner ce double emploi.

Nous tenons à rendre ici hommage à M. Pascal, graveur à Auch, au talent duquel nous devons les beaux écussons qui décorent ces pages.

(2) Les *léopards* d'Angleterre sont d'or.

MONGUILHEM

LE

TOUJOUSE

EYRES

HISTOIRE SEIGNEURIALE

Monguilhem possédait une annexe, que nous avons nommée à diverses reprises. C'était Eyres. L'histoire de ce quartier, détaché de notre juridiction, à l'époque de la Révolution, pour être incorporé aux Landes, a sa place marquée dans ce volume. Eyres fit partie d'Arthez-Gaston de tout temps. Aussi, nommerons-nous simultanément les deux localités dont les annales se confondent.

La commune d'ARTHEZ-GASTON (1), dans le canton de Villeneuve-de-Marsan (Landes), comprend dans son territoire *Ognoas*, autrefois paroisse, selon le *Livre Rouge d'Aire* (2), et *Eyres* (3), annexe de Monguilhem (Gers).

---

(1) Le nom d'Arthez se trouve écrit d'une foule de manières dans nos chartes Nous adoptons la forme : *Arthez Gaston*.
(2) Voir notre *Pouillé du diocèse d'Aire* (p. 141). Paris, Maisonneuve - « Capellanus de Anhoarius (pour Onhoarius) et Arthesio Gastone 10 sols molanorum » Les deux églises d'Ognoas et d'Arthès sont nommées dans le *Livre rouge* (p 134) « Ecclesia d Onihoas, ecclesia d Arthesio Gastonis »
(3) Le *Pouillé* (p 80) et le *Livre rouge* (p 134) mentionnent l'église d'Eyres Deux églises du diocèse d'Aire portent le nom d'*Eyres* Pour les distinguer, on donne à l'une le nom d'*Eyres* (Chalosse), et à l'autre le nom d'*Eyres* (Marsan) Cette dernière fut l'annexe de Monguilhem

jusqu'au moment de la division de la France en départements (1790).

« Cette paroisse, dit le *Pouillé du diocèse d'Aire* (1), n'est connue dans les anciens états que sous le nom de Perquie. » Puis, il ajoute : « Les annexes sont *Perquies (Beata Maria de Perquirio)*, — où il y avait un prieuré, selon le livre rouge. lequel dépendait de l'Abbaye de la

---

(1) *Pouillé* (p 85) — Les *Pouillés* ou dénombrements des bénéfices d'un diocèse, furent en usage dans l'Eglise, dès les temps les plus anciens Le diocese d'Auch en eut, pour sa part, un très grand nombre. Outre les deux qui sont conservés aux archives départementales et qui sont du XIV° au XV° siècle, nous pouvons en signaler quelques autres

L'assemblée générale du clergé, tenue en 1730, voulant satisfaire à la délibération de l'*assemblée générale* du 12 décembre 1726, demanda au clergé du diocese d'Auch de fournir la déclaration des biens et revenus des bénéfices C'est avec ces éléments, déposés dans les archives du Chapitre métropolitain qu'on rédigea le *Pouillé général des bénéficiers du diocese d'Auch qui sont dans le tendue dudit diocèse*, avec indication des revenus, dîmes, droits seigneuriaux rentes foncières constituées, etc.

On fit deux exemplaires L'un fut envoyé à l'assemblée générale du clergé de 1730 (il portait la date du 12 mai 1730) et l'autre dut rester à Auch « Le *Pouillé* était écrit en un grand cahier en papier, relié en parchemin blanc » (V l'*Inventaire des archives du clerge d'Auch* — Mss de l'archevêché, p 203)

Ce volume a disparu — Les archives du Grand Séminaire d'Auch possedent un autre superbe *Pouillé* de la même époque, écrit sous Mgr de Polignac pour être déposé aux archives du clergé, dit la p 221 de *la copie* faite par les soins et aux frais de M. l'abbé d'Aignan du Sendat, son vicaire général C'est cette copie contenant 221 pages in folio, très soignée, qui est conservée aux archives du Seminaire (N° 1348) — Le *Pouillé* porte la date du 12 mai 1727 (p. 220)

Il y eut un autre *Pouillé*, sous Mgr de La Mothe Houdancourt, en 1672 L'original (petit volume in octavo relié de 435 pages) se trouve à l'archevêché d'Auch ou nous en avons pris une copie, sous Mgr de Langalerie Il a pour titre : *Sommaire de l'Estat où s'est trouvé le diocese d'Auch touchant le spirituel, en l'année 1672* C'est un document très précieux pour l'histoire paroissiale du diocèse

La rédaction des *Pouillés* était fréquente et avait pour cause divers motifs comme il est dit dans l'*Inventaire des archives du clergé d'Auch* (p 201), qui signale en même temps un *Etat du revenu et valeur de tous les benefices du diocèse d'Auch, certifié et signé par M de Bojal, le 4 avril 1641*.

En 1561 le diocèse d'Auch dresse son *Pouillé*, par ordre du roi, « portant qu'il serait vendu du temporel de l'Eglise jusqu'à cent mille ecus de rente, suivant la permission que le Pape lui avait accordée. » (V. l'*Inventaire*, pp. 201, 608 et 610)

En 1690, le clergé de France et le roi ordonnent la déclaration de l'argenterie de partie des eglises du diocese d'Auch et le POUILLÉ ou « declaration des revenus des bénéficiers, a l'effet de procéder a la taxe et imposition de la capitation ecclésiastique »

Le CHAPITRE de l'*Inventaire des archives du clergé d'Auch* (Mss de l'archevêché) contient les ventes, aliénations et rachat du temporel de l'église dans le diocese d'Auch *ab anno 1563 ad annum 1660* (V les Mss de d'Aignan du *Sendat*, a la Bibliotheque d'Auch)

Chaque diocèse eut son *Pouillé* Nous en connaissons au moins deux pour le diocese de Lombez Le premier est de 1760 environ et comprend les noms des *paroisses par lettre alphabétique* (V. nos archives) Le second parait etre de 1786 Ce dernier est imprimé a la suite de l'*Ordo divini officii*, etc , pour le diocese de Lombez (MDCCLXXXVIII) Il a 29 pages in 12 et se divise en SIX colonnes
PAROISSES — CURÉS — VICAIRES — COLLATEURS — DECIMATEURS — REVENU
Les 2° et 3° colonnes sont écrites à la main Tout le reste est en caracteres typographiques

L'*officialité*, le bureau diocésain, les ordres religieux sont indiqués, à la suite, a la main.

(V. l'*Ordo* imprimé chez Dalles, a Toulouse, a la bibliotheque diocésaine de l'archevêché d'Auch — G rayon 8)

Seuve, — *Sainte-Eleugarie d'Ognoas* (1) et *Ravignan*. Le curé paie dix sols morlans pour la visite. »

De quels « anciens états » veut parler le *Pouillé* dans la première phrase qu'on vient de lire ? *Le Procès Verbal de Charles IX* sur les ravages des protestants dans le diocèse d'Aire, donne Arthez comme annexe de Perquies, c'est vrai; mais cette église est explicitement nommée avec *Ognoas* et on ne peut pas dire pour ce temps « qu'*Arthez n'est connu que sous le nom de Perquie.* » Moins encore peut-on le dire pour des « états » plus anciens. Le *livre rouge d'Aire* (1335) mentionne, en effet, en termes formels, *Perquies* et *Arthez* comme paroisses distinctes (p. 141 du *Pouillé)*, Ognoas et *Arthez* constituent alors ensemble une paroisse « qui paie 10 sous morlans pour la visite de l'évêque. » Perquie en paie 20 et forme une juridiction séparée.

Un seul pasteur paraît avoir administré au xive siècle les deux églises d'*Ognoas* et d'*Arthez*, qui font partie de l'archiprêtré du *Plan*. soit dans le *Livre Rouge* (p. 141 du *Pouillé*). soit dans le *Pouillé du diocèse d'Aire* (p. 85). Il est clair, d'après les lignes du *Pouillé*. reproduites plus haut, que *Perquies* eut autrefois Ognoas et Arthez pour annexes. *Le Procès Verbal de Charles IX* est formel sur ce point. Au dix huitième siècle, les rôles sont renversés. Le *Pouillé* mentionne, en effet, *Perquies* parmi les annexes d'Arthez-Gaston.

Eyres, section d'Arthez. de nos jours, ne fut probablement jamais paroisse. Le *livre rouge* mentionne bien son église. mais le tableau des prêtres chargés de l'administration des églises de l'archiprêtré du *Plan* est muet sur Eyres (2), tandis qu'il signale le curé d'*Ognoas* et *Arthez*. Mais à partir du seizième siècle. au moins, il n'y a aucun doute, Eyres n'est qu'une annexe de Monguilhem (3).

On ne doit pas s'attendre à trouver dans ces pages l'histoire paroissiale proprement dite d'*Eyres*, d'*Ognoas* et d'*Arthez-Gaston*. Nos renseignements sont trop incomplets sur le passé religieux de ces trois sanctuaires. Notre but est. surtout. de retracer l'*histoire seigneuriale* d'une communauté qui eut ses gloires et vit ses preux barons figurer avec honneur dans les rangs de la chevalerie française aux diverses époques de notre histoire nationale.

---

(1) *Sainte-Eleugarie* est pour *Sainte Leocadie*, patronne de l'église d'Ognoas d'après divers titres des archives du Grand Séminaire d'Auch.
(2) V notre *Pouillé du diocèse d'Aire*, p 141.
(3) V le *Pouillé*, p 30, et le *Procès Verbal de Charles IX*, sur les ravages des protestants dans le diocèse d'Aire.

Des seigneurs d'Ognoas et Eyres nous apparaissent, en plein moyen-âge, dans un rang éminent. L'hommage rendu à Marguerite, vicomtesse de Marsan, en 1312, les compte parmi les membres de la *Cour del Sers* (1).

CHAPITRE I

GUERRES ANGLAISES. — JEANNE D'ARTHEZ ET GASTON SON FILS FONDENT LA BASTIDE D'ARTHEZ-GASTON.—SERMENT DE FIDÉLITÉ DES HABITANTS D'ARTHEZ ET D'EYRES. — VENTE DE LA BARONNIE. — LES D'AYDIE, SEIGNEURS D'EYRES ET D'ARTHEZ-GASTON. — SIÈGE DE CAZÈRES. — LA FAMILLE D'AYDIE Y PERD SES TITRES. — GASTON DE FOIX RATIFIE LA DONATION D'ARTHEZ-GASTON EN FAVEUR DE BERNARD D'AYDIE, ETC.

Nous pouvons parler des barons d'Arthez, Ognoas et Eyres, avec une entière certitude, à partir du commencement du XIVᵉ siècle. La vieille souche des seigneurs d'Ognoas allait disparaître alors, pour faire place à une vaillante génération de chevaliers que nous rencontrons pendant plus de trois cents ans sur tous les champs de bataille de l'Europe. Avant de s'éteindre, les barons d'Ognoas semblent avoir voulu donner une dernière preuve de leur puissance et de leur bravoure.

Nous sommes à cette période critique, où le sol gascon se voit, à chaque instant, foulé par les légions anglaises et françaises qui se disputent notre beau pays. Pour s'attacher les peuples, les souverains leur tendent la main et leur offrent des libertés, des franchises et un refuge assuré dans les nouvelles bastides qui deviennent un asile inviolable pour tous les déshérités de la fortune (V. pp. 5-7 et 223).

Tandis que le roi de France crée de nombreuses villes pour protéger la frontière d'Armagnac, le roi d'Angleterre couvre de cités les bords du *Midou*, entre Monguilhem et Mont-de-Marsan, afin de garantir ses limites du Marsan. Le seigneur de Toujouse entre en paréage avec le monarque anglais pour fonder Monguilhem; Guillaume de Montaigut érige Montaigut de concert avec le seigneur d'Estang et à quelques milliers de pas le Montaigut, entre

(1) *Archives de Pau* — *Manuel de géographie du Gers et des Landes* par H Bourceau

Eyres et *Ognoas*, nous voyons apparaître *Arthez-Gaston* sur le territoire d'Ognoas.

Arnaud d'Ognoas était entré, à cet effet, en paréage avec Jeanne d'Arthez, veuve de Gaston de Foix et mère tutrice de Gaston, son fils, encore mineur. Une pièce importante de nos archives du Grand Séminaire nous éclaire sur ce point, sans nous fournir, cependant, la date précise de la fondation de la ville nouvelle qui, à l'exemple d'une foule d'autres, ne put jamais parvenir à un entier développement. Le fait de son apparition, au quatorzième siècle, n'en demeure pas moins bien établi, et nous comprenons maintenant, d'où vient le nom *d'Arthez-Gaston* donné à cette bastide, ainsi appelée des noms de Jeanne *d'Arthez et de Gaston*, bienfaiteurs et créateurs de cette ville, dont la juridiction s'étendait et s'étend encore à Ognoas et *Eyres*, autrefois annexe de Monguilhem.

Jeanne d'Arthez ou d'*Artois* (*Artois* se prononçait *Artés*),comme l'écrivent les auteurs de l'*Art de vérifier les dates*. comtesse de Foix, vicomtesse de Béarn. de Marsan. de Castelbon (1), dame de Moncade et de Castelvieilh. avait épousé Gaston, comte de Foix, dont elle eut un fils, Gaston.

Elle voulut donner son nom et celui de son fils à la ville nouvelle établie dans la baronnie d'Ognoas, l'une des quatre grandes baronnies du Marsan. Le texte placé sous nos yeux manque un peu de précision, mais nous croyons y voir qu'*Arthez-Gaston* fut fondé vers 1320.

Jeanne d'Arthez, veuve du comte de Foix, fait à cette date « *quatorze dies en lexide del mes de juhn 1320* » la solennelle déclaration, par devant témoins, d'indemniser le baron d'Ognas de tout le tort que la ville nouvelle peut lui occasionner, vu qu'elle est établie sur ses terres. « Noble madonne Johanna d'Arthés. comtesse de Foyx, etc.. cuma tutrice de mossenhor En Gaston son filh prometo et autreya donar a Nainaud senhor donhoas et à son heret autante de terre de la qui es deu paréatge feyt enter lor de labastide d'Arthés Gaston cum lo seti de la dite bastide thiera en la terre qui es deldit senhor donhoas qui no es dens los termis deldit pariatge et de tot domani et question et de tot daumatge que aldit senhor donoas vengués de si avant per rason de la terre on ladite bastide és foudade (2). »

---

(1) Archives du Grand Séminaire d'Auch N° 1821 « Noble et poderose done Madone Johane d'Arthez, comtesse de Foyx, vicomtesse de Bearn, Marsan etc »

(2) Voici la teneur de l'acte conservé dans nos archives : « Notum sit, qu en presencé de my notari et dels testimonis dejus escriuts la noble et poderose done

Quelle compensation Jeanne put-elle offrir à Arnaud d'Ognoas? Nos chartes ne le disent pas. Elles ajoutent seulement que noble Narnaud de Valamine, En Fortaner de Lescun. seigneur de Hontanx. N'Arnaud Dabos, *cavers*. et Vidau de Larté. notaire de Mont-de-Marsan, assistèrent comme témoins à l'acte par lequel Jeanne d'Arthés et Gaston, son fils, garantissaient au seigneur d'Ognoas et d'Eyres la plénitude de ses droits.

L'histoire est muette sur les suites du paréage conclu par la comtesse de Foix et de Béarn avec Arnaud d'Ognoas, ainsi que sur les causes qui avaient amené cet accord: mais elle nous apprend, par le document de 1322. déjà étudié dans notre brochure : *Anesance de Toujouse* (p. 4) (Paris. *Maisonneuve)*, que les frontières de l'Armagnac retentissaient alors du cliquetis des armes. et que le seigneur d'Ognoas. Arnaud, ligué avec Bernard, seigneur de Toujouse et de Monguilhem, luttait avec acharnement contre Estang, occupé par Arnaud Guillem. sénéchal d'Armagnac. Épuisés par de longues et violentes hostili-

madone Johanna d'Arthes comtesse de foyx, vicomtesse de Bearn, de Marsan et de Castelbon, de Moncade et de Castelvieilh cum a tutrice de monsenhor En Gaston son filh prometto et autreya donar a Narnaud senhor donhoas et a son heret autante de terre de la qui es deu pariatge feyt entre los de la bastide d'Arthez Gaston cum lo seti de ladite bastide thiera en la terre qui es deldit senhor donhoas qui no es dens los termis deldit pariatge et de dann et question et de tot domatge que ildit senhor Donhoas vengues de si avant per rason de la terre on ladite bastide es fondade ladite madone lou prometto portar garentie et gardar de tot dann (dommage) fo foyt en la Bastide d'Arthez Gaston quatorze dies en lexide del mes de junh anno Domini millesimo trecentesimo vigesimo Testimonis son de queste cause Mossenher Narnaud de Valamine Loleit de Mossenher En Fortaner de Lescun senhor de Fontanx, Mossen En Narnaud Dabos Cavers et jo Vidau de Larte public notari deu Mondemarsan qui de volontad et autrey de ladite Madone et a la requeste deldit senhor Donhoas aqueste carte escrigua et en forme publique la torne Et mon senhau acostumat hy pause »

(Paraphe pour le seing)

» — Par le notaire royal de la ville et juridiction de Villeneuve de Marsan le present extrait a ete collationne mot à mot suis y avoir ajoute ni diminue sur une copie en forme transcrite sui parchemin qui nous a ete confiee par Monsieur François Xavier de Filhot conseiller de Grande Chambre au parlement de Bordeaux, seigneur, baron d'Ognoas, Arthes et Lyes que jay retenue devers moi pour la rendre audit seigneur de Filhot, lequel present extrait a ete fait sous la dictee de M Charles Doazan flodiste habitant de la ville de Mauzolan, diocese de Lectoure, sénéchaussée de Condom qui a signé avec nous A Villeneuve de Marsan, ce 27 juin 1764

(V. notre étude *Les l'eudistes dans les Landes* — *Bulletin de Borda*, 1890)

» *Doazan flodiste, Maurel*, not royal

» Contrôlé et scellé a Labastide le 27 juin 1764 Reçu en principal pour le contrôle cinq sols, pour le sceau une livre pour les quatre sols pour livre cinq sols et pour le cinquième et sixième sols d'augmentation deux sols six demers — Total 1 li 12 s 6 d — *(Descal*, contr)

» — Nous Pierre Dabadie de Monbel, conseiller du roy, juge royal civil et criminel de la ville et juridiction royale de Villeneuve de Marsan sousigné certifions a tous ceux qu'il appartiendra que M. Mauriet est notaire royal de cette ville et que le seing par luy apposé au bas du collationné cy dessus est sa propre et vraye signature a quoy foy peut et doit être ajoutée en jugement et dehors Donné a Villeneuve de Marsan le 31 juillet de l'année 1764 — *Dabadie de Monbel*, juge royal • (*Archives du Grand Seminaire d'Auch*, N° 1821)

tés, les deux partis, avons-nous dit plus haut, résolurent enfin de mettre un terme à tant de maux et décidèrent de signer une paix définitive.

Jean, comte d'Armagnac, fut accepté pour arbitre par les trois chefs des armées ennemies et l'accord eut lieu, comme nous l'avons dit, au milieu d'un grand nombre de témoins, dans la ville de *Villefranche d'Armagnac (Labastide-d'Armagnac)* (1). L'une des clauses du traité interdisait pendant vingt ans l'entrée de la ville d'Estang, au seigneur d'Ognoas et Eyres, ainsi qu'à celui de Toujouse, à moins d'y être appelés par Arnaud-Guillem, sénéchal d'Armagnac, ou par la communauté. La guerre se termina par un baiser de paix entre les combattants, au mois de février 1322.

Une pièce de nos Archives (2) nous montre Arnaud d'Ognoas, dans une autre circonstance solennelle pour l histoire d'Arthez et d'Eyres. Il s'agit d'une visite faite par le comte de Foix, à sa bastide d'Arthez-Gaston. Le jeune comte fait serment de fidélité aux habitants d'Arthez-Gaston, dans l'église paroissiale, *Saint Jean d'Arthéz*. avec Arnaud d'Ognoas, son *paréager*. Celui-ci avait acquis ce titre en vertu de la donation consentie en sa faveur, le 14 juin 1320, par Jeanne d'Arthez, comtesse de Foix, qui lui renouvela cette faveur le 7 février 1323 (3).

Arnaud d'Ognoas, seigneur d'Arthez et d'Eyres, avait épousé Miramonde, issue de la famille d'Argelouse (4). Il n'en eut point d'enfants. La date de la mort d'Arnaud n'est pas connue; on ignore aussi celle de la mort de sa femme, mais divers actes nous permettent de conjecturer que Miramonde mourut vers 1360. Quelques années plus tard, en effet, nous voyons d'actives négociations se poursuivre au sujet de sa succession. Par une clause spéciale de son testament, la dame d'Ognoas avait légué une partie de cette seigneurie pour satisfaire à certaines obligations et payer les créanciers de la maison, tandis que l'autre moitié revenait au seigneur d'Argelouse. Ce dernier s'étant mis en possession de son héritage le vendit, sans autre forme de procès, à Guillem Lagreu de Mont-de-Marsan, bien qu'il n'en eût pas reçu l'investiture du comte de Foix auquel l'hommage était dû et qui, seul, pouvait l'autoriser à l'aliéner. Un pareil acte d'insubordination tombait sous le coup du code féodal.

(1) V. *Anesance de Toujouse* (p 4 5) — (V aussi plus haut, pp 223.227)
(2) Archives du Grand Seminaire, N° 1762, p 1
(3) Ibid, N° 1792
(4) Ibid, N° 1845 La moitié d Ognoas revenait au seigneur d'Argelouse, à la mort de Miramonde.

La terre d'Ognoas fut saisie au nom du comte de Foix qui en donna la moitié à Bernard d'Aydie et ordonna la vente du reste pour liquider les dettes des anciens seigneurs d'Ognoas et Eyres dont les créanciers ne cessaient de faire entendre de vives réclamations (1). « La meytat (d'Ognoas) es obligade a diuers crezedois per losquals nos tot jorn em requeritz de far justice, » tels sont les termes formels des *lettres-patentes* en vertu desquelles Gaston comte de Foix, ordonne à Jean de Carpenter, son trésorier du Marsan, de procéder à la saisie féodale d'Ognoas. Du reste, voici le texte de ce document :

« Gaston, per la grace de Diu comte de foys senhor de Bearn viscomte de Marsan e de Gauardan au noste amat Johan deu Carpenter thesaurer de Marsan salutz. Cum la meytat deu loc donhoas ab sas apartenenses soes assaber la part que ere deu senhor dargelose sie a nos comessa, per so quar lodit senhor daigeloze seyns que nos non lauem investit ni eg a nos feyt homenadge cum deue ha venude ladite part a Guillem Lagreu deu Mon de Marsan seyns nostre licencie ni investiment e l'autre meytat deu dit loc donhoas sie carguade far las honors de las dones qui son deudit loc e obligade a diuers crezedors per losquals nos tot jorn em requeritz deffar justicie, per so a vos cometem e mandam que vistes las presentz metatz e pausetz a lenquant ladite meytat deudit loc de onhoas ab tote la meytat de las rendes e apartenences e au plus offerent feytes las crides degudes ac liuretz per vendition perpetuau autorizan e confirman ladite vende per nom de nos segont que en semblantz cas es acostumat sauban nostres dretz e lo pretz quin exira fassatz meter en depausit convenientz e de feyt per distribuir adaquetz que hauer ne deuran, quar sober asso vos cometem nostres vegades Dadrs a Pau, lo quinsau jorn de feure lan M. CCC. LXX. »

Fidèle au mandat qu'il en avait reçu, Jean Carpenter trésorier du Mont-de-Marsan, fit annoncer *à cor et à cri* (a corn et a cride) (2) la mise en vente de la moitié de la terre d'Ognoas. La publication eut lieu trois fois, selon la coutume, à Mont-de-Marsan, à Cazères et à Roquefort. Carpenter ordonna même une quatrième *publication ad abundantiam juris*. Ce fut Berdolo d'Aydie qui demeura acquéreur *comme plus offrant et dernier enchérisseur*. Il s'engagea à payer la somme de 700 florins d'or destinés à la liquidation des dettes de la maison d'Ognoas, désor-

---

(1) Archives du Grand Seminaire d'Auch, N° 1815
(2) Ibid., N° 1816

mais éteinte. et à compter aux *Frè es Mineurs* de Mont-de-Marsan un capital de 200 florins qui leur avait été légué par Miramonde. en vertu de la clause suivante de son testament : « Item volo (Miramonde) e ordena e manda que en la mayson e conven deux fraix Menors de Mondemarsan fos et sie feyt e instituit un obit perpetuau per la sue anime e per totes las autes suberdites de son linatge e que lo Gardian deudit convent orden ab lodit convent que per las animes de las susdites fasse cantar a tot jorn perpetuaument la prumere misse quis dira en lodit moster et convent et que per lodit obiit lor fos et sie donat cascun an per amor de Diu tant com aqueste regle duri sober los fius que lhostau donhoas ha et deu hauer a Lomareilles tant de some cum lo comissari de Mossur lo Comte de Foys qui es per lui o per tems sera en la viele de Mondemarsan, conogos et ordenos ques degos dar per lodit obiit et tot so que ed ne ordonere deusdits fius los audit convent complit e pagat (1) »

L'année suivante (16 mai 1372), Berdolon ou Bernard d'Aydie fut mis en possession de la moitié de la baronnie d'Ognoas, dans le château de Mont-de-Marsan, par Jean Carpenter, auquel il compta 700 florins, en promettant de rendre foi et hommage au comte de Foix, pour la terre d'Ognoas. Les témoins du contrat furent : « En Jean de Claverie, baile de Mont-de-Marsan, En Bernard de Marsan, mayre. Arnaud Ramond de Toyars. Ber. Daugos, Arnaud Daner, Auger de Vitcarrere. Johan de Vinhes, Steven de Sant Ramon, Antoine de Laboirie. maeste Vidau Doos et mots d'autres et Bernard deu Toyar, notaire de Mont-de-Marsan (2). »

Berdolon avait déjà été mis en possession de la seigneurie d'Ognoas, par Jean Carpenter. agissant pour le comte de Foix, le 17 mai 1371. Une partie de cette terre lui était échue. avons-nous déjà dit, par la faveur de Gaston. comte de Foix, qui, pour le récompenser de ses bons et loyaux services. lui avait adressé les lettres suivantes : « Sapian tots, que nos Gaston per la grace de Diu comte de Foyx senhor de Bearn. vescomte de Marsan et de Gauardan attenduts los agradables services a nos feyts per lo nostre amat Berdolo Daydie e esperam que fasso a tot jorn de si auant hauem donat et feyt donation au medis Berdolo et a son linatge per tots tems tots los drets que nos auem ni auer deuem en la meytat deu loc donhoas en

---

(1) *Archives du Grand Seminaire d'Auch*, N° 1315.
(2) *Ibid*, N° 1840

Marsan per incorrence o en autre maneyre et mandam et commettem per las presens Johan de Carpenter thesaurer de Marsan que vistes las presens aud. Berdolo mette en possession de nostre dite Donation. DADES a Orthés lo doutzau jorn de may lan mil trés cens septante un. FEBUS. »

La cérémonie d'investiture pratiquée à cette occasion est assez importante pour en rapporter quelques détails. Elle eut lieu dans le château d'Ognoas. en présence de « Menaut, seigneur de la salle d'Orthés. Pellegrin de Labroquere. donzel, Bernard de Mauranx, Bernard Proos *deu Mont*, Bergounhac de Lastanque. Caupet de Senseré. maeste Johan deu Branar. maeste Arnaud de Gausies. maeste Bernard deu Branar. notaris, Arnaud d'Arbuus. Cayssiolo de Gramont, Bernard de Buros et mots d'autres (1). »

Dès que Carpenter eut remis la seigneurie à Bernard d'Aydie *per llurement deu cremail deudit hostau donhoas*. les deux gentilshommes se transportèrent d'Ognoas à Arthez-Gaston, où ils avaient fait assembler les habitants d'Ognoas. d'Arthez, de Cist, Lomareilhes et Pennenx (?). Là, en présence de ses vassaux. Bernard d'Aydie, la main droite posée sur le livre des Evangiles surmonté de la croix, promit d'être bon et loyal seigneur, de prendre leur defense contre toute violence ou injustice, selon l'antique coutume de la baronnie d'Ognoas. Après ce serment, tous les emphytéotes vinrent, l'un après l'autre, promettre fidélité entre les mains de Bernard, jurant d'être disposés à le protéger, à le défendre *dans son corps et dans ses biens* et à s'acquitter envers lui de tous leurs devoirs féodaux (2). Les habitants de Cist (3) refusèrent de prêter le serment de fidélité au seigneur d'Ognoas, parce qu'ils ne relevaient que du comte de Foix. vicomte de Marsan. Néanmoins. ils reconnurent qu'ils dépendaient d'Ognoas pour le fief

---

(1) Archives du Grand Seminaire d Auch, N° 1843

(2) Noms des vassaux d'Arthez Gaston presents au serment de fidelite « Arnaud Barthe, Sans Descat, Sans Despies, jur its deudit loc, Gayssiolo de Grimont, Pés Desquerré, Pes Lofère, Vidau Marque, Arnaud Linne Sans de Gurfepce, Sans de Branenx, Bernard Labatut, Bertrand de Labavie, Vidau Gaussere Vidau Com, Ramond de Imarran, Pés Limon, Jehan Valieré, Gurnaud de La barchere, Sans de Bazet, Sans Tipy, Johan Colom, Sans deu Lm, Vidau de Gavinve, Guillem de Lasfosseres, Vidau Marque, Arnaud deu Bon, Pes d'Artgues, Pés Torner, Ramond de Montvert, Pés de Burgarona, Pés de Bibebere Arnaud de St Pée, Johan de Portère, Johan Burgan, Guillem d'Artigues, Arnaud de Branenx

» Vassaux de *Loumareilles*. Doat des Afans, Johan deu Berger, Doat de Beguer, Pés Sobran, Pés des Afans, Pés de Cardouat, Andrieu de Laffitte, Johan de Laffitte, Pés de Costau, Johan de Prat, Johan de Praden, Guiraud de Prat, Pés de Capueville, Pés de Guillem, Sans Pés, Amanieu de Malhaux, Johan Costau » (Archives du Grand Sémin d'Auch, N° 1843)

(3) *Cist* avait son église au xiv° siècle (V. le *Pouille d'Auc*, p 141 — Cist est fautivement ecrit *l'ist*)

et ils promirent de l'acquitter exactement entre les mains du nouveau seigneur. Nous voyons figurer deux prêtres dans cette cérémonie de vasselage : Gayssie deu Leu et Arnaud de Lassalle. Bernard de Toyar, notaire public de la vicomté de Mont-de-Marsan, rédigea, le procès-verbal de l'assemblée.

Il résulte clairement de ces textes et d'autres documents que nous pourrions analyser. que la baronnie d'Ognoas, Arthez et Eyres venait de passer de la maison d'OGNOAS dans la famille d'Aydie. Et cependant. s'il fallait ajouter foi au récit contenu dans la *Généalogie de messire J.-B. d'Aydie de Béroulin.* « Arnaud. seigneur d'Ognoas, Artés et Eyres, » aurait eu des liens étroits de parenté avec son successeur à Ognoas, car. dit l'auteur de la *Généalogie* (p. 1), Arnaud était frère. autant qu'on peut le conjecturer. de noble Arnaud, seigneur d'Aydie. »

C'est là une pure hypothèse de feudiste complaisant. Il paraît bien certain que la famille d'OGNOAS s'éteignit avec Arnaud et Miramonde. car la baronnie de ce nom fit retour. à l'époque de leur mort. à la maison de Foix. en vertu de la confiscation féodale rappelée plus haut.

La famille d'Aydie eut six branches principales : 1° *d'Aydie de Béarn* (souche des chevaliers de ce nom): 2° *d'Aydie d'Ognoas*. en Marsan; 3° *d'Aydie de Mendosse*. éteinte au dix-huitième siècle; 4° *d'Aydie de Périgord*; 5° *d'Aydie de Bétoulin;* 6° *d'Aydie de la Pouche (éteinte).* La seigneurie d'Aydie était située dans le Béarn, diocèse de Lescar : elle fut érigée en baronnie et devint le berceau d'une illustre race de chevaliers. Le vieux château d'Aydie (canton de Garlin, Basses-Pyrénées) avait disparu au dix-huitième siècle. Il serait assez difficile, paraît-il, maintenant. d'indiquer avec précision l'emplacement qu'il occupa (V. une note, à la page 151 des *Comptes consulaires de la ville de Riscle*)

Tout le monde connaît les célèbres démêlés survenus entre les familles de Foix et d'Armagnac, au quatorzième siècle. Or, l'un des pays les plus foulés par les armées belligérantes fut, sans contredit, le pays d'Armagnac. Les seigneurs d'Aydie s'illustrèrent. durant ces guerres. sous les ordres des comtes de Foix et de Béarn. Aussi. Bernard ou Berdolon mérita-t-il d'être récompensé de ses services par le don de la moitié de la terre d'Ognoas dont il acheta l'autre moitié pour 700 florins d'or. avons-nous dit ailleurs (1). Une partie de cette somme était destinée à la fon-

(1) Archives du Grand Séminaire d'Auch, N° 1792

dation d'un *obit* dans le couvent des FF. Mineurs de Mont-de-Marsan, auxquels Bernard d'Aydie compta, en effet, 200 florins d'or, en vertu des lettres-patentes données à Orthés, par Gaston, le 18 juin 1372. Les Religieux, capitulairement assemblés au son de la cloche (1), reçurent cet argent des mains de Bernard d'Aydie, se proposant de l'employer à *restaurer leur couvent et à couvrir le dortoir*. Les FF. Mineurs promirent de faire ratifier ces conventions par le gardien de leur couvent, quand il serait nommé (2).

L'acte qui contient cet accord avec les FF. Mineurs de Mont-de-Marsan, rappelle la donation faite à Bernard d'Aydie de la moitié d'Ognoas, au mois de mai 1371. D'après un autre document de nos archives, la donation daterait d'abord du 30 novembre 1367, bien que le seigneur d'Aydie n'ait pas pris alors possession réelle de la baronnie (3) d'Ognoas. Ce qu'il y d'incontestable, c'est que le comte de Foix et de Béarn ratifia de nouveau cette donation en faveur de *Bernard d'Aydie, son cavaler*, le 15 décembre 1377. Voici à quelle occasion.

L'Armagnac était toujours le théâtre de luttes sanglantes entre le comte de Foix et le comte d'Armagnac. Les hostilités reprirent avec une nouvelle intensité, en 1376. Or, Bernard d'Aydie eut une part active dans ces luttes. Nous le savons par trois actes au moins de nos archives (4). Il fut même victime des événements survenus à Cazères pendant cette guerre, puisqu'il perdit dans cette ville tous *ses papiers*, en particulier ceux qui concernaient sa mise en possession de la terre d'Ognoas, en vertu de la donation du comte de Foix et de l'acquisition faite par lui-même.

Désolé d'une perte si importante pour sa maison, Bernard d'Aydie recourut à Gaston Phébus, qui vint aussitôt à son aide en ordonnant à tous les notaires du pays de lui délivrer des copies des actes originaux relatifs à ses droits sur Ognoas. On lira avec intérêt les lettres-patentes écrites à cette occasion par Gaston-Phébus, car elles contiennent la solution d'un problème historique récemment étudié, chez nous, par deux savants chercheurs.

« Gaston, per la graci de Diu comte de Foys senhor de

---

(1) Ces religieux étaient F Arnaud Bernard de Latapy, F. Bernard de La bordenave, F Garssio den Toyar, F. Bernard de Latapy, F. Bidau de Colom biac, 1 Ramond Roger (Archives du Grand Séminaire d'Auch, N° 1846)
(2) Archives du Grand Séminaire d'Auch, N° 1846
(3) *Ibid*, N° 1702
(4) *Ibid*, N°s 1843 1855 1846

Bearn, viscomte de Marsan é de Gavardan aus notaris deu Mont-de-Marsan e dé Urgons (Aire) et a cadaun de lor o a lors coadiutors salutz a la supplication de mossur Bernard d'Aydie disent que en la perse (prise) de Cazeres egz prengo totas las cartes toquantz la compre deu loc donhoas et autres vos mandam qué aquéres et totes autres a lui apartienz de la matiere et substancie que laz troberatz en vostres registres é desquals registres tregatz et liuretz audit mossur Bernard en forme publique satisfazen a vos de vostres salaris moderatz affin qué sen pusque aiudar en son dret. Dades à Pau lo darrer jorn de novembre lan mil tres cens septante sept. »

Del Verms, auteur de la *Chronique des comtes de Foix* (p. 587), parle en ces termes de la prise de Cazères, en 1376 : « En l'an meteys (1376) et lo més d'aost, lo senescalc de Gasconha am los Bearneses metet lo seti à Barsalona d'Armanhac. Et estet aqui entro al dissapte devant Sent Miguel dé sétembre. Et après Sent Miguel los Armanhagues prenguen Caseras de Marsa a mieya net; en loqual loc eran totas las cavalgaduras et los joyeus del senescalc de Guiane et dé tota sa companhia dels Ingleys et tenian lo seti aldit loc de Barsalona d'Armanhac. Loqual senescal de Guiane se levet del seti et se mettet devant Caseras de Marsa am tota sa gent; et los Armanhagues sé renderen aldit comte Febus que ere bengut aldit seti (1). »

Ce texte est d'une parfaite clarté. L'auteur des *Chroniques* indique sans ambages la ville de *Cazères de Marsan* comme ayant été le théâtre des combats qui suivirent le siège de Barcelonne d'Armagnac, en 1376. Pourquoi faut-il que Froissard, D. Vaissette et la plupart des auteurs qui ont parlé des événements de 1376. n'aient pas pu connaître le travail de l'historiographe des comtes de Foix publié seulement en ce siècle? Ils n'auraient pas erré, comme ils l'ont fait, en attribuant à Cazères-sur-Garonne des faits d'armes accomplis sur les rives de l'Adour.

Préoccupé de la divergence des historiens sur ce point, M. Ed. Cabié étudia le problème auquel donnait lieu l'affirmation contradictoire que nous venons de rappeler. Dans son intéressant article paru dans la *Revue de Gascogne* (t. XXII, pp. 53 et suiv.), l'auteur penche pour le récit de Del Verms. Ce n'est pas sans raison qu'il trouverait étrange la présence du Sénéchal de Gascogne et du

(1) Lire le récit des sièges de Cazeres dans l'*Histoire de la Gascogne*, par Monlezun, t. III, p. 392, p. 451

Sénéchal des Lannes au siège de Cazères-sur-Garonne. Son opinion ne fut cependant point partagée par M. le D¹ Sorbets (1) qui, reprenant à son tour l'étude du problème soulevé par M. Cabié (*R de G.*, t. xxii. p. 264), adopta le récit de Froissard et d'Olhagaray. Il inclinait donc à croire que la ville de Cazères désignée dans ces pages était Cazères-sur-Garonne et non la petite ville voisine d'Aire. Les lettres de Gaston Phébus, écrites de Pau, le 30 novembre 1377 mettent un terme au débat soutenu par nos deux vaillants champions. D'après ce texte. il est certain qu'il s'agit uniquement de Cazères-sur-l'Adour.

La baronnie d'Ognoas se trouve à quelques kilomètres à peine de cette ville devenue, d'après Del Verms, en 1376, comme le magasin général de tous les objets précieux *du Sénéchal de Gascogne et de toute sa compagnie.* Il ressort des lettres de Gaston Phébus, écrites quelques mois après le siège de Cazères, que noble Bernard d'Aydie perdit tous ses titres dans la prise de cette bastide. où il avait voulu probablement les mettre en sûreté, en les éloignant de son château. exposé aux insultes des *Armagnacs*.

Pourrait-on s'arrêter à l'idée que la ville de Cazères, indiquée dans ce passage. fût Cazères-sur-Garonne ? Evidemment non. Ce n'est pas à une si grande distance que le seigneur d'Ognoas aurait songé à cacher les papiers de sa Maison dont Del Verms explique fort bien la disparition, en nous apprenant qu'en 1376 tous les gentilshommes du Sénéchal de Guienne, au nombre desquels il faut compter le baron d'Ognoas, déposèrent toutes leurs « cavalgaduras et joyeus. » dans les murs de Cazères-de-Marsan. pris d'abord par les Armagnacs, et reconquis ensuite sur ceux-ci par les troupes de Gaston Phébus (2).

Dans tous les cas, nous savons maintenant que Gaston de Foix ne se borna pas à faire délivrer à Bernard d'Aydie des copies des titres relatifs à son droit de propriété d'Ognoas. Il accorda encore au brave chevalier de nouvelles lettres datées de Pau, le 15 décembre 1377. — un an après

---

(1) M Pierre Léon Sorbets, docteur en médecine à Aire sur l'Adour (Landes), était naguère enlevé a la science par une mort prématurée, qui afflige tous s s amis
Le savant chercheur est décédé, à Aire, le 20 décembre 1889, à l'âge de 62 ans
(2) « Ce prince (Gaston) avait encore octroyé au sieur d'Aydie des lettres patentes datées de Pau, 30 novembre 1367, dans lesquelles il avait ordonné aux notaires de Mont de Marsan, d'Aire et d'Urgons, de délivrer au seigneur d'Ognoas des copies des titres perdus *a la prise de Cazères,* » dit l'auteur de la *Généalogie de J B d'Aydie de Beloulin* (p 2), (Nº 1792 de nos archives du Grand Séminaire) Il y a, dans la date, une faute d'impression C'est *du ? novembre 1377,* qu'il faut lire, comme le prouvent plusieurs titres de nos archives

la prise de Cazères — en vertu desquelles il ratifiait, soit la donation de la moitié d'Ognoas, en faveur de Bernard d'Aydie, soit l'acquisition faite par ce dernier de l'autre moitié de cette seigneurie (1).

Malgré son autorité, cet acte ne devait pas assurer l'absolue tranquillité du légitime possesseur d'Ognoas. Seize ans se sont à peine écoulés depuis la confirmation consentie en faveur de Bernard d'Aydie. lorsque Robert de Caunar. seigneur du lieu de ce nom, élève des réclamations contre le baron d'Ognoas. qu'il accuse de s'être violemment emparé de ce domaine et de l'en avoir injustement dépouillé. Une si odieuse accusation est portée par Caunar à la cour de Mathieu, comte de Foix, vicomte de Béarn, qu'il conjure de reconnaître ses prétendus droits sur Ognoas. (Archives du Grand Séminaire d'Auch, n° 1844.)

Déjà il avait eu l'audace d'introduire une pareille demande devant la cour de Gaston Phébus par lettres du 3 novembre 1382.

Mathieu, pour répondre à de si graves accusations, ordonna à Pées Borrel, juge de Marsan. et à Pées Jean de Biasquit, chargé de ces sortes d'enquêtes, d'étudier sérieusement la question pour trancher le différend, en qualité d'arbitre. L'instruction du procès ne tarda pas à montrer au grand jour la fausseté des allégations de Caunar et l'injustice de ses étranges revendications. Le jugement du comte ne se fit pas longtemps attendre. Robert de Caunar fut débouté de sa réclamation et condamné aux dépens. La sentence fut publiée le 20 octobre 1393. dans le cloître du prieuré de l'église principale de Mont-de-Marsan, en présence de Garsie-Arnaud de Navailles, seigneur de Salles, d'Arnaud-Guillem de Razy. chanoine d'Oloron, et de plusieurs juges.

L'importance de cette décision est capitale pour l'histoire d'Ognoas, Arthez et Eyres. Aussi, ne devons-nous pas nous dispenser d'en indiquer certains passages principaux. Tout bien pesé et examiné. le comte de Foix estime que « lodit mossur Robert senhor de Caunar no esser estat en possession deudit loc d'Onhoas et per conse-

---

(1) Archives du Grand Seminaire d'Auch, N° 1561 — Les duplicata delivrés par les notaires de Mont de Marsan et d'Aire furent écrits sur parchemin Nous le savons par les copies de ces actes conservées dans nos archives et contrôlées a Villeneuve de Marsan, au mois de juin 1764. La transcription de ces divers documents fut confiée par M François Xavier de Lilhot, conseiller de Grande Chambre au Parlement de Bordeaux et seigneur d'Ognoas, Artés et Eyres, a un feudiste du diocèse de Lectoure (Gers) nommé Doazan Les signatures furent légalisées par M Pierre d'Abbadie de Mombel, conseiller du roy, juge de la ville et juridiction de Villeneuve de Marsan.

quent no deu esser restituit a la possession deu dit loc donhoas cum no aye probat que lod. loc aye possedit aissi cum aue bantat en sa demane... pronuncia et definii et arbitra et declara lo soberdit mossur lo comte et vescomte lodit mossur Bernard no esser estat violent possedidor deudit loc d'Onhoas per so quar lodit mossur Bernad clarement ha probat que ab mandament deudit mossur En Gaston oncle et predecessor deudit mossur lo comte et vescomte fo mettut en possession deudit loc d'Onhoas un an dauant ou plus que lodit senhor de Caunar no empetra lo mandament per lui produisit en la present cause laquau possession fo trobade bueite et no y fo feyte per negune contradiction et aixi lodit mossur Bernad no fo ny es violent possedidor auants ha possedit et possedets ab titol de senhor per so audit mossur Robert et aux sons per sadite sentencie empause silencie sur lad. possessien et absout lodit mossur Bernard et los sons de la impetration et domane feite per lodtt mossur Robert sur la possession deudit loc d'Onhoas, etc. (1). »

Bernard d'Aydie, déjà maître de la majeure partie des fiefs de sa juridiction d'Ognoas, Arthez-Gaston et Eyres, voulut acquérir quelques droits sur des terres et dépendances du domaine de Vidallon de Maisan, de Montaigut. Le marché fut conclu pour 25 l. *d'or du coin de France*. mais la mort surprit le seigneur d'Ognoas avant qu'il eût acquitté sa dette (2). Pées d'Aydie. son fils et son héritier, remplit ce devoir, le 12 décembre 1399. dans la ville de Montaigut, en présence de F. Arnaud de Marsan, probablement parent du vendeur et Religieux de La Castelle, de Bernard de Castetz, deu Bertranon deu Fau, de Jean d'Aydie (3). de Guillem Deupont, de Goalhard de Salles et de Bernard... notaire de Villeneuve-de-Marsan.

D'après le titre auquel nous empruntons ces détails, Pées était fils de Bernard d'Aydie. « Lo noble Pées d'Aydie senhor Donhoas qui fo filh de lauant dict mossur En Bernard d'Aydie, » et qu'il lui succéda dans le gouvernement de la baronnie d'Ognoas.

---
(1) Archives du Grand Seminaire d Auch N° 1811
(2) Ibid
(3) Ibid , N° 1818 Ce Jean d'Aydie était frere de Bernard d'Aydie Il était écuyer et servait en 1407 et en 1427, d'après la *Genealogie de Betoulin* (Cfr nos archives, N° 1792, p 2)

CHAPITRE II

SEIGNEURS D'AYDIE. LEUR DESCENDANCE. — ACCORDS. — LUBAT D'AYDIE. — HOMMAGE A CATHERINE. REINE DE NAVARRE. — ODET D'AYDIE HONORÉ DE LA CONFIANCE DE LOUIS XI. — CHARLES IX L'APPELLE DANS SES CONSEILS. — LESCUN (ODET) SE MONTRE INGRAT. — LE ROI MARCHE CONTRE LES REBELLES ET ORDONNE A LUBAT DE RENDRE SON GOUVERNEMENT DE BAYONNE. — PROCÈS. — SUCCESSION DES SEIGNEURS. — CONDAMNATION DE DEUX SORCIÈRES. — OGNOAS, ARTHEZ ET EYRES PASSENT A LA FAMILLE DE CARLES ET PUIS A CELLE DE M. DE LORMAN, ETC.

Pées d'Aydie, le nouveau seigneur d'Ognoas, Arthez et Eyres, donna à fief « une boerie » ou pièce de vigne et terre labourable, pour laquelle Bertrand de Laberchède s'engagea à lui payer tous les ans, à la fête de saint *Martin d'hiver*, un droit de six deniers morlans par journal, suivant la coutume d'Ognoas (1). (24 février 1444.) Le baron d'Ognoas maria sa fille, Navarre, au seigneur de Bahus, vers 1447. Cela résulte d'une reconnaissance dotale consentie en sa faveur, le 20 décembre 1447, à Renun, par François de Bahus, qui déclare avoir reçu « la somme de 45 écus et demi d'or faisant partie de la dot de demoiselle Navare d'Aydie sa femme. » Si Navarre meurt sans enfant, est-il dit dans l'acte, sa dot fera retour au seigneur d'Ognoas ou à ses héritiers (2).

Bertrand de Labarchède ne se contenta pas de la première cession faite par le baron d'Ognoas en sa faveur, le 20 décembre 1447. Il lui demanda aux mêmes conditions (sept deniers morlans par journal) 32 autres journaux de terre confrontant en partie avec le domaine de Vidau d'Eyres (3).

Nos papiers se taisent sur le nom de la femme de Pées d'Aydie. seigneur d'Ognoas, mais ils nous apprennent (4) qu'il eut plusieurs enfants. et que le fils de l'un d'eux, Lubat, fut son héritier pour la baronnie d'Ognoas, Arthez

(1) *Archives du Grand Séminaire d'Auch*, N° 1823
(2) *Ibid*, N° 1849
(3) *Ibid*, N° 1841
(4) *Ibid*, N° 1792.

et Eyres. Pées d'Aydie avait disposé de ses terres, par testament, en faveur de son fils aîné, Bertrand d'Aydie (1). Mais celui-ci. capitaine de cinquante hommes d'armes, aima mieux, sans doute, suivre la carrière militaire (2) que s'adonner à l'administration d'une simple seigneurie. Nous le voyons à Cazères, le 29 mars 1434, devant le notaire de cette ville, et là, au mileu de nombreux témoins (3), il dispose des seigneuries, fiefs. etc., d'Ognoas, Arthez et Eyres, en faveur de « Noble Lubat Daydie son nebot filh hereter universau den noble Pey-Arnaud Daydie fray deudit Bertrand. » Il lui cède tous ses droits « a vita et a moit exceptat torn de primere, » si noble Lubat n'a pas d'enfants issus d'un légitime mariage.

Bertrand d'Aydie fit l'abandon de sa baronnie « per la soma de cinq cens florins bonx comdant nau sos Jacqués per cascun florin monede corsable en lo pais lo jorn et datta dequeste present carte. »

Lubat d'Aydie n'avait pas oublié les longs démêlés auxquels avait donné lieu, à la fin du siècle précédent, la réclamation si mal fondée dont Bernard d'Aydie, son grand-père, avait été l'objet de la part du seigneur de Caunar. Aussi, prit-il les précautions les plus minutieuses pour couper court à toute tentative de nouveau procès. L'acte de cession est vraiment curieux; nous regrettons de ne pouvoir le reproduire. à cause de sa longueur. On peut, du moins, le consulter dans nos archives. (N° 1830.)

Les états de service de Bertrand d'Aydie ne nous sont pas tous exactement connus, pas plus que ceux de Pey-Arnaud d'Aydie. son frère et père de Lubat.

Pey-Arnaud d'Aydie eut plusieurs enfants : 1° Lubat; 2° Jean; 3° Pierre; 4° Arnaud-Guillaume. Tous se distinguèrent et se rendirent dignes d'être signalés dans les pages de l'histoire.

Jean d'Aydie. écuyer, conseiller du roi. épousa Isabelle de Pellagrue, fille de Guillaume de Pellagrue, seigneur d'Aymét. Ses bons et loyaux services envers le roi lui valurent l'honneur d'être pourvu de l'office de maître-

---

(1) *Archives du Grand Seminaire d'Auch* N° 1830

(2) Il servait, comme son frère Pey Arnaud, en 1454, 1459 et 1461 (Cfr nos aschives, N° 1792)

(3) *Archives du Grand Seminaire d'Auch*, N° 1830 — « Testimonis font de so presents apelats et pregats lo noble et poderos senhor Johan de Beain, senhor de Fontanx, lo noble Bertrand senhor Daydie, lo noble Archambaud de Laminsans, senhor de Castandet, lo noble Johan, senhor de Bahus lo noble Laurens de Peyrelongue et maeste Pées de Monbet coadiutor de noble hom Guillem Arnaux de Batxen, notari »

d'hôtel ordinaire de Sa Majesté, par lettres patentes du 12 juin 1496 (1).

Son frère, Pierre d'Aydie, connu sous le nom de capitaine Ognoas. se fit si bien remarquer pendant les guerres d'Italie, sous la conduite du duc de Montpensier, en 1496. qu'au retour de celui-ci en France il mérita d'être pourvu du titre de gouverneur du *Château-Neuf* de Naples, avec une garnison de deux mille hommes (2).

Tandis que ces braves chevaliers défendaient au loin les intérêts de la France, leur frère, Arnaud-Guillem d'Aydie, gouvernait le diocèse d'Aire, en qualité d'évêque (3).

Lubat d'Aydie, seigneur, baron d'Ognoas, d'Arthez et Eyres. grâce au bienfait de son oncle, est encore plus connu que ses frères dans nos annales gasconnes. Si nous ne pouvons pas le suivre sur tous les champs de bataille où il s'illustra, du moins le rencontrons-nous, à chaque instant, dans les archives du Séminaire d'Auch. Le voici d'abord occupé (10 août 1459) à vendre une maison située dans la juridiction de Renun, pour la somme de 40 écus petits. La vente a lieu en faveur de noble Peyrolonde, seigneur de Campet. (Cfr. nos archives, n° 1842.) Plus tard, le 30 novembre 1460, il assiste, comme procureur fondé, dans le château de Cautras, au mariage de noble Peyrot d'Aydie, comte de Comminge. avec Agnès de Léon, de Campet. sœur de l'archevêque de Toulouse et de Gaston de Toulouse. sénéchal de Toulouse. (Archives du Grand Séminaire d'Auch, n° 1848.)

Le 5 août 1472, il paraît à Lescar pour rendre foi et hommage, à raison de ses terres d'Ognoas, Arthez et Eyres. entre les mains de Madeleine, « fille et sœur de rois de France, » agissant en qualité de tutrice de son fils, Gaston. encore mineur.

Lubat d'Aydie épousa Bertrande d'Aydie (4). Le 12 novembre 1474, il acheta, pour 44 écus petits d'or, « tot aquet ostau, borde, parc, parquin, vinhe blanque et roge, bergès, terre et boyrie comme lanes aperade de Lasserre et de la Fosse » que Peyrot de La Berchède, habitant de Vielotte. en Lucante, lui vendit comme procureur fondé de Guillem, Jean, Guillem et Fortaner de Laberchède,

---

(1) Archives du Grand Séminaire d'Auch, N° 1832
(2) Ibid , N° 1792
(3) *Hugues du Temps*, dans le *Clergé de France*, t 1, p 498, le dit, a tort, issu des vicomtes de Riberac, en Périgord Il fut successivement abbé commandataire de Saint Sever, de Saint Girons et de Pontaut Elu en 1516 évêque d'Aire, il mourut vers l'an 1522
(4) *Archives du Grand Séminaire d'Auch*, N° 1825.

propriétaires de ce domaine, situé dans la juridiction d'O-gnoas. Le contrat fut passé par Mulet, notaire à Perquies, dans le château d'Ognoas.

François Phébus, roi de Navarre, étant mort à l'âge de 15 ans (22 janvier 1483), tous ses biens passèrent à Catherine, sa sœur, encore enfant, qui eut pour tutrice et curatrice sa mère, Madeleine de France, sœur de Louis XI, princesse de Viane. Or, la loi voulait qu'à l'occasion de l'avènement de la nouvelle suzeraine tous les vassaux fissent serment de fidélité. En conséquence, Madeleine, par lettres-patentes datées d'Orthés, le 5 juillet 1483, ordonne à noble homme Pées de Béarn, grand *Scudé*, conseiller de la princesse de Viane et sénéchal du Marsan, Gavardan, etc., de procéder à l'hommage général des seigneurs de la vicomté de Marsan, dans le lieu qui lui paraîtra le plus propre à cette cérémonie. La réunion eut lieu à Mont-de-Marsan dans le *Château Mayor*, le 15 juillet 1483 (1). Lubat d'Aydie y rendit hommage pour ses terres d'Ognoas et Arthez-Gaston (2).

Les seigneurs d'Ognoas et Eyres possédaient un pont sur le Midou, au nord du Château. Mais, soit par suite des guerres, soit par l'inclémence des saisons, ce pont avait disparu en 1484. Or, pour le rétablir, il fallait une permission royale. Lubat d'Aydie demanda cette faveur à Madeleine, tutrice de Catherine, reine de Navarre, et, pour mieux réussir dans son dessein, il fit appuyer sa requête par son parent, le comte de Cominge. Madeleine l'autorisa à jeter le pont sur le Midou « et lui permit de exhigir. levar et far pagar aus passantz per aquét pontadge tant en anan cuan en retornan aixi et per la medix forme et maneyre qui se ha accostumat pagar et se pague au pont de Viellenabe sondit vescomtat, » sans que personne pût s'opposer, soit à la construction du pont, soit à l'établissement du péage (3).

Nous venons de voir les vassaux du Marsan assemblés dans la ville de Mont-de-Marsan pour faire serment de fidélité à Catherine, sœur et héritière de François Phébus. Louis XI, roi de France. mourut quelques jours après (30 août 1483). et la couronne de France passa à Charles VIII. Odet d'Aydie, fils de Bertrand d'Aydie. seigneur

---

(1) La *Genealogie de messire J B d'Aydie* mentionne un autre hommage qui aurait eu lieu en 1472, à l'avènement de François Phébus, en vertu des lettres patentes écrites d'Orthez, le 25 août 1472, et signées de la main de Madeleine, princesse de Viane

(2) V. nos arch , N° 1827 Cette pièce contient les noms des seigneurs présents à l'assemblée.

(3) Archives du Grand Séminaire, N° 1826.

de la terre de ce nom, sur les confins de l'Armagnac, et non « dans l'Eusan, » comme le dit Monlezun, t. v, p. 30, n'eut pas toutes les faveurs du nouveau monarque, non plus que Lubat d'Ognoas, son parent. Odet d'Aydie avait épousé Marie, fille aînée et principale héritière de Mathieu, sire de Lescun, et de Diane de Béarn, en 1457. Marie apporta à son époux la seigneurie de Lescun, dont il prit le surnom qu'il devait rendre célèbre. Charles VII lui donna toute sa confiance; mais Louis XI le traita d'abord bien différemment. Plus tard, ce prince, sentant que Lescun pourrait lui être utile, lui fit des avances et s'efforça de le rallier à son parti. Il lui prodigua donc toutes sortes de faveurs. « Il le fit chevalier de son ordre, dit Monlezun (1), lui donna les sénéchaussées de Guyenne, des Landes et du Bazadais. Il l'établit gouverneur général de Guyenne et son lieutenant dans tout le duché. Il l'investit encore de la comté de Comminge et de la seigneurie de Fronsac, lui mit entre les mains le château de Trompette, à Bordeaux, et le château de Bayonne, etc. » Ce n'était pas assez. Louis XI étendit sa munificence royale aux parents d'Odet d'Aydie (2). C'est ainsi que Lubat d'Aydie, seigneur d'Ognoas, Arthez et Eyres, fut bailli du Labour. L'auteur de la *Généalogie de J.-B. de Bétoulin* prétend que Lubat fut nommé bailli de ce pays par lettres-patentes de Charles de France, duc de Guienne, données à Bordeaux, le 3 septembre 1470 (p. 4). Cette assertion se trouverait en contradiction avec celle de Monlezun (3) sur le même sujet; mais l'auteur qui la formule se trompe, puisque Louis XI était roi de France, de 1461 à 1483. Le récit de l'abbé Monlezun est le seul vrai.

Odet d'Aydie, gouverneur des châteaux de Bayonne, en confia la garde à son parent, Lubat, seigneur d'Ognoas. On distinguait ces châteaux l'un de l'autre, par les mots *Vieux* et *Neuf*. Le *Château Vieux* aurait été construit au douzième ou au treizième siècle, d'après Monlezun (4), tandis que le *Château-Neuf* aurait seulement daté des dernières années du règne de Louis XI. Ces renseignements sont exacts. Mais comment le savant auteur de l'*Histoire de la Gascogne* peut-il nous dire que Saint-Pé, qui commandait en 1489, fut le premier gouverneur de ces châteaux (5), après nous avoir lui-même déclaré un peu

---

(1) *Histoire de la Gascogne*, t v, p 31.
(2) Pour bien connaître les grands services militaires rendus par Gaston d'Aydie à Charles VII, lire les *Hist de Charles VII*.
(3) *Hist. de la Gascogne*, t v, p 31.
(4) *Ibid*, t v, p 43.
(5) *Ibid*, t v, p. 43

plus tôt (p. 31) que Louis XI confia les châteaux de Bayonne à Odet d'Aydie ?

Cette flagrante contradiction est facile à constater par la simple lecture des lettres-patentes en vertu desquelles Charles VIII, roi de France, relève le seigneur d'Ognoas du gouvernement des châteaux de Bayonne, en 1486. Le seigneur de St-Pé n'est donc pas « le premier gouverneur connu des châteaux de Bayonne » enrichis par Charles VIII, « des deux tours rondes avec les deux carrés que l'on voit encore dans l'enceinte du château. » (1).

Charles VIII, devenu roi de France, maintint Odet d'Aydie dans tous les honneurs et les dignités dont Louis XI l'avait comblé. Il lui avait même accordé une plus grande importance en l'appelant à ses conseils. Lescun fut ingrat. Il profita des embarras de la minorité de la reine de Navarre pour armer contre ses bienfaiteurs, auxquels il aliéna une foule de grands seigneurs du royaume.

Son cousin Lubat d'Aydie. seigneur d'Ognoas et Eyres. établi par ses soins Gouverneur des Châteaux de Bayonne, était encore à son poste, lorsque le roi de France résolut de marcher contre les rebelles. Le sénéchal de Carcassonne qui commandait la compagnie d'ordonnance de Lescun fut battu près de Saintes et fit sa soumission (1485). Le comté de Comminges et les autres places commises à Lescun, furent distribués à divers seigneurs.

Pendant ce temps, Lubat d'Aydie, se maintenait à Bayonne avec une vigueur indomptable. Le roi Charles, marchait contre Alain d'Albret. Parvenu à *Bourg-sur-Dordogne*, il adressa au gouverneur de Bayonne les lettres qu'on va lire. Il lui ordonnait de remettre la ville de Bayonne. les *Châteaux-Vieux* et *Neuf*, le *Pont du St-Esprit*. entre les mains de messire de Grammont. son chambellan. sous peine de désobéissance. D'ailleurs. il le relevait du serment de fidélité fait au comte de Comminges. Le parchemin de nos archives (2) qui renferme cet ordre a subi quelques légères altérations par l'action du temps, mais le fonds essentiel est demeuré intact.

« Charles. par la grâce de Dieu. roy de France et de Navarre, à notre cher et bien aimé, le seigneur Donhoas. salut. Pour aucunes grandes causes et considérations qui[...] avons ordonné nos chasteaux *Viel* et *Neuf*, aussi les *Tours du Pont Saint-Esprit* et les clés de notre ville et cité de Bayonne dont par cy devant avés eu la char-

---

(1) *Hist de la Gasc.*, t V, p 43
(2) *Archives du Grand Séminaire*, N° 1840 — 1838.

ge[...] tentes dud. Cominge seront mis en notre main et baillés ès mains de notre ami et féal conseiller et chambellan leddit de Grammont pour les tenir et en fa[...] garde pour nous jusques à ce que par nous autrement en soit ordonné. Et pour ce que vous pourriés avoir fait ou feriés quelque refus et difficulté de les bailler et[...] mains de notre conseiller, sous ombre de serment que en avés, à cette cause et que désirons notre ordonnance sorte son effet, nous voulons et vous mandons très expressément... surtout que douliés mesprendre envers nous d'encourir notre indignation et d'être réputé rebelle et désobéissant, que incontinent et sans délai vous ayés à mettre et bailler ès mains de notred. conseiller lesd. chateau Viel et Neuf Tours du Pont et cléfs de notred. ville de Bayonne, si vous ne l'avez fait sans faire aucun refus ou difficulté et en ce faisant de la charge et garde que vous en avez eue aussi du serment que en avez tant à nous aud. seigneur de Comenge que tous autres vous quittons et déchargeons par ces présentes signées de notre main et scellées de notre scel de secret en l'absence du grand. Donné à Bourg sur Dordogne, le sixième jour du mois de mars l'an de grace mil quatre cens quatre-vingt-six et de notre règne le quatrième.

» Charles, signé.
» Par le roy, le comte de Clermont.
sieur de Beaujeu, etc. »

Lubat d'Aydie, seigneur d'Arthez et Eyres, ne dut pas résister à un ordre si formel, d'autant que la guerre touchait à sa fin et que le roi prenait le chemin de la Bretagne, après avoir soumis la Guienne.

Débarrassé des soucis du gouvernement militaire de Bayonne, Lubat reparait à Ognoas. au milieu de ses vassaux. dans l'église d'Arthez-Gaston, le 23 juillet 1486 (1).

---

(1) Il était de retour a Ognoas, avant cette époque, car il signe divers actes en 1480 et 1481.

Le 11 septembre 1480, noble Jean de Béarn, seigneur de Hontanx, lui souscrit une obligation de 49 cens 15 sols et 4 liards « condan per cascun seut xiij sos jaqués et per cascun so vj ardits et per cascun ardit dus jaques monéde corsable » Le seigneur d'Ognoas avait prêté cette somme pour la réparation des moulins de *Lapeyre* et de Rincault, situés dans la paroisse de Saint Martin de Noet et de Douse Vielle.

Le 17 mai 1481, Jean de Béarn, seigneur de Hontanx, signe avec Lubat d'Aydie un accord en vertu duquel le seigneur d'Ognoas pourra faire batir un ou plusieurs moulins et pécheries « molin o molins pesqué o pesques tant/ quant/ audit senhor Donhoas o a sonsdits hers playra en la gentillessa apelade *Ladoze Vielle*, » précédemment vendue a Lubat par le seigneur de Hontanx Le seigneur d'Ognoas pouvait jouir librement de ces moulins pendant douze ans, sans qu'on pût en faire le rachat. Mais, passé ce terme, si Jean de Béarn veut recou-

Il y reçoit l'hommage des habitants d'Ognoas, Arthez et Eyres, en présence de noble Pès de Saint-Johan, bachelier ès-artz, Fortaner d'Aydie dit d'Onhoas, seigneur de Poylabrin. etc., etc. La même année (17 décembre 1486). dans le château d'Ognoas. Lubat, homme pieux autant que guerrier intrépide, se préoccupe de son avenir éternel et songe au repos de l'âme de ses parents présents et passés. En conséquence, il dicte à son notaire un acte du plus grand intérêt, par lequel il a fondé à perpétuité, *jusqu'à la fin du monde*, une prébende ou chapellenie dans l'église d'Ognoas. Les seigneurs d'Ognoas en seront à jamais les patrons et la collation en appartiendra à l'évêque d'Aire qui consent à cette création par lettres du 9 février 1486.

Pour assurer le service de cette chapellenie, « a honor de Diu J.-C. nostre Redemptor et de la gloriosa Bergen Marie sa May et de totz los santz et santes de la cort celestiau de Paradis et en speciau a la singular honor et devotion de madone Sancta Leocadi, vigini qui es cap et patron de la gleisa parochale deudit Onhoas et en lautar et invocation de ere, » Lubat donne diverses terres, et en particulier celles de « la gentillesse de Biat. » Ce domaine. dont le baron d'Ognoas se qualifie seigneur. faisait partie du bailliage de Villeneuve-de-Marsan (1).

Le fondateur met pour condition à cette œuvre que le chapelain sera tenu « de celebrar totas semanas et cascune semane per tostems de qui a la fin deu mounde, dues missas et asso en lad. gleise Donhoas et en l'autar et invocation de ladite Madone Santa Leocadi, » l'une de *requiem*, le lundi, l'autre le vendredi. Les seigneurs d'Ognoas auront le choix du chapelain, et Lubat demande qu'ALIDUS DAYDIE, clerc, fils de noble Bertrand d'Aydie, son oncle, soit le premier chapelain nommé à cette prébende et que les suivants soient choisis dans la famille, s'il s'y trouve des sujets ecclésiastiques.

Il résulte d'une pièce de nos archives (2) que Bertrande d'Aydie, dame d'Ognoas, était femme de Lubat, qui en eut trois enfants, savoir (3) : 1º Pierre d'Aydie; 2º Jean d'Aydis (4); 3º Miramonde d'Aydie, mariée à noble Bernard de Borghese. de l'illustre famille de ce nom.

ici les moulins et les étangs, l'acheteur devra les lui rétrocéder pourvu qu'on lui paie la moitié des frais exigés pour leur construction « *Archives du Grand Séminaire d'Auch*, Nos 2875, 2851)
(1) Archives du Grand Séminaire d'Auch, Nº 1833
(2) Ibid, Nº 1825
(3) Ibid, 1792 (Généalogie de Bétoulin)
(4) Ibid, 1820 — Jean d'Aydie, seigneur d'Ognoas, par acte du 8 juin 1499, acheta treize cens de fief, autrefois vendus par Lubat d'Aydie, son père, en fa

Pierre d'Aydie devint seigneur d'Ognoas, Arthez et Eyres, à la mort de son père. Le premier acte de son administration seigneuriale que nous rencontrons, est celui qui relate le débat survenu entre Lubat son père et le seigneur de Tampoy, au sujet d'un moulin, situé sur le ruisseau de *Gousstes* (paroisse de Goussies), et que chacun des deux seigneurs revendiquait comme sa propriété exclusive. Après la mort de son père, Pierre reprend le débat contre Arnaud Guillem de Laborde, héritier de noble Johan de Labarthe, en son vivant, seigneur de Tampouy, et il réclame la jouissance absolue du moulin de Pleguebern et d'un fief d'un franc. Des amis s'interposent et les plaideurs finissent par remettre la solution du différend à des arbitres qui se réunissent le 13 janvier 1514, dans la maison de noble d'Arrimblès. Tout bien examiné, les arbitres prononcent leur sentence. « Lo nom de Diu invoquans disens in nomine patris et filii et spiritus santi : habem dit, sententiat, arbitrat et amigablement composit que patz et union dore en auant damorera entre losdits senhors Donhoas et de Tampoy, partides contendentes ausquaus avem impausat et impausam silenci perpetual devas auant per rason deudit procès de molin o moliar de Pleguebern et franc de fiu dont ere question... et hauem adjudiat audit noble P. d'Aydie senhor Donhoas le molin o moliar de Pleguebern et pouyra prendre los frutz, proteytz, etc.. et per la medixe sentenci hauem declarat que tot lo dret que lod. senhor de Tampoy, etc. » Les juges lui font remise du franc de fief et condamnent le seigneur d'Ognoas à lui payer « la some de vingt escutz au soreil condan 25 sols per cascun » dans un an. L'acte fut écrit par Mora, notaire de Hontanx, en présence de divers témoins (1).

Il n'est pas rare de constater, au moyen-âge, de violents procès à propos du droit de banalité des moulins. Ognoas, Arthez et Eyres paraissent avoir, un jour, méconnu leurs devoirs touchant cette banalité, puisque leurs habitants firent moudre leurs blés dans des moulins étrangers à la juridiction. Pierre d'Aydie réclama vivement ses droits à ce sujet. Sur sa demande, le Baile, les jurats et tous les emphytéotes d'Ognoas, Arthez et Eyres s'assemblent

---

veum de Darigoa, marchand de Mont de Marsan Ces fiefs étaient situés en Saint Cauno, Maureilhan et Lacqui (N° 1820.) Jean d'Aydie avait epousé Isabelle de Pellagrue, comme le montre une reconnaissance consentie par son père, Guillaume de Pellagrue, seigneur d'Aymet, en faveur de Pierre d'Aydie, qui lui remboursa la somme de 250 ccus d'or au soleil (11 janvier 1423) pour la dot de sa fille, après la mort de Jean d'Aydie (N° 1836.)

(1) *Archives du Grand Séminaire d'Auch*, N° 1837

dans le château d'Ognoas pour délibérer sur ce point. Jean de Saint-Sevin, baile, fut chargé de rapporter au seigneur le résultat de cette réunion. Voici le fonds de sa réponse (1) : Les vassaux décident « que etz iran moler tot lor blad et milh de quenhe sorte et condition que sie aus molins deudit senhor de Ognoas et aus molins communament aperatz de Onhoas et Pleguebern et Biat et en autres, si y ny a deud. senhor. Et si ere locas que ne podossen moler quand y aneren et arrivaren ausdits molins. seran tengutz tenir lo blat en losd. moliys deud. senhor. asso per lo termi et espaci de 24 hores et si ere lo cas que no podossen moler au bout de lasd. 24 hores. losdits manans s'en poyran anar moler la ond los bons semblara. Et si ere lo cas que losd. manans et habitans anassen moler en autre molin pendent lasd. 24 hores que lod. senhor ou degun de sous barleds et servidors los trobassen sus lo camin a lanade ou au retornat que lo blat o farine et lo sac sie confiscq et applicat aud. senhor. Et si ere lo cas que no los trobassen sus lo camin ab lod. blat et farine. losd. manans et habitants seren tenguts de pagar aud. senhor de ley la some de doutze ardits provedit que lod. senhor pusque probar cum auran passat los mandamens. etc. » « En la mayson et gentilesse d'Onhoas, lo 27 de jung l'an mil cinq cens sedze. »

Pierre d'Aydie, qui servait sous Lautrec, dans la campagne d'Italie (armée de Naples), se trouvait, alors de retour dans ses terres. Le 21 septembre 1517. il donne plein pouvoir, devant le château du Plan, à Bourguette de Saint-Aubin, sa femme. pour qu'elle le représente, durant ses absences, dans les diverses négociations de sa famille (2). La dame d'Ognoas dut user de sa procuration. en 1519, au sujet d'une cession de fief consentie par Johannot de Lartigau, bourgeois de la ville de Mont-de-Marsan, envers les prêtres prébendiers de la *Confrerie et Martyrologe de Sainte-Catherine*, établie à Mont-de-Marsan.

Johannot de Lartigau avait acquis vingt écus de fief de noble Arnaud-Guillem de Laborde seigneur de Tampouy. avec pacte *de rachat*, pour la somme de 250 écus payés comptant. Ces fiefs étaient situés dans la juridiction de Saint-Vidou. Or, Guillem de Laborde possédait lui-même vingt écus de fief, en Ognoas, Arthez et Cist. Il les avait précédemment achetés au seigneur d'Ognoas. Bour-

---

(1) *Archives du Grand Seminaire d'Auch*, No 1835
(2) *Ibid*, No 1834

guette de Saint-Aubin, agissant pour son mari, choisit Lubat Mulet, prêtre de Perquies, pour son procureur, et l'autorise à faire passer les 21 écus de fief d'Ognoas aux *Prêtres du Martyrologe* de Mont-de-Marsan, en échange des vingt et un écus de fief cédés à Saint-Vidou, et que le seigneur de Tampouy désire conserver. Le contrat d'échange se fit à Mont-de-Marsan, dans le prieuré du *Martyrologe*, le 15 septembre 1519 (1).

Le seigneur d'Ognoas se trouvait à Bayonne en 1523. Le 15 janvier de cette année il y paya 250 écus d'or *au soleil*, à noble Guillaume de Pellegrue, seigneur d'Aymet, pour la dot que celui-ci avait donnée à sa fille Isabelle, mariée à Jean d'Aydie, décédé.

Pierre d'Aydie constitua son fils aîné héritier universel de ses terres. Il avait eu trois enfants de son mariage avec Bourguette de Saint-Aubin, fille de Jean de Saint-Aubin. Le second, Jean d'Aydie, mourut avant son frère, et le troisième, Arnaud d'Aydie, devint religieux bénédictin (2) et prieur de Roquefort.

Avant sa mort, Pierre d'Aydie, seigneur d'Ognoas et Eyres, avait marié son fils aîné avec demoiselle Louise de Billère, de Lagraulas, dans le diocèse d'Auch. C'est ce qui ressort d'un titre de nos archives (3) du 28 juillet 1533, contenant la reconnaissance de la dot de Louise de Billères (3000 livres tournoises, des habits, des coffres et des bijoux). Le seigneur d'Ognoas, père du jeune marié, dut mourir en 1533, ou à peu près, car un document de notre chartrier, écrit en 1535, le désigne déjà par les mots : « Feu Pierre d'Aydies. » Ce document a pour objet une curieuse affaire d'où naquirent différents procès.

Revenant de la campagne de Naples — il avait combattu sous les ordres d'Odet de Foix, vicomte de Lautrec, — Pierre d'Aydie dut passer quelques jours à Besançon, en Franche-Comté. Là, il emprunta *la somme de 25 écus 1/2 d'or Soleil*, à un marchand nommé Bassis. Il y eut un acte passé entre les parties. Or, lorsque l'échéance de la dette arriva, le seigneur d'Ognoas ne fit pas honneur à sa signature, pour des raisons que nous ne connaissons pas, et il mourut sur ces entrefaites.

Bassis fit aussitôt parvenir ses réclamations à Bourguette de Saint-Aubin, veuve de Pierre d'Aydie, au nou-

---

(1) *Archives du Grand Séminaire d'Auch*, N° 183 — Cette pièce est fort intéressante. Elle contient, en détail, les reconnaissances féodales des fiefs qui dépendaient, dans la suite, du Martyrologe de Mont-de-Marsan.
(2) *Archives du Grand Séminaire d'Auch* — *Généalogie Belovlin*, J, N° 1786

veau seigneur d'Ognoas et à Louise Billères, femme de ce dernier. Tous refusèrent d'acquitter la dette du défunt.

Il y eut procès et les héritiers de Pierre d'Aydie furent condamnés à payer au marchand Dauphinois vingt-cinq écus 1|2 d'or sol, plus les dépens, les dommages et les intérêts. La famille d'Ognoas fit appel de ce jugement au sénéchal d'Agenais. Les juges de Condom confirmèrent la décision du *sénéchal* de Marsan. Plus tard (14 février 1534), Bourguette de Saint-Aubin, Pierre d'Aydie et Louise de Billères s'entendirent avec Bassis auquel ils promirent de compter « la somme de cent livres tournoises, non comprise en icelle quarante livres tournoises de la vendition d'un cheval. »

Cette somme devait être payée à la fête de *Quasimodo* de l'année suivante. Pour la garantir, les débiteurs donnèrent hypothèque sur le moulin et les terres de *Biat*. Or, le moment de compter les espèces venu, rien ne fut payé au créancier qui s'empara de Biat et le fit mettre à l'encan. La famille d'Ognoas fit opposition à la vente. Des amis intervinrent, alors, et un nouveau procès fut ainsi évité. Domenger de Mesmes, agissant pour les débiteurs, versa entre les mains du marchand de *Briançon* « la somme de 125 livres tournoises... en quatorze ducats à deux têtes d'or vieux, quatre ducats vieux d'or à une tête, treize écus au soleil en or et le demeurant en monnoye courante. » (17 février 1535, à Mont-de-Marsan.)

Il semblerait résulter de cette pièce et d'un autre document que nous allons analyser, que les seigneurs d'Ognoas avaient un peu l'humeur processive. Pour payer, ils devaient être forcés par ministère d'huissier. (*Archives du Grand Séminaire*, Nº 14325.)

François de Mortemere avait une créance de cinq cents livres sur la maison d'Ognoas. Ce fut en vain qu'il en réclama le paiement. Il fallut en venir à la menace de faire saisir le moulin de Pleguebern et d'autres immeubles. Le sénéchal du Marsan autorisa la vente de ces domaines. Pierre d'Aydie, sa mère et sa femme firent opposition à la mise à l'encan; mais la justice passa outre et l'adjudication eut lieu. François de Mortemere céda tous ces droits à Françoise de Lisle, femme de maître de Vallon, conseiller au Parlement de Bordeaux. Après quelques nouveaux démêlés, Pierre d'Aydie finit par reconnaître les droits de Françoise de Lisle, mais il se réserva de pouvoir racheter les immeubles vendus, en payant aux acquéreurs ce qu'ils leur avaient coûté. La Cour de Bordeaux rendit un jugement conforme à cette combinaison (12 mai 1543) (1).

L'année suivante, Pierre d'Aydie fit une seconde reconnaissance dotale de trois mille livres en faveur de Louise de Billères, sa femme. L'acte fut retenu dans le château de Bernède, par Pierre Cotin, notaire du chapitre de Vic Fezensac (8 septembre 1536) (2). La dot fut reconnue sur la dîme d'Arthez et la forêt de *La Barthe*, dans la juridiction de Villeneuve-de-Marsan. Quatorze mois après, le baron d'Ognoas aliéna 25 francs de fiefs nobles ou rente foncière sis à *Biat*, à *Cist* et à Villeneuve-de-Marsan qui, *de toute ancienneté*, appartenaient à la maison d'Ognoas. La cession eut lieu en faveur de « l'église Saint-Hippolyte » de Villeneuve-de-Marsan (3), moyennant la somme de 375 francs bordelais. (26 novembre 1537.)

Le seigneur féodal n'avait pas seulement des droits à percevoir, il devait lui-même certains devoirs au suzerain.

Ainsi, à chaque changement du suzerain, le seigneur d'Ognoas était tenu de rendre foi et hommage au nouveau prince et de lui offrir un levrier blanc. Pierre d'Ognoas accomplit cette cérémonie de vasselage le 25 février 1538. Ce jour-là, nous le voyons dans la maison de Me Domenger de Mesmes, conseiller ordinaire du vicomte de Marsan, à Mont-de-Marsan, pour remplir son devoir, à l'occasion de l'avènement de Henri, roi de Navarre, qui avait chargé Jacques de Foix (4), évêque de Lescar, de recevoir les hommages de la noblesse du Marsan et du Gavardan (5).

Pierre d'Aydie, seigneur d'Ognoas, Arthez et Eyres, eut trois enfants de son mariage avec Louise de Billères, savoir : 1º Arnaud d'Aydie, seigneur d'Arthez; 2º *Bernard* d'Aydie; 3º *Bernard* d'Aydie.

Pierre d'Aydie, seigneur d'Ognoas, avait, autrefois, engagé certains fiefs aux syndics des prébendiers du *Martyrologe* de Mont-de-Marsan. Me Domenge de Mesme, seigneur de Ravignan, maître de requêtes de la reine de Navarre, agissant de concert avec Bing, prébendier et

---

(1) *Archives du Grand Séminaire d'Auch*, Nº 1785. — Cfr. la *Baronnie de Bourrouillan* (pp 42 et suiv)
(2) *Archives du Grand Séminaire d'Auch*.
(3) *Archives du Grand Séminaire*, Nº 1839.
(4) *Archives du Grand Séminaire d'Auch*, Nº 1824 et 11934 — Jacques de Foix, abbé de Saint-Volusien de Foix et de la Réole, joignit à ses dignités les titres de gouverneur de Béarn et de chancelier de Navarre. On raconte que ce Prélat étant allé un Vendredi-Saint demander à Henri, roi de Navarre, la grâce d'un seigneur coupable, en représentant que, ce jour là, J.-C. était mort pour expier tous les crimes : « Eh! bien, répondit le Prince, j'imiterai le Père Éternel qui, dans sa justice, n'épargna pas son propre fils » (Monlezun, t v, p. 204).
(5) *Archives du Grand Séminaire d'Auch*.

syndic des prêtres du *Martyrologe* de Mont-de-Marsan. les revendit, le 16 novembre 1560, à noble Bernard d'Aydie, seigneur d'Ognoas, et à dame de Billères, sa mère. absents. Arnaud d'Aydie, frère du seigneur d'Ognoas, traita pour celui-ci et pour sa mère, au nom desquels il paya aux prébendiers (16 novembre 1569) la somme de 520 francs bordelais. un sol tournois, consistant en « 23 ducats doubles valant chacun cinq livres dix sols tournois, treize impériales valant chacune trois livres quinze sols tournois, vingt-quatre angelots valant chacun quatre livres cinq sols tournois, et quarante sept écus d'or faits. autrement Pistolets valant chacun deux livres huit sols tournois. » En échange de cette somme. les syndics et prébendiers rendirent à Arnaud d'Aydie (1), pour le seigneur d'Ognoas, la libre disposition des fiefs précédemment abandonnés en leur faveur.

Le nouveau seigneur d'Ognoas semble avoir eu à cœur de faire rentrer dans sa baronnie tout ce qui était antérieurement sorti. C'est ainsi qu'il rachète. le 23 novembre 1560, par l'entremise de sa mère, 25 francs bordelais de fiefs du *Cist* et du *Biat* cédés, pour la somme de 360 livres aux syndics du Martyrologe de Villeneuve-de-Marsan. le 26 novembre 1537.

Une bien grave affaire avait surgi à Ognoas et à Arthez, en l'année 1565. Deux femmes attirèrent sur elles les rigueurs de la justice, pour cause de *sortilège, magie et maléfices*. Bernard d'Aydie se chargea de venger lui-même ses vassaux. en faisant condamner les coupables aux peines les plus sévères, par son procureur juridictionnel. BOURGUINE et GUIRAULTINE, les deux femmes accusées de sorcellerie, étaient l'une et l'autre, de la paroisse d'Arthez. Se voyant frappées par la justice, elles firent appel — c'était leur droit — et le débat fut porté à la chambre de Tournelle du Parlement de Bordeaux. La sentence des nouveaux juges confirma la décision d'Arthez. Bourguine fut condamnée à être traînée sur la claie, dans les divers quartiers d'Ognoas. pour être, ensuite. pendue et brûlée. Guiraultine. sans doute moins coupable. fut provisoirement relaxée et simplement condamnée aux dépens (18 décembre 1565). en attendant le résultat d'une seconde enquête relative aux crimes qu'on lui im-

---

(1) Archives du Grand Séminaire d'Auch, N° 13850 — 1ᵉʳ Arnaud d'Aydie avait prêté 130 l. à noble Pierre d'Aydie, seigneur d'Ognoas, qui lui en paya 300 de son vivant. Après sa mort, Pierre d'Aydie, son fils, lui compta 130 l. le 25 septembre 1519. Le baron d'Ognoas lui donna quittance de cette somme à Saint-Sever (N° 1814 de nos archives.)

putait. Ce procès est assez curieux pour que nous reproduisions un *Extrait des Registres du Parlement de Bordeaux* (1).

« Entre Bernard d'Aydie, écuyer, sr d'Ognoas et Darthez, prenant la cause pour son procureur esdites juridictions demandeur en excès et crime de venesmes, le Procureur général du Roy joinct à luy, d'une part, et Bourguine d'Arthez et Guiraultine Darthez prisonnières détenues en la conciergerie deffenderesses d'aultre. Veu le Procès, arrest confirmatif de la sentence de condamnation de tourture, donné par le juge ordinaire dudit demandeur, procès-verbal faict en la question et tourture, signé Bouchet, commissaire, par la cour pour ce depputé, requete présentée à ladite cour par led. Daydie aux fins pour obvier a fraiz de retenir la cognoissance du principal et iceluy decider, Dit a esté en ce qui concerne ladite Borguine Darthez que la cour pour le cas résultant du procès, condemne lad. Borguine d'Arthez a estre tiranée sur une claye par les quantons et carrefours accoutumés du lieu d'Ognoas, et après estre menée au marché et place publique dud. lieu et illec estre pendue et estranglée, et après son corps brûlé et mis en cendres, aussi la condamne ez depens de la présente instance et pour le regard de ladite Guiraultine Darthez, lad. court ordonne que plus ample inquisition sera faite contre ladite Guiraultine des cas à elle imposez dans ung mois prochainement venant, et cependant et jusques à ce qu'aultrement en soit ordonné, ladite court l'eslargit par tout en faisant les soubmissions et la condemne ez despens de la conduytte, la taxe de tous les susd. despens à lad. court réservée.

Prononcé à Bourdeaulx en la chambre continuée par le Roy au temps des vaccations, le dix-huitième jour de septembre, l'an mil cinq cens soixante cinq.

» De Pontac, signé (2). »

La suite de cet étrange procès ne se trouve pas dans nos archives, mais on peut voir sans peine que l'émoi dut être grand dans le pays, lorsque la première coupable fut attachée aux *barres de justice d'Arthez*. De plus poignantes émotions se préparaient encore pour nos malheureuses populations. Nous voulons parler des Guerres de Religion qui bouleversèrent si profondément notre infortuné pays.

Partout, l'erreur de Luther avait gagné du terrain ; la

---

(1) Archives du Grand Séminaire d'Auch, N° 1810
(2) Archives du Grand Séminaire d'Auch, N° 1702, p 8 . N. 1810.

Gascogne devint comme le refuge de ses souteneurs. De Monluc avait déjà organisé la résistance dans tout l'Armagnac. Bernard, seigneur d'Ognoas, lui prêta son vaillant appui en acceptant de lui une commission qui lui conférait de pleins pouvoirs pour faire désarmer les Religionnaires de son pays et les obliger à se soumettre aux Édits du Monarque français. (Monlezun.)

Malgré toute sa bravoure, le baron d'Ognoas n'était pas capable d'arrêter le torrent dévastateur conduit par Montgommery qui, trompant la vigilance des catholiques, avait pénétré dans le Béarn, après avoir ravagé la Bigorre, pour se jeter ensuite sur le diocèse d'Aire qu'il couvrit de ruines et de sang. Perquie avait alors (1569) pour annexes Ognoas et Arthez. Les trois églises tombèrent sous les coups des Huguenots; tous leurs ornements et vases sacrés devinrent la proie des rapaces envahisseurs (1).

Bernard d'Aydie profita du calme qui suivit ces lugubres événements pour acheter de nouvelles terres. (V. nos archives, N° 1815.)

Le baron d'Ognoas avait épousé demoiselle Jacquette de Carles d'Aubèze, fille de Charles Louis de Carles, de Roquette. *(Généalogie Bétoulin*. p. 9.) Il en eut cinq enfants : 1° François d'Aydie; 2° Guillaume d'Aydie, pourvu de la chapellenie de Sainte-Léocadie, d'Ognoas, en vertu de lettres du mois de juin 1601, délivrées par l'évêque de Condom, auquel il avait eu recours après avoir obtenu de Rome gain de cause contre ceux qui voulaient l'empêcher de jouir de cette fondation due à la libéralité de Lubat d'Aydie; 3° Gaspard d'Aydie, qui fut l'auteur de la branche de Bétoulin; 4° Jeanne d'Aydie, mariée en 1615 à Charles de Pardaillan-Gondrin; 5° Marie d'Aydie, morte avant 1612 (2).

François d'Aydie, seigneur d'Ognoas, Arthez et Eyres, eut plusieurs enfants, savoir : 1° Guillaume d'Aydie; 2° Susanne d'Aydie (3); 3° Marguerite (4) d'Aydie; 4° Mercure (5) d'Aydie, dit le chevalier d'Ognoas.

(1) V. le *Pouillé du diocèse d'Aire*, p. 85, et le *Procès-Verbal* dressé sous Charles IX, sur les ravages des Protestants — *Rev. de Gasc*, t. II, p. 244
(2) Archives du Grand Séminaire d'Auch, N. 1702.
(3) Susanne d'Aydie fut mariée avec messire François de Carles de d'Aubert, de la ville de Libourne, le 27 juin 1621 (Généalogie Bétoulin, p. 9.)
(4) Marguerite d'Aydie se retira chez Madame de Carles, sa grand'tante, veuve de messire Mercure de Lureau, seigneur de Sainte Fortunade de la Massolie et autres places (Généalogie Bétoulin, p. 9.)
(5) Mercure d'Aydie, dit le chevalier d'Ognoas, se retira aussi chez Madame de Carles, qui s'engagea à le faire tenir quitte envers Guillaume d'Aydie, son frère, des droits de légitime qu'il pouvait revendiquer sur la maison d'Ognoas. Il ne se maria point (Gén. Bét., 9.)

Lorsque Guillaume d'Aydie se maria avec Marie de Monlezun, dame Margue

On ne sait à peu près rien de la vie de François d'Aydie, sinon qu'à la suite d'un accord survenu entre lui et son frère Gaspard, il conserva la baronnie d'Ognoas, Arthez et Eyres. On le trouve aussi présent au contrat de mariage de son frère, noble Gaspard d'Aydie, chevalier, sieur d'Eyres. de Lias et Bétoulin.

Guillaume d'Aydie, son fils, épousa, en premières noces, Marie de Montlezun (1), le 27 septembre 1622. Il n'en eut qu'une fille, Léocade d'Aydie. Celle-ci épousa messire Jean de Fumel, écuyer, seigneur, baron de Tarrade, en faveur duquel elle consentit une reconnaissance de 30,000 francs qu'il lui avait apportés par contrat de mariage. Léocade ne vécut pas longtemps. Elle mourut, d'ailleurs, sans postérité. De sorte que la baronnie d'Ognoas, Arthez et Eyres, déjà *tombée en quenouille*, menaçait de ne plus conserver trace de ses anciens seigneurs dont Guillaume était le dernier rejeton. Désireux de perpétuer son nom dans cette terre, Guillaume convola à un second mariage avec demoiselle Jeanne de Bartheau de Sala, d'une maison noble du pays de Maisan (2). Mais, hélas! cette union fut stérile, et la vieille souche des barons d'Ognoas, Arthez et Eyres, s'éteignit à jamais avec son dernier chevalier!

C'était vers la fin du dix-septième siècle. Il nous est impossible de fixer la date précise de la mort de Guillaume, car les papiers de la Maison d'Ognoas passèrent, à l'époque où nous sommes arrivés, en très grande partie, du moins, entre les mains des héritiers de Guillaume d'Aydie et de Léocade, qui furent : messire Geoffroy de Carles, seigneur d'Aubèze et de Tours, François de Carles, seigneur de Goffiau, et messire Jean Allain de la Croste. seigneur de Carles. Le père de François de Carles avait dû épouser Suzanne d'Aydie, fille de François d'Aydie, seigneur d'Ognoas. le 27 juin 1621. C'est dans cette famille que nous avons vu se retirer Marguerite d'Aydie et Mer-

---

rite de Carles fit la remise au seigneur d'Ognoas de ce qui pouvait lui revenir à raison de l'entretien de Mercure d'Aydie, son neveu, et de Suzanne d'Aydie, sa nièce, qui vivaient auprès d'elle. *(Archives du Grand Seminaire d'Auch, N 16641)*

(1) Marie de Montezun était fille de messire Louis de Montesun, seigneur et baron de Campagne, marié le 5 avril 1530 avec demoiselle Hilaire d'Aydie, fille d'Odet d'Aydie, sénéchal de Carcassonne, et d'Anne de Pons, vicomtesse de Ribérac (Généalogie Bétoulin, p 10 — V. nos archives)
Marguerite de Carles, veuve de Mercure de Fureau et tante de Guillaume d'Aydie, seigneur d'Ognoas, donne à son neveu, dans la *paroisse de Saillans*, en *Fromaguais*, le 3 juin 1622, la somme de 700 livres « en contemplation de mariage qui se traita par parole de futur entre Guillaume et Marie de Monlezun. » Archives du Grand Séminaire d'Auch, N. 16641.

(2) *Généalogie Bétoulin.*

cure d'Aydie, le chevalier d'Ognoas, qui trouvèrent un délicieux asile auprès de Madame de Carles de d'Aubèze.

La famille de Carles n'hérita pas seulement des titres de la Maison d'Ognoas. Elle eut encore une partie du prix de vente de la baronnie d'Ognoas, Arthez et Eyres. Le reste fut employé à liquider la succession un peu obérée de Guillaume d'Aydie.

La souche des barons d'Ognoas disparaissait avec Guillaume d'Aydie (1), mais un de ses rameaux plein de sève et de vie poussait déjà de puissantes racines dans le pays de l'Euzan, par suite du mariage de Gaspard d'Aydie (2), oncle de Guillaume, avec Jeanne de Lavardac, dont il eut cinq enfants. Nous sortirions du cadre fixé à ce travail, si nous suivions les développements de la branche d'Aydie de Bétoulin (près d'Eauze). Bornons-nous à dire que ses nombreux enfants s'illustrèrent tour à tour, soit par leur valeur militaire, soit par leurs brillantes alliances et leurs grandes qualités. La Maison d'Aydie de Bétoulin se trouve encore aujourd'hui, représentée par M. le baron d'Aydie, père de deux enfants qui seront, sans nul doute, en Ai-

---

(1) A quelle branche se rattachaient les d'Aydie, seigneurs de Maupas, qui paraissent aux États d'Armagnac convoqués par Pierre de Beaujeu, à Nogaro, le dimanche 20 novembre 1749 ? (Monlezun, t. v, p. 14.) — Et les d'Aydie d'Aurensan ? .

(2) Gaspard d'Aydie épousa Jeanne de Lavardac, le 11 juin 1592. Il en eut cinq enfants : Jean, Barné, Isabeau, Anne d'Aydie et autre Jean d'Aydie.

Jean d'Aydie, dit le capitaine Bétoulin, se maria avec Catherine de Suères, le 20 octobre 1615. Quatre enfants naquirent de cette union : Philippe, Jeanne, Marthe et Cécile d'Aydie. L'aîné, Philippe, épousa à son tour, le 15 juillet 1652, Louise de Lupé de Castillon (V. nos archives, No 3502). Philippe d'Aydie fit ses preuves de noblesse en 1667, et fut maintenu dans ces privilèges, comme le prouve un titre de nos archives (No 3500.) Il eut six enfants, savoir : Gaston, Charles, Madeleine, Jacques, Marie Marion et Raynaud qui devint auteur de la branche d'Aydie de Mendosse par son mariage avec Marie de Mendosse, dame du Viau. Un des fils de ce dernier, Louis Alexandre d'Aydie, fonda, de son côté, la branche des d'Aydie de la Pouche, en se mariant avec l'héritière de la Pouche (Généalogie de J.-B. d'Aydie de Bétoulin pp. 18-19.)

Charles d'Aydie, second fils de Philippe d'Aydie, seigneur de Bétoulin, épousa, en premières noces, Marie de Labarthe d'Escagnon (V. nos archives du Grand Séminaire — No 3527), le 1 mai 1669. Elle lui donna trois enfants : François d'Aydie, Anne d'Aydie et Jeanne d'Aydie. Il eut de son second mariage avec demoiselle Thamar Ducos (Archives du Grand Séminaire, No 3523), cinq autres enfants : Marguerite, Charles, François, Jacques, Jeanneton d'Aydie. Charles d'Aydie dut, à son tour, fournir ses preuves de noblesse, mais, comme Philippe d'Aydie, son grand-père. Il fut maintenu dans tous ses droits, le 25 février 1694 (Archives du Grand Séminaire, No 3521.)

François d'Aydie étant mort jeune, ce fut Jacques d'Aydie qui succéda à son père comme seigneur de Bétoulin. Il avait épousé Marie Madeleine de Wéltgnan (Archives du Grand Séminaire, No 3511) qui se remaria plus tard avec noble Louis de l'Art de la Barthe de Cazeaux. Elle eut deux enfants de ce second mariage : Louis Alexandre César d'Aydie et Jeanne d'Aydie.

Louis Alexandre César d'Aydie épousa, le 12 octobre 1715, demoiselle Marie Boyer (Archives du Grand Séminaire, No 3507), dont il eut douze enfants. On ne connaît les noms que de quatre : J.-B. d'Aydie de Bétoulin, né le 3 juillet 1740, J.-M. François d'Aydie, né en 1755, Marie Anne d'Aydie, née le 17 avril 1759, Élisabeth d'Aydie, née le 2 octobre 1760.

magnac. les zélés continuateurs des nobles traditions de leurs ancêtres.

La Baronnie d'Ognoas, Arthez et Eyres, vendue (1) après la mort de Guillaume d'Aydie, fut acquise, à la fin du dix-septième siècle. par la famille de Filhot, qui la garda un siècle environ. François-Xavier de Filhot, conseiller de Grand-Chambre au Parlement de Bordeaux, était encore seigneur d'Ognoas. Arthez et Eyres, en 1764. Cela résulte clairement d'une foule de pièces de nos archives dues à sa bienveillance, car elles portent cette mention catégorique : « Par le N^{re} royal de la ville et juridiction de Villeneuve-de-Marsan, le présent acte a été collationné mot à mot sans y avoir ajouté ni diminué sur une copie en forme transcrite sur parchemin, qui nous a été confiée par M. François-Xavier de Filhot, conseiller de Grand-Chambre au Parlement de Bordeaux. seigneur, baron d'Ognoas, Arthez et Eyres, que j'ai retenue devers moi pour être rendue aud. seigneur de Filhot. » Tous ces extraits ou copies d'actes furent faits et écrits par M. Charles Doazan. « féodiste habitant de la ville de Marsolan, diocèse de Lectoure. » qui signa avec le notaire *Navarre*, le 27 juin 1764. (V. plus haut, p. 290.)

Quelques années plus tard. la baronnie d'Ognoas, Arthez et Eyres passa aux mains de la famille de Lorman (2) qui avait pour armes : *D'azur, à 3 molettes d'or* 2 et 1. Ces armes furent enregistrées en 1772. chez M. d'Hozier de Sérigny. Le dernier représentant de la famille de Lormand est mort en ce siècle, à Ognoas.

Ognoas n'a plus d'église. Cette section se trouve comprise actuellement dans la commune d'Arthez. à laquelle Eyres est également annexée. après avoir perdu aussi son église, autrefois desservie par le clergé de Monguilhem. Cette église. démolie. il y a cinquante ans environ. par un acquéreur, nommé Labadie, était bâtie dans l'angle nord-ouest des vignobles d'*Eyres*, près du vieux chemin qui passait au midi du château de ce nom. Bien des personnes du pays se souviennent encore de ce modeste édifice et du petit clocher (3) rectangulaire qui l'ornait. à l'ouest.

(1) V. nos *Archives*, N° 1706.
(2) *Archives du Grand Séminaire d'Auch*, N° 14935
(3) Ce clocher devait être pourvu de deux cloches, au moins. Les comptes de l'église, partiellement conservés dans les archives particulières de M Verdier, à Monguilhem, parlent, en 1703, d'une dépense faite « pour les cordes des cloches » Bernard Darraba, marguillier d'Eyres, pourvut l'église d'un confessionnal cette même année. Les registres paroissiaux, fort incomplets, sont d'une brièveté remarquable pour Eyres, dont l'église, dit un *Livre de raison* déposé

Par une singulière bizarrerie, le curé de Monguilhem devait traverser le territoire de Montaigut pour l'administration de son annexe d'Eyres, tandis que le curé de Gaube passait sur le territoire d'Eyres pour desservir Montaigut, situé entre Eyres et Monguilhem. La Révolution mit fin à cette anomalie, en incorporant Eyres à la commune d'Arthez, dans les Landes (1).

---

chez M Verdier, était sous le vocable de *Notre-Dame* — *Tel jour*, mariage de *tel*, *tel* autre jour, sépulture de *tel*, sans autre explication
(1) Nous avons fait connaître plus haut (pp 152 153) les revenus du curé de Monguilhem à Eyres, au moment de la Révolution

MONGUILHEM
ET
TOUJOUSE

MŒURS ET COUTUMES

CHAPITRE I

RELIGION. — SUPERTITIONS

Nous avons déjà étudié, partiellement, les *Mœurs* et les *Coutumes* de l'Armagnac dans la *Baronnie de Bourrouillan* (1). (Paris, MAISONNEUVE, éditeur.) Le désir de donner plus d'ampleur à quelques points spéciaux traités dans cet ouvrage, — touchant les fêtes du *mariage* en particulier, — nous décide à fournir dans le volume actuel les poésies que nous avons recueillies dans nos paroisses. Ainsi se complète ce chapitre intéressant.

L'abondance des matières historiques mises en œuvre, nous oblige à renoncer à l'étude d'une foule d'usages curieux. Nous allons nous borner à un petit nombre de chapitres sur la *Religion*, les *Superstitions*, l'*Industrie*, l'*Agriculture*, la *Distillation* et la COURSE AUX TAUREAUX.

Si les guerres du seizième siècle parvinrent à entamer

---

(1) Nous avions puisé — *cuique suum* — quelques détails sans importance de cette Chauche dans un petit essai de *sept à huit pages*, sur les mœurs de l'Armagnac, publié dans la *Revue de Gascogne*. Par suite d'une singulière distraction, il nous est arrivé d'oublier de placer entre « guillemets » la valeur de vingt à vingt cinq lignes environ détachées de ce texte. Si un esprit mal fait s'en fut aperçu, ne nous aurait on pas accusé d'avoir simplement transcrit ces quelques pages dans notre livre? Nous faisons la restitution pour prévenir la calomnie.

la foi des populations de Monguilhem et de Toujouse (V. p. 39) au point de jeter nos Barons et un certain nombre d'habitants dans les rangs des Huguenots, l'égarement ne fut pas long. Nous avons vu comment ces protestants d'un jour retournèrent bientôt à la foi de leurs pères. Depuis cette époque, plus rien n'est venu troubler les croyances de nos paroisses profondément attachées à la religion catholique et romaine, la seule connue parmi nous, la seule pratiquée.

On peut reprocher à nos concitoyens, en certains cas, l'oubli de devoirs importants imposés par l'Eglise. Mais la foi demeure au fond de ces âmes sincèrement attachées et dévouées aux saintes traditions du passé. Vienne une manifestation religieuse, une circonstance solennelle de la vie, mission, mariage, maladie, et le chrétien se réveille, se montre, dans toute l'ardeur de ses convictions, pour réclamer le ministère du prêtre. Suivons-le dans sa conduite à l'égard des Sacrements (1).

Baptême. — A peine l'enfant est-il né, ses parents se préoccupent pour lui du premier sacrement de l'Eglise. Il y a fête au logis, à l'occasion de la cérémonie pour laquelle on a convié des parents et des amis qui prendront part à un petit festin, lorsque l'eau sainte aura coulé sur le front du nouveau-né.

On donne au parrain et à la marraine de l'enfant un *contre-parrain*, qu'on nomme *Bouhét* et une *contre-marraine*, appelée *Bouhéte*. Ils ont pour mission de présenter une carafe et une serviette au prêtre chargé de la cérémonie pour qu'il se purifie les mains. Le *bouhét* et la *bouhéte* suivent le même cérémonial que le prêtre.

Pénitence. — De très bonne heure, l'enfant est initié à la pratique de la confession ainsi qu'aux exercices du catéchisme, qu'il fréquente régulièrement jusqu'au moment de la première communion.

Les parents l'habituent sans retard au respect dû au sacrement de pénitence. Ce n'est pas en guenilles et le visage maculé que le jeune pénitent se présentera au saint tribunal. Sa mère, même pauvre, le revêt de son plus beau costume et l'envoie auprès du pasteur pour lui ouvrir sa conscience et recevoir sa première direction.

Eucharistie. — L'enfant de nos contrées a, généralement, l'esprit ouvert et son cœur facilement accessible aux impressions de la grâce. Aussi, peut-on l'admettre d'assez

---

(1) Nous n'avons pas la prétention, en écrivant ces lignes, de signaler ou les tour des pratiques *extraordinaires*. Ce qui se passe dans nos paroisses s'accomplit à peu près partout, avec des variantes. Mais il nous paraît bon de noter, pour notre temps, les usages religieux encore reçus parmi nos populations.

bonne heure aux saintes jouissances de la *première communion*.

Grande est la joie de la famille en ce beau jour. La paroisse entière est en fête. Tous les autels de l'église sont parés, comme dans les circonstances les plus importantes de l'année. Parents, voisins, amis, sont conviés à la solennité religieuse d'abord, et puis au festin que la famille du *premier communiant* ne manque jamais d'offrir aux invités.

Confirmation. — En certains cas, fort rares, la cérémonie de la *première communion* coïncide avec le passage de l'Archevêque dans la paroisse. L'enfant est alors admis à recevoir le sacrement de *Confirmation*, sans le moindre délai. Si la tournée du Prélat ne concorde pas avec la *première communion*, l'enfant doit suivre encore les exercices du catéchisme, surtout à l'époque où le Pontife vient visiter la contrée.

Autrefois, les mauvais chemins de l'Armagnac rendaient inabordables nos paroisses. Aussi, n'était-il pas étonnant de voir des jeunes gens de dix-huit à vingt ans et des filles du même âge placés à côté d'enfants de onze à douze ans dans les églises où l'Archevêque venait administrer le sacrement de Confirmation. Il n'en est plus de même. Les visites pastorales sont plus fréquentes dans nos paroisses et dans les environs, de sorte que l'enfant peut être facilement *confirmé* dans nos églises ou dans celles du voisinage, dans un délai peu éloigné.

La cérémonie de la Confirmation est encore une fête pour la famille comme pour la paroisse. Le ménage le plus pauvre a son petit festin, le jour du passage du Prélat, dont les cloches de l'église annoncent d'ailleurs l'arrivée par leurs volées les plus joyeuses.

Extrême-Onction. — Un malade, dans la maison, vient-il à faire concevoir des craintes pour son retour à la santé? Vite, les parents et les amis vont prévenir le prêtre, qui accourt au chevet du lit du moribond. Tout est triste dans le quartier et sur les places traversées par le cortège composé du pasteur abrité sous un *Ombrellino* et précédé de deux enfants de chœur qui agitent lentement une sonnette au son lugubre, tandis que la cloche laisse descendre du beffroi un son dolent et plaintif.

Le Prêtre, vêtu de ses ornements sacerdotaux et portant le ciboire dans ses mains recouvertes du voile, tandis que le *sac des saintes huiles* pend à son bras, paraît à la porte du malade. Les chefs de la famille le reçoivent, nustête et le conduisent avec honneur près du moribond, en traversant les rangs émus des amis et des parents agenouillés. Ceux-ci se lèvent et font cortège au prêtre qui *porte le Bon Dieu*.

La maison est décemment parée pour cette douloureuse circonstance. La chambre du malade offre l'aspect d'un petit sanctuaire. Des draps, d'une éclatante blancheur, couvrent les murs de l'appartement et le lit; un autel est dressé sur une table pourvue d'un Christ. d'eau bénite et de flambeaux allumés. Le prêtre demande à la foule de s'éloigner un instant, afin de recevoir les dernières confidences du moribond. Puis, il rappelle les assistants et donne solennellement le *Saint-Viatique* au malade, pour procéder ensuite à l'administration du sacrement de l'*Extrême-Onction*.

L'heure fatale est proche. Le malade balbutie quelques prières, fait ses adieux à ses parents, à ses amis, demande pardon aux témoins de ses fautes passées et s'endort doucement dans le Seigneur. entouré des secours de la religion et au murmure des *oraisons* que le curé récite dans l'office des *dernières prières*.

La maison du défunt se transforme aussitôt en une sorte de tombeau, où tout marque le deuil et la tristesse. Des voisins dévoués. des amis fidèles partent sans retard pour convoquer aux funérailles fixées au lendemain. Après l'office. le cortège funèbre prend le chemin du cimetière. au chant lugubre des psaumes, et lorsque la bière est descendue dans la fosse le prêtre s'arme d'une pelle et jette un peu de terre sur le mort. Chaque assistant vient, à son tour, observer le même cérémonial.

Souvenir des traditions antiques! Jadis. — nous en avons des exemples nombreux à Toujouse, — on élevait sur les défunts un *tumulus* ou *tuco*, souvent appelé *motte* (1).

---

(1) Nous tenons à compléter ici les renseignements que nous donnons plus haut (p. 212), au sujet des *Tucos* de *La Goarde* et de Toujouse Au midi de l'église de Toujouse, a 800 metres environ, se trouve une elevation désignée sous le nom de *Au Tuco* C'est un point culminant transformé en champ, à cette heure Cette terre porte le nom de *Cam dou Tuco* elle appartient à la famille Sourdois, héritière de feu Genous

La pente du *Tuco*, à l'est, est assez douce. Elle est plus raide, au levant, au nord et au midi Le côté occidental est occupé par une lande appartenant à M Ducom, de Maupas Au midi, s'élève la maison de la famille Guichenu Le *Tuco*, du sommet duquel le regard embrasse un immense horizon, domine, au levant, un vallon très boisé connu sous le nom de *Bos dé Jambouin*

Un autre *tumulus*, destiné a disparaître bientôt, s'élève au lieu dit *Au Pra deus*, à l'est de l'église de Toujouse, à une distance de cinquante à soixante mètres environ

Enfin, au quartier de *La Goarde*, précédemment commune de Monguilhem, se montre l'emplacement de l'ancien *Loc de La Goarde*, maintenant occupé par

Du cimetière, la foule attristée revient à l'église et prie encore une fois au pied des autels où le prêtre reçoit les aumônes des amis et des parents qui *se font dire des oraisons*. Puis, ils regagnent la maison des *parents affligés*.

Un modeste repas, en maigre, est servi aux invités qui seront encore appelés aux *services funèbres du bout du mois et du bout d'an*.

Le bien-aimé défunt ne sera pas oublié par les siens, qui font prier pour le repos de son âme. De plus, pendant un an, le mort sera représenté dans l'église, à l'office, par un beau cierge allumé. Et toute la famille fera honneur à sa mémoire en se couvrant d'habits de deuil l'espace d'une année.

Ordre. — Faut-il le dire? Nos populations, malgré les sentiments de foi qui les animent, fournissent peu de prêtres à l'Eglise. Il semble qu'il y ait aujourd'hui, cependant, un réveil sur ce point, et que Dieu se complaît à susciter des vocations nombreuses dans les rangs de nos concitoyens.

Le passé ne fut guère plus fécond. Nous avons noté, au passage, plusieurs ecclésiastiques nés dans la ville de Monguilhem ou sa juridiction. Le moment est venu, puisque l'occasion se présente, de signaler à la vénération du lecteur le plus distingué, le plus savant d'entre eux.

Labadie. — C'était JEAN LABADIE, issu de la famille de ce nom, dont les divers membres jouent un rôle important dans l'administration municipale, au dix-huitième siècle et jusqu'au moment de la Révolution.

Les détails de la vie de l'abbé Jean Labadie ne nous sont pas connus. Nous savons seulement qu'il était originaire de *Monguilhem, dans le diocèse d'Aire*, par une indication tracée de sa main sur un de ses précieux manuscrits qui nous fut offert, il y a une quinzaine d'années, par M. Lajus, curé de Monguilhem.

L'ouvrage (1) se compose de beaux volumes bien reliés

---

une maison connue sous ce nom (*Laquarde*, en langue vulgaire) A cinquante mètres, environ, de cette habitation, vers l'ouest, se dresse un curieux monticule fait de main d'homme. C'est un superbe *tumulus* d'une hauteur de douze à quinze mètres. La base était entourée d'un fossé circulaire encore apparent, et dont le sommet est dominé par d'énormes chênes séculaires. Les flancs de ce grand cône tronqué sont couverts de tuie et de fougère.

Ce *tumulus* n'était pas seul, en cet endroit, probablement, en la lande, au milieu de laquelle il s'élève, forme un plateau désigné sous le nom de *Las Métoles (Petites Mottes* ou *Tucos*, sans doute) La lande de *Las Métoles* et le *tumulus* dépendent de la métairie de *Saubin*, commune du Bomdalat (Landes) mais font partie de la commune de Toujouse (Gers)

(1) Il y aurait lieu de mentionner ici d'autres manuscrits moins importants

et a pour objet l'étude approfondie de la théologie. que notre éminent compatriote paraît avoir professée en province vers le milieu du dix-huitième siècle.

que ceux de l'abbé Labadie, mais bons à consulter pour notre histoire locale Ce sont les notes de M JACQUES D'ALBARÈDE, né a Metz en 1777 et mort a Monguilhem, il y a quelques années

Le jeune d'Albarède s'enrôla dans les armées de l'ouest au mois de mai 1793 Il passa plus tard dans celles du Rhin et de la Moselle Une grave blessure reçue dans une bataille le força de renoncer a la carrière militaire

Nommé contrôleur à l'administration générale des postes en 1797, il occupa cet emploi jusqu'en 1799, époque ou il fut appelé à l'état major du général en chef de l'armée La mort de cet illustre guerrier brisa l'avenir de M d'Albarède, qui vint s'embarquer, alors, a Bordeaux, pour se rendre dans le Nouveau Monde Mais il fut pris par les Anglais qui le regardèrent comme un simple passager, et il rentra dans sa famille

C'était à l'époque ou Bonaparte appareillait sa flottille de Boulogne pour des cendre en Angleterre D'Albarède fut nommé agent comptable par son frère, enseigne de vaisseau, qui reçut le commandement de la première division des embarcations impériales

Un autre emploi plus lucratif lui fut bientôt offert Le gouvernement le chargea d'organiser l'administration des *Droits réunis* a Béziers, dans l'Hérault Puis, il le récompensa en le nommant contrôleur principal a Dax, ou il résida de 1806 a 1813 Les événements de cette époque forcèrent l'Empire a réduire ses dépenses, et M. d'Albarède perdit sa position On lui accorda la modeste pension de 600 fr.

D'Albarède s'embarqua a Saint Malo et alla rejoindre son frère dans les Indes Orientales, qu'il parcourut pendant dix ans Il y joua un rôle important et réussit à faire fortune Il acquit notamment de belles terres dans l'*Isle Prestin*, l'une des *Seichelles* Il revint en France pour fermer les yeux a son père (1822), dont la mort fut le commencement de ses propres malheurs, car il perdit 76,500 fr qui lui étaient dus pour avances faites à l'État pendant une mission qu'il en avait reçue

Lui même s'engagea témérairement pour des sommes importantes afin de sauver de la ruine quelques uns de ses amis, tels que le comte de Buvérac et le fameux Radix de Sainte Foy Celui ci tout seul emprunta 198,175 fr. a M d'Albarède !

Tout fut perdu pour le créancier. C'est alors que des amis de nos contrées l'attirèrent en Armagnac Le vaillant marin s'établit a Monguilhem ou nous l'avons tous connu et vénéré

M d'Albarède profita de ses longs loisirs pour écrire ses impressions de jeunesse que nous avons entre les mains A-t-il jamais publié ses petits travaux ? Nous en doutons Ils vaudraient cependant la peine d'être lus, car son intimité avec Sainte Foy, qui causa sa ruine, lui fournit l'occasion de connaître a fond le prince de Talleyrand, dont il nous laisse un portrait peu flatté

Ste Foy, qui ne mentait jamais, dit M. d'Albarède, avait fait promettre a notre concitoyen de ne point violer ses confidences pendant sa vie M. d'Albarède tint parole Mais plus tard, il rédigea, chez nous, les notes recueillies a Vincennes en 1833 On trouve dans ce travail intime des détails inédits sur la mort du duc d'Enghien, sur le mariage forcé de Talleyrand Périgord avec Madame Grand, etc, etc.

Rien d'émouvant comme le récit des terreurs nocturnes de Napoléon Ier pendant son séjour a Paris, a l'époque des *Cent Jours* Ce spectre du jeune duc dont il proclame l'innocence et dont il rejette la mort sur le lâche Talleyrand qui, récemment encore, vient de le compromettre auprès de tous les membres de la Confédération Rhénane; cette épouvante, ces crispations de l'empereur s'entretenant avec trois amis fidèles . Boissy d'Anglas, Sainte Foy et Languinais, l'épouvante de ces derniers au récit des frayeurs de Napoléon, tout cela présente un caractère saisissant au suprême degré

Il ne faut pas chercher la pureté du style dans les manuscrits de M d'Albarède qui composa aussi des poésies Il nous suffira de citer les premiers vers d'un poème intitulé *Les Agréments du métier*, ou l'insouciance du poète de 25 ans s'allie aux accents érotiques d'une plume affreusement réaliste .

Ils ne sont plus ces temps heureux
Ou d'honnêtes fermiers, au castel de mon père
Apportaient les tributs nombreux,

Nous ne possédons plus, malheureusement, que quatre volumes de ce précieux travail. Chacun d'eux se compose de 400 à 500 pages et contient l'enseignement d'une année scolaire

~ Un de nos amis a bien voulu l'examiner à notre intention. Ses excellents renseignements complèteront nos recherches personnelles.

Les sujets traités dans les quatre volumes sont : 1º DE DEO; 2º DE FIDE; 3º DE JUSTITIA; 4º DE PŒNITENTIA. L'auteur déclare, à diverses reprises, qu'il a aussi donné les traités DE GRATIA et DE SACRAMENTIS *in genere*. C'est la partie qui manque à notre manuscrit.

On ne peut pas raisonnablement supposer que le professeur ait choisi ces questions si éloignées les unes des autres sans exposer aussi les *Traités* intermédiaires, au moins les plus importants, comme le DE TRINITATE qu'il annonce d'ailleurs au commencement de son cours, DE INCARNATIONE, DE EUCHARISTIA, etc. Ce qui laisse penser que son cours durait neuf ans, environ.

Où donc Jean Labadie put-il professer ses remarquables études ? Ce ne fut pas dans un Séminaire, car très peu de ces établissements donnaient l'enseignement théologique au dix-huitième siècle. Aucun, d'ailleurs, parmi eux n'aurait pu garder les étudiants en théologie pendant une si longue période. Et cependant, l'abbé Labadie affirme dans le Traité de la JUSTICE qu'il n'a pas à s'occuper des diverses coutumes locales, parce qu'il *est dans une province régie par le droit cesarien*. Il est donc probable qu'il occupait une chaire dans l'une de nos Facultés théologiques du Midi, à Toulouse ou ailleurs, vers le milieu du dernier siècle.

Une date est absolument certaine. C'est celle du 29

De leurs recettes journalières !
Dix mille écus par an, biens, dignités, crédit !
Avec ce joli lot on peut, sans contredit,
Faire quelques heureux et l'être aussi soi-même
J'ai tout perdu ! Dans ma douleur extrême,
Égaré par le désespoir,
Je courais follement droit au sombre manoir
Lorsqu'un grand de la cour, sensible à ma tristesse,
Daigna m'offrir le moyen consolant
De promener mes ennuis, ma tristesse,
Et me nomma *Recereur ambulant !*
Un tel emploi, d'abord, me parut fort étrange
Moi, noble enfant de Mars et d'Apollon
Je n'ai donc plus de mission
Qu'auprès du Dieu de la vendange !   Etc

M. d'Albarède, venu en Armagnac avec des idées philosophiques voltairiennes, eut le bonheur de vivre dans l'intimité de pieux chrétiens dont les leçons et les exemples finirent par le ramener à Dieu
M. d'Albarède est mort chrétiennement

juillet 1740. Elle est inscrite à la fin du Traité de la Justice. En supposant le cours régulier, il professait alors, au moins depuis six ans, puisqu'il avait dû enseigner déjà les Traités DE DEO UNO, DE DEO TRINO, DE INCARNATIONE. DE GRATIA, DE FIDE.

A en juger par les volumes que nous possédons, le cours de l'abbé Labadie était élémentaire, mais savant et très soigné. L'exposition, d'une parfaite clarté, soit qu'il s'agisse des erreurs à combattre ou de la doctrine à établir, marque soigneusement et en détail les références à consulter. Une large place est faite aux *objections* des adversaires auxquels il répond avec la précision de la méthode syllogistique, ce qui n'empêche pas l'ampleur du commentaire quand il s'agit de chercher le véritable sens de certains textes des Pères que l'on voudrait opposer.

Au point de vue de la doctrine, l'abbé Labadie laisse bien voir, par occasion qu'il a un faible pour le gallicanisme et se montre un peu sévère en pratique dans son Traité de la PÉNITENCE. Toutefois, il est catholique avant tout. très prononcé contre les erreurs jansénistes, qu'il combat avec vigueur et contre lesquelles il invoque respectueusement les condamnations du Saint-Siège.

Du reste, il est rare qu'il termine un de ses volumes sans soumettre son enseignement *sincero et intimo corde* au jugement de la *Sainte Eglise catholique, apostolique et romaine*.

En somme. si nous avions les autres volumes, nous croyons que le manuel théologique de notre compatriote pourrait soutenir la comparaison avec beaucoup qui furent imprimés depuis et reçus plus ou moins dans les Séminaires de France. Et même, ce qui n'est pas à dédaigner, les disciples de Lhomond lui donneraient habituellement la préférence, malgré les fautes d'orthographe qui déparent son cours et ne sont dues qu'à l'inhabileté d'un copiste.

Voici, comme échantillon, une phrase où il donne des conseils aux confesseurs sur une matière difficile et pratique depuis longtemps : « Hoc ratum fixumque ministri Pœnitentiœ semper habeant animo, quod sicut in ista materia nil periculosius quam ne injusti rei alienœ detentores prætexant dubias omnino vel incertas etiam causas ad eludendam obligationem restituendi, ita nihil quoque confessariis magis diligenter cavendum quam ne, in hac parte mitiores, illorum iniquitatibus participent faciendo sine legitima causa ut restitutionem omittant aut differant. »

Dans le même Traité de la *Justice*, il est curieux de voir quelle valeur est réputée *matière* considérable pour le vol, au temps où l'auteur écrivait. Or, d'après l'abbé Jean Labadie, voler un écu de trois francs est toujours matière grave parce que avec cette *somme le roi nourrit dix soldats pendant un jour*. Voler à un riche ordinaire, environ trente sous, à un artisan non pauvre, à peu près douze sous, à un pauvre cinq ou six sous, constituerait une matière relativement grave, parce que pareille somme suffit à ces personnes pour la nourriture d'une journée.

On ne saurait accuser notre théologien d'être trop favorable aux petits voleurs !

Mariage. — La sainteté du mariage est en honneur dans nos paroisses, où, rarement, ce sacrement est profané. Jeunes gens et jeunes filles se disposent à le recevoir avec tout le respect qui lui est dû, en s'y préparant par la Pénitence et l'Eucharistie.

Aujourd'hui, les mariages se célèbrent à toutes les époques de l'année. Autrefois, il n'en fut pas de même. Le temps du carnaval, c'est-à-dire les quelques semaines qui séparent l'Epiphanie du mardi-gras, était particulièrement réservé à ces solennités de famille, au sujet desquelles nous devons entrer dans d'assez longs détails, afin de bien noter le côté spécial de ces fêtes à la fois religieuses et profanes.

La demande en mariage d'une jeune fille par un jeune homme, n'a rien d'extraordinaire chez nous. Il suffit d'indiquer le cérémonial des réjouissances de la fête.

Le nombre de personnes conviées à une noce est ordinairement très considérable. Les invitations sont faites par quatre jeunes hommes (donzelons), deux pour chacun des futurs époux. Ils marchent, un pistolet au poing, un bouquet enrubanné à l'une des boutonnières de leur veste *(lou fiançailloun)*, et un ruban blanc autour du bras gauche. Arrivés sur le seuil de la porte des convives désignés par les parents des futurs époux, ils déchargent leurs armes avec fracas, et le maître de la maison, averti par la salve, vient recevoir les aimables messagers qui lui annoncent l'heureuse nouvelle du mariage projeté. Puis, ils le prient, au nom de la famille du fiancé ou de la fiancée, de vouloir bien assister aux fêtes qui se préparent.

Les donzelons sont alors introduits dans la maison. Les meilleurs vins, les eaux-de-vie les plus exquises coulent à plein bord, et l'on ne se sépare qu'après un confortable repas. Ces courses durent quinze jours quelquefois.

Pendant ce temps, les couturières et les tailleurs préparent avec ardeur le trousseau de la fiancée. Il n'est pas rare d'entendre alors de gais épithalames entonnés par les ouvriers et dont voici un court échantillon :

> Nobi, toun pay que t'a jougade,
>   À la carte birade,
>   Au réy d'aunou.
> Me lou nobi qué t'a gagnade
>   Au réy d'amou.
>
> . . . .
> Dizats, nobi, s'els hèn pas do
> Las aléétes dequéste so,
> Dequeste so et dequéste casau?
> Doun bats, nobi, soun pa atau

Le dimanche qui précède la noce, les invités vont porter une paire de poules ou une douzaine d'œufs à la maison des fiancés, et, le soir venu, donzelles et donzelons accourent pour aider à plumer les volailles destinées au repas de la noce.

Le lendemain, veille de la célébration du mariage, a lieu l'intéressante cérémonie du *Porte-Lit* qui disparaît de plus en plus à Monguilhem, à Toujouse et dans les pays environnants.

Le lit et l'armoire de la future épouse sont placés avec art sur un char dominé par une sorte de tente semi-circulaire mobile nommée *aubanèque* et décorée de draps blancs sur lesquels s'étalent gracieusement des feuilles de laurier d'Espagne, de lierre ou de buis et même de cyprès, formant des dessins symétriques combinés avec des bouquets enrubannés.

Devant le char, traîné par des bœufs enguirlandés, se tient assise une *donzelle* armée d'une élégante quenouille (*lou couégu*), d'un fuseau brillant (*lou huzèt*) et d'une éclatante filiaire (*la hialère*). Un ou deux jeunes gens portant des bâtons à aiguillon chargés de rubans et de fleurs marchent en avant des bœufs qu'ils excitent en chantant. Non loin d'eux, et à côté du char, se tiennent des *donzelles* chargées de distribuer de la galette et des gâteaux (*pastis bourit*) aux passants qu'on rencontre. Au moment où le cortège va se mettre en marche, le chœur des *donzelons* et des *donzelles* entonne les couplets suivants :

> Lou léyt dè la nobi qué hè un-rin,
> Courrets-jy, bésies, pourtay lou lin.
> Lou léyt dé la nobi qu'e plan coustirat,
> Lou hiou et la sede n'a pas mancat.

> Boutabbous, nobi, sou soula.
> Espiats lou leyt an s'etz en ba,
> Que s'en am capbat ou catsus,
> Lou même camin que harats touts dus.

Puis, le convoi s'ébranle et l'on entonne le chant de la *Passade* (du passage), toutes les fois qu'on rencontre une maison sur le chemin :

> Dam'ze la passade, las brabes gens,
> Se benguet à nouste qu'etze la déren
> Et s'en ats dé dus brouquéts,
> Dam'zen dou micille se sabets,
> Et s'ats dé boum bin de berge,
> Qu'éms hara sauta leugé
> Et sé n'ats de piquepout
> Qu'ems hara sauta pertout.

Si l'on sert à boire, le chœur chante :

> Dé brabes gens nous qu'am troubat,
> La coulatioun qu'e m'en an dat.
> Et sé benguets pou nouste peys
> Que harem atau medis,
> Et sé benguéts dou nouste coustat,
> Lou rebenche qu'ets sere tournat

Si l'on refuse le vin, donzelons et donzelles chantent avec ensemble :

> Aquéstes gens que soun de poumillès,
> Qu'és bouten las barriques ende jouques,
> Et de tristes géns nous qu'am troubat
> Un cop a béoue n'emz an pa dat.
> Et sé benguén dou nouste coustat,
> Qu'ous harém béoué au barat.

Enfin, le convoi parvient devant la maison de l'époux. Un chœur de jeunes filles se fait entendre à l'intérieur :

> Lou leyt de la nobi qu'es arribat,
> Dé péou dé gat qu'é l'an plégnat,
> De peou dé gat et de bonhoun,
> Lou leyt dé la nobi n'é pas boun

Donzelles et donzelons du cortège répondent aussitôt :

> De péou de gat n'ou l'an plégnat,
> Mé dé boune plume d'aoucat.
> Oh ! tire, nobi, lou leyt fanit
> La nobi t'én porte un mèy poulit.

Ensuite, on descend les meubles qui prennent place

dans la chambre des fiancés. Un bon repas couronne cette curieuse cérémonie qui n'est plus usitée qu'à la campagne.

Le lendemain, mardi, jour de la noce, les invités, dès la première heure, se rendent de toutes parts, dans la maison nuptiale et se font servir une copieuse ration de daube (bœuf à la mode) *afin de bien commencer la journée*. C'est le plat traditionnel en pareille circonstance. Pendant ce temps, on procède à la toilette de la *nobi*. Les jeunes filles regardent comme un honneur de *mettre une épingle à sa couronne*, composée de fleurs et de brillants en verre ou en clinquant.

Ce cérémonial est suivi de l'offrande des *étrennes* qui, du reste, se fait trois fois dans la même journée, avant de partir pour l'église, au retour de l'office et le soir avant le souper. Les donzelons et les donzelles chantent alors :

  Estréam-mé la (ou lou) nobi, las brabes gèns
  Sère la boste qué l'estrecérém.
  Estréam-zé la nobi, brabes goujats,
  Dat pèces blanques et sos marcats.
  Estréam-zé la nobi, brabes garsouns
  Dat peces blanques et escutouns.
  Né gn'aougi pa nat dé prou hardit,
  Qu'éstréy la nobi dat un ardit.
  Gn'aougi pa nat dé prou bitoun
  Qu'éstréy la nobi dat un boutoun.

Lorsque le cortège nuptial est sur le point de quitter la maison, la foule des invités entonne souvent des couplets dont les fiancés sont les premiers à souligner l'*humour* par un sourire :

  Aoun aouèts, nobi, boste esprit,
  Qué ta lèse nobi étz aougits causit,
  Et qué l'aouèts débat lou pé,
  Qu'étz ats causit caoucoum de lè !
  La nobi qué ploure, qu'a mau de co.
  L'estat dé fille qu'ou hè do.

(On répond) :

  L'estat dé fille ne régrète pa
  Qu'a aout lou temps dé l'emplega (1).

Le chœur des chanteurs continue par les couplets suivants :

  Boutat-bous, nobi, la man sou cap,
  Cridats, boun téms, an ès tu dat?

---

(1) Ces mots signifient que l'âge de la fiancée est un peu avancé, qu'elle a presque coiffé sainte Catherine.

> Boutats-le sou cap, boutats-le sou constat,
> Cridats, boun témis, un es tu dat?
> Boutats pallétes sou soula.
> Perdoun la nobi qué ba démanda.
> Perdoun qué ba démanda à soun pay,
> Perdoun que ba démanda a sa may.

(La fiancée s'agenouille et demande pardon.)
Le chœur reprend :

> Soun pay qué la perdonne de boun co,
> S'én ani la nobi, sé n'ana s'en bo.

Le convoi de la noce entre alors résolument en marche et chante :

> Nous bézem la gléyse et nou pa l'auta
> Doun la nouste nobi ba espousa.
> Quan sietz, nobi, au bénitié,
> Tirats aouan, nou pa en darré.
> Quan siits deouan l'auta,
> Qué préguérats Diu nou pas canta.
> Et quan siits au baranglat (balustrade),
> Qué clucherats lous oueils, qué bacherats lou cap.
> Quan zé démandin dé bailla la man,
> Qué bacherats lous oueils au capéran.
> Quan sé démandin dé bailla lou dit,
> Qué bacherats lous oueils à Jésus-Christ.
> Anem, nobi, qué cau parti,
> Enta la gleyze dise oui.
> Qué cau parti qué cau ana
> Enta la gleyze espousa.
> Quan se démandin, nobi, sou bouléts,
> Né disits pa qué n'at sabéts.
> Dizats qu'iobé hardidemén.
> S'en soun counténs lous bostes paréns,
> S'én é countén lou boste pay,
> S'én é countente la boste may.

(La nobi répond) :

> Et qu'én siin ou qué n'én siin pa,
> Qu'e souy assi, qué bouy éspousa !...

Lorsque le cortège est parvenu devant l'église, les donzelles distribuent des fleurs à tous les invités, mais moyennant rétribution.

Le père, la mère, le parrain et la marraine des fiancés portent une ceinture blanche. C'est un large ruban blanc disposé autour de la taille pour les femmes. Les hommes le placent à leur bras.

La *nobi* prend aussi la *cinte* (ceinture) au moment d'entrer dans l'église. Au premier donzelon revient l'honneur de la lui passer autour de la taille. S'approchant respectueusement de la jeune fille, le béret à la main : « *Escuzats. nobi. qu'éts bau cinta,* » dit-il Et les donzelles chantent alors des couplets commençent par ces mots :

> Cintam /e la nobi, dounzeloun fanit,
> Quan l'augits cintade, qu'é serats ouarit.
> Be sérats ouarit. sé dit lou pay dé la nobi,
> Bé sérats ouarit, sé dit la may de la nobi.

D'autres chants succèdent à ces refrains, avant d'entrer dans l'église, où le cortège va prendre place. Les deux époux se rendent à la Sainte Table, accompagnés, chacun, de leur père et de leur marraine, et l'office commence. Des donzelons restés à l'extérieur déchargent leurs pistolets en signe de réjouissance, pendant la cérémonie.

Suivant une tradition très respectable, les époux, après avoir signé l'acte de leur mariage, dans la sacristie, demandent au prêtre la messe du lendemain, afin d'attirer les bénédictions du ciel sur leur union. Mais s'ils sont veufs l'un et l'autre, la messe doit être dite pour les défunts des familles des deux mariés (1).

Dans tous les cas, le convoi nuptial se reforme aussitôt en chantant :

> Qu'etz arremèrciem, moussu curè,
> Qu'ems atz hèyt l'aunou qui m'oun cale.
> Moussu curè, qu'étz arrémerciam
> Qu'éms atz hèyt l'aunou qu'ims méritam.
> Moussu curè, dou chapèou nau,
> Qu'étz atz gagnat lou bèt journau.

Lorsque le cortège est parvenu devant la maison des jeunes mariés, dont la porte est ornée d'une énorme couronne, fixée au linteau. les donzelons de la nobi chantent ce couplet :

> Aurits, nobi, lous poui laus d'argen,
> La richesse qu'ets éntre diguen.

---

(1) Les invites chantent, parfois, dans ces circonstances.
  Digam mous la messe, moussu cure lou bénarit
  Digam mous la messe per un boun ardit
  Digam mous la mèsse, moussu lou Capeian,
  Digam mous la messe qu'étzé pagueram

Refrain: Obétz paguéram, sé dit lou pay dé la nobi,
  Obé tz paguéram, se dit la may de la nobi. Etc.

Les donzelons du *nobi* se hâtent de répondre :

> La richésse qué podets aoue,
> Mé la nobi ne bau pa arre.
> Et s'ende hiala, s'én èrem pouduts sérbi,
> L'aurem pa mégnade dé ouéy aci.

Les portes de la maison s'ouvrent en ce moment et un balai, couché par terre, se montre aux regards de la fiancée qui doit faire un bond pour le franchir, d'après une règle du cérémonial des paysans. Quels sens attache-t-on à cette étrange pratique ? Personne n'a pu nous l'indiquer.

Maintenant va commencer une cérémonie tout intime, devant la porte de la maison nuptiale. Là, s'asseoient ou bien se tiennent debout les fiancés. Les invités et les voisins s'avancent respectueusement vers les époux et leur offrent une étrenne, après les avoir embrassés (1). Le chœur des chanteurs fait entendre de joyeux refrains pendant ce temps. En voici quelques couplets :

> Adare que l'as, gentiu gouyat,
> La fille qu'as tan desirat.
> Ne siis pas tan malurous,
> Dé ha coum hèn dautes espous,
> Qué malaséchen l'ore e lou moumén.
> D'onn réceboun lou sacremen.
> Aymats-le bien de tout boste co,
> Aco sera so que Diu bo.
> Aymatz-le coum bous médis,
> Diu qu'étz dera place au paradis.
> Lou paradis qu'e ta plasen,
> Las portes d'or, los claus d'argen.
> N'ey ta plasén, n'éy ta poulit,
> N'a résséimblence à Jésus-Christ.
> Qué ta plasen, qué ta poumpous.
> J'estoussim, nobi, jou et bous.
> Que l'y bam béze ye trouba.
> La Sente Bierge sur l'auta.

Enfin, l'heure du repas étant venue, on se met à table, au chant d'épithalames entraînants ou de couplets bachiques souvent terminés par des vers de ce genre :

> Aqueste taule, que ta plan ba,
> Lou pay dé la nobi que la hè ana.
> Aqueste taule que ba plan,
> Et qu'és la noce d'un paysan.

(1) Les étrennes sont reçues par les donzelles placées auprès des fiancés et armées d'une écuelle pour recueillir l'argent.

> Quan séré la d'un Segnou,
> Né séré pas én désaunou.
> Minjats, bénjats, géns dé boun co,
> Gracis à Diu, moun hè pas do.
> Quan minjérats dinca douman,
> N'ém-s harats pas manca de pan,
> Qu'an béouerats dincau matin,
> N'em-s harats pas manca dé bin.

Le menu du repas varie, c'est évident, suivant la fortune des mariés, mais c'est toujours un choix exceptionnel de bons morceaux et de vins recherchés.

Vers la fin du dîner a lieu la cérémonie du *jougla*. C'est le nom d'un gâteau porté sur un plat par les donzelles qui, s'avançant vers la fiancée, la saluent en chantant :

> Nobi, qu'ets bénguem saluda,
> Aurits la bousséle et pagats lou *jougla*.

S'adressant, ensuite, au père de la jeune épouse, elles ajoutent :

> A bous, pay de la nobi, qu'ets bénguem saluda,
> Pér auri la bousséte, pér paga lou *jougla*.

Le même refrain est répété devant la mère, les parrains, marraines et autres parents du jeune couple. Tous jettent de belles pièces blanches dans l'escarcelle des donzelles formée au moyen de deux écuelles renversées l'une contre l'autre de manière à ménager une petite ouverture par laquelle passe l'argent destiné à la tire-lire improvisée.

Le *jougla* (massepain) devient, enfin, le lot des jeunes mariés, tandis que la salle du festin retentit de couplets bruyamment entonnés, de la façon de celui-ci :

> Tringuem, tringuem, tringuerejem,
> Qu'am la nobi e méy l'argén.

C'est le signal de la fin du repas. Déjà de toutes parts se font entendre ces versets :

> Sourtits de taule, lous entaulats,
> Qn'ey benguérets came-plégats,
> Came-plégats e regue crouchits,
> Réssemblerétz gagne-petits.
> Sourtits déhore, anatz dansa,
> Lous serbissiaus que bon dina.

Refrain: Qué bon dina sé dit lou pay dé la nobi,
Qué bon dina, se dit la may de la nobi.

Le bal commence bientôt, au son de la **vielle**, de la **guimbarde**, du **violon** ou d'un assourdissant **cornet à piston**, et la danse continue jusqu'à l'heure du repas du soir, auquel succèdent de nouveaux amusements souvent couronnés, vers minuit, par un bruyant *réveillon*. Nous ne décrirons pas cette récréation nocturne, parfois trop érotique. Les familles chrétiennes s'appliquent, avec raison, à la rayer du cérémonial de leurs fêtes nuptiales.

Le lendemain, les réjouissances reprennent, à table et dans la salle du bal, avec un entrain tout nouveau, car la noce dure deux jours, au moins.

La lune de miel, une fois passée, il arrive souvent que des points noirs se montrent à l'horizon du ménage. Alors, ce sont de violentes scènes intérieures, où la femme prendra peut-être le rôle du mari. Malheur à celui-ci lorsque, franchissant le seuil de la porte d'un débit de boisson, il ira dépenser follement les petites économies de la famille! Pénétrant hardiment dans la salle du jeu, l'épouse indignée ne craindra pas de porter une main fiévreusement crispée sur la figure de son époux qui deviendra l'objet de la risée publique.

Une joyeuse comédie populaire est aussitôt organisée: c'est l'*Azouade*. Le mari outragé doit, le dimanche suivant, prendre place sur un âne, la face tournée vers la queue de l'animal qui lui sert de monture. Des jeunes gens conduisent la bête par la bride et un groupe de jeunes filles armées de verres et de bouteilles distribue à la foule de larges rasades de vin. Le cortège suit une sorte d'étendard sur lequel s'étalent, sur des fils symétriques, les cartes d'un jeu complet alignées avec art.

Le convoi parcourt ainsi la ville et les faubourgs, en chantant des couplets sur un rhythme connu, dont la foule redit le refrain avec ardeur. Citons quelques vers seulement :

> Jouanicot, n'ès pas à plagne, qu'en ères abertit,
> S'anaoues béoue u pinte qu'én sérés esgandit (assommé).

Refrain: Au trot, au trot, l'ase qué courréra sé pot.
Au trot, au trot, en l'aunou déquét palot.

> Aquere biéille lèse, machère dé biuloun,
> Qu'a trucat lou sounchomi à triple carrilloun.

Refrain: Au trot, au trot, l'ase qué courrera sé pot.
Au trot, au trot, en l'aunou déquet palot.

Lou mitroun qu'és un biabe homi, mè qu'és unt tchic trop lè,
Qu'espiaoue la dispute p'ou traouc dou banérè.

Refrain: Au trot, au trot, etc.

Lou Béroy qu'és un brabe homi, espèce de moussu,
Qu'a'n traouc à las culottes, qué muche lou coué nu (1).
Etc., etc.

La nuit met fin à cet étrange amusement.

La foi de nos populations se manifeste en toute circonstance. Tantôt, c'est dans un pèlerinage aux sanctuaires d'alentour, tantôt, c'est dans les pratiques suivies dans la famille. La ménagère n'entamera jamais un pain sans le marquer du signe de la croix. Le mari, en prenant l'outil destiné aux labeurs du jour, place son travail, par une courte prière, sous la protection du ciel. Et l'enfant bien élevé n'oublie jamais ses devoirs de chrétien, le matin et le soir.

Superstitions. — Toutefois, la superstition se mêle, en certains cas, aux croyances religieuses de la foule.

La mère, après avoir fait réciter sur son fils l'oraison de saint Loup, à Castex, pour le *préserver de la peur*, n'hésitera pas à compléter l'œuvre de la grâce en plaçant *l'enfant sur l'épaule d'un ours, dans une ménagerie*. Le procédé est souverain, lui ont dit les commères.

Le père sera glacé d'effroi pour toute la journée, si, faisant sa prière, le matin, il a découvert sur le mur mal tenu par sa femme, une *araignée* en train de tramer sa toile pour se procurer le butin du jour !

L'enfant qui renverse la salière ou fait tomber le verre, à table, doit redouter un malheur dans la journée. D'ailleurs, ne craignez pas de le voir s'exposer au rhume, en ôtant sa chaussure trop tôt pour marcher nu-pieds dans la boue de la place ou traverser l'eau du chemin, à l'époque du printemps, jusqu'au jour où le *coucou* aura fait résonner le bocage voisin des notes malsonnantes de son grotesque chant. Sa mère lui a dit qu'il ne serait à l'abri de tout mal, en marchant nu-pieds dans la fange ou sur la route humide, que lorsque le *coucou aurait chanté*.

Aussi, la joie est-elle grande parmi la jeunesse écolière, lorsque, au retour du printemps, une personne digne de foi prononce la formule consacrée : *Lou coucut k'a cantat!* Souliers, sabots, patins, s'échappent des pieds, comme par enchantement, et vont prendre un long repos, sous une vieille armoire, dans un recoin de la maison.

Tous ces petits meubles ne seront remis en usage, sauf les cas où la décence l'exige, pour les offices, par exemple, qu'à la fin de l'automne.

(1) Il y a ici une variante que la décence ne permet pas de reproduire.

Savez vous pourquoi cette jeune fille s'applique avec tant de soin à éplucher la pomme qu'une bonne vieille affectueuse vient de glisser amicalement dans sa main ? Elle redoute le *mal donné!* (*lou mau dat!*) On lui a dit, en effet : « Défie-toi de la vieille, on l'.. vue au *Sabbat!* Elle est sorcière (*pousouère*). Or, c'est pour séduire les enfants, les attirer dans ces diaboliques assemblées qu'elle fait des largesses... »

Le *Sabbat!* ce mot fatidique reporte la pensée de l'enfant comme de l'homme fait de nos pays vers la *lande communale*, l'antique *padouen* de Monguilhem. C'est là, dit la superstition, que les sorciers s'assemblent; c'est là que s'accomplissent leurs échevelées sarabandes ! N'est-ce pas en cet endroit que se rendait tous les mois le berger de *telle maison*, monté sur un *balai*, devenu sa monture ? — N'y a-t on pas introduit par surprise *telle* jeune fille modeste et vertueuse qui, se voyant en péril, fit un signe de croix et dissipa, soudain, les sorciers assemblés ? — Enfin, n'est-ce pas aux sorciers du pays qu'il faut attribuer les infectes *larvæ dæmonum* (excréments diaboliques), aperçues en symétriques rangées au milieu des bruyères écrasées par les pieds des danseurs, de la *Lande Commune!* (*Lane coumune*.)

Le récit serait long, si l'on voulait conter tous les prodiges accomplis sur ce plateau, où l'imagination laisse apercevoir à plus d'un voyageur attardé dans la nuit, le sabot gigantesque du *Juif-Errant* qui passe, ou fait entendre en plein jour, le dimanche, pendant la messe paroissiale, le cor du *Roi Artus* qui chasse (*Réy Dartus*) ou l'aboiement prolongé de sa meute de chiens.

On sait que le *Roi Artus* fut condamné à chasser éternellement dans les airs, pour avoir préféré à la messe ses exercices *cynégétiques*.

N'est-ce pas ce qu'on raconte le soir devant l'âtre du logis, lorsque le père faisant l'éducation superstitieuse de son fils lui apprend à redouter la funeste influence de la *lune* sur les *choux et les légumes* plantés *tel* jour du mois plutôt que *tel* autre, ou à craindre l'insuccès du blé nouvellement ensemencé, s'il fait rôtir des châtaignes avant la fête des Morts, le lendemain de la Toussaint ? Les châtaignes cuites ainsi sous la cendre chaude ou dans une poele percée d'orifices circulaires portent le nom d'*iroles*.

Les *iroles* ont les honneurs de la table, à partir du jour des *morts*, et sont arrosées de copieuses libations de vin nouveau qui excite la verve des conteurs d'aventures merveilleuses parmi lesquelles il faut surtout citer les relations avec les *fées*.

Les *fées* ont les sympathies de la foule. Certaine femme les a vues un jour lavant leur linge dans la fontaine du lavoir public de Monguilhem. Interrogées par elle, *les dames blanches* ont disparu dans l'épaisseur des bois voisins de la Barthe. Là, une bergère indiscrète les mit en fuite bien des fois en les consultant sur les propriétés de l'aune et de la feuille de l'ormeau. Autant les mères aimeraient les voir se pencher sur le berceau de leurs enfants pour les toucher de leur baguette enchantée, qui présage le bonheur, autant elles tremblent de voir paraître à la porte de la maison, le soir, au milieu des ombres de la nuit, l'affreux *loup garou*, messager de malheur.

Le monstre n'a-t-il pas pénétré dans telle ferme un soir par le trou de la serrure ou la lucarne d'un contrevent? Aussi, la mère vigilante s'efforce-t elle de l'éloigner par un talisman toujours efficace, une branche de *fenouil* placée dans la fente ou l'orifice familiers au mauvais esprit auquel la foule donne parfois le nom de *Mandagot*.

Le père moins patient, plus courageux surtout, s'armera du fusil pour mieux protéger la famille contre l'atteinte pernicieuse du famélique visiteur qu'il crible de ses coups dès qu'il le voit à sa portée. Souvent, la balle bien dirigée a frappé l'importun visiteur et le sang a coulé. Le lendemain, dès l'aube du matin, l'intrépide chasseur court à sa proie. Victoire! criera-t-il, en apercevant la traînée de sang laissée par la victime, victoire! Cette fois je tiens le loup-garou! Suivant donc la piste rougie par la bête foudroyée, il est conduit dans une lande écartée, dans un champ de blé jaunissant, où soudain il recule d'effroi!

Que s'est-il donc passé? Le cadavre d'un chien, d'un porc, d'un mouton égaré gît là sur le sol couvert de blessures et sans vie. C'est bien le *mandagot* qu'il a voulu frapper. N'essayez pas de le convaincre que la bête abattue était le chien errant ou l'animal perdu d'un voisin éloigné qui vient le réclamer. Le *loup-garou* s'en était affublé pour exercer ses diaboliques enchantements sur sa femme et ses enfants.

Un soir, ne l'a-t on pas vu sous la forme d'un bouc descendre lentement par le conduit de la cheminée et porter la terreur au sein de la famille assemblée pour une danse inoffensive entre garçons et filles du hameau? La cheminée est la large voie que le monstre suit de préférence lorsque, dans un orage, il veut effrayer le quartier en fondant sur les habitations sous l'aspect d'une *lame* de feu qu'on nomme le *tonnerre*.

Aussi, voyez la précaution du chef de la maison !... A peine le ciel s'est il assombri dans un moment d'orage et les nuages ont-ils répercuté deux ou trois fois les sourds grondements d'une longue étincelle invisible produite dans les hautes régions de l'atmosphère, il s'arme du fusil, s'installe dans l'âtre privé de feu pour un instant, et décharge son arme sur l'horrible nuage qui porte dans ses flancs l'ennemi du foyer.

L'orage se dissipe bientôt. Le voisinage s'assemble. On cause avec animation du succès obtenu. On n'ose pas trop cependant s'en attribuer exclusivement le mérite. Des amis éloignés, en effet, ont aperçu au milieu des nues un prêtre bienfaisant qui dirigeait la grêle pour en régler sagement les effets et la faire tomber sur un bois *inconnu*, dans une lande *sans nom*.

Le prêtre est naturellement d'un pays très lointain, car celui du village pourrait établir son *alibi*, puisque au moment de l'orage il priait à l'église avec un groupe d'âmes pieuses, afin de détourner la colère de Dieu de la paroisse confiée à sa sollicitude.

L'action du prêtre n'est pas seulement efficace en ce cas. Voyez-vous ce moribond luttant avec effort contre son mal dans les étreintes d'une agonie prolongée plusieurs heures? Il ne pourra mettre un terme à ses souffrances intolérables que si le pasteur — plusieurs commères en donnent l'assurance. — vient le délivrer de la vie par la récitation d'une prière spéciale bien différente de celle des agonisants.

Seul, le prêtre pourra débarrasser la maison d'esprits *frappeurs* qui viennent troubler le sommeil des parents du défunt en réclamant des prières promises.

Seul encore le pasteur pourra assouvir d'une manière sûre la haine de *ce* voisin contre *cet* autre, en disant une *messe d'Escuminge* (excommunication) ou de *saint Sécart* (qui fait dessécher). Et l'importun suppliant ne renoncera à son noir dessein que si le curé, pressé par lui, répond avec esprit : « Je ferai ce que vous dites, mon ami, mais songez-y : si c'est vous le coupable, la messe n'aura d'effet que sur vous : la mort est assurée. » — « N'en parlons plus! » s'écriera le solliciteur conseillé par le *devin*. Il fuit à toutes jambes, il disparaît bientôt comme si, à l'exemple de Mercure, il portait des ailes aux talons.

Nous venons de nommer les *devins*. Voilà le grand oracle de nos populations. On en distingue deux sortes : les *devins nomades* et les *devins indigènes* ou du pays. Les deux catégories méritent un égal intérêt. Tous sont d'effrontés imposteurs.

Devins nomades. — Une large et lourde voiture, sorte de wagon de voie de terre, traînée par deux vigoureux chevaux, vient de prendre place sur les allées publiques. La plus célèbre *somnambule* de Paris, la *tireuse de cartes* la plus fameuse, du Nouveau-Monde, dit à la foule ébahie un impudent arlequin, se trouve, par hasard, de passage dans la localité. Dédaignant les avances d'un roi puissant d'Asie et même les promesses d'un grand nombre de princes de l'Europe, la bienfaisante magicienne vient répandre à pleines mains parmi les pauvres et les petits attachés à ses pas les faveurs de sa science surnaturelle.

Elle n'ignore rien du présent, tous les secrets de l'avenir lui sont connus! Qu'on vienne en toute hâte, l'illustre nécromancienne, dévorée du besoin de secourir l'humanité souffrante, n'a que quelques heures rapides à consacrer à chaque ville !

Vite on s'empresse, on s'entasse autour de la voiture enchantée où tout prêche la puissance de la Pythonisse qui l'habite.

Voyez! Une petite colonne dressée à droite de la galerie qui précède le char mystérieux est dominée par un bocal de cristal rempli d'eau sur laquelle flotte un personnage en émail soutenu par un globe muni d'une petite ouverture. A la voix toute-puissante de la magicienne qui agite sa verge divinatoire, le *bonhomme* descend au fond du vase. — « Qu'il remonte! » lui crie la foule pour mieux s'assurer de son autorité sur la nature. — « Vous le voulez? » répond la Pythonisse. Eh! bien, soit, et l'émail remonte à la surface.

Le bocal enchanté est simplement un *ludion* dans lequel on comprime l'eau en pressant avec le pied une boîte remplie d'air munie d'un tube en caoutchouc déguisé dans le support de l'appareil.

« Si je veux, ajoute la nécromancienne, les flammes brûleront la main du téméraire qui voudra gagner, en y portant la main, ce louis de vingt francs » jeté sur un carreau étincelant établi dans l'angle de sa galerie. Un auditeur, alléché par l'appât, se précipite vers la table, place un pied sur une plaque qu'on lui montre et tend une main fiévreuse vers la pièce qu'il convoite.

Un cri déchirant part aussitôt de sa poitrine. La flamme

vient de jaillir sous sa main repoussée avec violence; le louis n'est pas conquis! Mais la multitude qui n'a pas vu le secret de la batterie électrique déguisée à ses yeux, crie au miracle et la place est prise d'assaut. Nul doute, la magicienne est au moins fille des dieux.

Elle rentre dans sa maison roulante, prend place sur un fauteuil commode tandis que son pied repose sur le trépied traditionnel, et la foule des nigauds vient lui demander, moyennant une pièce brillante, la révélation de secrets qu'elle ne connaît pas. Tout ému, ce jeune homme écoute les phrases ambigues de la nécromancienne qui feint de lire dans les lignes de sa main, et lui fournit *le moyen infaillible* de conquérir les cœurs.

Cette jeune fille, aveuglée par le bandeau même qui cache les yeux de la devineresse, désire savoir si la fortune veut, enfin, sourire à ses projets pour l'avenir. — « N'en doutez pas, » dit la mégère, « je vois assis au seuil de votre porte celui qui doit bientôt combler les vœux de votre cœur en répandant une pluie d'or sur vous et vos enfants. »

« Et moi, dois-je guérir un jour de ma cruelle maladie? » interroge à son tour un troisième paysan. — « O mortel fortuné, répond l'enchanteresse, vous êtes l'enfant chéri du ciel! Plongez votre main dans ce sac, retirez un billet cacheté que vous lirez demain, aux premiers rayons du soleil levant. C'est le remède à votre mal. »

Le bras tremblant, le jeune poitrinaire enfonce ses doigts crispés dans le sac merveilleux. Il ramène une petite enveloppe fermée avec soin qu'il se hâte de cacher dans son gousset pour mieux la protéger. La nuit, il ne dort pas. Il rêve au bonheur du lendemain. Le soleil est encore à 60 degrés au-dessous de l'horizon et, déjà sur pied, le malade va et vient dans sa cour. Il attend que le premier rayon du soleil ait doré le sommet du plus haut chêne de la forêt voisine pour ouvrir son précieux bulletin.

Enfin, voici l'aurore! Vite, il déchire l'enveloppe et son regard illuminé par les premiers feux du matin lit ces mots étonnants : « *Philtre des cinq parties du monde.* — Prenez un gramme de peau de serpent boa, ajoutez-y deux grammes de sang de phénix desséché au soleil et versez sur le mélange une once de lait de chauve-souris. Prenez gros comme un pois de cet onguent et frictionnez votre sein droit *jusqu'à épuisement.* »

A cette vue, les espérances du malade se transforment en rage, mais la nécromancienne a disparu et les naïfs, craignant les dérisions de la police, n'osent pas élever la voix contre les exploiteurs de la crédulité publique.

Devins indigènes. — Confidents des familles des sots, ces bizarres personnages, qu'on ne croirait plus de ce siècle éclairé, laissent partout des victimes sans nombre. Ils font si peu mystère de leur *science occulte*, qu'on vient à eux de toutes parts. Des services réguliers leur amènent même des clients des pays éloignés.

Entrez dans cet appartement, à peine éclairé par la lueur d'une lampe établie sur un bocal où se dessinent les anneaux écaillés d'un reptile hideux nageant dans un large bain d'alcool. Un livre grand ouvert s'étale sur la table, dominé par une verge noire.

Au fond du sanctuaire, voyez le *devin* affublé d'habits presque sacerdotaux. Une méchante étole pend de son cou sur une robe de lin; une toque orientale en pointe s'élève sur son front. Il a toute la majesté d'un imposteur et la suffisance d'un sot. Sait-il lire? On en doute, malgré les années de prison que lui valut l'*usurpation d'un titre d'officier de santé*, grâce au concours d'un carabin flétri par la justice dans une Faculté de l'Etat.

Il est là prêt à rendre ses oracles. La foule assiège son cabinet.

Un client entre par une porte dérobée et se présente devant le magicien qui s'arme de sa verge : — « Jeune homme, dit-il au visiteur, je vous défends de parler. Je sais tout, je connais tout. (Une simple cloison en papier le sépare de l'appartement contigu où un compère du devin a fait jaser tout haut l'étranger, sur le motif de son voyage et la cause de sa consultation.) Je lis votre chagrin sur votre front, mais ne craignez pas. Les 2,000 fr. qu'on a soustraits effrontément de vos tiroirs ne sont pas perdus, pourvu *cependant que l'argent n'ait point changé de main*. Mais le temps presse. Il faut agir sur l'heure. Vous connaissez les puissants effets de la messe en cette circonstance. Faites célébrer sans retard *sept neuvaines de messes, toutes en même temps*, et les 2,000 francs reparaîtront...

» Mais vous êtes embarrassé, je le vois, vous ne sauriez choisir les célébrants, car tous les prêtres n'ont pas le *même pouvoir*.

» Vous savez mes relations avec les PP. de L... Ils poussent la complaisance jusqu'à me prêter un de leurs religieux pour inscrire les messes. Je vais donc l'appeler et vous lui confierez vos intentions dont l'honoraire ne peut être fixé à moins de TROIS FRANCS. »

A peine a-t-il achevé de parler, le devin fait un signe avec sa baguette et soupire deux mots devant le paysan ahuri de tant de science. Une porte s'ouvre au fond du cabinet. Voici venir un compère vêtu d'une soutane. Son air modeste, le chapelet qu'il égrène rapidement le recommandent au client, dont la main cherche au fond d'un gousset des pièces d'or brillantes qu'il fait sonner, en les comptant, dans la main du voleur.

Le tour est joué. — « Jeune homme, retirez-vous, » dit l'augure, et d'un geste il lui montre la porte.

On attend huit jours, quinze jours, l'argent perdu ne revient pas ! *Il avait changé de main !.*

Un autre jour, c'est une riche campagnarde qui sollicite les lumières du devin pour retrouver un superbe anneau nuptial enrichi de brillants, enlevé depuis peu de son écrin de noces. — « Soyez sans inquiétude, madame, a dit le magicien, la bague n'est pas perdue... Je la vois... Réclamez-la, en rentrant, vous la retrouverez. »

De retour au logis : — « Coquins, dit la paysanne aux domestiques assemblés, je sais maintenant qui m'a volé la bague !... Malheur au coupable, le devin est informé... » Pris d'un remords soudain, l'auteur du vol profite des ténèbres de la nuit pour courir en toute hâte auprès de l'augure et lui demander grâce, car il redoute ses maléfices. — « Je connais le voleur, lui dit-il tout effaré, au nom du ciel, gardez le secret. Voici l'anneau et recevez 20 fr. pour le faire trouver à ma maîtresse. » — « C'est entendu, » reprend le devin, mais faites ce que je vais vous dire. » Puis, rendant la bague, il lui donne des instructions très précises et se remet au lit, tandis que le valet rosse le cheval de ses maîtres pour rentrer à l'aurore au logis.

Dix heures viennent de sonner à l'horloge de l'église. Un personnage traîné par deux chevaux entre dans la cour de la paysanne dupée. — « Madame, dit le visiteur s'adressant à l'hôtesse, depuis hier je ne dors plus. Les rubis de votre bague éblouissent mes yeux. Ne les voyez-vous pas ? » — « Que dites-vous, mon Dieu ? Mais non, je ne vois rien. » — « Vite, je n'y tiens plus, dit le devin, assemblez ici toute la volaille de votre basse-cour... Mais non, c'est inutile. Voici l'anneau qui vient à nous. »

Une joyeuse bande de canards a entendu la porte s'ouvrir ; elle accourt pour recevoir sa pitance habituelle du matin. Un énorme canard d'Inde marche en tête du troupeau. — « Prenez l'anneau, madame, le voilà, dit le magicien en montrant le canard. » — « Je ne vois rien, dit la paysanne. » — « Encore ? Eh bien ! frappez cet animal, faites-le mettre à mort, la bague est dans son estomac, les éclats de ses feux m'empêchent de le voir. »

Sur un ordre de la maîtresse une servante éventre le canard. — O prodige ! la bague brille, en effet, au milieu de quelques grains de millet fraîchement engloutis et servis à propos par l'auteur du larcin qui, en gorgeant la bête au moment convenu, lui a glissé dans l'œsophage l'anneau de sa maîtresse.

Miracle ! s'écrient les assistants. Miracle ! répète la foule accourue à la nouvelle du prodige. Et les cent bouches de la Renommée portent au loin la réputation du devin qui, marchant de triomphe en triomphe, finit par aller s'asseoir sur les bancs de la police correctionnelle pour payer à la justice le tardif châtiment de ses escroqueries !...

CHAPITRE II

COMMERCE. — INDUSTRIE. — MONNAIES. — POIDS. — MESURES. — AGRICULTURE

§ I — Commerce, — Industrie

Lorsqu'un chercheur a la bonne fortune de mettre la main sur le *Livre de raison* d'un boutiquier du seizième siècle seulement, on regarde sa découverte comme précieuse pour l'histoire, parce que le marchand, dont on surprend les secrets de famille dans les pages de son journal, place sous les yeux du lecteur le tableau des multiples produits qu'il entassait dans ses rayons à une époque reculée. Il y a, de fait, dans ces révélations inattendues sur un monde qui n'est plus qu'un vague souvenir, des détails piquants sur les coutumes, les usages, les produits, les mœurs, d'un siècle oublié.

Mais, nous l'avouerons très simplement, ce qu'on admire dans ces âges lointains, nous l'avons partout sous les yeux à cette heure. Le magasin du plus humble boutiquier de Monguilhem est la modeste réduction des *Magasins* d'un *Louvre* ou d'un *Bon Marché* de Paris, quel qu'il soit.

Le livre de comptes du marchand d'à présent offre, au moins autant de variété que celui du négociant du moyen-âge. Les noms et les espèces des produits peuvent avoir changé, au lieu de les écrire en langue patoise, on les mentionne en français, c'est tout. Pour mieux nous en assurer, pénétrons dans les magasins d'un *épicier* de notre ville.

A côté de la spécialité connue sous le nom d'*épicerie*, et dont le fonds est assez limité, nous voyons paraître à nos regards les produits les plus divers des cinq parties du monde! Nous sommes dans un *bazar universel!*... Et le magasin n'est pas grand!...

—Voulez vous de la marée? Choisissez dans le rayon des conserves d'Amérique : *sardines à l'huile, saumon, merluche*, etc., tout se présente en un clin-d'œil. — Désirez-vous des céréales? Le maïs, le riz, les millets de tout ordre, les pommes de terre, les graines de lin, de betterave, de navet, de trèfle, de sainfoin, sont là, sous votre main. Vous y avez aussi le vin cédé à *pot et pinte*, le vinaigre, l'eau-de-vie, l'alcool, les trois-six, etc., vendus au litre.

Le serrurier, le menuisier et le charpentier peuvent s'approvisionner des articles de quincaillerie qui conviennent à leur profession. La ménagère vient y choisir ses ustensiles de cuisine, depuis la vulgaire cafetière en terre cuite jusqu'au fer à repasser, jusqu'à la crémaillère.

Le marchand tient de la *poudre* et du *plomb* à la disposition du chasseur qui peut acheter, avant de s'éloigner, des sabots en tout genre, des brodequins haut montés. La *cordonnerie*, en effet, cotoie ici le *blanc*, la *mercerie* et la *draperie*.

Depuis le *soulier Richelieu* jusqu'à la *pantoufle feutre* noire ou grise, en passant par la *botte à boutons*, la *bottine à crochets* et l'humble soulier de veau ou de drap noir, toute sorte de chaussure sollicite l'attention du visiteur et provoque l'envie de l'acheteur.

Si le regard s'élève un peu plus haut, d'énormes paquets de *toiles pur fil*, de *cotonnades*, d'*étoffes damassées*, s'offrent à sa curiosité, au-dessus d'un riche lot de *mouchoirs de couleur*, de *rayures et quadrilles*, de *finette* ou de *molleton-pilou*.

Les *bas, chaussettes, caleçons*, coudoient d'ailleurs familièrement les *coutils fil*, le *bonnet de coton*, les *percales* et cretonnes, tandis que la *draperie* et les *flanelles* s'harmonisent sur un autre point avec les *sergés*, la *norvégienne* ou autres cheviottes composant le rayon des *lainages*.

Mais voici le petit comptoir de *parfumerie* avec sa *poudre de riz*, sa *pommade*, ses *cosmétiques*, son *eau de toilette*, la *brosse à tête*, à *habits* ou à *dents*. Nous pouvons y choisir une *glace*, un *démêloir*, une éponge, un *rasoir*.

Les *articles de bureau, papier, encre, serviettes, buvards, plumes de toute sorte*, se mêlent à la *librairie classique et religieuse*, sur un autre rayon, où nous apercevons les *Heures d'Auch*, à côté d'un *Larousse*, un exemplaire oublié du *catéchisme* ancien tout près d'un *manuel civique* ou de l'*abécédaire*.

Et ici, dans ce recoin, n'avons nous pas le *comptoir des articles de Paris ? Bracelets plats, boucles imitation vieil argent, agrafes pour ceintures, broches nouveauté, cadres, bénitiers*, chaînes de *montre, porte-monnaie, crucifix, nécessaires*, se mêlent, se confondent avec les articles d'*horlogerie* ou de *voyage*. Les *services de table* y sont représentés par des modèles *bon marché* de *couteaux* de *table*, à *dessert*, de *sucriers* et de *salières*. Les *jouets d'enfants, poupées, soldats de plomb, paumes, boules* et *quilles* précèdent les vitrines où s'entassent les produits si divers de la *bonbonnerie, confiserie* et *pharmacie*.

La *droguerie* même y a ses articles courants de *chimie : acétates, potasse, noir animal, terre pourrie, tripoli, nitrates, sulfate de magnésie*, etc.

Rien de plus varié, on en conviendra, que les articles du magasin de nos modestes épiciers, dont le négoce embrasse tous les produits indigènes et étrangers. Pour le *commerce local*, il se borne aux transactions sur les denrées de nos terres : *vins, eaux-de-vie, légumes, animaux*.

L'*industrie* n'a pas non plus un rayon étendu. A part la *tonnellerie*, qui fournit la futaille au commerce étranger, nous n'avons guère à signaler que la *distillation des vins*, étudiée un peu plus loin, au paragraphe de l'*Agriculture*. La *distillation* se produit au moyen de puissants *alambics* en cuivre principalement construits dans les *ateliers particuliers* de MM. Verdier et Cazauran. Nous les ferons bientôt connaître.

Signalons, en attendant, l'existence à Monguilhem de la plupart des corps de métier qu'on trouve dans nos petites villes de province : hôteliers, cafetiers, maçons, boulangers, bouchers, épiciers, forgerons, carrossiers, charrons, menuisiers-ébénistes, charpentiers, drapiers, tisserands, cordonniers, sabotiers, maréchaux ferrants, marchands de vin, de tartres, d'eaux-de-vie, selliers, feiblantiers, zingueurs, chaudronniers, tailleurs d'habits, robeuses, couturières et modistes.

Toutes les transactions s'opèrent *officiellement* d'après le *système métrique légal*, dont personne n'oserait contester la supériorité sur les *systèmes anciens*. Néanmoins, les vieilles locutions touchant les *monnaies*, les *poids*, les *mesures* du moyen-âge sont encore tellement employées dans les relations habituelles, que nous devons les faire connaître avec détail.

§ II — Monnaies, — Poids et Mesures.

Il n'entre pas dans notre pensée d'écrire l'histoire des monnaies en Armagnac. Le labeur serait trop long. Il convient, cependant, de signaler quelques détails au sujet du monnayage si varié que nous avons rencontré dans le cours de ce livre.

Nos paroisses connurent à peu près tous les types usités de monnaie, depuis le denier *élusate* (1) ou *soliate* (2) jusqu'aux menues monnaies de la troisième république française.

Chose étrange ! les pièces romaines, surtout les monnaies de billon, ont eu cours en Armagnac, même au milieu de ce siècle. Les *grands bronzes* étaient reçus pour deux *sous* et portaient le nom de *sorres*, sorte de féminin patois de *so*, *sou*. On acceptait les *moyens bronzes* pour un *sou* et les *petits bronzes* avaient la valeur du *liard*, tandis que les *deniers* étaient pris pour un demi-liard.

Le monnayage impérial a mis une telle obstination à se maintenir dans nos quartiers, que les derniers vestiges oubliés au fond de l'armoire du grand-père ou de la grand'mère servent à déguiser encore, en plus d'une circonstance, la trompeuse largesse de quelque bonne femme, aux offices du dimanche. Que de fois le prêtre, en faisant le calcul de la *quête des pauvres* ou des *âmes du purgatoire*, découvre dans le bassin du marguillier, un *Néron* fruste, un *César* endommagé ou un *Constantin* légèrement patiné ! Sa bourse, en plus d'un cas, doit remplacer par de bonnes valeurs un numéraire démodé qui n'a servi qu'à voiler un faux acte de générosité.

La plupart des monnaies eurent cours dans nos paroisses au moyen-âge et jusqu'au moment où la loi assura

---

(1) Les monnaies élusates qu'on retrouve assez fréquemment en Armagnac, sont de la famille de celles qui composaient les trésors de Manciet et de Laujuzan. Elles sont en mauvais argent. Une tête barbare manquant de précision décore l'une de leurs faces, et l'on découvre sur l'autre un cheval ailé grossièrement dessiné. L'hyppogryphe porte sous le ventre un petit rectangle muni d'un trait vertical. Ces pièces sont antérieures à César.

(2) Les monnaies *soliates*, postérieures aux deniers élusates (d'Eauze) sont souvent ornées d'une louve et portent des légendes qui marquent déjà la domination romaine. On lit, à l'avers le mot *soliota* et le revers porte les mots : RUS ADILIVANUS FF.

pour toujours le triomphe du *Système métrique*, sur les mesures anciennes, dont l'étonnante variété fut un obstacle sérieux aux relations sociales, comme aux transactions du commerce.

Toutefois, c'est la monnaie morlane, il faut le reconnaître, qui paraît avoir joui de la plus grande faveur. La plupart des comptes concernant Monguilhem et Toujouse sont réglés, on l'a vu, avec les monnaies béarnaises. Il ne faut pas s'en étonner. Marca (*Hist. du Béarn*, MDCCXL, p. 306) rapporte, en effet, que « le cours et l'usage de la monnaie frappée à Morlaas (1) estoit receu et auctorisé dans toute la province de Gascogne, jusqu'à ce point que toutes les rentes, cens et devoirs anciens estoient reconnus et payés par les tenanciers et débiteurs, en deniers, en sols et en livres de Morlas. »

Vainement le roi d'Angleterre Edouard, duc d'Aquitaine, fit-il défense à ses sujets de recevoir les monnaies de Morlaas. Il y eut, partout, d'unanimes protestations, en 1289. On fit savoir au monarque anglais que personne, pas même le vicomte de Béarn, n'avait le pouvoir de « changer, hausser et affaiblir sans l'exprès et commun consentement de tous les prélats, barons et communauté de la province d'Aux, aux terres desquels cette monnoye avoit esté communément employée de toute antiquité. »

Mais si l'usage du type morlan put énergiquement persister au moyen-âge, la valeur des monnaies fut sujette à bien des fluctuations, et le monnayage de la plupart des états reçut bon accueil dans nos contrée.

---

(1) Il y avait dans le Béarn et la Basse Navarre trois grands ateliers monétaires : Saint-Palais, Pau et Morlas. Les princes de Béarn exercent le droit de monnayage dès les temps les plus reculés. On connaît la *Charte de Morlas* rappelant la cession consentie par Centulle IV en faveur du prieuré de Sainte Foy, d'une partie de son droit de battre monnaie à Morlas (1058-1088).

Au fait, il serait difficile de dire l'origine de la monnaie morlane. Elle est en honneur au xi⁰ siècle, ce qui prouve qu'elle remonte à une date plus ancienne, car ce n'est pas tout d'un coup qu'une monnaie peut conquérir une si grande faveur et se mettre en si bonne réputation. Marca croit simplement « que les Romains battirent la monnoye de Morlas « les premiers. « Cette monnoye, ajoute-t-il, ayant esté conservée sous les rois Wisigoths et depuis sous les François et Ducs héréditaires de Gascogne, a esté possédée par les seigneurs de Béarn qui depuis Centulle, Gaston III, ont jouy paisiblement l'espace de 600 ans de l'autorité d'y battre sous leur nom et armes, la monnoye d'or, d'argent et billon » Morlas est un chef lieu de canton des Basses Pyrénées. Son atelier monétaire, d'abord seigneurial, devint royal sous Henri IV et disparut avec ce prince.

L'atelier de Pau devint royal aussi sous Henri IV. Il a fonctionné jusqu'en 1794. C'est là que la plupart des métaux de nos églises du Gers furent transformés en monnaie pendant la Révolution.

Saint-Palais fut officine royale sous Louis XIV et n'eut qu'une courte existence. L'atelier monétaire de Bayonne, créé par Charles VIII, au mois de septembre 1488, a subsisté, comme officine royale, jusqu'en 1837.

En dehors des ateliers royaux dont nous venons de parler, il y eut en Gascogne une foule d'officines monétaires féodales, telles que Dax, Auch, Agen, Lectoure (que certains prennent pour Limoges), Tarbes, etc. (Cfr. les divers travaux monétaires de M. Taillebois.)

Suivant les circonstances, le prix des pièces « haussait ou s'affaiblissait. » Voilà pourquoi les textes analysés ou reproduits dans le cours de ce livre ont soin de déterminer la valeur des pièces comptées dans les ventes et les achats. Voilà pourquoi encore, en 1494 (19 août), par exemple, le roi Jean et Catherine publient leur célèbre ordonnance fixant le cours des monnaies étrangères en Béarn et réformant le taux de certaines pièces de monnaie frappées à Morlaas, dont la valeur nominale était fort au-dessus de la valeur réelle.

Le lecteur consultera avec fruit, sur ces points, le *Livre des Syndics des Etats de Béarn*, récemment publié par M. Cadier, dans les *Archives historiques de la Gascogne*. (XVIII° fascicule.)

Dans leurs délibération du 8 janvier 1490 (p. 13), les trois Etats de Béarn règlent le cours des monnaies étrangères en Béarn, et le 20 mars 1494, préludant à l'ordonnance signalée plus haut, le roi et la reine de Navarre déterminent la valeur de l'or et de l'argent, les monnaies et les officiers de la monnaie morlane.

Quand on lit les anciens documents, on est frappé des variations subies par le marc d'argent (1) dans le cours des siècles. Ainsi, en 1160, le marc vaut 0 l. 13 sous 4 deniers. En 1360, 4 livres. En 1407, six livres. En 1457, dix livres. En 1508, 11 livres. Au dix-huitième siècle, quarante-neuf livres 16 sous.

Le comte de Boulainvilliers dit que, sous Philippe-Auguste, depuis 1180 jusqu'en 1223, le marc valait 2 livres 10 sous, et Mezerai assure qu'à l'époque du testament de ce prince, en 1222, le marc ne valait que 40 sous. Sous Saint-Louis, de 1226 à 1270, 2 l. 12 s. 0 d. En 1332, 2 l. 17 s. 6 d.; le 13 juin 1333, il monta à 1 3 l. 10 s. Il fut réduit, le 13 octobre 1343, à 3 livres. On le fit monter, le 14 février 1531, à 14 l. 10 s., et on le réduisit, le 27 mars 1351, à 5 l. 6 s. Le 2 août 1353, il remontait à 13 l. 15 s., pour être descendu, le 26 octobre suivant, à 4 l. 15 s.

Le 7 septembre 1354, on le porta à 12 livres, et au mois d'octobre suivant il ne valait plus que 4 livres 4 sous. Le 29 novembre 1354, on y ajouta 21 sous, 5 livres 5 sous. Puis, tout d'un coup, on le fit monter à 10 livres.

En 1414, le prix du marc était de 96 livres ! En 1593, il était fixé à 22 livres, à 27 livres en 1641. Sous Louis XIV, en 1715, la valeur était de 30 livres, et de 40 liv. en 1716.

---

(1) Le marc se divisait en 12 deniers, et le denier en 24 grains. (*Fragments de Larcher*. — Gr. Sém. d'Auch, N° 11110.

Le 4 mai 1718, il monta de 40 liv. à 60 liv.

Lorsque François de Lucas fut commissaire réformateur adjoint du domaine en Bigorre, il fit un *mémoire* sur la valeur des anciennes monnaies, dont il avait eu connaissance dans son admistration. Il y a quelques erreurs. Cependant, nous donnons en note (1) le tableau qu'il dressa, sauf à le faire suivre d'une seconde énumération, qui paraît plus correcte, à la fin du dix-huitième siècle.

Les nomenclatures qu'on vient de lire sont très importantes à divers points de vue. Elles nous aident d'abord à déterminer la valeur des monnaies mentionnées dans ce volume et à fixer ensuite, d'une manière sûre pour la fin du dernier siècle, la valeur d'une petite monnaie fort usitée jadis : la *baquette*

M. Besselère, curé-doyen de Roquefort, a étudié cette monnaie dans un travail sur *Sarbazan (Bulletin de*

(1) Baquette, 0 l. 0 s. 0 d. 3/4.
Blanc, 0 l. 0 s 5 d.
Grand Blanc, 0 l. 0 s 10 d.
Carolus, 0 l. 0 s 10 d.
Denier morlan (ou le morlan), 0 l. 0 s. 2 d. 1/4.
Denier de Morlas, 0 l 0 s 3 d.
Denier Jaqués (ou Jaqués), 0 l 0 s 1 d. 1/2.
Double, 0 l 0 s 2 d.
Denier Pelat (ou Pelat), 0 l 0 s. 1 d 1/3.
Ecu corrable, 1 l. 4 s. 0 d.
Ecu petit, 1 l 7 s 0 d.
Ecu petit doré, 1 l. 7 s. 6 d.

Ecu sol, 3 l. 0 s. 0 d.
Florin, 0 l 13 s. 6 d.
Florin corrable, 0 l. 12 s. 6 d.
Gros, 0 l 1 s. 1 d. 1/2.
Liard, 0 l. 0 s. 3 d.
Livre fiscale, 1 l. 1 s 8 d.
Réal de France ou d'Espagne, 0 l. 5 s 0 d.
Sol bon, 0 l. 1 s 6 d.
Sol Jaqués, 0 l 1 s 6 d.
Sol morlan, 0 l 2 s 3 d
Sol de Morlas, 0 l. 3 s 0 d
Sol tournois, 0 l 1 s 0 d.

Voici un tableau de la valeur des anciennes monnaies plus étendu et plus correct :

Baquette, 3/4 de den (Les 4 font le liard.)
Blanc, 4 d 1/2.
Carolus, 10 d.
Causen, 1/2 baquete.
Denier morla ou morlan, 3 d.
(En 1337, les 4 deniers morlans valaient 7 deniers tournois.)
Denier d'or a l'agnel ou angelot (1322), 25 sols parisis ou 1 l. 11 s 3 d.
Denier d'or à l'écu, 0 l. 5 s 0 d.
Double (un), 10 d.
Double (une), 2 d.
Doublet, 6 d.
Ecu corrable, 1 l. 4 s
Ecu sol en 1566, 2 l. 11 s
Ecu sol depuis 1566, 3 l.
Ecu petit, 1 l. 7 s.
Ecu petit doré, 1 l 7 s 6 d
Ecu parisis, 1 l. 5 s.
Ecu gros, 1 l. 7 s
Ecu d'évêque, 1 l. 7 s 0 d
Ecu couronné (1354), 12 s 6 d.
Ecu d'or couronné (1384), 1 l. 2 s
Ecu d'or au mouton, sous Saint Louis, 12 s. 6 d.

— Sous Philippe le Bel et ses fils, 1 l.
— Sous les Anglais, 2 l.
— En 1402 et 1541, 15 s. 6 d.
Florin corrable, 9 s. bons, ou Jaqués 13 s. 6 d.
Franc de loi (1483), 1 l.
Franc d'argent (1592), 1 l. 2 s.
Franc bordelais, 15 s
Franc de Béarn, 15 s.
Franc de Béarn heyt, 10 s.
Florin comtal de Bigorre (1432-1440), 15 s
Florin de France (1464), 15 s
Florin Guillermin (1450), 4 s 6
Gros, 9 d
Gros d'argent, 1 s 6 d
Henri (1566), 5 l 5 s.
Jaqués (3 oboles), 1 d. 1/2.
Liard, 3 d.
Liard Guianès, 5 d.
Livre d'or, 2 l 10 s.
Livre carline, 6 s
Livre fiscale (1528), 15 s
— En 1580, 1 l. 1 s 4 d 1/2.

Borda, 1887, p. 169). D'après notre distingué confrère « 4 baquettes feraient 3 deniers... et la baquette ne serait pas une monnaie divisionnaire du denier, mais bien du sou. » «'S'il fallait 12 deniers pour faire le sou, ajoute-t-il, il y avait au sou 16 baquettes. » Il s'agissait d'un compte de 1624.

Le tableau qu'on vient de lire ne concorderait pas tout à fait avec les judicieuses observations de M. Bessellère, mais une note de l'*Histoire du droit dans les Pyrénées*, par M. Bascle de Lagrèze (p. 505), justifie en partie son calcul, puisque le liard vaut trois deniers. La baquette serait ainsi une monnaie divisionnaire, non du sou, mais du liard. Du reste, voici la note :

« **Bacquette**. — C'est une petite monnaie de cuivre qui fut introduite par Gaston de Foix en 1465; elle valait le quart du liard ou le seizième du sou (1). »

Les monnaies fiduciaires, appelées *papiers-monnaies*, ne furent pas inconnues à Monguilhem et à Toujouse où nous avons recueilli des *assignats* créés par le gouvernement français dans la période de sept ans comprise entre 1789 et 1796. Les archives de M. Verdier contiennent même des échantillons de *bons patriotiques* et de bons municipaux.

Poids. — Les poids les plus usités, dont le souvenir se conserve encore parmi nos populations, étaient la *livre* avec ses sous-multiples *meia liura*, cartaro, miey cartaro ou coarto, l'*onsa*, *meia onsa* et le *quintal*.

La *livre, poids de marc*, valait 0 k. 489505 ou 4 hectogrammes 8 décagrammes 9 grammes 506 milligrammes. Il est aisé de déduire du poids de la *meia liura*, demi-livre, celle du quart de livre, etc.

La *livre petit poids* valait 0 k. 4 hect. 7 grammes 922 millig.

L'*once, poids de marc*, valait 3 décag. 5 décigr. 941 dix-milligrammes; le *gros*, 3 gr. 8 décig. 243 dix-millig.; le *grain*, 5 centig. 3 milligr. 11 dix-millig.; le 1/16ᵉ de *grain*, 3 millig. 32 cent-millig.

L'*once, petit poids*, valait 2 décag. 5 gram. 4 centig. 951 cent-millig.; le *gros*, 3 gr. 1 décig. 8 centig. 69 cent-millig.; le *grain*, 4 centig. 4 millig. 26 cent-millig.

---

(1) On comptait chez nous, jusque dans ces derniers temps, par *livres, liards* ou *ardits* et sous — La livre valait 0 décimes 8 centimes 77 dix-millimes, le sou, 4 centi. 94, et le liard ou l'ardit, quarante et un dix-millimes

L'écu valait 3 fr. et la *Pistole* 10 fr. Les locutions : *cent escuts, trente pistoles*, signifient encore parmi nous une somme de 300 fr.

Le *quintal*, *poids de marc*, valait 4 myriag. 89500; le *quintal petit poids* 4 myriag. 07922 décigr..

Dans les transactions, on distinguait soigneusement entre le *grand poids* ou le *poids de marc* et le *petit poids*. La locution : *gran pés* et *petit pés*, subsiste encore à Monguilhem et à Toujouse.

Les poids du système métrique ont fait disparaître nos antiques mesures pondérales aussi variées qu'incommodes. « En tout Bearn no averà que un peès et una mesura, qui séran los de Morlas, » disaient les fors béarnais. Si nous en jugeons par les vestiges que nous avons rencontrés, il y eut chez nous des poids autres que les poids morlas, probablement fabriqués dans l'atelier monétaire de ce nom. On rencontre, en effet, dans les évaluations, *la livre bordelaise, l'once de livre de Condom, la liura* d'Auch, etc. Aussi a-t-on soin dans les achats et ventes de spécifier le poids employé dans le contrat : *pés dé Condom, dé Morlas, dé Lectoure*, etc.

Les petits poids avaient la forme d'un disque en bronze. L'une des faces représentait les armes de la ville, et l'autre la valeur du poids, ordinairement exprimée en patois.

Les grands poids étaient généralement en métal, mais on en voyait beaucoup en pierre dominés par un anneau qui permettait de les manier facilement. La détermination du poids des objets se faisait très souvent au moyen de la *romaine*, sorte de levier muni d'un crochet à l'une de ses extrémités et d'un poids mobile à l'autre extrémité. Un anneau soutient un *couteau* formant un axe autour duquel les deux bras inégaux du fléau peuvent osciller aisément. L'objet à peser est suspendu au crochet et le bras le plus long, pourvu de divisions en livres, demi-livres, etc., porte le poids qu'on fait avancer ou reculer jusqu'à ce qu'on ait obtenu l'équilibre du fléau disposé horizontalement. La résultante se trouvant alors détruite par la fixité du point de suspension, il suffit de lire la division correspondant à l'anneau du poids mobile pour déterminer le poids du corps.

On employait aussi souvent des balances rudimentaires composées de plateaux en bois reliés, au moyen de cordes, aux extrémités d'un fléau soutenu à son centre par un axe auquel s'adaptait un anneau de suspension. Tous ces appareils ont disparu depuis bien des années pour faire place à des instruments de précision soumis au contrôle du vérificateurs des poids et des mesures.

Mesures de longueur. — Les principales étaient : la

rase ou *arrase*, l'*aune*, la *canne*, le *pan*, la *toise*, le *pied*, le *pouce* et la *ligne*.

La *rase* valait 0,46 c.; l'*aune de Paris*, 1 m. 188; la *canne* de 8 pans (de 102 lignes chacun), 1 m. 841; le *pan* de 102 lignes, 2 décimètres 301 (1).

La *toise* valait 1 m. 94904; le *pied*, 3 décim. 2484; le *pouce*, 2 centim. 7070; la *ligne*, 2 millim. 2558.

Les seules mesures réelles généralement employées étaient la *canne* et la *demi-canne*, sorte de tige rectangulaire munie de divisions en *pans* et *lignes*, et l'*aune*, tige rigide de même forme. L'une et l'autre de ces mesures étaient souvent remplacées dans les marchés par un bâton quelconque muni de divisions arbitraires, très souvent, qu'un contrôle sévère eût interdit cent fois. Souvent, les marchands ne jugeaient même pas à propos d'employer l'aune réglementaire. Chacun mesurait à son *aune*, nous le disons sans jeu de mot, et cette mesure essentiellement variable était deux fois la distance comprise entre la main et la bouche, quand on avait le bras allongé. Le marchand, prenant l'étoffe avec la main gauche, la tendait avec la main droite et la portait à son visage le nombre de fois exigé par l'acheteur. On voit facilement toutes les injustices qu'une telle méthode devait entraîner dans le commerce. Ces abus ont disparu devant le système légal.

Mesures de surface. — Nos mesures de surface étaient : le *journal*, la *latte*, l'*escat*, la *place* et le *casal*.

A Monguilhem et à Toujouse, le *journal* valait 25 *lattes*, la *latte* était de 25 *escats*, et l'*escat* se composait de 16 *pans* carrés. Ces mesures avaient la même valeur dans quelques autres localités.

« Houga, Cantiran, Laterrade-Demau, Laterrade-Saint-Aubin, Laur, Laujuzan, Monguilhem, Monlezun, Mormès, Toujouse, Perchède, Saint-Aubin, ont l'*escat*, la *latte* et le *journal*, comme l'*escat*, la *latte* et l'*arpent de Saint-Pot* (2), canton de Barcelonne. » Ainsi s'exprime le citoyen

---

(1) Monguilhem et Toujouse avaient le pan linéaire de 102 lignes. (V. l'*Instruction de Vidalogue*, p. 88.)

(2) *Saint-Pot* était autrefois une communauté Ce n'est plus qu'un quartier de la commune de Labarthète, dans le canton de Riscle Les Daubons en étaient seigneurs autrefois. Les côteaux du couchant de Labarthète portent encore le nom de *Saint-Pot*. On y voit un ancien camp retranché, très apparent, nommé *Castera* dans le pays. Peut être, cependant, ne faut il reconnaître dans cette masse qu'une *motte* féodale, malgré la maison de *Maurès* (Maures ?) qu'on nous fait remarquer près de là

S'il peut exister un doute pour le camp de *Saint-Pot*, on ne saurait en dire autant de celui qu'on aperçoit au nord est de l'église de Labarthète, à 1 kilomètre de Saint Mont On le nomme la *Motte*. Il a une hauteur de dix mètres environ. Un jardin couronne son sommet La base est entourée d'un fossé circulaire en partie comblé, et une sorte de bastion elliptique se développe en avant de la *Motte*.

Vidaloque dans l'*Instruction sur les nouvelles mesures* publiées pour le Gers, à l'époque de la Révolution, en vertu de la loi du 18 germinal an III. Les indications du savant mathématicien nous permettent de déterminer ensuite la valeur métrique de chacune de nos mesures de surface.

L'*escat* vaut 0 a. 1355, la *latte*, 3 a. 387, le *journal* ou *arpent*, 0 h. 8469. Le *journal* est donc plus petit que l'*hectare* qui contient 1 journal (arpent) 1808.

La *place* avait une mesure un peu variable. Elle était de 1 a. 795 en certains endroits. Elle valait, en d'autres, 2 a. 8 c.

Le *casal* lui-même n'avait pas partout la même superficie. Tantôt il valait 27 ares 67 centiares, tantôt 28 ares 72 centiares, tantôt, enfin, 29 ares 88 centiares.

Pour les subdivisions de ces mesures en *toises*, *pans*, *pouces*, *pieds* et *lignes*, on n'a qu'à consulter les mesures de longueur et à faire le carré des valeurs que nous avons indiquées.

Mesures de volume. — On en compte quatre : la *toise*, le *pied*, le *pouce*, la *ligne*.

La *toise cubique* vaut 7 m. cub. 408887.
Le *pied*, 34 décim. cub. 2773.
Le *pouce*, 19 cent. cub. 8364.
La *ligne*, 11 millim. cub. 479 (1).

Ces mesures étaient usitées pour toutes sortes de volumes. La *canne* était plus spécialement employée pour le bois. On connaît déjà sa valeur comme mesure de longueur. Il suffit, pour en faire le cube, de la prendre trois fois comme facteur d'elle-même. La *canne cubique* valait, à Condom, 4 stères 284. Elle n'était que de 3 stères 894 à Fleurance, d'après l'*Instruction de Vidaloque* (p. 96).

Pour l'appréciation du volume des bois de charpente, on employait la *canne de huit pans* de 102 lignes, lorsque la pièce avait un pan d'équarrissage. Le *pied* valait alors 0 décim. cub. 34277.

Mesures de capacité. — Les unes étaient destinées aux *matières sèches* et les autres aux *liquides*.

1° *Mesures pour les matières sèches*. — Ce sont : le *sac*, le *quarton*, le *cinquième*, la *sestère*, la *demi-sestère*, la *pugnère*, la *demi-pugnère*, le *ha*.

Le *sac* vaut 1 hectol. 01301.
Le *quarton*, 2 décal. 5325.

---

(1) V. l'*Instruction sur les nouvelles mesures*, par Vidaloque, p. 94.

Le *cinquième*, 2 décal. environ.
La *sestère*, la moitié du *quarton*.
La *demi-sestère*, le quart du *quarton*.
La *pugnère*, 1 litre 5828.
La *demi-pugnère*, la moitié de la pugnère.
Enfin, le *ka* se compose de dix sacs.

Bien que proscrites par la loi, ces mesures sont encore partiellement en usage dans nos communes. On dit encore : *Béne un* KA *dé roumén, un* KA *dé milloc*. Vendre un char de fromeut, de maïs.

2° *Mesures pour les liquides*. — Elles sont au nombre de neuf, savoir : lou *tounét*, la *piparde*, la *barrique*, la *pèce* (pour l'eau-de-vie), la *bane*, la *bèrge*, lou *pitchè*, la *bouteille*, lou *tchaupét*.

Lou *tounét* (tonneau) est un fût d'une capacité indéterminée. Il se compose de 10, 15, 20 barriques de vin.

La *piparde* (pipe) vaut généralement deux *barriques*, mais elle a parfois une capacité plus grande.

La *barrique* vaut 320 litres environ. Elle se compose de 20 *banes* ou de 40 *berges*.

La *bane* (cruche) a une capacité de 16 litres.

La *berge* vaut *huit* litres ou 4 *pitchès*.

Le *pitchè*, contient deux *litres* ou *bouteilles*.

La *bouteille* vaut un litre ou deux *tchaupéts*.

Le *tchaupét* a une contenance de cinq décilitres.

Nos mesures de capacité pour les *liquides* étaient celles de La Bastide, petite ville voisine de Monguilhem, maintenant annexée aux Landes. L'*Instruction sur les nouvelles mesures* (p. 117) détermine ainsi la valeur métrique de la *bane* et d'autres mesures pour La Bastide et Monguilhem :

« La *bane* (cruche) vaut 1 décal. 602, la *barrique*, 3 hect. 203, le *pot* ou *pitchè*. 2 litres. »

La *pèce*, enfin, réservée aux eaux-de vie, est un fût en cœur de chêne d'une capacité de 400 litres.

§ III. — Agriculture

D'après les *Terriers* les plus anciens de Monguilhem, de Toujouse et des paroisses limitrophes, les domaines de nos contrées se divisaient, dès le moyen-âge, en deux classes d'exploitations agricoles : les *petites cultures*, comprenant quelques *lattes* ou quelques *journaux* à peine, et les grands *domaines*, composés d'un nombre assez considérable de journaux pour occuper une ou plusieurs paires d'animaux.

Les pestes du dix-huitième siècle causèrent les plus

grands ravages dans les campagnes, et, en particulier dans les métairies nobles de Monguilhem et de Toujouse. Dans son *Mémoire sur l'administration des terres de Monguilhem et de Toujouse* (28 juillet 1777), le marquis de Poyanne réclame des améliorations immédiates dans ses domaines. Il recommande de défricher les landes, de planter de la vigne et prescrit d'acheter immédiatement 90 vaches pour l'exploitation de ses terres dans nos paroisses. Barés, son intendant à Monguilhem, fut chargé de l'exécution de ces ordres.

Tous les *Métayers*, tous les *Brassiers*, ajoutait le *Mémoire*, devront faire semer dans leur jardin ou ailleurs, des *pommes de terre*, dont le produit est immense, dit M. de Poyanne, et dont la nourriture est « si salutaire aux hommes et est recherchée par les cochons et volailles après qu'on les a fait bouillir (1). »

La grande préoccupation du marquis est d'étendre surtout la culture de la vigne.

Pour atteindre ce but, il veut, qu'en dehors des MÉTAIRIES (2), chaque BRASSIER (3) ait une paire de bœufs pour la culture du *piquepout*.

---

(1) S'il fallait en croire les auteurs qui se sont occupés de la question de la pomme de terre, et, en particulier, *La Châtre*, dans son Dictionnaire (t. II, p. 900, col 1), « en 1783, la France était le seul pays de l'Europe où l'on considérait les tubercules comme impropres à faire une bonne alimentation. C'est alors que Parmentier réussit à faire tomber ce préjugé ridicule et nuisible à la pomme de terre et sauva la France des horreurs de la disette de 1793, 1816 et 1817. »

Nous sommes heureux de constater que Monguilhem et Toujouse n'attendirent pas ce moment pour se livrer à la culture du précieux tubercule. Les archives de M le comte de Maquillé, à *Harbaud* (Bourdalat), nous apprennent, en effet, que le marquis de Poyanne, devançant Parmentier, acclimata la pomme de terre en Armagnac dès l'année 1777. — On sait que ce légume est d'origine américaine.

(2) Lorsqu'un propriétaire confie, actuellement, ses terres à un *métayer*, on dresse un inventaire estimatif de tout ce qui appartient au maître comme capital devant rester à celui ci à la fin du bail. Cet inventaire se fait par deux experts. Le bétail est à moitié perte et profit.

Le métayer doit au propriétaire, outre une redevance de quelques animaux et oiseaux de basse cour, la moitié de la récolte, après le prélèvement, au profit du maître d'un *dixième* sur les céréales et les maïs et d'un *treizième* sur le vin. Cette réserve est destinée à payer l'impôt qui paraît ainsi partagé entre le maître et le métayer. Mais, de fait, il est à l'avantage du métayer, puisque le propriétaire est obligé de faire l'appoint.

(3) Les *brassiers* forment, en Armagnac, une classe de travailleurs un peu déshéritée, sans doute, mais non réduite, comme on le prétend parfois, à la condition des *ilotes* de la Grèce ou des *fellahs* d'Egypte.

Si leur salaire est modeste, ils ont au moins le travail assuré pour tous les jours de l'année, et le maître leur fournit, outre la maison qu'ils habitent et le jardin qui en dépend, soit une quantité de vin suffisante pour le petit ménage, soit un coin de vigne à cultiver. Et puis, que d'attentions et de soulagements en cas de trop grande misère ou de maladie, de la part des maîtres charitables autant qu'humains !

L'institution des *brassiers* existe aussi en Champagne, en Bourgogne et dans le Beaujolais, avec des conditions identiques à celles que nos propriétaires font à ces ouvriers en Armagnac.

Les *brassiers*, dit le *Livre des affaires de l'église paroissiale de Saint-Amand de Bascous* (Voir ce manuscrit daté de 1731, dans la sacristie de cette paroisse),

Plusieurs *brasseries* de Monguilhem et de Toujouse durent se transformer en *métairies*, à la fin du XVIII° siècle. Le nombre des dernières augmente, en effet, dans les domaines de nos Barons, celui des secondes diminue.

Il existe encore bon nombre de *brassiers* dans nos paroisses d'Armagnac.

Transhumance. — C'est dans les métairies, comme chez les propriétaires, qu'on donne asile, bien souvent, aux troupeaux de brebis que les bergers de la montagne ramènent tous les ans dans nos plaines. Cette émigration périodique des bestiaux d'une contrée dans une autre, porte le nom de TRANSHUMANCE (1), tout le monde le sait.

La *transhumance* est pratiquée à Toujouse et Monguilhem dès les temps les plus reculés, comme on peut le voir dans la foule de dénombrements conservés aux archives municipales de Villeneuve-de-Marsan. Nous avons reproduit plus haut (pp. 41, 184, etc.) les textes relatifs aux *bergers de la montagne* admis par les seigneurs à faire séjourner leurs troupeaux sur nos terres.

L'Etat des rentes de Toujouse et de Monguilhem (2) indique les conditions imposées aux pasteurs montagnards. « Plus le seigneur a le pouvoir d'établir un berger de la montagne dans lesdites baronnies de Toujouse, Lagouarde, qu'est annuellement 20 livres, deux fromages de la montagne, un chevreau et un agneau, qu'est la somme de 26 livres. — Plus a le droit le seigneur d'establir à Monguilhem un berger de la montagne qui donne 18 livres. »

Ces conditions ont pu changer un peu, mais de nos jours, comme autrefois, les troupeaux de brebis et de chèvres de la montagne reparaissent périodiquement, tous les ans, dans nos paroisses, dès que les premières neiges de l'automne les ont forcés de renoncer aux plantureux pacages des sommets pyrénéens. Le séjour de ces bestiaux en Armagnac est une bonne fortune pour les terres, qu'ils dotent d'un excellent engrais. De tout temps, la question des fumiers fut capitale pour nos terrains sablonneux. On peut le voir par les *observations* du tableau suivant :

---

les *brassiers* sont ceux qui gagnaient leur vie en travaillant la terre « à force de bras, quoiqu'ils prissent des bœufs ou des chevaux à la journée, ou même d'emprunt, selon qu'ils en avaient besoin. » Le même manuscrit définit les *bouviers*, ceux qui labourent avec des *bœufs*, *chevaliers*, ceux qui labourent avec des chevaux ou des ânes

(1) M. Edmond de Limairac a étudié, autrefois, la *transhumance* pyrénéenne dans le *Journal d'Agriculture pratique et d'économie rurale* publié par la Société d'Agriculture de la Haute Garonne et de l'Ariège. (V t de 1839, p 161 174, t 1853, p 210 216) - M Bladé s'est lui même occupé de cette question dans la *Revue de Gascogne*, t xv, pp 5 16, 62 88

(2) *Archives municipales de Villeneuve-de Marsan.*

JURIDICTION DE MONGUILHEM

no marché par semaine	Nombre des journaux tant nobles que ruraux dont la juridiction de Monguilhem est composée Savoir						Quantité de chaque espèce de grains ensemencés annuellement dans la jurid., suivant la mesure du lieu Savoir					Nombre des bestiaux existant dans la juridiction Savoir :				OBSERVATIONS
	terre labourable	Vignes	Prés	Bois	Friches	Total des journaux	Blé	Orge	Seigle	Avoine	Menus grains	Chevaux	Bêtes à laine	Paires de bœufs	Paires de vaches	
par mois	120 journaux	54 journaux	50 journaux	60 journaux	694 journaux Terres incultes, landes, pacages ou marais	905 journaux	27 sacs de 120 liv le sac	Néant	30 sacs de maïeil ou seigle de 120 liv, le sac.	Néant	9 sacs gros millet	40 têtes Petites jumentes servant pour faire purement le feumier et pour porter le grain au moulin	125 têtes Brebis à laine très petites	31 paires de bœufs de labourage	21 pai. de vaches très petites qui ne donne autrefev. que celui de faire du fumier pour l'engais de la terre	1º Il faut observer que malgré la contenance des landes, les fumiers ne sont pas assez abondants pour bonifier des terres tant leur nature est froide et mauvaise, d'ailleurs, les landes sont si arides et si sèches qu'elles ne produisent que très peu de bruyère qu'on ne coupe que tous les dix ans,

º Les prés de la paroisse sont situés dans des fonds sujets aux inondations, soit à la suite des pluies de l'hiver, soit par suite du débordement du Midou Les débordements sont occasionnés par une digue et par un moulin qui est dans la généralité d'Auch et qui fait refouler eaux a un quart de lieue Voila pourquoi il vient à peine du fourrage pour l'entretien des bœufs,

º Les pluies de l'hiver enlèvent assez facilement la première couche de terre Il faut une application et un travail continuels qui coutent prix considérable pour remettre cette terre enlevée dans les champs et dans les vignes Sans ces opérations, à peine recueillerait-on la pagne Par cet ordre, on partage les terres labourables en trois luges pour être semées à tour de rôle tous les trois ans On bonifie les res avec de la marne Elle se trouve d'environ huit pieds de profondeur et d'un grand coût à l'arracher. D'ailleurs, il n'y a que très peu carriéres et éloignées considérablement des terres propres à être bonifiées,

º La dime qui est extremement chère, n'en revenant que sept au propriétaire de huit et ce huitième avec décimateurs, fait que la comnauté se trouve surchargée, et les impositions royales qui sont si fortes jointes à cette surcharge fait qu'il n'y a pas de communauté environs de beaucoup tant assujetties quoiqu'elles possèdent des biens meilleurs,

º Il faut observer que la majeure partie des landes sont possedées par des forains qui font porter la tuie ou fougère dans d'autres comnautés pour bonifier leurs terres

Grâce à l'impulsion donnée à l'agriculture dans nos paroisses, vers la fin du dix-huitième siècle, les terres subirent promptement une heureuse transformation. On lit, en effet, en marge, dans la *Réponse* à une réclamation formulée en l'an VI par la municipalité de Monguilhem : « Considérant que la commune de Monguilhem est une des communes du canton les moins grevées, *à raison de la bonté de son territoire*, etc., » l'administration du canton du Houga ne peut consentir au dégrèvement demandé. — 5 fructidor an VI. *(Archives de M. Verdier.)*

On peut juger encore des améliorations obtenues dans nos cultures par les quantités de grains de toute sorte fournies par notre municipalité, à l'époque de la Révolution française.

Mais c'est surtout en ce siècle que le sol de Monguilhem et de Toujouse a fait éclater la puissance de ses ressources : blé, maïs, seigle, vin, fourrages divers, tout pousse, croît et mûrit à merveille dans ce terrain privilégié, devenu l'objet spécial de l'étude attentive de nos meilleurs propriétaires. On connaît les magnifiques essais tentés par MM. Verdier, de Cours, d'Abbadie de Barrau, dont les domaines sont un champ constamment ouvert aux progrès accomplis chaque jour par la science.

Aujourd'hui, Monguilhem devient comme une école d'agriculture, où les méthodes les plus vantées sont mises à l'essai par M. le baron de Grainville, dans sa belle terre de COUTELET. (V. la carte.) N'obtenant plus que de misérables récoltes, par suite des fléaux divers déchaînés contre les fruits de la terre, M. de Grainville a cherché et cherche encore, par tous les moyens qui sont à sa portée, à se créer des revenus supérieurs à ceux mêmes des bonnes années du passé. Pour atteindre ce but, il s'est livré à une étude approfondie du sol, des plantes, du climat et des habitudes de notre pays. Les premiers résultats ne sont pas faits pour décourager le vaillant agronome. Les moyennes du rendement du vin varient, maintenant, à *Coutelet*, de 10 à 28 barriques de 320 litres à l'hectare, c'est-à-dire de 3.200 à 8,960 litres !

Un tel succès s'explique par l'excellence des procédés mis en honneur. M. le baron de Grainville ne veut pas marcher à l'aventure. Ses expériences reposent sur l'enseignement autorisé de nos maîtres du jour, avec lesquels il entretient des relations suivies. Ces maîtres sont : 1° *pour la chimie :* MM. Grandeau, Tissot, Léon Garnier (de Nancy), Henri Joulie, etc.; 2° *pour l'agriculture et l'élevage :* MM. Dombasle, comte de Jourdennet, comte

Lecoutenx, F. Mazure, le lieutenant-colonel Braserie, etc., etc.; 3° *pour la viticulture :* MM. le docteur Guyot, le professeur Gressant, etc., etc.

De plus, une foule de voyages accomplis dans les pays de vignobles les plus vantés de France ont permis à M. de Grainville de comparer et de conclure. Il a même fait analyser nos terres. Voici comment il s'exprime à ce sujet dans une lettre qu'il nous fait l'honneur de nous adresser :

« Dans le Bas-Armagnac, la commune de Monguilhem possède un sol siliso-argileux, excessivement pauvre en chaux, en acide phosphorique, assez pauvre en potasse, mais merveilleusement doué pour conserver l'azote par suite de sa composition argileuse. Il est donc tout indiqué : 1° de joindre au fumier de ferme « qui étant le pro» duit du sol lui-même est aussi pauvre que lui en miné» raux, » des potasses et des phosphates de chaux fournis par l'industrie ou les cendres de bois; 2° de faire des chaulages ou marnages sur le sol qui a été préalablement préparé pour recevoir cet amendement par de fortes fumures.

» L'azote fourni par les fumiers s'emmagasinera dans l'argile, et la terre ainsi traitée par des adjuvants comme amendements et engrais donnera son maximum. Les essais ont été concluants.

» La consommation et l'entretien de la main-d'œuvre, qui constituent la dépense proprement dite de la culture, seront payés par le blé, le maïs, le bétail, etc. Le revenu sera donné par la vigne. »

Nous faisons des vœux ardents pour le succès de ce programme, dont nos viticulteurs sauront faire leur profit.

Vigne. — La vigne est, sans contredit, la culture la plus importante de nos paroisses.

Les champs ou les landes destinés à être transformés en vigne sont, au préalable, bien labourés et pourvus de fumiers. On procède ensuite à la plantation du précieux arbuste, vers le mois de mai ou d'avril. De grands fossés rectangulaires reçoivent, alors, les *sarments* déjà préparés et conservés en terre dans le sable.

Durant les trois ou quatre premières années, la *jeune plante* souffre la présence du maïs ou des haricots, à travers ses sillons. Mais ce terme écoulé, on s'interdit toute culture secondaire dans la vigne, qui se trouve en plein rapport après quatre ou cinq ans (1). La vigne est *taillée*

---

(1) A en juger par le procès verbal inséré dans un *Registre* municipal, conservé dans les archives de M. Verdier, il fallait, autrefois, un temps égal pour

pendant l'hiver. Ce travail donne lieu à de charmantes fêtes de voisinage nommées *esdarramades* ou *écharmentades*.

Le cadre de ce travail ne nous permettant pas d'entrer dans les détails si piquants de la culture de la vigne et des opérations des *vendanges*, nous allons nous borner à l'étude de la transformation de nos produits par la *distillation*.

Distillation. — Si le piquepoût d'Armagnac n'a pas pour la table la réputation des vins plus vantés des côteaux de Canet, de Marciac, d'Auch ou de Jégun, du moins a-t-il conquis le second rang parmi les alcools de France, quand il est soumis à l'action de l'*alambic*.

Quatre contrées fournissent, on le sait, les eaux-de-vie qui placent la France au premier rang de tous les pays du monde. Ce sont, par ordre de mérite, la *Charente* et la *Charente-Inférieure*, l'*Armagnac*, *Marmande* et *Pays*, le Languedoc (1). Les alcools d'Armagnac se divisent en trois classes, savoir : 1º *Bas-Armagnac*, 2º *Ténarèze*, 3º *Haut-Armagnac*.

Ceux des Charentes, connus sous les noms de *Cognac*, en comprennent dix : 1º *Fine-Champagne*, 2º *Champagne*, 3º *Petite-Champagne*, 4º *1er Bois*, 5º *2e Bois Borderies*, 6º *Saintonge*, 7º *Saint-Jean d'Angély*, 8º *Surgères*, 9º *Rochelles-Aigrefeuilles*, 10º *Rochelles*.

Le *Bas Armagnac* (2) atteint, aujourd'hui, tous les

que la vigne fût en plein rapport. « La vigne, y est-il dit, est un arbre qui, ici, se lève dans le cours de six années, et si un propriétaire veut en abandonner les fruits qui y croissent, même pendant six années, il se trouve des entrepreneurs qui, à cette époque, s'obligent à la remettre élevée sans autre frais Cy-devant cet usage de six ans se pratiquait, mais l'expérience des propriétaires a appris qu'ils se rendaient dupes en donnant l'entreprise et l'*usage s'est introduit à quatre ou cinq ans*, suivant la qualité des fonds. » (Registre, fol. 54.)

(1) On comprend, sous cette dénomination, les départements de l'Hérault, de l'Aude, du Gard et une partie des Pyrénées Orientales Mais ces pays ne produisent que des 3/6 dits 3/6 du Languedoc.

(2) Le Bas Armagnac, également appelé *Armagnac noir* a cause des forêts qui le couvrent et de l'abondance des vignes dont le feuillage vert foncé donne un aspect plus sombre au pays, disent certains écrivains, se trouve compris dans deux parties contiguës des Landes et du Gers et il s'étend à 59 communes, 19 dans les Landes et 40 dans le Gers.

1º *Communes des Landes*. — *Canton de Gabarret* : Gabarret, Escalans, Parleboscq, Lagrange, Créon, Mauvezin, Betbezer, Saint Julien, Arouille.

Canton de Roquefort : Labastide d'Armagnac, Saint Justin.

Canton de Villeneuve de Marsan : Le Frêche, Montaigut, Bourdalat, Hontanx, Lussagnet, Saint-Gein, Laqui, Perquie.

2º *Communes du Gers*. — *Canton de Cazaubon* : Cazaubon, Barbotan les-Bains, Ayzieu, Bourrouillan, Campagne, Castox, Estang, Lannemaignan, Larée, Lias, Marguestau, Mauléon, Maupas, Monclar, Panjas, Réans.

Canton de Nogaro. Nogaro, Arblade le Haut, Bétous, Caupenne, Sainte-Christie, Cravencères, Espas, Saint Griède, Le Houga, Laujuzan, Lanne Soubiran, Loubédat, Luppé, Magnan, Manciet (quelques uns placeraient de préférence cette localité dans la Ténarèze), Saint Martin, MONGUILHEM, Monlezun, Mormès, Perchède, Salles, Sion, Sorbets, TOUJOUSE.

spécialistes l'accordent, le mérite des *Cognacs 1er Bois.* En réalité, on lui donne le second rang comme pays producteur et le sixième, comme qualité, dans la liste générale des eaux-de-vie.

La *Ténarèze* (1) a le neuvième rang, et le onzième est réservé au *Haut Armagnac* (2). Du reste, voici le classement de tous ces produits, d'après la *Topographie des Vignobles du Gers et de l'Armagnac*, par M. Jules Seillan, vice-président du Conseil général du Gers, et viticulteur aussi savant que consciencieux ravi à l'affection de ses amis, par une mort prématurée, le 27 mars 1890. (V. p. 68, 3e édition.)

1° *Fine-Champagne*, 2° *Champagne*, 3° *Petite-Champagne*, 4° *1er Bois*, 5° *2e Bois-Borderies*, 6° *Bas-Armagnac*, 7° *Saintonge*, 8° *Saint-Jean d'Angély*, 9° *Ténarèze-Armagnac*, 10° *Surgères*, 11° *Haut-Armagnac*, 12° *Rochelles-Aigrefeuilles*, 13° *Rochelles*. 14° *Marmande*, 15° *Pays*, 16° *3/6 Languedoc*.

Tous ces spiritueux sont produits par la distillation des vins sans mélange d'aucune sorte. Mais, ici se pose une question pratique : *Quel est le meilleur système de distillation ?* Celui de l'appareil *Baglioni* et de ses similaires, ou celui des alambics naguère inaugurés en Armagnac par MM. Verdier, Cazauran, etc. ? Les avis furent partagés au début.

Aujourd'hui, tout le monde est d'accord pour reconnaître, au point de vue de la qualité, la supériorité de la distillation par *chauffe*, telle qu'elle se pratique dans les Charentes, sur les produits obtenus par les appareils à jet continu, quels qu'ils soient, d'ailleurs.

Si les propriétaires, nous écrivait dernièrement M. le comte d'Abbadie de Barrau, se sont néanmoins décidés à abandonner la distillation par chauffe, autrefois usitée en Armagnac, c'est parce que les nouveaux appareils à jet continu réalisent une certaine économie de temps et de combustible et que le commerce ne payait aux eaux-de-vie distillées par chauffe qu'une prime insuffisante pour compenser la différence des frais.

---

(1) La Ténarèze comprend 23 communes, dont 6 du Lot et Garonne : *Sos, Gueyze, Saint Pé, Poudenas, Sainte More, Réaup*, et 17 dans le Gers, savoir : *Ramouzens, Séailles, Montréal, Castelnau d'Auzan, Casencuve, Fourcès, La barrère, Lagraulet, Larroque sur Losse, Lannet*

(2) Le Haut Armagnac, nommé aussi *Armagnac blanc* parce que le calcaire y domine, s'étend à 15 cantons du Gers, savoir : Condom, Valence, Vic Fezensac, Jégun, Montesquiou, Riscle, Aignan, Plaisance, Marciac, Miélan, Mirande, Auch (nord), Auch (sud), Fleurance, Lectoure (V l'excellent travail de M. Seillan, *Topographie des Vignobles du Gers*, p. 56 à 62)

Aussi, les appareils anciens sont-ils complètement abandonnés, à de très rares exceptions près. Nos producteurs n'emploient que les nouveaux, dont le type le plus remarquable est dû à M. Alphée Verdier, mort à Monguilhem en 1888. Un brevet, daté du 22 janvier 1872, lui assura pendant plusieurs années le privilège de son invention.

L'appareil Verdier a pour éléments : 1° une *chaudière* à deux fonds; 2° un *chauffe-vin* à peu près semblable à ceux qui sont en usage dans l'Armagnac (seulement, il est pourvu d'un *réfrigérant* à eau); 3° une *colonne* qui diffère absolument des colonnes ordinaires. Elle se compose de cinq *caisses* ou *plateaux* superposés formant, chacun, un tout complet. Chaque plateau est divisé en quinze compartiments munis d'orifices dans chacun desquels le vin reçoit un jet de vapeur. Ainsi, le vin qui entre dans la colonne, et parcourt tout le compartiment, a reçu à sa sortie *soixante-quinze coups de vapeur*; 4° une pièce qui relie la colonne au chauffe-vin. C'est la pièce essentielle de l'appareil. C'est elle qui modifie complètement la distillation usitée jusqu'à ces derniers temps.

Grâce à cet appareil, le distillateur peut obtenir, à volonté, le degré qu'il désire, depuis 35° jusqu'à 57° centésimaux, avec des vins contenant de 8° à 9° d'alcool. Avec des vins plus riches, le degré monte proportionnellement. Toutefois, il peut rester à 85°. C'est le titre des alcools du pays, en général, quoique celui du commerce soit de 52°.

L'écoulement des *vinasses* (basses matières) n'est pas continu. Lorsqu'on les lance au-dehors, l'épuration du vin est complète. Soumises à une nouvelle distillation, ces matières ne donnent, en effet, aucune trace d'alcool, ce qui constitue un immense progrès sur les anciens systèmes (1).

Le vin, après avoir servi de réfrigérant, dans le nouvel *alambic*, et s'être échauffé par la liquéfaction des vapeurs alcooliques du serpentin, tombe presque bouillant sur le premier *plateau* de la colonne, d'où il se dirige vers la chaudière et sort en traversant la série des plateaux, suivant un plan incliné à hélice, « comme une sorte de vis d'Archimède, » selon l'expression de M. le comte d'Abbadie de Barrau.

Dans ce parcours, le vin se croise avec les vapeurs al-

---

(1) L'alambic Cazauran, de Monguilhem, présente les mêmes avantages, mais sa construction diffère de celle de l'appareil Verdier.

cooliqués qui se rendent au serpentin, et lui enlèvent déjà, en passant, une partie de son eau-de-vie.

Le prirncipal inconvénient qu'a voulu éviter M. A. Verdier, c'est la trop grande rapidité de la chute du vin à partir de sa sortie du chauffe-vin, jusqu'à la chaudière, et, par suite, une ébullition incomplète ayant pour résultat une perte considérable d'alcool et une cuisson insuffisante.

Les vapeurs alcooliques s'élevant de la chaudière sont obligées, avant d'arriver au serpentin, de traverser la couche de vin retenue dans chaque plateau de la colonne, tandis que, de son côté, le condensateur opère des liquéfactions d'alcool qui vont enrichir le vin dans le chauffe-vin et contribuent puissamment à donner aux eaux-de-vie ce goût de *recuit* qui en fait le principal cachet.

La qualité de l'eau-de-vie provient de ce que, en traversant successivement la légère couche de vin étendue sur chaque plateau, le liquide s'y dépouille des matières basses que l'ardeur du feu chasse avec lui au sortir de la chaudière.

La fabrication des eaux-de-vie, à domicile par les *alambics ambulants*, donne lieu bien souvent dans les familles à des fêtes intimes, où les voisins sont conviés.

Les eaux-de-vie du Bas-Armagnac trouvent un assez facile écoulement, même de nos jours, sur les marchés de Mont-de-Marsan, de Condom et d'Eauze. Cette dernière place devient la plus importante de la contrée.

Elle est fréquentée par des négociants de tout ordre qui achètent les alcools sur échantillon, pour les expédier ensuite sur Bordeaux, Paris, Marseille, l'Angleterre, la Russie et la plupart des grands ports du Nouveau-Monde.

Il faut le dire avec douleur. Depuis quelques années, surtout, il y a un arrêt dans la marche progressive de la distillation des eaux-de-vie d'Armagnac. C'est que, outre le *mildew* et le *black-rott*, des ennemis nombreux se sont dressés devant nos viticulteurs : les *traités de commerce*, ruineux pour la production nationale, les droits excessifs de la régie et l'invasion des alcools du Nord, mais surtout de l'Allemagne.

La libre circulation des alcools de betterave et de grain a principalement contribué à ruiner la réputation si méritée de nos délicieux Armagnacs, que des spéculateurs n'ont pas craint de combiner avec les trois-six français ou étrangers. « Cette sophistication qui, dans le moment actuel peut produire des bénéfices considérables, disait le *Journal d'agriculture pratique* (1884) par la plume de M. Barral, jettera, nous ne pouvons en douter, et dans un avenir prochain, un discrédit sur nos eaux-de-vie des Charentes, discrédit dont elles ne pourront peut-être jamais se relever. »

La prédiction faite pour les Cognacs s'est, hélas ! accomplie pour les Armagnacs eux-mêmes. On a douté de leur pureté, et cette défiance a entravé quelque temps la marche des affaires. Une heureuse réaction s'est accomplie depuis. Nos producteurs, mieux inspirés, sont revenus aux loyales pratiques d'autrefois, et, maintenant, la distillation s'opère sans reproche dans la plupart de nos maisons. Les tentatives du Syndicat commercial, organisé il y a quelques années, n'a pas peu contribué à ce retour aux saines traditions du passé. Nous faisons les vœux les plus ardents pour que cette patriotique Association se constitue sur des bases solides et durables, afin de garantir ainsi aux produits de l'Armagnac le rang d'honneur que le commerce et la consommation se plaisent à leur accorder dans le monde entier.

Ces produits constituent, avons-nous dit, trois classes de spiritueux de mérite différent : le *Bas-Armagnac*, la *Ténarèze* et le *Haut-Armagnac*. Une telle classification fait poser tout de suite le problème relatif à l'origine d'une semblable division. Il nous paraît assez facile à résoudre par la simple étude de notre sol, dont la nature exerce une influence décisive sur les produits du Gers et provoque la distinction raisonnée du commerce entre nos trois espèces d'eau-de-vie.

Le sol sablonneux du Bas-Armagnac avec son sous-sol marneux et calcaire communique aux eaux-de-vie la saveur délicieuse qui les distingue, leur arome du pruneau d'Agen ou du coing, suivant la localité.

On peut attribuer la finesse de goût des *Ténarèze* aux couches argileuses des côteaux et silico-argileuses des plaines avec sous-sol marneux. Quant à la saveur délicate des alcools du Haut-Armagnac, il faut en chercher la cause dans le sol de ce pays à peu près exclusivement calcaire.

Le cépage n'est certainement pas sans influence sur la qualité des eaux-de-vie. Mais il joue un rôle très secondaire, puisque les piquepoûts d'Eauze, de Manciet et de Milande, par exemple, donnent des produits bien différents de saveur, même lorsqu'ils sont distillés après un triage préalable. (V. la *Topographie des Vignobles*, par M. J. Seillan.)

Le cépage le plus répandu dans le Bas-Armagnac, la Ténarèze et le Haut Armagnac est le piquepoût ou *folle-blanche*.

On y rencontre aussi le *clairet*, l'*attrape-gourmand* et la *malvoisie* ou *muscatelle*, *muscat bleu*.

Dans les autres contrées du Gers, ce sont des cépages rouges divers que la *Topographie* de M. Seillan fait connaître avec soin, dans le Chapitre XVIII, consacré à un *Essai de synonymie des cépages cultivés dans le département du Gers*.

Après la distillation, les eaux-de-vie sont logées dans des fûts en chêne d'une contenance de 400 à 440 litres environ. On dit des spiritueux vendus dans ces conditions qu'ils sont cédés à *fût perdu* ou *logés*. Dans les petites transactions, il arrive souvent que le fût est réservé. Dans ce cas, on l'utilise une seconde, une troisième fois pour *loger* d'autre eau-de-vie, mais alors le fût communique moins de tannin et de couleur au liquide qu'il contient, et celui-ci a un ton moins agréable à l'œil, son aspect est moins vermeil et moins doré.

Le goût ne se ressent pas du manque de couleur de l'alcool. C'est évident. Certains clients réclament cependant ce teint vermeil des Armagnacs logés dans les barriques neuves. Les vendeurs leur donnent aisément satisfaction en versant quelques cuillerées de caramel dans le liquide qui prend aussitôt une apparence d'eau-de-vie riche en tannin.

Les gourmets emploient les eaux-de-vie jeunes pour le café et réservent pour le petit verre l'alcool plus *vieux*. Ce mot demande un éclaircissement. Certain préjugé réclame le séjour de l'eau-de-vie dans le fût pendant quinze, vingt ans et plus, avant la mise en bouteille. C'est une erreur profonde. L'*Armagnac*, après dix à douze ans de fût (dans du bois de 4 à 5 ans), peut être mis en bouteille. Il possède alors ce cachet de *vieux*, de *rancio*, qui en fait la meilleure des liqueurs (1).

La mise en bouteille peut avoir lieu au bout de 4 à 5 ans, mais l'eau-de-vie reste *jeune !*

Maintenir l'eau-de-vie pendant vingt ans, trente ans dans la fûtaille, c'est la vouer presque fatalement à n'être qu'une affreuse combinaison d'alcool et de tannin, d'une couleur et d'une saveur également repoussantes.

---

(1) Nous devons ces renseignements à une bienveillante communication de M. le comte d'Abbadie de Barrau.

CHAPITRE III

COSTUMES. — CHASSE. — PÊCHE. — JEUX DIVERS. — COURSE AUX TAUREAUX.

Costumes. — Le costume de nos citadins ne diffère en rien de celui des habitants des grandes villes. La *mode* exerce ici son influence comme partout. Mais le paysan se fait remarquer par son béret traditionnel, le tablier blanc qui pare sa poitrine, descendant jusqu'aux genoux, et par les guêtres à larges boutons étalées sur ses lourds sabots en bois.

La femme de la campagne se distingue par ses cheveux courts, la *capule*, sorte de coiffe blanche à dentelle qui s'étend et se dilate vers les épaules, ainsi que par le large tablier en laine orné de raies multicolores, tantôt fixé autour de sa ceinture, tantôt appliqué sur ses reins en guise de manteau retenu par une tresse autour du cou.

Chasse. — Elle est en grand honneur dans nos paroisses, où tous les animaux sauvages de nos contrées, depuis le lièvre et le lapin jusqu'à la cigogne voyageuse, deviennent l'objet des savantes stratégies de nos chasseurs. Mais la chasse aux *ortolans* et aux *palombes*, à deux époques différentes de l'année, est celle qui mérite principalement leurs faveurs. La *palombe*, surtout, appelle le chasseur dans l'épaisseur des bois, où elle tombe dans ses embûches, tantôt attirée sur un arbre au moyen d'un *appeau* (sémèt) mis en mouvement par un système de cordages, tantôt conviée, par une couche de glands, sur une aire (lou so) peuplée d'appeaux aveuglés (lous pourèts) et bordée d'un filet que l'oiseleur fait mouvoir du fond de sa cabane, établie au pied d'un arbre et creusée partiellement dans le sol.

Pêche. — Toutes les méthodes connues sont usitées pour prendre le poisson, d'ailleurs très varié, de nos cours d'eau : le *Midou*, l'*Izaute*, etc. Mais la pêche la plus intéressante est celle des étangs (pesquès) ménagés au fond de nos vallons et alimentés par une ou plusieurs sources. Le nombre de ces réservoirs diminue chaque jour. Monguilhem n'en possède plus qu'un, celui de *Perreton*.

Rien de joyeux comme les fêtes rustiques auxquelles donne lieu la pêche des étangs. On s'y rend en foule, et chacun rapporte, le soir, dans sa famille, quelques poissons, carpes, tanches, anguilles ou cabos. Tout ce qui n'est pas vendu sur place est livré au commerce et prend la direction des vi' s.

Jeux. — La plupart des jeux modernes, *loto*, *cartes*, *quilles*, etc., sont largement pratiqués à Monguilhem, trop largement même, car les petites économies de l'artisan sont très souvent follement absorbées dans des parties échevelées de *baccara* ou de *chemin de fer*.

Les *quilles* sont le jeu national préféré par la jeunesse de la ville et des villages d'alentour. Un vaste hangar forme l'enceinte destinée à cet exercice parfois ruineux pour les modestes bourses. Neuf *quilles*, bien façonnées au tour, se dressent en quinconce, élégantes et légères, sur des supports en bois fichés dans le sol et rasés horizontalement à fleur de terre. Dès que les *mises* (enjeu) sont établies, un *double sou* (ue sorre) lancé en l'air décide à *croix ou pile (croutz ou pilles)* (1) à qui revient l'honneur d'ouvrir la partie. Aussitôt, le joueur s'arme de son énorme boule et s'efforce par d'habiles mouvements basés sur une mécanique pratique, d'abattre le plus grand nombre possible de quilles, tout en suivant l'*ordre* indiqué par le concurrent qui a posé les conditions de la joute. Il demeure vainqueur, si l'adversaire, suivant la même marche, ne parvient pas à dépasser d'une *unité* le nombre de quilles renversées par lui dans ses deux coups précédents.

Quoique très simple, ce jeu passionne la jeunesse. Il constituerait un excellent exercice de gymnastique. s'il n'offrait le danger des paris.

Courses aux taureaux. — L'Armagnac aime les exercices violents. Son goût pour les quilles et le *pugilat* en est déjà une preuve. Mais ce qui le montre mieux encore, c'est son ardeur sans égale pour la *course aux taureaux*. *La course!* voilà sa passion dominante. Comment pourrait-il en être autrement? Dès l'âge le plus tendre, l'enfant la rêve et la pratique avec ses condisciples tour à tour transformés en *écarteurs* et en *taureaux*. Voyez ces gamins! A peine échappés à la férule du maître, ils

---

(1) *Croix ou pile*. — Cette locution est due aux dessins frappés sur les deux faces de certaines de nos pièces de monnaie ancienne. Une croix décorait l'avers et le revers portait une *pile*, sorte de petite chapelle On jetait la pièce en l'air et on disait avant sa chute croix ou bien pile. La priorité était accordée, si la face supérieure présentait l'aspect qu'on avait désigné.

s'alignent en bon ordre sous les murs de l'école et font retentir le *hup!* traditionnel pour provoquer celui qui simule le taureau. Les poings fermés, et, parfois armé d'une corne en bois ou d'un couteau qu'il porte dans la main, l'enfant devenu taureau pour le moment fait entendre un beuglement, enfle ses narines, soulève le sable avec les pieds, à la manière de l'animal qu'il représente, et se précipite, enfin, tête baissée. sur la ligne des écarteurs qui s'efforcent d'éviter ses coups, souvent pleins de dangers, par une feinte habile et un rapide *écart*.

Pour mieux se préparer encore aux exercices émouvants de la grande *course aux taureaux*, les garçons un peu plus âgés organisent des fêtes rustiques dans les prairies ou dans les champs. Moyennant une modique rétribution donnée à un berger — quelquefois à l'insu de ce dernier — ils *font la course* avec un bélier qui tient lieu de bœuf et qu'on a soin d'exciter en lui frottant les dents et les narines avec une gousse d'ail. L'animal furieux se jette alors avec impétuosité sur les *écarteurs* alignés et leur porte, en certains cas, des coups aussi terribles qu'imprévus. Plus souvent, l'écarteur pare le coup par une agile feinte, ou *franchit* le bélier dans un bond élégant.

A dix-sept ou dix-huit ans, un écarteur ainsi préparé pourra tenter quelque heureux essai sur l'arène réservée aux vraies *courses de taureaux*.

Ordinairement, la course aux taureaux coïncide pour chaque localité avec la *fête patronale*. Quelques mois à l'avance. les jeunes gens de la ville constituent une commission des fêtes qui se compose d'hommes dévoués et décidés à subir une perte. au besoin, car, de nos jours, les *fêtes* exigent d'importantes dépenses, qu'il faut couvrir même en cas de mauvais temps et d'insuccès, par conséquent.

A leur tour, les commissaires de la fête choisissent un président chargé de veiller à l'organisation et aux préparatifs de la solennité prochaine. Par ses soins, un troupeau de taureaux français et espagnols est *engagé* pour une époque fixe et moyennant un prix très élevé (1). Une compagnie de musiciens est ensuite invitée a prix d'argent. Aujourd'hui, les artistes sont fournis par les villes de la contrée. On avait recours, avant la guerre franco-

(1) Les courses aux taureaux demandaient des frais bien moins considérables, autrefois On n'a pas oublié le démêlé du Houga avec Monguilhem au sujet d'un *bœuf pour la course*² On se bornait a acheter quelques taureaux pour la fête projetée et on livrait ensuite ces animaux a la consommation. La perte était peu considérable, De nos jours, on a organisé des troupeaux de vaches et de taureaux, exclusivement affectés aux courses

allemande de 1870, à des bandes d'Allemands qui venaient souffler à pleins poumons dans leurs instruments de cuivre oxydés, pendant trois jours consécutifs.

Lorsque le temps des fêtes est arrivé, des ouvriers spéciaux, adjudicataires des travaux de l'arène, se hâtent de construire des amphithéâtres autour de la place de la course. Puis, le président sollicite du préfet du Gers l'autorisation de célébrer la fête patronale (de saint Pierre) par une *course de taureaux*. Des affiches monumentales annoncent aussitôt la nouvelle, en style flamboyant, à toutes les communes de dix lieues à la ronde, et la veille du premier jour des réjouissances, des salves d'artillerie, tirées avec un vulgaire mortier, sont le signal de l'ouverture des amusements annuels.

Le lendemain, dimanche, la ville est pavoisée. Des arcs de triomphe se montrent à l'entrée des rues pour faire honneur aux étrangers. Parents, amis, curieux, accourent dès la première heure, le dimanche matin, pour prendre part à de plantureux repas, après avoir assisté, à onze heures, à une messe solennelle en musique à laquelle on convie les autorités locales revêtues de leurs insignes municipaux.

A trois heures du soir — une vieille coutume fait avancer l'heure des offices pour cette circonstance, — les amphithéâtres regorgent de spectateurs avides d'applaudir les prouesses des écarteurs qui vont figurer dans l'arène. Soudain, la commission des courses paraît sur la place, marchant à la suite du président et précédée de la musique. La foule se lève, agite les mouchoirs en signe de réjouissance, et les commissaires prennent place sur une estrade d'honneur ménagée sur les amphithéâtres. Parvenu à sa place, le président déclare la fête commencée et la fanfare notifie la nouvelle à tous les bancs du cirque par une vibrante et entraînante ouverture.

Les spectateurs ont à peine applaudi les musiciens, qu'un taureau, l'œil enflammé, s'élance hors de sa loge et fond avec la rapidité de l'éclair sur les rangs pressés des écarteurs rivalisant d'adresse et d'agilité. Des hourrahs prolongés, des bravos enthousiastes, saluent les premiers succès des écarteurs, dont quelques-uns évitent les cornes de l'animal furieux par une *feinte*, tandis que d'autres, les pieds joints et, parfois, les jambes liées, franchissent d'un seul bond le taureau.

A tout instant, l'écarteur va retremper ses forces et son courage dans de larges rasades de vin généreusement servies dans le local de l'*ambulance*. Il faut une *ambulance*

— ce mot ne doit pas étonner le lecteur — pour recevoir et laisser panser les blessés qui tombent dans cet étrange tournoi.

Le plus grand succès pour un écarteur consiste à attendre le taureau de pied ferme et à le *franchir* d'un bond, au moment d'être atteint par les cornes de l'animal. On note avec éloge les écarts dans lesquels le *toréador*, les deux pieds sur son béret jeté à terre, la main gauche derrière le dos et le bras droit en l'air, provoque par ses cris et défie l'animal par ses gestes, en agitant un mouchoir, pour échapper ensuite à ses coups par une série d'oscillations du torse, qui lui donnent le change.

Ces exercices sont des plus périlleux. Si le taureau est déjà familiarisé avec les ruses de la course, il s'arrête brusquement lorsque l'écarteur le franchit, et le malheureux sauteur retombe de tout son poids sur le sol qu'il arrose de son sang, après avoir été blessé par l'animal qui, se dressant sur son arrière-train, l'a saisi comme au vol et l'a précipité par terre. S'il s'agit d'un écart, le taureau suspend subitement sa marche et frappe impitoyablement de ses cornes l'écarteur qui a cru l'éviter par une brusque feinte. Heureusement pour lui, le *teneur de corde* (1) contient partiellement l'animal furieux et l'empêche de tuer sa victime. Pendant ce temps, la musique fait retentir ses plus bruyants accords et la foule acclame le taureau. La course promet d'être brillante !

L'arène prend aussitôt l'aspect d'un *pandémonium*. Des écarteurs armés de baguettes enrubannées avec pointe à crochet simulant un dard, attendent fièrement le taureau sans bouger et lui enfoncent deux de ces lances dans le poitrail ou dans la tête, avant de se dérober à ses cornes par la feinte classique.

L'animal ainsi excité exécute une course rapide le long des barrières, balayant tout sur son passage. C'est un spectacle unique de voir alors la foule des vrais écarteurs et des nombreux *amateurs* répandus dans le cirque, se ruer avec entrain vers les amphithéâtres et les escalader brusquement pour semer le désordre dans les premiers rangs des banquettes. Le taureau essoufflé continue un instant sa marche fantastique dans l'arène et disparait bientôt en rentrant dans sa loge prestement ouverte par

---

(1) Dans la course nommée *landaise*, le taureau est tenu à une grande distance au moyen d'une corde, à moins que la foule des spectateurs ne crie *corde à terre !* Dans ce dernier cas, l'animal, libre de tout lien, se jette avec impétuosité sur tous ceux qui le bravent.

le *vacher* du troupeau, qui se déguise avec prudence derrière la porte, aussitôt refermée sur l'animal.

La seconde loge s'ouvre, alors, et un nouveau taureau se montre sur la place. Des bravos l'accueillent sans retard, s'il se précipite sur les rangs des écarteurs. Mais s'il fait mine d'hésiter, des *picadores* armés de longs bâtons à aiguillon avec banderolles et rubans se jettent sur lui pour l'exciter et le contraindre à attaquer de front les écarteurs qui le défient. La course menace-t-elle de languir par la lenteur calculée de la bête ? — « *A l'abattoir ! A l'eau !* » crie la foule en délire et agitant les mouchoirs. On enferme le taureau réfractaire et on fait paraître un *sujet* plus brillant. On épuise ainsi la série des animaux, sauf à recommencer ensuite par le premier qui a paru pour continuer l'exercice jusqu'à la nuit.

L'appât du gain inspire aux écarteurs une audacieuse témérité et leur fait entreprendre les exercices les plus dangereux. Aussi n'est-il pas rare de voir ces malheureux tomber par dizaines sous les cornes des taureaux furieux qui les criblent de coups et leur déchirent quelquefois les entrailles. Les blessés sont promptement relevés et portés à l'ambulance où un médecin leur donne les premiers soins, en attendant qu'on les transporte dans leur famille ou à l'hôpital, si leur état l'exige. Ces cas ne sont pas rares. Il y a même mort d'homme quelquefois. Monguilhem en a fourni la douloureuse preuve il y a quelques années à peine, en 1879, si nos souvenirs sont exacts.

Le soir venu, la foule houleuse s'écoule en désordre et va prendre son repas pour assister ensuite à la fête de nuit plus animée, s'il est possible, que celle du jour. Brillantes illuminations, bals champêtres, feux d'artifices, représentations théâtrales par des troupes de passage, séances musicales dans les cafés, cirques de chevaux, exercices acrobatiques, rien ne manque à l'avide curiosité de la multitude. Mais les mœurs ont-elles gagné à l'éclat de nos réjouissances nocturnes ? Non, certainement. Nous sommes loin, bien loin de l'innocence de nos pères, dans ces amusements modernes.

La seconde journée des fêtes s'ouvre à huit heures du matin, le lundi, par une série d'exercices populaires aussi variés qu'intéressants : *course aux ânes* (1), *course à la*

---

(1) Des cavaliers, montés sur des ânes excités par l'aiguillon de quelques jeunes gens, s'élancent vers un but assigné Les animaux récalcitrants refusent de marcher et reviennent brusquement sur leurs pas, laissant en route leurs conducteurs

cruche pour les hommes et les femmes (1), *mâts de cocagne* (2) *sur la rivière, course aux canards* sur l'eau et dans la rue (3), *jeu du baquet* (4), *course au sac*, etc. Vers dix heures du matin, un héraut se précipite au milieu des spectateurs pour annoncer la découverte de l'*Inventeur du travail* dans la forêt voisine. — « Haro, sur le maudit, » s'écrie la multitude, et l'on s'élance vers les bois de la Barthe ou du Bédat où le criminel est vite garrotté et chargé de chaînes pour être traîné devant un tribunal qui le juge sans merci.

L'*Inventeur du travail* est un hideux personnage, moitié nu, coiffé d'une sorte de diadème en plumes, chargé d'une peau de mouton pour tout vêtement et dont les traits disparaissent sous une triple couche de teinture d'un noir d'ébène.

La foule l'accompagne devant les juges rangés sur une estrade au milieu de la place et le procès est plaidé avec éloquence. Le réquisitoire du ministère public est terrible pour le coupable : il conclut à la peine de mort. Vainement, un habile avocat fait-il des efforts désespérés pour sauver son horrible client. Les spectateurs réclament et

---

(1) Tous les concurrents portent une cruche pleine d'eau sur la tête et se précipitent en courant vers un point déterminé d'avance. Des rencontres fortuites, des faux pas, font perdre l'équilibre à plus d'un coureur qui tombe ou casse son vaisseau, aux applaudissements de la foule.

(2) Un long mât est solidement incliné vers la rivière et enduit d'une couche épaisse de substances gluantes. Pour gagner le prix, il faut parvenir au sommet nu pieds. Très peu décrochent l'objet promis.

(3) Cet exercice est cruel. Une corde tendue au dessus de la voie publique sert d'appui à un canard suspendu par les pattes, la tête en bas. Des cavaliers, armés d'un sabre, passent rapidement sous le volatile et le frappent de leur arme. S'ils font sauter le cou, ils ont gagné le prix.

(4) Il s'agit, dans ce jeu, d'aller prendre avec les dents une pièce de monnaie au fond d'un baquet rempli d'eau. Ces étranges amusements n'étaient pas du goût d'un magistrat de Mirande qui les flétrissait dans un mémoire adressé au préfet du Gers dans la première moitié de ce siècle. Le document, conservé aux archives départementales, ne porte point de date. Voici, du moins, l'analyse de quelques uns de ses passages.

Les villes de l'arrondissement de Mirande et de Condom voisines des Landes « adoptent pour divertissement, dit-il, le jour de leur fête patronale, la course aux taureaux. Des affiches imprimées d'une grandeur démesurée sont répandues dans les villages et villes voisines pour convier les amateurs. Pour intermèdes, elles annoncent communément des jeux ignobles, comme la course au canard, la course au sac (les hommes y sont enfermés jusqu'à la ceinture), la course aux femmes portant une cruche d'eau sur la tête. Un prix est donné à la femme qui fera la plus laide grimace. Des misérables de l'un et de l'autre sexe, poussés par un esprit de cupidité, oubliant toutes les convenances sociales, viennent impudemment s'exposer dans l'arène pendant le repos des animaux, aux risées bruyantes et aux cris éclatants et joyeux des spectateurs, dans le but de gagner une robe de dix francs ou quelque autre objet d'habillement de vil prix. Le vainqueur dévergondé, exalté par les bravos et couvert des applaudissements de la multitude est reconduit triomphalement à son domicile, suivi de la musique, escorté d'une innombrable quantité de jeunes gens et de gamins. Ces réjouissances blessent la morale publique. » Nos populations ne pensent pas de même.

obtiennent la peine capitale, naturellement ajournée au lendemain.

Midi sonne bientôt : on se sépare pour dîner, mais à trois heures du soir l'arène de la course reprend son animation de la veille et les écarteurs recommencent leurs prouesses. L'heure des récompenses est proche; aussi ne faut-il pas s'étonner si la fête présente un caractère plus vif et plus brillant que le dimanche. Nous sommes au moment décisif! Écarts hardis, habiles feintes, sauts remarquables par-dessus le taureau, rien ne manque à la course qui se prolonge jusqu'aux derniers rayons du soleil. Le président se lève alors et prononce un pathétique discours dans lequel il remercie les étrangers de leur concours et décerne des éloges aux écarteurs les plus remarqués. Puis, il proclame les prix basés sur le mérite des jouteurs dont les succès ont été notés avec soin par des pointeurs consciencieux. Le lauréat nommé s'avance, le béret dans la main gauche, et reçoit le prix de la main droite : « Vive le Président! » dit-il avec force, dès que celui-ci a déposé une couronne sur sa tête. Lorsque les prix sont distribués, le président, suivi de la commission, descend de l'amphithéâtre et la musique l'accompagne jusqu'à la mairie où il dépose ses insignes.

La soirée se passe encore en fêtes, en réjouissances de tout ordre, au milieu d'une illumination *éblouissante*. Le lendemain, on se repose, et le mercredi chacun revient à ses affaires ordinaires.

Nos fêtes d'aujourd'hui sont loin de la belle simplicité qui distinguait celles de nos ancêtres. On s'amuse plus savamment de nos jours qu'autrefois; on commence à rougir des antiques jeux populaires, du jugement de l'*Inventeur du travail*, par exemple, et d'autres bouffonneries de ce genre, mais les mœurs sont-elles devenues meilleures? Nous le demandons une fois de plus.

Plût à Dieu, tout au moins, que l'oubli des modestes distractions de nos pères eût aussi fait disparaître le jeu barbare de la *course aux taureaux!* Mais non, loin de diminuer, le goût pour ces exercices violents et périlleux semble s'accroître et se développer en notre temps. Pas un bourg, pas un village de l'Armagnac ou des Landes n'y a renoncé, et les villes des pays voisins s'efforcent de les acclimater au milieu de leurs peuples. Vic-Fezensac, Mirande, Condom et Auch, pour n'en nommer qu'un petit nombre, classent aujourd'hui la course aux taureaux parmi les jeux les plus attrayants de leurs programmes des fêtes patronales.

On s'explique aisément que l'Eglise se soit efforcée, pendant les derniers siècles, comme de nos jours, du reste, d'empêcher ces jeux cruels, en recourant même aux foudres de l'excommunication. Les évêques d'Aire se firent particulièrement remarquer, au dix-septième siècle, par leur ardeur à combattre les courses. Mgr de Fromentières les regarda comme un reste du paganisme et voulut les détruire sans retour, après les vains efforts tentés par ses prédécesseurs pour abolir cette coutume. Il pria, il menaça, il exhorta, il excommunia, et les courses furent un instant suspendues. Ce ne fut malheureusement pas pour longtemps. Faut-il le dire? Nos populations méconnurent les défenses du prélat et brûlèrent ses sentences d'excommunication.

Les rois de France eux-mêmes essayèrent vainement d'intervenir pour défendre les courses, profondément enracinées dans les mœurs du pays.

Les accidents occasionnés par ces violents exercices furent la cause ordinaire des Ordonnances royales prohibitives de ces jeux pleins de danger. Nous en trouvons une preuve dans la *Correspondance de M. d'Etigny*, t. IX, conservée aux archives départementales du Gers.

Le jardinier de M. de Lyon, à Mont-de-Marsan, fut blessé, en 1757, dans une course aux taureaux *faite dans les rues*, comme cela se pratiquait à cette époque, où les arènes n'étaient guère connues qu'à Bayonne. M. de Lyon s'étant plaint au roi, le comte de Saint Florentin communiqua sa lettre à M d'Etigny, afin de lui demander son avis. Voici l'analyse de la réponse de l'intendant de la généralité d'Auch.

Ce n'est pas seulement le jardinier de M. de Lyon qui a été blessé. D'autres personnes ont eu le même sort à Mont-de-Marsan, pendant la course aux taureaux faite dans la rue. Les magistrats de Mont-de-Marsan n'ont pas été capables de rétablir l'ordre « par l'entêtement des habitants du lieu qui sont extrêmement attachés à ces sortes d'amusements, nonobstant les risques qu'ils courent eux-mêmes en excitant les taureaux ou bœufs que l'on fait courir dans les rues de la ville sans aucune précaution.

Cet usage se pratique dans presque toutes les villes du Béarn, ajoute M. d'Etigny, surtout dans le temps du carnaval.

« Ce serait inutilement que les magistrats de tous les endroits où l'on fait de ces courses voudraient les empêcher par des ordonnances ou des règlements de police, le peuple ne s'y soumettrait point. D'ailleurs, c'est un genre de plaisir auquel ils sont peut-être sensibles comme les autres. »

L'intendant ne défendrait pas ces jeux, dit-il, s'ils se faisaient « hors des villes ou dans des quartiers qui leur fussent affectés, ainsi qu'à Bayonne. » Il estime que « dans ces circonstances il y aurait lieu de défendre ces courses, avec liberté cependant de les faire hors des villes ou dans des endroits clos par des barrières et après en avoir obtenu la permission des magistrats. »

« Je crois, ajoute-t-il, qu'une ordonnance du roy que je feray publier dans toutes les villes de mon département, si vous jugez à propos de la faire expédier et de me l'envoyer dans ce sens, sera exécutée avec soumission, parce qu'elle ne privera pas les habitants d'un amusement auquel ils sont accoutumés et qu'ils ont tant à cœur. » *(9 février 1757.)*

Le roi ne crut pas devoir accueillir, sans doute, les sages avis de l'intendant. Il est certain, du moins, qu'une *Ordonnance* (1), donnée en note au fond de cette page, défendit les courses aux taureaux en 1766.

La défense royale fut très mal accueillie dans l'Armagnac (2). De vives protestations se firent entendre de tou-

---

(1) « Sur ce qui nous a été représenté, que dans les villes de Dax, Tartas, Saint Sever, Mont de Marsan, Aire, Grenade, Mugron, Montaut, Hagetmau, Villeneuve, Cazères et autres lieux dépendans de notre gouvernement, l'usage où l'on est, malgré les défenses réitérées qui en ont été faites, de faire en certaines occasions des courses de bœufs et de vaches, entraîne presque toujours des disputes et des querelles entre les habitants et qu'il en résulte bien souvent des accidents funestes, occasionnés par la fureur où se mettent ces animaux, voulant remédier efficacement à un pareil abus, et prévenir par là les désordres et les malheurs qui en sont une suite nécessaire nous défendons très expressément à toutes personnes, de quelque état et condition qu'elles soient, de faire faire à l'avenir, sous quelque prétexte et pour quelque occasion que ce puisse être, aucune course de bœufs ou de vaches, soit avec barrière ou sans barrière, dans les villes ci dessus mentionnées et dans tous autres lieux soumis à notre autorité, à peine de désobéissance et de punition contre les contrevenans

« Mandons aux officiers municipaux desdites villes, bourgs ou autres lieux où se font ces sortes de courses, de faire lire, publier et afficher la présente ordonnance, partout où besoin sera, afin qu'aucun n'en prétende cause d'ignorance, et de tenir la main à son exécution, chacun dans leurs districts respectifs, en ce qui les concerne

« Fait à Bordeaux, le 22 juin 1766 Signé le maréchal duc de Richelieu, et plus bas, par *Monseigneur*, Faucher » *(Archives de M Verdier)*

(2) Ce qui le prouve, c'est la lettre suivante que provoqua l'insoumission de nos voisins de Villeneuve de Marsan Nous l'avons transcrite à la mairie de cette ville

« Lettre écrite à MM les Echevins de Villeneuve par le maréchal de Richelieu — 16 octobre 1771

« A Bordeaux, le 16 octobre 1771

» Messieurs, depuis mon arrivée dans mon gouvernement, j'ai appris avec la plus grande surprise qu'au mépris de mon Ordonnance concernant les courses de bœufs et de taureaux et des raisons de bien public qui m'avoient déterminé à les défendre de la manière la plus expresse, non seulement vous souffries qu'il s'en fit dans les lieux soumis à votre police, mais que vous eties même ou assez aveugles ou d'assez mauvaise foi pour avoir l'air d'être persuadés que je ne le

tes parts ; le pays ne voulait pas renoncer à son jeu favori, à son amusement national. On fit donc des démarches auprès du gouverneur de la Haute et Basse-Guyenne et le pouvoir dut céder aux réclamations parties de nos pays. L'*Ordonnance* de 1766 fut rapportée en vertu d'une seconde Ordonnance qu'on va lire :

« Louis-François-Arnaud Duplessis, duc de Richelieu et de Fronsac, pair et maréchal de France, etc.

» Sur les différentes plaintes qui nous étoient revenues des accidents multiples qui arrivaient aux assemblées des courses de bœufs, nous nous étions déterminés à les défendre et à charger les officiers municipaux de les empêcher et punir ceux qui y contreviendraient : mais le goût dominant des peubles de l'Armagnac étant si général et voulant tâcher de le combiner avec ce que nous devons à la tranquillité publique et voulant tâcher de concilier ces deux objets, nous avons cru y pouvoir parvenir par la révocation des défenses que nous avons faites aux conditions cy-après énoncées.

» Les communautés en état de pouvoir, selon leurs facultés, prendre les précautions convenables pour parer aux inconvénients qui résulteraient souvent des courses de bœufs, seront spécifiés et après pourront les recommencer, scavoir, Tartas, Dax, Mont de-Marsan, Saint-Sever, etc., etc.

» Lesdites communautés seront tenues de faire un cirque entouré de barrières suffisamment élevées et assez fortes pour arrêter les animaux qui voudraient sortir dudit cirque, courir dans la campagne et blesser les assistants. Il y aura des gradins qui entoureront le cirque pour placer les assistants. et aucune course ne pourra commencer

trouvois pas mauvais, et que sans l'approuver ouvertement j'y donnois une espece de consentement tacite. Il est bien inconcevable que vous ayies pu pousser jusques la l'oubli de vos devoirs et la hardiesse à interpréter mes intentions sur un règlement qui intéresse aussi essentiellement la sureté publique, et que les honnetes gens avoient désiré avec tant de raison. Vous meriteries sans doute que sans attendre de nouveaux manquements de votre part je commençasse dès maintenant par vous punir d'une façon exemplaire pour une négligence aussi scandaleuse dans vos devoirs, et l'observation des règles de l'administration qui vous est confiée, mais voulant bien pour cette fois ci seulement croire qu'elle a été occasionnée par l'erreur où l'on a cherché à vous induire, je vous déclare tres expressement à vous et à vos successeurs que s'il me revient qu'il se soit fait une seule course dans votre ville ou dans quelque autre endroit soumis à votre juridiction, vous m'en repondres en votre nom et qu'il vous sera très inutile d'alléguer pour votre défense que vous n'auries pas pu l'empêcher, parce qu'il vous sera toujours possible quand vous aurés l'intention de recourir à temps à l'autorité et que vous nommerés les délinquants. Vous ne manquerez pas de m'accuser la réception de cette lettre et la transcription que vous en aurés fait faire sur les registres de votre communauté.

» Je suis, Monsieur, votre affectionné à vous servir

» Le duc et maréchal DE RICHELIEU

» MM. le Maire et Echevins de Villeneuve de Marsan. »

qu'après en avoir obtenu la permission des officiers municipaux, lesquels avant d'en avoir déterminé le jour, visiteront lesdites barrières et répondront de leur bonté et des précautions prises pour la sûreté et donneront leur procès-verbal de visite et leur permission par écrit, avant laquelle il ne sera permis à aucune communauté ni à aucun particulier de faire une course de bœufs sans être punis comme contrevenants à l'ordonnance.

» Défendons à toute communauté qui ne sera pas comprise dans ladite ordonnance et tout particulier de donner aucune course sous peine de punition, et si quelque communauté qui ne se trouve pas comprise ici était en retard de prendre les précautions requises comme il est marqué cy dessus pour donner de pareilles courses elle n'aurait qu'à s'adresser à nous et après l'examen requis nous nous porterions volontiers à en donner la permission.

» Mandons aux maires, échevins, jurats, consuls et autres qu'il appartiendra chargés des affaires des communautés de veiller chacun en droit soy à l'exécution de la présente ordonnance qui sera lue, publiée et affichée partout où besoin sera et registrée ès registres de l'hôtel de ville pour y avoir recours au besoin. Fait à Paris en notre hôtel le 30° mars 1773.

» Par Mgr, CLERMONT. signé. »

Monguilhem apprit la nouvelle avec joie et se hâta de solliciter l'autorisation de la *course* pour sa fête patronale de 1773 d'abord, et puis, pour l'avenir. Nos consuls reçurent cette réponse : (Archives de M. Verdier.) « Nous, sous le bon plaisir de Monsieur le maréchal de Richelieu et en son absence permettons aux échevins de la ville de Monguilhem de donner la course des bœufs pour le jour de Saint Pierre (fête patronale). Seulement pour répondre au désir qu'ils ont de ce divertissement, à condition toutefois que les choses se feront conformément à l'*Ordonnance* de M. le maréchal dont copie est ci-jointe. — A. Saint-Sever, le 24 juin 1773. — DUHAGET, *signé*.

» S'ils veulent la permission pour l'avenir, il faudra adresser un *placet* à M. le maréchal et me l'envoyer. »

La jurade dut s'empresser de se pourvoir de l'autorisation requise pour les années suivantes, car les courses aux taureaux ne cessent point jusqu'à la Révolution. Rarement, depuis cette époque, on les a momentanément supprimées, jusqu'à nos jours. La course est aujourd'hui, comme autrefois, la fête par excellence de nos populations.

La disposition de l'arène a peu changé depuis l'*Ordonnance* de 1773, qu'on vient de lire. Des barrières élevées déterminent un vaste rectangle au centre de la ville. Le côté nord de la place présente une série de loges pour les taureaux et des amphithéâtres avec gradins se dressent en dehors de l'arène et contre les *barrières* pour recevoir les spectateurs divisés en trois classes ; *Premières, secondes* et *troisièmes*. Le prix d'entrée varie suivant la classe et on ne peut pénétrer sur les lignes des banquettes qu'après s'être préalablement pourvu d'un billet aux guichets des bureaux construits sur divers points.

Quant au costume de l'écarteur, il a subi peu de modifications. Il se compose toujours d'un pantalon blanc collant, d'un veston noir ou bleu, avec signe distinctif, et d'un béret avec pompon ou sans cet appendice. L'écarteur, enfin, a pour chaussure des sandales en fil.

Même en ce siècle, l'autorité civile s'est souvent préoccupée de la question des *courses de taureaux* qu'elle a essayé d'interdire.

Napoléon Ier, à l'époque de la naissance du *roi de Rome*, autorisa, par exception, ces jeux traditionnels, défendus depuis peu. Plus tard, les courses recommencèrent régulièrement dans les départements où elles étaient en usage, savoir : dans l'Hérault, dans le Gard, dans les Basses-Pyrénées, les Landes et le Gers.

Vers 1841, il se fit une nouvelle réaction contre ces jeux publics. Si bien que, l'année suivante (1842), les préfets du Gers et de l'Hérault, pour obéir à des ordres supérieurs, prirent des arrêtés pour défendre les courses de taureaux dans leurs départements. On obéit, mais en protestant, disent les dossiers des archives départementales du Gers. En 1843, le préfet de l'Hérault déclara au ministre de l'intérieur qu'il deviendrait très difficile de tenir exactement la main à l'exécution de cette mesure, si, dans tous les départements où l'usage des courses est établi, MM. les préfets ne donnaient pas des ordres pour qu'elles fussent prohibées.

Le ministre écrivit donc au préfet du Gers pour connaître son avis sur la suppression des courses. Voici la réponse de notre magistrat (1) : « L'interdiction des courses produirait dans le département du Gers, un effet très regrettable.

» Ces courses existent dans un assez grand nombre de

---

(1) *Archives départementales du Gers.*

communes (1) des arrondissements de Condom et de Mirande. Elles sont loin de présenter le caractère de barbarie qu'elles ont sur d'autres points de la France. Les accidents sont nuls ou au moins sans gravité.

» Tous les maires que j'ai consultés ont été unanimes contre la suppression de ces jeux qui offrent des bénéfices à leurs administrés sans compensation de malheurs ou d'accidents à déplorer. Je suis d'avis, en conséquence, M. le ministre, que ces courses peuvent continuer d'avoir lieu dans mon département. »

L'avis des autres préfets fut le même sans doute, car la *course aux taureaux* s'est maintenue partout, jusqu'à ce jour, non sans danger, quoiqu'en dise le premier magistrat du Gers, puisque les villes d'Aire, de La Bastide, Monguilhem avaient à déplorer, naguère, la mort d'écarteurs (2) frappés sur leurs arènes par des taureaux furieux.

---

(1) Les communes du Gers où les courses de taureaux se font le plus régulièrement de nos jours, sont
   Arrondissement d'Auch AUCH (*Patte d'Oie* ou *Saint Paul*), VIC FEZENSAC
   Arrondissement de Mirande. MIRANDE (la course n'a pas lieu tous les ans), MARCIAC, PLAISANCE DU GERS, TASQUE (autrefois, surtout), BEAUMARCHES, TARSAC, RISCLE, VIELLA, BARCELONNE, AIGNAN
   Arrondissement de Condom CONDOM (quelquefois), EAUZE, BRETAGNE, CAZAUBON, ESTANG, PANJAS, NOGARO, MANCIET, LE HOUGA, MONGUILHEM — Des raisons particulières font supprimer quelquefois ces divertissements pour un an, deux ans même, dans une localité. Mais le principe de la course aux taureaux y est admis pour la célébration de la *fête patronale*

(2) L'écarteur tué à Monguilhem, en 1879, portait le sobriquet de *Jean Danse Nenot*, marié à Cazaubon, fut mortellement frappé sur les arènes d'Aire, il y a une dizaine d'années M. l'abbé Pédegert, chanoine d'Auc, arriva trop tard sur la place pour administrer les sacrements au malheureux écarteur
   Enfin, un *amateur* de courses tomba, sous les coups d'un taureau, le 14 juillet 1888, dans l'arène de La Bastide d'Armagnac

PIÈCES JUSTIFICATIVES

I. — **Paréage du roi d'Angleterre, duc de Guyenne, Edouard II, avec le seigneur de Toujouse, pour Monguilhem (1).**

« Soict notoyre à tous ceux que l'envie et la voulonté prendroit de voir et lire ce presant et public instrument que sur le traicté qui a esté faict entre magnifique et puissant seigneur Guillaume de Montagut capitaine general du duc de Guienne d'une part et noble Annet de Toujouse frère de noble Bernard sieur de Toujouse d'autre de fere parcatge et sossiete en certaine forêts, terres, landes et pasqueraiges qui sont au territoire de la paroisse de Sainct-Pierre de Berovie en fin lesdites parties se sont accordées en présence de moy notaire et tesmoings soubsignés appelés et priés de ce par lesdites parties lesquelles ont réciproquement stipulé et accepté ce qui s'ensuit. Premièrement qu'il se fera une nouvelle ville en certains boys, terres, landes et pasqueraiges qui sont au territoire de la paroisse de Saint-Pierre lequel ledit Annet de Toujouse frère dudict Bernard *a assuré luy appartenir de la part de sa feue mere* laquelle ville avec la juridiction aura son estendue jusques aux bornes et limittes suivantes. Scavoir despuis le fleuve appelé du Midou de la part d'Armaignac jusques au ruisseau appelé Riberon qui tire vers le clos appelé de la Reilhe et de la part ung contour et passant plus oultre en descendant ce vient joindre avec led. fleuve de Midou sans néantmoings en ce comprendre le bois, landes et pasquaraiges appelés de Saint-Canc qui sont joignants le lieu où ladite nouvelle ville ce doict bastir ou il y a entre deulx un petit ruisseau appelé au pont de Berouy les quelles reserves peuvent *faire en tout deulx cent journaux* de terres et sans comprendre aussy le bois, landes et pasqueraiges du sieur Bernard de ¹. Legua asez voisin du lieu ou ce doit bastir la ditte ville ou coulle entre deux ung petit ruisseau de *Pigahera* estant lesdites réserves de la contenance de cent journals de terre tout le reste qui est dans l'enceinte des limittes susdites soit-il en bois, landes et pasqueraiges et autre terre appartenante en pure propriété audict Annet de Toujouse de la contenance de deux mille journals et davantaige sur laquelle contenance et estendue de terre ledict Annet de Toujouse a promis audict sieur de Montagut extipullant et acceptant pour le roy en qualite du duc de Guienne de

---

(1) Archives de Villeneuve de Marsan $\frac{11-1}{1}$

retirer approbation et ratiffication de cet accord tant dudict Bernard sieur de Toujouse son frère que de ses sœurs et de plus aussi de faire en sorte que ledit Bernard de Toujouse pour *emplier* la juridiction et territoire de ladite ville au profit *de Sa Majesté joindra la paroisse de Caucabane* qui est de la contenance de six ou sept cents journals de terre qui ne sera point comprinse au territoyre de laditte ville à cause de la Réserve faicte par ledit Bernard. En laquelle nouvelle ville il a esté accordé que ledict Annet de Toujouse pourra fere bastir un château et ung fort, retenir sur le toutal dudit territoyre soixante journals de terre pour y faire son labouraige vignes et prés et autres ménaigeries. Et qu'il sera loisible à Sa Majesté de prendre autant de terre que bon luy semblera et à lobsion de tel qui luy plaira comettre à cet effaict.

» A esté aussy accordé que aux despens communs il sera faict et basti *ung ou plusieurs moulins* banyes et au cas ledict Annet de Toujouse naura point de l'argent pour faire la moytié des frais desdits bastiments il a esté accordé que Sa Majeste ou son sénéchal du pais en feront ladvance et que pour ce remplacer de ladicte advance sadite Majesté jouira tous les rentes et droicts seigneuriaux de ladicte nouvelle ville comme aussi les revenus des moulins jusques à ce que par le moien de ladicte jouyssance sadicte Majesté ce sera remborsée des sommes par elle advancees et autres loyaulx cost. A esté aussy arresté que toute sorte de sansives fiefs, entrees, issues, lods, et ventes et esmandes que ce prendront au-dedans de la juridiction de ladite ville comme aussi le *droit de fornaige et de peaige* et tout autre sorte de rantes et revenus qui peuvent estre prins par ledicts seigneurs sur leurs subjects seront partagés esgalement entre sadite Majesté et ledit Annet de Toujouse ou entre leurs bailles auquel effet sadite Majeste ou pour elle son sénéchal mettra ung bailie et ledict de Toujouse ung autre lesquels oultre ce dessus auront une esgale et commune cognoissance de tous et chescun les cas appartenants et dépendants de ladicte juridiction et jureront toutes les années de s'aquitter fidelement de leur charge et ce randre bon et loyal conte de tous les susdicts droicts, rantes, profits et esmoluments voulant aussy sadite Majesté et ledict sieur de Toujouse que le droit de haute justice (1) dans ladite ville et juridiction d'icelle avec tout ce qui en depand soit esgalement parmi eux et en labsence du bailie royal ou son lieutenant prandre et arrêter toute sorte de criminels. Item ne sera tenu ledit sieur de Toujouse à contribuer d'aucune chose que en tant et autant qu'il lui plaira aux frais necessaires pour fermer et clore ladicte ville comme non plus sadicte Majesté ne s'obblige point à ceste cloteure quen cas quil trouvera que c'est une chose pour son bien ou pour son honneur. Item quen cas a l'advenir soit sadite Majesté achepterait ou acquerrait au-dedans de ladite juridiction aulcuns biens soit-il de personne noble ou roturielle que la moytié desdites acquisitions et achapts sera et appartiendra audict de Toujouse en randant à sadite Majesté la moytié du prix pour lesquels ses acquisitions auraient esté faites sans que sadite Majesté puisse au lieu de cette acquisition ferc bastir une

---

(1) En note : justice haulte, basse et moyenne.

nouvelle ville. Item et en pareil cas que ledit de Toujouse fera des acquisitions comme dessus la moytié dicelles en appartiendra à sa dicte Majesté. Item que sadite Majesté pour ceste fois tant seulement et sans consequence fera le premier notère de ladite ville, installera le premier ladre ou gezitte et le premier trompette et en deffaud de sadite Majesté son sénéchal en la duché de Guienne a la charge néantmoings que le notere, ladre et trompette seront nommés et présentés par ledit de Toujouse, a ceste première fois sans que ceste nomination fasse consequence en la personne de sa Majesté pour ladvenir. Ains pourra ledict de Toujouse pourvoir aux dites plasses vaquantes et desormais aussi sadite Majesté à son tour alternativement en faveur de qui bon lui semblera. *Item* sadite Majesté et ledit de Toujouse pourront chescun commettre des officiers et procureurs pour exiger, lever et prendre annuellement les droits et devoirs seigneuriaux lesquels officiers et procureurs feront et presteront annuellement serment de bien et fidelement fere leur charge et ce entre les mains desdicts bailes. Item quen cas de forfait commis par les sujets de ladite terre et hors les limites d'icelle la totalle juridiction et entière cognoissance en appartiendra au siège de Saint-Sever sans que pour ce regard ledit de Toujouse ni ses successeurs y puissent donner aulcung empéchement, si ce n'est en cas que lesdits excès auroient esté commis au-dedans les limites de la juridiction de ladite ville auquel cas ledict de Toujouse ou son baille *pourra vindiquer ses subjects* et les faire punir suivant les lois et coutumes de ladite ville et suivant la qualité de l'excès. *Item* a esté accordé et promis de la part de sadite Majeste qu'elle n'alienera point à titre de dons, ventes ni autrement en faveur de personne ny pour qu'elle cause que ce soit ladite co seigneurie et biens qui en dépendent, ains que à l'advenir et à jamais ceste terre demeurera entre les mains de sadite Majesté et de ses successeurs. A esté aussi accordé qu'on establira des coustumes pour les habitants audict territoire pareilles ou semblables et de la faison quelles sont este données aux habitants de Saint-Genès et de Jullac entout quil sera advisé entre led. sieur sénéchal et led. de Toujouse Pacte accordé que tout meurtre sera puni de mort. Item que ledit de Toujouse a donne et baille, donne et baille à sadite Majesté ledit sieur senechal estipulant pour elle la moitie de tous les susdits bois, terres et landes pour le tenir avec sadite Majesté désormais en commun et par indivis soit fons soit arbre et autre chose dépendentes dudict fons en quelle faison quelle puisse appartenir audict de Toujouse lequel bailh ledit de Toujouse a dit qu'il fait et fera à sadite Majeste moyennant le prix et somme de deux cents livres monnaie bordelaise laquelle somme ledit sieur senechal a présentement comptée et baillée de l'argent et au nom de sadite Majeste audit sieur de Toujouse de laquelle somme ledit de Toujouse cest teneu content paié et satisfait renonçant à l'exception de *pecune non nombrée* dol et fraude et à toutes autres exceptions desquelles il se pourrait prévaloir et deffandre. A esté aussy accordé quen cas il ce trouvera que aulcun des susdits bailles aye la prévention de quelque affaire dont la cognoissance appartient esgalement à l'ung et à l'autre des bailles que cella ne préjudiciera point à la juridiction de l'ung ni de l'aultre desdits seigneurs ains qu'il sera sencé que cella s'est fait de l'authorité de l'ung et de l'aultre, lesquels pactes et conventions en tous et chescun ses points ledit sieur sénéchal pour et au nom de sadicte Majesté et ledict de Toujouse tant pour luy que pour ses hoirs et successeurs ont promis d'entretenir, garder et observer chescun en ce qui le touche fidèlement et sans fraude et particulièrement ledit de Toujouse pour ce qui concerne l'approbation et ratiffication de ses frères et sœurs, et de même ledit sieur sénéchal tout faire confirmer ce dessus à sa dite Majesté et de ce si besoing est en rapporter acte en bonne et meilleure forme et ce dans ung an à conter du jour et datte des présentes, et pour plus grande validité du présent instrument ledit de Toujouse a obligé tous et chescun ses biens présents et advenir qu'il a soubmis soubsmet aux formes et rigueurs de toutes les lois du present royaulme de France par lesquelles a voulu être contraint à l'observation de ce dessus. Lesquels accords ont eté faicts dans le château de Bayonne le mercredy immediatement après la feste de la sainte Trinité l'an de grâce mil troys cents dix-neuf regnant Philippe roy de France et Eudon (sic) roy d'Angleterre et duc de Guienne. Présents pour tesmoings Messieurs Guillaume de Cassas docteur en droit et juge ordinaire d'Agen, Guillaume de Casa chanoyne de Saint Seve, Guillaume de Sanselma archiprestre de Moulins, maître Jean de Hildeste, Bernard de Vignes, habitant du pays de Casères, Guillaume de Bufi Alaman medecin et conseiller du roy, Ramond [..............] et plusieurs autres et moi Géraud de Gabiotta notaire pour le roy d'Angleterre duc de Guienne à la requisition desdits sieur sénéchal de Toujouse ay receu et fait d'une teneur le présent instrument lequel en témoing de ce je signe de mon saing ordinaire et en ay tiré deux copies dont lung a este baillé audict sieur sénéchal et l'autre audit de Toujouse. »

« Copie contenant le contrat de pareage de Monguilhem entre le roi d'Angleterre duc de Guyenne et le seigneur de Toujouse, — sous Philippe 5, dit le Long. — 1319. »

II. — **Carte de confirmation des droits, devoirs, statuts et privilèges deûs au seigneur de Toujouse et aux habitants dudit lieu avec la clause de fidélité. (1597.)**

« Saichent tous comme cy devant et de tout temps la juridiction de Toujouse ait esté comme de présent une seigneurie — propre et particulière appartenante aux seigneurs de Toujouse en toute justice haute moyenne et basse ressortissable en Condomois et estant advenu que par droit successif noble Bertrand de Toujouse seigneur dudit lieu ayant prins les erremans de certain procès pendant en la cour souveraine de parlement de Bourdeaux pour raison dicelle seignurie a lencontre de feus nobles Brandelis de Gironde et Marie de Toujouse mariés seigneur et dame de Monclara en Quercy et tout auroit esté procédé en ladite cour que par divers arrets donnés en icelle le susdit sieur Bertrand de Toujouse seigneur susdit comme ayant succédé à feus Pierre et Amadon de Toujouse, ses père et frère aurait eu l'adiudication et maintenue

en la jouissance dicelle seignurie de Toujouse avec les dépendances
et circonstances dicelle et en vertu de ce estant ledit seigneur paisible possesseur de ladite seignurie de Toujouse et prétendant estre
seul seigneur propriétaire tant de ladite terre et jurydiction de
Toujouse que de la feodalité et dependance de la seignurie de La
Goarde terres tenantes et correspondantes avec mesme devoir
comme tel et en ceste qualité ledit seigneur de Toujouse aux fins
que cause d'ignorance pour l'advenir n'y soit apportée auroit fait
assambler interpeller et unir à un corps tous et chascuns les habitans et tenanciers de ladite terre et seignurie de Toujouse que
de la dépendance de la seigneurie de La Goarde chefs de maison
lesquels susdits habitans à ces fins assemblés et transportés dans
le bourg dudit Toujouse leur auroit remonstre qu'en la qualité
susdite il prétend estre leur seigneur en seul directe en toute justice haute et moyenne et basse et que dans l'estendue de ladite
jurisdiction de Toujouse il n'y a nul autre seigneur qui y ait droit
n'y interest soit en droit de justice que de fief rentes lots ventes
honneurs services authorités privilèges prérogatives preeminances
franchises libertés n'y autres quelconques qualités qui puissent
estre comme de mesme luy appartient et compète la disme de
tous fruits et plusieurs autres devoirs dont lesdits habitans et tenanciers sont certains instruits et assures à ces fins les auroit requis que partant que besoin seroit ils ayent présentement faire
déclaration confesser advouer et ratiffier tous les droit et devoirs
a luy appartenant en se faisant luy prester serement de fidélité
au cas requis offrant de son coste en qualité de seigneur de faire
le semblable les tenir et entretenir de leurs statuts et privilèges et
les conserver et guarantir de son pouvoir envers et contre tous
laquelle declaration faite par ledit seigneur bien et deuement en-
tendue et comprinse par lesdits habitans ont fait réponse qu'ils
sont contents et entretenir d'effectuer envers ledit seigneur tout ce
en quoy ils sont tenus et soubmis et offrent luy en faire la déclaration deue et requise soubs les conditions que ledit seigneur leur
entretienne de son costé les promesses par luy cy dessus alléguées
et déduites ce que voulant tant ledit seigneur que habitans effectuer ont voulcu que contract en deue forme fust passé du tout ce
requérant lesdites parties a moy no^{re} soubsné. Pour ce est-il que ce
jourd'huy cinquième du moys doctobre l'an mil cinq cent quatre
vingt dix et sept Regnant Henri par la grâce de Dieu roy de France
et de Navarre avant midi dans le lieu de Toujouse en Condomois par
devant moy Pierre Vacquier notaire royal soubsigné et présents les
tesmoins bas nommés se sont personnellement constitués Guillemon Claverie, Jean de Labadie dit Herreté du Cos, Peyrot de Pesquidous, Jean Claverie dit Jean Chinau de Peblanc jurats dudit
lieu et jurisdiction de Toujouse assistés de Naüton de Lusson,
Peyrot de Lusson dit Patte de Pecaue, Naouton de Labadie dit
Thon, Jean de Labadie dit deu Cos, Lubat de Pesquidous dit
de Jambon, Jean du Matha dit Tissiné, Jean Claverie dit de Lencla, et Vidau de Gauffin dit de la Gourette esclus du conseil pour
les affaires public du commun dudit Toujouse et Jean de la Courtouzie, a l'authorité de m^{re} Jean Paderens son curateur, Jean Fit-
tere de Marres, Peyrot Razet, Nauton Courtousie, Jean Claverie dit

Jean Petit, Augier Razet faisant pour ses consorts, Bernad Razet m^re charpentier — Peyrouton Duprat, Guiraud du Faget, Bernard du Matha, Bertrand du Matha, Bertrand Carraute dit Plantebat, Jean du Bégué dit de Bourrut, Bayle, Peyrot, Pierre Dubégué, Pierre Saubin, Jean de deme Faure, m^re Jean Dubégué chirurgien, Joannat de Laborde dit de Guillat, Blaise de Lacaze, Vidau de Labadie dit de Guillas, Lubat de Genoux, Guilemit de Genoux, Vidau Dubégué dit de la Jane, Jean du Matha dit de Manieu, Peyrot de Capdepont dit de Manieu, Guillemon de la Forge dit de Jambon, Arnaud de Labadye, Nautouet de Lusson, Jean de Lusson, de Pecabe, Nauton de Tojouse dit de Jorly, George Dupourté dit de Jambon, Peyrod de Pesquidous dit de Cantoullet, et Gendron de la Fiterre les tous habitans de la paroisse et jurisdiction de Toujouse faisant tant pour eux que pour le reste des autres habitans et manans dudit Toujouse que tenanciers et stipendiers dicelle terre et jurisdiction que pour tous leurs héritiers et successeurs présens et advenir de leur franc vouloir et agréable volonte — et tous d'une commune et saine voix accordante et non feinte ni dissimulée ont dit déclaré et fait response sur la requisition faite par le susdit seigneur de Toujouse que de tout temps et à jamais la terre et jurisdiction de Toujouse a dépendu et dépend et appartient pour le jourd'huy aud seigneur dudit Toujouse et comme tel ledit seigneur et en la qualite par lui alléguée il doit estre maintenu en toute justice haute moyenne et basse en tous droits de fief lots ventes, rentes, honneurs, services, authorités prérogatives, prééminances, franchises libertés et quelconques autres qualités que puissent estre sans que en ladite terre et jurisdiction de Toujouse ny soubs la dépendance de la seigneurie de La Goarde il n'y a seigneur aucun ny aucun autre qui puisse prétendre aucun droit que le seul seigneur dudit Toujouse.

....

— Nous croyons inutile de reproduire les articles de cet Aveu, *que nous avons fidèlement analysés plus haut.* (V. pp. 177. et suiv.) —

« Extrait tire d'autre extrait escript en parchemin par moy notaire royal soubsigné, a moi exhibé par messire Bernard Duburc docteur en théologie prebstre et curé de Toujouse et après par le présent extrait en avoir été tiré il l'a devers lui retiré pour le remettre audict seigneur de Toujouse sans pourtant y avoir rien adjouté ni diminué. En foi de quoi me suis signé avec ledict sieur Duburc à Toujouse le 21e jour du mois de novembre mil six cent septante deux le tout en présence de maitre Bertrand Labadie advocat en parlement habitant de la maison noble de Mamousse juridiction de Bascaule, et François de Lobit clerc avec moi notaire natif de Monguilhem et à présent habitant à Marciac (?).

» Signé : *Duburc* prebstre faisant pour M. de Toujouse pour avoir retiré ledit extrait.

» De Lobict, Dussaulx, not. royal. »

Archives de Villeneuve-de-Marsan, 5 oct. 1897 $\left(\frac{11-1}{8}\right)$. La copie est mauvaise. On nous pardonnera les irrégularités de la forme que nous avons dû reproduire.

TABLE

DES PRINCIPAUX NOMS CONTENUS DANS LE VOLUME

Abadie, 167.
Abbadie (d') de Barrau, 63, 91, 174, 280, 281, 282, 361, 364, 365, 333.
Acquasana, 217.
Agen, 8, 13, 38, 162.
Agenais, 7, 29, 31, 32.
Aignan, 239.
Aignan (d') du Sendat, 286.
Aire, 2, 3, 10, 17, 19, 38, 45, 87, 127, 147, 151, 159, 254, 255, 303, 308, 316.
Alamand, 8.
Alaric, 5.
Albarède (d'), 32, 327.
Albert, 108.
Albret, 36, 78, 237, 306.
Alençon, 37.
Alfonse (infant), 4.
Allemagne, 3.
Amaré, 187.
Amiens, 219.
Andigné (d'), 272.
Andigné (d') de Beauregard, 277, 278.
André (Saint-), 194.
Anesance de Toujouse, 230, 233.
Anglés, 237.
Angleterre, 2, 3, 6, 8, 9, 10, 11, 19, 20, 21, 22, 23, 25, 26, 28, 29, 32.
Anselme, 4, 270.
Antin, 269.
Aon, 258.
Apcher, 4.

Aquitaine, 26, 30, 31.
Aquitania Sacra, 3.
Aragon, 4, 103.
Arblade (d'), 221, 235, 243.
Arblade-Comtal, 213, 214, 220.
Arblade-le-Haut, 243.
Arcet, 167.
Argelouse, 291.
Armagnac, 2, 4, 6, 7, 10, 11, 20, 28, 30, 31, 36, 225, 226, 238.
Armagnac (Bas-), communes qui en font partie, 363.
Armagnac (Haut-), 363.
Armau, 234.
Armilh (Sansonnet d'), 28, 33.
Arnaud, 146.
Arnaud-Guillem, 224.
Arnol (d'), 109.
Arrano (d'), 100.
Arthez-Gaston, 6, 7, 237, 285 à 320.
Artus, 339.
Astaffort, 30.
Astan (Estang), 33.
Astarac, 17, 26, 33, 42.
Auch, 5, 10, 13, 15, 17, 107, 112, 113, 122, 249, 286, 376.
Auguste, 20.
Avignon, 232.
Aydie, 243, 292 à 320.
Aymet, 302.
Ayzieux, 95, 96, 97, 124, 236.
Badie, 156.
Baghoni, 364.
Baisecour, 167.

Balguerie, 98, 161.
Barés, 62, 65, 80, 94, 128, 137, 157, 162.
Barada, 85.
Baradat-de-Lacaze, 229.
Baquerisse, 229.
Baquette, 352.
Barbazan (de), 233.
Barbotan, 249, 258, 253.
Barcelonne, 239, 297, 355.
Bartare, 164.
Barthe, 157, 200.
Bartheau (de Sala), 317.
Barthe (Guill.), 29.
Barsac, 249.
Bassabat (de), 174, 242.
Bascaudet, 172.
Bascaules 2, 81, 171, 172, 187, 195, 208, 219, 210 à 222, 388.
Bascle-de-Lagrèze, 281, 215, 216, 353.
Bas-Languedoc, 4.
Bassis, 611, 312.
Bastanès, 280, 281.
Batbédat, 274.
Batbie, 200, 201, 204.
Battre, 143.
Batz (de), 237.
Baudignan (de), 68, 71.
Baulat 230, 231.
Bayard-de-La-Vingtrie, 278.
Baylenx (de), 49, 82, 182, 267, 269.
Baylin, 127, 132.
Bayonne, 8, 237, 305, 306, 350.
Bazadais, 23, 228, 305.
Bazas 212.
Bearn, 84, 189, 351, 307, 316, 354.
Beaucaire (de), 234.
Beaujeu (de), 238, 239.
Beaumarchès, 19, 135.
Beaumond, 5.
Bédat (du), 77.
Bedout (Th.), 54.
Belgique, 215.
Benoît XIII, 236.
Benquet-d'Arblade, 236.
Benquet (de), 209.

Benquet-de-Verdier 120.
Bentégeat, 282.
Berdet, 163, 165, 167.
Beranger-de-Guillot, 236.
Bereilh, 103.
Bérobie (Saint-Pierre de), 3, 10, 147, 35, 207.
Bernède (de), 213, 214, 219, 220.
Bérouy, 383.
Berry (de), 52.
Bérouy, 10.
Besançon, 311.
Bessellère, 64, 65, 352, 353.
Beth, 119, 121, 186.
Béthune-Charost, 124, 75, 127, 143, 268, 270, 271, 272, 273, 274, 275.
Béthoulin, 295, 318.
Beyrie, 2.
Bezolles, 235.
Biat, 310, 313, 314.
Bidache, 17.
Bidosa, 208, 209.
Bidouse, 208.
Bieusan, 175.
Bigorre, 4, 12, 30, 352.
Billères, 311, 312, 313, 314.
Birac, 243, 249, 352, 356.
Bizanos, 217, 218.
Bladé. 359.
Bois-de-Viennes, 270.
Bois (du), 275, 276.
Bois (du), de Maquillé, 275, 276.
Bojat, 286.
Bonaparte, 130.
Bonas, 214, 216, 217, 219 221.
Bonnefont, 269.
Bonnet, 162, 167.
Bonneville, 162.
Bordeaux, 26, 43, 49, 103, 305.
Bordelais, 169.
Borrel (de), 299.
Bosc (deu), 33.
Boucherat, 78.
Bouhui, 53.
Bouignères, 140, 146, 157.
Boulainvilliers, 351.

Bouquet (dom), 5.
Bourbon (de), 250.
Bourdalat (Le), 31, 39, 42, 43, 44, 47, 52, 78, 92, 107, 126, 140, 149, 150, 186, 208, 274, 325.
Bourdens, 147, 148.
Bourdieu (Jehanoton du), 12.
Bourg (comte de), 243.
Bourguine (sorcière), 314, 315.
Bourrouillan, 39, 219.
Boutellier (de), 254.
Bufi (Guill. de), 8, 386.
Bugnein, 280.
Busca, 57.
Bladé, 49.
Blain, 94, 101, 105, 110, 130, 138, 141, 142, 146, 159.
Brac (de), 225.
Brasquit (de), 299.
Bréchan (de), 71, 77, 149, 248.
Bréchard, 267, 270.
Brest, 243, 244.
Bretagne, 257.
Brethou, 78.
Brie (de), 50, 52.
Brienne (de), 32 172, 212, 228, 229.
Brugèles (D.), 192, 211.
Bruilhois, 225, 229.
Brune, 137.
Cabarry, 55.
Cabendos, 68.
Cabié, 297.
Cabiotta (Geraud), 8, 386.
Cadié, 351.
Cadignan, 113, 114.
Calais, 271.
Camortères, 221, 242.
Camina (Vital de), 29.
Campagne, 236.
Campet, 303.
Campistion, 124, 266.
Canet, 363.
Cantiran, 355.
Capmartin, 167.
Capmarty, 187.
Capots (Parroisses du Gers où il y eut des Capots) 188, 191, 193.
Carcassonne, 306.

Cardalhac, 225.
Carmes, 148, 149.
Carpenter, 262, 294.
Carrabo he, 50, 127, 275.
Carrion de Calatrava, 280, 281, 282.
Carrol, 187.
Carsalade du Pont (de), 23, 103, 270.
Casa (Guil. de), 8, 386.
Casarnès, 29.
Casarnès (Pierre), 29.
Cassagnet-Tilladet, 264, 269.
Cassas (Guil. de), 8, 386.
Castandet, 26, 126, 204, 269, 302.
Castaigner, 47.
Castelbon, 289.
Casteljaloux, 37.
Castelnau, 269.
Castelsarrasin, 84.
Castelvielh, 289, 290.
Castets, 150, 154, 157, 230.
Castets-Endorte, 250.
Castetz, 300.
Castex, 2, 10, 31, 41, 53, 91, 156, 174, 175, 207, 263, 280.
Castille, 269.
Castra, 211, 212.
Catellan, 113.
Catinat (Ch.), 25.
Cau (Le), 1.
Caucabane, 2, 10, 31, 68, 71, 196, 245, 246, 279, 384.
Caucabane (Jean de), 37.
Caucabane (S. Pierre de), 2, 172.
Cauderonne, 30.
Cauna (de), 299, 300.
Caupène, 221.
Cauquabane, 173.
Caussin, 101, 102.
Cantiran, 122, 241, 252.
Cavagnac, 136.
Cazaubon, 54, 56, 89, 102, 123, 137, 196, 212, 249.
Cazauian, 348, 364.
Cazaux, 41, 71, 77, 270, 280.
Cazeneuve, 33.
Cazères, 6, 8, 69, 292, 296, 297, 302, 378, 386.

Cazères-sur-Garonne, 298, 299.
Cazes, 91.
Centulle, 350.
César, 211.
Chalais, 270.
Champagne (Guil. de), 5.
Champagne, 358, 363.
Champs (de Saint-Léger), 282.
Chanceaulme (de) de Clarens, 243.
Chapit, 244, 134.
Charles V, 30.
Charles d'Armagnac, 36.
Charles VII, 85, 98.
Charles VIII, 304, 305, 306.
Charles IX, 38.
Charles d'Aubèze, 316, 317, 318.
Charos, 40, 44, 50, 127, 275.
Charost (V. Bethune), 270.
Chateauneuf, 4.
Cist, 294, 310, 314.
Clairambault, 259.
Clarens (de) (V. de Chanceaulme), 92, 243.
Classun de Lucmau, 258.
Claverie, 55, 73, 88, 94, 101, 122, 142, 155, 159, 161, 165.
Clément V, 232.
Clermont (de), 99.
Condat, 84.
Condom, 5, 31, 43, 53, 59, 66, 101, 122, 123, 167, 312, 316
Cominge, 30, 304, 305, 306.
Constance, 4.
Corbeil, 267.
Corbin (Amédée), 3.
Corbon, 170.
Corneillan, 207, 230.
Cos (du), 178.
Cousseilhat, 210.
Currcier (de), 276.
Cours (de), 61, 80, 209, 261, 262, 263, 361.
Courtouzie (La), 387.
Coutelet, 50, 125, 144, 275, 361.
Crassus, 211, 212.

Crémens, 221, 240.
Crestayres, 25.
Curie-Sembrés, 5, 9, 11, 12, 13, 15, 16, 18, 24.
Cussol, 190.
Dabadie, 127.
Dabadie de Monbel, 290, 299.
Dabos, 290.
Dadou, 249.
Dalleman, 67.
Dando, 244.
Daunian, 67.
Dapcher, 4.
Darbalhat, 33.
Darcy de Cosne, 228.
Darre, 138.
Darricau (de), 249.
Dartigoeyte, 131, 133, 142, 144.
Daubons, 158, 164.
Dax, 267, 274, 350, 378.
Dayrenx, 127.
Dayrie (not.), 24.
Dayrie, 48, 49, 55, 60, 69, 79, 82, 94, 101, 109, 110, 111, 112, 115, 119, 122, 123, 137, 146, 151.
Deiries, 152.
Delhoste, 129, 159, 167.
Delpit (Jules), 3, 215.
Denguin, 280.
Desplaces, 115.
Descamps, 162.
Descoubès, 167.
Desmarets, 210.
Destout, 197.
Deyrie (V. Dayrie), 154.
Doat, 15.
Doazan, 290, 299, 319.
Dol (Evain), 20, 259.
Dombasle, 361.
Douze, 1.
Drouilhet, 280.
Dullonque, 78.
Dubégué, 388.
Dubos, 138, 204.
Du Bosc, 24.
Dubosq, 203.
Duboucher (Cl.), 62, 123, 124, 125, 126, 127, 129, 130, 133, 134, 137, 138, 139, 140, 142, 145, 146.

Dubourdieu, 156.
Duburc, 204, 260, 388.
Du Cange, 210.
Ducassé, 103.
Ducastaing, 24.
Ducéré, 203, 204.
Duclos, 204, 287.
Ducom, 109, 125, 202.
Ducor, 160
Ducruc, 56, 260.
Du Faget, 24.
Duffau (L.), 54.
Duffau, 89.
Duhart, 24.
Dumoulin, 127.
Duni, 100.
Duperrier, 160, 161, 162, 163, 167, 201.
Dupin, 215.
Duplessis duc de Richelieu, 379.
Dupont, 117.
Duprat, 167.
Dupuy (Docteur Amedée), 146.
Dupuy (not.), 209.
Duron, 90.
Dussans, 137.
Dussaulx, 264.
Dussaux, 24.
Eauze, 1, 2, 5, 90, 253, 349.
Edouard d'Angl.), 2, 8, 30, 31, 45, 172, 221, 229, 383.
Escoubet, 176.
Eskivat, 4.
Espaignet, 54, 232, 233.
Estang, 2, 18, 49, 107, 123, 127, 137, 150, 223, 224, 226, 227, 228, 230, 242, 248, 288, 290.
Estiennot (don), 3.
Etigny (d'), 377.
Eu (comte d'), 32, 228.
Eudon (roi d'Angl.), 8, 386.
Evers, 216.
Eyres, 10, 112, 150, 151, 153, 159, 172, 305, 320.
Filhot (de), 299.
Filongley, (Richard), 31.
Firmin, 103.
Flacé, 275.
Fleurance, 5, 16, 248, 262.
Florence, 262.

Foix (de), 4, 33, 240, 289, 313.
Fontanx (Hontanx), 302.
Fourcès, 242.
Fouert (de), 261, 262, 263.
Frairin, 261, 263.
France, 4, 5, 6, 29, 30.
Francescas, 30.
François Phébus, 1, 37, 304.
Frère (de), 71.
Froissart, 30, 297, 298.
Fromentières (de), 377.
Fumel (de), 317.
Fureau (de), 316.
Gabarret, 104.
Gabourd, 107.
Galabert, 24, 166, 169, 242.
Galles, 31.
Gallia Christiana, 3.
Galiay, 104.
Gamarde, 269.
Garbay, 66, 67, 138, 166, 254.
Garbaye, 134.
Gardère, 99.
Garnier, 361.
Gaston Phébus, 296.
Gaube Jussan, 150.
Gaubin, 194.
Gaube, 30, 31.
Gaujac (Mgr de), 3, 205.
Gavardan, 304.
Gauzan, 237.
Gayres, 196, 203.
Gayet, 159.
Gayette, 159.
Geoffroy, 273, 274.
Gers, 5, 6, 24, 143, 144, 156, 160, 203, 122, 381, 382.
Gervais, 24.
Gévaudan, 4.
Giézi, 190.
Gilbert de Montmorin, 147.
Gimont, 5, 6.
Gironde (de), 3 173, 243, 245 246, 247, 251, 386.
Gleiza, 147, 149, 211.
Gohas, 237.
Gondrin, 257.
Goujon (du), 53, 75, 93, 97,
Gourgues, 61, 174, 175, 225, 279.

Gournay (Mathilde), 31.
Goussier, 309.
Gout (de), 250.
Grainville (de), 278, 279, 361, 362.
Grammont, 269, 307.
Grande-Bretagne, 29, 30
Grandeau, 361.
Guérard, 231.
Guienne, 3, 8, 10, 25.
Guillas, 150, 171, 199, 200, 203, 204, 205, 207, 388.
Guiraultine, 314, 315.
Hagetmau, 378.
Harbaud, 11, 267, 277, 358.
Henri IV, 16, 253, 350.
Hérault, 381.
Hildeste (Jean de), 8, 386.
Homède, 150.
Hontanx, 3, 160, 257, 270, 307.
Houga (Le), 18, 24, 90, 92, 106, 107, 113, 114, 115, 116, 117, 118, 119, 120, 123, 125, 129, 137, 141, 142, 145, 148, 150, 155, 171, 201, 209, 240.
Hountique, 213.
Hourset, 93, 127.
Hourtinan, 59, 62, 279, 280.
Hozier (d'), 20, 259, 319.
Italie, 215.
Izaute, 2, 369.
Izoard (d'), 203.
Jagette, 157, 157, 159, 160, 167.
Jaurgain, 280.
Jayme, 1, 4.
Jean (roi), 8.
Jean III, 214.
Jean V, 237.
Jean XXII, 231, 232.
Jeanne d'Arc, 34, 235.
Jégun, 363.
Jouanillon, 50, 127, 275.
Joret, 89, 90.
Jornillet, 166.
Jourdanet, 361.
Joyeuse, 3, 4.
Juilhac, 30.
Juif-Errant, 329.

Jullac, 26.
Labadie, 48, 52, 60, 63, 64, 66, 70, 76, 88, 92, 100, 014, 105, 110, 111, 112, 146, 263, 279, 280, 325, 326, 327, 328.
Labadie Toujé, 63, 94, 101.
Laballe, 249.
Labarbe, 79, 125, 132, 133.
Labarthète, 355.
Labastide d'Armagnac, 51, 54, 70, 91, 291.
Labastide, 6, 7.
Labat, 205.
Laberchède, 167, 301, 303.
Labeyrie, 24, 149, 174, 175.
Labeyrie du Duc, 214.
Labordère, 105, 106, 126.
Labourdette, 55, 155, 156, 164.
Laburthe, 110, 111, 127, 150, 150, 151, 152, 153, 154, 156, 157, 167.
La Barthe, 221.
La Barthe de Cazaux, 3, 18.
Laborde, 82.
Laborde-Pépéré, 141.
La Castelle, 300.
Lacaussade, 221.
Lacaze (B. de), 30.
La Chèze, 47.
Lacomme, 150, 156, 159.
Lacqui, 309.
La Croix, 196.
Lacroutz, 70.
Lactorates, 214
Lacua (Et.), 32.
La Devèze-Montagne, 135
La Devèze-Ville, 54.
Ladoue (de), 149, 167.
Laduguie, (de), 282.
Lafage, 24, 236.
Lafitan, 221.
Laffitte, 69, 73, 122.
Laffargue, 13.
Laffont, 50, 51.
Lafforgue, 187.
Laffourcade, 156, 157, 158.
Lagarda, 208.
La Garde, 171.
La Goarde, 2, 42, 171, 154, 172, 173, 175, 176, 177, 178,

182, 183, 195, 207 à 210, 245, 251, 252, 254, 261, 263, 265, 271, 324, 355, 387.
Lagoanelle, 196.
Lagouarde, 81, 82.
La Gouarde, 186
Lagrange, 162, 163.
Lagraulet, 33.
La Haille, 256, 263.
Laigle, 278.
Lajus, 75, 103, 165, 166, 167.
La Leugue, 221.
Lambert de Laduguie, 282.
Laminsan, 249, 269, 302.
Lamoignon, 266.
Lamothe, 126
La Mothe, 239.
La Mothe-d'Angelès, 16.
La Mothe-Goas, 16.
La Mothe-Gondrin, 252, 260.
La Mothe-Pélagrue, 16.
Laneuville, 274.
Langon, 48.
Languedoc, 6.
Lannemaignan, 280, 157, 172, 251.
Lannamanhan, 35.
Lannelongue, 167.
Lannepax, 193.
Lannes, 6, 10, 31.
Lascourrèges, 92.
Laon, 13
La Plagne-Barris, 33, 259.
La Pouche, 295, 318.
Larcher, 11, 12, 13, 24, 231.
Larée, 96, 150.
Laroche, 146.
Lart (Pierre de), 62.
Larté (de), 290.
Larligau (de), 310.
Lartigue, 262.
Las Bordes, 2.
Lascours, (de), 165.
Lasies, 115.
Lasserre, 170.
Latané, 146.
La Terrade de Mon, 220.
Latournerie, 265
Latrau (de), 219, 262, 220.
Lau (de), 149, 257, 153, 242,

Laujuzan, 150, 209, 241, 243, 245, 252, 349.
Laur, 150, 220, 355.
Lautrec, 310.
Lavardac, 30, 318, 236, 237.
Lavardens, 214.
Lavaur, 224.
La Vingtrie (de), 278.
Lavit, 166.
Leaumont, 214.
Lebriand, 267.
Lecoutenx, 362.
Lectoure, 5, 5, 16, 122, 237.
Legier, 250.
Léglise, 152, 197, 198, 200, 204
Legua (Bern. de La), 383.
Le Houga (V. Houga), 31, 39.
Leleu, 277.
Lempereur, 20, 257.
Lencla, 89, 387.
Léocadie (Sainte), 308.
Lescar, 211, 303.
Lescun, 290, 385.
Lestreman, 196.
Lialores, 30.
Lias, 96, 96, 223.
Libourne, 19.
Liet, 33.
Ligardes, 264.
Ligue (gens de la), 32.
Limairac (Ed. de), 359.
Limoges, 8.
Lisle (de), 312.
Livry, 56, 267.
Lobit, 47, 149, 260, 388.
Lombez 5, 122, 286.
Lons (moulin de), 40, 44.
Lorman (de) 319.
Loubens, 3.
Louis VI, 5.
Louis XI, 105, 106, 304, 305.
Louis XII, 37.
Louis XIII, 253.
Louis XIV 350.
Louis XV, 108.
Louis XVI, 123.
Louis XVIII, 65.
Loumareilles, 293, 294.
Lourdes, 12.
Lous Litges, 1.

Louvie, 217, 218
Luc (de), 229.
Lucas (de), 352.
Luchaire, 15.
Lupé (Sanche de), 46, 220, 221, 240.
Lusson, 120.
Lustrac (de), 246.
Lyars, 30.
Lyon (de), 377.
Magnan, 121.
Mahuc, 127.
Maignan, 79.
Maisonneuve, 3, 6, 7.
Malartic, 192.
Maliac (de), 87, 88.
Mamousse, 220, 197, 388.
Manciet, 39, 349.
Maniban (de), 56, 60, 168, 209, 263, 264, 265, 266, 268.
Manieu, 185.
Mansencôme, 57.
Maquillé (de), 39, 49, 71, 73, 90, 91, 124, 267, 270, 275, 276, 358.
Marca, 79, 127, 281, 350.
Marciac, 5, 18, 19, 24, 234, 248, 388.
Marcou-Latour, 158.
Maresq, 71.
Margouet de Villa, 275.
Marguerite, 4, 37.
Marguestau, 6.
Marmande, 46, 223.
Marquestau, 7, 102, 223.
Marsan, 2, 3, 4, 6, 7, 18, 19, 31, 250, 288, 289, 304.
Marsolan, 319.
Martel (de), 270.
Martin (Saint) (Bigorre), 11.
Mas-d'Agen, 30.
Massiac, 119, 155, 156.
Mathet, 4.
Mauléon, 2, 31, 33, 39, 127, 33, 150, 196, 203, 224, 227, 229, 242, 248.
Maupas, 10, 31, 55, 83, 150, 160, 241, 242, 243, 244, 248, 249, 250, 251, 258, 261, 262.
Mauriet, 82, 124, 221.
Maury, 129.

Mazarine (Bibli.), 3.
Mazau, 125, 126.
Mazure, 362.
Meillant, 272.
Mende, 4.
Mendosse, 295, 318.
Mesmes (de), 312, 313.
Mezerai, 351.
Mezin, 30, 54.
Mido, 10.
Midou, 1, 2, 7, 10, 12, 18, 86, 89, 91, 288, 304, 369, 383.
Midouze, 1.
Miélan, 5.
Millet, 149, 150, 151, 156, 164.
Mirabeau, 108.
Miradoux, 190.
Miralh (Raym. de), 26.
Mirande, 5, 13, 122, 375.
Moiras, 240.
Monastère (de), 220.
Monbert, 194.
Monbeton, 258, 260, 261, 262.
Moncade (de), 33.
Moncade, 289, 290.
Moncla, 150, 223, 279.
Monclar, 6, 7.
Monclara (de), 235, 245, 250, 252, 386.
Monestier de la Lozère, 141.
Monferran (de), 269.
Mongon, 269.
Monlezun (abbé), 4, 6, 16, 30, 31.
Monlezun (de), 221, 235, 243, 317.
Monlezun, 31, 80, 89, 90, 107, 150, 200, 201, 233, 249, 264, 362, 355.
Monluc, 316.
Monréjau (Monréal), 33.
Mons Willelmi (Monguilhem), 31.
Montagut, 231.
Montaigut (Guill. de), 2, 7, 8, 9, 383.
Montaigut, 2, 6, 7, 19, 29, 30, 31, 32, 34, 39, 41, 42, 43, 47, 52, 53, 77, 78, 92, 150, 172, 186, 188, 224, 241, 288, 300.

Montauban, 13.
Montaut (de), 113, 114, 378.
Montbrun, 225.
Mont-de-Marsan, 1, 4, 106, 112, 113, 139, 140, 292, 296, 304, 314.
Montégut, 187.
Montesquieu (de), 235.
Montesquiou, 16.
Montesquiou-de-Seron, 15.
Montgommery, 39, 247.
Montgommery-Laval, 274, 275.
Montpensier, 303.
Montpezat, 32.
Montréal-du-Gers, 30, 33, 211.
Mont-Unité (Saint-Gaudens), 133.
Morlas (de), 234.
Morlas, 350, 351, 354.
Morlhon (de), 202.
Mormès, 31, 213, 219, 220, 240, 253, 355.
Mortensère, 312.
Moulins, 8, 386.
Moulins-La-Manche, 278.
Moussot, 156.
Mugron, 378.
Mulet, 304, 311.
Mun (de), 127, 220, 221, 222.
Muret (de), 172, 238.
Nagsa (Pierre de), 19.
Naples, 311.
Napoléon, 144.
Nautéry, 196, 204.
Navailles, 299.
Navarre, 24.
Navarrenx, 269.
Nogaro, 5, 15, 18, 52, 87, 89, 123, 124, 127, 135, 142, 154, 167, 232, 237, 238, 239, 241, 248.
Ognoas, 224, 225, 234, 285 à 320
Olhagaray, 298.
Oloron, 299.
Orbessan (Pierre d'), 17.
Orléans, 34, 35.
Orthez, 54, 296.
O'Shéa, 264.
Ossau, 217.

Oulhède, 150.
Palanque (de), 99.
Panjas, 39, 165.
Papebrock, 215.
Pardeillan, 83, 221, 225, 252. 253, 256, 257, 261, 263, 316.
Parfouru, 99, 239.
Parmentier, 358.
Pascal, 283.
Pau, 84, 102, 350.
Paulin, 248.
Péleret, 157.
Pélesté (de), 262.
Pellagrue, 302, 309.
Pellegrue, 311.
Pémolié (de), 281.
Perchède, 355.
Périgord, 29.
Perquie, 286, 304.
Perquies, 311.
Perreton, 35.
Pesquidous, 387, 388.
Pétronille, 4.
Peyralongue, 38.
Peyrolande, 303.
Peyrouton, 45.
Peyroton (Nom du quartier de), 35, 36, 41, 42, 280.
Peyrusse-Grande, 192.
Peyrusse-Vieille, 1.
Phillippe-Auguste, 5.
Phillippe de Valois, 233.
Phillippe roi de France, 8.
Picardon, 77.
Picheherre, 10.
Pigeher, 10
Pigehère, 80.
Piis, 221.
Pillardau, 187.
Pinet, 136.
Pinet de Maupas, 281.
Piron, 118.
Plaisance du Gers, 11, 14, 138, Plan (Le), 3, 10, 150, 172, 195, 287, 310.
Pleguebern, 310, 312.
Polignac (de), 286.
Pomadère (de), 167, 170.
Pomiers, 228.
Pontac, 221.
Pontaut, 303.

Pont-Saint-Esprit, 306.
Porté (du), 178.
Poudens, 268, 269.
Pouillés, 286
Pouy (de), 237.
Poyanne, 26, 49, 50, 53, 61, 82, 144, 182, 224, 235, 260, 267, 268, 270, 270, 271, 272, 273, 358
Pratferré (de), 209, 220.
Prince-Noir, 30.
Puy, (du), 89, 90.
Puycalvaire, 38.
Pyrénées, 129, 142.
Rabastens, 19,
Rabet, 7, 17, 147.
Raffin (Ant.), dit Pothon, 38.
Ramouzens, 167.
Randon, 4.
Ravignan, 313.
Raymond III, 6.
Règne (du), 257.
Reille (ruisseau), 10.
Reines, 5.
Requail, 166.
Riberon (ruisseau), 10, 383.
Rieux, 29.
Rimblès, 39.
Riscle, 14, 28, 239.
Robert, 5.
Robespierre, 144
Roger Bernard (de Foix), 4.
Roguade 127.
Romat, 156.
Roquefort, 48, 65, 230, 249, 292, 311, 352.
Rouergue, 13.
Roumat, 107, 134.
Rosis, 94.
Rozis, 279.
Russie, 215.
Saige (du), 68, 77, 78.
Saint-Aubin, 106, 150, 221, 225, 241, 310, 311, 312, 355.
Saint-Blancard, 17.
Saint-Canne, 2, 10, 126, 174, 175, 309, 383.
Saint-Christophle, 25.
Sainte-Christie, 39.
Sainte-Marthe, 4.
Sainte-Fauste, 249.

Sainte-Foy, 3, 326.
Sainte-Foy de Toujouse, 2.
Saint-Etienne, 150.
Saint-Gaudens, 133.
Saint-Gein, 6, 26, 31, 159.
Saint-Geours, 274.
Saint-Genès, 26.
Saint-Gervé, 220.
Saint-Giron (de), 65.
Saint-Griède, 221, 248.
Saint-Hillaire, 40, 59, 62.
Saint-Hillaire Mormès, 59.
Saint-Hillaire (sieur de Pierrefitte), 77.
Saintiors, 47.
Saint-Loubouer, 212.
Saint-Marc, 124.
Saint-Martin, 21, 236.
Saint-Maurisse, 236.
Saint-Mont, 355.
Saint-Osbert, 23.
Saint-Pé, 305, 306.
Saint-Pierre de Berobie 1, 2, 7, 383.
Saint-Pot, 355.
Saint-Savin, 310.
Saint-Sever, 8, 142, 229, 380, 385, 386.
Saint-Vidou, 311.
Samatan 5.
Sanguin, 266.
Sanselma (Guil. de), 8, 386.
Saramon, 5.
Saragosse, 4.
Sarbazan, 352.
Sarragachies, 214, 216, 221, 237.
Sarragousse, 69, 74, 109.
Sarraméa, 187.
Sarraute, 261.
Sarrefort, 30
Sarron-St-Agnet, 6, 30, 212.
Saubin, 175.
Saudouze, 85, 175.
Saumont (Le), 196
Sauveterre (Rouergue), 13
Sauveterre, 17, 19, 24.
Segrat, 148, 149, 149, 258.
Segua (Bern. de la), 10.
Seillan (Jules), 92, 364, 367, 368.

Sénargous, 53.
Sente-Marie, 35.
Seychan, 204.
Simorre, 5.
Sion, 261, 263.
Soisi, 267.
Solomiac, 19.
Sorbets, 221, 298.
Sos, 211.
Sotiates, 211.
Soubère, 150, 248.
Subéhargues, 38, 250.
Sully, 270.
Talleyrand-Perigord, 270.
Tampouy, 310.
Tampoy, 309.
Tarbes, 24, 112.
Taret, 119.
Tarraguet, 221.
Tartas, 273, 378.
Tartière, 19.
Tarusates, 211, 212.
Ténarèze, 364, 367.
Terrade, 101.
Thermes, 237, 263.
Thierry (Aug), 8.
Tilhet, 46, 47, 58, 61.
Tilhs. 79.
Tinseau (de), 282.
Tisnès, 102.
Tissot, 361.
Tojose, 3.
Toujé, 80, 159.
Toujouse (presque à toutes les pages.)
Toujouse-la-Blanche, 3
Toulouse, 5, 36, 224.
Tournon, 37.
Tourny (de), 85, 87, 93.
Touyouse, 173.
Toyosa, 2.
Tayoza, 35.

Toyose, 3.
Trié, 19.
Trilhe (La), 79.
Tucos, 177, 178, 207, 324.
Tursan, 211, 212.
Tuyosse, 3.
Vacquier, 387.
Vaissette (D), 297.
Valence (capots), 193.
Vallon (de), 312.
Verdier, 10, 24, 26, 69, 91, 126, 118, 119, 132, 134, 140, 141, 142, 145, 146, 148, 157, 165, 204, 279, 348, 361, 364, 365.
Vergoignan, 130, 142 165.
Vermes (Del), 297.
Veuillot, 215.
Viane, 30, 304.
Vic, 248.
Vic-Fezensac, 16, 34, 99, 133, 190, 237, 264, 313, 376.
Vic-sur-Losse, 133.
Vidaloque, 13, 355, 356.
Vielle, 77.
Vigne (du), 257
Vignes (Bern. de), 8, 886.
Vignon, 170.
Villaret-de-Joyeuse, 45, 243, 244.
Villefranche, 24.
Villefranche d'Armagnac 226, 291.
Villefranche-Labastide, 224.
Villeneuve, 6, 11, 12, 14, 16, 19, 25, 31, 87, 91, 105, 106, 113, 304, 378, 379.
Villepinte, 69.
Violes, 204.
Violles, 150, 237.
Virac (V. Birac), 252, 253.
Vocates, 212.
Wolfenbuttel, 3, 264.

ERRATA

On a pu remarquer dans ce volume un certain nombre de fautes d'impression, que le lecteur le moins exercé peut corriger sans peine. Il nous semble inutile d'en dresser la liste complète.

Page 32, 1re ligne, au lieu de : *quatorzième siècle*, lisez : *quinzième siècle*.

Page 108, 37e ligne, au lieu de : *révoltés*, lisez : *perturbateurs*.

Page 167, 9e ligne, au lieu de : *1816*, lisez *1815*, et ajoutez à la liste des curés de Monguilhem : M. MILA (1815-1820).

Page 277, ligne 24, au lieu de : M. CONSTANT-ANTOINE DE MAQUILLÉ, lisez : M. CHARLES-MARIE-ANTOINE DE MAQUILLÉ. — Une note inexacte, fournie par un correspondant mal renseigné, est cause de cette erreur.

Page 348, 26e ligne, au lieu de : *animaux*, lisez : *et les animaux du pays*.

NOTA. — Avant la création d'une école publique à Toujouse, en 1872, la commune eut des instituteurs libres. Nous signalerons, en particulier, M. MÉRITA, dont le nom n'est pas inscrit dans les registres de Toujouse.

Aujourd'hui, la commune n'a plus d'instituteur. Madame E. Lacassagne dirige l'école mixte de Toujouse en qualité d'institutrice.

TABLE DES MATIÈRES

MONGUILHEM. — Histoire municipale

	Pages
Chapitre I. — Saint-Pierre de Bérobie. — Premiers seigneurs de Toujouse. — Observations sur les bastides......	1-7
Chapitre II. — Fondation de Monguilhem. — Paréage	7-29
Chapitre III. — Domination anglaise et française. — Histoire civile. — Dénombrements. — Droits seigneuriaux. — Epizootie........	29-53
Chapitre IV. — Administration communale. — Finances. — Tailles. — Irrégularités dans l'administration consulaire. — Désordres, etc........	57-67
Chapitre V. — Revenus communaux. — Hallage. — Boucherie. — Souchet. — Padouens........	67-81
Chapitre VI. — Justice. — Ponts et Chaussées. — Milice. — Enregistrement. — Horloge. — Postes..	81-107
Chapitre VII. — Mairie. — Guerre civile. — Misère publique. — Emigrés. — Réquisitions, etc., etc...	107-146

Histoire paroissiale

Chapitre I. — Le Glésia. — Fondations. — Persécutions. — Prêtre constitutionnel........	147-159
Chapitre II. — Rétablissement du culte. — Presbytère. — Eglise, etc........	159-170

TOUJOUSE. — Histoire municipale

Chapitre unique. — Rectification du Pouillé du diocèse d'Aire. — Justice. — Les habitants rendent foi et hommage à Bertrand de Toujouse. — Coutumes de Toujouse. — Aveux et dénombrements. — Les Capots	171-194

Histoire paroissiale

Chapitre unique. — Sainte-Foy de Toujouse. — Seigneurs protestants. — Malheurs de la paroisse au seizième siècle et pendant la Révolution. — Eglise. — Presbytère. — Guillos. — La Goarde. —Bascaules. —Droit de *gatage*.—Camp de César.—Tumulus, etc. 195-222

MONGUILHEM ET TOUJOUSE. — Histoire seigneuriale

CHAPITRE I. — Seigneurs de Toujouse et de Monguilhem. — Les Anglais se font des amis en Armagnac. — Guerre entre les seigneurs de Toujouse, d'Ognoas et d'Estang. — Les barons de Toujouse passent sous la domination française. — Concession de Raoul de Brienne en faveur de Monguilhem et de Toujouse. — Meurtre d'Anesance de Toujouse. — Tombeau du Prelat. — Guerre de Cent-Ans.................... 223-224

CHAPITRE II. — Alliances contractées par les seigneurs de Toujouse et de Monguilhem. — Testaments, legs. — Troubles en Armagnac. — Hommage au comte d'Armagnac. — Conversion de rentes feodales. — Changement de seigneurs. —Protestantisme, etc.... 235-251

CHAPITRE III. — Bertrand de Toujouse reclame les baronnies de Toujouse et de Monguilhem. — Reconnaissances feodales. — Hommages. — Revendications de l'Evêque d'Aire sur Toujouse. — Carbon de Toujouse epouse Fr. Paule de Pardaillan. — Antonin de Toujouse. —Blasons des seigneurs de Monguilhem et de Toujouse.—Armes de Monguilhem et de Toujouse 251-283

EYRES. — Histoire seigneuriale

Observations préliminaires. — Pouilles, etc.......... 283-288

CHAPITRE I. — Guerres anglaises. — Jeanne d'Arthez, et Gaston son fils fondent la bastide d'Arthez-Gaston. — Serment de fidélité des habitants d'Arthez et d'Eyres. — Vente de la baronnie. — Les d'Aydie seigneurs d'Eyres et d'Arthez-Gaston. — Siège de Cazères. — La famille d'Aydie, y perd ses titres. — Gaston de Foix ratifie la donation d'Arthez-Gaston en faveur de Bernard d'Adyie, etc. 288-300

CHAPITRE II. — Seigneurs d'Aydie, leur descendance. — Accords. — Lubat d'Aydie. — Hommage à Catherine reine de Navarre — Odet d'Aydie honore de la confiance de Louis XI. — Charles IX l'appelle dans ses conseils. — Lescun (Odet) se montre ingrat. — Le roi marche contre les rebelles et ordonne à Lubat de rendre son gouvernement de Bayonne. — Procès. — Succession des seigneurs. — Sorcières. — Ognoas, Arthez et Eyres passsent à la famille de Carles et puis à celle de M. de Lorman............ 301-320

MONGUILHEM ET TOUJOUSE. — Mœurs et Coutumes

Chapitre I. — Religion. — Superstitions	321-346
Chapitre II. — Commerce — Industrie. — Monnaies. — Poids. — Mesures. — Agriculture.............	346-368
Chapitre III. — Costumes. — Chasse. — Pêche. — Jeux divers. — Course aux taureaux..............	369-382
Pièces justificatives....	383-388
Table des Noms propres.................	389-399

www.ingramcontent.com/pod-product-compliance
Lightning Source LLC
Chambersburg PA
CBHW051838230426
43671CB00008B/997